大江　忠　著

第4版 要件事実民法

（3）

担保物権〈補訂版〉

第一法規

第4版 はしがき

　平成17年11月に本書3訂版を出版してから、既に10年になろうとしている。その間、重要な判例も多く出された。今回、「第3版 要件事実民法（2）物権」を改訂するに当たって、見直したところ、抜本的に書き改める部分のほか、加筆する部分が多くなった。また、設例を増やすとともに、訴訟物の注記の部分に事案の概要を記載して、事案と要件事実の関連性をより理解し易くするように努めた。そのため、大幅な増頁となり、「第4版 要件事実民法（2）物権」と「第4版 要件事実民法（3）担保物権」とに分冊することとした。

＊　　　＊　　　＊

　本書初版（平成7年7月発行）の「はしがき」に、次のように記した。「民法は、我々にいったいどのような具体的な権利を与えているのか。その権利の発生のためには、どのような事実を主張・立証しなければならないか。権利を主張される逆の立場に立つと、その権利の発生を障害する事実又は一旦発生した権利を消滅もしくは阻止する事実は何か。民法の各条文は、これらの点について、どのように定めているのか、あるいは、これらとは無関係な規定なのかは、法律実務家にとっては、重要な問題である。」「本書は、この要件事実に焦点を絞り、民法典のすべての条文について、基礎的な検討を試みたものである。」

　この趣旨は、本書第4版においても全く変わるところはない。

　第4版になっても、なお荒削りで、筆者の誤解も多い本書であるが、法律実務家にとって、いささかなりともお役に立てば、幸いである。

　なお、現在「第4版 要件事実民法（6）法定債権」を執筆中である。その余の「総則」「債権総論」「契約」の部分は、債権法改正の影

響を大きく受けるので、改正法の成立を待って、そう遠くないうちに刊行できればと考えている。

　初版以来、要件事実論というものが今日ほど知られていなかった時代から継続して出版の機会を与えていただいた第一法規株式会社と、今回「第4版 要件事実民法（2）物権」と「第4版 要件事実民法（3）担保物権」として、新版となるに当たり、編集を担当していただいた草壁岳志さん、岡本享子さんに、心から御礼申し上げる次第である。

平成27年4月10日

　　　　　　　　　　　　　　　　　　　　　　　大　江　　　忠

　補訂版に当たり、民法の一部を改正する法律（平成29年法律第44号）が成立したことを受けて、改正された条文について、【改正法】と【現行法】を併記し、必要な補訂を加えた。

平成30年1月30日

　　　　　　　　　　　　　　　　　　　　　　　大　江　　　忠

判例凡例

大判　大審院判決
最判　最高裁判所判決
東京高判　東京高等裁判所判決

民録　大審院民事判決録
民集　大審院民事判例集、最高裁判所民事判例集
刑集　大審院刑事判例集、最高裁判所刑事判例集
裁判集民　最高裁判所裁判集民事
高民　高等裁判所民事判例集
下民　下級裁判所民事裁判例集
新聞　法律新聞
評論　法律［学説判例］評論全集
判決全集　大審院判決全集
訟月　訟務月報
判時　判例時報
判タ　判例タイムズ
金法　金融法務事情
金商　金融・商事判例

文献凡例

梅・要義物権編　梅謙次郎『訂正　増補民法要義巻之二物権編（明治44年版完全復刻版）』有斐閣（1984年）
我妻＝有泉・物権法　我妻榮著、有泉亨補訂『補訂・新訂　物権法』岩波書店（1983年）
我妻・担保物権法　我妻榮『新訂　担保物権法』岩波書店（1968年）
我妻・物権法　我妻榮『物権法』岩波書店（1988年）
我妻・債権総論　我妻榮『債権総論』岩波書店（1965年）
我妻・債権各論中一　我妻榮『債権各論　中巻一』岩波書店（1957年）
倉田・証明責任＝債権総論　倉田卓次監修『要件事実の証明責任――債権総論』西神田編集室（1986年）

舟橋・物権法　舟橋諄一『物権法』有斐閣（1960 年）
広中・物権法　広中俊雄『第 2 版増補　物権法』青林書院（1992 年）
鈴木・概説　鈴木禄弥『根抵当法概説』新日本法規出版（1993 年）
鈴木・物権法　鈴木禄弥『5 訂　物権法講義』創文社（2007 年）
星野・概論Ⅱ　星野英一『民法概論Ⅱ』良書普及会（1976 年）
中野・民事執行法　中野貞一郎『民事執行法』青林書院（1991 年）
青山・不動産登記一問一答　青山正明編『新訂　民事訴訟と不動産登記一問一答』テイハン（1994 年）
三井・再構成　三井哲夫著『増補新版　要件事実の再構成』信山社出版（1993 年）
注民（8）　林良平編『注釈民法(8)物権(3)留置権・先取特権・質権』有斐閣（1965 年）
注民（9）　柚木馨編『注釈民法(9)物権(4)抵当権・譲渡担保・仮登記担保§§369〜398 の 22』有斐閣（1965 年）
新注民（9）　柚木馨＝高木多喜男編『新版　注釈民法(9)物権(4)抵当権・譲渡担保・仮登記担保、他§§369〜398 の 22』有斐閣（1998 年）
司研・要件事実第一巻　司法研修所編『増補　民事訴訟における要件事実　第一巻』法曹会（1986 年）
司研・紛争類型別　司法研究所編『改訂　紛争類型別の要件事実　民事訴訟における攻撃防御の構造』法曹会（1999 年）
司研・事実摘示　司法研修所編『10 訂　民事判決起案の手引「事実摘示記載例集」』法曹会（2006 年）
司研・民事判決起案の手引　司法研修所編『10 訂　民事判決起案の手引』法曹会（2006 年）
最判解説民事編　『最高裁判所判例解説　民事編』法曹会
【Ⅰ　】　…潮見佳男＝道垣内弘人編『民法判例百選Ⅰ総則・物権』有斐閣（2015 年）【　】内の「Ⅰ　」の後の数字は、同書の事件番号
【Ⅲ　】　…水野紀子＝大村敦志編『民法判例百選Ⅲ親族・相続』有斐閣（2015 年）【　】内の「Ⅲ　」の後の数字は、同書の事件番号

設例凡例

　訴訟物については、実体法上の権利又は法律関係を、その権利・義務の当事者とあわせて掲記した。訴訟上の当事者は、原告はX、被告はYと表示した。設例が確認訴訟の場合に限って、便宜、訴訟物の表示の末尾に「(確認)」を付記した。
　設例は、関係する判例の事案によることが多いが、関係者を限るなど簡易化を図っている。また、請求の趣旨などで「本件」という用語で特定しているが、あくまで略記である。なお、判例の末尾に、第一法規株式会社「D1-Law.com 判例体系」の判例IDを〔　〕で付した。

法令略語

遺失　　遺失物法
入会林野　入会林野等に係る権利関係の近代化の助長に関する法律
会社　　会社法
割賦販売　割賦販売法
仮登記担保　仮登記担保契約に関する法律
区分所有　建物の区分所有等に関する法律
建基　　建築基準法
憲法　　日本国憲法
鉱業　　鉱業法
工抵　　工場抵当法
古物　　古物営業法
税徴　　国税徴収法
質屋　　質屋営業法
自抵　　自動車抵当法
借地借家　借地借家法
商　　　商法
森林組合　森林組合法
建物保護　建物保護ニ関スル法律
地税　　地方税法
著作　　著作権法

土改　土地改良法
任意後見　任意後見契約に関する法律
農地　農地法
破　破産法
非訟　非訟事件手続法
不登　不動産登記法
不登規　不動産登記規則
不登令　不動産登記令
法適用　法の適用に関する通則法
民　民法
民施　民法施行法
民執規　民事執行規則
民訴　民事訴訟法
民保　民事保全法
立木　立木ニ関スル法律

目　次

はしがき
凡　例

第 2 編　物権 …………………………………………………………………1
　第 7 章　留置権［第 295 条－302 条］ ………………………………1
　第 8 章　先取特権 ………………………………………………………40
　　第 1 節　総則［第 303 条－305 条］ ………………………………41
　　第 2 節　先取特権の種類 ……………………………………………57
　　　第 1 款　一般の先取特権［第 306 条－310 条］ ………………57
　　　第 2 款　動産の先取特権［第 311 条－324 条］ ………………66
　　　第 3 款　不動産の先取特権［第 325 条－328 条］ ……………84
　　第 3 節　先取特権の順位［第 329 条－332 条］ …………………87
　　第 4 節　先取特権の効力［第 333 条－341 条］ …………………90
　第 9 章　質権 ……………………………………………………………103
　　第 1 節　総則［第 342 条－351 条］ ………………………………104
　　第 2 節　動産質［第 352 条－355 条］ ……………………………124
　　第 3 節　不動産質［第 356 条－361 条］ …………………………131
　　第 4 節　権利質［第 362 条－368 条］ ……………………………140
　第 10 章　抵当権 …………………………………………………………157
　　第 1 節　総則［第 369 条－372 条］ ………………………………157
　　第 2 節　抵当権の効力［第 373 条－395 条］ ……………………212
　　第 3 節　抵当権の消滅［第 396 条－398 条］ ……………………316
　　第 4 節　根抵当［第 398 条の 2－398 条の 22］ …………………323
　補章 1　仮登記担保法 …………………………………………………413
　補章 2　工場抵当法 ……………………………………………………472
　補章 3　所有権留保特約 ………………………………………………481
　補章 4　譲渡担保 ………………………………………………………489
　　第 1 節　総論 …………………………………………………………489
　　第 2 節　不動産譲渡担保 ……………………………………………499
　　第 3 節　動産譲渡担保 ………………………………………………535
　　第 4 節　集合動産譲渡担保 …………………………………………542
　　第 5 節　集合債権譲渡担保 …………………………………………553

第6節　ゴルフ会員権の譲渡担保 ……………………………………561

訴訟物索引 ……………………………………………………………575
事項索引 ………………………………………………………………585
法令索引 ………………………………………………………………589
判例索引 ………………………………………………………………595

第2編　物　　　権

第7章　留　置　権

　留置権は、担保物権の1つであり、「他人の物」を占有する者が、「その物に関して生じた債権」を有する場合に、自己の債権の弁済を受けるまで引き続きその物を留置することができる権利をいう（295条1項）。抵当権設定契約のような当事者の合意を必要とせず、一定の要件を充足することにより成立する法定担保物権である。

　また、留置権は、目的物の引渡しを拒絶することによって間接的に債務者の履行を促す留置的効力を本体とする点で、約定担保物権に属する質権と共通するが、もともと債権者が占有していた物を目的とするから、質権設定時のような目的物の占有状態の変化はみられない（不動産を目的とする留置権の場合も、登記は対抗要件とならず、占有が留置権の対抗要件である）。

　留置権者が優先弁済を受けるのは例外であり（297条1項）、留置物の占有を失えば追及効がなく、留置権は消滅する（302条）。

● (留置権の内容)

第295条　他人の物の占有者は、その物に関して生じた債権を有するときは、その債権の弁済を受けるまで、その物を留置することができる。ただし、その債権が弁済期にないときは、この限りでない。
　2　前項の規定は、占有が不法行為によって始まった場合には、適用しない。

1　留置権の成立要件

　留置権は、①「他人の物の占有者」が、②「その物に関して生じた債権を有する」場合に成立する。しかし、③その占有が「不法行為によって始まった場合」であってはならないし、④その債権が弁済期にあるときでなければ、留置権は成立しない。この主張・立証責任については、①②は、留置権

の効果を主張するもの（被担保債権の債権者）が負担し、③「不法行為で始まったこと」又は④①の債権の期限の定めの存在は債務者が負担する（さらに、期限の到来は、留置権の効果を主張するもの（債権者）が負担する）。
(1) 他人の物の占有者であること

　民法上の留置権の目的物は、占有者以外の者に属する物であれば、必ずしも債務者の所有物に限らない。すなわち、本条1項の「他人」は債務者と同義ではない。例えば、X所有の時計をAがXに無断でYに修理させた場合であっても、YはXからの返還請求に対して修理代金債権に基づいて留置権を行使できる。

　また、XがBに対し、目的物の修理代金債権を取得し、B所有の当該目的物に留置権を取得した後、Bが目的物をYに譲渡した場合、Xは修理代金が弁済されるまで、Yの引渡請求に対しても留置権を行使できる。これは、留置権の対抗要件の問題であるが、留置権は、目的物の占有（それが不動産であっても）をもって、譲受人に対抗できると解される（後記 (2) ア(イ)設例参照）。

　なお、商人間の留置権は、有価証券をも目的とすることができるが（商521条）、民法上の留置権は、判例によると、手形等の有価証券を目的とすることができない。したがって、ここでいう「物」は有体物に限られることとなり、例えば不動産登記は物ではないから、これを留置権の目的とすることはできない。なお、不動産自体は、民法上も商法上も留置権の客体たり得る。

(2) 占有者が「その物に関して生じた債権を有する」こと

　この要件（牽連性）については、①債権が目的物自体から生じたこと、あるいは、②債権が目的物の返還請求権と同一の法律関係・生活関係から生じたことと解されている（我妻・担保物権法28頁）。不動産に関する判例を整理すると、次のとおりである。

ア　不動産売買に関する事例
(ア)　売買型

　売主Y買主X間の売買が無効とされ、取り消され又は解除された後、XがYに支払った代金の返還請求権と、XがYに返還すべき売買目的物との「牽連性」が問われる。この場合は、知事の許可を欠いた農地売買のような特殊な事例を除き、両者の「牽連性」が肯定される（同時履行の抗弁権も問題となる）。なお、Yが売買契約を解除した後に、Xが支出した費用の償還請求権を被担保債権とする留置権の主張については、別に検討を要する（後記5 (3) 参照）。

(イ) 転売型
① 売主Y買主A間の売買の目的物がさらにXに転売された後、XからYに対する明渡請求に対し、YがAに対する残代金債権を被担保債権として留置権を主張する場合

この場合は、残代金債権が目的不動産の明渡請求権と「同一の売買契約によって生じた債権である」として留置権の主張を認める（最判昭和47年11月16日民集26.9.1619〔27000530〕【I 76】は、「残代金345万円については、その支払に代えて提供土地建物をYに譲渡する旨の代物弁済の予約がなされたものと解するのが相当であり、したがつて、その予約が完結されて提供土地建物の所有権がYに移転し、その対抗要件が具備されるまで、原則として、残代金債権は消滅しないで残存するものと解すべきところ……、本件においては、提供土地建物の所有権はいまだYに譲渡されていない……のであるから、YはAに対して残代金債権を有するものといわなければならない。そして、この残代金債権は本件土地建物の明渡請求権と同一の売買契約によつて生じた債権であるから、民法295条の規定により、YはAに対し、残代金の弁済を受けるまで、本件土地建物につき留置権を行使してその明渡を拒絶することができたものといわなければならない」と判示する）。

| 訴訟物 | XのYに対する所有権に基づく返還請求権としての建物明渡請求権 |

＊YはAとの間で、Yが所有する本件土地建物を代金680万円で売買する契約を締結した。残金345万円については、その支払に代えてAが別途土地を購入して建物を建て、これをYに引き渡し、この引渡しと同時にYは本件土地建物をAに明け渡す約定であった。他方、XはAに対する貸金債権348万円を担保するため、本件土地建物について停止条件付代物弁済契約を締結したが、Aは弁済期に支払ができず、Xは代物弁済契約により、本件土地建物の所有権を取得した。本件は、Xが本件土地建物を占有するYに対して明渡しを求めたところ、Yは残代金345万円の支払を受けるまで留置すると主張した事案である。

| 請求原因 | 1 | Yは、請求原因2当時、本件土地建物を所有していたこと |
| | 2 | YはAとの間で、本件土地建物を代金680万円で、①うち40万円は、移転登記と同時に、②110万円は売買の翌月に支払 |

い、③185万円はYの金融機関に対する債務をBが免責的債務引受をし、④残金345万円は、その支払に代えてAが別途土地を購入して建物を建て、これをYに引き渡すものとし、この土地建物の引渡しと同時にYは本件土地建物をAに明け渡すとの約定により、売買する契約を締結したこと
3 XはAとの間で、貸金債権348万円（弁済期平成○年○月○日）を担保するため、本件土地建物について、停止条件付代物弁済契約を締結したこと
4 請求原因3の弁済期が経過したこと
　＊Xは代物弁済契約により、本件土地建物の所有権を取得することになる。なお、本件土地建物について所有権移転登記をしたことは、請求原因として不要である。
5 Yは、本件建物を占有すること

（留置権）

抗弁 1 YはAに対して、請求原因2の売買につき、残代金345万円の支払請求権を有していること
2 Yは、Aから残代金345万円の支払を受けるまで、Xに対し、本件建物の明渡しを拒絶するとの権利主張
　＊前掲昭和47年最判は、原審が、買主Aによっていまだ履行されていないのは残代金345万円の支払に代わる提供土地建物の引渡義務であり、売主Yは、売買の目的物の残代金債権を有するものではなく、売買の目的物とは無関係な提供土地建物の引渡請求権を有するのであって、同引渡請求権をもってXに対抗することはできないから、これと売買の目的物である本件土地建物との間には留置権発生の要件たる牽連関係はないとして、Yの留置権の抗弁を排斥したが、その判断は首肯できないとする。すなわち、同判決は、「残代金345万円については、その支払に代えて提供土地建物をYに譲渡する旨の代物弁済の予約がなされたものと解するのが相当であり、したがつて、その予約が完結されて提供土地建物の所有権がYに移転し、その対抗要件が具備されるまで、原則として、残代金債権は消滅しないで残存する……ところ……、本件においては、提供土地建物の所有権はいまだYに譲渡されていない（その特定すらされていない……）のであるから、YはAに対して残代金債権を有する」「そして、

この残代金債権は本件土地建物の明渡請求権と同一の売買契約によつて生じた債権であるから、民法295条の規定により、YはAに対し、残代金の弁済を受けるまで、本件土地建物につき留置権を行使してその明渡を拒絶することができたものといわなければならない」としたうえで、「留置権が成立したのち債務者からその目的物を譲り受けた者に対しても、債権者がその留置権を主張しうることは、留置権が物権であることに照らして明らかであるから……、本件においても、Yは、Aから本件土地建物を譲り受けたXに対して、右留置権を行使することをうるのである」と判示する。そして、同判決は、①Xは、本件土地建物の所有権を取得したにとどまり、Yに対する残代金債務の支払義務を負ったわけではないが、このことはYの留置権行使の障害とならない。②残代金345万円の債権は、本件土地建物全部について生じた債権であるから、296条（留置権の不可分性）により、Yは残代金345万円の支払を受けるまで本件土地建物全部につき留置権を行使することができると説示し、加えて「物の引渡を求める訴訟において、留置権の抗弁が理由のあるときは、引渡請求を棄却することなく、その物に関して生じた債権の弁済と引換えに物の引渡を命ずべきであるが……、前述のように、XはYに対して残代金債務の弁済義務を負っているわけではないから、Aから残代金の支払を受けるのと引換えに本件建物の明渡を命ずべきものといわなければならない」と判示し、「なお、XがAに代位して残代金を弁済した場合においても、本判決に基づく明渡の執行をなしうることはいうまでもない」と付言する。

②　他人物売買を仮に転売型に属するとして、AY間の他人物売買における買主Yが、所有者Xからの目的物返還請求に対し、売主Aの所有権移転義務の不履行による損害賠償請求権に基づく留置権を主張した場合

この場合、判例は留置権の主張を認めない（最判昭和51年6月17日民集30.6.616〔27000319〕）。他人物の売主とされたAは、自己の債務が履行不能となっても、目的物の返還を買主Xに求める関係になく、「買主が目的物の返還を拒絶することによつて損害賠償債務の履行を間接に強制するという関係は生じないため、……物と債権との牽連関係が当事者間に存在するとは

(ウ) 二重売買型

売主Aから目的不動産の引渡しを受けた買主Yが、未登記のままその不動産を占有している間に、Aから同一不動産を買い受けたXが所有権移転登記を済ませ、Yに対し占有中の不動産の明渡しを求めた場合、Yは、Aとの売買契約の履行不能を理由とする損害賠償請求権、又は不当利得としての代金返還請求権を被担保債権とする留置権を主張したとする。最判昭和43年11月21日民集22.12.2765〔27000886〕は、Yが主張する債権が「いずれもその物自体を目的とする債権がその態様を変じたものであり、このような債権はその物に関し生じた債権とはいえない」として、留置権の成立を認めない。この場合に留置権の主張を認めれば、登記の有無により対抗関係に立つ者同士の優劣が決定しまうこととなり、Xに対抗できないはずのYがXからの明渡しを拒む口実を与えることになるからである。

イ 不動産賃貸借に関する事例

(ア) 賃借人の使用収益権（賃借権自体）

Aが所有していた賃貸不動産が第三者のXに譲渡され、仮にYの賃借権がXに対抗できないとすれば、Yは、自らの賃借権に基づく留置権を主張することができるか。これを認めることは、前述の二重売買型における留置権の主張と同様、実質的に対抗問題の蒸し返えすことになるので、大判大正11年8月21日民集1.498〔27511136〕も、賃借権は物自体を目的とする債権であって、物に関して生じた債権ではないという。

賃借権に基づいて留置権を行使することはできない。例えば、所有者AがYに賃貸した土地をXに譲渡した場合で、YがXに賃借権を対抗できない（177条、605条参照）場合に、Yは留置権に基づいてXへの引渡しを拒絶することはできない。この場合は、①Yが留置することによって間接的にAによる被担保債権の弁済を強制する関係にないこと、②これを認めると対抗力なき賃借権も第三者に対して対抗できることになるからである。

> **訴訟物** XのYに対する所有権に基づく返還請求権としての建物明渡請求権
>
> ＊Y所有の本件建物の競売について、Aが競落して所有権移転登記がされた。その後Yの代理人BはAとの間で建物の買戻契約を結び、買戻代金を捻出するため本件建物の敷地の一部をXに売り渡し、Xは代金を支払った。その後、BはAに建物買戻代金が未済であるのに、建物所有権はYに復

帰したと装い、本件建物及びXが買い受けた分以外の敷地部分をXに売り、Xは代金全額をBに交付した。しかし、建物所有権はAからYに復帰しておらず、買戻代金のうち、Bを通じてAに入金されたものは一部であったことが判明した。Aは以上の事情から買戻代金の残金としてXがこれをAに支払うときは、Xに所有権移転登記をすることを約したので、Xもこれを了承して同金額を支払って登記を得た。

　本件は、XがYに対して建物明渡しを求めたところ、Yは、AY間に本件建物の売買（買戻）契約が成立しているのに、Aが二重売買をしてXに所有権移転登記をしたため、AY間の売買契約は履行不能となり、Yは建物の交換価格たる既に支払った買戻代金（一部）相当の損害を被ったとして、その賠償を受けるまで本件建物を留置すると主張した事案である。

請求原因 1　Yは、請求原因2の競落当時、本件建物を所有していたこと

2　Yは第三者に対する債務のため本件建物につき任意競売の申立を受け、Aが競落し、代金納付をしたこと

3　AはXとの間で、本件建物を代金○○万円で売買する契約を締結したこと

＊XがAから本件建物を買い受けることとなった理由は次のとおりである。Xは本件建物所有権がAにあることを知らないで、Yの代理人Bより本件建物及びC所有の本件建物の敷地を（代金250万円とする）で買い受け、代金を全額Bに支払い、敷地については所有権移転登記を受け、さらに本件建物の所有権移転登記手続をBに対し求めたが、本件建物はAが競落により所有権を取得していることがわかったため、改めて、XはAから本件建物を買い受ける契約を締結したものである。ただ、これより先、下記の抗弁1のAY間の買戻契約が締結されていた。

4　Yは本件建物を占有していること

（対抗要件）

抗弁 1　YはAとの間で、本件建物をAから代金140万円で買い戻す契約を締結したこと

＊YはAから本件建物を買い戻すことを約し、その代金140万円のうち70万円を支払済であり、その代金はXの出金した上記請求原因3の注記の250万円の中から支出されたものであった。そこで、買戻の残金に相当する70万円をもってAX間の売買代金として、XはこれをAに支払ってAから所有権を取得し所有権移転登記（再抗弁）を了した。
　　2　Xが対抗要件を具備するまで、Xを権利者と認めないとのYの権利主張

（対抗要件具備）
再抗弁　1　Xは、請求原因3のAX間の売買に基づき、所有権移転登記を了したこと

（背信的悪意者――権利濫用）
抗弁　1　Yの代理人BはAから本件建物を代金115万円で買い戻す旨の契約を締結し、Aに対し右代金を交付したことを、Xは、請求原因3当時、知っていたこと
　　2　Yの背信性の評価根拠事実

（留置権①）
抗弁　1　YはAとの間で、本件建物をAから代金140万円で買い戻す契約を締結したこと
　　2　AはXとの間で、抗弁1の後、請求原因3の売買契約を締結し、Xに所有権移転登記をしたこと
　　　＊抗弁2の事実は、抗弁1の売買におけるAの債務が履行不能となったことを示す。
　　3　Yは、本件建物の交換価額たる140万円の損害を被ったこと
　　4　Yは、抗弁3の140万円の支払を受けるまで、本件建物を留置するとの権利主張

（留置権②）
抗弁　1及び2　上記抗弁1及び2と同じ
　　3　YはAに対し、抗弁1の買戻契約の内金70万円を支払ったこと
　　4　YはAに対し、抗弁1の買戻契約を解除する意思表示をしたこと
　　5　Yは、抗弁3の70万円の支払を受けるまで、本件建物を留置するとのYの権利主張

＊Xは、AY間買戻契約が存在しても、Xの不当利得返還請求権と本件建物間には何ら牽連関係は存しないから、留置権行使は失当であると反論する。
　　＊最判昭和43年11月21日民集22.12.2765〔27000886〕は、「Yら主張の債権はいずれもその物自体を目的とする債権がその態様を変じたものであり、このような債権はその物に関し生じた債権とはいえない旨の原審の認定判断は、……首肯できる」と判示し、Y所有の建物をAが競落した後、YA間で買戻契約が締結されたが、Yが買戻代金を完済しないでいたところ、その建物をAがXに売却し、Xが移転登記を得てしまったという場合に、Yは、Aに対する買戻契約の履行不能による損害賠償債権、既払代金の不当利得返還請求権に基づく留置権を主張しても、いずれの債権も建物に関して生じた債権とはいえないから、留置権は認められないとする。また、Y所有の建物を買い受けたと称するAから代金を支払って買い受けたXが、AがYに対する残代金未払のため移転登記を了することができず、このため、Yに対し改めて建物の代金（AのYに対する未払代金相当額）を支払い買い受けるに至ったという事情の下では、Xは背信的悪意者とはいえないとしている。

(イ)　賃借人の賃貸人に対する損害賠償請求権
　賃借人は、賃貸人の債務不履行による損害賠償請求権に基づき、自らが賃借していた土地の留置権を主張することができるか。前記の使用収益権を被担保債権とする場合と同様、判例は、否定している（大判大正9年10月16日民録26.1530〔27523135〕）。最判昭和52年12月2日金商541.11〔27431689〕は、賃借権の喪失による損害賠償請求権を被担保債権とする留置権の主張は、土地の賃貸人から土地区画整理85条に基づく賃借権の届出がなかったため、換地処分によって当該賃借権が消滅したという事情の下でも認められないとする。
(ウ)　賃借人が支出した費用償還請求権
　一般的には、賃借人が必要費（608条1項）又は有益費（同条2項）に当たる費用を支出すれば、判例上、その費用の償還請求権について留置権の主張が認められる。しかし、賃貸借が終了した後に支出した費用については議論がある。

|訴訟物| XのYに対する賃貸借契約終了に基づく目的物返還請求権としての建物明渡請求権
　　＊本件は、XがYに対し賃貸した建物を解約を申し入れて建物明渡しを求めたところ、Yは建物の欠陥を修理した代金○○万円の支払を受けるまで、建物を留置すると主張した事案である。
　　＊本件の請求原因事実及び抗弁については、司研・事実摘示10-11頁、18頁を参照されたい。

|請求原因| 1　XはYとの間で、本件建物を期間を定めず、賃料1か月○円の約定で賃貸する契約を締結したこと
　　　　 2　XはYに対し、請求原因1の賃貸借契約に基づいて、本件建物を引き渡したこと
　　　　 3　XはYに対し、請求原因1の賃貸借契約の解約申入れの意思表示をしたこと
　　　　 4　解約申入れについての正当な理由の評価根拠事実
　　　　 5　請求原因3の申入れから6か月が経過したこと

(留置権)
|抗弁| 1　Yは、本件建物を占有していること
　　　 2　Yは、本件建物について、欠陥を修理したこと
　　　 3　Yは、抗弁2の修理の代金○○万円を支払ったこと
　　　 4　Xが抗弁3の修理代金を支払うまで、本件建物を留置するとのYの権利主張

(エ)　建物買取請求権

　建物買取請求権（借地借家13条、14条）が行使された場合に敷地を留置できるかという問題がある。賃借地上の建物を取得し、建物買取請求権を行使した第三者は、買取代金の支払があるまで建物の引渡しを拒絶できると解される。もちろん、土地と建物は独立した不動産であり、物的牽連は否定されるが、土地明渡し及び建物収去を請求されている場合、建物に限って留置権を肯定しても無意味である。建物引渡しが拒絶できる反射的効果として敷地の留置も認められる（大判昭和14年8月24日民集18.877〔27500318〕、大判昭和18年2月18日民集22.91〔27500042〕）。ただし、留置権による敷地の占有使用が認められることは、無償であることを意味しない。

(オ)　造作買取請求権

　旧借家法5条による造作買取請求権を行使した建物の賃借人は、その代金

債権について建物の明渡しを拒むことはできないとするのが判例（大判昭和6年1月17日民集10.6〔27510388〕）である。造作に関して生じた代金債権は、建物に関して生じた債権とはいえないことを理由として、最判昭和29年1月14日民集8.1.16〔27003233〕もその立場を維持している（我妻・担保物権法30頁は反対）。

　借家人が造作買取請求権を行使した場合（借地借家33条）に、造作を施した建物を留置することができるか。学説は、造作を家屋から分離して留置することは建物の価値を維持しようとするこの制度の趣旨に反するとして、これを肯定するが、判例は、造作買取請求権が建物に関せず、造作に関する債権にとどまるという理由により、一貫してこれを否定する（前掲昭和29年最判、最判昭和29年7月22日民集8.7.1425〔27003146〕、最判昭和32年1月24日判タ68.83〔27002850〕）。

(カ)　敷金返還請求権

　建物賃貸借において、借主から貸主に対して敷金が支払われる場合、敷金は賃料不払、原状回復の費用等の貸主に生じる損害をてん補するものであるから、賃貸借が終了したときは、清算して残りがあれば借家人に返還しなければならない。しかし、借主は賃貸借終了の際に敷金返還請求権に基づき留置権を行使することはできないとされる。最判昭和49年9月2日民集28.6.1152〔27000422〕は、「賃貸借における敷金は、賃貸借の終了後家屋明渡義務の履行までに生ずる賃料相当額の損害金債権その他賃貸借契約により賃貸人が賃借人に対して取得することのある一切の債権を担保するものであり、賃貸人は、賃貸借の終了後家屋の明渡がされた時においてそれまでに生じた右被担保債権を控除してなお残額がある場合に、その残額につき返還義務を負担するものと解すべきものである」「このように賃借人の家屋明渡債務が賃貸人の敷金返還債務に対し先履行の関係に立つと解すべき場合にあつては、賃借人は賃貸人に対し敷金返還請求権をもつて家屋につき留置権を取得する余地はないというべきである」と判示する。

(キ)　請負代金請求権

　建物の請負代金債権を被担保債権とする留置権に基づいて債権者が同建物とその敷地部分を占有している場合に、競売によりこれらの不動産を取得した買受人が明渡しを求めたとしても、債権者は、建物を留置することができる。最判平成9年7月3日民集51.6.2500〔28022124〕は、「留置物の所有権が譲渡等により第三者に移転した場合において、右につき対抗要件を具備するよりも前に留置権者が民法298条2項所定の留置物の使用又は賃貸についての承諾を受けていたときには、留置権者は右承諾の効果を新所有者に対

し対抗することができ、新所有者は右使用等を理由に同条3項による留置権の消滅請求をすることができない」「Yは、Aに対する……建物の建築請負残代金債権に関し、同建物につき留置権を有し、Xが右建物の所有権を取得する原因となった不動産競売が開始されるよりもまえに、Aからその使用等について包括的な承諾を受けていたというのであるから、Xに対し、右建物の使用及び右競売開始後に第三者に対してした賃貸を対抗することができるものというべきである。そうすると、Yによる右建物の使用及び賃貸を理由とするXの留置権の消滅請求の主張は採用することができず、Xの本件建物の所有権に基づく明渡請求に対するYの留置権の抗弁は理由があ［る］」と判示する。なお、同最判の原審である仙台高判平成6年2月28日判時1552.62〔27829041〕は、建物を目的とする留置権の効力の反射的効果としてその敷地部分を適法に占有し得る権原を有するとしている。

訴訟物 XのYに対する所有権に基づく返還請求権としての建物明渡請求権

＊本件は、本件土地建物の所有権を競売により取得したXが、Yに対しその明渡しを請求した事案である。

＊判決主文は、「YはXに対し、Xから1,360万円の支払を受けるのと引換えに、本件建物を明け渡せ」とする。

請求原因 1 X被控訴人は、もとA所有の本件建物、その敷地の本件土地を、代金納付をして、競売による売却により所有権を取得したこと

2 Yは、本件建物及び本件土地を共同して占有していること

(留置権)

抗弁 1 Y及びAは、Yを請負人、Aを発注者として、本件建物を代金2,125万円で建築する旨の契約を締結し、その後、本件建物の建築に関して埋戻し及び整地工事を代金346万円で附帯して行うこととなったため、本件建物に関する請負代金は2,471万円となったこと

2 Yは、本件建物を完成したこと

3 Yは、請求原因1のXの本件建物の所有権取得の対抗要件取得に先立って、本件建物の使用又は賃貸についてAの承諾を受けていたこと

4 Xから、本件建物につき、少なくとも1,360万円の支払を受けるまで本件建物の引渡しを拒絶するとのYの権利主張

＊Aは、本件建物につき1,111万円を支払ったため、Yは、本件建物につき1,360万円の工事請負残代金債権を有しているためである。

(ク) 寄託・管理委託契約に基づく必要費償還請求権

浴場経営の管理委託を受けた者が、当該委託契約の終了前に浴場建物の屋根・浴槽・雨樋の修繕等に支出した必要費の償還請求権について同浴場建物を留置することができるとした最判昭和33年1月17日民集12.1.55〔27002718〕がある。この判決は、委託契約終了後も継続した「浴場経営が民法298条2項但書の物の保存に必要な使用の範囲を逸脱するものかどうかは、同条3項の留置権消滅の請求権を生ぜしめるか否かの問題となるに止まる」として、裁判所には留置権消滅請求の趣旨かどうかを釈明する義務はないとした。

(ケ) 自動車の保管契約に基づく保管料

自動車の保管料債権について留置権が主張された事例（東京地判昭和56年7月8日判時1029.94〔27431917〕）や、債権者の追及を免れるために会社の営業を委託された者が支出したと主張する金員の償還請求権について留置権が主張された事例（東京高判平成6年12月21日判時1593.63〔28020715〕）があるが、いずれも留置権の成立が否定されている。

2 留置権の法律効果

本条1項の定める「留置」とは、物の引渡請求に対し、それを拒否して占有を継続できることである。この点から、留置権は、担保物権としての性格よりも、むしろ1つの物権的抗弁権として理解されるべきであるとする見解がある（鈴木・物権法339頁）。留置権が実際に裁判上機能する局面では、まさに指摘される機能が重要である。下記の3においては、債権担保として機能する例、下記4においては、物権的抗弁のうち占有権原として機能する典型的な例を挙げることとする。

なお、最判昭和33年3月13日民集12.3.524〔27002696〕は、留置権が認められた場合でも、原告の建物引渡請求を棄却するのではなく、債務の弁済と引換給付の判決をすべきであるとして、「留置権は、物の占有者がその物に関して生じた債権の弁済を受けるまでその物を留置することを得るに過ぎないものであつて、物に関して生じた債権を他の債権に優先して弁済を受けしめることを趣旨とするものではない。従つて、裁判所は、物の引渡請求に対する留置権の抗弁を理由ありと認めるときは、その引渡請求を棄却する

ことなく、その物に関して生じた債権の弁済と引換に物の引渡を命ずべきものと解するを相当とする」と判示する（我妻・担保物権法 42 頁も同じ）。

3　債権担保の機能
　債権者は物を留置することによって債務者の弁済を間接的に強制することができる。これが留置権の債権担保ないし保全の機能である。

<u>訴訟物</u>　　XのYに対する所有権に基づく返還請求権としての時計引渡請求権
　　　　　　＊XはYに委託した本件時計の修理が完了したので、その返還を求めたところ、YはXから修理代金2万円の支払を受けるまで本件時計を留置する旨の主張がされ、時計返還が代金支払期限の後と定められたか否かが争点となった事案である。
　　　　　　＊所有物返還請求権の行使に対して、留置権の抗弁が提出された場合、留置権が担保物権であることを考えると、被担保債権の弁済が先履行となるべきであろうが（弁済が先履行である限り、弁済のない限り原告の請求は棄却されることとなる。―質権の場合はこの結論となる）、所有者にこの先履行の義務を課するのは酷であるから、同時履行の抗弁権の行使の場合と同様に、引換給付の判決がされる（司研・民事判決起案の手引 13 頁）。

<u>請求原因</u>　1　Xは本件時計を所有していること
　　　　　　＊本件時計の所有者が破産宣告を受け、その破産管財人Xが時計の占有者Yに対して返還請求権を行使している場合には、破 93 条 2 項によって、民事留置権は破産により消滅するので、以下の民事留置権の主張は、認容されない。
　　　　　2　Yは本件時計を占有していること
　　　　　　＊請求原因 2 の占有は、修理のための現実の占有であるから、留置権の抗弁の「占有」の要件を充足することは問題がないが、次のように、目的物の占有の態様が問題となる場合もある。
　　　　　　　(1) 倉庫業者のトランクルーム施設内に設置された貸倉庫の利用者がそこに入庫した物品については、倉庫業者がその保管料債権を被担保債権として留置権を主張しても、直接

的な占有を有するものではなく、留置権は成立しない（東京地判平成 12 年 11 月 14 日金法 1622.52〔28061994〕）。
(2) 自動車を駐車すると、自動ロックによって車体の移動ができなくなり、精算機に駐車料金を投入すれば、ロックが解除される方式の無人駐車場に第三者が放置した自動車につき、駐車場経営者の占有が認められ、放置された自動車の所有者である自動車賃貸業者の引渡請求に対し、その駐車場経営者が有する駐車料金等の請求権を被担保債権とする留置権が成立する（名古屋高判平成 14 年 6 月 28 日判タ 1139.129〔28072891〕）。

（留置権）

抗弁 1　Y は X との間で、本件時計を代金 2 万円で修理する旨の請負契約を締結したこと
2　Y は本件時計の修理を完成させたこと
3　X から修理代金 2 万円の支払を受けるまで本件時計を留置する旨の Y の権利主張

＊上記の抗弁 1、2 は、その物に関して生じた債権（請負代金請求権）の発生原因事実である。抗弁 3 は留置権の抗弁が権利抗弁の性質を有するところから当然に必要となる要件である。最判昭和 27 年 11 月 27 日民集 6.10.1062〔27003372〕は、留置権は留置権者がそれを行使する意思表示をしない限り裁判所においてこれを斟酌することができないとする。

　留置権の抗弁としては、そのほかに、Y が当該物を占有していることの主張・立証が必要であるが、本件では、請求原因事実中に既に現れているので、抗弁として改めて主張・立証することは不要である。

　なお、一般に、民法上の留置権の目的物は、占有者以外の者に属する物であれば、必ずしも債務者の所有物に限らない（本件事案は、債務者の所有物）。自動車の割賦販売の買主から修理を依頼され、その自動車を占有する者が、所有権を留保した売主から売買契約の解除を理由として自動車の引渡しを求められた事案において、買主に対する修理代金債権に基づく留置権の主張が認められている（名古屋高判昭和 46 年 11 月 2 日判時 654.63〔27431297〕）。

(期限の定め)
再抗弁 1　XとYは、抗弁1の代金債務につき、未到来の確定期限又は不確定期限を定めたこと
＊上記の再抗弁は、本条1項但書に基づくものである。期限の到来は再々抗弁である。
＊悪意の占有者が有益費の償還を求める場合に、裁判所が、回復者の請求に応じて相当の期限を許与すると（196条2項但書）、条文上は明確でないが、すぐにはその有益費償還請求権の弁済期が到来せず、悪意の占有者による留置権の主張が封じられることになろう（608条2項による賃借人の費用償還請求権についても同様）。

4　占有権原の抗弁の機能
　他人の物を占有する者は、その物に関して生じた債権の弁済を受けるまで、その物を留置できるが、それは物の返還の拒絶にとどまらず、占有権原の抗弁として機能する。なお、最判昭和29年1月14日民集8.1.16〔27003233〕は、賃借人の造作買取請求権は、造作に関して生じた債権であり、建物に関して生じた債権ではないとして、留置権を否定している。

訴訟物　XのYに対する所有権に基づく返還請求権としての建物明渡請求権
＊本件は、XがYに対し、所有する賃貸建物を、Yの賃料不払を理由に解除してその返還を求めたところ、YはXの承諾を得た増築工事代金300万円の支払がXからあるまで立ち退かないと主張し、留置権放棄の特約の存否が争点となった事案である。
請求原因 1　Xは本件建物を所有していること
2　Yは本件建物を占有していること
(占有権原)
抗　弁 1　YはXとの間で、本件建物を毎月賃料〇円、期間〇年の約定で賃貸借契約を締結したこと
2　XからYに対して、抗弁1の契約に基づいて、本件建物を引き渡したこと
＊建物に限らず、土地所有権に基づく返還請求権としての明渡請求権に対しての占有正権原の抗弁たり得る主張としては、

地上権、永小作権、留置権、質権、賃借権、使用借権、譲渡担保権、同時履行の抗弁権等が考えられる。

(賃貸借解除)

再抗弁 1 XはYに対し、特定期間分の賃料の支払を求める旨の催告をしたこと
2 再抗弁1の催告後相当期間が経過したこと
3 XはYに対し、再抗弁2の期間経過後、抗弁1の賃貸借契約を解除する旨の意思表示をしたこと

(留置権)

抗 弁 1 Yは、本件建物の増築の工事をしたこと
2 Xは、抗弁1の承諾をしたこと
3 抗弁1の増築工事代金は、300万円であること
4 Xから増築工事代金300万円の支払を受けるまで本件建物を留置する旨のYの権利主張

＊本件の留置権の抗弁は、増築工事代金の回収に重きがあるのではなく、その代金の弁済までは本件建物を占有しておくことができる点(占有権原の抗弁としての機能)に着目したものである。その意味で、債権担保というより、物権的抗弁権としての性格が強いといえる。

(留置権放棄)

再抗弁 1 XはYとの間で、本件建物賃貸借について留置権を放棄する特約をしたこと

＊債権者が債務者を圧迫してあらかじめ留置権を放棄させて暴利行為の手段とするおそれはないから、この特約は有効である(我妻・担保物権法27頁)。

5 不法行為による占有開始
(1) 留置権の発生障害事由
　本条2項は、占有が不法行為によって始まった場合は、留置権の発生が障害されることを定めている。民法修正案理由書によると、その証明責任の所在については、条文の措辞を重視し「既成法典ノ規定ニ依レハ留置権者ハ正当ノ原因タルコトヲ証明セサルヘカラスト雖モ本条第二項ノ如クナレハ証明ノ責任ハ留置権ヲ攻撃スル者ニ存シ之ニ因リテ又権利保護ノ趣旨ニ適セシムルコトヲ得ヘシ」としている(廣中俊雄『民法修正案(前三編)の理由書』有斐閣(1987年)312頁)。

(2) 無権原占有開始型

立法者は、本条 2 項の適用範囲を窃盗、詐欺などの故意的不法行為を想定していた（梅・要義物権編 304 頁）。

訴訟物　X の Y に対する所有権に基づく返還請求権としての動産返還請求権

*本件は、Y が X に何の断りもせず、X の所有する動産を持ち出したため、X が Y に対し、その返還を求めたところ、Y はその動産の修理に 50 万円の費用がかかったので、その支払が X からあるまで留置すると主張した事案である。

請求原因　1　X は本件動産を所有していること
2　Y は本件動産を占有していること

（留置権）
抗弁　1　Y は、本件動産の修理をしたこと
2　抗弁 1 の修理代金は、50 万円であったこと
3　X から修理代金 50 万円の支払を受けるまで本件建物を留置する旨の Y の権利主張

（不法行為による占有開始）
再抗弁　1　Y は、本件動産を、X に断りなく持ち出したものであること

(3) 権原喪失型──本条 2 項の類推適用

判例は、古くから、本条 2 項の規定を拡張的に類推適用し、不法行為による占有開始ではない場合にも、占有権原がないことを知りつつ他人の物を占有する者は、同じく保護に値しないので、留置権を主張できないとしてきた（大判大正 10 年 12 月 23 日民録 27.2175〔27523366〕）。最判昭和 46 年 7 月 16 日民集 25.5.749〔27000622〕【I 77】もこれを踏襲し、「A が、本件建物の賃貸借契約が解除された後は右建物を占有すべき権原のないことを知りながら不法にこれを占有していた旨の原判決の認定・判断は、……首肯することができる。そして、A が右のような状況のもとに本件建物につき支出した有益費の償還請求権については、民法 295 条 2 項の類推適用により、Y らは本件建物につき、右請求権に基づく留置権をすることができないと解すべきである」と判示する（建物占有者は、契約を解除されるまで占有権原を有していたが、建物に費用を支出した時点で無権原であり、かつ無権原につき悪意である）。

判例は、さらに一歩を進め、費用を支出した時点で無権原であるが、無権原であることについて悪意でなかった場合も、留置権の成立を否定する。すなわち、最判昭和51年6月17日民集30.6.616〔27000319〕は、自作農創設特別措置法（昭和27年法律230号廃止）に基づく農地の買収・売渡処分が、同買収計画取消判決確定により当初に遡って無効とされ、元所有者X（被買収者）が、被売渡人Aを介して土地を買い受けたYに対し、所有権に基づく土地明渡し等を求めた事案であるが、「国が自作農創設特別措置法に基づき、農地として買収したうえ売り渡した土地を、被売渡人から買い受けその引渡を受けた者〔Y〕が、土地の被買収者から右買収・売渡処分の無効を主張され所有権に基づく土地返還訴訟を提起されたのち、右土地につき有益費を支出したとしても、その後右買収・売渡処分が買収計画取消判決の確定により当初に遡つて無効とされ、かつ、買主が有益費を支出した当時右買収・売渡処分の無効に帰するかもしれないことを疑わなかったことに過失がある場合には、買主は、民法295条2項の類推適用により、右有益費償還請求権に基づき土地の留置権を主張することはできない」と判示する。

訴訟物　　XのYに対する所有権に基づく返還請求権としての建物明渡請求権

　　　　　　＊本件は、XがYに対し、所有する建物を売買したが、Yの代金不払を理由に解除してその返還を求めたところ、Yは建物の改良工事をした費用200万円の支払がされるまで留置すると主張したが、その改良工事は解除後された事案である。

請求原因　1　Xは、抗弁1当時、本件建物を所有していたこと
　　　　　　2　Yは本件建物を占有していること
（所有権喪失）
抗　弁　　1　XはYとの間で、本件建物を代金1,000万円で売買する契約を締結したこと
（解除）
再抗弁　　1　XはYに対し、抗弁1の契約に基づいて、本件建物を引き渡したこと
　　　　　　2　XはYに対し、代金を支払うよう催告したこと
　　　　　　3　再抗弁2の催告から相当期間経過したこと
　　　　　　4　XはYに対し、再抗弁2の期間経過後、抗弁1の売買契約を解除する意思表示をしたこと

(留置権)
予備的抗弁 1ないし5　上記抗弁1及び再抗弁1ないし4と同じ
6　Yは、本件建物の改良工事をしたこと
7　抗弁6の改良工事の代金は、200万円であること
8　Xから修理代金200万円の支払を受けるまで本件建物を留置する旨のYの権利主張

(不法占有下の改良)
再抗弁 1　予備的抗弁6のYの改良工事は、再抗弁4の解除の意思表示の後にされたこと
＊この再抗弁は、本条2項の類推適用に基づくものである。

6　留置権と同時履行の抗弁権との関係

(1)　両者の異同

　留置権の訴訟上の機能は、同時履行の抗弁権（533条）に類似する。同時履行の抗弁権は、売買（555条）のような双務契約において、売主の引渡債務と買主の代金支払債務は対価関係にあるので、一方は相手方の債務の履行の提供があるまで自己の債務の履行を拒絶することができる権利である。これも留置権と同様に公平の理念を根拠とする。ここで売主は、代金の提供まで目的物を占有することができることとなり、留置権に類似する。

　これに対し、留置権は物について成立する物権であるところ、同時履行の抗弁権は債権契約上の権利にすぎない。また、留置権では債権と物との牽連性が問題となるが、同時履行の抗弁権では契約上の債権相互の対価的牽連性（双務契約性）が問題となる。そのため、留置権は債務者以外の第三者（例えば、目的物の譲受人）にも対抗できるが、同時履行の抗弁権は契約当事者以外の第三者には主張できない。

訴訟物　XのYに対する請負契約に基づく目的物引渡請求権
＊XはYに修理を委託した本件時計の修理が完了したので、その返還を求めたところ、YはXから修理代金2万円の支払を受けるまで本件時計を引き渡さないとの同時履行の抗弁が主張がされた事案である。
＊本件は、上記3の時計の修理の事案と同じ事案であるが、Xは請負契約に基づく時計の引渡請求権も有している。この引渡請求権とYの有する報酬支払請求権は同時履行の関係にあり（633条）、Yは同時履行の抗弁権により、報酬の提供

まで時計の引渡しを拒絶することができる（大判大正5年11月27日民録22.2120〔27522301〕）。

請求原因
1　YはXとの間で、本件時計を代金2万円で修理する旨の請負契約を締結したこと
2　Yは本件時計の修理を完成させたこと

（同時履行）
抗　弁
1　Xから修理代金2万円の支払を受けるまで本件時計を引き渡さないとのYの権利主張
＊633条に基づく抗弁である。

訴訟物　XのYに対する所有権に基づく返還請求権としての土地引渡請求権
＊本件は、Yからその所有する本件土地を買い受けたAが、その代金1,000万円を未払のまま、これを代金1,200万円でXに売買し、Xが土地所有権に基づいて、本件土地を占有するYに対し、その引渡しを求めたところ、YがAから1,000万円の未払代金の支払があるまで留置するとの抗弁を主張した事案である。

請求原因
1　Yは、請求原因2当時、本件土地を所有していたこと
2　YはAとの間で、本件土地を代金1,000万円で売買する契約を締結したこと
3　AはXとの間で、本件土地を代金1,200万円で売買する契約を締結したこと
4　Yは、本件土地を占有していること

（留置権）
抗　弁
1　AはYに対し、請求原因2の売買代金1,000万円の債権を有していること
＊この事実は請求原因2の事実によって既に現れていると解することができれば、改めて主張する必要はない。既に弁済されているという事実は再抗弁に回ることになろう。
2　Aから請求原因2の売買代金1,000万円の支払を受けるまで本件土地を留置するとのYの権利主張
＊本件において、留置権の行使が認められれば、「1　Yは、Xに対し、訴外Aから1,000万円の支払を受けるのと引換えに、本件土地を引き渡せ。2　Xのその余の請求を棄却す

る」と判決すべきことになる（最判昭和47年11月16日民集26.9.1619〔27000530〕【I 76】。建物明渡しの事案）。なお、同判決は、「物の引渡を求める訴訟において、留置権の抗弁が理由のあるときは、引渡請求を棄却することなく、その物に関して生じた債権の弁済と引換えに物の引渡を命ずべきであるが……、XはYに対して残代金債務の弁済義務を負つているわけではないから、Aから残代金の支払を受けるのと引換えに本件建物の明渡を命ずべきものといわなければならない。……（なお、XがAに代位して残代金を弁済した場合においても、本判決に基づく明渡の執行をなしうることはいうまでもない。）」と判示する。

(2) 両者の競合

　留置権と同時履行の抗弁権の適用関係について、①契約法は物権法の特別法と位置付け、同時履行の抗弁権により留置権は排斥されるとの見解（鈴木・物権法420頁）があるが、同時履行の抗弁権が問題となる局面で、目的物を譲り受けた第三者がその所有権に基づく物の引渡しを請求すると、占有者はこれを拒絶できない可能性が生じる。そこで、②双方の成立要件が満たされる場合は、2つの権利が競合し、上記設例のYはいずれも主張できると解すべきである。すなわち、物の引渡請求権として、契約に基づくものと、所有権に基づくものが存在する場合、前者には同時履行の抗弁権、後者には留置権が機能するものとして、その限りで両者の競合を認めるべきである。

● (留置権の不可分性)

第296条　留置権者は、債権の全部の弁済を受けるまでは、留置物の全部についてその権利を行使することができる。

　留置権の抗弁に対し、その目的物に関して生じた債権についての全部の弁済は、再抗弁たり得る。そして、本条は、一部弁済では再抗弁として主張自体失当であることを定める。また、留置権者が留置物の一部の占有を喪失した場合にもなお本条の適用があるのであって、この場合、留置権者は、占有

喪失部分につき留置権を失うのは格別として、その債権の全部の弁済を受けるまで留置物の残部につき留置権を行使し得る（最判平成3年7月16日民集45.6.1101〔27809001〕）。前掲平成3年最判は、「民法296条は、留置権者は債権の全部の弁済を受けるまで留置物の全部につきその権利を行使し得る旨を規定しているが、留置権者が留置物の一部の占有を喪失した場合にもなお右規定の適用があるのであって、この場合、留置権者は、占有喪失部分につき留置権を失うのは格別として、その債権の全部の弁済を受けるまで留置物の残部につき留置権を行使し得るものと解するのが相当である。そして、この理は、土地の宅地造成工事を請け負った債権者が造成工事の完了した土地部分を順次債務者に引き渡した場合においても妥当するというべきであって、債権者が右引渡しに伴い宅地造成工事代金の一部につき留置権による担保を失うことを承認した等の特段の事情がない限り、債権者は、宅地造成工事残代金の全額の支払を受けるに至るまで、残余の土地につきその留置権を行使することができる」と判示する。

|訴訟物| 　XのYに対する所有権に基づく返還請求権としての土地明渡請求権

＊YはA所有地の宅地造成工事を請け負った。造成地は次第に分筆されたが、本件土地もそれに含まれていた。Yは造成の完了部分を順次Aに引き渡し、道路の舗装工事を除いて完了したが、工事代金総額2,300万円のうち残金1,300万円が未払であった。Yは、造成が完了した本件土地上に簡易な営業用建物（事務所）を建築して本件土地を占有していたが、本件土地を含む造成地がAからBのために譲渡担保に供され、さらにXが買い受けて所有権移転登記がされた。本件は、XがYに対して建物収去土地明渡しを求めた事案である。

＊Yの留置権の抗弁が認められると、主文は、「1　YはAから1,300万円の支払を受けるのと引換えに、Xに対し、本件土地上の本件建物を収去してその敷地を明け渡せ。2　被上告人のその余の請求を棄却する」となる。

|請求原因|　1　Aは、請求原因2当時、本件土地を所有していたこと
2　AはXとの間で、本件土地を代金1,000万円で売買する契約を締結したこと
3　Yは、本件土地上に本件建物を所有して本件土地を占有し

ていること

(留置権)

抗弁 1　Yは、Aから本件造成地の宅地造成工事を代金2,300万円で請け負ったこと
2　本件工事代金は、①契約締結時に300万円、②その後700万円、③工事完成時に1,300万円を支払うものと定められたこと
3　Yは、本件造成地のうち造成工事が完了した部分を順次Aに引き渡したこと
4　本件土地は、本件造成地の一部で、既に造成工事が完了しているが、Aに引き渡していないこと
5　YはAに対して、抗弁2の③の1,300万円の工事代金請求権を有していること
6　Yは、Aから1,300万円の支払を受けるまで、Xに対し、本件土地上の本件建物を収去してその敷地を明け渡すことを拒絶するとのYの権利主張

＊前掲平成3年最判の原審は、Yが本件土地に留置権を行使し得るとしたうえ、その被担保債権の額を本件工事代金2,300万円に本件造成地中に占める本件土地の面積割合を乗じて得た190万8,624円に限定し、Xの請求をYがAから右金員の支払を受けるのと引換えに本件建物の収去及びその敷地の明渡しを求める限度で認容すべきものとした第1審を正当として、Yの控訴を棄却していた。この原審判断を前掲平成3年最判は上記のとおり覆したものである。

● (留置権者による果実の収取)

第297条　留置権者は、留置物から生ずる果実を収取し、他の債権者に先立って、これを自己の債権の弁済に充当することができる。
2　前項の果実は、まず債権の利息に充当し、なお残余があるときは元本に充当しなければならない。

1　優先弁済権
　本条1項は、留置物の果実(天然果実(88条1項)と法定果実(同条2

項）の両方を含む）を収取し、これによって留置権の効力として例外的に優先弁済を受ける権利を有することを定める。これは、果実は、金額的に僅少であり、保存に適さないものも含まれるので、留置権者に対し、果実に対する優先弁済権を付与しても、他の債権者を害するおそれが少ないからである（梅・要義物権編 311-312 頁）。

2 優先弁済の充当順序

本条 2 項は、その優先弁済は、まず利息に充当し、次いで元本に充当することを定める。本条は、果実取得の具体的方法について定めていないが、この果実収取権が債権的なものでないことから考えて、少なくとも天然果実の場合は元物から分離したときに当然留置権者の所有に帰すべきものであって、先占等の行為を必要としないものと解すべきである。そして、換価方法については、民執 195 条の定める競売によることとなる。

訴訟物　XのYに対する所有権に基づく返還請求権としての建物明渡請求権及び損害賠償請求権

＊Yは、所有する本件建物をAとの間で、代金 1,000 万円で売買する契約を締結し、さらに、AはXとの間で、本件建物を代金 1,200 万円で売買する契約を締結した。本件建物はYが占有している。本件建物の賃料相当額は、月額金 10 万円である。本件は、XがYに対し、本件建物の明渡しを求めたところ、Yは売買代金の支払を受けるまで、留置権を行使すると抗弁した事案である。

＊請求の趣旨は、「YはXに対し、本件建物を明け渡し、平成〇年〇月〇日から明渡しが終わるまで 1 か月 10 万円による金員を支払え」とする。

請求原因
1 Yは、請求原因 2 当時、本件建物を所有していたこと
2 YはAとの間で、本件建物を代金 1,000 万円で売買する契約を締結したこと
3 AはXとの間で、本件建物を代金 1,200 万円で売買する契約を締結したこと
4 Yは本件建物を占有していること
5 請求原因 3 以降の本件建物の賃料相当額は、月額 10 万円であること

(留置権)
抗弁 1　Yは本件建物に関して債権を有していること
　　　　＊この要件は、既に請求原因2で現れているので改めて主張・立証する必要はない。
　　　2　Yは本件建物の賃料相当損害金を請求原因2の代金の遅延損害金に充当する旨の意思表示をしたこと
　　　3　(抗弁2の賃料相当損害金が請求原因2の代金の遅延損害金を超える場合)、Yはその超過額を請求原因2の代金元本に充当する旨の意思表示をしたこと
　　　4　Yが請求原因2の債権から抗弁2、3の充当後の残額の弁済を受けるまで本件建物を留置する旨のYの権利主張

3　果実が弁済に充当されない場合
　本条は、任意規定と解されるので、弁済に充当されない果実の帰すうが問題となる。債務者に返還すべきとする立場と、留置権の効力がなお収取した果実に対しても及ぶとして、引き続き留置権者による占有を認める立場があるが、東京地判昭和35年12月21日下民11.12.2717〔27430515〕は、建物建築請負契約における請負人が請負代金の支払があるまで当該建物を留置した事案において、留置物から生じた果実を被担保債権の弁済に充てない限り、これを留置物所有者に返還すべきものとしている(ただし、果実の具体的内容は不明)。

●(留置権者による留置物の保管等)

第298条　留置権者は、善良な管理者の注意をもって、留置物を占有しなければならない。
　　2　留置権者は、債務者の承諾を得なければ、留置物を使用し、賃貸し、又は担保に供することができない。ただし、その物の保存に必要な使用をすることは、この限りでない。
　　3　留置権者が前2項の規定に違反したときは、債務者は、留置権の消滅を請求することができる。

1 留置権者の占有の注意義務

本条1項は、留置権者が善良な管理者としての注意義務をもって目的物を占有すべきことを定める。大阪高決昭和39年7月10日下民15.7.1741〔27430761〕は、宅地造成中の土地を留置する者は、その工事を中断したまま放置すれば雨水等による自然崩壊の過程で近隣の住民にも被害を及ぼす危険がある場合、自らの責任では留置物の保存行為を完遂し難い事情があるとしても、留置物の所有者に対し、その事情を通知し、保存行為をするように催告し、保存行為のために所有者が留置物に立ち入るのを受忍する義務を負うとしている。

2 留置物の使用・賃貸・担保提供の禁止
(1) 原則

本条2項本文は、原則として留置物を使用したり、賃貸したり、又は担保に供することができないことを定める。これは、被担保債権の弁済を促すために留置的効力が認められるのであるから、当然の理である。

(2) 債務者の承諾

本条2項本文は、例外として債務者の承諾があれば、留置物の使用、賃貸又は担保提供が可能であることを定める。判例によれば、留置物が被担保債権の債務者の所有に属しない場合があるから、その場合は「債務者」は所有者と読み替え、所有者の承諾がなければ、その所有者が、無断の使用、賃貸又は担保供与を理由として留置権の消滅を請求できると解される（最判昭和40年7月15日民集19.5.1275〔27001283〕、我妻・担保物権法45頁）。

最判平成9年7月3日民集51.6.2500〔28022124〕は、建物建築請負残代金債権を被担保債権として完成した建物上に留置権を有する建設業者が、事実上倒産した注文者から同建物の利用について包括的な承諾を得たうえで、自ら使用し、一部を賃貸していたところ、担保権の実行としての競売によって同建物を取得した買受人から無断での使用・賃貸を理由とする留置権の消滅請求を受けた事案について、旧所有者から承諾を得た当該建物の使用状態を継続している場合は、新所有者との関係でも本条3項の義務違反は生じないとする原審判決を支持し、留置権者は、旧所有者による承諾の効果を新所有者に対しても主張でき、新所有者は、留置権者による使用等を理由として同条3項による留置権の消滅を請求できないとしている。

(3) 保存に必要な行為

本条2項但書は、本文の例外として、保存に必要な使用は妨げないことを定める。

「保存に必要な使用」とは、留置物の一定の使用が適度な保存状態として望ましい場合であり、不動産や船舶、自動車など相当長期にわたる耐久性を備えた物の使用が考えられる。

ア　建物

大判昭和10年5月13日民集14.876〔27500712〕は、借家人が、家屋の賃借中に支出した必要費・有益費のために留置権を主張し、同家屋に居住し続けていた事案について、留置した家屋を空家にしたり、番人を付けて保管させるよりも、従前のように留置権者が居住使用する方が適切であるとして、居住継続が留置物の保存に必要な使用に当たるものと解する。ただし、家屋所有者は、留置権者に対し、その占有期間中の賃料に相当する金員の支払を請求し得る。また、高松高判昭和30年2月22日下民6.2.326〔27400670〕は、留置建物の保存のための使用について、浴場管理委託契約終了後も、受託者が、その前に支出した必要費の償還請求権について浴場建物を留置し、浴場経営のための使用継続を認めている。

イ　船舶

最判昭和30年3月4日民集9.3.229〔27003073〕は、船舶を目的とする売買契約の解除後も、買主が、船体の修理費用を支出したとして留置権を主張し、その船舶を遠方（名古屋、大阪から山口県）にまで航行させ、貨物の運送業務に従事させていた事案であるが、仮に契約解除前と同一の使用形態であったとしても、航行の危険性等からみて留置物の保存に必要な限度を逸脱したとして、売主の留置権消滅請求を認めている。

ウ　自動車

留置権者が自動車を留置物として使用した事案において、修理代金債権を有する留置権者が点検整備のために移動させていたにとどまるときは、走行距離も短いはずであるが（大阪地判昭和41年2月15日判時457.49〔27710661〕）、750キロメートルの走行距離メーター表示のとおりだとすれば、その多くが自己の用途に供したものと言わざるを得ないとする（大阪高判昭和42年6月27日判時507.41〔27403030〕）。

3　留置権者の違反による債務者の消滅請求

本条3項の留置権の消滅の「請求」は、301条（545条3項、563条1項）の場合とその性質を異にするものであって、形成権の性質を有する。つまり、債務者又は目的物の所有者の一方的な意思表示のみで足りる（注民(8) 66頁〔田中整爾〕）。民法典における「請求」の用語は、相手方の作為・不作為を要求する用例のほかに、一方的行為をもって効力を生じさせる本条の

ような用例がある（例えば、276 条、420 条 2 項、535 条 3 項等）。

最判昭和 38 年 5 月 31 日民集 17.4.570〔27002027〕によれば、留置権者が本条 1 項及び 2 項の規定に違反したときは、留置物の所有者は、当該違反行為が終了したかどうか、またこれによって損害を受けたか否かを問わず、留置権の消滅を「請求」でき、この権利の行使により、留置権は当然に消滅するものとする。

最判昭和 40 年 7 月 15 日民集 19.5.1275〔27001283〕は、留置権者が本条 1 項及び 2 項の規定に違反したとき、留置物の所有権を取得した第三者がいるのであれば、「第三取得者である所有者も同条 3 項により留置権の消滅請求権を行使し得る」とするので、この消滅に関する権利は、債務者に専属せず、留置物の所有者も行使できると解される。

訴訟物 　X の Y に対する所有権に基づく返還請求権としての伐木引渡請求権

＊X は Y に委託した立木の伐採が完了したので、その引渡しを求めたところ、Y は X から伐採代金〇〇万円の支払を受けるまで本件立木を留置する旨の主張がされ、さらに、留置権が消滅したか否か争点となった事案である。

請求原因　1　X は本件伐木を所有していること
　　　　　　2　Y は本件伐木を占有していること

（留置権）

抗弁　1　Y は X との間で、X 所有の山林の立木を代金〇〇万円で伐採する請負契約を締結したこと
　　　　2　Y は伐採を完了したこと
　　　　3　X が伐採代金〇〇万円の支払をするまで本件立木を留置する旨の Y の権利主張

（留置権消滅）

再抗弁　1　Y が本件伐木の占有につき善良な管理者としての注意義務に違反することを基礎付ける事実

＊立木伐採の請負人が、注文主から請負代金の弁済を受けるまで伐採した立木の一部を留置し、無断でその伐木を他に売り渡す契約を締結したり、同じ伐木を担保として信用金庫から金銭を借用したりした場合、その請負人は、留置権者としての善管注意義務に違反するが、端的に、伐木を所有する立木売買の買主の承諾を得ないでした行為は、本条 2 項に違反

し、留置権消滅請求の原因になる（請負の事案であるが、最判昭和38年5月31日民集17.4.570〔27002027〕）。
    2 XはYに対して、留置権を消滅させる旨の意思表示をしたこと
    ＊この再抗弁は、本条1項と3項に基づくものである。この消滅請求権は形成権であるため、債務者Xの意思表示によって当然に留置権が消滅する。

(留置権消滅)
再抗弁 1 Yは本件伐木を使用若しくは賃貸したこと、又は、担保に供したこと
    2 XはYに対し、留置権を消滅させる旨の意思表示をしたこと
    ＊この再抗弁は、本条2項本文と3項に基づくものである。

(留置権消滅障害)
再々抗弁 1 再抗弁1の使用、賃貸、担保提供は、Xの承諾を得たものであること
    ＊この再々抗弁は、本条2項本文に基づくものである。

(留置権消滅障害)
再々抗弁 1 再抗弁1の使用は、本件伐木の保存に必要なものであること
    ＊この再々抗弁は、本条2項但書に基づくものである。
    ＊最判昭和33年1月17日民集12.1.55〔27002718〕は、留置物の保存に必要な使用の範囲を逸脱したか否かにより、留置権消滅権の発生いかんの判断をすべきというにとどまり、仮に留置権消滅権が発生していても、これを行使しなければ、留置権の存続を認めるほかないのであり、裁判所には、上記再抗弁2の留置権消滅権を行使するか否かを釈明する義務はないとする。

● (留置権者による費用の償還請求) ═══════

第299条 留置権者は、留置物について必要費を支出したときは、所有者にその償還をさせることができる。
    2 留置権者は、留置物について有益費を支出したときは、これによる価格の増加が現存する場合に限り、所有者の選択に従い、その支出した金額又は増価額を償還させることができる。ただし、裁判所は、所

有者の請求により、その償還について相当の期限を許与することができる。

1　留置権者による必要費の償還請求

　本条は、留置権者が、留置権を行使して目的物を占有している間に、留置物について必要費を支出したときは、留置物の所有者に対し、自らが支出した費用の償還を求め得ることを定める。留置権者は、その目的物の占有者であるから、本条がなければ、196条の適用を受けることになるが、占有者の場合は、善意と悪意とによって適用される内容を異にする。留置権者はその善意・悪意につき、疑義が生ずるので、本条が置かれた。

　最判昭和33年1月17日民集12.1.55〔27002718〕は、浴場管理委託契約の受託者が、その契約終了前に支出した費用の償還請求権について浴場建物を留置し、契約終了後も必要費及び有益費を支出した場合には、これらの費用償還請求権についても留置権を行使して浴場建物の明渡しを拒むことができるとする。留置権者が留置物の占有中に費用を支出すれば、本条により、その費用償還請求が認められるのはもちろん、さらにその費用償還請求権を被担保債権とする留置権の行使が認められている。

訴訟物　　XのYに対する所有権に基づく返還請求権としての目的物引渡請求権
　　　　　　＊Xは、X所有の目的物を占有するYに対し、その返還を求めたところ、Yが留置物について必要費を支出したとしてその償還を求めて留置権を行使した事案である。

請求原因　1　Xは目的物を所有していること
　　　　　　2　Yは目的物を占有していること

（留置権）

抗　弁　1　Yが目的物の現状を維持し、原状に回復し、又は使用収益させるために必要な費用を支出したこととその数額
　　　　　　2　XがYに対して抗弁1の金額を支払うまで目的物を留置する旨のYの権利主張

2　留置権者による有益費の償還請求

　留置権者が留置物について有益費を支出したときは、その価格の増加が現

存する場合に限り、所有者の選択に従って、その支出した金額、又は増加額を償還させることができる（本条2項本文）。しかし、裁判所としては請求があれば、その支払に相当の期限を許与することができる（同項但書）。

有益費とは、物の本質を変じないで物を利用改良するために支出した費用をいう。例えば、建物に造作を施した費用である。以下は、本条2項本文に基づく抗弁のみを掲記するものである。

（留置権）
抗弁 1　Yが目的物に有益費を支出した額とその支出が目的物の価額を増加させた額のうちXが選択する額
　　　2　XがYに対して抗弁1の金額を支払うまで目的物を留置する旨のYの権利主張

● (留置権の行使と債権の消滅時効)

第300条　留置権の行使は、債権の消滅時効の進行を妨げない。

本条は、債権者が留置権を行使しても、これにより自己の債権の消滅時効の進行を中断させることができないことを定める。留置権の行使による目的物の留置は、「被担保債権の弁済がないために引渡を拒絶しているのだとみることができるとしても、それによって被担保債権そのものを行使しているとはいえず、債権の不行使という状態は存在する」からである（我妻・担保物権法47頁）。

しかし、留置権の抗弁が提出された場合の効力について、最判昭和38年10月30日民集17.9.1252〔27001988〕は、「被担保債権の債務者を相手方とする訴訟における留置権の抗弁は被担保債権につき消滅時効の中断の効力がある」とする。これは、留置権の成立存続の要件として被担保債権が存在し、留置権の抗弁には、相手方の履行を求める権利主張の意思が含まれているから、訟係属中は、留置権の抗弁を撤回しない限り、被担保債権についての時効中断の効力も存続し（「裁判上の催告」）、訴訟終結後6か月以内に「裁判上の請求」その他の、より強力な手段に訴えれば、その中断の効力を維持できるとするのである（153条参照）。ただ、この判例に対しては、被担保債権の存在が明らかにされ、抗弁であれ権利が主張されているから、

「裁判上の請求」に準じて本来の時効中断の効力を認めるべきとする見解が有力である（四宮和夫『民法総則〈第4版〉』弘文堂（1986年）316頁）。

訴訟物　XのYに対する所有権に基づく返還請求権としての動産引渡請求権

＊Xの先代Aは、所有する本件動産をBからの借入金債務を担保するため、Bに譲渡担保に供して引き渡した。YはAに代ってBに対し借入金を弁済した後、Bから本件動産の引渡しを受けた。本件は、XがYに対して、所有権に基づいて本件動産の引渡しを求めたところ、Yは求償権の弁済との留置権を行使するので、Xは求償権の消滅時効を主張したため、留置権の行使が時効の中断事由となるかが争点となった事案である。

請求原因
1　Xは本件動産を所有していること
2　Yは本件動産を占有していること

（留置権）
抗　弁
1　Aは、抗弁3当時、本件動産を所有していたこと
2　BはAに対し、1,000万円を弁済期平成2年6月1日の約定で貸し渡したこと
3　AはBとの間で、本件動産を抗弁2の債務の担保として譲渡することに合意したこと
4　AはBに対し、抗弁3に基づき本件動産を引き渡したこと
5　Yは、Aに代って、Bに対し、平成2年6月1日、抗弁2の債務1,000万円を弁済したこと
6　YはBから、請求原因5の後、本件動産の引渡しを受けたこと
7　Aは死亡したこと
8　XはAの子であること
9　Xが1,000万円を支払うまで本件動産を留置する旨のYの権利主張

＊留置権の抗弁が主張された場合、その被担保債権の消滅時効が留置権消滅の再抗弁たり得るかという問題がある。留置権の行使は、当然には、被担保債権の行使を意味しないから、本条は、この問題を否定する。しかし、被担保債権の債務者が原告である訴訟において、留置権の抗弁が提出された場合

には、その債権について、消滅時効中断の効力があり、かつ、その効力は、留置権の抗弁が撤回されない限り、その訴訟継続中存続するものと解されている（前掲昭和38年最判）。

（被担保債権の消滅時効）
>再抗弁< 1 債権を行使し得る時から10年が経過したこと
　　　　2 XはYに対して時効援用の意思表示をしたこと

（訴訟上の留置権行使）
>再々抗弁< 1 抗弁9の留置権行使の意思表示が、再抗弁2に先立って、被担保債権の債務者たるXが原告となっている訴訟においてされたこと

●(担保の供与による留置権の消滅)

第301条 債務者は、相当の担保を供して、留置権の消滅を請求することができる。

1 「担保を供して」の意義
　本条の「担保」は、物的担保でも、人的担保でもよいとされる。債務者（所有者を含む）から代担保を提供しても、留置権者がこれを承諾しない場合が、問題となる。これについては、「消滅を請求する」ことに関し、見解が分かれている。

2 「消滅を請求する」の意義
　「消滅を請求する」の意義については、見解が分かれている。
　留置権者の承諾がなくとも、被担保債権額に見合う適当な担保を提供して、消滅の意思表示をすることができる（形成権）と解する有力説（我妻・担保物権法46頁、鈴木・物権法429頁）があるが、担保の相当性の判断を債務者側だけで決定できるとする点に疑問の余地が残り、通説は、留置権者の承諾が必要であり、留置権者が承諾しない場合は、留置権者の承諾に代わる裁判（424条2項但書）を経るべきであるとしている。
　本条の留置権消滅の請求は、留置権を消滅させる効果はあるが、同時履行の抗弁権を消滅させることはない。以下の再抗弁は、留置権の抗弁に対して

その消滅をもたらすものである。

(留置権消滅)

再抗弁 1　X（債務者又は留置物の所有者）はYに対し、XのYに負担する債務額以上の価額の目的物に質権・抵当権を設定したこと
2　XはYに対し、留置権を消滅させる意思表示をしたこと
3　YはXに対し、再抗弁1の提供を承諾したこと、又は、Yの承諾に代わる確定判決の存在

● (占有の喪失による留置権の消滅)

第302条　留置権は、留置権者が留置物の占有を失うことによって、消滅する。ただし、第298条第2項の規定により留置物を賃貸し、又は質権の目的としたときは、この限りでない。

1　占有の喪失による留置権の消滅
　本条本文は、目的物の占有を失うと留置権が消滅することを定める。しかし、その例外として、298条2項に基づき債権者の承諾を得て賃貸又は質入れをした場合は、留置権は消滅しないで、存続することを定める。したがって、本条本文によれば、留置権に基づく返還請求権が、主張自体失当となることが明らかである。しかし、物権的請求権がすべて否定されるべきではない。留置権は、目的物を留置占有でき、使用収益も認められるから（297条、298条2項）、留置権に基づく妨害排除請求権や妨害予防請求権は発生し得る（広中・物権法278頁）。
　なお、留置権者が目的物の占有を奪われたときは、占有権に基づく返還請求権（200条1項）を行使することができ、占有を回復することによって、留置権も消滅を免れることとなる（203条但書）。
　一般に、留置権消滅原因として本条が規定する占有喪失は、直接、間接の占有を失ったことを意味すると解されている（我妻・担保物権法46頁）。本条但書は、必ずしも明確でないが、たとえ債務者（所有者）の承諾を得ていない賃貸又は質入れであっても、当然に留置権が消滅するわけではなく、298条2項違反を理由とする債務者（所有者）からの消滅請求を受けてはじ

めて留置権が消滅するのである。

2　目的物の再度の占有取得
　留置物の占有喪失は、事の重大さから留置権の絶対的な消滅原因と解することもできる。しかし、判例は、留置権者が目的物の占有を喪失した場合でも、占有喪失後に再びその占有を取得したときは、その者は、留置権を有するものと解している。例えば、車両の修理代金債権を有する留置権者が、同車両の引渡しとともに占有を失った後、再び占有を取得した事例では、新たな留置権の取得としてとらえている（東京地判昭和49年5月16日判時757.88〔27431445〕）。

■ （参考）（商人間の留置権）

商法第521条　商人間においてその双方のために商行為となる行為によって生じた債権が弁済期にあるときは、債権者は、その債権の弁済を受けるまで、その債務者との間における商行為によって自己の占有に属した債務者の所有する物又は有価証券を留置することができる。ただし、当事者の別段の意思表示があるときは、この限りでない。

1　商人間の留置権の成立要件
　本条本文は、商人間の留置権の成立要件を定める。つまり、①当事者双方が商人であること、②当事者双方のために商行為たる行為によって生じた債権であること、③その債権の弁済期が到来していること、④留置の目的物が債務者所有の物又は有価証券であること、⑤留置の目的物が債務者との商行為によって債権者の占有に帰した物であることである。目的物と被担保債権の牽連性は要求されない。
　本条但書は、本文の定める留置権を当事者の特約で排除することができることを定める。

2　商人間の留置権の法律効果
　本条は、商人間の留置権の法律効果については定めていない。したがって、法律効果は民法の原則（295条-302条）によることになる。ただ、破産手続が開始すれば、その時点で存在する民事留置権は、破産財団に対して効

力を失うが（破66条3項）、その時点で存在する商事留置権は、特別の先取特権とみなされ、別除権の扱いを受ける（同条1項、65条2項）。

留置権による競売は、担保権の実行として競売の例による（民執195条）。民事執行法上、留置権が他の担保権と区別されているのは、留置権が優先弁済権を伴わないからである。

|訴訟物| XのYに対する所有権に基づく返還請求権としての有価証券引渡請求権
* 本件は、Xがその所有する有価証券をYが占有しているので、その返還を求めたところ、Yが商人間の留置権（商521条）を主張し、それを排除する特約の存否が争点となった事案である。
* 民事留置権の主張が認められた場合は、同時履行の抗弁の場合と同様に、引換給付判決（原告一部敗訴）となるが、商事留置権の主張が認められた場合は、債権者保護の要請が一層強いから、一般にXの請求が全部棄却となる。
* 商人間の留置権においては、民事留置権と異なり、成立要件として留置目的物と被担保債権の「牽連性」が要求されない。その反面、債務者所有の物に限られない民事留置権の目的物と異なり、商人間の留置権の目的とすることができるのは「債務者の所有する物」に限られる（請求原因1と抗弁2によって、現れる）。

|請求原因| 1 Xは本件有価証券を所有すること
2 Yは本件有価証券を占有すること

（留置権）
|抗 弁| 1 XとYは、いずれも商人であること
2 YはXとの間で、本件動産を代金500万円で売買する契約を締結したこと
3 請求原因2のYの有価証券の占有は、XとYとの商行為に基づくこと
4 YはXに対し、抗弁2の債権の弁済を受けるまで本件有価証券を留置する旨の意思表示をしたこと
* 留置権は抗弁権であるから、抗弁4の権利主張が必要となる。

(別段の意思表示)

再抗弁 1　Xが本件有価証券の返還を請求した場合、YはXに無条件で返還する旨の合意があること
　　　　　＊商人間の留置権は、特約によって排除できる（本条但書）。この点に関する限り、民事留置権も同様に解され、両者に差異がない。

3　同時履行の抗弁権の破産法上の扱い

　破産法上、同時履行の抗弁権は、民事留置権よりも優遇される。すなわち、破産手続の開始時点で破産者を一方当事者とする双務契約上の債務が両方とも履行を完了していない場合は、破産管財人は、当該契約を解除するか、それとも破産者の債務を履行して相手方の債務の履行を請求するかを選択できる（破53条1項）。そして、相手方は、破産管財人に対し、相当期間内にどちらを選択するかを確答するように催告できるものとされている（同条2項）。要するに、同時履行の抗弁権は、破産手続の開始後もその効力を維持する。具体的には、破産管財人が契約解除を選択したときは、相手方は、一部履行済みの反対給付が現存すればその返還を求め、現存しなければその価額について財団債権者としての権利行使が認められ（同条2項）、破産管財人が履行請求を選択したときは、相手方は、自己の請求権を財団債権として優先的に弁済を受け得る（同法148条1項4号）。

■ **（参考）**（代理商の留置権）

商法第31条　代理商は、取引の代理又は媒介をしたことによって生じた債権の弁済期が到来しているときは、その弁済を受けるまでは、商人のために当該代理商が占有する物又は有価証券を留置することができる。ただし、当事者が別段の意思表示をしたときは、この限りでない。

　代理商は取引の代理又は媒介をすることによって報酬請求権、立替金請求権等の債権を取得することとなるが、本条は、代理商が本人のために占有する物又は有価証券を留置することができることを定める。代理商は、本条の定める留置権のほか、商521条及び民295条の各留置権を有する。

訴訟物　　Xの Y に対する所有権に基づく返還請求権としての有価証券引渡請求権
　　　　　　＊本件は、X がその所有する有価証券を Y が占有しているので、その返還を求めたところ、Y は代理商の留置権（商 31 条）を主張し、それを排除する特約の及び被担保債権の弁済期、その到来が争点となった事案である。

請求原因　1　X は本件有価証券を所有すること
　　　　　　2　Y は本件有価証券を占有すること

（留置権）
抗　弁　　1　Y は X の代理商であること
　　　　　　2　Y は X に対し、取引の代理又は媒介をすることによって生じた債権を有すること
　　　　　　＊抗弁 2 の事実は権利主張なので、争いがある場合は、具体的な債権発生原因事実を主張・立証する必要がある。
　　　　　　3　X から、抗弁 2 の債権の弁済を受けるまで本件有価証券を留置する旨の Y の権利主張

（別段の意思表示）
再抗弁　　1　X が Y に対し、本件有価証券の返還を請求した場合、Y は X に無条件で返還する旨の合意があること
　　　　　　＊本条但書に基づく再抗弁である。

（弁済期）
再抗弁　　1　X と Y は、抗弁 2 の債権につき弁済期を定めたこと
　　　　　　＊民 295 条 1 項但書は、被担保債権の（未到来の）弁済期の存在を留置権の発生阻止事由としている。これに対し、本条本文は弁済期の到来を留置権の発生原因事由としている。しかし、本条本文は、民法の立証・責任の分配を変更する趣旨のものとは解されず、商事留置権においても弁済期の定めは権利発生阻止事由とされよう。本件の場合は、弁済期の定めの存在が再抗弁、その到来は再々抗弁と位置付けられる。

（弁済期到来）
再々抗弁　1　再抗弁 1 の弁済期が到来したこと

第 8 章　先 取 特 権

　先取特権は、法が定める一定の債権を有する者が、債務者の総財産（一般の先取特権）、特定の動産又は不動産（動産先取特権、不動産先取特権）につき、債権者への目的物の占有移転なしに当然に成立し、他の債務者に優先してその債権の弁済を受けることができる担保物権である。当事者の約定に基づかない点では、留置権と同様に法定担保物権に属するが、債務者が占有した状態のままで債権者がその目的物上に優先弁済権を取得する点では、留置権や質権とは異なり、特に債務者自身が設定した抵当権と共通する。したがって、民法上の先取特権は、非占有型の法定担保物権として位置付け得るが、他の法律にまで広げると、先取特権の概念によって包括される優先的債権（税債権を含む）の外延は必ずしも明確でない。

　先取特権の種類は、目的物の特定・不特定により区分される。まず、①債務者の総財産を目的とする一般の先取特権（306 条以下）と、②債務者所有の特定財産を目的とする特別の先取特権に区分され、②は、さらに債務者所有の特定動産を目的とする動産の先取特権（311 条以下）と特定不動産を目的とする不動産の先取特権（325 条以下）に分かれる。そして、これら 3 つの範疇に属する民法上の先取特権は、全部で 15 種に及ぶ。

　本来、債権実現の最後のよりどころとなる債務者の責任財産は、すべての債権者にとっての「共同の担保」であり、各債権の目的・原因・発生日の前後等にかかわらず、その債権額の割合に応じて分与されるべき債権者平等の原則の下にある。これを明定した規定はないが、425 条のほか、929 条、947 条 2 項等その趣旨をうかがわせる関連規定が散在する。しかし、この比例弁済による平等原則が適用される場面は極めて限られている。換言すれば、多数の債権者が殺到する債権回収の場面では、有担保の債権者が優位性を有するのである。しかも、その場合、債権者間での優先的地位の確保は、原則的に約定の担保によるべきだとしても、優先権の存否を当事者自治に委ねると、信用取引上劣位の債権者が無担保に置かれるのもまた現実であり、ここに①公平性の確保、②当事者の意思の推測、③社会政策的配慮という観点から設けられた先取特権の存在理由がある。

　なお、民事執行法制定以前は、先取特権者が自らの優先権を実現する方法に疑義があったが、同法制定により立法上の解決が図られた（民執 181 条 1 項、189 条、190 条、193 条等）。

第1節　総　　則

●(先取特権の内容)

第303条　先取特権者は、この法律その他の法律の規定に従い、その債務者の財産について、他の債権者に先立って自己の債権の弁済を受ける権利を有する。

1　先取特権の内容
　本条は、先取特権が法律の明文なくしては存在することがない、いわゆる法定担保物権であること、及び先取特権の効果が債務者の財産に対しての優先弁済権であることを定める。先取特権の優先弁済権が具体的に機能するのは、競売の申立て(民執181条、190条)と配当要求(同法51条、133条)の二局面であり、優先弁済権が及ぶ債務者の財産の範囲は先取特権の種類によって異なる。

2　担保権の存在を証する文書
　「担保権の存在を証する文書」の提出により、一般先取特権者自身が担保権の実行方法としての競売を申し立てることができることとした。これは、債務名義によらない強制換価手続の開始要件とされる法定文書(民執181条1項各号)の中でも異色である。同法制定以後も、動産売買の先取特権者が、一般債権者として申し立てた強制執行による差押え後、自己の先取特権に基づく物上代位権を行使するためには、さらに担保権の存在を証する文書を提出し、配当要求を申し出たりする必要があるかという問題があり、最判昭和62年4月2日判時1248.61〔27800331〕は、これを肯定し、動産売買の先取特権者は、自ら強制執行によって物上代位の目的債権を差し押さえた場合でも、競合する他の差押債権者等がいるときは、配当要求の終期までに担保権の存在を証する文書を提出して配当要求又はこれに準ずる先取特権行使の申出をすることなく、優先弁済を受けることはできない。

● (物上代位)

第 304 条 先取特権は、その目的物の売却、賃貸、滅失又は損傷によって債務者が受けるべき金銭その他の物に対しても、行使することができる。ただし、先取特権者は、その払渡し又は引渡しの前に差押えをしなければならない。
　2　債務者が先取特権の目的物につき設定した物権の対価についても、前項と同様とする。

1　先取特権の物上代位

本条 1 項本文は、先取特権の目的となった物の「売却、賃貸、滅失又は損傷」により、債務者が受けるべき金銭その他の価値代替物に対する物上代位権の行使を定めている。文言上は、「売却」による代金支払請求権、「賃貸」による賃料請求権、「滅失」又は「損傷」による損害賠償ないし保険金請求権などの債務者への払渡し前の金銭債権が物上代位の主要な目的となる。

なお、一般の先取特権は、債務者の総財産を対象とするから、物上代位性は問題にはならない。なぜなら、例えば、債務者の総財産中のある物が売却されても、売却代金は債務者の総財産の一部を構成するので、当然に一般の先取特権の効力が及ぶのであって、物上代位性の効力が及ぶものではない。

2　物上代位の発生原因
(1)　売却
ア　売買

本条 1 項によると、「売却……によって債務者が受けるべき金銭その他の物」とあるが、代金を受け取るときは売買であり、物を受け取るときは厳密にいえば交換である。売買たることが多いであろうが、条文の体裁からも本条の趣旨からも交換を含むと解される（注民 (8) 98 頁〔林良平〕）。不動産の先取特権にあっては、不動産上に先取特権が追及して効力を及ぼすのでそれとの関係が問題となるが、動産の先取特権については目的物上に先取特権は追及できないので（333 条）、物上代位の効能は大きい。

訴訟物　　　　　A の Y に対する売買契約に基づく代金支払請求権
　　　　＊本件は、XA 間の動産売買の先取特権に基づき、AY 間の本

件動産売買の代金債権についての物上代位請求に対して、Yが支払に応じない事案である。なお、Aは本件動産をYに転売した後、破産している。

＊我妻・担保物権法290頁は、転付命令は不要であって、366条の趣旨から、直接取り立て得ると解している。この事案は、322条の事案と同じである。

＊動産の先取特権においては、目的動産が売却されて引き渡されたときは、目的動産に追及できなくなるので（333条）、売却代金への物上代位の行使は意味がある。

請求原因
1 XはAとの間で、本件動産を代金300万円で売買する契約を締結したこと
2 AはYとの間で、本件動産を代金400万円で売買する契約を締結したこと
3 債権者X、債務者A、第三債務者Y間○○地方裁判所平成5年（ナ）第○○号債権差押え・転付命令事件において、請求原因1の債権を請求債権とし、請求原因2の債権を差押債権とする債権差押え・転付命令が発せられたこと

＊物上代位権を行使するためには、先取特権者が、払渡し又は引渡しのされる前に差し押さえることが必要とされている（本条1項但書）。

4 請求原因3の債権差押え・転付命令がYに送達されたこと

＊債務者Aの倒産後であっても先取特権者Xは物上代位権を行使できるか否かにつき、最判昭和59年2月2日民集38.3.431〔27000024〕は、これを肯定する。同判決は、工作機械を売主Xが、その買主Aの破産後に同人が有する転売代金債権を目的として差押え・転付命令を取得した事案であるが、差押えの目的は物上代位の目的債権の特定性の保持による物上代位権の効力の保全と第三者の保護にあるから、第三債務者Yによる弁済（後記「（弁済）の抗弁」参照）又はAによる債権の譲渡の場合と異なり、単に一般債権者が差押命令を取得したにとどまる場合には、先取特権者Xが物上代位権の行使を妨げられる理由はなく、Aが破産宣告を受けた場合も、破産者Aの財産の所有権が破産財団又は破産管財人に譲渡されたことにはならず、これを一般債権者による差押えの場合と区別すべき理由はないので、Xは、債務者

Aが破産宣告を受けた後でも先取特権者の物上代位権を行使できるとしている。

＊最判昭和60年7月19日民集39.5.1326〔27100017〕【I 82】は、前掲昭和59年最判が傍論として述べた一般債権者による目的債権の差押え・仮差押えの事例であるが、差押えの目的は物上代位の目的債権の特定性の保持による物上代位権の効力の保全と目的債権を弁済した第三債務者又は債権の譲受人や転付命令を得た差押債権者などの第三者の保護にあるから、「目的債権について一般債権者が差押又は仮差押の執行をしたにすぎないときは、その後に先取特権者が目的債権に対し物上代位権を行使することを妨げられるものではない」と判示した。

（弁済）

抗弁 1　請求原因4に先立って、YはAに対し請求原因2の代金を支払ったこと

＊請求原因4の注記の判例によれば、「請求原因4に先立って、Aは破産開始決定を受けたこと」「請求原因4に先立って、Aの債権者がAに対して、目的債権（転売代金債権）につき、差押え又は仮差押えをしたこと」は、抗弁となり得ないことになる。

＊請求原因4の注記の両判決を前提として、残る問題は、物上代位による「差押え」の前に、①一般債権者が目的債権を差し押さえて転付命令まで取得していた場合、又は②債務者が目的債権を第三者に譲渡し、譲受人がその対抗要件を具備していた場合がどうなるかである。特定性維持説によれば、目的債権について転付命令や債権譲渡があった後でもなお物上代位可能とされていたが（我妻・担保物権法290頁）、大判大正12年4月7日民集2.209〔27511021〕は、転付命令の効力が生じれば、転付債権者の債権は弁済されたものとみなされ、その限度で被転付債権が転付債権者に移転し、債務者と第三債務者との債権・債務関係を残さない点で債権譲渡と異ならず、したがって、その後に抵当権者が物上代位による優先権を行使できないとしていた（そのため、前掲昭和59年最判も、「第三債務者による弁済又は債務者による債権の第三者への譲渡の場合とは異なり」と断ったうえで、目的債

権の単なる差押えや債務者の破産後の物上代位を肯定した）。

①最判平成14年3月12日民集56.3.555〔28070493〕は、抵当権の物上代位と目的債権の差押え・転付命令が競合した事案だが、抵当権者は、転付命令の第三債務者への送達時までに物上代位権の行使として目的債権を差し押さえない限り、転付命令の効力を妨げることはできない（物上代位権行使はできない）として、民事執行法の規定（民執159条3項、160条）に則しつつ、従来の判例を踏襲した。また、②先取特権の物上代位と目的債権の譲渡が競合した事案においても、最判平成17年2月22日民集59.2.314〔28100442〕は、動産売買の先取特権者は、物上代位の目的債権が譲渡され、第三者への対抗要件が具備された後には、目的債権を差し押さえて物上代位権を行使することはできないとした。この点、最判平成10年1月30日民集52.1.1〔28030472〕が、抵当権の物上代位と目的債権の譲渡が競合した事案につき、（「差押え」要件の意義を第三債務者の二重弁済の防止に重点を置く「第三債務者保護説」に立ちながら）、抵当権者は、抵当権設定登記により抵当権の効力が目的債権に及ぶことを事前に公示している以上、目的債権の譲渡の対抗要件が備わった後でも物上代位権を行使できるとしていた。これに対し、前掲平成17年最判は、公示方法が存在しない動産先取特権については、抵当権とは異なり、目的債権の譲受人等の、第三債務者に限られない第三者の利益保護が本条1項但書の趣旨に含まれるとして、前掲平成10年最判と一線を画した。そうすると、「払渡し又は引渡し」の文言は、抵当権による物上代位では債権譲渡を含まず、先取特権による物上代位では債権譲渡を含むこととなる。

イ　請負

請負人が売主から給付された材料を使って請負を完成させたとき、売主が請負人の注文主に対する請負代金債権に動産売買先取特権を行使できるかにつき見解が分かれていた。請負人の注文主に対する請負代金債権は、「売却」の文言からは、物上代位の目的と解し難いが、請負人が自ら調達した材料を用いて労務を提供したことからすると、その請負には売買類似の関係が存在する。最決平成10年12月18日民集52.9.2024〔28033491〕【Ⅰ78】は、注

文主から大型機械（ターボコンプレッサー）の設置工事を請け負った請負人が、その債務の履行のため、売主に同機械を発注し、売主が、請負人の指示に基づいて同機械を注文主に引き渡した事案において、「動産の買主がこれを他に転売することによって取得した売買代金債権は、当該動産に代わるものとして動産売買の先取特権に基づく物上代位権の行使の対象となる（民法304条）。これに対し、動産の買主がこれを用いて請負工事を行ったことによって取得する請負代金債権は、仕事の完成のために用いられた材料や労力等に対する対価をすべて包含するものであるから、当然にはその一部が右動産の転売による代金債権に相当するものということはできない。したがって、請負工事に用いられた動産の売主は、原則として、請負人が注文者に対して有する請負代金債権に対して動産売買の先取特権に基づく物上代位権を行使することができないが、請負代金全体に占める当該動産の価額の割合や請負契約における請負人の債務の内容等に照らして請負代金債権の全部又は一部を右動産の転売による代金債権と同視するに足りる特段の事情がある場合には、右部分の請負代金債権に対して右物上代位権を行使することができる」と判示したうえで、「Aは、Bからターボコンプレッサー……の設置工事を代金2080万円で請け負い、右債務の履行のために代金1575万円で右機械をXに発注し、XはAの指示に基づいて右機械をBに引き渡したものであり、また、右工事の見積書によれば、2080万円の請負代金のうち1740万円は右機械の代金に相当することが明らかである。右の事実関係の下においては、右の請負代金債権をXがAに売り渡した右機械の転売による代金債権と同視するに足りる特段の事情がある場合には」、動産売買の売主は、転売代金とみられる部分の請負代金債権に対して物上代位権を行使できるとして、例外的ではあるが物上代位が認められる基準を示した。法定物権の効力に関わる「売却」の文理から離れ過ぎてはならないが、動産売買において先履行を迫られることの多い売主の保護と公示方法を欠く動産売買先取特権制度との均衡が必要となる。

| 訴訟物 | 差押執行に対する執行法上の異議権（抗告） |

＊抗告の趣旨は、「○○地方裁判所がした下記決定を取り消す。
記
1　債権者の申立てにより、別紙請求債権の弁済に充てるため、別紙担保権目録記載の動産売買先取特権の物上代位に基づき、債務者が第三債務者に対して有する別紙差押債権目録記載の債権を差し押さえる。

2　債務者は、前項により差し押さえられた債権について、取立てその他の処分をしてはならない。
　　3　第三債務者は、第1項により差し押さえられた債権について、債権者に対し弁済をしてはならない。
　　4　債権者の申立てにより、支払に代えて券面額で第1項により差し押さえられた債権を債権者に転付する」とする。

抗告理由　1　Aは、Bから、Xが販売している本件コンプレッサー（空気圧縮機）の搬入・据付・配管等の工事を、2,080万円（本件コンプレッサーの本体価格は、1,740万円）で請け負ったこと
2　AはXに、納入先をBと定めて、本件コンプレッサーを発注したこと
3　Xは、本件コンプレッサーをBに引き渡したこと
4　Aは、事実上倒産したこと
5　Xは、動産売買先取特権の行使として、AがBに対して有する本件コンプレッサーの設置工事の請負代金を1,575万円の限度で仮に差し押さえる旨の仮差押えを申請し、本件仮差押決定を得たこと
6　仮差押決定正本の送達を受けたBは、仮差し押えられた金額を民保50条、民執156条1項に基づいて供託したこと
7　Aに対する破産宣告がされたこと
8　Xは動産売買先取特権の物上代位の行使として、Y（Aの破産管財人）が国に対して有する供託金還付請求権についての差押え及び転付命令を申請し、裁判所は債権差押え及び転付命令を発令したこと
9　抗告理由8の決定に対してYが執行抗告を申し立てたが、抗告が棄却されたこと
　　＊抗告が棄却された理由は、「BがAに対して負担する請負債務は合計2,080万円であるが、そのうち1,740万円は、XがAに対して売却したターボコンプレッサー……の代金であることが認められ、これは上記機械の転売代金であるといえるから、これに対応するものとしてAが1,575万円を供託し、抗告人が取得した供託金還付請求権を差押えの対象としたのであるから、これは、物上代位の対象になるというべきである」とした。

(2) 賃貸

　賃貸によって債務者の受けるべき金銭その他の物に対して、物上代位は及ぶ。賃料は、金銭が多いが、必ずしも金銭には限らない。その性質が多岐にわたる権利金も、実質上の賃料に当たる場合は、当然含まれるし、賃貸物の減価に相応する性質を持つもので、少なくとも売却代金と同じ性質のものは、物上代位の目的物となる（注民（8）99頁〔林良平〕）。

(3) 目的物の滅失及び毀損

　目的物の滅失及び毀損の場合に債務者の受けるべき金銭その他の物に対する請求権である。目的物の滅失及び毀損によって先取特権者は先取特権の価値の消失又は減少を受けるのであり、これに代るべきものに物上代位によって先取特権を及ぼさせるのが公平の趣旨に合する。滅失及び毀損という物理的な毀滅に限らず、土地収用の補償金など法律的な場合及び、不法行為による損害賠償債権や火災保険などの損害保険金もこれに当たると解される（注民（8）99頁〔林良平〕）。

(4) 目的物の物権の対価

　これは、本条2項が定めるところである（後記5参照）。

3　「払渡し又は引渡し」に先立つ「差押え」

　本条1項但書は、同項本文所定の実体的要件に関し、手続的な付加的要件を定めている。すなわち、先取特権に基づく物上代位の要件として、債務者が代位目的物の「払渡し又は引渡し」を受ける前に、先取特権者が「差押え」をする必要がある。

(1)「払渡し又は引渡し」の意義

　本条1項但書所定の文言どおりの「払渡し又は引渡し」のほかに、以下の行為が「払渡し又は引渡し」に含まれるかが問題となった。

ア　目的債権の質入

　物上代位の目的債権の質入は、その債権の譲渡とは異なり、「払渡し」に含まれないとする見解もあるが、福岡高判平成元年12月21日判タ731.176〔27806887〕は、保険金請求権の上に設定された質権と、同じ保険金請求権を目的債権とする動産保存の先取特権に基づく物上代位権との優劣を両者の対抗要件具備（質権設定についての確定日付を伴う第三債務者への通知又はその承諾と、先取特権による物上代位権行使としての債権差押え）の先後によって決すべきものとした。

イ　約束手形の振出

　第三債務者が原因債権の支払のために手形を振り出しても、手形金の支払

があるまでは原因債権が手形債権とともに存在しているから、その手形の振出しだけでは、「払渡し」があったとはいえない（東京地判平成10年3月31日判タ1013.167〔28042439〕）。
　ウ　債務者会社の会社更生手続の開始決定
　債務者の破産後も物上代位権の行使が認められるが、動産売買の先取特権に基づく物上代位のための債権差押命令の申立ては、その発令前に債務者の会社更生手続の開始決定があった場合には却下されるとした裁判例がある（東京高決平成10年6月19日判タ1039.273〔28052338〕、会社更生50条1項を参照）。
　エ　買主破産管財人の転売代金回収
　動産売買の買主が破産宣告を受け、破産管財人が目的動産の転売先から転売代金を受領した場合には、それまで動産売買先取特権に基づく物上代位のための差押えをしなかった売主は、破産管財人に対し優先弁済権を主張できない（東京地判平成11年2月26日金商1076.33〔28042465〕）。
　オ　相殺
　抵当権の物上代位とその目的債権を受働債権とする相殺に関しては、既に最高裁の判断が示されているが、先取特権の物上代位と相殺の競合については、大阪地判平成17年1月27日金商1210.4〔28100396〕は、相殺を「払渡し又は引渡し」の一種と考えている。

| 訴訟物 | AのYに対する売買契約に基づく代金支払請求権 |

＊本件は、Xが、動産売買の先取特権に基づく物上代位権を行使して債権差押え及び転付命令を得た転売代金債権について、転買人であるYに対し、その支払を求めた事案である。

請求原因
1　XはA会社との間で、甲商品を代金939万7,500円で売買する契約を締結したこと
2　A会社はYに対し、甲商品を代金945万円で転売し、これを引き渡した（この転売代金債権を「甲転売代金債権」という）。
3　XはA会社との間で、乙商品を代金498万7,500円で売買する契約を締結したこと
4　A会社はYに対し、乙商品を代金495万円で転売し、これを引き渡したこと（この転売代金債権を「乙転売代金債権」という）。
5　Xは、甲商品及び乙商品（併せて「本件各商品」）の売買代

金債権を被担保債権とする動産売買先取特権の物上代位権の行使として、甲転売代金債権及び乙転売代金債権（併せて「本件各転売代金債権」）のうち、1,438万5,000円に満つるまでの部分につき債権差押え及び転付命令を取得し、本件差押え・転付命令は、Y及びA会社破産管財人に送達されたこと

(相殺)

抗弁 1　YはA会社との間で、期限の利益喪失条項（A会社の資産状態が著しく悪化したときは、A会社がY被告に負担しているすべての債務につき期限の利益を失う）を含む本件取引基本契約を締結したこと
2　YはA会社との間で、丙商品を代金997万5,000円で売却し、これを引き渡した（この売買代金債権を「丙売買代金債権」という）こと
3　YはA会社との間で、丁商品を代金661万5,000円で売却し、これを引き渡した（この売買代金債権を「丁売買代金債権」という）こと
4　A会社は、破産宣告を受け、破産管財人が選任されたこと
　＊A会社は、破産宣告により、本件期限の利益喪失約定に基づき、丙売買代金債権及び丁売買代金債権（併せて「本件各売買代金債権」）が長期の割賦払の約定であっても、その期限の利益を喪失したことになる。
5　YはXに対し、本件各売買代金債権を自働債権とし、本件各転売代金債権を受働債権として、対当額で相殺する旨の意思表示をしたこと

(2) 差押え
ア　差押えの意義

　差押えの意義について、抵当権の物上代位では、判例は「第三債務者保護説」を採るのに対し、先取特権の物上代位では、前掲昭和59年最判及び前掲昭和60年最判が示すとおり、物上代位権の「効力の保全」と第三債務者又は債権の譲受人や転付命令を得た差押債権者などの「第三者の保護」に差押えの意義があるとする。このように、抵当権と先取特権とで差押えの意義に違いが生じるのは、抵当権では、前掲平成10年最判によって登記が物上代位権の公示の役割を果たすとされ、第三者との関係はこの登記によって決定されるので、差押えの意義は第三債務者の保護にあるといえるが、本来的

に公示を欠く先取特権では、差押えが第三債務者の保護だけでなく、債権の譲受人や転付命令を得た差押債権者などの第三者の保護の役割をも果たすことになるからである。その後、最判平成17年2月22日民集59.2.314〔28100442〕は、本条1項但書の「規定は、抵当権とは異なり公示方法が存在しない動産売買の先取特権については、物上代位の目的債権の譲受人等の第三者の利益を保護する趣旨を含むものというべきである」から、「動産売買の先取特権者は、物上代位の目的債権が譲渡され、第三者に対する対抗要件が備えられた後においては、目的債権を差し押さえて物上代位権を行使することはできない」と判示している。

イ　本条の「差押え」と民執193条の「差押え」の関係

本条の差押えは第三債務者に対して物上代位権を行使するための実体法上の要件であり、その手続法上の具体的要件は民執193条が定めている。

(ア)　本条の「差押え」の実体法上の効力

①　第三債務者に対する関係

差押えは、物上代位権の発生の要件ではなく（債務者、一般債権者に対する関係では、差押えは不要である）、第三債務者に対する関係で、その行使のための要件である。なぜならば、物上代位権者が差し押さえる前に弁済があった場合には、第三債務者に対し権利行使ができないことが、本条1項但書により明らかにされているからである。つまり、差押えによって、目的の債権の消滅が障害される効果が生ずるのである。

最判昭和59年2月2日民集38.3.431〔27000024〕は、債務者が破産宣告を受けた後における動産売買先取特権者による物上代位の行使を認める。同判決は、先取特権者のする差押えによって物上代位の対象である債権の特定性が保存され、これにより物上代位の効力を保全するとともに、他面第三者が不測の損害を被ることを防止しようとすることにある旨を判示し、さらに、第三債務者による弁済又は債務者による債権の第三者への譲渡の場合とは異なり、単に一般債権者が債務者に対する債務名義をもって目的債権につき差押命令を取得したにとどまる場合には、これにより先取特権者が物上代位権を行使することを妨げられるとすべき理由はないと判示する。

②　第三債務者以外の第三者に対する関係

差押えには物上代位権の対抗要件としての効果は与えられていないというべきであろう。なぜならば、前掲昭和59年最判は、一般債権者の差押えがあった後でも、その目的債権に対して物上代位権を行使できると解しているからである。

(イ)　手続法上の「差押え」の意義

差押えは、物上代位権者が執行手続内において、その権利を行使して、優先弁済権を実現するために必要とされるものである（民執193条）。民執193条1項は、物上代位権の行使が担保権の存在を証する書面が提出されたときに限って開始することを定め、同条2項によると、物上代位権の行使について、債権その他の財産権に対する強制執行に関する規定が準用されることになるが、民執143条の準用を受ける結果、物上代位権の行使には、目的債権を差し押さえることとなる。

物上代位を行使するための「差押え」は、裁判実務上、仮差押えの方法を認めず、民事執行法上の差押えによっている（東京地決昭和59年5月21日下民35.5＝8.301〔27802661〕、大阪地決昭和59年6月29日判タ531.174〔27800747〕、東京高決昭和59年10月2日判タ545.132〔27802691〕、東京地判平成3年2月13日判タ770.208〔27809904〕）。

動産売買の売主（債権者）が、自己の先取特権に基づく物上代位権を保全するために、買主（債務者）による転売代金債権の取立て・譲渡等の処分を禁止し、又は転買人（第三債務者）から債務者への支払を禁止する仮処分を求めることは、裁判実務上消極に解されている（東京地決昭和59年5月31日下民35.5＝8.333〔27802668〕、その控訴審判決である東京高判昭和60年1月18日判時1142.61〔27802714〕、東京高決昭和60年11月29日判タ579.59〔27802778〕）。

先取特権に基づく物上代位権の行使に限っては、配当要求の方法も可能と解されるが、目的債権の差押えの方法によるのであれば、第三債務者が供託し（民執156条2項）、配当要求の終期を迎える前に、目的債権の差押命令を申し立てたうえ、その差押命令が第三債務者へ送達されなければならない（最判平成5年3月30日民集47.4.3300〔27814895〕）。

4　担保権の存在を証する文書

例えば、動産売買の売主が、買主の有する転売代金債権に対して物上代位権を行使するためには、「担保権の存在を証する文書」（民執193条1項）の提出を要する。この文書の法的性質について、民執181条1項1号-3号所定の文書に準じ、高度の蓋然性をもって担保権の存在を証明するものとする「準名義説」が有力であったが、最判昭和59年2月2日民集38.3.431〔27000024〕以後は、債務者の破産後の物上代位を可能とする実体的要件のみならず、手続的要件も緩和され、複数の文書によって総合的に担保権の存在が証明されれば足りる「書証説」が有力である（中野貞一郎「担保権の存在を証する文書」判タ585号8頁）。しかし、書証説の立場でも、例えば、動産

売買先取特権に基づく転売代金債権への物上代位の場合、物上代位の名における不当執行が行われないように、目的動産の転売事実を証明する文書の提出を必要としている（中野・前掲 15 頁）。

訴訟物　　XのYに対する執行法上の異議権（配当異議）

＊請求の趣旨として、「債権者X及び被告Y1並びにY2、債務者Aの○○地方裁判所昭和57年（リ）第○○号配当等手続事件において作成された配当表を下記のとおり変更する」ことを求める。

記

債権者	債権の種類	債権額	配当額
X	手続費用	3,050	3,050
X	売買代金	2,138,310	2,138,310
X	同上	502,000	27,901
Y1	同上	4,455,550	247,639
Y1	売買代金	1,615,340	89,669
Y1	約束手形金	2,293,300	127,461

＊最判昭和60年7月19日民集39.5.1326〔27100017〕【Ⅰ79】は、本件配当異議の訴えの適否について、「当該債権に対し差押命令の送達と転付命令の送達とを競合して受けた第三債務者が民事執行法156条2項に基づいてした供託は、転付命令が効力を生じているため法律上差押の競合があるとはいえない場合であつても、第三債務者に転付命令の効力の有無についての的確な判断を期待しえない事情があるときは、同項の類推適用により有効である……。そして、右供託金について、転付命令が効力を生じないとの解釈のもとに、これを得た債権者を含む全差押債権者に対し、その各債権額に応じて配分する配当表が作成されたときは、転付命令を得た債権者は、配当期日における配当異議の申出、さらには配当異議の訴えにより、転付命令に係る債権につき優先配当を主張して配当表の変更を求めることができるものと解する」としたうえで、「本件供託は、民事執行法178条5項において準用す

る同法156条2項に基づいてされたものと解せられるところ、本件転付命令は本件供託前に確定してその効力が生じた……から、本件転売代金債権に対する差押の競合があるとはいえない。しかし、本件転付命令はY1、Y2らの仮差押が執行されたのち本件第三債務者に送達されたものではあるが、その効力の有無について本件第三債務者に的確な判断を期待することは困難であるから、本件供託は、民事執行法178条5項において準用する同法156条2項の類推適用により有効……である。そして、本件転付命令が効力を生じないとの解釈のもとに作成された本件配当表について、Xが本件転付命令に係る債権につき優先配当を主張した配当異議の申出及び本件配当異議の訴えは、適法……である」と判示する。

請求原因 1 ○○地方裁判所は、（請求原因5の供託金の配当を実施するため）昭和57年12月3日の配当期日に、後記のとおり配当表を作成したこと

記

債権者	債権の種類	債権額	配当額
X	手続費用	3,050	3,050
X	売買代金	2,138,310	511,325
X	同上	502,000	120,041
Y1	同上	4,455,550	1,065,436
Y1	売買代金	1,615,340	385,791
Y1	約束手形金	2,293,300	548,387

2 Xは、配当期日において、請求の趣旨記載のとおり配当すべき旨の異議の申立てをしたこと

3 Xは、債務者Aに対する本件商品の売掛代金債権213万8,310円で、Aの第三債務者Bに対する本件商品の転売代金債権のうち上記同額について、昭和57年3月5日、動産売買の先取特権に基づく物上代位権行使として仮差押命令（X第1仮差押え）を取得し、命令は翌6日Bに送達されたこと

4 Xは、Aに対する溶接棒の売掛代金債権50万2,000円で、

AのBに対する本件商品の前記転売代金債権のうちXの第1仮差押えの対象外とされた部分で上記同額について、同月5日、仮差押命令（Xの第2仮差押え）を取得し、命令は同日Bに送達されたこと
（5　Bは前記転売代金債務全額263万4,030円を供託したこと）
(Y1の債権)
抗弁　1　Y1は、Aに対する約束手形金債権445万5,550円及び売掛代金債権161万3,340円の合計606万8,890円で、AのBに対する本件商品の前記転売代金債権のうち321万4,910円について、同月4日、仮差押命令を取得し、命令は翌5日Bに送達されたこと
(Y2の債権)
抗弁　1　Y2は、Aに対する約束手形金買戻債権229万3,300円で、AのBに対する本件商品の前記転売代金債権のうち右同額について、同月4日、仮差押命令を取得し、命令は同日Bに送達されたこと
(差押え・転付命令)
再抗弁　1　Xは、同月10日、請求原因3の債権につき債権差押え・転付命令を取得し、命令は翌11日Bに送達されたこと
　　　＊Xは、Y1及びY2の各抗弁を先行自白して再抗弁事実を当初から主張することが多いであろう。
　　　＊最判昭和60年7月19日民集39.5.1326〔27100017〕【Ⅰ79】は、「民法304条1項但書において、先取特権者が物上代位権を行使するためには物上代位の対象となる金銭その他の物の払渡又は引渡前に差押をしなければならないものと規定されている趣旨は、先取特権者のする右差押によって、第三債務者が金銭その他の者を債務者に払い渡し又は引き渡すことを禁止され、他方、債務者が第三債務者から債権を取り立て又はこれを第三者に譲渡することを禁止される結果、物上代位の目的となる債権（以下「目的債権」という。）の特定性が保持され、これにより、物上代位権の効力を保全せしめるとともに、他面目的債権の弁済をした第三債務者又は目的債権を譲り受け若しくは目的債権につき転付命令を得た第三者等が不測の損害を被ることを防止しようとすることにあるから、目的債権について一般債権者が差押又は仮差押の執行を

したにすぎないときは、その後に先取特権者が目的債権に対し物上代位権を行使することを妨げられるものではない」としたうえで、「一般債権者たるY1、Y2らは、本件転売代金債権について仮差押の執行をしたにすぎないから、その後にXが本件物上代位権を行使することは妨げられない」と判示する。

5 物権設定の対価に対する物上代位

本条2項は、先取特権の目的物に設定された物権の対価についても前項と同様に、物上代位権が生ずることを定める。賃料の場合に準じて考えればよく（2（2）参照）、地上権などの設定に対する対価が例に挙げられる（注民(8) 100頁〔林良平〕）。

● (先取特権の不可分性)

第305条 第296条の規定は、先取特権について準用する。

本条は、留置権の不可分性に関する296条を準用し、担保物権に共通する不可分性の性質が先取特権にも認められることを定める。すなわち、先取特権者は、被担保債権全部の弁済を受けるまで目的物の全部について自らの権利を行使できる。したがって、被担保債権の一部について弁済しても、その事実は先取特権の消滅の抗弁としては主張自体失当である。

ただし、全部弁済があるまで目的物の全部について引渡しを拒絶できるという意味での留置権の不可分性（296条）とは異なり、先取特権の場合は、目的物の全部についてその優先弁済的効力が及ぶことを意味するにとどまる。したがって、債務者の総財産を目的とする一般先取特権のように、その効力としての優先弁済権を行使する方法が制限されても（335条）、それは先取特権の不可分性に反しない（注民(8) 103頁〔林良平〕）。

第2節　先取特権の種類

第1款　一般の先取特権

●(一般の先取特権)

第306条　次に掲げる原因によって生じた債権を有する者は、債務者の総財産について先取特権を有する。
一　共益の費用
二　雇用関係
三　葬式の費用
四　日用品の供給

1　一般先取特権

　本条は、①共益費用、②雇用関係、③葬式費用及び④日用品供給を原因によって生じた債権を担保するため、債務者の総財産を目的とする一般先取特権が認められることを定める。一般先取特権は法定担保物権であり、法定の発生原因事実があれば法律上当然に発生する。民法上の一般先取特権の被担保債権となる債権発生原因は、本条の4種に限られるが、特別法が認める一般先取特権は多数に上る。一般先取特権においては、当事者間の設定契約等が存在することはなく、逆に法律が認めていない一般の先取特権が契約等により発生することもない。一般先取特権の効力が及ぶ「総財産」は、動産、不動産のような有体物のほか、債権その他の諸権利も含まれる。一般先取特権者は、こうした個別財産の換価・配当手続において優先的な地位を与えられる。

2　一般先取特権の行使方法

　不動産、船舶、動産、債権といった対象財産ごとに、一般先取特権に基づく実行競売の開始要件が定められており(民執181条1項4号、189条、190条1項、2項、193条1項)、申立て時に、「その存在を証する文書」の提出が求められる。例えば、給料債権を有する一般先取特権者は、賃金台帳

（労基108条）が必要であり、提出できないときは、債務者が作成した賃金未払証明書を提出する必要がある。したがって、債務名義を有さない債権者も、それら文書により、自己の一般先取特権の存在を証明できれば、債務者の個別財産を差し押さえて換価手続に入ることができる。しかし、一般先取特権者は、まず不動産以外の財産から弁済を受けるように制限されるから（335条1項）、事実上、動産執行や債権執行の手続に限られる。一般先取特権者が優先弁済を受ける方法としては、他の債権者の申立てによる執行手続において、配当要求をする方法もある（民執51条、121条、133条、154条）。この場合も、一般先取特権を有することの証明文書の提出が要件となる。ただ、競売の申立てとは異なり、配当要求の場合は、不動産以外の財産に対して先にすべき制限がない（335条4項）。同様に、複数の不動産の間では、抵当負担のない不動産から配当要求すべきとの制限もなく、抵当不動産の競売があれば、即配当要求が認められる。なお、一般先取特権について登記がされることはまれであるが、登記がある場合は、配当要求を要せず、配当を受け得る（民執87条1項4号）。

（参考） 一般先取特権に基づく債権差押命令申立て

　　　　　＊本件は、債権者が、債務者に対し、別紙担保権・被担保債権、請求債権目録記載の債権を有しているが、債務者がその支払をしないので、別紙担保権目録記載の一般先取特権（給料債権）に基づき、債務者が第三債務者に対して有する別紙差押債権目録記載の債権の差押命令を求めた事案である。

申立理由　1　（担保権）

　　　　　債権者と債務者間の雇用契約に基づく、毎月25日締切、翌月1日払の約定による債権者が債務者に対して有する給料債権に基づく一般先取特権

　　　　2　（被担保債権）

　　　　　残元金〇〇円（債権者の債務者に対する給料債権にして平成〇年〇月分から平成〇年〇月分までの未払分の合計額（各月分の内訳は、平成〇年〇月分〇〇円、同年〇月分〇〇円）

　　　　3　（請求債権）

　　　　　(1)　残元金　申立理由2と同じ

　　　　　(2)　執行費用　〇〇円（内訳：本申立手数料〇〇円、本申立書作成及び提出費用〇〇円、差押命令正本送達料〇〇円、陳述書送付料〇〇円、商業登記事項証明書交付手数料〇〇円、申

請書提出・受領費用○○円）
合計○○円
＊給料債権に基づく一般先取特権による債権差押命令の発令において、被担保債権及び請求債権としての未払賃金から、所得税等の税金や社会保険料を控除する必要はない（東京高決平成 21 年 6 月 29 日金法 1889.51〔28160281〕）。
4　（差押債権）
金○○円（ただし、支払方法を毎月 25 日締め翌月 1 日払と定めた債務者と第三債務者との間の鉄骨の継続的売買契約に基づき、債務者が第三債務者に平成○年○月○日から平成○年○月○日までの間に時計・雑貨を売り掛けたことにより債務者が第三債務者に対して有する売買代金債権にして、支払期の早いものから頭書金額に満つるまで）

3　債務者が破産宣告を受けた場合

　一般の先取特権の機能であるが、例えば、債務者が破産宣告を受けた場合、「破産財団に属する財産につき一般の先取特権その他一般の優先権がある破産債権……は、他の破産債権に優先する」（破 98 条）のであって、債権調査期日において、破産管財人及び破産債権者の異議のないときは、債権表に記載された債権額、優先権等が確定する。そのため、債権者が届け出た債権についての優先権に、破産管財人が異議を申し立てた場合は、債権者が破産債権査定申立て（同法 125 条）を行い、その決定に不服がある場合には、その送達を受けた日から 1 か月の不変期間内に、異議の訴え（破産債権査定異議の訴え）を提起することができる（同法 126 条）のである。具体的には、307 条-310 条までを参照されたい。

●（共益費用の先取特権）

第 307 条　共益の費用の先取特権は、各債権者の共同の利益のためにされた債務者の財産の保存、清算又は配当に関する費用について存在する。
　　2　前項の費用のうちすべての債権者に有益でなかったものについては、先取特権は、その費用によって利益を受けた債権者に対してのみ存在する。

1　共益費用の先取特権

　本条1項の定める先取特権の被担保債権は、各債権者の共同利益のためにした債務者の財産の保存・清算又は配当に関する費用の請求権である。執行費用や破産手続費用に関しては、それぞれ特別規定（共益費用に関する債権を財団債権として扱う破148条1項1号、2号）が設けられているため、本条1項の適用範囲は狭いとされてきた。例えば、二重開始決定があった後、先行事件の申立てが取り下げられ、又はその手続が取り消されたときでも、現況調査や不動産の評価に要した先行事件の執行費用は、後行事件においても総債権者の共同の利益となるから、最優先の配当を受けるべきであるが、こう解するうえで、本条、329条2項等が解釈上の指針、補充規定としての機能を果たしているといわれる。

|訴訟物|　XのA破産財団に対する優先破産債権（破産債権査定異議の訴え）

＊破産財団に属する財産につき、一般の先取特権のある破産債権者は他の債権に先立つことができる（破39条）。本件訴訟は、破産直前に総債権者のために財産の保存のために費用を出した債権者が債権届出をしたところ、破産管財人が異議を述べたため債権者が提起した査定申立てについて下された査定決定が不服とする同法126条の破産債権査定決定に対する異議訴訟である。この訴えは、これを提起する者が、破産債権者であるときは異議者等の全員を、異議者等であるときは破産債権者をそれぞれ被告としなければならない。

＊本件の請求の趣旨は、「○○地方裁判所がXの申立てに基づき、同地裁平成○年（○）第○○号で平成○年○月○日にした決定を変更し、Xの届け出た○○万円の全額を優先的破産債権と査定する」とすることになろう。

|請求原因|　1　Xは請求原因2に先立ちAの財産の保存、清算又は配当に関する費用を支出したこと及びその額
　　　　2　Aは、○○地方裁判所において平成○年○月○日午前10時、破産宣告を受けたこと
　　　　3　Yは請求原因2において破産管財人に選任されたこと
　　　　4　Xは請求原因1の債権○○万円につき、優先破産債権の届出をしたこと
　　　　5　Yは債権調査期日においてXの届出債権につき、全額その

　　　　優先権につき異議を述べたこと
　　6　Xは請求原因5について査定申立てをしたこと
　　　＊破産債権の調査において、破産債権の額、優先的破産債権若しくは劣後的破産債権であるかについて、破産管財人が認めず、又は、届出をした破産債権者が異議を述べた場合には、その破産債権（異議等のある破産債権）を有する破産債権者は、その額等の確定のために、破産管財人及び異議を述べた届出破産債権者の全員を相手方として、破産裁判所に、その額等の査定の申立てができる（破125条1項）。これは、破産手続内で債権を確定できることとして、破産手続の迅速な進行を図るためにある。
　　7　裁判所は請求原因債権の優先性を棄却する破産債権査定決定をしたこと
　　　＊破産債権査定申立てについての決定に不服がある者は、その送達を受けた日から1か月以内に、破産手続が係属している裁判所に異議の訴えを提起することができる（破126条1項）。

2　一部の債権者の利益のための費用
　本条2項は、1項の費用のうち総債権者の一部の者にとってのみ利益となる費用は、利益を受けた債権者に対してのみ先取特権が存在することを定める。

● (雇用関係の先取特権)

第308条　雇用関係の先取特権は、給料その他債務者と使用人との間の雇用関係に基づいて生じた債権について存在する。

1　雇用関係
　本条は、雇用関係の先取特権を定める。雇用関係のうちには、パートタイマーやアルバイト、請負、委任その他の契約に基づく労務を提供する者も含まれると解される。人材派遣業による派遣社員の場合は、派遣元との雇用関係に基づき、派遣元に対し、給料債権等について一般先取特権が認められ

る。

2 雇用関係に基づいて生じた債権

平成15年改正により、本条は、全労働債権を先取特権として保護することとした。これには、定期的に支払われる給料のほか退職金も当然に含まれる。名目にかかわらず、広く労務提供の対価的意義を有する労働債権が包含される。労働債権以外にも、身元保証金の返還請求権、損害賠償請求権などが被担保債権になると解される。改正前は、「雇人給料」の先取特権として、「雇人カ受クヘキ最後ノ六个月間ノ給料」に限って優先権を認めていた。他方、当時の改正前商295条は、会社の使用人につき、全給料債権を先取特権としての保護の対象としており、優先弁済権の範囲が異なっていた。しかし、使用者の商人性の有無いかんで保護範囲が異なる合理性はない。

ただ、被担保債権については、改正前から、最判昭和44年9月2日民集23.9.1641〔27000791〕は、給料の後払として賃金の性格を有する退職金については、最後の6か月間の給料相当額について本条の定める先取特権を認めることが、改正前308条の立法趣旨に添うものであると判示していた。その後も、退職金に含まれる賃金の後払的性格が問題となっている（東京地判平成16年3月24日判タ1160.292〔28092630〕）。

雇用関係の先取特権の発生原因事実は、次のとおりである。

(1) 債務者と使用人との雇用契約の存在（当然のことながら、給料の定めを含む）

(2) 給料その他債務者と使用人との間の雇用関係に基づく債権発生原因事実

訴訟物 XのA破産財団に対する優先破産債権（破産債権査定異議の訴え）

＊本件訴訟は、破126条の破産債権査定異議の訴えである。この訴えについては、307条解説の設例における訴訟物の注記参照。

請求原因 1 XはAとの間で、Xは事務職員としての労務に服し、Aはその労務に対する報酬として1か月20万円を与える旨の契約を締結したこと

2 Xは、平成○年○月○日から同年○月○日まで事務職員としての労務に服したこと

＊平成15年改正前は、「雇人カ受クヘキ最後ノ六个月間ノ給

料」とされていたが、同年改正により、その期間の制限がなくなったので、請求原因2において主張される期間は労働債権の支払が遅滞されている期間ということになる。
　＊雇用契約に基づく賃金請求権に関しては、三井・再構成325-330頁を参照されたい。
3　Aは、○○地方裁判所において平成○年○月○日午前10時、破産宣告を受けたこと
4　Yは、請求原因3において破産管財人に選任されたこと
5　Xは、請求原因1の債権○○万円につき、優先破産債権の届出をしたこと
6　Yは、債権調査期日において、Xの届出債権につき、全額その優先権につき異議を述べたこと
　＊XとAは、請求原因1の報酬につき先取特権を生じさせない旨の特約をしたことは、その効力を認めることができず、主張自体失当ということになろう。このように、先取特権を発生させない意思表示の効力は、一般の先取特権に関しては、無効と解すべきである。
　　なお、この特約の効力を比較的緩やかに認める見解に立っても、被雇用者給料及び農工業労働者の賃金の先取特権に関しては、特約の効力を認めない（我妻・担保物権法58頁）。
7　Xは請求原因6について査定申立てをしたこと
8　裁判所は、請求原因5の債権の優先性を棄却する破産債権査定決定をしたこと

3　配当要求の場合の主張・立証事項

　配当要求をすることができる者の中に、文書により一般先取特権者であることを証明（民執181条1項）した債権者が含まれる（同法51条）。
　債務者の不動産につき強制競売手続が開始されていて、債務者に対し労働債権を有する者が配当要求をする場合、その主張・立証すべき事項は、次の(1)及び(2)である。
　(1)　債権者が債務者との間で、事務職員としての労務に服し、債務者がその労務に対する報酬として、1か月20万円を与える旨の契約を締結したこと
　(2)　債権者は、平成○年○月○日から同年○月○日まで事務職員としての労務に服したこと

これは、給料の発生原因事実に限る要件事実であるが、その他の退職金等雇用関係上の債権の発生原因事実を主張・立証し得る。

給料債権に基づく一般の先取特権について、債権者が証明すべき事実は、①雇用契約の存在、②給料の定め、及び③債権者の労務の提供の3つである。この要件の証明文書としては、雇用契約の存在については労働者名簿（労基107条）、給料の定めについては賃金台帳（同法108条）、所得税源泉徴収票、給与明細書等がある。③債権者の労務の提供は文書による証明が困難であるが、①②の事実を証明すれば、事実上推認される。なお、給料債権について雇用主に対する給付判決等の債務名義がある場合、この判決が証明文書になり得るが、それはその理由中の判断に証明力があるからであって、判決の執行力によるものではないので、欠席判決等で実際に争われたものでないときには、証明力が問題となる。なお、この場合にこの判決を債務名義として金銭債権執行の申立てをすると、配当要求の終期までに別途担保権の存在を証する文書を提出して配当要求や差押えをして優先権の主張をしない限り、他の債権者に対して優先権を主張できない（最判昭和62年4月2日判時1248.61〔27800331〕）。

● (葬式費用の先取特権)

第309条 葬式の費用の先取特権は、債務者のためにされた葬式の費用のうち相当な額について存在する。
　　2　前項の先取特権は、債務者がその扶養すべき親族のためにした葬式の費用のうち相当な額についても存在する。

本条は、葬式費用の先取特権に関する規定である。本条1項は、死者の遺産の上に成立するものであり、遺産の破産、限定承認、財産分離などの場合に機能することになる（我妻・担保物権法77-78頁）。本条2項は、債務者が扶養すべき親族の葬式の費用について債務者の総財産の上に成立する。葬式費用の先取特権の発生原因事実は、以下の本条2項に関する親族の葬式の事例でいうと、請求原因1ないし3の事実である。

訴訟物　　XのB破産財団に対する優先破産債権（破産債権査定異議の訴え）

＊本件訴訟は、破126条の破産債権査定異議の訴えである。この訴えについては、307条解説の設例における訴訟物の注記を参照。

請求原因
1　BはAの長男であること
2　XのBに対するAの葬儀に関しての債権発生原因事実及びその数額
3　請求原因2の葬儀はAの身分に応じたものであること
4　Bは、○○地方裁判所において平成○年○月○日午前10時、破産宣告を受けたこと
5　Yは請求原因4において破産管財人に選任されたこと
6　Xは請求原因2の債権○○万円につき、優先破産債権の届出をしたこと
7　Yは債権調査期日においてXの届出債権につき、全額その優先権につき異議を述べたこと
8　Xは請求原因7について査定申立てをしたこと
9　裁判所は、請求原因6の債権の優先性を棄却する破産債権査定決定をしたこと

● (日用品供給の先取特権)

第310条　日用品の供給の先取特権は、債務者又はその扶養すべき同居の親族及びその家事使用人の生活に必要な最後の6箇月間の飲食料品、燃料及び電気の供給について存在する。

　本条は、日用品を供給した者のために、その代金請求権を一定の範囲で担保する先取特権を定める。同居の親族のうちには、内縁の妻が入る（大判大正11年6月3日民集1.280〔27511108〕）。また、「日用品の供給」は、310条の規定に従えば、「債務者又はその扶養すべき同居の親族及びその家事使用人の生活に必要な最後の6箇月間の飲食料品、燃料及び電気の供給」を意味する。民法の現代用語化（平成16年法律147号）に伴い、「僕婢」から「家事使用人」、「飲食品」から「飲食料品」、「薪炭油」から「燃料及び電気」に、それぞれ文言が改められたが、その趣旨に変更はない。

| 訴訟物 | XのA破産財団に対する優先破産債権（破産債権査定異議の訴え）

＊本件は、破126条の破産債権査定異議の訴えである。この訴えについては、307条解説の設例における訴訟物の注記を参照。

| 請求原因 | 1 X地方公共団体はAに対し、請求原因2に至るまでの6か月間水道水を供給したこと

＊Aは、自然人でなければならない。Aが法人である場合は、主張自体失当となる。最判昭和46年10月21日民集25.7.969〔27000613〕は、日用品供給の一般先取特権が設けられた制度趣旨は、「多くの債務を負つている者あるいは資力の乏しい者に日常生活上必要不可欠な飲食品および薪炭油の入手を可能ならしめ、もつてその生活を保護しようとすることにある」から、「自然人に限られ、法人は右債務者に含まれない」としている。

2 Aは、○○地方裁判所において平成○年○月○日午前10時、破産宣告を受けたこと
3 Yは請求原因2において破産管財人に選任されたこと
4 Xは請求原因1の債権○○万円につき、優先破産債権の届出をしたこと
5 Yは債権調査期日においてXの届出債権につき、全額その優先権につき異議を述べたこと
6 Xは請求原因5について査定申立てをしたこと
7 裁判所は、請求原因4の債権につき優先性を棄却する破産債権査定決定をしたこと

第2款　動産の先取特権

●（動産の先取特権）

第311条　次に掲げる原因によって生じた債権を有する者は、債務者の特定の動産について先取特権を有する。
一　不動産の賃貸借
二　旅館の宿泊

三　旅客又は荷物の運輸
　四　動産の保存
　五　動産の売買
　六　種苗又は肥料（蚕種又は蚕の飼養に供した桑葉を含む。以下同じ。）の供給
　七　農業の労務
　八　工業の労務

1　動産先取特権の生ずる債権の発生原因

　本条は、債務者の特定動産を目的とする特別先取特権に関する冒頭の規定であり、①不動産の賃貸借、②旅館の宿泊、③旅客又は荷物の運輸、④動産の保存、⑤動産の売買、⑥種苗又は肥料の供給、⑦農業の労務及び⑧工業の労務からなる動産先取特権の全種類を網羅的に定めている。債務者の特定動産等に対する先取特権を主張する者は、下記のとおり、本条各号の定めるいずれかの債権を有することの主張を要する。この主張は権利主張であるから、もしこの主張が争われる場合は、当該債権の発生原因事実を主張・立証しなければならない。

　なお、動産に対する先取特権を含む担保権の実行は、債権者が、執行官に対し、動産を提出したとき、又は動産の占有者が差押えを承諾することを証する文書を提出したとき及び債務者の協力が得られない場合であっても、債権者が、執行裁判所の許可を得て、その許可の決定書の謄本を執行官に提出し、かつ、執行官による目的動産の捜索する前又はこれと同時に、当該許可決定が債務者に送達されることにより、動産競売を開始することができる（民執190条）。

　(1)　不動産の賃貸借契約に基づく債権を有していること（312条、315条、316条）
　(2)　旅館の宿泊契約に基づく債権を有していること（317条）
　(3)　旅客又は荷物の運輸契約に基づく債権を有していること（318条）
　(4)　動産の保存に関する債権を有していること（320条）
　(5)　動産の売買契約に基づく債権を有していること（321条）
　(6)　種苗又は肥料の供給契約に基づく債権を有していること（322条）
　(7)　農業の労務に関する契約に基づく債権を有していること（323条）
　(8)　工業の労務に関する契約に基づく債権を有していること（324条）

2 動産売買先取特権に基づく物上代位による担保権実行方法

担保・執行法改正前の民執旧190条では、担保権の実行としての動産競売は、「債権者が執行官に対し、動産を提出したとき、又は動産の占有者が差押えを承諾することを証する文書を提出したときに限り、開始する」と規定されていた。つまり、執行官が執行機関となる動産執行においては、担保権の存在の有無という実体的判断を執行官に委ねるわけにはいかず、目的動産を占有する債務者らの任意の協力が得られなければ、動産競売が事実上困難な仕組みになっていた。

改正後の民執190条では、前記の要件（民執190条1項1号、2号）のほかに、「担保権の存在を証する文書」の提出による債権者の申立てがあったときにも、執行裁判所の許可により、動産競売を開始でき（民執190条2項、1項3号）、この場合にも、執行官は、目的動産を差し押さえるため、債務者の住居等に立ち入り、目的物を捜索する権限を付与されており、必要なときは、閉鎖した戸・金庫その他の容器を開くこともできる（民執192条、123条2項）。

この動産売買先取特権に基づく物上代位による担保権実行では、債権者（売主）と債務者（買主）との間における特定の動産の売買の事実を証する必要があり、それを証する文書を申立書に添付する必要がある。また、この物上代位権が発生するには、その目的動産が債務者（買主）からさらに第三債務者（転買人）に譲渡された事実が必要であるが（304条）、この事実の証明については説が分かれている。実務の大勢は、証明を要すると解している。これらの事実を証明する文書としては、特定の動産の売買の事実については、買主の押印のある売買契約書や売買基本契約書及びそれに基づいた個別の発注書等があり、その動産の第三債務者への譲渡の事実については、売買契約書、納品伝票、納品書等が考えられる。

この動産売買先取特権に基づく物上代位による担保権実行で、実務上最も問題となるのは、債権者が債務者に売却した動産と同一のものが第三債務者に譲渡された事実の証明である。例えば、その動産に固有の製造番号が刻印されている場合には特定は容易であるが、同種の物が大量生産されている場合は、債権者と債務者との間で売買された動産と同一の動産が債務者から第三債務者に譲渡されたことを証明するのは困難であり（同種の物が譲渡されたことの証明では足りず）、申立てが却下されることとなる。

（参考） 動産売買先取特権に基づく物上代位による債権差押命令申立て
　　　　＊債権者は、債務者に対し、別紙担保権、被担保債権、請求債

権目録記載の債権を有しているが、債務者がその支払をしないので、別紙担保権目録記載の動産売買の先取特権（物上代位）に基づき・債務者が第三債務者に対して有する別紙差押債権目録記載の債権の差押命令を求める。

＊申立てのためには、次の事実の主張・立証が必要である（1ないし4の主張は、目録で行われる）。

申立理由 1 （担保権）

商品目録記載の動産を、債権者が債務者に対し平成○年○月○日に売却し、さらに債務者が第三債務者に対し平成○年○月○日に売却したことにより、債務者が第三債務者から受けるべき金銭について債権者が有する物上代位に基づく動産売買の先取特権

2 （被担保債権）

残元金○○円（債権者の債務者に対する平成○年○月○日に売却した別紙商品目録記載のA会社製旋盤1台の売買代金債権）

3 （請求債権）

(1) 残元金　申立理由2と同じ

(2) 執行費用　○○円（内訳：本申立手数料○円、本申立書作成及び提出費用○円、差押命令正本送達料○円、陳述書送付料○円、商業登記事項証明書交付手数料○円、同申請書提出・受領費用○円）

合計○○円

4 （差押債権目録）

○○円（ただし、債務者が第三債務者に平成○年○月○日に売り渡した別紙商品目録（省略）記載のA会社製旋盤1台について、債務者が第三債務者に対して有する売買代金債権にして、頭書金額に満つるまで）

● (不動産賃貸の先取特権)

第312条　不動産の賃貸の先取特権は、その不動産の賃料その他の賃貸借関係から生じた賃借人の債務に関し、賃借人の動産について存在する。

本条は、不動産賃貸契約に基づき発生する賃貸人の金銭債権はすべてこの先取特権によって保護されることを定める。本条の「不動産の賃料その他の賃貸借関係から生じた賃借人の債務」には、賃料請求権、賃借人が不動産に損害を与えた場合の損害賠償請求権、賃借人が修繕費を負担すべき特約がある場合に修繕を怠ったときの費用などが含まれる。そして、こうした被担保債権が現存する以上、賃貸借契約が解除され、債権者が賃借人の法的地位を失った後でも、その先取特権は依然として存続する（大判昭和18年3月6日民集22.147〔27500043〕）。

●（不動産賃貸の先取特権の目的物の範囲）

第313条 土地の賃貸人の先取特権は、その土地又はその利用のための建物に備え付けられた動産、その土地の利用に供された動産及び賃借人が占有するその土地の果実について存在する。
　2　建物の賃貸人の先取特権は、賃借人がその建物に備え付けた動産について存在する。

本条は、土地の賃貸（本条1項）と建物の賃貸（本条2項）に分けて、賃貸人の先取特権の目的物について規定する。

1　土地賃貸人の先取特権の目的物の範囲
　本条1項によれば、土地賃貸人の先取特権は、「その土地又はその利用のための建物に備え付けられた動産、その土地の利用に供された動産及び賃借人が占有するその土地の果実」を目的とすることができる。すなわち、土地賃貸人の先取特権の目的物は、①賃借地に備え付けた動産（賃借地上に建物がある場合に当該建物に備え付けた動産）、②賃借地の利用のためにする建物に備え付けた動産（この建物は賃借地外に存することを想定）、③賃借地の利用に供した動産（耕作のために利用する牛馬など）、④賃借人の占有にある賃借地の果実である。

2　建物賃貸人の先取特権の目的物の範囲
　建物賃貸人の先取特権の目的となる「賃借人がその建物に備え付けた動産」（本条2項）の範囲について、大判大正3年7月4日民録20.587

〔27521799〕は、この先取特権の目的動産を最広義に解し、「賃借人カ賃貸借ノ結果或時間継続シテ存置スル為メ其建物内ニ持込ミタル動産」であれば足り、「其建物ノ常用ニ供スル為メ之ニ存置セラルル動産」であることを要しないとした。したがって、判例によれば、金銭、有価証券、賃借人ほか家族の一身の使用に供する懐中時計・宝石類その他（前掲大正3年大判）、さらに賃借人が賃借家屋内に持ち込んだ商品（大判昭和8年4月8日新聞3553.7〔27542183〕）も目的物の範囲に含まれる。これに対しては、「建物の使用に関連して常置するものに限る」とする見解がある（我妻・担保物権法80頁）。

| 訴訟物 | XのYに対する執行法上の異議権 |

＊建物賃借人Aの債権者Xは、建物内のAの動産に強制執行を申し立てたところ、建物賃貸人Yが賃料債権についてその動産に先取特権があるとして配当要求をした。裁判所はYの優先権を認める配当表を作成し、Xはこれに異議申立てをし、配当異議の訴え（民執90条）を提起した。

| 請求原因 | |

1　XのAに対する債権発生原因事実
2　YはAに本件建物を賃貸し賃料債権を有していたこと
3　Aは本件建物内に動産を備え付けたこと
　＊備付けの動産は、その建物の常用に供するもののほか、ある時間継続して存置するために持ち込んだ物を含む。東京地判昭和50年12月24日判時821.22〔27431547〕は、一時的であれ、加工・仕上げ及び販売の斡旋が終わるまで継続して存置するために賃借建物に持ち込まれた商品も建物賃貸の先取特権の目的となるとしている。
4　Xは請求原因1の債権につきAの請求原因3の動産に強制競売を申し立てたこと
5　Yは請求原因2の債権につき、配当要求をしたこと
6　裁判所はYの請求原因2の債権に先取特権を認める配当表を作成したこと
7　Xは配当期日にYの債権の優先権に異議を申し立てたこと

第314条　賃借権の譲渡又は転貸の場合には、賃貸人の先取特権は、譲受人

又は転借人の動産にも及ぶ。譲渡人又は転貸人が受けるべき金銭についても、同様とする。

1 賃借権の譲渡又は転貸の場合の賃貸人の先取特権
　本条は、不動産賃貸の先取特権に関し、賃借権の譲渡又は転貸の場合における先取特権の効力の拡張を定める。譲受人又は転借人の動産に先取特権の効力が及ぶこと、また、譲渡人又は転貸人の受ける金銭についても先取特権の効力が及ぶとしている。
(1) 賃貸人の承諾のある場合
　賃借人が賃貸人の承諾を得て適法にその賃借権を譲渡し、又は同じく適法に賃借物を転貸した場合には、それ以後、譲受人又は転借人は、賃貸人に対し、直接に賃料支払等の義務を負うことになるので（613条1項）、これらの債務を担保するため、賃貸人が、譲受人・転借人による備付動産上に先取特権を有するのは当然である。したがって、本条前段の意義は、譲渡・転貸以前の譲渡人・転貸人の債務についても譲受人・転借人所有の動産上に先取特権の効力が及ぶところにあると解される（注民（8）127頁〔甲斐道太郎〕）。確かに、賃借権の譲渡又は転貸借がある多くの場合は、譲渡人・転貸人が備え付けた動産をそのまま譲受人・転借人に譲渡するので、動産先取特権の追及効の遮断（333条）により、賃貸人がそれらの動産上に先取特権を行使できなくなるおそれがあるから、本条はこれを防止することになる。しかし、本条が、賃貸人の先取特権を、譲渡・転貸後に譲受人・転借人が新たに備え付けたその所有動産上にも及ぶものと解することは、賃貸人保護の行き過ぎであるとの立法論的批判がある（我妻・担保物権法81頁）。
(2) 賃貸人の承諾のない場合
　賃貸人の承諾のない賃借権の譲渡又は転貸借の場合は、賃貸人は、無断譲渡・転貸を理由として契約を解除し（612条2項）、又は契約解除を経ないで直ちに明渡しを求め得るが、背信行為と認めるに足りない特段の事情があるときを除き、先取特権の行使は考えにくい。賃貸人が、賃借人の無断譲渡・転貸に承諾を与えないまま備付動産上の先取特権の効力を主張しても認めるべきでない（注民（8）128-129頁〔甲斐道太郎〕）。

2 譲渡人又は転貸人が受けるべき金銭
　本条後段では、賃借権譲渡の対価のような「譲渡人又は転貸人が受けるべ

き金銭」に対しても先取特権の効力が及ぶことを定める。この効力の法的性質が物上代位と同一のモノ化については議論があるが、譲渡人又は転貸人への支払前の差押えを要すると解することに異論がない。

● (不動産賃貸の先取特権の被担保債権の範囲)

第315条　賃借人の財産のすべてを清算する場合には、賃貸人の先取特権は、前期、当期及び次期の賃料その他の債務並びに前期及び当期に生じた損害の賠償債務についてのみ存在する。

　本条は、不動産賃貸の先取特権の被担保債権の原則（312条）に対する例外的制限の1つを定める。つまり、賃借人の財産について、破産、法人の解散又は相続の限定承認などの総清算の場合には、前期、当期及び次期の賃料その他の債務並びに前期及び当期における損害賠償債務についてのみ先取特権が成立するのである。

● 【改正法】

第316条　賃貸人は、第622条の2第1項に規定する敷金を受け取っている場合には、その敷金で弁済を受けない債権の部分についてのみ先取特権を有する。

● 【現行法】
第316条　賃貸人は、敷金を受け取っている場合には、その敷金で弁済を受けない債権の部分についてのみ先取特権を有する。

　本条は、不動産賃貸の先取特権の被担保債権の原則（312条）に対する例外的制限の1つを定める。つまり、賃貸人が敷金を受け取っている場合は、その敷金をもって弁済を受けることができなかった債権の部分についてのみ先取特権が成立する。敷金の授受があった場合、他の一般債権者が賃借人所有の動産を差し押さえた後、賃貸人が敷金を賃借人に返還したとしても、賃

貸人は、その差押動産に関する限り、未払賃料債権中の敷金相当額の部分について先取特権を主張できないとされる（大判昭和12年7月8日民集16.1132〔27500523〕）。

なお、改正法622条の2に敷金に関する規定が新設された。これに伴い、改正法316条は、「第622条の2第1項に規定する」という文言を追加したが、これによる実質的な変更はない。

● (旅館宿泊の先取特権)

第317条 旅館の宿泊の先取特権は、宿泊客が負担すべき宿泊料及び飲食料に関し、その旅館に在るその宿泊客の手荷物について存在する。

1　旅館宿泊の先取特権

本条は、旅館宿泊の先取特権について定める。「旅館」とは、対価（宿泊料）を受けて人を宿泊させる営業、すなわち、旅館業（旅館業2条）が該当する（旅館業3条による営業許可を受けた者に限らない）。料理店は含まれないが、下宿屋は含まれる（注民 (8) 132-133頁〔甲斐道太郎〕）。旅館宿泊の先取特権を主張する者は、「XはYに対して、Yが負担すべき宿泊料及び飲食料を有すること」を主張・立証しなければならない。

この先取特権の目的となるのは「その旅館に在るその宿泊客の手荷物」であるが、宿泊客が携帯していて旅館に持ち込んだ動産を意味するものと考えられる。宿泊客が着用する衣服・眼鏡・時計・帽子の類いは含まれないと解されているが、宿泊客が所持する現金等は議論の対象とされていない（注民 (8) 133-134頁〔甲斐道太郎〕）。

2　手続

動産の先取特権は、実体法上の効力として、303条が定める優先弁済権を有する。そして、換価権の行使については、民執190条が定めるとおり、債権者が執行官に当該動産を提出したとき、動産の占有者が差押えを承諾することを証する書面を提出したときのほか、債務者の協力が得られない場合であっても、債権者が、執行裁判所の許可を得て、その許可の決定書の謄本を執行官に提出し、かつ、執行官による目的動産の捜索する前又はこれと同時に、許可決定が債務者に送達されることにより、動産競売を開始することが

できる。
　旅館宿泊の先取特権の場合は、債務者の手荷物が債権者の占有下にあるため、比較的容易に換価権を行使できるであろう。また、旅館の主人は、本条の定める債権につき、占有下にある宿泊客の手荷物に対し、留置権を行使することも可能である（295条）。

● (運輸の先取特権)

第318条　運輸の先取特権は、旅客又は荷物の運送賃及び付随の費用に関し、運送人の占有する荷物について存在する。

　本条は、運輸の先取特権について定める。運輸の先取特権を主張する者は、「XはYに対し、旅客又は荷物の運送賃及び付随の費用請求権を有すること」を主張・立証しなければならない。
　動産の先取特権は、317条において述べたとおり、実体法上の効力として、303条が定める優先弁済権を有する。換価権の行使については、民執190条の定めに従って実施することができる。
　運輸の先取特権の場合は、債務者の荷物が債権者たる運送人の占有下にあるため、換価権を比較的容易に行使することができるであろう。
　なお、運送人は、荷物に対し、留置権を行使することもできる（295条）。

● (即時取得の規定の準用)

第319条　第192条から第195条までの規定は、第312条から前条までの規定による先取特権について準用する。

1　即時取得の規定の準用
　本条は、不動産賃貸の先取特権（312条-316条）、旅店宿泊の先取特権（317条）及び運輸の先取特権（318条）に、即時取得の規定（192条-195条）を準用すべきことを定める。8種類にわたる動産先取特権の中でも、192条以下の即時取得に関する諸規定が準用されるのは、動産売買先取特権

(321条)などとは異なり、債権者が直接間接に目的物の占有を取得している場合である。これは、債務者の占有に信頼した善意・無過失の債権者が、自己の占有支配の領域内に入ってきた動産に対する先取特権を取得するとすることに無理はないからである。つまり、賃借人が賃借物に備え付けた動産(313条の場合)、手荷物(317条)、荷物(318条)が債務者の所有物でなく、第三者の所有物であっても、賃貸人、旅館主、運送人が過失なくして債務者の所有物であると誤信した場合には、それらの物の上に先取特権を行使することができるのである。第三者の所有に係る物であるという事実だけでは、先取特権の成立を否定することはできず、他人の所有に係ることについて悪意又は過失のあることを併せて主張・立証してはじめて先取特権の成立を否定できるのである。

2　善意・無過失の判断時点

善意・無過失の判断時点は、本来の即時取得のように、取引行為時、取得者の占有開始時とすることができない。例えば、賃借人がいつ動産を備え付けたかは自明でなく、賃貸人が間接的であれ、いつその占有を取得したかも判然としないからである。学説は、①先取特権の成立時(被担保債権の成立時)、②不動産賃貸の先取特権における目的動産の備付時、③先取特権の実行時などに分かれている(注民(8)137頁〔甲斐道太郎〕)。下級審判決であるが、東京地判昭和50年12月24日判時821.132〔27431547〕は、建物賃貸の先取特権に関する事例において即時取得の諸要件を「賃貸人が動産の備付けを知ったとき」を基準として判定する。すなわち、同判決は、「建物賃貸借の先取特権は、目的物たる動産が建物に備付けられ、債権が発生したときに成立するのであるが、反面債権者はその動産に対し間接占有すら取得せず、債権者の直接又は間接の主観的要素を離れて動産が備付けられ、先取特権が発生することを考えると、民法第319条により準用される同法第192条の定める占有取得時における平穏、公然、善意、無過失の本来主観的要素を含む諸要件は、賃貸人が動産の備付けを知つたときを基準として判定すべきものと解するのが相当であ［る］」「この場合にも同法第186条を類推して、善意、平穏、公然が推定せられ(もつとも、平穏、公然が問題となる場合は少いと思われる。)、賃貸人は無過失の点についてのみ主張立証の責任を負うものと考えられる」と判示する。

訴訟物　　　XのYに対する執行法上の異議権(仮差押第三者異議)
　　　　＊請求の趣旨は、「YがAに対する○○地方裁判所平成○年

(ヨ)第○○号有体動産仮差押決定正本に基づき、平成○年○月○日別紙物件目録（三）記載の動産に対してした各強制執行は、これを許さない」とする。

請求原因 1　Yは、Aに対する○○地方裁判所平成○年(ヨ)第○○号有体動産仮差押の仮差押決定正本に基づき、平成○年○月○日A事務所（「本件建物」）において、本件全物件に対し仮差押えをしたこと

2　Yは、Aに対する建物の賃料、共益費用、損害金等合計95万8,585円の弁済に充てるため、本件全物件のうち（三）の物件に対し先取特権を有していると主張して、○○地方裁判所執行官に同動産の任意競売の申立てをし、競売期日が指定されたこと

3　本件物件は、XがBより買い受けて、現実の引渡しを受けたものであって、Xの所有に属する（本件全物件が本件建物内にあったのはXがAに右物件の売買のあっせんを依頼し、Aに預けたことによる）。

(不動産賃貸の先取特権)

抗弁 1　YはAに対し、Yが賃借中の本件建物を、一時使用の目的で、賃料を1か月10万円、期間を4か月と定めて転貸したこと

2　YはAに対し、本件建物の未払賃料、共益費用、損害金として、合計96万円の債権を有すること

3　Yはそれが本件建物に持ち込まれた当時ないしはYがそのことを知った当時、Aの所有であると信じかつそのように信じたことに過失はなかったから、Yは(三)の物件につき先取特権を即時取得したこと

3　333条との関係

　333条は、「債務者がその目的である動産をその第三取得者に引き渡した後は」、債権者がその動産に対する先取特権の効力を主張できないと規定し、ここでいう第三取得者への引渡しは占有改定（183条）で足りると解されている。このため、賃借建物に備え付けられた動産が現状のまま第三取得者に引き渡された場合にも、賃貸人は、本条の適用により、賃借人に対する賃料その他の債権を担保するため、第三取得者の所有に帰した備付け動産上に先取特権を行使できるかという問題が生じる。

大判大正 6 年 7 月 26 日民録 23.1203〔27522465〕は本条の適用可能性を肯定するが、本条がそのような場合まで想定して規定したものとはいえない。前掲大正 6 年大判は、333 条の引渡しの中には占有改定も包含されると解したうえで、たとえ賃借人の居宅に備え付けた動産であっても、いったんこれを第三者に譲渡し、占有改定により引き渡した以上は、本条によって更に先取特権を取得したことを主張・立証しなければならないとして、事案の結論としては、その主張・立証のなかった賃貸人の当該動産に対する先取特権の効力を認めなかった。

● (動産保存の先取特権)

第 320 条 動産の保存の先取特権は、動産の保存のために要した費用又は動産に関する権利の保存、承認若しくは実行のために要した費用に関し、その動産について存在する。

1　動産保存の先取特権

本条は、動産保存の先取特権に関する規定である。先取特権は、ある特定の動産の保存費に関して生じ、その目的物は、保存した当該動産である。

福岡高判平成元年 12 月 21 日判タ 731.176〔27806887〕は、船舶の修繕代金債権が、船舶先取特権を生じさせる商 842 条 6 号の「航海継続ノ必要ニ因リテ生シタル債権」に該当せずとしながら、同じ債権について民法上の動産保存の先取特権の成立を認めた。また、商 704 条 2 項の「船舶ノ利用ニ付キ生シタル先取特権」には民法上の先取特権も含まれるとして、船舶の修繕費請求権を被担保債権とする動産保存の先取特権は、その修繕費を負担する船舶の賃借人のみならず、船舶所有者に対してもその効力を生じる（最決平成 14 年 2 月 5 日裁判所時報 1309.2〔28070319〕）。そうすると、民事執行法は想定していなかったとしても、動産先取特権に基づく登記船舶の競売申立ても認められることになろう。

東京地判平成 15 年 9 月 30 日判タ 1155.291〔28092392〕によれば、たとえ不動産に準ずる登記船舶であろうとも、動産先取特権の成立を否定する理由はなく、登記によって公示されない船舶先取特権の実行として船舶競売を申し立てることができるように（民執 189 条、181 条 1 項 4 号）、動産保存の先取特権に基づく船舶競売の申立ても、担保権の存在を証する私文書の提

出によって可能とされる。

2　要件事実
　本条の先取特権を主張する者は、次の事実を主張・立証しなければならない。
(1)　Xは本件動産の物理的保存、権利の保存、追認、実行のため費用を支出したこと
(2)　Yは本件動産を所有すること

●(動産売買の先取特権)

第321条　動産の売買の先取特権は、動産の代価及びその利息に関し、その動産について存在する。

1　動産売買の先取特権が成立する範囲
(1)　本条は、「動産の売買」から生じた売買代金債権を被担保債権として目的動産上の先取特権を認めている。したがって、動産売買先取特権の発生原因事実は、売主と買主間の動産を目的とする売買契約締結の事実であることが原則である。
(2)　製作物供給契約
　製作物供給契約は、請負契約と売買契約の双方の要素を含む契約である。それが売買的色彩の強いものについては、先取特権の成立が肯定される。例えば、東京高決平成12年3月17日判時1715.31〔28051927〕は、肯定例である。それに対して、製作物供給契約によって生じた代金債権への本条の適用を認めず、動産売買の先取特権の成立を否定したものとして、本条の立法趣旨や文理上準用は許されないとする大阪高決昭和63年4月7日判タ675.227〔27801788〕、ほかにも代金の支払を確保する手立てが可能であり、同条準用の合理的理由に乏しいとする東京高決平成15年6月19日金法1695.105〔28090229〕がある。
(3)　売買代金債権を担保する手形上の債権を準消費貸借とした準消費貸借上の債権
　動産（材木類）の売買が債権発生原因ではあったが、売主が、その代金債権確保のために振り出した約束手形上の債権を準消費貸借上の債権に改め、

その公正証書を債務名義とする強制執行により、自ら売り渡した木材の競売代金を受領したところ、これに対し、破産宣告を受けた買主の破産管財人が否認権を行使した事案において、大判昭和11年10月2日民集15.1756〔27500651〕は、強制執行による債権実現を別除権の行使であるとする売主の主張を排斥し、動産売買の先取特権の存在を認めなかった。

(4) 売買契約の売主が解除したときの損害賠償請求権

広島高松江支決昭和61年10月20日判タ630.217〔27805160〕は、売買の目的動産が、甲から乙へ、乙から丙へと転売された後、甲が、乙の代金不払を理由として売買契約を解除し、その結果として原状回復義務の履行不能による損害賠償請求権を取得した場合でも、この損害賠償請求権を被担保債権とする動産売買の先取特権の主張は認めなかった。本条は、売買契約が存続する限りにおいて売主を保護する規定であって、代金債権が消滅した解除後までその解釈適用が及ぶものではないからである。

|訴訟物| AのYに対する売買契約に基づく代金支払請求権
　　　＊本件は、Xの動産売買先取特権の物上代位に基づく請求に対して、Yが支払に応じない事案である。なお、我妻・担保物権法290頁は、転付命令は不要であって、366条の趣旨から、直接取り立て得ると解している。

|請求原因| 1　XはAとの間で、本件動産を代金300万円で売買する契約を締結したこと
　　　＊代金を支払ったことは、請求原因事実ではない。
2　AはYとの間で、本件動産を代金400万円で売買する契約を締結したこと
　　　＊動産売買先取特権に基づく物上代位が成立するためには、その動産が債務者Aから第三者Yに売買された事実が必要となる。
3　債権者X、債務者A、第三債務者Y間○○地方裁判所平成5年(ナ)第○○号債権差押え・転付命令事件において、請求原因1の債権を請求債権とし、請求原因2の債権を差押債権とする債権差押え・転付命令が発せられたこと
　　　＊物上代位権を行使するためには、先取特権者が、払渡し又は引渡しのなされる前に差し押さえることが必要とされている（304条）。
4　請求原因3の債権差押え・転付命令がYに送達されたこと

（弁済）
抗弁 1　請求原因4に先立って、YはAに対し請求原因2の代金を支払ったこと

2　手続
(1) 平成15年法律134号改正前
　動産売買先取特権は、実体法上の効力として、303条が定める優先弁済権は有するが、手続法上、換価権を行使できるのは、平成15年改正前民執190条が、①債権者が執行官にその動産を提出したとき、②動産の占有者が差押えを承諾することを証する書面を提出したときのいずれかを任意に満足する場合に限っていた。しかし、動産売買の先取特権が問題となる場合は、通常動産は既に債務者に対して引き渡されており、かつ、債務者に差押えの承諾を得られる状況ではないので、その場合の取扱いについて、次のように、見解が分かれていた。①動産売買先取特権は、担保物権である以上、権利者は競売の申立てができなければならないとして、旧民執190条では権利者が目的動産を占有していることを要件としていたので、実体法上の効力として、引渡請求権を認める見解、②非占有担保である動産売買先取特権に無条件の引渡請求権を認めることはできないとする見解、③差押承諾請求権を認める見解などである。

(2) 平成15年法律134号改正後
　民執190条1項は、その3号として、「債権者が執行官に対し次項の許可の決定書の謄本を提出し、かつ、第192条において準用する第123条第2項の規定による捜索に先立つて又はこれと同時に当該許可の決定が債務者に送達された場合」を新たに動産競売開始要件とし、また同条2項として、「執行裁判所は、担保権の存在を証する文書を提出した債権者の申立があつたときは、当該担保権についての動産競売の開始を許可することができる。ただし、当該動産が第123条第2項に規定する場所又は容器にない場合は、この限りでない」との規定が設けられた。すなわち、①動産執行の執行機関が執行官であることを維持しつつ、②債権者の申立てにより、執行裁判所が担保権の存否の実体判断をして動産競売開始を許可して、この許可決定の謄本を執行官に提出することにより動産競売が開始するという、2段階構造となっている。

● (種苗又は肥料の供給の先取特権)

第322条　種苗又は肥料の供給の先取特権は、種苗又は肥料の代価及びその利息に関し、その種苗又は肥料を用いた後1年以内にこれを用いた土地から生じた果実（蚕種又は蚕の飼養に供した桑葉の使用によって生じた物を含む。）について存在する。

1　種苗又は肥料の供給の先取特権

　本条は、種苗又は肥料を供給した債権者が、自己の債権を担保するため、その種苗又は肥料を用いて債務者が耕作する土地から1年以内に生じた果実の上に先取特権を取得する旨を規定する。種苗又は肥料には、蚕種又は蚕の飼養に供した桑葉が含まれ、その場合、その先取特権は、蚕種又は桑葉の代価につき、その蚕種から生じた蚕又はその桑葉を食した蚕若しくはその蚕がつくった繭、生糸の上にも及ぶ。本条は、農業経営者への種苗・肥料供給の便宜を図る趣旨である。

　なお、農業動産信用法では、農業資金の提供者が、農業用動産のほか広く特定動産上に先取特権を認めている（農業動産信用5条以下）。

2　要件事実

　本条先取特権を主張する者は、次の事実を主張・立証しなければならない。
　(1)　XはYとの間で、種苗又は肥料を代金〇〇万円で売買する契約を締結したこと
　(2)　XはYに対し、請求原因1の契約に基づいて種苗又は肥料を引き渡したこと及びその日
　(3)　Yが本件種苗又は肥料を使用した後1年以内にこれを用いた土地から生じた果実が存在すること

● (農業労務の先取特権)

第323条　農業の労務の先取特権は、その労務に従事する者の最後の1年間

の賃金に関し、その労務によって生じた果実について存在する。

1　農業労務の先取特権

本条は、農業労務の先取特権に関する規定である。本条の定める先取特権は、農業労務の賃金に関して生じ、その目的物は、その労務によって生じた果実である。ただし、他の債権者を保護する観点から、最後の1年間の賃金に限って先取特権が認められることとなっている。

しかし、一般債権者が農業的果実のみの上に強制執行をする例が少ない。

2　要件事実

本条の先取特権を主張する者は、次の事実を主張・立証しなければならない。
- (1)　XはYとの間で、XはYの農業の労務に服し、Yはこれに対し賃金を支払う契約を締結したこと
- (2)　XはYに対し、請求原因1の契約に基づいて労務に服したこと、及び最後の1年の賃金額
- (3)　Yの労務によって生じた果実が存在すること

● (工業労務の先取特権)

第324条　工業の労務の先取特権は、その労務に従事する者の最後の3箇月間の賃金に関し、その労務によって生じた製作物について存在する。

1　工業労務の先取特権

本条は、工業労務の先取特権に関する規定である。本条の定める先取特権は、工業労務の賃金に関して生じ、その目的物は、その労務によって生じた製作物である。ただし、他の債権者を保護する観点から、最後の3か月の賃金に限って先取特権が認められることとなっている。

しかし、一般債権者が工業的製作物のみの上に強制執行をする例が少ないためか、実際上行使されることもまれであるといわれている。

2 要件事実

本条の先取特権を主張する者は、次の事実を主張・立証しなければならない。
(1) XはYとの間で、XはYの工業の労務に服し、Yはこれに対し賃金を支払う契約を締結したこと
(2) XはYに対し、請求原因1の契約に基づいて労務に服したこと、及び最後の3か月の賃金額
(3) Yの労務によってYに生じた工業製作物が存在すること

第3款 不動産の先取特権

325条から328条までは、特定不動産を目的とした先取特権に関する規定である。

● (不動産の先取特権)

第325条 次に掲げる原因によって生じた債権を有する者は、債務者の特定の不動産について先取特権を有する。
　一　不動産の保存
　二　不動産の工事
　三　不動産の売買

本条は、債務者の特定不動産の上に存在する先取特権を与えられるべき債権の発生原因を定める。債務者の特定不動産に対する先取特権を主張する者は、本条各号の定めるいずれかの債権を有することの主張を要する。もしその権利主張が争われる場合は、当該債権の発生原因事実を主張・立証しなければならない。本条が定める債権を権利主張のレベルで述べれば、以下のとおりである。その債権発生原因事実については、括弧内の条文の解説を参照されたい。
(1) 不動産の保存に関する債権を有していること（326条）
(2) 不動産の工事に関する債権を有していること（327条）
(3) 不動産の売買に関する債権を有していること（328条）

● (不動産保存の先取特権)

第326条 不動産の保存の先取特権は、不動産の保存のために要した費用又は不動産に関する権利の保存、承認若しくは実行のために要した費用に関し、その不動産について存在する。

本条は、不動産の保存費又は不動産に関する権利の保存、承認若しくは実行のために要した費用について、当該不動産に先取特権を有することを定める。動産保存の先取特権に関する320条に対応するものである。ただし、この先取特権の効力の保存のためには、337条が定めるとおり、登記を必要とする。なお、本条による先取特権者は、当該不動産を占有することが多く、その場合は留置権を有することとなる。

● (不動産工事の先取特権)

第327条 不動産の工事の先取特権は、工事の設計、施工又は監理をする者が債務者の不動産に関してした工事の費用に関し、その不動産について存在する。
2 前項の先取特権は、工事によって生じた不動産の価格の増加が現存する場合に限り、その増価額についてのみ存在する。

---

1 不動産工事の先取特権

本条1項は、不動産工事の先取特権を与えられるべき債権及び目的物の範囲を定める。ただし、この先取特権の効力の保存のためには、338条が定めるとおり、登記を必要とする。このように、不動産工事の先取特権の効力を保存するためには、工事着手前にあらかじめ工事費用の予算額を登記しておく必要がある（338条）。これに対し、不動産保存の先取特権は、保存行為の完了後直ちに登記すればその効力を保存することができる（337条）。この違いがあるので、大判明治43年5月11日新聞648.11〔27563791〕は、既に棟上げを済ませた「五六分ノ出来ノ建物」の工事を完成させた者が、不動産工事の先取特権（327条）ではなく、不動産保存の先取特権（326条）

を主張したと思われる。

2　不動産工事の増加額

本条2項は、不動産工事の先取特権が工事によって生じた増加額（しかも現存する額）に限って存在することを定める。

なお、宅地造成工事の着手後、完成間近の時期に、その宅地に不動産工事の先取特権保存の仮登記を経由した場合、先取特権には先順位の抵当権に優先する効力を生じない（浦和地判昭和59年12月26日金法1104.45〔27490868〕）。

● (不動産売買の先取特権)

第328条　不動産の売買の先取特権は、不動産の代価及びその利息に関し、その不動産について存在する。

本条は、不動産売買の代価及びその利息について、当該不動産に先取特権を有することを定める。動産売買の先取特権に関する321条に対応するものである。ただし、この先取特権の効力の保存のためには、340条が定めるとおり、登記を必要とする。

第3節　先取特権の順位

　329から332条までは、民法上の先取特権を相互に順位付ける規定である。さらに、先取特権以外の担保物権と競合する場合については、334条以下の規定が定め、これらの規定は、競合する諸権利との間で各先取特権の優先順位を法定している。そのため、同一の不動産を目的とする場合にも、先取特権との優劣は、抵当権相互の順位のように登記の前後によって決まるとは限らない（339条参照）。

●(一般の先取特権の順位)

第329条　一般の先取特権が互いに競合する場合には、その優先権の順位は、第306条各号に掲げる順序に従う。
　　２　一般の先取特権と特別の先取特権とが競合する場合には、特別の先取特権は、一般の先取特権に優先する。ただし、共益の費用の先取特権は、その利益を受けたすべての債権者に対して優先する効力を有する。

　本条1項は、複数の一般の先取特権が競合した場合の順位を定める。つまり、一般先取特権相互の間では、①共益費用、②雇用関係、③葬式費用、④日用品供給の順で優先する。
　本条2項は、一般の先取特権と特別の先取特権が同一の財産について存在するときの相互の順位を定める。つまり、一般先取特権と特別先取特権の間では、後者が前者に優先するのを原則としつつ、共益費用の一般先取特権を例外扱いとする旨を定めた。

●(動産の先取特権の順位)

第330条　同一の動産について特別の先取特権が互いに競合する場合には、その優先権の順位は、次に掲げる順序に従う。この場合において、第二号に掲げる動産の保存の先取特権について数人の保存者があるときは、後の保存者が前の保存者に優先する。

一　不動産の賃貸、旅館の宿泊及び運輸の先取特権
　二　動産の保存の先取特権
　三　動産の売買、種苗又は肥料の供給、農業の労務及び工業の労務の先取特権
　2　前項の場合において、第1順位の先取特権者は、その債権取得の時において第2順位又は第3順位の先取特権者があることを知っていたときは、これらの者に対して優先権を行使することができない。第1順位の先取特権者のために物を保存した者に対しても、同様とする。
　3　果実に関しては、第1の順位は農業の労務に従事する者に、第2の順位は種苗又は肥料の供給者に、第3の順位は土地の賃貸人に属する。

　本条は、動産の特別先取特権間において、いずれの先取特権を先に行わせるかを定める。つまり、動産先取特権相互の間では、①不動産賃貸、旅館宿泊及び運輸、②動産保存、③動産売買、種苗・肥料供給及び農工業の労務の順で優先するのを原則としつつ（本条1項）、①の先取特権者が自らの債権取得時に②又は③の先取特権者の存在を知っていたとき、①の先取特権者のために物を保存した者がいるときの例外を設け（本条2項）、農業労務によって生じた果実についても例外を設けている（本条3項）。

●(不動産の先取特権の順位)

第331条　同一の不動産について特別の先取特権が互いに競合する場合には、その優先権の順位は、第325条各号に掲げる順序に従う。
　2　同一の不動産について売買が順次された場合には、売主相互間における不動産売買の先取特権の優先権の順位は、売買の前後による。

　本条は、同一の不動産につき、特別の先取特権が数種同時に存在する場合における順位を定める。つまり、不動産先取特権相互の間では、その登記の前後によるのではなく、①不動産保存、②不動産工事、③不動産売買の順で優先する（同一不動産の相次ぐ売買では、売買の前後による）ことになる。

● (同一順位の先取特権)

第332条　同一の目的物について同一順位の先取特権者が数人あるときは、各先取特権者は、その債権額の割合に応じて弁済を受ける。

　本条は、同一の目的物につき同一の順位の先取特権者が数人いる場合は、それらの者が債権額に応じて弁済を受けることを定める。自己の優先権を主張する者が増えれば優先権の確保が難しくなるので、債権者間の順位付けが困難な事態に陥れば、最終的には、債権者平等の原則に戻らざるを得ない。

第4節　先取特権の効力

●(先取特権と第三取得者)

第333条　先取特権は、債務者がその目的である動産をその第三取得者に引き渡した後は、その動産について行使することができない。

1　先取特権と第三取得者

　本条は、動産先取特権者の第三取得者への追及力の限界に関して定める。債務者がその動産を第三取得者に引き渡した場合は、その動産につき先取特権を行使できなくなるのである。これは、動産上に先取特権の存在が公示されておらず、第三取得者(所有権取得者を意味し、賃借人・質権者を含まない)を保護するためである。

　債務者の所有財産中、先取特権の目的となった動産が第三者に譲渡された場合にもそのまま効力が及ぶとすると、先取特権の存在が公示されていないため、第三取得者にとって不測の損害を生じる。他方、債務者所有の不動産が第三者に譲渡された場合には、これを目的とする不動産先取特権の存在は、登記によって公示されるから(337条以下)、取引の安全を害さない。また、一般先取特権の効力が不動産に及んでいる場合は、その登記が経由されない限り(336条)、債務者の所有財産から流出した不動産に対してその効力が及ばないのは当然と考えられる(一般先取特権の動産に対する効力も同様に考えるとすれば、本条は、専ら動産上の特別先取特権に適用される規定となる。注民(8) 209頁〔西原道雄〕)。

2　「引渡し」の意義(319条との関係は、同条解説参照)

　本条によれば、債務者が、先取特権の目的動産を譲渡し、「その第三取得者に引き渡した」後は、もはやその動産上に先取特権を行使できないとしている。これによれば、先取特権の効力は、譲渡された動産の「引渡し」の時点でその物に及ばなくなり、物権の本質的効力である追及効が遮断され、債務者から当該動産の譲渡を受けた第三者は、先取特権の負担のない所有権を取得できることになる。しかし、「引渡し」の概念は一義的でないから、先取特権の追及効を遮断する基準時としての「引渡し」の意義が問題となる。

判例は、本条の「引渡し」を占有改定の方法を含めて広く解する。先取特権の追及を免れる要件として現実の引渡し（182条1項）まで求めれば、取引の安全を図ろうとした本条の趣旨が失われるからである。ただ、判例は、先取特権の目的とされていた備付動産が現状のままで第三者に譲渡された場合にも、一般論として319条の適用があるとしているので（前掲大正6年大判）、これを主張・立証すれば、当該動産上の先取特権の効力が認められる余地はある。

　建物の賃借人が、賃貸人の承諾を得てその建物賃借権を第三者に譲渡したが、同建物に備え付けた動産の所有権を移転せず、当該動産の占有のみを賃借権の譲受人である第三者に移転した場合には、本条の適用はなく、賃貸人の先取特権の行使が妨げられることはない（大判昭和16年6月18日新聞4711.25〔27547189〕）。319条の解説を参照。

訴訟物	XのYに対する執行法上の異議権

＊本件は、AがYから建物を賃借し、その建物に備え付けた動産をXに譲渡したが、その動産をXから賃借しそのまま占有していたところ、Yが動産について先取特権（313条2項参照）の実行を申し立て、Xがこれに対し異議を申し立てた事案である。

＊請求の趣旨は、「被告YがAに対する、○○地方裁判所、平成○年(ワ)第○号○○請求事件の執行文を付与された判決の正本に基づき平成○年○月○日別紙目録記載の動産について強制執行は、これを許さない」とするものである。

請求原因	1　YがAに対する、○○地方裁判所、平成○年(ワ)第○号○○請求事件の執行文を付与された判決の正本に基づき平成○年○月○日別紙目録記載の動産について強制執行を開始したこと

　　　　　2　AはXとの間で、請求原因1に先立って本件動産を代金50万円で売買する契約を締結したこと

（建物内備付動産）

抗弁	1　YはAに対し、本件建物を期間20年賃料月額10万円の約定で貸し渡したこと

　　　　2　本件動産は、Aが本件建物に備え付けたものであること
　　　　＊上記の抗弁は、319条、313条2項に基づくものである。

（引渡し）

再抗弁	1　AはXに対し、本件動産を占有改定によって引き渡したこ

と

＊大判大正 6 年 7 月 26 日民録 23.1203〔27522465〕は「引渡し」の中には占有改定（183 条）も含まれるとしている。そのため、不動産賃借人（債務者）の居宅に備え付けられた動産が、第三者に譲渡され、占有改定による引渡しがあった以上は、賃貸人が有していた先取特権の効力はその動産に対して及ばなくなる。占有改定は、外観上の変化を伴わず現状のままで引渡しがあったことにする占有移転の方法であるが、それでも動産譲渡の対抗要件（178 条）足り得るのだから、先取特権の追及効の遮断事由として不足はない。

● (先取特権と動産質権との競合)

第 334 条 先取特権と動産質権とが競合する場合には、動産質権者は、第 330 条の規定による第 1 順位の先取特権者と同一の権利を有する。

1 先取特権と動産質権

本条は、同一の動産に対して先取特権の動産質権が競合する場合の順位付けに関する規定である。動産質権者は、330 条 1 項に掲げた第 1 順位の先取特権（不動産賃貸、旅館宿泊及び運輸の先取特権）と同一の権利を有する。約定担保権の質権に意思推測に基づく先取特権と同順位の効力を定める。したがって、同条 2 項、3 項もまたこの場合に適用されるべきである。

2 動動産先取特権と集合物譲渡担保

333 条の適用があるのは、先取特権の効力が及んでいた動産所有の「第三取得者」に限られる。そのため、同一の動産上に質権が設定され、その質物が質権を取得した第三者に引き渡された後でも、先取特権の効力が及び、両者の競合が生じるのである（334 条）。

動産売買の先取特権の目的動産が、入庫と出庫を繰り返して変動する在庫商品が集合物譲渡担保に供された場合の問題がある。最判昭和 62 年 11 月 10 日民集 41.8.1559〔27801490〕は、集合動産を目的とする譲渡担保契約が締結され、占有改定の方法による引渡しがされた後、新たにその構成部分となった動産についても、集合物全体の同一性が損なわれない限り、対抗要件

具備の効力が及ぶから、「動産売買の先取特権の存在する動産が右譲渡担保権の目的である集合物の構成部分となった場合においては、債権者は、右動産についても引渡を受けたものとして譲渡担保権を主張することができ〔る〕」とした。この見解によれば、集合物の譲渡担保権者は、333条所定の「第三取得者」に該当し、動産売買の先取特権に基づく動産競売の不許を求めることができる（民執38条）。したがって、先取特権と譲渡担保権の競合は生ぜず、両者の優劣を論じるまでもないとされる。ただ、同判決でも、新たに集合物を構成するに至った個別の物件につき、いつから対抗要件を具備したことになるのか—譲渡担保設定時か、それとも個別物件の加入時かは明らかにされていない（最判解説民事編昭和62年度679頁〔田中壮太〕）。

● （一般の先取特権の効力）

第335条 一般の先取特権者は、まず不動産以外の財産から弁済を受け、なお不足があるのでなければ、不動産から弁済を受けることができない。
　2　一般の先取特権者は、不動産については、まず特別担保の目的とされていないものから弁済を受けなければならない。
　3　一般の先取特権者は、前2項の規定に従って配当に加入することを怠ったときは、その配当加入をしたならば弁済を受けることができた額については、登記をした第三者に対してその先取特権を行使することができない。
　4　前3項の規定は、不動産以外の財産の代価に先立って不動産の代価を配当し、又は他の不動産の代価に先立って特別担保の目的である不動産の代価を配当する場合には、適用しない。

　一般先取特権の存在は、債務者の個別財産上に特別先取特権や質権、抵当権を有する債権者にとって大きな脅威となる。そこで、本条は、そうした「特別担保」を有する債権者に配慮した規定である。
　つまり、本条は、まずは不動産以外の財産から一般先取特権を行使するようにし（本条1項）、不動産に対して行使せざるを得ないときでも、できるだけ抵当権等の目的（本条、336条）となっていないものから優先弁済を受けるべきこととしている（本条2項）。そして、これらの規定に反したとき

は、不動産以外の財産、あるいは抵当権等の負担のない不動産から弁済を受けることができたはずの配当額につき、登記を経由した抵当権者等の第三者に対して先取特権を行使できないものとする（本条3項）。これは、一般先取特権といえども、その効力が及んだ特定不動産について登記が可能であることを前提とし、たとえ一般先取特権が登記済みであっても、登記済みの抵当権に優先することはできないとする趣旨と解される。しかし、一般先取特権の行使を制限する前3項の規定は、抵当権等の目的不動産が、債務者の他の財産に先んじて換価された場合などには適用されない（本条4項）。

● (一般の先取特権の対抗力)

第336条 一般の先取特権は、不動産について登記をしなくても、特別担保を有しない債権者に対抗することができる。ただし、登記をした第三者に対しては、この限りでない。

1 一般先取特権の対抗力の原則

本条本文は、一般先取特権が不動産について登記をしなくても、これをもって「特別担保を有しない債権者」に対抗することができることを定める。一般先取特権の被担保債権は、共益費用にせよ、雇用関係から生じる債権にせよ、少額のものが多い。少額債権者が、債務者の特定不動産について登記を申請すること求めることは無理である。そのため一般先取特権は、その効力が及ぶ不動産については、「特別担保」を有しない債権者に対し、登記なくして対抗できるとしている。

2 例外

本条本文の優先効も無制限ではなく、本条但書は、登記を経由した第三者（第三取得者を含む）に対しては、一般先取特権者は登記なくしては対抗できないことを定める。一般先取特権者も、債務者所有の個別の不動産について自己の権利を登記することができるとされており（不登3条5号、83条参照）、一般先取特権者の債務者に対する登記請求権を認める裁判例がある。

問題は、「登記をした第三者に対しては、この限りでない」と規定する本条但書の意義である。一般的には、「特別担保」を有する債権者や第三取得者が登記済みのときは、一般先取特権の登記がなければ対抗できず、登記済

みの第三者との優劣は、立法者の見方と同じく、登記の前後による対抗問題に帰着する（梅・要義物権編416頁）。ただ、この規定にもかかわらず、民事執行法上の保全処分の申立て・執行に要した共益費用（民執55条10項）が優先弁済を確保されている。この取扱いは、すべての債権者の共同利益となるものだから、329条2項但書の趣旨にも合致するであろう。

東京地判昭和25年6月27日下民1.6.1000〔27430020〕は、勤め先の会社を解雇された元従業員が、同会社を相手取り、退職金債権を担保するために同会社所有の不動産上に一般先取特権の登記手続を求め、認容された事案である。

● (不動産保存の先取特権の登記)

第337条 不動産の保存の先取特権の効力を保存するためには、保存行為が完了した後直ちに登記をしなければならない。

本条は、不動産保存の先取特権が、保存行為完了の後直ちに登記をすることによって、その効力を保存することを定める。登記の法的性質について見解が分かれる（本条に限らず、338条及び339条により、不動産先取特権の効力を保存するために要求される登記）。この点、①不動産先取特権だけを例外扱いせず、177条の一般原則のとおり、第三者への対抗要件として登記であるとする有力説（我妻・担保物権法98頁）があるが、②この要件を具備した登記をしない以上、先取特権は効力を生じないと解すべきであろう（不登3条5号、85条）。大判大正6年2月9日民録23.244〔27522365〕は、登記を経由しない限り、不動産先取特権の効力自体が生じないとしている。

東京高判昭和44年11月28日判タ246.296〔27431155〕は、本条ではなく、338条の建物新築工事の事例であるが、不動産先取特権の登記を効力発生要件と解する判例の立場を改めて確認し、不動産工事の先取特権は、工事開始前の登記がなければ、第三者との関係はもとより、当事者間においてもその効力を生じないとした。同判決は、「民法325条2号の規定によつて不動産の工事を原因として生じた債権につき先取特権を取得する者は、同法338条1項の定めるところにより、右工事を始める前に予かじめその費用の予算額を登記することによつてその効力を保存しうるものとされているため（建物を新築する場合の登記手続については不動産登記法136条ないし140

条に定めるところによる)、たとえ不動産の工事を原因として生じた債権であつても、それが登記されておらず、あるいはすでに工事を始めた後にその登記をしたとしても、第三者との関係においてはもとより、当事者間においてもその効力を有しないと解するのが相当である」と判示し、本件家屋の工事を原因として生じた債権につき何らの登記をもしていない場合は、相手方はその主張に係る不動産工事を原因として生じた債権につき先取特権を有することを抗告人に対しても主張できないとした。

| 訴訟物 | XのYに対する不動産保存の先取特権に基づく登記請求権 |

＊Xは、不動産の物理的な保存費用を支出し、又は、不動産の権利の保存・承認・実行費用を支出した。本件は、Xが上記費用額につき、不動産を所有するYに対し、先取特権の保存登記手続を求めたところ、YはXの登記請求がその保存行為の後直ちにされなかったと抗弁した事案である。

| 請求原因 | 1 Xは、不動産の物理的保存の費用を支出したこと及びその数額又は不動産に関する権利の保存、承認、実行のため費用を支出したこと及びその数額
2 Yは当該不動産を所有すること |

(登記請求の遅滞)

| 抗 弁 | 1 本件登記請求は、請求原因1の保存行為の後、遅滞なくなされなかったこと |

＊上記の事実は、請求原因1の事実主張と本訴提起の時期(黙示的に主張されており、かつ、裁判所に顕著な事実)の照合によって現れる場合は、改めて主張することを要しない場合が多いであろう。

＊不動産保存の先取特権の登記は、保存行為の完了後「直ちに」すべきものとされ(本条)、ここでいう「直ちに」は「遅滞なく」の意味と解されている。遅滞なくその存在が公示されなければ、抵当権者を害するおそれがあるからである(339条)。

● (不動産工事の先取特権の登記) ━━━━━━━━━━━━━━━━

第338条 不動産の工事の先取特権の効力を保存するためには、工事を始める前にその費用の予算額を登記しなければならない。この場合におい

て、工事の費用が予算額を超えるときは、先取特権は、その超過額については存在しない。
2　工事によって生じた不動産の増価額は、配当加入の時に、裁判所が選任した鑑定人に評価させなければならない。

1　不動産工事の先取特権の登記
(1)　工事開始に先立つ登記
　本条1項本文は、不動産工事の先取特権が工事を始める前にその費用の予算額を登記することによって、その効力を保存することができる旨を定める。不動産工事の先取特権の登記は、「工事を始める前に」すべきものとされ、その工事費用の予算額が登記事項である（不登85条）。工事の開始前に登記しなければ、不動産工事の先取特権の効力を保存できず、工事着手後の登記は無効である。
　例えば、先取特権の保存登記の前後で単一の工事を分割し、その登記後の部分に限って先取特権の効力を認めることは許されない（大判大正6年2月9日民録23.244〔27522365〕）。また、建売住宅の建築に着手した債権者が先取特権の保存登記を経由した日には、そのうち4棟が既に棟上げを終えており、他の2棟も棟上げをする状況にあった場合は、工事着手前の登記とはいえない（大判昭和9年5月21日新聞3703.10〔27542969〕）。また、更正登記の方法により、不動産保存の先取特権の登記を不動産工事の先取特権の登記に変更できない（大判大正4年12月23日民録21.2173〔27522085〕）。一般に更正前後の登記の同一性が認められないからである。
　浦和地判昭和58年2月22日判タ498.155〔27405916〕は、「不動産工事の先取特権は、工事の始まる前にその費用の予算額を登記することが効力要件と定められている（民法338条）から、被告らの先取特権は無効であり、本件先取特権保存仮登記は抹消を免れない。被告Y1は、不動産工事の先取特権についても登記は第三者に対する対抗要件にすぎず、本件先取特権は有効であると主張するけれども、不動産工事の先取特権は、一般債権者のみならず先順位抵当権者にも優先するものであつて－先取特権の性質上からくるものではあるが、登記の面からすれば単なる対抗要件以上のものとなる－取引関係に入る者にとつて与える影響は大である、そこで、法は早期に債権額の上限を確定させるため、工事着手前に予算額を登記させることとし、かような登記を経由したものについてのみ前記のような強い効力を認めるものと

したと解されるのであつて、被告主張のように対抗要件と解する場合には、登記か工事着手の前後であるか否かにより先順位抵当権者に優先できるものと後順位者に対してのみ優先できるものとの二種の先取特権を認める結果になつて公示機能を十分に果たせない結果を招来する等の不都合が生じるから、被告Y1の主張は採用できない」と判示し、土地造成工事の6割が完成していた時点でされた先取特権保存の仮登記の抹消請求を認めた。

訴訟物 　　XのYに対する不動産請負工事契約に基づく先取特権保存登記請求権
　　　　　＊請求の趣旨は、「YはXに対し、本件建物につき、平成○年○月○日付、建物建築請負契約を原因として、工事費用の予算額を5億円とする不動産工事の先取特権保存登記手続をせよ」とすることになろう。なお、工事着工前に請負人が注文者を訴える本件のような訴訟は実務上まれであろう。
　　　　　＊本件は、請求原因1が示すとおり増築工事の場合であるから、既に建物の所有権保存登記がされていることを想定している。

請求原因 　1　XはYとの間で、本件建物の増築工事を代金予算額5億円で請け負う契約を締結したこと

（工事着工）

抗　弁 　1　Xは、既に請求原因1の増築工事に着工していること

(2) 新築工事の場合
ア　登記方法
　新築工事の事案の場合も、先取特権保存登記は可能である（不登86条、不登規161条）。この場合は、建築工事が終了した場合、建物所有者は、遅滞なく建物の所有権保存登記をしなければならない（不登87条1項）。つまり、目的物が現存しない段階で先取特権の登記だけが先行していた変則的な状態を速やかに解消すべきである。しかし、請負による建物の完成時の所有者については、①請負人が自ら材料を供給する場合は、請負人がまず建物の所有権を取得し、注文者への引渡しによってはじめて所有権が移転するが、②注文者が材料の主要部分を供給する場合は、注文者が原始的に建物の所有権を取得するとするのが判例である。しかし、工事の進行に伴って代金が支払われるときは、注文者がその出来形に応じて所有権を取得するとも解されており、たとえ代金が未払であっても、債権者（請負人）を登記権利者と

し、債務者（注文者）を登記義務者として不動産工事先取特権の保存登記を共同申請した以上、完成した建物の所有権は債務者に帰属すると考えざるを得ない（同法86条1項）。そうでないと、先取特権の成立自体が認められないのである（303条）。

建物の所有権保存登記の申請においては、債権者が関与する余地はなく、建物所有者というべき債務者が、建物の表示に関する登記を申請したうえ、その表題登記を前提として所有権保存登記を申請する必要がある。これは、登記義務者がいないはじめての所有権の登記であり、表題部の所有者の単独申請となる（不登74条1項）。しかし、債務者が建物の所有権保存登記を申請すべき義務を履行しない場合、債権者の対処は、次のとおりである。

建物新築工事を請け負った債権者のために先取特権の保存登記の申請に同意した債務者（新築建物の所有者）は、当該建物の建築が終わり次第、さらにその所有権保存登記を経由すべき義務を負う。そして、先取特権者（甲）は、債務者（乙）に対し、同建物の所有権保存登記手続を請求する権利を有しており、さらに、甲の債権者（丙）も、自己の債権を保全するため、423条の規定に基づいて甲に代位し、所有権保存登記を申請できる（大判昭和12年12月14日民集16.1843〔27500559〕）。先取特権の登記申請における甲乙間の合意から甲の乙に対する債権的な登記請求権を引き出し、丙によるその代位行使を認めたものといえる。

イ　建物新築工事における保存登記における建物所在地番の更正

不動産工事の先取特権の保存登記における建物所在地番を「蔵王51番の1」を「蔵王1番の1」に改める更正が、更正前後の登記の同一性なしとの理由から許されないとされた事例がある（最判昭和50年10月29日訟月21.11.2248〔27431535〕）。この判決が支持する原審は、「実在せざる建物についての登記においては、その所在地番の表示が正確になされることがふつうの場合よりも格段に重要性を帯びてくることは明らか」であり、しかも「所在地番が架空のものであるときは、該登記は無効である」と結論付けた。無効の登記について更正登記を認める余地はない。

2　工事費用が予算額を超えた場合の超過額部分

本条1項但書は、工事費用が予算額を超えた場合は、その超過額には先取特権が存在しないことを定める。

3　増築・補修工事における増価額の評価

本条2項は、工事による増加額については、配当加入の際、裁判所の選任

した鑑定人をして評価させることを定める。

　327条2項及び338条2項により、不動産工事の先取特権者は、工事から生じた増価額が現存しなければ、その優先権を行使することができず、この増価額の評価は、配当加入時に裁判所が選任した鑑定人に委ねられる。ただ、競売手続中も工事が進行している場合には、工事の完成によって明らかとなる増価額全部が鑑定人の評価の時点で反映されない可能性がある。

　最判平成14年1月22日判時1176.54〔28070185〕は、宅地造成工事の請負人がその土地の抵当権者を相手として配当異議訴訟を提起した事件であり、鑑定評価の時点では、残土処分工事のみであったのが、その後、売却までに工事が進行し、増価が発生したという事案である。同判決は、「不動産工事の先取特権は、請負人等が不動産に関して行った工事による増価額が現存する場合に限り、その増価額につき、登記されていた予算額の範囲内において（民法327条、338条1項）、抵当権に優先するものであり（同法339条）、差押えの登記前に登記がされた先取特権を有する債権者は、不動産競売手続において、この増価額につき売却代金の配当等を受けることができる（民事執行法188条、87条1項4号）。ところで、上記増価額は『配当加入ノ時裁判所ニ於テ選任シタル鑑定人ヲシテ之ヲ評価セシムルコトヲ要』し（民法338条2項）、この評価は民事執行法58条に規定する評価人の評価の手続においてされるけれども、不動産工事の先取特権の対象となるべき不動産についての工事による増価額が、不動産競売手続における評価人の評価又はこれに基づく最低売却価額の決定に反映されているか否かは、同先取特権の被担保債権が優先弁済を受けるべき実体的権利に影響を与えるものではない。けだし、評価人の評価は増価額を確定するものではなく、最低売却価額の決定も上記増価額を決定するものではなく、売却時に現存する増価額の有無を配当異議訴訟で争うことを妨げるものではないからである。したがって、上告人は、本件工事による本件土地の増価額につき、本件根抵当権に優先して配当を受けることができる」と判示し、売却時に現存する増価額が、鑑定人による評価又は最低売却価額の決定に反映されていなくとも、不動産工事の先取特権に基づいて優先弁済を受けるべき実体的権利は影響されないとした。

●（登記をした不動産保存又は不動産工事の先取特権）

第339条　前2条の規定に従って登記をした先取特権は、抵当権に先立って

行使することができる。

　本条は、不動産保存及び不動産工事の各先取特権に関する337条、338条の規定に従って登記がされた場合は、仮に先順位の抵当権が存在しても、当該抵当権に先立って先取特権を行使できることを定める。
　広島高松江支決平成5年4月26日判時1457.104〔27815494〕は、不動産工事先取特権の保存登記のみが記載され、いまだ表示登記すらされていない登記簿の謄本は、その建物の完成を知り得ないばかりか、むしろ未完成を推測させるものであって、これを担保権の実行開始文書としての担保権の存在を証する法定文書（民執181条1項3号）として認めない。この先例に従うと、建物の新築工事における債権者が、不動産工事先取特権による競売を申し立てる場合には、少なくとも債務者が建物の表示登記を済ませておく必要がある。

● (不動産売買の先取特権の登記)

第340条　不動産の売買の先取特権の効力を保存するためには、売買契約と同時に、不動産の代価又はその利息の弁済がされていない旨を登記しなければならない。

　本条は、不動産売買契約と同時にいまだ代価又はその利息の弁済がない旨を登記することによって、不動産売買の先取特権の効力が保存されることを定める。この先取特権の効力は、登記の前後に従うのであり、既登記の抵当権に優先するものではない。

● (抵当権に関する規定の準用)

第341条　先取特権の効力については、この節に定めるもののほか、その性質に反しない限り、抵当権に関する規定を準用する。

本条は、先取特権の効力について本節に定めたもののほか抵当権に関する規定を準用することを定める。

　先取特権は、目的物の占有をその成立要件としないので、法定担保権か約定担保権かの違いを別にすると、抵当権に類する性質を有している。したがって、本条は、先取特権の効力に関し「その性質に反しない限り」抵当権に関する規定を準用することが定められたのである。

　もっとも、先取特権の性質に反しない限りでどの規定が準用されるのかは必ずしも明らかではない。さしあたり、先取特権相互の優先順位、それから先取特権と他の担保物権との優劣に関しては、法定された固有の規定があり、373条は準用の対象外と考えられる（順位の変更に関する374条も同様）。となれば、その効力が及ぶ目的物の範囲（370条）、なかでも果実に対する効力（371条）、被担保債権の範囲（375条）、代価弁済（378条）、第三取得者の消滅請求（379条以下）が主要な準用規定である。

　被担保債権から切り離した抵当権のみの処分に関する規定（376条、377条）は、先取特権への準用を肯定する見解があるが、被担保債権の発生原因別に順位付けされる先取特権にはなじまないと考えられる。根抵当権に関する諸規定（398条の2以下）も、極度額、基本契約といった諸概念が先取特権の性質になじまず、準用の対象外である。

第9章　質　　権

　質権は、当事者間（質権者と質権設定者）の質権設定契約によって設定される（342条の「債権の担保として債務者又は第三者から受け取った物」という文言には、質権が債務者又は第三者の意思に基づくものであることが現れている）。質権者は被担保債権の債権者に限る。これに対して、質権設定者は、債務者に限らない。しかし、質権の設定は、物権的処分行為の一種であるから、債務者又は物上保証人のいずれが設定するとしても、質権という物権設定のためには当該目的物について、これを処分する権利（所有権など）又は権能（代理権・管理権など）を有することが必要である（我妻・担保物権法129頁）。また、342条が「債権の担保として」という文言を使用しているところからも明らかであるが、債権者と債務者間の債権発生が質権の成立の前提となっている。さらに、344条は質権設定契約が要物契約であることを定めている。そして、質権の効果を主張する者は、上記の要件事実を主張・立証しなければならない。

訴訟物　　Xの目的物に対する質権（確認）
　　　　　＊XはYとの間で、Y所有の本件目的物につき、Y（又はA）のXに対する債務を担保するため質権を設定した。本件はXが質権の存在を争うYに対し質権の存在確認を求めた事案である。
請求原因　1　XのY（又はA）に対する債権発生原因事実
　　　　　2　XはYとの間で、本件目的物につき、請求原因1のY（又はA）のXに対する債務を担保するために質権を設定する合意をしたこと
　　　　　3　Yは、請求原因2当時、本件目的物を所有していたこと、又は処分する権利を有していたこと
　　　　　4　YはXに対し、請求原因2の質権設定の合意に際して、本件目的物を交付したこと
　　　　　＊質権設定契約は要物契約であるので（344条）、質権の成立を主張する者が、この要件事実の主張・立証をすることとなる。要するに、請求原因2にとどまらず4も質権設定契約の成立要件なのである。
　　　　　5　Yは本件の質権の存在を争うこと

第1節　総　　則

●(質権の内容)

第342条　質権者は、その債権の担保として債務者又は第三者から受け取った物を占有し、かつ、その物について他の債権者に先立って自己の債権の弁済を受ける権利を有する。

1　質権の内容
　本条は、質権が債務者又は第三者が提供した動産・不動産に対して占有する権原があること（この点については、347条参照）及び優先弁済権を有することを定める。質権の優先弁済権が具体的に機能するのは、競売の申立て（民執181条、190条）の局面である。質権に基づく権利は、優先弁済権のほかに、質権に基づく物権的請求権がある。

2　質権に基づく物権的請求権
　質権も物権である以上、物権的請求権を有することは当然である。ただし、353条が、動産質権者が質物の占有を奪われた場合に、占有回収の訴えによってのみ質物を回収し得るにとどまるとしており、質権に基づく質物返還請求権が否定されているかのようである。この関係については、353条の解説を参照されたい。

●(質権の目的)

第343条　質権は、譲り渡すことができない物をその目的とすることができない。

1　質権の目的
　本条は、譲渡禁止物が、質権の対象物となり得ないことを定める。「譲り渡すことができない物」とは、所有権の客体となり得るが、性質上交換価値

がないが、法律によって譲渡を禁止されているため、譲渡することができない物である（注民（8）250頁〔石田喜久夫〕）。動産では、麻薬（麻薬12条）、毒物及び劇物（毒物3条）、模造した通貨及び証券（通貨模造1条）などがこれに当たる。債権その他の財産権では、扶養請求権は処分が禁じられ（881条）、恩給受給権は譲渡・担保提供が禁じられる（恩給11条）。

なお、譲渡性があっても、質権の設定が禁止されているものとして、登記船舶及び製造中の船舶（商850条、851条）、自動車（自抵20条）、航空機（航抵23条）、登記建設機械（建抵25条）、立木法上の立木（立木2条）、採掘権（鉱業13条）、漁業権（漁業23条）、特許を受ける権利（特許33条）があり、特別法上の財団も、1個の不動産として抵当権を設定できるが、質権の設定は許されない（工抵14条）。

2　本条違反の質権の設定

法令又は当事者の意思に基づく譲渡禁止に反して設定された質権の効力は、当然には無効でなく、その法令又は当事者の意思を解釈して決すべきである。

● (質権の設定)

第344条　質権の設定は、債権者にその目的物を引き渡すことによって、その効力を生ずる。

1　質権の設定と効力

本条は、質権の設定が目的物の引渡しによってその効力を生ずることを定める。しかし、目的物の引渡しは、本条の文理にもかかわらず、質権の成立要件と解するのが一般である（我妻・担保物権法131頁、168頁等）。もちろん、契約の成立要件と契約の効力発生要件とは区別すべきは当然であるが、我が民法において「効力を生ずる」との文言は、多くの場合、「成立する」という意味に用いられているのである（例えば、549条、555条、586条、587条、593条、601条、623条、632条、643条、657条、667条、689条、695条の各条等）。したがって、当然質権の成立を主張する者が目的物の引渡しの事実を主張・立証しなければならない。

2　質権の目的物の「引渡し」方法

　質権設定の効力を生じさせるためには、現実の引渡し（182条1項）のほか、簡易の引渡し（同条2項）、指図による占有移転（184条）の方法をとることができる。しかし、設定者が目的物を占有したまま全く外観上の変化がない占有改定（183条）による方法はとれない（345条）。

　既に賃貸されていた建物の上に質権が設定された事例において、賃貸人である質権設定者が、賃借人に対してそれ以後は質権者のために目的建物を占有すべき旨を命じ、賃借人がこれを承諾すれば、この方法（指図による占有移転）により質権が適法に設定されるとした（大判昭和9年6月2日民集13.931〔27510051〕）。債権者が間接占有を取得し、質権設定のための引渡しとする例はほかにもある。運送中の貨物が質入れされる場合もそうであり、この場合には、質権者は、貨物引換証又は船荷証券によって間接占有の取得を証明することになる（大判明治41年6月4日民録14.658〔27521227〕）。

●（質権設定者による代理占有の禁止）

第345条　質権者は、質権設定者に、自己に代わって質物の占有をさせることができない。

　本条は、344条及び352条の適用について、質権の性質から生ずる特別の規定である。質権設定の当初から設定者が外観上の変化なく目的物の占有を継続すれば質権そのものが有効に成立しないが、いったんは占有改定以外の方法によって目的物の占有を取得した質権者が、設定者に対して質物を任意に返還し、自分に代えて再び設定者による質物の占有を認めた場合について、我妻・担保物権法131頁は、「占有改定を禁ずることの今日における立法理由をその留置的効力を確保することにあると解する以上、質権者がみずからこの留置的効力を放棄するときは、質権はこれによって消滅する」としている。しかし、大判大正5年12月25日民録22.2509〔27522333〕は、不動産質について、「民法第345条ニハ単ニ質権者ハ質権設定者ヲシテ自己ニ代ハリテ質物ヲ占有セシムルコトヲ得サル旨ノ規定アルニ過キサルヲ以テ質権者カ一旦有効ニ質権ヲ設定シタル後右規定ニ違背シ質権設定者ヲシテ質物ヲ占有セシメタリトスルモ其占有カ法律上代理占有ノ効力ヲ生セサルニ止マリ之カ為メ質権力消滅ニ帰スヘキモノニアラスト解スルヲ相当トス而シテ質

権者カ有効ニ質権ヲ設定シタル後占有ヲ失ヒタル場合ニ於テハ動産質ニアリテハ其質権ヲ以テ第三者ニ対抗スルコトヲ得サル結果ヲ生スヘキモ本件ノ如キ不動産質ニアリテハ質物ノ占有ハ第三者ニ対スル対抗条件ニモアラサルヲ以テ原院カ質権者タルＹニ於テ一旦質物ノ現実引渡ヲ受ケタル後之ヲ質権設定者タルＡニ引渡シタル事実ヲ認メタルニ拘ハラス該事実ハ本件質権ノ効力ニ何等ノ影響ナシト判示シタルハ洵ニ相当ニシテ本論旨ハ其理由ナキモノトス」と判示する。

訴訟物　ＸのＹに対する所有権に基づく妨害排除請求権としての質権設定登記抹消登記請求権
　　　＊本件は、ＸがＡから買い受けて所有する本件土地にＹ名義の質権設定登記があるので、ＸがＹに対してその登記の抹消登記手続を求めたところ、Ｙがその登記はＡとの質権設定契約に基づくものであると抗弁した事案である。

請求原因
1　Ａは、請求原因２当時、本件土地を所有していたこと
2　ＡはＸとの間で、本件土地を代金1,000万円で売買する契約を締結したこと
3　Ｙは本件土地に質権設定登記を有すること
（登記保持権原）

抗弁
1　ＹはＡに対し、1,000万円を弁済期平成○年○月○日との約定で貸し渡したこと
2　ＹはＡとの間で、抗弁１の債権を担保するために本件土地につき質権設定契約を締結したこと
3　Ａは、抗弁２当時、本件土地を所有していたこと
4　ＡはＹに対し、本件土地を引き渡したこと
5　請求原因３の登記は、抗弁２の契約に基づくこと
　　＊「Ｙは、抗弁４の後、本件土地をＡに引き渡したこと」という主張は、再抗弁とならず、主張自体失当である（前掲大正５年大判参照）。

訴訟物　ＸのＹに対する執行法上の異議権
　　　＊請求の趣旨は、「被告ＹがＡに対する○○地方裁判所平成○年(ワ)第○号○○請求事件の執行文を付与された判決の正本に基づき平成○年○月○日別紙目録記載の動産について強制執行は、これを許さない」とすることとなる。

請求原因 1　YはAに対する○○地方裁判所平成○年(ワ)第○号○○請求事件の執行文を付与された判決の正本に基づき平成○年○月○日別紙目録記載の動産について強制執行を開始したこと
2　XがAに対して有する債権の発生原因事実
3　XとAとの間で、本件動産につき請求原因2の債権を担保するために質権設定の合意をしたこと
4　Aは、請求原因3当時、本件動産を所有していたこと
5　AはXに対し、請求原因3の合意に際して、本件動産を引き渡したこと
＊「XはAをして動産を占有させている」（占有改定）との主張は主張自体失当である（本条）。

● (質権の被担保債権の範囲)

第346条　質権は、元本、利息、違約金、質権の実行の費用、質物の保存の費用及び債務の不履行又は質物の隠れた瑕疵によって生じた損害の賠償を担保する。ただし、設定行為に別段の定めがあるときは、この限りでない。

　本条は、質権をもって担保すべき債権を定めたものである。本条本文は、当事者の意思解釈規定であるから、本条の定めと異なる当事者の合意があれば、その特約に従うことになる。本条但書は、その理を確認している。
　本条によって法定された被担保債権は広範囲であるが、被担保債権の特定を前提としている。当事者の約定により、本条の規定とは異なる被担保債権の範囲を定める場合であっても、根担保との混同を放任するのでない限り、被担保債権の特定性は維持されるべきであろう。これは、被担保債権の消滅による設定者の質物回復を確実にするうえでゆるがせにできない。この点、東京地判平成9年10月15日金商1041.41〔28030923〕は、会社役員の終身保険契約における保険料の一括払のために銀行から融資を受け、この融資債権を有する銀行との間で、「現在負担し、又将来負担する取引上の一切の債務の担保として」、同保険契約に基づく保険金・解約返戻金等の給付請求権の上に質権が設定された事例では、被担保債権の特定性を欠いた合意の成立が難なく認められた。

| 訴訟物 | XのYに対する執行法上の異議権（配当異議）
＊配当異議の訴えの性質は、民執90条4項の文言をも考えると、配当表の変更又は新たな配当表の調製のために配当表の取消しを求める形成訴訟と解される。
| 請求原因 | 1 ○○地方裁判所は、債権者Y・債務者Aの競売事件につき平成○年○月○日、次のとおり、配当表を作成したこと

記

売却代金1,100万円　　手続費用100万円

当事者	届出債権	配当額
Y	500万円	500万円
X	1,000万円	500万円

  2　Xは、配当期日において、Xの配当額を600万円にし、Yのそれを400万円にすべき旨の異議の申立てをしたこと
  3　XはAに対し、1,000万円を弁済期平成○年○月○日の約定で貸し渡したこと

（質権）
| 抗弁 | 1　YはAに対し、400万円を弁済期平成○年○月○日の約定で貸し渡したこと
  2　YとAとの間で、抗弁1の債権を担保するために本件宝石に質権を設定したこと
  3　Aは、抗弁2に際して、Yに本件宝石を交付したこと
  4　Aは、抗弁2当時、本件宝石を所有していたこと
  5　Yは本件宝石の保管の費用として100万円を支出したこと

（別段の定め）
| 再抗弁 | 1　YとAとの間では、本件宝石の保管料は、Yの負担とする合意があること
＊本条但書に基づく再抗弁である。

●（質物の留置）

第347条　質権者は、前条に規定する債権の弁済を受けるまでは、質物を留置することができる。ただし、この権利は、自己に対して優先権を有

する債権者に対抗することができない。

1　質権の留置的効力
　本条本文は、質権者が債権の弁済を受けるまで質物を留置できることを定める。質権に留置的効力があるために、質権の存在は、所有権に基づく所有物返還請求権に対し、占有権原の抗弁として機能する（我妻＝有泉・物権法263頁）。被担保債権の消滅の事実は、質権消滅の効果を生ずるので、弁済の事実は、占有権原の抗弁を消滅させる再抗弁として位置付けられる。
　質権の被担保債権の弁済がない限り、質権設定者は、質物の所有権に基づく返還請求権を行使することができず、質権者は、質物所有者への引渡しを拒むことができる点のみをみると、留置権者が留置物の引渡しを拒絶するのと変わらない。ただし、目的物の引渡請求訴訟が提起され、相手方の留置権の抗弁が認められた場合には、引換給付判決（原告一部勝訴）となるのに対し、質権者が相手方となり、その引渡しの拒絶が認められる場合には、判例は請求棄却の判決をすべきとしている（大判大正9年3月29日民録26.411〔27523024〕、注民（8）266頁〔田中整爾〕も同旨）。

|訴訟物|　XのYに対する動産所有権に基づく返還請求権としての目的物引渡請求権
　＊本件は、Xが所有する動産をYが占有しているので、XがYに対し、その返還を求めたところ、Yはその動産はXに対する債権を担保するために質権を設定したと抗弁し、その債権が弁済されたか否かが争点となった事案である。

|請求原因|　1　Xは本件動産を所有していること
　　2　Yは本件動産を占有していること
（占有権原――留置的効力）

|抗　　弁|　1　YのXに対する債権発生原因事実
　　2　YはXとの間で、本件動産につき、抗弁1の債権を担保するために質権を設定する合意をしたこと
　　3　Xは、抗弁2当時、本件動産を所有していたこと
　　4　XはYに対して、抗弁2の合意に際して、本件動産を交付したこと
　　　＊上記の質権の留置的効力の抗弁が主張された場合は、295条

の留置権の抗弁の場合と異なり、引換給付判決ではなく、請求棄却判決となる（傍論であるが、前掲大正9年大判）。

(弁済)
再抗弁 1　XはYに対して、抗弁1の債務を弁済したこと

2　質物所有者以外の者による引渡請求
　本条但書は、質権者に優先する債権者に対しては質権の留置的効力を主張できないことを定める。例えば、動産質権者に対して優先する動産先取特権者（334条、330条2項）や、不動産質権者に対して優先する先順位の抵当権者（361条、373条）、同一の質物上に数個の質権が設定されたときの先順位の質権者（355条）などである。
(1) 動産先取特権
　「優先権を有する債権者」のうち、動産保存の先取特権者が、自己の担保権の実行として動産競売を申し立てるために質物の引渡しを求めた場合、質権者は、これに応じなければならない。現に、動産を目的とした担保権の実行競売における手続開始要件として、執行官への目的動産の提出を求めている（民執190条1項1号、ただし、目的動産の提出が不可欠でないことについて同条2項、1項3号参照）。
(2) 先順位の不動産担保権者
　不動産を目的とした担保権の実行による競売であれば、質権者は、他の債権者による競売申立ての段階では自ら占有する不動産を明け渡す必要はないが、売却の結果、「使用及び収益をしない旨の定めのある質権」は、抵当権と同様に消滅し（民執188条、59条1項）、「使用及び収益をしない旨の定めのない質権（使用収益権能を伴う通常の不動産質権）」も、最優先順位でない限り、消除主義の適用を受け、その効力を失う（同法59条2項）。不動産質権は、動産質権と並んで留置的権能を本体とするはずだが、結局、配当手続の段階では優先弁済権に帰着し、買受人がその負担を引き受ける引受主義の適用は例外である（同条4項）。

3　留置的効力を有しない質権
　財産権を目的とする権利質（362条以下）に関しては、一般的に留置的効力を観念し難い。担保・執行法改正（平成15年法律134号）後、債権質のうち、債権譲渡のために証書の交付を必要としないものに対しては要物性が求められなくなり、質権設定のための証書の交付が不要となったので（363条）、指名債権が質入れされた場合には、質権者が当初から目的債権の証書

を所持しないから、留置的効力を論じる余地がない。質権設定時に証書の交付が要求される有価証券質にしても、その留置的効力は、有体動産を目的とする質権のそれと同列に置くことはできない。最判昭和 40 年 7 月 14 日民集 19.5.1263〔27001284〕は、電話加入権を目的とする質権に留置的効力を認めていない。

●(転質)

第 348 条 質権者は、その権利の存続期間内において、自己の責任で、質物について、転質をすることができる。この場合において、転質をしたことによって生じた損失については、不可抗力によるものであっても、その責任を負う。

---

1 転質の性質

本条は、質権者が転質をする権利を有することを定めるが、質権には 350 条によって 298 条が準用されるため、古くは、転質をするには質権設定者の承諾を要する（承諾転質のみを認める）と解されていたが、現在では、設定者の承諾があるときに転質（承諾転質）をすることができることは当然であるが、承諾がなくても、一定の要件と責任の下に転質（責任転質）ができると解され（我妻・担保物権法 147 頁、星野・概論Ⅱ231 頁）、そのうえで、次のように見解が分かれる。

①質権の付従性から質権は被担保債権と離れて独立に処分できないとして、転質をもって、常に被担保債権と伴に質権が転質権の目的となるとする見解（共同質入説）が説かれるが、②転質は、質権付債権の質入れ、すなわち権利質にほかならないので、当事者は質権によって把握された担保価値（質権）だけを被担保債権と切り離して質入れすることもできると解すべきである。②の立場に立つ場合、その根拠については、質権者が自己の債務の担保のために質物上に新たに質権を設定するものと説く質物再度質入説が有力である（我妻・担保物権法 149 頁、大決大正 14 年 7 月 14 日刑集 4.484〔27539849〕）。質物の再度質入れといっても、質権の目的ないし客体は、目的物が有体物である場合にも、無体の権利である場合にも、そのものの有する交換価値であるから、転質は、原質権によって把握された担保価値を転質権者をして優先的に把握させるものである。

2 転質の要件

(1) 転質権も質権である以上、占有の移転その他質権設定の一般的要件を備える必要がある。

そのほか、転質には (2) 以下の特別な要件がある（注民 (8) 274 頁〔林良平〕は、これらは、要件ではなく、転質の内容であるという）。

(2) 転質権の被担保債権額は、原質権の被担保債権額を超過しないこと

これは、明文がないが、当然のこととされている。ただ、転質権の被担保債権額が原質権の被担保債権額を超えるときは、超えない範囲で転質が成立し、超える部分は無効と解される（そうすると、この点は、要件でなく、効果といえる）。

(3) 転質権の存続期間は、原質権の存続期間内であること

転質は、原質権者の持つ質物に対する担保価値の再度利用であるから、当然であり、本条も確認する（注民 (8) 275 頁〔林良平〕）。そして、原質権の存続期間を超えて転質権を設定したときは、上記 (2) と同様、転質権の存続期間は原質権の存続期間に短縮される（この点も、要件ではなく、効果といえる）。なお、この要件は、不動産質には適切であるが、質権の存続期間という観念を用いない動産質権にはなじまない。しかし、不動産質権でこの要件が作用する実際上の意味は、原質権が弁済によって消滅したときに、なお転質権が存続し、原質権の設定者が不動産を回復できなくては不都合であることである。そうすると、動産質権では、転質の被担保債権の弁済期が原質の被担保債権の弁済期と同時かそれ以前であるか、少なくとも期限の利益を放棄して弁済できるものであることを要することになる（我妻・担保物権法 150 頁）。

3 転質の効果

(1) 転質をした者の責任

本条前段の「自己の責任で」とは、本条後段の趣旨と同じであって、転質権設定者（原質権者）は、転質をしなかったら生じなかった損害については、それが不可抗力によるものであっても、賠償の責任を負う。例えば、転質権者の倉庫が地震で崩れて質物が毀損したが、原質権者の倉庫は崩壊しなかったような場合（我妻・担保物権法 151 頁）が挙げられる。質権者にこの重い責任を課して、質権設定者の承諾なしに転質をする権能を認めたのである。

訴訟物　　X の Y に対する転質に基づく損害賠償請求権

＊YはXとの間で、本件動産につき、YのXに対する債権を担保するために質権を設定し、さらに、AはYとの間で、AのYに対する債権を担保するため本件動産上に質権を設定してAが占有するところとなったが、本件動産はAの下で滅失又は損傷した。本件は、XがYに対し転質に基づく損害賠償を求めた事案である。

請求原因
1　YはXに対し、500万円を弁済期平成〇年〇月〇日の約定で貸し渡したこと
2　YはXとの間で、請求原因1の債務を担保するために本件動産に質権を設定する合意をしたこと
3　XはYに対し、請求原因2に際して、本件動産を交付したこと
4　AはYに対し、400万円を弁済期平成〇年〇月〇日の約定で貸し渡したこと
5　AはYとの間で、請求原因4の債務を担保するために本件動産に質権を設定する合意をしたこと
6　YはAに対し、請求原因5に際して、本件動産を交付したこと
7　本件動産は滅失又は損傷したこと
8　請求原因7による損害額
（9　Xは本件動産を所有していること）
＊請求原因7が不可抗力であったことは、本条後段の定めによって、抗弁として主張自体失当である。

(2) 転質権の実行

転質権者が質権を実行するためには、転質の被担保債権の弁済期の到来のみならず、原質の被担保債権の弁済期も到来しなければならない。原質権が把握した担保価値について、これを現実化する要件が備わらない以上、同一担保価値を把握する転質権も、これを現実化することができないのは当然である（大判昭和16年7月8日新聞4718.28〔27547209〕）。転質権の実行によって得た売得金は、まず転質権者の優先弁済に充て、残余を原質権者の優先弁済に充てる。そして、質物の売得金が転質権者に弁済されることは、同時に原質権の被担保債権の弁済ともなる。

(3) 転質の原質に対する拘束と原質被担保債権に及ぼす効果

原質権者は、自己の把握した担保価値を転質権者に付与したのであるから、これを消滅させない拘束を受ける。したがって、原質権者は、その被担

保債権について取立て・弁済の受領・免除など転質権を害する処分をできず、これらの処分をしても、転質権者に対抗できない。もっとも、原質権の被担保債権額が転質権のそれを超える場合に、原質権の被担保債権の全額に転質の拘束力が及ぶかについては争いがある。また、この効果を無条件に認めると、原質権の被担保債権の債務者に不測の損害を被らせることになる。そこで、転質権設定者（原質権者）から債務者に転質権設定の通知をするか、又は債務者がこれを承諾することにより、その効果を債務者に対抗することができると解される。このことは、共同質入説においては当然であるが、質物再度質入説においても、転抵当に関する377条2項に準じて、又は原質権の被担保債権自体の質入れの場合に準じて、同様に解すべきであるとされる（我妻・担保物権法152頁）。

そうすると、原質権の被担保債権の債務者は、弁済期が来ても、転質権が消滅しない限り、原質権者に対し自己の債務を弁済できない不利益な立場に置かれるので、この救済のため、債務者は、債権質権における第三債務者に準じ、供託をして原質権を消滅させ、したがって転質権をも消滅させて、質物の返還を求め得ると解する。なお、原質権者は、弁済を受けることはできないが、債務者に対し被担保債権全額を供託するよう請求できると解される。いずれの場合にも、転質権者は供託金請求権の上に優先権を有することになる（我妻・担保物権法153頁）。

4　転質権の消滅
(1)　転質権は、転質権の被担保債権の消滅によって消滅する。その場合、原質権は、転質権による拘束を免れてもとの状態に復する。
(2)　転質権設定者が転質の被担保債権を弁済して転質権を消滅させるためには、その債権額が原質権の被担保債権額より大きいときにも全額を弁済しなければならないと解すべきである。なぜなら、このような場合には、一種の一部担保が設定されたものとみるべきであるからである（我妻・担保物権法153頁）。
(3)　転質権は、原質権の消滅によっても消滅する（大判昭和15年2月24日判決全集7.8.18〔27546545〕）。

5　承諾転質
　質権者は、質権設定者の承諾を得て、自己の債務を担保するために、その質物の上に質権を設定することもできる。これを本条による責任転質と区別して、承諾転質と呼ぶ。承諾転質の性質も責任転質と同様に考えることがで

きる。ただ、その要件及び効果は、承諾の内容によって異なることとなり、その場合、責任転質におけるような制約はない。

● (契約による質物の処分の禁止)

第349条 質権設定者は、設定行為又は債務の弁済期前の契約において、質権者に弁済として質物の所有権を取得させ、その他法律に定める方法によらないで質物を処分させることを約することができない。

1 契約による質物の処分の禁止
　質権者は、法律が特に定めていれば別であるが（366条等）、債務者が期限に債務を弁済しないときは、その質物につき競売の申立てをし、その代価をもって自己の債権の弁済に充当することとなる。
　本条は、流質契約を認めないことを定める規定（強行規定）であり、流質契約をしてもその効力は生じない。

訴訟物　　XのYに対する所有権に基づく返還請求権としての目的物引渡請求権
　　　　　　＊本件は、Xが所有する動産をYが占有しているので、その返還を求めたところ、YはXに対する貸金を担保するため本件動産に質権を設定し、かつ、Yは質屋の許可を得ている（あるいは被担保債権が商行為によって生じた）ので、Xとの間の流質契約によってYが所有権を取得したと主張した事案である。

請求原因　1　Xは本件動産を所有していること
　　　　　　2　Yは本件動産を占有していること
（所有権喪失）

抗弁　　　1　YはXに対し、100万円を弁済期平成○年○月○日の約定で貸し渡したこと
　　　　　　2　YはXとの間で、抗弁1の債権を担保するために本件動産につき質権を設定したこと
　　　　　　3　XはYに対し、抗弁2に際して、本件動産を引き渡したこと

4　Xは、抗弁2当時、本件動産を所有していたこと
　　5　XとYは、抗弁2の契約又は弁済期に先立って、Yに対し弁済として本件目的物の所有権を移転することを合意したこと
　　6　Xは、質屋2条の定める質屋の許可を得ていること、又は、抗弁1の債務が商行為（商515条）によって生じたものであること
　　　＊抗弁6の主張がないと、抗弁5の約定は本条の存在によって主張自体失当となる。
　　7　抗弁1の弁済期が到来したこと
　　8　YはXに対し、抗弁1の債務の弁済として、本件目的物の所有権を取得した旨の意思表示をしたこと

2　本条に反する流質契約の効力

　指名債権を目的として質権が設定された場合、弁済期前の契約により、債務者が弁済を怠れば質権の目的債権を債権者に帰属させる旨を約しても、本条の趣旨に照らして、その流質契約の効力は生じない。

　被担保債権の弁済期の到来後の流質契約は禁止されない（本条の反対解釈）。本条がいう「その他法律に定める方法」は、民事執行法に基づく担保権の実行としての競売をいうが、動産質権の簡易な実行方法（354条）、債権質権者による目的債権の直接取立権の行使（366条）も含まれる。したがって、本条に反するのは、質権設定の当事者により、弁済期の到来前に債務者の債務不履行があれば質物の所有権を質権者に帰属させ、又は任意売却によって質物を換価処分させる合意が成立した場合である。

3　流質契約が例外的に認められる場合

(1) 商行為によって生じた債権を担保するために設定された質権については、流質契約に伴う暴利の弊害は少ないので、本条は適用されない（商515条）。
(2) 質屋営業法の適用を受ける質屋は、「流質期限を経過した時において、その質物の所有権を取得する」ものとされている（質屋19条1項）。ただし、実際に当該流質物を処分するまでの間に質置主が元利金に相当する金額を支払えば、質屋は、その物の返還に応じるように努力すべき義務を課せられている（同条1項但書）。これは、営業質屋に対する特別の扱いであり、その反面において、営業質屋は、同法所定の監督・取締りに服し、災害その他の不可抗力によって質物を失えば、その質物によって担保されていた債権

をも失う「物的有限責任」の制約を受けている（同法20条）。

● (留置権及び先取特権の規定の準用) ══════════

第350条 第296条から第300条まで及び第304条の規定は、質権について準用する。

　本条は、留置権及び先取特権に関する296条ないし300条、304条の規定を質権に準用することを定める。ただ、質権固有の諸規定によって改められ、読替えが必要な点が多い。

1　質権の不可分性
　留置権の不可分性を定めた296条は、質権者の質物に対する権利行使においても当てはまるが、質権の被担保債権は、法定された範囲だけでも広く、当事者の約定（「別段の定め」）によって変更できる（346条）。

2　質権者の果実収取権
　留置権者の果実収取権を定めた297条も、質権にも当てはまるが、不動産質権の用益権能については、固有の規定が置かれている（356条）。

3　質権者の質物に対する善管注意義務等——質物の保存管理上の問題点
　298条が準用され、質権者もまた、「善良な管理者の注意をもって」質物を占有しなければならない（298条1項）。質権者に質物保管義務違反があったときは、損害賠償義務を負う（福岡地小倉支判昭和25年3月23日下民1.3.381〔27400062〕、東京地判昭和32年10月17日下民8.10.1931〔27401192〕）。
　質権者は、占有中の質物を自ら使用し、賃貸し又は担保に供するためには、「その物の保存に必要な使用」を除き、質物所有者の承諾を得なければならない（298条2項）。この承諾を得ることなく無断で質物の「保存に必要な使用」とは言い難い使用、賃貸、若しくは担保供与の行為があったときは、質物所有者は、質権の消滅を請求することができる（同条3項）。
　しかし、質権者が質物を他の債権の担保に供する転質行為に関しては、判例上、298条2項の準用がないと解され（348条解説参照）、質権設定者の承

諾を得ない責任転質も可能とされ、このことを理由とする質権の消滅請求は認められない。また、不動産質権者による質物の使用収益については、356条により、質物所有者の承諾を得る必要がない。

4　質権者の費用償還請求権
　留置権者の費用償還請求権を定めた299条の準用は、質権者が支出した費用についても特段問題がない。

5　質権の被担保債権の消滅時効
　質権の行使と被担保債権の行使は異なるから、質権者が質物を留置することは債権の行使とはいえない。したがって、留置権におけるのと同じく、質物を留置していても債権を行使しない状態は進行することとされている（300条の準用）。

6　質権の物上代位
　304条が準用される結果、質権者は、質物に代わる価値代替物に対して物上代位権を行使することができる。これは、先取特権及び抵当権と共通する質権の優先弁済権能に着目し、代位目的物に対する優先権の行使を認めたものといえる。大判大正元年10月2日民録18.772〔27521619〕は、傍論であるが、質権の目的物が換価されたときは、質権者は、本来の目的物に代わる換価代金に対して質権を行使することができるが、この権利を保存するためには、304条を準用する本条により、第三債務者がその代金を債務者（質権設定者）に支払う前に差し押さえることを要するとしている。
　しかし、先取特権及び抵当権と異なり、質物は、通常質権者の占有下に置かれるので、質権者が、物上代位権を行使し得る場合は限られている。東京地判昭和54年10月29日下民30.9＝12.565〔21067401〕は、株式上の質権（略式質）に基づく物上代位権の行使として、競合する国税債権に対し、新株無償交付請求権及び端株分配請求権の仮差押えによる優先権の主張を認めている。大判大正11年6月26日新聞2023.19〔27538850〕は、貨物引換証によって質権が設定された場合、貨物引換証の所持人である質権者は、運送品が滅失すれば、これにより質権の侵害を受けたものとしてその損害の賠償を請求すべきであり、本条、304条の規定により、債務者が受けるべき金銭その他の物に対して物上代位権を行使すべき場合ではないとした。
　なお、質権設定者は債務者とは限らないから（351条）、304条がいう「債務者」は、「質権設定者」又は「質物所有者」と読み替える必要があり、同

条が代位の目的とする物のうち、「賃貸」によるものに関しては、果実からの優先弁済を認めた297条の準用があり、不動産質権の収益権能を定めた356条も置かれているから、物上代位の意義は少ない。

● (物上保証人の求償権)

第351条 他人の債務を担保するため質権を設定した者は、その債務を弁済し、又は質権の実行によって質物の所有権を失ったときは、保証債務に関する規定に従い、債務者に対して求償権を有する。

1　物上保証人の求償権

　本条は、債務者の代わりに物上保証人が弁済し、又は質権又は質権の実行によって物上保証人が目的財産の所有権を喪失したときには、債務者に対する求償が認められることを確認するとともに、求償の範囲につき、保証人の求償権（459条-465条）に関する規定を準用する。物上保証人の求償権に関する本条は、372条により、抵当権にも準用されている。

　他人の債務を担保するために自己の財産上に質権又は抵当権を設定した者は、固有の債務を負わない点で保証人とは異なるが、目的財産を被担保債権の実現の引当てとして物的有限責任を負う意味で物上保証人と呼ばれる。この意味での物上保証人は、「利害関係を有する第三者」の立場から、たとえ債務者の意思に反しても弁済ができ（474条2項）、自ら弁済を果たしたときは、「弁済をするについて正当な利益を有する者」として当然に債権者の有する担保その他の諸権利を代位行使できる（500条、501条）。

2　委託の有無と求償権の内容

　債務者以外の第三者が債務を弁済した場合に個別の規定がなければその弁済者は、債務者との関係により、委任事務の処理に必要な費用（650条）又は事務管理費用（702条）の償還請求権として求償権を取得する（我妻・債権総論249頁）。これに対し、本条によって準用された保証債務に関する459条以下の適用があれば、弁済者の求償権がより厚い保護を受ける。すなわち、債務者の委託を受けた物上保証人が弁済した場合には、弁済金額はもちろんであるが、弁済のあった日以後の法定利息、さらに避けることのできなかった費用その他の損害賠償を包含した求償権を行使することができる

(459条、442条2項)。同様に、質権又は抵当権の実行により目的財産の所有権を喪失した場合にも、目的財産の価額のほか免責を受けた日以後の法定利息と避けられなかった費用その他の損害賠償を求めることができる。ただし、主債務者の委託を受けた保証人の事前求償権に関する460条の規定は、判例上、債務者からの委託によって抵当権を設定した物上保証人には適用がないとされる（最判平成2年12月18日民集44.9.1686〔27807572〕）。

次いで、債務者の委託を受けないが、その意思に反することなく物上保証人になった者が弁済し、又は債務者の免責を得たときは、その当時に債務者が利益を受けた限度で求償することができ（462条1項）、債務者の意思に反して物上保証人になった者でも、弁済又は免責により現に債務者が利益を受けている限度で求償することができる（同条2項）。

最判昭和42年9月29日民集21.7.2034〔27001037〕は、物上保証人としての求償権の保護は、物上保証人からその目的財産の所有権を譲り受けた第三取得者についても認められる。しかし、学説上は、質権設定後にその目的財産（質物）を取得した第三取得者は、本条の適用がないと解されており（注民（8）234頁〔林良平〕）、抵当権についても同様に考えるならば、債務者自らが設定した質権又は抵当権の目的財産の第三取得者は、本条によるのではなく、委任事務又は事務管理費用の償還請求として求償権を行使する必要がある。

訴訟物　XのYに対する物上保証人としての求償債権

＊本件は、YのAに対する借入金債務を担保するために、Xが同人所有の動産をAに質権を設定してAに交付した。その後、XはAに対し、借入金債務を弁済し、又は、質権の実行によってXは本件動産の所有権を失った。本件は、XがYに対し、弁済額又はXが失った動産の価額の求償を求めた事案である。

＊大判昭和13年7月23日民集17.1468〔27500410〕は、本件と事案は異なるが、連帯債務を担保するために自己所有の株式を質入れした物上保証人が、質権の実行により質物所有権を失ったときは、本条により、負担部分を有しない連帯債務者に対しても求償権を行使ができるとする。

請求原因
1　AはYに対し、500万円を弁済期平成○年○月○日の約定で貸し渡したこと
2　AはXとの間で、AのYに対する請求原因1の債務を担保

するためにＸの所有する本件動産に質権を設定する合意をしたこと
3　ＸはＡに対し、請求原因2に際して、本件動産を交付したこと
4　Ｘは、請求原因2当時、本件動産を所有していたこと
5　ＸはＡに対し、請求原因1の債務を弁済したこと、又は、質権の実行によってＸは本件動産の所有権を失ったこと
6　請求原因5の弁済額、又は、Ｘの喪失動産の価額

■ **（参考）**（契約による質物の処分の禁止の適用除外）──────

商法第515条　民法第349条の規定は、商行為によって生じた債権を担保するために設定した質権については、適用しない。

　民法の原則によれば、質権設定者は設定行為又は債務弁済期前の契約をもって、質権者に対し弁済として質物の所有権を取得させ、その他法律に定めた方法によらないで質物を処分させることを約することができない（民349条）。本条は、これに対する例外を定め、商行為によって生じた債権を担保するために設定した質権には、民349条を適用しないことを定める。本条にいう「商行為によって生じた債権」とは、被担保債権が、債権者又は債務者の少なくとも一方にとって商行為によって生じたことである。本条は、商人が債務者である場合の規定にすぎないとの見解もある（鈴木竹雄『商行為法・保険法・海商法』弘文堂（1978年）8頁）。

訴訟物　　　ＸのＹに対する所有権に基づく返還請求権としての目的物引渡請求権
　　　　　　＊Ｘが所有する目的物をＹが占有している。本件は、ＸがＹに目的物の返還を求めたところ、ＹはＸとの間の流質契約によって目的物の所有権は、Ｙが取得した（Ｘが所有権を喪失した）と主張した事案である。
請求原因　1　Ｘは本件目的物を所有していること
　　　　　　2　Ｙは本件目的物を占有していること

（所有権喪失）

抗弁　1　YのXに対する債権発生原因事実
2　YはXとの間で、抗弁1の債務を担保するために本件目的物につき質権を設定する合意をしたこと
3　XはYに対し、抗弁2に際して、本件目的物を引き渡したこと
4　Xは、抗弁3当時、本件目的物を所有していたこと
5　XとYは、抗弁2の契約時又は弁済期前において、抗弁1の債務が弁済されないときは弁済に充当するため本件目的物の所有権をYに移転することを合意したこと
　＊抗弁5は、流質の合意を示す事実である。
6　抗弁1の債権が、X又はYの商行為によって生じたものであること
　＊抗弁6の主張がないと、抗弁5の約定は本条及び民349条の存在によって主張自体失当になる。
7　抗弁1の弁済期が到来したこと
8　YがXに対し、抗弁1の債務の弁済として、本件目的物の所有権を取得した旨の意思表示をしたこと

第2節　動　産　質

● (動産質の対抗要件)

第 352 条　動産質権者は、継続して質物を占有しなければ、その質権をもって第三者に対抗することができない。

　動産質に関する本節の冒頭に置かれた本条は、質権設定者から債権者への目的物の引渡しが質権設定の効力要件とされるだけでなく（344条）、同種の質権においては、質権者によるその質物の占有継続が第三者への対抗要件でもあることを規定している。本条の構造は、178条と同様である。したがって、質物たる動産の占有を喪失した場合は、動産質権の対抗要件を喪失するが、質権自体は消滅しないと解される。この点、留置権が占有の喪失によって、消滅すること（302条）と異なるのである。また、本条の「第三者」についても、占有の不存在を主張する正当な利益を有する第三者であると解すべきである。

訴訟物　　XのYに対する執行法上の異議権（第三者異議）
　　　　　　＊請求の趣旨は、「被告YがAに対する○○地方裁判所平成○年(ワ)第○号○○請求事件の執行文を付与された判決の正本に基づき平成○年○月○日別紙目録記載の動産について強制執行は、これを許さない」とすることとなる。

請求原因　1　YがAに対する○○地方裁判所平成○年(ワ)第○号○○請求事件の執行文を付与された判決の正本に基づき平成○年○月○日別紙目録記載の動産について強制執行を開始したこと
　　　　　　2　XのAに対する債権の発生原因事実
　　　　　　3　XはAとの間で、本件動産につき請求原因2の債権を担保するために質権設定の合意をしたこと
　　　　　　4　AはXに対し、請求原因3に際して、本件動産を引き渡したこと
　　　　　　5　Aは、請求原因3に際して、本件動産を所有していたこと

(対抗要件)
> **抗弁** 1 Xが本件動産につき対抗要件を具備しない限り、Xを質権者と認めないとのYの権利主張

(対抗要件具備)
> **再抗弁** 1 AはXに対し、動産を引き渡したこと
>   ＊XはAをして動産を占有させているとの主張（占有改定）は主張自体失当である（345条）。

●(質物の占有の回復)

第353条 動産質権者は、質物の占有を奪われたときは、占有回収の訴えによってのみ、その質物を回復することができる。

1 質物の占有の回復

　質権も物権である以上、物権的請求権を有することは当然である。しかし、本条は、動産質権者が質物の占有を奪われた場合に、占有回収の訴えによってのみ質物（目的物）を回収し得るにとどまるとしている。つまり、その反対解釈として、動産質権者が質権に基づく質物返還請求権を有していないことを定める。この一見矛盾する点については、次のように、占有喪失の原因が侵奪された場合と遺失の場合とで異なると説明される（広中・物権法280頁）。

2 質物の占有が奪われた場合

　動産質権者は、質物の占有を奪われた場合には、占有回収の訴え（200条1項）によってのみ目的物の返還請求ができるにとどまるのである。「占有を奪われた」とは、質権者の意思にかまわず無理やり質物が強奪されたときなど、その意に反して占有を失ったことである。占有回収の訴えは、占有を侵奪された時から1年以内に訴えを提起することを要するが、「勝訴し、現実にその物の占有を回復したときは、右現実に占有しなかった間も占有を失わず占有が継続していたものと擬制され［る］」（最判昭和44年12月2日民集23.12.2333〔27000760〕）。したがって、占有を侵奪されてから占有を回復するまでの間に、第三者が登場した場合でも、その第三者に対し質権をもって対抗することができるのである。

3　質物が遺失又は詐取された場合

　動産質権者は、質物が遺失ないし詐取された場合には、目的物の占有者に対し、占有回収の訴えを提起することができず、質権に基づいて目的物の返還を求めるしか方法がない。たとえ、勝訴して占有を回復しても、現実に占有を回復しない間に生じた第三者に対しては、質権をもって対抗することができない。

　質権者が質物を遺失したり、詐欺にかかって任意に質物を引き渡した場合、占有を放棄した場合は、本条の「占有を奪われた」に該当しないため、本条の適用はなく、質物を回復することができない（注民（8）301頁〔石田喜久夫〕）。しかるに、東京高判昭和28年9月21日高民6.10.633〔27430100〕は、質権者は質物を他人に交付したのが欺罔に基づくとしても、質物の占有を失った以上は、質権を第三者に対抗することができず、また、質権者が質物の占有を失っても、質権設定者と同一の立場に立つ質物の所有者が占有を取得した場合には、質物所有者に対して、質権に基づきその引渡しを請求することができるとしている。すなわち、同判決は、「被控訴人が控訴人Bに質物を交付したのは欺罔にもとずくものとしても現にその占有を失つた以上、被控訴人の質権は第三者に対抗することを得なくなつたもの（民法第352条）といわなければならない。およそ質権は、質権者が目的物を占有し、他の債権者に優先して目的物の価格を自己の債権の満足に供し得る効力を第三者に対抗し得てはじめてその本来の面目を発揮するものであるところ、質権者がその占有を失い、質権が第三者に対する対抗力を失うにいたつたような場合は、その質権とはたんに名のみであつてその実は全く無にひとしいものといわなければならない。もちろん本件において右質権は質権設定者と同一の立場に立つ所有者たる控訴人Cに対してはなお存続し、しかも同控訴人が質物を占有している以上、これに対して質権の効力として法律上その引渡を求め得るものであることは明らかであるが、控訴人がその引渡を拒んでいること前認定のとおりであるから、これに対してはあらためてその引渡の訴訟を起し勝訴の判決を得てその強制的実現をはかる外に方法なく、しかもそれまでの間特に仮処分によつて権利保全の方法を講ずればかくべつ、然らざる限り同控訴人は任意にこれを第三者に対し譲渡その他の処分をし得ることはもちろん、第三者がこれを強制執行の対象とすることも可能であり、それは第三者の善意悪意ないし過失の有無等に関係なく有効になされ得るところであり、そのことは現にかかる瞬間においても行われるかも知れないのであるから、かような事情を考えると、所有者に対して質物引渡の請求権があるとの一事は、他になんらか特段の事情がない限り、右質権の価値

が没却されたことを否定せしめるものではない」と判示する。

訴訟物 　　XのYに対する質権に基づく質物返還請求権としての動産引渡請求権

＊質権者が質物を遺失したときや、質権者が質物を詐取されたときは、もはや質物の回復は望めないが、質権者は、質物を現に占有する質権設定者に対しては、任意に質物の返還に応じたのでない限り、質権に基づいてその引渡しを求めることができる。

請求原因 　1　YはXに対し、100万円を弁済期平成○年○月○日の約定で貸し渡したこと
2　XはYとの間で、本件動産につき請求原因1の債権を担保するために質権設定の合意をしたこと
3　YはXに対し本件動産を引き渡したこと
4　Yは、請求原因2当時、本件動産を所有していたこと
5　Xは、本件動産（質物）をAに遺失ないし詐取されたこと
6　Yは本件動産を占有すること

● (動産質権の実行)

第354条　動産質権者は、その債権の弁済を受けないときは、正当な理由がある場合に限り、鑑定人の評価に従い質物をもって直ちに弁済に充てることを裁判所に請求することができる。この場合において、動産質権者は、あらかじめ、その請求をする旨を債務者に通知しなければならない。

　本条は、動産質権に特有の簡易な実行方法を定める。動産質の中には、質物の価額が小額なことも多い。そのような場合に、競売による換価の方法をとらせるのは適切でなく、このため、動産質権者の請求により、正当な理由がある場合に限り、裁判所が選任した鑑定人による評価額と債権額の差額を設定者に返還したうえ、その動産質権者に対し、質物所有権を取得させることにした（非訟93条）。

| 訴訟物 | Xの動産所有権（確認）
＊本条によって質権者が質物の所有権を取得し、その反面、債務はその評価額の限度で消滅する。
| 請求原因 | 1　XはYに対し、1,000万円を弁済期平成〇年〇月〇日の約定で貸し渡したこと
2　XはYとの間で、本件動産につき、請求原因1の債権を担保するために質権設定の合意をしたこと
3　YはXに対し、請求原因2に際して、本件動産を引き渡したこと
4　Yは、請求原因2当時、本件動産を所有していたこと
5　請求原因1の弁済期が到来したこと
6　裁判所は、Xに対し、本件動産を直ちに弁済に充てる許可の裁判をしたこと
　＊この裁判に対しては不服申立てが禁止されている。
7　Yは、本件動産のXの所有権を争うこと

（**参考**）流質許可裁判の要件——非訟93条

| 申立理由 | 1　XはYに対し、1,000万円を弁済期平成〇年〇月〇日の約定で貸し渡したこと
2　XはYとの間で、本件動産につき、申立理由1の債権を担保するために質権設定の合意をしたこと
3　YはXに対し、申立理由2に際して、本件動産を引き渡したこと
4　Yは、申立理由2当時、本件動産を所有していたこと
5　申立理由1の貸金の弁済期が到来したこと
6　流質に関して正当な理由を基礎付ける事実
　＊XとYは、親族関係にあり、本件動産が一族の家宝であることなどが基礎付け事実の一例である。
7　鑑定人は本件動産を評価したこと
8　Xは債務者Yに対し、弁済充当許可を裁判所に請求することをあらかじめ通知したこと

●(動産質権の順位)

第355条 同一の動産について数個の質権が設定されたときは、その質権の順位は、設定の前後による。

　本条は、同一の動産上に複数の質権が設定された場合にその設定の前後によって質権相互の優先順位が決まることを定める。動産質権の設定には、引渡し（占有の移転）が必要である。したがって、設定の前後は、引渡しの前後で定まることとなる。例えば、同一人を占有代理人とし、指図による占有移転によって順次に数個の質権を設定するときは、占有代理人に対する指図の意思表示の順序によって、質権の順位が定まる（我妻・担保物権法142-143頁）。

訴訟物　　XのYに対する執行法上の異議権（配当異議）
　　　　＊配当異議の訴えの性質は、民執90条4項の文言を考慮すると、配当表の変更又は新たな配当表の調製のために配当表の取消しを求める形成訴訟と解される。

請求原因　1　○○地方裁判所は、債権者Y・債務者Aの競売事件につき、平成○年○月○日、次のとおり、配当表を作成したこと

記

売却代金　1,100万円　　手続費用　100万円

当事者	届出債権	配当額
Y	500万円	500万円
X	1,500万円	500万円

　　　　2　Xは、配当期日において、Xの配当額を1,000万円にし、Yのそれを0円にすべき旨の異議の申立てをしたこと
　　　　3　XはAに対し、1,000万円を弁済期平成○年○月○日の約定で貸し渡したこと
　　　　4　XはAとの間で、請求原因3の債権を担保するために本件宝石につき質権設定の合意をしたこと
　　　　5　Aは、請求原因4当時、本件宝石を所有していたこと

  6　AはBに占有代理人Bに質権者Xのため本件宝石を占有すべきことを指図したこと

（動産質権）

抗　弁　1　YはAに対し、500万円を弁済期平成〇年〇月〇日の約定で貸し渡したこと
  2　YはAとの間で、抗弁1の債権を担保するために本件宝石につき質権設定の合意をしたこと
  3　Aは占有代理人Bに、請求原因6に先立って質権者Yのために本件宝石を占有すべきことを指図したこと
  ＊質権設定契約の要物性からすると、通常、動産質権が同一物上に重複して設定される例は少ないであろうが、指図による占有移転（184条）の方法を用いた質権設定も認められるから、この方法による場合には、質権設定のための引渡しの前後によって相互の優劣が決せられる。

第3節　不動産質

● (不動産質権者による使用及び収益)

第356条　不動産質権者は、質権の目的である不動産の用法に従い、その使用及び収益をすることができる。

1　不動産質権者による使用収益権原

　本条は、不動産質権者が当該不動産の用法に従った使用収益権を有することを定める。したがって、当事者間に別段の定め又は担保不動産収益執行の開始があったときは、不動産質権者の使用収益権はない（359条）。本条の効力のうち、使用権は、不動産質権者にとって、占有権原の抗弁として機能する。

訴訟物　　　XのYに対する所有権に基づく返還請求権としての建物引渡請求権
　　　　　＊Xが所有する建物をYが占有している。本件は、XがYに対して建物の返還を求めたところ、YはXに対する貸金の担保のために本件建物に質権を設定したために占有していると主張し、貸金の弁済の有無等が争点となった事案である。
　　　　　＊359条は事案の関係上抗弁として登場させていない。

請求原因　1　Xは本件建物を所有していること
　　　　　2　Yは本件建物を占有していること

（占有権原）

抗　弁　1　YはXに対し、1,000万円を弁済期平成○年○月○日の約定で貸し渡したこと
　　　　　2　YはXとの間で、本件建物につき、抗弁1の債権を担保するために質権を設定する合意をしたこと
　　　　　＊大判昭和9年6月2日民集13.931〔27510051〕によれば、質権設定以前から目的不動産が既に賃貸されていた場合には、質権設定者である賃貸人が、賃借人に対してそれ以後は質権者のために占有することを命じ、賃借人がその承諾をす

れば、これにより、質権が適法に設定され、反対の事情がない限り、質権者は、賃料を収取する権限を取得する。

3　XはYに対し、抗弁2に際して、本件建物を引き渡したこと

＊上記の質権の留置的効力の抗弁が主張された場合は、295条の留置権の抗弁の場合と異なり、引換給付判決ではなく、請求棄却判決となる（傍論であるが、大判大正9年3月29日民録26.411〔27523024〕）。

＊東京地判昭和50年11月27日判時826.67〔27404468〕は、借地上の建物が債権者に現実に引き渡され、債権者がその弁済を受け終わるまで建物の使用・収益権限を委ねられた事実から、不動産質権が認定され、これが敷地賃借権の無断譲渡（612条2項）に当たるとした。

4　Xは、抗弁2当時、本件建物を所有していたこと

（弁済）
再抗弁　1　XはYに対して、抗弁1の債務を弁済したこと

（別段の定め）
再抗弁　1　XとYは、抗弁2の質権につき、Yが使用（収益）をしない旨の定めをしたこと

＊不動産質権者は、設定者との間に「別段の定め」がない限り、目的不動産の用法に従った使用・収益権限を有する（356条、359条）。質権設定契約中に「使用及び収益をしない旨の定め」を設けることも可能である（民執59条1項参照）。そうなると、効果として抵当権との実質的な差は少ない。

2　果実に対する不動産質権と抵当権
(1) 平成15年法律134号改正前

　不動産質権の効力は、原則として目的不動産から生じた果実に及ぶが（356条、350条、297条）、抵当権の効力は、平成15年法律134号による担保・執行法改正までは、目的不動産から生じた果実には及ばないのが原則であった（改正前の371条本文）。現行の民事執行法では、抵当不動産に対する差押えがあった後でも、所有者による使用・収益は妨げられないが（民執46条2項）、例えば、抵当権者が抵当土地からの収穫物（天然果実）に対して優先権を行使したい場合には、差押え以後の果実に限って抵当権の効力が認められていた（改正前の371条但書）。従来、不動産質権と抵当権とは、

果実に対する効力の面で対照的であった。
(2) 平成15年法律134号改正後

抵当不動産収益源である賃料債権（法定果実）に対して抵当権者が物上代位権（372条、304条）を行使することが多くなり、抵当不動産の換価競売に着手する以前の段階から抵当権の効力を不動産収益に拡張させる傾向が強まった。その結果、現行の371条は、抵当権の効力を被担保債権の弁済期後の果実（天然・法定果実の両方を含む）に及ぼすことに改められ、民事執行法は、抵当権の実行として目的不動産の収益から優先弁済を受ける方法を認めるに至った（民執180条2号）。しかも、この不動産収益執行の手続は、不動産担保権一般の実行方法として認められたから、不動産質権も同じ手続によって不動産収益から優先弁済を実現できるようになった。収益権能を本来的に有する不動産質権と、専ら換価競売による優先弁済の実現を目的としてきた抵当権は、果実収益に対する効力について差がなくなりつつある。

● (不動産質権者による管理の費用等の負担)

第357条 不動産質権者は、管理の費用を支払い、その他不動産に関する負担を負う。

本条は、不動産質権者が管理費用及び不動産負担について、それぞれその債権者に対して、直接義務を負うことを定めると解すべきであろう（勝本正晃『担保物権法』有斐閣（1954年）391頁、ちなみに、地税343条1項は、「固定資産税は、固定資産の所有者（質権……の目的である土地については、その質権者又は地上権者とする。……）に課する」と定めている）。

訴訟物　　XのYに対する不動産質目的物に関する本条に基づく管理費用請求権
　　　　　＊本件の訴訟物は、本条が定める請求権である。本条の定めと異なり、XはAに対しても請求原因2の管理契約に基づき管理費用の請求をすることができることは当然である。

請求原因　1　XはAとの間で、本件土地につき年間10万円で草刈をするなど管理する契約を締結したこと
　　　　　＊管理契約の法的性質は、請負契約ないし準委任契約であろ

う。
2　Xは請求原因1の契約に基づく管理行為をしたこと
3　YはAに対し、1,000万円を弁済期、平成○年○月○日の約定で貸し渡したこと
4　YはAとの間で、本件土地につき、請求原因3の債権を担保するために質権を設定する合意をしたこと
5　AはYに対し、請求原因4に際して、本件土地を引き渡したこと
6　Aは、請求原因5当時、本件土地を所有していたこと

訴訟物　　XのYに対する不動産質権設定に基づく不動産負担立替金請求権
　　　　　＊本件の訴訟物は、不当利得返還請求権の性質を有するものと考えられる。

請求原因
1　YはXに対し、1,000万円を弁済期、平成○年○月○日の約定で貸し渡したこと
2　YはXとの間で、本件建物につき、請求原因1の債権を担保するために質権を設定する合意をしたこと
3　XはYに対し、請求原因2に際して、本件建物を引き渡したこと
4　Xは、請求原因2当時、本件建物を所有していたこと
5　Xは、本件土地の都市計画税・固定資産税の合計○○万円を支払ったこと
　　＊地方税法の定めがあっても、当該土地に質権設定がなされているとの事実を当局が把握していないときには、土地所有者に課税されることとなる。

(別段の定め)

抗弁　1　XとYは、請求原因2の質権設定に際して、Xが本件建物の管理費用等の負担をする旨の合意をしたこと
　　　　　＊上記の抗弁は、359条に基づくものである。つまり、本条は、解釈規定であるために、特段の合意によって、本条の効果を排除できるのである。

(担保不動産収益執行)

抗弁　1　本件建物につき担保不動産収益執行が開始されたこと
　　　　　＊この抗弁も、359条に基づくものである。

● (不動産質権者による利息の請求の禁止)

第358条 不動産質権者は、その債権の利息を請求することができない。

　本条は、不動産質権者がその債権に関する利息請求権を有さないことを定める。したがって、不動産質権者がその有する債権の利息を請求してきた場合(請求原因の段階では、利息を請求する原告Xが不動産質権者である事実は現れないので、利息請求が主張自体失当になるものではない)、債務者たる被告は、当該債権には不動産質権が設定されていることを抗弁として主張・立証して、利息請求権の権利発生を障害させることができる。

| 訴訟物 | XのYに対する利息契約に基づく利息請求権 |

　　　　　＊本件は、XがYに対し貸金の利息の支払を請求したところ、Yは本件貸金につきXに建物を質権の目的に提供したと抗弁し、別段の定めの存在等が争点となった事案である。

| 請求原因 | 1　XはYに対し、平成○年○月○日、1,000万円を弁済期平成○年○月○日の約定で貸し渡したこと |

　　　　　2　XはYとの間で、請求原因1の債権につき年1割の利息を元本の弁済期に支払う合意をしたこと
　　　　　3　弁済期が到来したこと

(不動産質権設定)

| 抗弁 | 1　XはYとの間で、本件建物につき、請求原因1の債権を担保するために質権を設定する合意をしたこと |

　　　　　2　YはXに対し、抗弁1に際して、本件建物を引き渡したこと
　　　　　3　Yは、抗弁1当時、本件建物を所有していたこと

(別段の定め)

| 再抗弁 | 1　XはYとの間で、抗弁1の質権設定に際して、Yが請求原因2の利息を建物の使用収益とは別に支払う旨の合意をしたこと |

　　　　　＊上記の再抗弁は、359条に基づくものである。つまり、本条は、解釈規定であるために、特段の合意によって、本条の効果を排除できるのである。

(担保不動産収益執行)
再抗弁 1 本件建物につき担保不動産収益執行が開始されたこと
＊359条に基づく再抗弁である。

● **【改正法】**（設定行為に別段の定めがある場合等）

第359条 前3条の規定は、設定行為に別段の定めがあるとき、又は担保不動産収益執行（民事執行法第180条第2号に規定する担保不動産収益執行をいう。以下同じ。）の開始があったときは、適用しない。

● **【現行法】**（設定行為に別段の定めがある場合等）
第359条 前3条の規定は、設定行為に別段の定めがあるとき、又は担保不動産収益執行（民事執行法（昭和54年法律第4号）第180条第2号に規定する担保不動産収益執行をいう。以下同じ。）の開始があったときは、適用しない。

　不動産質権者は、設定行為で別段の定め（登記を要する。不登95条1項6号）をしない限り、目的の不動産をその用法に従って使用収益することができ（356条）、管理費用の支払その他不動産の負担に応じなければならず（357条）、被担保債権の利息は請求できない（358条）。
　当事者間に別段の合意のあること又は担保不動産収益執行の開始があることは、356条-358条において説明したとおり、抗弁以下において機能する。
　なお、改正法においては、現行法359条中の民事執行法の法令番号を削除したにすぎない。実質的な変更はない。

●(不動産質権の存続期間)

第360条 不動産質権の存続期間は、10年を超えることができない。設定行為でこれより長い期間を定めたときであっても、その期間は、10年とする。
　　2　不動産質権の設定は、更新することができる。ただし、その存続期

間は、更新の時から10年を超えることができない。

1　不動産質権の存続期間

本条1項は、不動産質権の存続期間の最長期間を10年と定め、それより長期の期間を設定しても10年とすることを定める。

本条2項は、期間を更新するときは、更新前の不動産質権の残余の期間は無視して、更新の時から10年を超えることができないことを定める。

訴訟物　　XのYに対する所有権に基づく返還請求権としての土地明渡請求権

＊YはXが所有する土地を占有する。本件は、XがYに対して土地の明渡しを求めたところ、YはXに対する貸金の担保とする本件土地の質権設定を抗弁し、質権の存続期間の終了が争点となった事案である。

請求原因
1　Xは本件土地を所有していること
2　Yは本件土地を占有していること

（占有権原）

抗弁
1　YはXに対し、1,000万円を弁済期を定めないこととして（弁済期をYがXに対し返済を催告した時として）、貸し渡したこと

＊抗弁1の弁済期の主張については、貸借型理論をとったうえで弁済期につき合意欠落否定説の考えを前提としているものである（司研・要件事実第一巻278-279頁）。

2　YはXとの間で、本件土地につき、抗弁1の債権を担保するために質権を設定する合意をしたこと
3　XはYに対し、抗弁2に際して、本件土地を引き渡したこと
4　Xは、請求原因2当時、本件土地を所有していたこと

（占有権原喪失）

再抗弁
1　抗弁2の質権設定は平成○年○月○日であること
2　抗弁2の質権設定の日から10年が経過したこと

＊再抗弁1の事実は、抗弁2の事実主張に含まれる時的要因から明らかである場合が多い。

＊「再抗弁2の期間経過前に、XとYは本件質権につき期間5年として更新したこと」は、再々抗弁ではなく、後記のように別個の再抗弁と位置付けられよう。

（占有権原喪失）
再抗弁 1 抗弁2の質権設定は平成○年○月○日であること
2 抗弁2の質権設定の日から10年が経過する前に、XとYは本件質権につき期間5年として更新したこと
3 再抗弁2の更新後の期間の末日が経過したこと

2 不動産質権の存続期間と質権設定登記

　不動産質権は、本条により、その設定契約で存続期間を定めたか否かを問わず、設定の時から10年を経過すれば当然に消滅し（大判大正6年9月19日民録23.1483〔27522494〕）、その存続期間を経過して消滅すれば、質権設定登記が抹消されなくとも第三者に対抗することができる。不動産質権の存続期間を10年に制限したのは「公益上の理由」に基づいており、その期間が経過したことによる質権の消滅は絶対的なのである（大判大正6年11月3日民録23.1875〔27522533〕）。したがって、10年を超えることのできない存続期間の満了後は、更新のない限り、質権者の使用・収益権限はもちろん、物上担保そのものが消滅する（大決大正7年1月18日民録24.1〔27522565〕）。

　大判明治42年11月8日民録15.867〔27521356〕は、質権設定登記後に目的不動産の引渡しがあっても、その無効の登記は遡って有効にはならないとしたが、引渡しの時から効力を生じるとの見解もある。このように解すれば、存続期間の起算点を考えるうえでも意味がある。

● (抵当権の規定の準用)

第361条　不動産質権については、この節に定めるもののほか、その性質に反しない限り、次章（抵当権）の規定を準用する。

　抵当権と不動産質権を同列に置き、両者を結びつける立法は、抵当権に関する諸規定を準用する本条の存在により、既にその端緒が与えられていた。例えば、目的物の範囲を定めた370条、登記の前後による優先順位を定めた

373条の準用は当然であるが、果実に対する効力を定めた371条、被担保債権の範囲を定めた375条等の準用の余地はない。

第4節　権　利　質

● (権利質の目的等)

第362条　質権は、財産権をその目的とすることができる。
　2　前項の質権については、この節に定めるもののほか、その性質に反しない限り、前3節 (総則、動産質及び不動産質) の規定を準用する。

1　権利質の目的

　本条1項は、質権の目的とすることができる権利が一切の財産権に及ぶことを定める。

　本条2項は、権利質については、「その性質に反しない限り」で他の質権に関する諸規定を準用することを定める。しかし、有体物を目的とする動産質・不動産質と無体の権利を目的とする権利質を同一の「質権」概念で捉えることには相当の無理がある。何より、権利質の目的とすることができる「財産権」とはいかなるものか、実際、権利質にも準用される共通の規定があっても、権利質がどこまで質権本来の性格を有しているか問題となる。

|訴訟物|　XのYに対する権利質 (確認)|

　＊本件は、XがAに対する貸金債権の担保としてAのYに対する貸金債権に質権を設定したところ、Yが質権設定を争うので、XがYに対し、その存在の確認を求めた事案である。

|請求原因|
1　AはYに対し、1,000万円を期間1年、利息年5分の約定で貸し渡したこと
2　XはAに対し、500万円を期間6か月、利息年6分の約定で貸し渡したこと
3　XはAとの間で、請求原因2の債権を担保するため請求原因1の債権に質権を設定する合意をしたこと
4　Yは請求原因3の質権の存在を争うこと

2 権利質の設定可能な「財産権」

　地上権や永小作権、地役権といった不動産物権、さらに所有権を目的とする質権設定の可能性が論じられたが（注民（8）338頁〔林良平〕）、現実性に乏しい。権利質の目的として問題となるのは、株式や公社債といった有価証券、あるいは預金債権をはじめとする指名債権である。しかし、ここで株式質（会社146条-154条）には立ち入らない。種々の指名債権のうちでも、その性質上譲渡の許されないもの（466条1項但書）、扶養請求権（881条）や恩給を受ける権利（恩給11条）、保険給付を受ける権利（健康保険61条）、災害補償を受ける権利（労基83条2項）など法令上譲渡を禁じられたものは質入れも認められない（343条）。譲渡禁止の特約が付いた指名債権の質入れは、466条2項但書を適用すれば、質権設定を受けた債権者の善意・悪意によってその効力が決まるが（大判大正13年6月12日民集3.272〔27510956〕）、質権を取得した第三者が善意であることに加え、さらに無過失であることを主観的要件とするか否かについては議論がある。ところで、将来の発展が見込まれる特許権、実用新案権、意匠権、商標権、著作権等の知的財産権については質権設定のための明文規定（特許95条、実用新案25条、意匠35条、商標34条、著作権66条等）があるが、例えば、特許権は、金銭的な評価方法が確立しておらず、将来の技術進歩による担保価値の変動の予測もできず、流通市場もない。そのため、担保化の需要（例えば、特許技術が唯一の資産であるベンチャー企業の育成）が存在しているが、これには、譲渡担保あるいは買戻特約付譲渡の形態で応えており、質権の利用度は低いといわれる。

(1) 有価証券質

　株式・商品市場における仲買人のためにその顧客が有価証券を預託し、これに権利質（根質権）の設定がされる実例は多い（大判大正9年4月5日民録26.509〔27523035〕、最決昭和41年9月6日刑集20.7.759〔27801009〕、広島高判昭和43年6月7日判タ222.237〔27431042〕）。しかし、株券の預り証を差し入れさせただけでは、当該株券ないしその引渡請求権の上に質権を取得したことにならない（東京高判昭和52年4月13日判タ357.239〔27411740〕）。

(2) 指名債権質

ア　自行に対する定期預金債権

　預金債権は譲渡・質入れ禁止特約を伴うのが通例であるが、質権者自身に対する債権を目的とした自行（自店）預金の質入れは、認められており、この場合、債権の混同（520条）を生じる譲渡担保の方法に依拠できないか

ら、質権設定という方法をとらざるを得ないといわれる。

定期預金債権が質入れされた後、数度にわたっていわゆる書換えが行われ、預金額（口数）、期間が変更され、かつ、形式的であれ預金名義人の変更もあった場合に、当初設定された質権の効力は、書換後の定期預金債権にも及ぶかという点について、最判昭和40年10月7日民集19.7.1705〔27001265〕は、自行預金の質入れの事案に関し、新旧両預金の間の「実質的同一性」を認め、書換え後にも質権の効力が及ぶとする。すなわち、同判決は、「原判決は、上告人（控訴人）は昭和30年10月27日被上告銀行（被控訴人）に対し、A、同Bという仮名で各金100万円（2口）を預入期間6ヶ月の約定で定期預金をなし、右定期預金につき被上告銀行が訴外林鋼業株式会社に対し有する金383万7,100円の貸付金を被担保債権として被上告銀行のため質権を設定したこと、右定期預金はその後数回右当事者間で書替えられて、昭和32年2月25日付上告人名義、金額200万円1口、預入期間3ヶ月とする本件定期預金に至つたこと、右定期預金の書替に際し、預金が現実に払い戻されることなく、ただ証書のみが更新されたものであるから、同一預金者の定期預金として継続関係があり、このような場合には、当初の質権設定契約は本件定期預金に及ぶ旨判示したものであつて、右事実認定は原判決挙示の証拠により肯認できるし、右認定事実の下においては、本件定期預金につき前記質権の効力が及ぶ旨の原審判断も正当である。A、同Bが実在する人物であるということ、右書替に際し被上告銀行は上告人に対し既経過分の利息を任意に支払つたことなど所論指摘の事実は、右判断の妨げとなるものではない」と判示する。

イ　選択債権

贈与されるべき土地が特定される前に選択債権（406条以下）のままで質権設定が認められた事例（大判昭和11年7月17日民集15.1456〔27500636〕）がある。

ウ　敷金返還請求権

東京地判平成6年1月26日判時1518.33〔27826619〕は、賃貸借契約と3億8,000万円に上る入居保証金の支払が仮装され、2億円の融資の担保としてその保証金返還請求権の上に質権が設定された事例である。敷金返還請求権は、賃貸借終了後賃借人が明渡しを完了した時に発生すると解されるから、未払賃料等を控除してなお残額のあることを条件とする停止条件付債権であり、これが質入れされた場合において、賃借人の債権者間での紛争事例が多い。

エ　保険金請求権等

火災保険契約に基づく保険金請求権が質入れされた場合に、1年単位の保険期間を永年継続させるために毎年保険料を更新する通例の取引において、当初設定された質権の効力は更新後の保険金請求権にも及ぶ（名古屋高判昭和37年8月10日下民13.8.1665〔27410775〕）。

会社役員の終身保険について、東京地判平成9年10月15日金商1041.41〔28030923〕は、「会社の借入金を担保するため保険金請求権及び解約払戻金請求権などに質権を設定するために、『現在負担し、又将来負担する取引上の一切の債務の担保』として被担保債権の範囲を決めたときは、解約払戻金等を現在の借入金以外の他の債務の弁済に充当したとしても、その旨の合意があったと解すべきであり不当利得にはならない」と判示する。

また、東京地判平成13年1月19日判タ1119.187〔28081663〕は、変額保険の保険料相当額を貸し付けた甲が、その貸金債権の担保として保険契約者乙から同保険の解約返戻金請求権等を目的とする質権の設定を受け、保険会社丙から異議なき承諾を得た後、乙の請求により、丙が、甲の同意を得ないで保険料等の資産を運用する特別勘定の指定を変更し、甲が貸金全部を回収することができなくなった場合であっても、当該質権設定によって特別勘定の指定変更権が拘束されるものではないとして、故意による担保毀滅行為を理由とする質権者甲の保険会社丙に対する損害賠償請求を認められないとした。

● 【改正法】

第363条　削除

● 【現行法】（債権質の設定）
第363条　債権であってこれを譲り渡すにはその証書を交付することを要するものを質権の目的とするときは、質権の設定は、その証書を交付することによって、その効力を生ずる。

1　改正の理由

現行法363条、365条、469条から473条は、すべて証券的債権（権利と証券が結合した債権）に関する規定であるが、改正法においては、証券的債権に関する規律に代えて、「有価証券」に関する規律に統一し、上記の現行

法規定を削除した。そして、改正法においては、520条の7の規定を新設し、指図証券を目的とする質権の設定について、指図証券の譲渡の規定（改正法520条の2から同条の6）を準用し、質権の設定の裏書及び証券の交付をその効力要件とした（改正法520条の2）。また、質入裏書の方式（改正法520条の3）、所持人の権利の推定（改正法520条の4）、善意取得（改正法520条の5）、債務者の抗弁（改正法520条の6）につき、指図証券の譲渡の場合に準じた規律が設けられている。以下2乃至4は、現行法に関する記述である。

2　平成15年法律134号改正前

　平成15年改正前は、指名債権を質権の目的とする場合には、その債権について債権証書があるときは、「債権ノ証書」の交付が質権設定契約の効力発生要件であった。これは、質権の目的となる権利に何らかの有形物を伴うときは（債権証書としては、借用証、預金通帳等）、これを質権者に交付させて質権設定契約の「要物性」を貫く趣旨であった（我妻・担保物権法181頁）。ところが、「債権ノ証書」概念は必ずしも明確でなく、債権証書が存在しても、所在が不明のときは、質権設定契約の効力が生じないこととなり、法的安定性を欠くことになる。また、指名債権の対抗要件は第三債務者への通知又は第三債務者の承諾であるから（364条）債権証書の交付を指名債権質権設定の要件とする必要性は少ない（注民（8）344頁〔林良平〕）。

3　平成15年法律134号改正による本条

　平成15年改正（平成16年4月1日施行）は、債権一般について、債権証書の交付を債権質の設定の効力要件としないことを前提としたうえで、ただ、証券的権利に対する質権設定のみについて証書の交付を効力要件とすることを確認することとした。すなわち、指名債権証書の譲渡に債権証書が必要なものについては、その質権設定には、債権証書（記名社債、記名国債、指図禁止手形、指図禁止小切手）の交付が必要である。しかし、指名債権について、その譲渡に証書を要しないものに限って、質権設定する場合には債権証書があるときでも、証書の交付は質権設定の効力発生要件としないこととした。したがって、例えば保証金返還請求権の場合、その譲渡に債権証書が必要ではないから、質権設定をするためには、賃貸借契約書や保証金預り証の交付は必要がない。

訴訟物　　　XのYに対する権利質（確認）

　　　　　＊本件は、XがAに対する貸金につき、XとAはAのYに対する債権に質権設定をしたが、Yが質権の存在を争うので、XがYに対して質権の確認を求めた事案である。

請求原因 　1　AのYに対する債権発生原因事実
　　　　　2　XはAに対し、500万円を期間6か月、利息年6分の約定で貸し渡したこと
　　　　　3　XはAとの間で、請求原因2の債権を担保するため請求原因1の債権に質権を設定する合意をしたこと
　　　　　4　Yは請求原因3の質権の存在を争うこと

（債権証書）
抗　弁 　1　請求原因1の債権は、その譲渡に債権証書を交付することを要するものであること
　　　　　＊上記事実は、本条により、例外的に証書交付を要するものであり、理論的には、抗弁に位置付けられるが、この事実は請求原因1を主張する際に現れることになろう。その場合には、再抗弁1の事実を請求原因にせり上げて主張・立証する必要がある。

（債権証書の交付）
再抗弁 　1　AはXに対し、抗弁1の債権証書を交付したこと
　　　　　＊上記の事実は、本条に基づき必要となる要件である。

4　債権質設定者の質権者に対する担保価値維持義務

　最判平成18年12月21日民集60.10.3964〔28130140〕【Ⅰ80】は、「債権が質権の目的とされた場合において、質権設定者は、質権者に対し、当該債権の担保価値を維持すべき義務を負い、債権の放棄、免除、相殺、更改等当該債権を消滅、変更させる一切の行為その他当該債権の担保価値を害するような行為を行うことは、同義務に違反するものとして許されないと解すべきである。そして、建物賃貸借における敷金返還請求権は、賃貸借終了後、建物の明渡しがされた時において、敷金からそれまでに生じた賃料債権その他賃貸借契約により賃貸人が賃借人に対して取得する一切の債権を控除し、なお残額があることを条件として、その残額につき発生する条件付債権であるが……、このような条件付債権としての敷金返還請求権が質権の目的とされた場合において、質権設定者である賃借人が、正当な理由に基づくことなく賃貸人に対し未払債務を生じさせて敷金返還請求権の発生を阻害することは、質権者に対する上記義務に違反するものというべきである」と判示す

る。

● **【改正法】**（債権を目的とする質権の対抗要件）

第364条 債権を目的とする質権の設定（現に発生していない債権を目的とするものを含む。）は、第467条の規定に従い、第三債務者にその質権の設定を通知し、又は第三債務者がこれを承諾しなければ、これをもって第三債務者その他の第三者に対抗することができない。

● **【現行法】**（指名債権を目的とする質権の対抗要件）
第364条 指名債権を質権の目的としたときは、第467条の規定に従い、第三債務者に質権の設定を通知し、又は第三債務者がこれを承諾しなければ、これをもって第三債務者その他の第三者に対抗することができない。

1　改正法364条の改正理由

改正法467条1項（債権の譲渡の対抗要件）において、「指名債権」を「債権」に改めた。これは、今回の改正により、証券的債権に関する規定を廃止して、有価証券に関する規定に改めたことにより、「指名債権」の概念を維持する必要がないと考えられたからである。また、改正法466条の6（将来債権の譲渡性）が新設され、明文で将来の債権の譲渡性を認めることになった。

以上の改正を受けて、改正法364条では、債権を目的とする質権の設定の場合にも、「指名債権」を「債権」に改め、また、将来の債権も質権の対象とした。

2　債権を目的とする質権の対抗要件

本条は、債権を目的とする質権の設定は、364条が準用する467条により、質入れされた目的債権の第三債務者に対してその旨を通知し、又は第三債務者から質入れの承諾を得なければ、第三債務者を含めた第三者に対抗することができないことを定める。しかも、467条の区別に従えば、第三債務者以外の第三者に対しては、確定日付を伴う証書による通知又は承諾であることを要する（467条2項）。こうして、債権の譲渡を第三者に対抗するた

3　468条の類推適用

本条は、467条に従うことを示すが、468条の類推適用は当然であろう。それゆえ、単なる質入れの承諾は、異議をとどめない承諾と解され、この留保なしの承諾を与えた第三債務者は、同条1項により、質権設定者に対する抗弁事由があっても、これを質権者に対して主張することができなくなる。ただし、質入れの承諾を意思表示とは異なるもの（「観念の表示」）として把握しながら、敷金返還請求権の質入れについて留保なしに承諾した第三債務者による錯誤無効の主張を認めたことがある（最判平成8年6月18日裁判所時報1174.1〔28010782〕）。

前掲昭和58年最判は、店舗賃貸借の当事者間で授受された敷金の返還請求権の上に質権が設定された事案だが、確定日付を伴う証書には、第三債務者（賃貸人）が、単に抽象的に敷金返還請求権を担保として他に差し入れることを承諾する旨の記載しかなく、担保の差入先が特定されていなかった。第三債務者が質権設定を承諾しなければ、債権者は有効に質権を取得することができず、場合によっては質権設定者の債務不履行責任が問題となる。その場合に、第三債務者への問い合わせなど適切な対応をとらなかった債権者の過失が斟酌され、過失相殺が認められた事例もある（東京高判平成11年7月28日金商1076.18〔28042462〕）。

訴訟物　　　　　ＡのＹに対する定期預金払戻請求権（取立訴訟）
　　　　　　＊Ａに対して400万円の貸金債権を有する債権者Ｘが、その債権を担保するために、ＡのＹに対する500万円の定期預金債権に質権を設定した。本件は、Ｘが、366条に従って、Ｙに対し、直接その支払を求めた事案である。

請求原因　1　ＡはＹに対し、500万円を定期預金（満期日平成〇年〇月〇日）したこと
　　　　　　＊消費寄託契約の性質を有する定期預金契約の満期日（弁済期）が附款なのか、あるいは本質的要素なのか、という点については見解が分かれよう。請求原因1は後者の見解を採っている。つまり、定期預金契約は、請求原因2の契約と同様に貸借型契約とみるのである。したがって、本件の訴訟物が定期預金払戻請求権である以上、請求原因4の満期日が到来したことが必要となる。

2　XはAに対し、400万円を弁済期平成○年○月○日の約定で貸し渡したこと
　＊請求原因2の金銭消費貸借契約は弁済期が本質的要素であるため、弁済期の到来も主張・立証せざるを得ない（請求原因4）。
3　XはAとの間で、請求原因2の債務を担保するために請求原因1の債権に質権を設定する合意をしたこと
4　請求原因1の満期日及び請求原因2の弁済期のいずれもが到来したこと
　＊質権者は、質権の目的である債権を直接に取り立てることができるが（366条）、それを示す要件事実である。その代わり、取立訴訟の場合に必要となる「Xの請求原因1の債権を差し押さえたこと」は不要である。

（対抗要件）

抗弁　1　AからYへの質権設定の通知又はYの承諾がない限り、Xを質権者と認めないとのYの権利主張
　＊対抗要件の抗弁は、権利抗弁である。なお、対抗要件の抗弁は設例上のものであり、本件のような預金の約款には「Yの承諾なしには譲渡、質入れはできない」旨定められており、実際上は対抗要件の抗弁は機能しない。
　＊Yが対抗要件の抗弁を主張するためには、自己が質権設定に関して第三者であることの主張・立証が必要であるが、その点は、既に請求原因1において、Yが本件債権の債務者である事実（質権設定については第三者である事実）が現れている。

（通知又は承諾）

再抗弁　1　AはYに対して請求原因3の質権設定の通知をしたこと、又は、Yは質権設定を承諾したこと
　＊指名債権を質入れした旨の通知は、債権譲渡であれば譲渡人がなすべきところ、質権設定者からすべきものとされる（大判大正11年6月17日民集1.332〔27511114〕）。また、第三債務者への通知又はその承諾を対抗要件とした制度趣旨が、譲渡・質入れに関する第三債務者の事実認識の表明による公示的機能への期待にあるとすれば、誰に対して質権が設定されたのか、具体的に質入先を特定した通知又は承諾でなけれ

ば意味がない（最判昭和58年6月30日民集37.5.835〔27000041〕）。

|訴訟物| AのYに対する定期預金払戻請求権（取立訴訟）
＊Aに対して400万円の貸金債権を有する債権者Xが、その債権を担保するために、AのYに対する500万円の定期預金債権に質権を設定した。本件は、Xが、366条に従って、Yに対し、直接その支払を求めた事案である。

|請求原因| 1 AはYに対し、500万円を定期預金（満期日平成〇年〇月〇日）したこと
2 XはAとの間で、本件物件を代金400万円で売買する契約を締結したこと
3 Xは、債務者をA、第三債務者をYとし、請求原因2の債権を請求債権、請求原因1の債権を被差押債権として差し押さえたこと
4 請求原因3の差押命令がAに到達した日から1週間が経過したこと
＊金銭債権を差し押さえた債権者は、債務者に対して差押命令が送達された日から1週間を経過した時は、その債権を取り立てることができる（民執155条1項本文）。

（質権）

|抗 弁| 1 YはAに対し、450万円を弁済期平成〇年〇月〇日の約定で貸し渡したこと
2 YはAとの間で、抗弁1の債務を担保するために請求原因1の債権に質権設定の合意をしたこと

（対抗要件）

|再抗弁| 1 AからXへの質権設定の確定日付のある証書による通知又はYの承諾がない限り、Yを質権者と認めないとのXの権利主張
＊対抗要件の抗弁は、権利抗弁である。なお、対抗要件の抗弁は設例上のものであり、本件のような預金の約款には「Yの承諾なしには譲渡、質入れはできない」旨定められており、実際上は対抗要件の抗弁は機能しない。
＊Xが対抗要件の抗弁を主張するためには、自己が質権設定に関して第三者であることの主張・立証が必要であるが、そ

の点は、既に請求原因2において、Xが本件債権の債権者Aに対する債権者である事実（質権設定については第三者である事実）が現れている。

（通知又は承諾）

再抗弁 1　AはYに対して請求原因3の質権設定の通知をしたこと、又は、Yは質権設定を承諾したこと

*自行預金の質入れのように、債権者が自らを債務者とする債権上に質権の設定を受けた場合には、債権者がすなわち第三債務者であり、第三債務者の承諾が当然の前提となっているはずだから、質権設定契約書に確定日付があれば足り、改めて確定日付のある証書を作成する必要はない（大判昭和11年7月31日民集15.1563〔27500641〕）。

● 【改正法】

第365条　削除

● 【現行法】（指図債権を目的とする質権の対抗要件）
第365条　指図債権を質権の目的としたときは、その証書に質権の設定の裏書をしなければ、これをもって第三者に対抗することができない。

1　改正の理由

現行法363条の解説1を参照されたい。以下2は現行法に関する記述である。

2　指図債権を目的とする質権の対抗要件

指図債権は、特定人又はその指図人に弁済すべき証券債権である。証券上に記載された特定の債権者A、Aの指図したB又はBの指図したCに支払うべき債権である。貨物引換証・倉庫証券・船荷証券・手形・小切手は、指図文言がなくとも、指図禁止又は裏書禁止の記載がない限り、法律上当然の指図債権である。ところで、本条の定める民法上の指図債権は、債権と証券がかなりの程度分離されている。例えば、債権の譲渡自体は、意思表示のみでその効力を生じ、証券の交付は単に対抗要件にとどまるとされている。し

たがって、民法の証券債権に関する規定は、その適用の前提たる対象がほとんどない状態であるといわれている。

訴訟物　　XのAに対する質権（確認）
請求原因　1　AはBとの間で、本件目的物を代金100万円で売買する契約を締結したこと
　　　　　　2　Bは、請求原因1の代金債務をA又はAが指図した者に弁済する旨を記載した証書をAに交付したこと
　　　　　　3　XはAに対し、100万円を弁済期平成○年○月○日の約定で貸し渡したこと
　　　　　　4　AはXとの間で、請求原因3の貸金返還債務を担保するため、請求原因1、2の指図債権に質権を設定する合意をしたこと
　　　　　　5　Yは、Xが質権者であることを争っていること
（対抗要件）
抗　弁　1　YはAに対し、100万円を弁済期平成○年○月○日の約定で貸し渡したこと
　　　　　　2　AはYに対し、抗弁1の債権の弁済に代えて、請求原因1、2の債権を譲渡したこと
　　　　　　3　Aが抗弁1の証書にXに対する裏書をしてXに交付するまで、Xを質権者と認めないとのYの権利主張
　　　　　　＊交付ではなく、その証券の提示が抗弁を構成する事実であるとの立場もあろう。
（証書の交付）
再抗弁　1　Xは、AからXへの裏書のある証書の交付を受けたこと

● (質権者による債権の取立て等) ══════════

第366条　質権者は、質権の目的である債権を直接に取り立てることができる。
　　2　債権の目的物が金銭であるときは、質権者は、自己の債権額に対応する部分に限り、これを取り立てることができる。
　　3　前項の債権の弁済期が質権者の債権の弁済期前に到来したときは、質権者は、第三債務者にその弁済をすべき金額を供託させることができる。この場合において、質権は、その供託金について存在する。

4 債権の目的物が金銭でないときは、質権者は、弁済として受けた物について質権を有する。

---

1 質権設定の効力
(1) 質権者による取立権
　本条1項は、質権者は、目的債権を直接取り立てることができることを定める。その反面、質権設定者は、質入れした債権を自ら取り立てることができない（大判大正15年3月18日民集5.185〔27510766〕、大判昭和5年6月27日民集9.619〔27510512〕）。しかし、質入債権の帰属それ自体が質権者に移転するものでなく、この点は債権譲渡とは異なる。質権者が取得するのは、担保権の実行方法としての直接取立権であり、目的債権は、質権設定後も設定者に属することは変わりない。したがって、質権設定者は、目的債権の取立権限を失うものの、その債権の存在確認を求める訴訟を提起することができる。それによって、その債権の消滅時効の進行を中断させ得る（前掲昭和5年大判）。金銭債権以外の、例えば、不動産所有権の移転を求める債権が質権の目的とされた場合には、質権者は、単にその物の引渡しを請求できるにとどまり、自分に対して所有権を移転するように請求できない（大決昭和7年1月22日民集11.41〔27510263〕）。質権者として可能なのは、第三債務者に対し、その所有権を質権設定者に移転し、移転登記をするよう請求することにとどまる（本条4項、大判昭和6年7月8日新聞3306.12〔27540849〕）。

(参考) 質権に基づく債権差押命令申立て
　　　　　＊本条は、債権者は、債務者に対し、別紙担保権、被担保債権、請求債権目録記載の債権を有しているが、債務者がその支払をしないので、別紙担保権目録記載の質権に基づき、債務者が第三債務者に対して有する別紙差押債権目録記載の債権の差押命令を求めた事案である。
　　　　　＊被担保債権も質入れされた債権も弁済期にあるときは、質権者は直ちに自己の名をもって債権の取立てをすることもできるし、民事執行法に定める執行方法（民執193条）で質権実行による債権差押えの申立てをすることもできる。

申立理由　1　(担保権)

　　　　別紙差押債権目録記載の債権についての、①平成〇年〇月〇日設定の質権、②対抗要件は、確定日付ある内容証明郵便による債務者から第三債務者に対する通知
　2　（被担保債権）
　　　　①残元金〇〇万円（債権者が債務者に対し平成〇年〇月〇日貸し渡した〇〇万円の残元金（最終弁済期平成〇年〇月〇日））、②遅延損害金〇万円（上記①に対する平成〇年〇月〇日から同年〇月〇日まで年〇％の割合による遅延損害金）
　3　（請求債権）
　　　　①残元金遅延損害金（上記2と同じ）、②執行費用1万710円（内訳：本申立手数料〇円、本申立書作成及び提出費用〇円、差押命令正本送達料〇円、陳述書送付料〇円、資格証明書交付手数料〇円、同申請書提出・受領費用〇円、商業登記事項証明書交付手数料〇円、同申請書提出・受領費用〇円）、以上①②の合計〇〇万円
　4　（差押債権）
　　　　〇〇万円（ただし、債務者と第三債務者との間の下記不動産（不動産の表示省略）の賃貸借契約に際して、債務者が第三債務者に差し入れた保証金について、債務者が第三債務者に対して有する返還請求権にして、頭書金額に満つるまで）

(2)　質権設定者の、質入債権と第三債務者の自己に対する債権との相殺制限
　質権設定者は、質入債権をもって第三債務者の自己に対する債権と相殺できず、質権者が認めた相殺であっても有効とならない（大判大正15年3月18日民集5.185〔27510766〕）。質入債権の譲渡処分については、指名債権の質入れと譲渡の競合であれば、両者の対抗要件具備の前後によって決せられる。質入債権の債務者すなわち第三債務者の破産手続が開始すれば、質権者の取立権の行使に重大な影響を及ぼすため、質権者の同意があれば格別、質権設定者が、質入債権に基づいて第三債務者の破産を申し立てることはできない（最決平成11年4月16日民集53.4.740〔28040762〕）。
　第三債務者は、質権設定の通知を受け、又はそれを承諾した時以後に取得した質権設定者に対する債権をもって質入債権と相殺し、これを質権者に対抗できない（大判大正5年9月5日民録22.1670〔27522256〕）。質権設定の通知を受けるまでに弁済期が到来していない反対債権をもって、質権者に対し、相殺を主張できない（大判大正7年12月25日民録24.2433〔275227

77〕)。このようにして質権者の取立権限を害する行為が禁じられる以上、第三債務者は、質権設定者への弁済を質権者に対抗できず、さらに質権者から弁済請求があれば、二重弁済をせざるを得ない。

(3) 481条1項(支払の差止めを受けた第三債務者の弁済)の類推適用

通説は、481条1項を類推適用し、「取立・弁済・免除・相殺・更改・その他質入れ債権を消滅・変更させる一切の行為は、これを質権者に対抗しえない」(我妻・担保物権法191頁)と解する。

2　充当

本条2項は、債権質権者が債権目的物が金銭である場合、自己債権額に対する部分に限って、これを取り立てて自己の債権弁済に充当することができることを定める。質権者は、被担保債権と質権の対象となった債権がともに弁済期にあるときは、直ちに自己の名をもって債権取立てをすることができる。また、質権者は民執193条に基づき質権実行による債権差押命令を執行裁判所に求めることができる。

3　質入債権の弁済期が被担保債権のそれより先に到来する場合

本条3項前段は、質入債権の弁済期が被担保債権のそれより先に到来した場合は、質権者が第三債務者に対してその弁済すべき金額を供託させることができることを定め、本条後段は質権がその供託金の上に存在することを定める。

4　質入債権が非金銭債権の場合

本条4項は、質入債権が非金銭債権の場合は、質権は質権者が弁済として受領した物の上に存在することを定める。

> **訴訟物**　　AのYに対する売買契約に基づく代金支払請求権
> 　　　　＊AはYとの間で、甲土地を1,000万円で売買する契約を締結しており、XはAに対し、乙土地を500万円で売買した代金債権を有するところ、XとAは、売買代金債務を担保するためにAの有する請求原因1の売買代金債権に質権を設定した。本件は、XがYに対し、本条に基づき、直接支払を求めたところ(取立訴訟)、Yが、対抗要件の抗弁、質入禁止特約の抗弁、期限の抗弁を主張した事案である。

> **請求原因**　1　AはYとの間で、甲土地を1,000万円で売買する契約を締

　　　　結したこと
　　２　ＸはＡとの間で、乙土地を500万円で売買する契約を締結
　　　　したこと
　　３　ＸとＡは、請求原因２の債務を担保するために請求原因１
　　　　の債権に質権を設定する合意をしたこと
（対抗要件）
抗　弁　１　Ｘが対抗要件を具備するまで、Ｘを質権者と認めないとの
　　　　Ｙの権利主張
　　　　＊大判大正11年６月17日民集1.332〔27511114〕を参照。
（通知）
再抗弁　１　ＡはＹに対して請求原因３の質権設定の通知をしたこと、
　　　　又は、Ｙは請求原因３の質権設定を承諾したこと
（質入禁止の特約）
抗　弁　１　ＡはＹとの間で、請求原因１の売買契約締結の際、本件売
　　　　買代金はＹの承諾なくして他に質入れできない旨の約定をし
　　　　たこと
　　２　Ｘは、請求原因３当時に抗弁１の特約を知っていたこと、
　　　　又は、知らないことに重大な過失があることを基礎付ける事実
（弁済期）
抗　弁　１　請求原因１（又は請求原因２）の債権には弁済期平成○年○
　　　　月○日の定めがなされていること
　　　　＊抗弁１の弁済期は、その債権が貸借型契約に基づくものであ
　　　　る場合には、既に請求原因の段階において現れている。その
　　　　場合は、次の再抗弁を請求原因レベルにせり上げて主張・立
　　　　証しないと、請求原因が主張自体失当となる。
（弁済期の到来）
再抗弁　１　抗弁１の弁済期が到来したこと
　　　　＊講学上、被担保債権及び質入債権の弁済期が、いずれも到来
　　　　していることが、取立権行使の要件であるとされている（注
　　　　民（8）362頁〔林良平〕）。しかし、その趣旨が、弁済期日
　　　　及びその到来の事実が請求原因事実に回ると考えるべきであ
　　　　るとする見解なのか、本書が採るように、弁済期は抗弁、そ
　　　　の到来が再抗弁とする見解なのかは明らかでない。

●367条及び368条

削除

第10章 抵 当 権

第1節 総 則

1 抵当権の成立

抵当権は、当事者間（抵当権者と抵当権設定者）の抵当権設定契約によって設定される（369条1項の「債務者又は第三者が占有を移転しないで債務の担保に供した」という文言は、抵当権が債務者又は第三者の意思に基づくことを示している）。抵当権者は被担保債権の債権者に限る。これに対して、抵当権設定者は、債務者に限らない。しかし、抵当権の設定は、物権的処分行為の一種であるから、債務者又は物上保証人のいずれが設定するとしても、当該不動産について、これを処分する権利（所有権など）又は権能（代理権・管理権など）を有することが必要である（我妻・担保物権法227-228頁）。なお、「物権行為の独自性というのは、物権の変動を生ずるためには常に物権の変動だけを目的とする法律行為がなければならないという意味であるから、この独自性を認めないといっても」、抵当権、地上権等の設定という「物権の変動だけを目的とする法律行為の存在を否定する意味ではない。右の諸場合には、物権の設定又は移転だけを目的とする行為としてその効力を生ずることはいうまでもない」のである（我妻＝有泉・物権法58頁、舟橋・物権法78頁）。

さらに、369条1項が「債権者」「債務者」「債務の担保に供した」等という文言を使用しているところからも明らかであるが、債権者と債務者間の債権発生が抵当権の成立の前提となっている。そして、抵当権設定の効果を主張する者は、上記の要件事実を主張・立証しなければならない。

> 訴訟物 XのYに対する所有権に基づく妨害排除請求権としての抵当権設定登記抹消登記請求権
> 　＊本件は、Xが、自己所有の本件土地建物にY名義の抵当権設定登記が存在するので、その抹消登記手続を求めたところ、Yは、Xの代理人Aとの間の抵当権設定契約締結、あるいは、表見代理の成立を主張した事案である。
> 　＊抵当権設定契約は、物権契約であるので、本件土地建物を処分する権利又は権能を有する者が契約を締結する必要があ

る。本件は、①Aが代理人として、②110条又は109条の適用の結果、代理権が擬制される場合である。

請求原因
1 Xは本件土地建物を所有していること
2 本件土地建物について、Y名義の抵当権設定登記が存在すること
　＊Xから抵当権設定を受けた関係にあるYは、自己の登記名義取得原因（登記原因と同一性ある抵当権設定の成立）を抗弁として主張・立証しなければならない。登記の推定力は、事実上の推定にとどまるから、登記名義人側において登記原因を主張・立証しなけらばならない。この点につき、最判昭和38年10月15日民集17.11.1497〔27001974〕は、所有権移転登記名義人の事案であるが、「一般の場合には、登記簿上の不動産所有名義人は反証のない限りその不動産を所有するものと推定すべきである……けれども、登記簿上の不動産の直接の前所有名義人が現所有名義人に対し当該所有権の移転を争う場合においては右の推定をなすべき限りでなく、現所有名義人が前所有名義人から所有権を取得したことを立証すべき責任を有するものと解するのが相当である」と判示する。

（登記保持権原──有権代理）

抗弁
1 AはYとの間で、B会社のYに対する貸金1,000万円の債務を担保するために、本件土地建物につき抵当権設定契約を締結したこと
2 Aは、抗弁1の契約締結の際、Xのためにすることを示したこと
3 XはAに対し、抗弁1の抵当権設定契約締結に先立って、代理権を与えたこと
4 Xは、本件抵当権設定契約締結当時、本件土地建物を所有していたこと
　＊抵当権設定契約は、直接物権の発生を目的とする物権契約であるから、抗弁1に加えて抗弁4の要件が必要となる（司研・紛争類型別74頁）。なお、請求原因1の「X所有」の時的要素は、「現時点」（口頭弁論終結時）であって、抗弁4の時点とは異なる。
5 請求原因2の登記は、本件抵当権設定契約に基づくこと

(登記保持権原——110条の表見代理)

抗弁 1 AはYとの間で、B会社のYに対する貸金1,000万円の債務を担保するために、本件土地建物につき抵当権設定契約を締結したこと

2 Aは、抗弁1の契約締結の際、Xのためにすることを示したこと

3 XはAに対し、本件土地建物を担保に入れてB会社の事業資金としてC銀行から融資を受けることを委任し、X名義の白紙委任状、印鑑証明書及び本件土地建物の登記済権利証を交付して、その旨の代理権を与えたこと
  *110条の「基本代理権」を与えたことを示す事実である。

4 Yは、Aが本件土地建物につき抵当権設定契約を締結する代理権を有するものと信じたこと
  *110条の「善意」を示す事実である。

5 本件土地建物の所有者であるXはAの父であり、AはB会社の常務取締役であり、Yは、Aから抗弁3の書類を示され、Xはかつて、本件土地建物をB会社のために担保提供したことがあるとの説明を受けたこと
  *110条(権限外の行為の表見代理)の「正当な理由」の評価根拠事実である。

6 Xは、本件抵当権設定契約締結当時、本件土地建物を所有していたこと

7 請求原因2の登記は、本件抵当権設定契約に基づくこと

(登記保持権原——109条の表見代理)

抗弁 1 AはYとの間で、B会社のYに対する貸金1,000万円の債務を担保するために、本件土地建物につき抵当権設定契約を締結したこと

2 Aは、抗弁1の契約締結の際、Xのためにすることを示したこと

3 XはAに対して、X名義の白紙委任状、印鑑証明書、登記済権利証を交付することにより、Yに対し、Aに本件土地建物につき担保権設定のための代理権を与えた旨表示したこと

4 Xは、本件抵当権設定契約締結当時、本件土地建物を所有していたこと

5 請求原因2の登記は、本件抵当権設定契約に基づくこと

(悪意)
再抗弁 1　YはAに本件土地建物につきYのために担保権を設定する代理権がなかったことを知っていたこと
＊109条の代理権授与表示の表見代理に対する抗弁である。

2　抵当権設定登記
(1)　抵当権設定契約に基づく抵当権設定登記請求
　抵当権設定契約には、その対抗要件としての抵当権設定登記をするべき合意が含まれていると解すべきであるから（我妻・担保物権法234頁）、抵当権者は、抵当権設定契約それ自体に基づいて抵当権設定登記手続を請求することができる。この登記請求権の法的性質は、抵当権設定契約は物権契約の性質を有するのであるから（請求原因3が必須）、物権的登記請求権としても構成できる。

訴訟物　XのYに対する抵当権設定契約に基づく抵当権設定登記請求権

＊Xは、Yに対し1,000万円を貸し付け、Yとの間で、その債権を担保するためにYが所有する本件建物について抵当権設定契約を締結した。本件は、XがYに対し、本件建物について抵当権設定登記手続を求めたところ、Yは登記をしない特約がある、あるいは一部弁済をしたなどと主張した事案である。

＊上杉晴一郎「登記請求訴訟」幾代通他編『不動産登記講座Ⅰ総論(1)』日本評論社（1976年）420頁は、「抵当権は物権契約である抵当権設定契約により設定されるが、この設定契約には通常、その対抗要件としての設定登記をなすべき（そして抵当権が消滅の場合にはその抹消をなすべき）旨の約定が含まれていると考えてよいから、抵当権者は抵当権設定契約それ自体に基づいて抵当権設定登記を請求できるし、また抵当権が設定され、積極的物権変動があったのにその登記がなされていないことにより、物権変動的設定登記権も発生する」と述べる。

＊抵当権の必須の登記事項は、抵当権者（不登59条4号）、登記原因（同条3号）、被担保債権額（同法83条1項1号）、債務者（同項2号）である。

請求原因 1 XはYに対し、1,000万円を弁済期平成〇年〇月〇日の約定で貸し渡したこと
  ＊抵当権設定契約は、被担保債権に従たる契約であり、抵当権者は、債権者に限るのであって、債権発生原因事実は、抵当権の発生根拠事実の1つである。なお、本件の設例は、他の多くの金銭消費貸借契約の設例と同様に通常合意される利息の定めを省略している。
  ＊消費貸借の要物性（587条）と関連するが、抵当権の付従性は緩和される傾向にあり、条件付債権、期限付債権についても抵当権を設定できるとされている。付従性の意義は、抵当権と被担保債権の同時発生（ないし成立）を求めないことを理由とするが、その場合抵当権が条件付ないし期限付で成立するのではなく、設定契約と同時に成立すると解されている（我妻・担保物権法119-122頁）。将来債権として、例えば保証人が保証債務を履行したときに取得する求償権を担保する抵当権がある（最判昭和33年5月9日民集12.7.989〔27002678〕参照）。
2 XとYとの間で、請求原因1の債務を担保するために本件建物について抵当権を設定する契約を締結したこと
  ＊建築途上の建物又は建築予定の建物について抵当権の設定ができるかという問題がある。まず、建築中の建物はいかなる段階において建物となるかであるが、床や天井ができていなくても、屋根瓦を葺き荒壁を塗った程度に至った木造居宅は、建物とされる（大判昭和10年10月1日民集14.1671〔27500750〕）。次に、未完成建物を目的としてされた抵当権設定契約について、①建物の完成を停止条件として有効とする見解もあるが、②物権契約としては成立しないが、債権契約としての効力を認めて、建物完成後に改めて抵当権を設定すべき義務が生ずるとするのが登記実務であり、登記原因証書として建物完成時以降の日付の抵当権設定契約書の提出を要求する（昭和37年12月28日民事甲3727号民事局長通達）。
3 Yは、請求原因2の当時、本件建物を所有していたこと
  ＊この要件は、上述したとおり、抵当権の設定が、物権的処分行為の一種であるところから必要とされる。抵当権設定契約

は、抵当権を発生させることを直接目的とする契約（「物権契約」）であって、抵当権を設定すべきことを約する債権契約ではない。当然のことではあるが、抵当権設定契約に関しては、他人物売買の有効性を認める560条に対応する規定が存在しない。したがって、債務者又は物上保証人のいずれが設定するとしても、目的不動産について、処分する権利（所有権など）又は権能（代理権・管理権など）を有することが必要である。

＊例外として、現在所有していない特定の不動産について、それを取得すれば当然に抵当権が成立するという契約は有効であって、設定者が所有権を取得すれば抵当権は成立する（我妻・担保物権法228頁）。例えば、将来取得すべき不動産の上にあらかじめ抵当権設定契約をすることは有効とされ、抵当権は設定者が所有権を取得したときに成立する（大決大正4年10月23日民録21.1755〔27522041〕）。しかし、真実の所有者でない者が登記名義人であることを利用して設定しても抵当権は成立しない（東京高判昭和37年5月15日金法309.10〔27430609〕は、夫所有家屋を妻が勝手に贈与を原因として自分名義にしたうえで設定した抵当権は、抵当権者が善意であっても無効とする）。

（登記しない旨の特約）

抗 弁 1 XはYとの間で、請求原因2に基づく登記をしない旨の合意があること

＊大判昭和11年2月28日法学5.1087〔27544251〕は、登記をしない旨の合意は公序良俗に反しないとしている。

（弁済）

抗 弁 1 YはXに対し、請求原因1の弁済期に200万円を弁済したこと

＊最判昭和39年12月25日民集18.10.2260〔27001335〕は、「本件抵当権設定登記手続の請求は、判示（すなわち債権元本全額についての）抵当権設定契約に基づく履行を求めるものであるから、所論の如く、その後被担保権につき一部弁済があっても、登記簿上に表示すべき被担保債権を特定する意味から、債権者はその債権全額および利息金について抵当権設定登記手続を請求し得るものと解するのを相当とする

(しかし、勿論この場合にあっても、債権者は残存債権について支払をうけ得るのみであることはいうまでもない。)」として、債権者は、弁済前の被担保債権全額を債権額として、抵当権設定登記を請求することができるとする。すなわち、抵当権設定登記がされる前に、債権の一部が弁済されても、債権者はその債権全額について抵当権設定登記手続を請求できるのであるから、被担保債権の一部が弁済されたことは、抗弁として主張自体失当である。ただし、この判例の見解に対しては、反対説も有力に説かれている(青山・不動産登記一問一答120頁〔南敏文〕)。

(2) 抵当権設定仮登記に基づく本登記請求

　抵当権設定の仮登記後に第三者が所有権移転登記をした場合に、仮登記権利者が本登記手続を請求を求める場合に、抵当権設定者(抵当権設定当時の所有権の登記名義人)又は現在の所有権の登記名義人のいずれに対して本登記手続を請求すべきかという問題がある。

ア　現在の所有権の登記名義人に対する請求

　最判昭和35年7月27日民集14.10.1926〔27002419〕は、抵当権設定請求権保全の仮登記仮処分の権利者が、現在の所有権の登記名義人に対して本登記手続を請求した事案につき、「仮登記済の抵当不動産が第三者の所有に帰したときは、その第三者は仮登記済の抵当権の附着したままのものをこれを了知の上取得したのであるから仮登記権利者は第三者に対し直接に抵当権設定登記手続に協力すべき旨請求することができるものと解するを相当とし、従つて仮登記権利者は更に仮登記義務者に対し本登記に協力すべき旨請求することを必要としないものと解すべきである」と判示して、その請求を認める。この見解に対しては、青山・不動産登記一問一答224頁〔南敏文〕が、「現在の所有権の登記名義人を本登記の登記義務者とすると、特に、不動産登記法2条2号の仮登記(請求権保全の仮登記)の場合、実体上の問題を生ずることとなる。たとえば、所有権の登記名義人AとBとの間で、抵当権設定の予約がされ、これに基づき、その請求権の仮登記(2号仮登記)がされた後、その予約に基づく抵当権の設定契約がされないうちに、所有名義人がAからCに移転した場合を考えてみると、Cが登記義務者であるというためには、所有権の移転によってCがその予約上の債務者の地位を承継するといわなければならないが、CがAの相続人等の一般承継人でないかぎり、無理な解釈である」との指摘をしている。

イ　抵当権設定者（抵当権設定当時の所有権の登記名義人）に対する請求

最判昭和 37 年 5 月 25 日民集 16.5.1184〔27002146〕は、仮登記権利者が抵当権設定者を相手に本登記手続を請求した事案につき、その請求を認め、「仮登記権利者の地位を保全するための仮登記制度の本旨に照すときは、抵当権設定の仮登記がある不動産につき第三者に所有権移転登記が為された場合においても、仮登記権利者は依然として、仮登記義務者に対し、仮登記に基く本登記手続を請求することができるものと解するを相当とする」と判示する。なお、同判決は、「また仮登記の順位保全の効力は、現在の登記名義人たる第三者もこれを認容すべき義務あるものというべきであるから、抵当権の仮登記権利者は、その第三者に対し直接本登記に協力を求めることも妨げないと解すべく、すなわち、その第三者も本登記義務を負い、仮登記権利者は右第三者又は前記仮登記義務者の何れか一方に対して、本登記を請求することができるものと解するを相当とする」とも判示する。

| 訴訟物 | X の Y に対する抵当権設定の仮登記の本登記請求権 |

＊Y は、A の X に対する貸金債務を連帯保証をし、その主債務及び保証債務の担保として、Y は所有する不動産に抵当権を設定した。ところが X は抵当権設定登記につき Y の協力を得られず、仮登記仮処分命令を得たうえでその仮登記を経由したが、Y は本件不動産を B に売却した。本件は、X が抵当権設定者 Y に対し、本登記手続を求めたところ、Y は現在の所有登記名義人 B を被告とすべきであると争った事案である。

＊請求の趣旨は、「Y は X に対し本件不動産につき○○法務局平成○年○月○日受付第○○号をもって X のためされた平成○年○月○日設定による債権額 1,000 万円、利息年 3 分、弁済期日平成○年○月○日、弁済期限後の損害金年 5 分の抵当権設定の仮登記の本登記手続をせよ」とする。

| 請求原因 | 1　X は A に対し、1,000 万円を利息年 3 分、弁済期日平成○年○月○日、弁済期限後の損害金年 5 分と定めて貸し付け、Y は A の債務を連帯保証したこと |

2　Y は請求原因 1 の主債務及び保証債務の担保として X のため本件不動産に対し、抵当権を設定したこと

3　Y は、請求原因 2 当時、本件不動産を所有していたこと

4　X は抵当権設定登記につき Y の協力を得られなかったので、

　　　　　○○地方裁判所に抵当権取得の仮登記仮処分命令を申請したところ命令が発せられ○○法務局受付第○○号をもってその旨の登記がされたこと

（当事者適格）

本案前抗弁　1　Yは、請求原因3の後、本件不動産をBに売り渡し、○○法務局平成○年○月○日受付第○○号をもってその旨の登記がされたこと。

　　　　　＊Yは、現時点では登記名義人ではなく本件請求について被告適格を欠くからXの請求は不適法として却下されるべきであるとの主張である。前掲昭和37年最判によれば、この主張は理由がないことになる。

3　抵当権設定登記の流用

　被担保債権の消滅後、抵当権設定登記が抹消されずに残っている場合、他の債権のためにこの登記を流用した場合、原則として流用登記が無効とされる（大判昭和6年8月7日民集10.875〔27510439〕、大判昭和11年1月14日民集15.89〔27500566〕）が、流用後に登場した第三者に対する関係で有効とする（仮登記担保に関する最判昭和49年12月24日民集28.10.2117〔27000397〕）。通説も、第三者との利益調整を図りつつ制限的に効力を認める（新注民（9）26頁〔高木多喜男〕）。

訴訟物　　XのYに対する所有権に基づく妨害排除請求権としての抵当権設定登記抹消登記請求権

　　　　　＊AはBから1,000万円を借り受け、この貸付債権の担保のために、A所有の本件土地に抵当権を設定して登記をした。その後、Aは債務を完済したが、登記は抹消しないまま残っていた。その状態で、AはYから1,000万円を借り受け、この債務を担保するため、本件土地に抵当権の設定をして、その登記は、登記上残存するBのAに対する債権とB有する抵当権をBがYへ譲渡した形をとり、抵当権譲渡の付記登記（不登4条2項）がされた。その後、AはXに、本件土地を1,500万円で売買した。本件は、XがYに対して、抵当権設定登記抹消手続を求めた事案である。

請求原因　1　Aは、請求原因2当時、本件土地を所有していたこと
　　　　　2　AはXとの間で、本件土地を1,500万円で売買したこと

3 本件土地に、B名義の抵当権設定登記が存在すること
4 請求原因3につき、Y名義の抵当権譲渡の付記登記が存在すること

(登記保持権原)

抗弁 1 BはAに対して、1,000万円を弁済期平成○年○月○日の約定で貸し渡したこと
2 BはAとの間で、抗弁1の債権を担保するため、本件土地について抵当権設定契約を締結したこと
3 Aは、抗弁2当時、本件土地を所有していたこと
　＊抗弁2の抵当権設定契約は、物権契約であるため、Aに所有権又は処分権があることが必要である。
　＊請求原因1と抗弁3では、Aの本件土地所有権の時的要素は異なり、抗弁3の時点は請求原因1の時点に先立つので、請求原因1でAの所有権が現れているからといって、抗弁3の主張が不要になるわけではない。
4 請求原因3の登記は、抗弁2の抵当権設定契約に基づくこと
5 Aは、Bに対し、抗弁1の債務を弁済したこと
6 YはAに対して、1,000万円を弁済期平成○年○月○日の約定で貸し渡したこと
7 YはAとの間で、抗弁1の債権を担保するため、本件土地について抵当権設定契約を締結したこと
8 Aは、抗弁7当時、本件土地を所有していたこと
9 請求原因4の付記登記は、抗弁7の抵当権設定契約に基づくこと
10 請求原因2のAX間の売買は、請求原因4の付記登記の後であること
　＊前掲昭和49年最判は、仮登記担保の仮登記流用後に、第三者が同一不動産を代物弁済によって取得した事案であるが、仮登記移転の付記登記が現実の権利関係に符合する限り、付記登記後にその不動産上に利害関係を取得した第三者は、特別の事情のない限り、付記登記の無効を主張するにつき正当な利益を有しないので、登記流用後に現れた第三者に対しては流用登記が有効であるとする。

4 登記の公信力の欠如と第三者

　被担保債権の消滅によって抵当権が消滅したが、いまだ抵当権設定登記が抹消されないうちに、抵当権登記を信じてそれに利害関係を有するに至った第三者が存在しても、登記には公信力がないため、第三者は保護される余地がない。つまり、この消滅は登記なくして第三者（例えば、消滅した抵当権につき転抵当権の設定を受けた者）に対抗できる。被担保債権のない抵当権の存続は認められないからである。

● (抵当権の内容)

第369条　抵当権者は、債務者又は第三者が占有を移転しないで債務の担保に供した不動産について、他の債権者に先立って自己の債権の弁済を受ける権利を有する。
　2　地上権及び永小作権も、抵当権の目的とすることができる。この場合においては、この章の規定を準用する。

1 抵当権の優先弁済権

　本条1項は、抵当権が債務者又は第三者が提供した不動産に対して優先弁済権を有することを定める。抵当権の優先弁済権が具体的に機能するのは、競売の申立て（387条、民執181条）と配当要求（民執51条、133条）の局面である。抵当権に基づく権利は、優先弁済権のほかに、物権たる抵当権に基づく物権的請求権があるが、これについては、項を改めて説明する。

訴訟物　　XのYに対する所有権に基づく妨害排除請求権としての抵当権設定登記抹消登記請求権
　　　　　＊Xは、自己が所有する本件土地を、AがYから借り入れた借入金債務の担保として抵当権を設定することとし、抵当権設定登記も了した。本件は、AがYに借入金を弁済したと主張して、XがYに対して、抵当権設定登記の抹消を求めた事案である。
　　　　　＊請求の趣旨は、「Yは本件土地につき○○地方法務局○○出張所平成○年○月○日受付第○○号抵当権設定登記の抹消登記手続をせよ」である。

＊本件設例の要件事実については、司研・紛争類型別 69-74 頁を参照されたい。

請求原因　1　Xは本件土地を所有していること
　　　＊請求原因1の主張は権利主張であるから、争われれば、その所有権取得原因事実を主張・立証しなければならない。
　　2　本件土地につき、Y名義の抵当権設定登記が存在すること
　　　＊請求原因2の登記の存在については、不実の登記が存在していても、本件土地の占有が奪われているわけではなく、何らその使用収益が妨げられるわけではない。しかし、現在の物権の法律関係と異なった登記が存在すると、そのこと自体が当該物権に対する妨害となることは否定できない（伊藤滋夫＝平手勇治「要件事実論による若干の具体的考察」ジュリスト 869 号 33 頁）。したがって、不実の登記の抹消登記手続請求は、物権的請求権のうちで妨害排除請求権の性質を有することとなるのである。
　　　＊実務上、「XはYとの間で、本件土地につき、抵当権設定契約を締結したことはないこと」が主張されることがあるが、これは請求原因事実ではなく、後出の抗弁2（場合によっては抗弁1）に対する先行否認である。

（登記保持権原）
抗弁　1　YはAに対し、1,000万円を弁済期平成○年○月○日の約定で貸し渡したこと
　　2　YはAとの間で、抗弁1の債務を担保するために本件土地について抵当権設定契約を締結したこと
　　3　Xは、抗弁2当時、本件土地を所有していたこと
　　4　Aは、抗弁1、2の契約を締結する際、Xのためにすることを示したこと
　　5　Xは、抗弁1、2の契約締結に先立って、それらの代理権をAに与えたこと
　　　＊この形態の事件では、実務上、抗弁4の代理権の授与の事実の有無が争点になることが多い。その場合、Yは表見代理、追認の主張を併せてすることが多い。
　　6　請求原因2の登記が、抗弁2の契約に基づくこと
　　　＊抗弁6にいう「基づく」とは、登記が実体的に抗弁2の契約の履行としてなされたものであり、かつ、手続的にも適法に

されたものであることを意味する（幾代通著、徳本伸一補訂『不動産登記法〈第4版〉』有斐閣（1994年）475頁、司研・紛争類型別72-74頁）。

＊上記の登記保持権原の抗弁は、明渡請求訴訟における占有権原の抗弁に対応するものである。つまり、Yの抵当権設定登記が正当な権原に基づいてされたことが、物権的登記請求権の発生障害事由として抗弁となるのである（伊藤＝平手・前掲書33頁）。

（弁済）
再抗弁 1　AはYに対し、抗弁1の弁済期に1,000万円を弁済したこと

＊この弁済の再抗弁の主張・立証が可能な場合、Xは訴訟物を「債権的登記請求権としての抵当権設定登記抹消登記請求権」と構成することが可能である。その場合の請求原因は、上述の請求原因2、抗弁1ないし5及び再抗弁1の事実によって成り立つ。

訴訟物　XのYに対する所有権に基づく妨害排除請求権としての抵当権設定登記抹消登記請求権

＊本件は、抵当権者Y（労働金庫）の員外貸付債権についての抵当権設定者Xが貸付けの無効を理由として抵当権設定登記の抹消登記を求め、その請求が信義則違反か否かが争点となった事案である。

＊本件設例についての一般的な注記は、上記の設例を参照されたい。

請求原因 1　Xは本件土地を所有していること
2　本件土地につき、Y名義の抵当権設定登記が存在すること

＊実務上は、Xが次の抗弁を先行自白したうえで、員外貸付けの再抗弁を併せて主張することとなろう。それによって、訴状段階から、被担保債権の貸付けの無効を主張して、抵当権の附従性により、抵当権設定登記の抹消を求めることになる。

（登記保持権原）
抗　弁 1　YはAに対し、1,000万円を弁済期平成○年○月○日の約定で貸し渡したこと
2　YはXとの間で、抗弁1の債務を担保するために本件土地

について抵当権設定契約を締結したこと
3　Xは、抗弁2当時、本件土地を所有していたこと
4　請求原因2の登記が、抗弁2の契約に基づくこと

(員外貸付け)
再抗弁　1　Aは、Y労働金庫の会員でないものであること
＊最判昭和44年7月4日民集23.8.1347〔27000803〕【Ⅰ81】は、「労働金庫におけるいわゆる員外貸付の効力については、これを無効と解するのが相当であつて、この理は、農業協同組合が組合員以外の者に対し、組合の目的事業と全く関係のない貸付をした場合の当該貸付の効力についてと異なるところはない」と判示する。

(信義則違反)
再々抗弁　1　再抗弁の主張が信義則に違反することの評価根拠事実
＊前掲昭和44年最判は、「Xは自ら虚無の従業員組合の結成手続をなし、その組合名義をもつて訴外労働金庫から本件貸付を受け、この金員を自己の事業の資金として利用していたというのであるから、仮に右貸付行為が無効であつたとしても、同人は右相当の金員を不当利得として訴外労働金庫に返済すべき義務を負つているものというべく、結局債務のあることにおいては変りはないのである。そして、本件抵当権も、その設定の趣旨からして、経済的には、債権者たる労働金庫の有する右債権の担保たる意義を有するものとみられるから、Xとしては、右債務を弁済せずして、右貸付の無効を理由に、本件抵当権ないしその実行手続の無効を主張することは、信義則上許されない」と判示する。
＊前掲昭和44年最判は、上記判示部分に続けて、「ことに、本件のように、右抵当権の実行手続が終了し、右担保物件が競落人の所有に帰した場合において、右競落人またはこれから右物件に関して権利を取得した者に対して、競落による所有権またはこれを基礎とした権原の取得を否定しうるとすることは、善意の第三者の権利を自己の非を理由に否定する結果を容認するに等しく、信義則に反する」と判示するが、現在では、買受人が代金納付をした後は、Xは抵当権の不存在又は消滅を理由に買受人の所有権を争うことはできない(民執184条)とされているので、本件設例のように、Xは、

抵当権の実行による競落に先立つ段階で争う必要がある。

2　抵当権に基づく物権的請求権

抵当権も物権である以上、物権的請求権を有している。しかし、本条1項が定めるとおり、抵当権者は抵当不動産を占有すべき権能を有しないので、抵当不動産の占有者に対する返還請求権はない。残るのは、妨害排除請求権と妨害予防請求権である。

(1) 抵当権に基づく妨害予防請求権

ア　抵当目的物を滅失・損傷

抵当権の目的物の用益権能は設定者・所有者が有するため、設定者の用法が通常の範囲である限り、抵当権の侵害とはならない。これに対して、抵当目的物を滅失・損傷させる行為は抵当権の侵害に当たり、抵当権者はその行為の停止を請求することができ、侵害のおそれがある場合にはその予防も請求できる（大判昭和6年10月21日民集10.913〔27510448〕）。目的物の価値減少が被担保債権額を下回ることを要しない（新注民（9）188頁〔柚木馨＝高木多喜男〕）。

訴訟物　　　XのYに対する抵当権に基づく妨害予防請求権としての伐採停止請求権

＊本件は、XがY（又はA）に対する債権を担保するため、Y所有の山林に抵当権の設定を受けたが、Y又はBが、山林上の樹木を伐採しようとしているため、XがY（又はB）に対してその停止を求めた事案である。

請求原因　1　XのY（又はA）に対する債権発生原因事実

＊抵当権設定契約は、被担保債権に従たる契約であって、抵当権者は、債権者に限るのであって、債権発生原因事実は、抵当権の発生根拠事実の1つである。

2　XはYとの間で、請求原因1の債務を担保するために本件土地（山林）に抵当権を設定する契約を締結したこと

＊大判大正14年10月26日民集4.517〔27510900〕は、「山林ニ付抵当権ヲ設定シタル場合ニ於テハ反対ノ意思ノ見ル可キモノナキ限リ地盤ノミナラス樹木ヲモ共ニ其ノ目的ト為シタルモノト認ムルヲ相当トス」と判示する。

3　Y（又はB）は、本件土地上の樹木を伐採しようとしていること

＊伐採木材の搬出禁止請求として、大判昭和7年4月20日新聞3407.15〔27541433〕を参照。

イ　抵当権の目的動産の搬出

最判昭和57年3月12日民集36.3.349〔27000098〕【I 89】は、工場抵当法上の抵当権の事案であるが、「工場抵当法2条の規定により工場に属する土地又は建物とともに抵当権の目的とされた動産が、抵当権者の同意を得ないで、備え付けられた工場から搬出された場合には、第三者において即時取得をしない限りは、抵当権者は搬出された目的動産をもとの備付場所である工場に戻すことを求めることができるものと解するのが相当である」と判示する。この考え方を抵当権に推及できるかについては、見解が分かれる（我妻・担保物権法269頁は否定）。具体的な設例を含め、詳細は、補章2解説2を参照されたい。

(2) 抵当権に基づく妨害排除請求権

ア　抵当物からの分離物

伐木が搬出された場合の分離物については、伐採搬出された木材の返還を請求できないとする説もある（我妻・担保物権法268頁は、分離物が抵当不動産の上に存在する限り第三者に対抗し得るとする）が、抵当不動産と一括して競売する必要性・搬出されると第三者の即時取得の機会も増大することを理由に、もとの所在場所への返還を認めるべきとの見解も有力である（我妻・担保物権法384頁、星野・概論Ⅱ252頁）。

イ　抵当不動産の不法占有者

(ア)　単にある者が抵当不動産を占有していることのみでは抵当権に基づく妨害排除請求権は発生しないし、また、抵当権者は、抵当権設定者の所有物返還請求権の代位行使として、占有者に対して明渡請求をすることもできないと解されてきた（最判平成3年3月22日民集45.3.268〔27808252〕）。

(イ)　最判平成11年11月24日民集53.8.1899〔28042712〕は、従来の判例を変更した。同判決は、「抵当権は、競売手続において実現される抵当不動産の交換価値から他の債権者に優先して被担保債権の弁済を受けることを内容とする物権であり、不動産の占有を抵当権者に移すことなく設定され、抵当権者は、原則として、抵当不動産の所有者が行う抵当不動産の使用又は収益について干渉することはできない」との原則論を述べたうえで、「第三者が抵当不動産を不法占有することにより、競売手続の進行が害され適正な価額よりも売却価額が下落するおそれがあるなど、抵当不動産の交換価値の実現が妨げられ抵当権者の優先弁済請求権の行使が困難となるような状態があ

るときは、これを抵当権に対する侵害と評価することを妨げるものではない。そして、抵当不動産の所有者は、抵当権に対する侵害が生じないよう抵当不動産を適切に維持管理することが予定されている……。したがって、右状態があるときは、抵当権の効力として、抵当権者は、抵当不動産の所有者に対し、その有する権利を適切に行使するなどして右状態を是正し抵当不動産を適切に維持又は保存するよう求める請求権を有するというべきである。そうすると、……抵当権者は、右請求権を保全する必要があるときは、民法423条の法意に従い、所有者の不法占有者に対する妨害排除請求権を代位行使することができる」と判示した。なお、傍論として、「第三者が抵当不動産を不法占有することにより抵当不動産の交換価値の実現が妨げられ抵当権者の優先弁済請求権の行使が困難となるような状態があるときは、抵当権に基づく妨害排除請求として、抵当権者が右状態の排除を求めることも許される」と述べる。

　抵当権に基づく妨害排除請求権は、もとより実体法上の請求権であるから、その実現のためには、後記(ｳ)に示すとおり、本案訴訟による建物明渡請求の判決が必要となる。

(ｳ)　抵当権に基づく妨害排除請求権としての建物明渡請求権

　抵当権は、抵当不動産の交換価値から他の債権者に優先して被担保債権の弁済を受ける権利であり、不動産の占有を抵当権者に移すことなく設定される非占有担保物権である。したがって、抵当権者は、原則として、抵当不動産の所有者が行う抵当不動産の使用又は収益について干渉することはない。そのため、第三者が抵当不動産を単に占有しているということだけでは、抵当権に基づく妨害排除請求権は発生しない。しかるに、前掲平成11年最判は、傍論ではあるが、抵当権に基づく妨害排除請求権が認められる場合があり得ることを示唆するに至った。最判平成17年3月10日民集59.2.356〔28100551〕【Ⅰ86】は、抵当権に基づく妨害排除請求を認めるに至った。すなわち、同判決は、無権原者ではなく競売妨害目的で設定された占有権原に基づく占有者に対して直接抵当権者への明渡しを認めた。これは、所有者が適切に維持管理することを期待し得ない場合に、抵当権者が抵当不動産を直接に明け渡すよう求めることができるとしたもので、このときに抵当権者が取得する占有とは、使用収益を目的としない「管理占有」である。

訴訟物　　　ＸのＹに対する抵当権に基づく妨害排除請求権としての建物明渡請求権

＊上記訴訟物は、前掲平成17年最判の認める「抵当権に基づ

く妨害排除請求権」である。なお、Xが「AのYに対して有する所有権に基づく妨害排除請求権」を代位行使することもできる（前掲平成11年最判）。前掲平成11年最判の奥田昌道裁判官の補足意見は、「この場合に、抵当権者が自己への明渡しを請求し得るのか、抵当不動産の所有者への明渡しを請求し得るにとどまるかは、更に検討を要する問題である」としていた。

＊Xは、Aに対する1,000万円の貸金債権を担保するために、A所有土地・建物に抵当権の設定を受けたものの、Aが弁済をしなかった。そこで、Xは抵当権を実行したが、それに先立って、Yが建物を無権原で占有を始めていたため、買受人が現れず抵当権の実行手続の進行が滞った。本件は、抵当権の実行を進行させるため、XがYに対し、建物明渡しを求めた事案である。

請求原因
1　Aは、請求原因3当時、本件土地及びその地上に本件建物を所有していたこと
2　XはAに対し、1,000万円を弁済期平成〇年〇月〇日の約定で貸し渡したこと
3　XはAとの間で、抗弁1の債務を担保するために本件土地・建物について抵当権設定契約を締結したこと
　＊請求原因1ないし3は、Xの本件土地・建物についての抵当権取得原因事実である。
4　Yは、本件建物を占有していること
5　請求原因4のYの占有は、不法占有であり、本件土地・建物の交換価値の実現が妨げられXの優先弁済権の行使が困難となる状態であることを基礎付ける事実
　＊前掲平成11年最判も、「抵当権は、競売手続において実現される抵当不動産の交換価値から他の債権者に優先して被担保債権の弁済を受けることを内容とする物権であり、不動産の占有を抵当権者に移すことなく設定され、抵当権者は、原則として、抵当不動産の所有者が行う抵当不動産の使用又は収益について干渉することはできない」としているのであって、抵当権の発生（取得）原因事実と第三者の占有事実のみでは、抵当権に基づく妨害排除請求権の発生根拠事実としては不足であって、請求原因5の事実（規範的要件事実）が必

要であると考える。その意味で、伊藤滋夫＝山崎敏彦編著『ケースブック要件事実・事実認定』有斐閣（2002年）110頁〔北秀昭〕が、Yの本件建物の占有権原のあることがYの抗弁になり（例えば、短期賃貸借及びそれを基礎とした転賃貸借契約等）、それが非正常賃借権であり、実体法上無効であること等が再抗弁であるとしている点には賛成できない。

＊東京高判平成13年1月30日金商1110.3〔28060431〕は、不法占有者でない者に対しても抵当権者の優先弁済権の行使が不当に害される場合があるとして抵当権の明渡しを認めた事実であるが、「第三者の占有が抵当不動産の所有者の承諾のもとに行われていて、その意味では、その占有が権原のない占有とはいえない場合でも、その占有者の属性や占有の態様などが、買受希望者に、買い受けた後の占有者などとのトラブルを予想させ、買受けを逡巡させるものであるとか、占有に関する状況が、買受希望者の当該不動産の価額に対する評価を不当に低下させ、その結果適正な価額よりも売却価額を下落させるおそれがある場合には、抵当不動産の交換価値の実現が不法に妨げられていることに変わりはない……。したがって、このような場合もまた、抵当権者の優先弁済請求権の行使が不当に侵害されているものというべきである。そして、第三者が抵当不動産の所有者の承諾のもとに占有していることによって、このような状態が生じている場合には、抵当権者は、抵当不動産の所有者に対しては、抵当不動産を適切に維持管理することを求めうる請求権があるから、これに基づきその侵害の排除を求めることができる。また、抵当不動産を賃貸借（転貸借）などにより他人に占有させ、又は賃借人（転借人）などとしてみずから占有する第三者があり、それらの第三者の行為が抵当不動産の交換価値の実現を不法に妨げるものであるときは、これらの第三者を相手方として、抵当権に対する不法な侵害の排除を求めることができる」「そして、その必要性が肯定されるときには、抵当権者は、これらの者に対して、抵当不動産に対する第三者の占有を解いて、抵当権者の管理占有に移すこと、すなわち、その明渡しを求めることができる」と判示する。これは、請求原因5の要件事実が不法占有がなくとも成立し得る規範的要件

その後、最判平成17年3月10日民集59.2.356〔28100551〕【Ⅰ86】は前掲平成11年最判を受けて、抵当権に基づく妨害排除請求権を肯定したうえで、「抵当権設定登記後に抵当不動産の所有者から占有権原の設定を受けてこれを占有する者についても、その占有権原の設定に抵当権の実行としての競売手続を妨害する目的が認められ、その占有により抵当不動産の交換価値の実現が妨げられて抵当権者の優先弁済請求権の行使が困難となるような状態があるときは、抵当権者は、当該占有者に対し、抵当権に基づく妨害排除請求として、上記状態の排除を求めることができるものというべきである。なぜなら、抵当不動産の所有者は、抵当不動産を使用又は収益するに当たり、抵当不動産を適切に維持管理することが予定されており、抵当権の実行としての競売手続を妨害するような占有権原を設定することは許されないからである」と判示する。

(エ)　民事保全法に基づく保全処分（民保62条）
　前掲平成11年最判の事件自体は、本案訴訟であったが、その傍論が認めた「抵当権に基づく妨害排除請求権」を被保全権利として、本案訴訟に先立って抵当権者が不法占有者に対して占有移転禁止等の仮処分を求めることができる。同判決についての八木洋一・最判解民事編平成11年866-867頁は、次の①及び②を指摘している。
①　占有移転禁止仮処分による当事者恒定効（民保62条）が、引渡命令（民執83条）にも及ぶかについては、一般には執行手続上の簡易な権利実現制度である引渡命令につき本案性が否定されているから、この点は否定的に考えられよう。
②　抵当権者の申し立てた仮処分の当事者恒定効が、買受人（新所有者）のする不動産の明渡請求訴訟につき認められるかは、仮処分の被保全権利による。つまり、抵当権者が代位請求（被保全権利に係る訴訟物を所有権に基づく妨害排除請求権）の法律構成をして仮処分を申し立てた場合は、買受人（新所有者）のする不動産の明渡請求につきその本案性を肯定する余地が残る。しかし、抵当権者が抵当権に基づく妨害排除請求権を被保全権利として仮処分を申し立てた場合は、競売による売却によって抵当権が失効する（民執59条1項参照）から、その後に買受人（新所有者）が提訴する当該不動

産明渡請求についてはその本案性を肯定できないであろう。
(3) 損害賠償請求権

　抵当権の侵害があった場合、不法行為に基づく損害賠償請求をすることができる。ただ、損害発生の要件として、抵当不動産の価格が侵害によって被担保債権額以下になったことが必要である（傍論であるが、大判昭和3年8月1日民集7.671〔27510650〕）。ただし、損害額の算定については、競売の結果を待つ必要がない。福岡高判平成17年6月14日判タ1213.174〔28110947〕も、「一般に、抵当権者がその抵当権に対する侵害行為により被った損害の賠償を請求するに当たり、その損害額の算定等を巡って議論はあるものの、抵当権者は、競売の結果を待つことなく、その売却前であっても、抵当権に対する侵害行為がなければ売却が実現できたであろう時期以後において、当該侵害行為により交換価値が減少し、到底従前の交換価値を回復する見込みがないと認められる場合には、その差額を損害として賠償請求できると解するのが相当である（大判昭和11年4月13日民集15巻630頁参照）」と判示する。なお、前掲平成17年最判は、賃料額相当の損害が発生するかについて、妨害排除請求権行使の結果、抵当権者が取得する占有は抵当不動産の使用収益等を目的としない占有であるから、抵当権者は抵当不動産に対する第三者の占有により賃料額相当の損害を被るものではないとした。このような「管理占有」は使用収益を目的としないから、使用収益の妨害を理由として発生する賃料額相当の損害発生を認め得ないからである。

3　地上権及び永小作権を目的とする抵当権

　地上権及び永小作権も、抵当権の目的とすることができる。これは、借地上の建物に抵当権を設定した場合に大きな意義を有する。それは抵当権の実行によって建物所有権を取得しても、敷地の利用ができなければ価値がないからである。しかし、地上権と永小作権はほとんど利用されず、多くは賃貸借が利用される。しかも賃貸借は債権であって原則として他人に譲渡できない（612条）ので、そのままでは借地上の建物を担保化することは困難である。そこで、借地借家法は、地主の承諾に代えて、裁判所が借地権譲渡の許可を与えることができるものとした（同法20条）。

訴訟物　　AのYに対する所有権に基づく返還請求権としての土地明渡請求権
　　　　　　＊XはAから借りた土地上に建物を所有し、その建物についてBのために抵当権を設定していたところ、競売が申し立

てられた結果、Yが買受人として競落した。本件は、Xが土地所有者Aに代位してYに対し、建物収去土地明渡しを求めた事案である。

* 最判昭和40年5月4日民集19.4.811〔27001303〕は、「土地賃借人の所有する地上建物に設定された抵当権の実行により、競落人が該建物の所有権を取得した場合には、民法612条の適用上賃貸人たる土地所有者に対する対抗の問題はしばらくおき、従前の建物所有者との間においては、右建物が取毀しを前提とする価格で競落された等特段の事情がないかぎり、右建物の所有に必要な敷地の賃借権も競落人に移転するものと解するのが相当である……。けだし、建物を所有するために必要な敷地の賃借権は、右建物所有権に付随し、これと一体となつて一の財産的価値を形成しているものであるから、建物に抵当権が設定されたときは敷地の賃借権も原則としてその効力の及ぶ目的物に包含されるものと解すべきであるからである。したがつて、賃貸人たる土地所有者が右賃借権の移転を承諾しないとしても、すでに賃借権を競落人に移転した従前の建物所有者は、土地所有者に代位して競落人に対する敷地の明渡しを請求することができないものといわなければならない」と判示する。

請求原因 1 Aは、本件土地を所有していたこと
2 AはXとの間で、本件土地を賃料月額○万円で賃貸する契約を締結したこと
3 Yは、本件土地上に本件建物を所有して本件土地を占有していること

（賃借権喪失）
抗弁 1 Xは、請求原因2の後、本件土地上に本件建物を所有していたこと
2 XはBとの間で、本件建物につき、Bのために抵当権を設定する契約を締結したこと
3 本件建物につき、競売申立てがされ、Yが競落代金を納付したこと

（特段の事情）
再抗弁 1 抗弁3の競落価格が、本件建物が取毀される前提とするものであったこと

● 【改正法】（抵当権の効力の及ぶ範囲）

第370条　抵当権は、抵当地の上に存する建物を除き、その目的である不動産（以下「抵当不動産」という。）に付加して一体となっている物に及ぶ。ただし、設定行為に別段の定めがある場合及び債務者の行為について第424条第3項に規定する詐害行為取消請求をすることができる場合は、この限りでない。

● 【現行法】（抵当権の効力の及ぶ範囲）
第370条　抵当権は、抵当地の上に存する建物を除き、その目的である不動産（以下「抵当不動産」という。）に付加して一体となっている物に及ぶ。ただし、設定行為に別段の定めがある場合及び第424条の規定により債権者が債務者の行為を取り消すことができる場合は、この限りでない。

1　改正の内容

　改正法424条（詐害行為取消請求）3項は、債務者が債権者を害することを知ってした行為の取消しを債権者が裁判所に請求することを「詐害行為取消請求」と定義付けた。これに伴い、改正法370条の該当部分の文言が補正された。

2　抵当権の効力の及ぶ範囲の原則

　本条本文は、抵当権の効力が、抵当地の上に存在する建物を除いて、その目的である不動産に付加してこれと一体となっているものにもその効力が及ぶことを定める。すなわち、土地とその地上の建物は別個の不動産であることを前提として、抵当権の効力が、目的不動産に付加してこれと一体となっている物に及ぶのである。ここに、「付加して一体となっている物」（「付加物」）の意義については、87条の従物、242条の付合物との関係が明確でないことに起因して見解が多岐に分かれる。

　判例は、基本的には、付加物は従物を含まない概念であるとしつつ、87条2項により設定時の従物には及ぶが、設定後の従物には及ばないとする枠組みを維持している（大判大正8年3月15日民録25.473〔27522811〕は、建物（銭湯）内の湯屋営業道具他に抵当権の効力が及ぶとし、最判昭和44

年3月28日民集23.3.699〔27000830〕（事案は後出）も設定時の従物に及ぶとする）。ただ、設定後の従物についても、当事者の合理的意思的意思などの構成により及ぼす傾向にある。その結果、従物が付属させられた時期を問わず、従物に抵当権の効力が及ぶと解する見解（我妻・担保物権法270頁）とほぼ同様の結果となっている。

(1) 付加物

ア　建物の抵当権

　本条の付加物が目的不動産の一部となった付合物（242条）を含む点について異論はない。大判昭和5年12月18日民集9.1147〔27510543〕は、建物の雨戸、入口の扉、建物の内外を遮断する建具類について建物の抵当権の効力が及ぶとして、「畳建具ノ類ハ其ノ建物ニ備付ケラレタルトキト雖一般ニ独立ノ動産タルノ性質ヲ失ハサルヲ通例トスルモ雨戸或ハ建物入口ノ戸扉其ノ他建物ノ内外ヲ遮断スル建具類ノ如キハ一旦建物ニ備付ケラルルニ於テハ建物ノ一部ヲ構成スルニ至ルモノニシテ之ヲ建物ヨリ取外シ容易ナルト否トニ不拘独立ノ動産タル性質ヲ有セサルモノト云ハサルヘカラス蓋此等ノ建具類ハ取引ノ目的物タル建物ノ効用ニ於テ其ノ外部ヲ構成スル壁又ハ羽目ト何等ノ択フトコロナキヲ以テナリ」と判示する。その他ビル内のエレベーター・配電盤（大阪地判昭和47年12月21日判タ298.397〔27431375〕）、ガス配管設備、自動切替調整器、ガスメーター器、〇〇警報機、ガス漏れ警報機などガス供給設備（札幌地判平成13年7月27日判タ1118.210〔28081548〕）がある。

イ　土地の抵当権

　不動産の付合物は、原則として独立の存在を失い、その不動産所有権に吸収されるので（242条本文）、不動産上の抵当権の効力も、当然付合物の上に及ぶ。付合する時期が抵当権設定の時期の前後を問わないと解される（我妻・担保物権法260頁）。

　土地に付合する物として、稲立毛、立木が問題となるが、判例理論は次のように整理されている。他人の土地について用益権を有する者が植えつけた稲立毛は、その用益権の第三者に対する対抗要件の有無にかかわらず、常に、土地の所有権に吸収されることなく、またその土地の差押債権者や二重譲受人に対抗できるが、用益権のない者が植えつけた稲立毛は、土地の所有権に吸収され、その土地の差押債権者や二重譲受人に対抗できない。これに対し、立木は、他人の土地について用益権を有する者が植栽した場合は、土地所有権者に対しては用益権者の所有権を主張し得るが、その土地の差押債権者や二重譲受人に対しては、その用益権が第三者に対抗し得ないものであ

れば、別にその立木に明認方法を施していなければ、その所有権を対抗し得ない（我妻・担保物権法261頁）。
(2) 付加物であっても抵当権の効力が及ばない場合
ア　242条但書
　242条但書は「権原によってその物を附属させた他人の権利を妨げない」と定めており、抵当権に対抗できる権原を有する者が付合させた物（ただし、構成部分となったを除く）には、抵当権の効力は及ばない（大判大正6年4月12日民録23.695〔27522410〕）。
イ　当事者の意思によって対象外とする場合
　設定行為において、本条本文の定めるところと異なった別段の定めがあるときには、抵当権の効力は及ばない。
　大判大正14年10月26日民集4.517〔27510900〕は、「土地ニ定著シテ之ト一体ヲ為ス樹木ハ不動産タル性質ヲ有スルモノナリト雖立木ニ関スル法律ノ適用ヲ受クルモノニアラサレハ土地ト分離シ独立シテ抵当権ノ目的ト為スコトヲ得サルハ同法律第2条ノ規定ニヨリ明瞭ナルノミナラス抵当権ハ其ノ目的タル不動産ニ附加シ之ト一体ヲ成シタル物ニ及フ旨ヲ規定シタル民法第370条ニ於テ抵当地上ニ存スル建物ヲ除外シタルニ止リ其ノ地上ニ存スル樹木ヲ除外セサリシ趣旨ニ徴スルモ蓋疑ヲ容レサル所ナリトス故ニ山林ヲ抵当権ノ目的トナシタル場合ニ其ノ地上ニ生立スル樹木ニシテ立木ニ関スル法律ノ適用ヲ受ケサルモノナル以上ハ特ニ之ヲ除外スル旨ノ意思ヲ表示セサル限リ抵当権ハ単ニ地盤ノミニ止ラス之ト一体ヲ成ス樹木ニモ及フモノナリト解スルヲ相当トス」と判示したうえで、「上告人カ訴外Aニ対スル債務ヲ担保スル為設定シタル抵当権ノ目的トナリタル係争山林ニ付其ノ地上ニ生立スル樹木カ立木ニ関スル法律ニ因リ之カ所有権保存登記ヲナシタルモノニアラサルコトハ……明ナルヲ以テ原院カ其ノ抵当権ノ目的物中ニハ地盤ノミナラス其ノ地上ニ生立スル樹木ヲモ包含スルヤ否ノ争点ニ付特ニ樹木ヲ地盤ト共ニ之カ目的トナスコトヲ約シタルヤ否ヲ審査セス単ニ其ノ樹木ヲ除外スル旨ノ特約ナカリシコトヲ判示シタルノミニテ係争山林ニ対スル抵当権ハ其ノ地盤ノミニ止ラス該地上ニ生立スル樹木ニモ及フモノトシ従テ右抵当権実行ノ結果之カ競落人タルAハ樹木ノ所有権ヲモ取得シタルモノト判断シタルハ洵ニ相当ナリ」としている。
ウ　詐害行為取消しの対象となる場合
　債務者が特に他の債権者を害することを知って、抵当不動産に工作を加えた場合においては、その工作物は抵当権の目的とならない。
　債権者取消権により債権者が債務者の行為を取り消すことができる場合

（例えば、債務者・抵当権設定者が他の債権者を害する目的で自己所有の高価な機械設備などを抵当不動産に付属させるような場合―付属設備の分だけ一般財産が減少することになる―）である。

エ　抵当権の効力が及ぶ付加物が抵当不動産から分離・搬出された場合

(ｱ)　抵当山林の樹木が伐採された場合

抵当権の効力は伐木に及ぶか否かという点につき、①抵当権実行前に山林から伐木が搬出された場合に、伐木にも及ぶとした大判昭和7年4月20日新聞3407.15〔27541433〕があるが、②土地抵当権の効力はその土地の差押え前に伐採その他の事由により分離された立木に及ばない（大判昭和11年12月22日判決全集4.1.18〔27544856〕）とし、③樹木が分離したときは抵当権の目的物でなくなる（大判昭和13年3月15日判決全集5.16.33〔27545662〕）とする。

学説は、分離物にも抵当権の効力が及ぶとするが、法的構成は多岐にわたる。抵当権は、付加物を含めて目的物の全部を支配する物権であるから、分離された物にも支配力は及ぶべきである。他面では、抵当権は登記を対抗要件であるから、結局、分離物が抵当不動産の上に存在し、登記により公示に包まれている限りにおいて、その上の抵当権の効力を第三者に対抗し得るが、そこから搬出されたときは、もはや第三者に対抗できなくなると解する見解が有力である（我妻・担保物権法268-269頁）。

(ｲ)　抵当建物が崩壊して木材となった場合

判例は、抵当権実行に着手する前に抵当家屋が天災のため崩壊して動産となったとき、抵当権は消滅する（大判大正5年6月28日民録22.1281〔27522218〕）が、抵当権実行着手後の崩壊木材には抵当権の効力が及ぶとする（大判大正6年1月22日民録23.14〔27522340〕）。我妻・担保物権法269頁は、この場合、抵当建物は本体を失い、登記は空虚なものと化したのであるから、上記(ｱ)の山林の抵当権の場合とは異なり、木材には抵当権の効力は及ばないと説いている。

(3)　従物

ア　抵当権設定時の従物

(ｱ)　土地の抵当権

訴訟物　　XのYに対する執行法上の異議権（第三者異議――民執38条）

＊Aは、所有する土地（宅地）と建物にXのために抵当権を設定して登記をした。Aの宅地の庭には抵当権設定当時、

石灯籠、庭石、庭木がAによって設けられていた。本件は、Aの債権者Yがこれらを差し押さえたので、XはYに対して、これらの物にはすべて抵当権の効力が及んでいるとして、第三者異議の訴えを提起した事案である。
*第三者異議訴訟の法的性質は、強制執行の目的物について所有権その他目的物の譲渡又は引渡しを妨げる権利を主張し、執行機関が執行の要件に従ってした執行処分を判決によって不適当として排除することを目的とする形成の訴えであると解され、訴訟物は執行法上の異議権とするのが妥当である（原田和徳＝富越和厚『執行関係等訴訟に関する実務上の諸問題』司法研修所（1988年）139頁、143頁、146頁）。

請求原因 1　YはAに対する○○地方裁判所平成○年(ワ)第○○号売買代金請求事件の確定判決に基づいて、同地方裁判所執行官に対し、強制執行の申立てをし、同執行官は、平成○年○月○日別紙目録記載の動産（庭石、庭木、石燈籠）に対し差押えをしたこと
2　XはAに対し、請求原因1に先立って、500万円を弁済期平成○年○月○日の約定で貸し渡したこと
3　XはAとの間で、A所有の本件土地及び建物を請求原因2の債務を担保するために抵当権設定契約を締結したこと
4　請求原因1の動産は、本件土地上に存在すること
*前掲昭和44年最判を参照。

（対抗要件）
抗弁 1　Xが請求原因3につき対抗要件を具備するまで、Xを抵当権者と認めないとのYの権利主張

（登記）
再抗弁 1　Xは本件土地に対し請求原因3の契約に基づき抵当権設定登記をしたこと
*最判昭和44年3月28日民集23.3.699〔27000830〕【I 82】は、石灯籠及び取外しのできる庭石等の動産（従物）、植木及び取外しの困難な庭石（宅地の構成部分）について、主物たる宅地の抵当不動産の抵当権設定登記の対抗力は従物にも及ぶとし、第三者異議の訴え（民執38条）を提起して強制執行の排除ができるとする。同判決は、このとき宅地に対する根抵当権設定登記は、（87条2項でなく）本条により従物

(イ) 建物の抵当権
① 例えば、建物中の畳・建具・湯屋営業用器具一式は、87条2項（従物）に基づき抵当権の効力が及ぶ（前掲大正8年大判）。ガソリンスタンドの地下タンク、ノンスペース型計量機、洗車機などの設備も、建物の従物であり、建物抵当権の効力が及ぶ（最判平成2年4月19日判時1354．80〔27806925〕）。

|訴訟物| XのYに対する所有権に基づく返還請求権としての建物明渡請求権及び設備引渡請求権
＊BはAに対する1,000万円の貸金債権を担保するため、A所有の本件建物（ガソリンスタンド店舗）に抵当権の設定を受けたが、その後抵当権の実行を申し立て、Xが買い受けた。本件は、Xが本件建物に加えて、地下タンク、計量器、オイル用タンク、洗車機の本件諸設備を占有するYに対して、明渡しを求めた事案である。

|請求原因| 1 Aは、請求原因4当時、本件建物を所有していたこと
2 Aは、地下タンク、計量器、オイル用タンク、洗車機の本件諸設備を建設したこと
3 本件建物はガソリンスタンド店舗であり、本件諸設備は本件建物内の設備と一部管によって連通し、本件建物に附属して使用され経済的に一体化していること
＊請求原因2及び3は、本件諸設備が、本件建物の従物であることを示す事実である（前掲平成2年最判）。
4 BはAに対し、1,000万円を弁済期、平成〇年〇月〇日の約定で貸し渡したこと
5 AはBとの間で、Aの請求原因4の債務を担保するため本件建物につき抵当権設定契約をしたこと
6 本件建物につき競売開始決定がされたこと
7 Xに対し、売却許可決定がされたこと
8 Xは、請求原因7に基づいて代金を納付したこと
＊上記4ないし8は、競落による所有権取得原因事実の主張である。この点については、伊東秀郎「所有権に基づく明渡訴訟の問題点」鈴木忠一＝三ヶ月章編『実務民事訴訟法講座

〈第4巻〉』日本評論社（1969年）28頁参照）。
9　Yは、本件建物及びこれに附属する地下タンク、計量器、オイル用タンク、洗車機の本件諸設備を占有していること

② 建物の敷地利用権
　建物の敷地利用権についても従物に準じて取り扱うべきである。ただ、建物と土地が同一所有者に属しているときは法定地上権（388条）の問題であるから、ここで扱うのは、両者が異なる場合である（ただ、利用権に抵当権が及ぶとしても、競売の結果、建物所有権が買受人に移転した場合に敷地利用権の移転が敷地所有者に対抗できるかは別問題である）。この点、最判昭和40年5月4日民集19.4.811〔27001303〕が、「建物に抵当権が設定されたときは敷地の賃借権も原則としてその効力の及ぶ目的物に包含されるものと解すべきである」と判示する（同旨、最判昭和52年3月11日民集31.2.171〔27000290〕）。そして、競売によって借地権は（設定者＝旧所有者に対しては）、既に買受人に帰しているので、旧所有者が自分に借地権があるとして、貸主の土地所有者に代位して、明渡しを請求できないとした。

訴訟物　　XのYに対する所有権に基づく返還請求権としての土地明渡請求権
　　　　　　＊Aは本件土地を所有するXから建物所有目的で本件土地を賃借して、本件建物を建築して所有し、債権者Bのために本件建物に抵当権を設定していたが、抵当権が実行されてYが建物を買い受けた。本件は、XがYに対し、建物収去土地明渡しを求めたところ、Yは、土地の賃借権を競落により承継していると主張した事案である。

請求原因　1　Xは、本件土地を所有していること
　　　　　　2　Yは、本件建物を所有して、本件土地を占有していること
（占有権原）

抗　弁　1　XはAとの間で、建物所有目的で、本件土地を期間○年、賃料月額○万円の約定で賃貸する契約を締結したこと
　　　　　　2　Aは、本件土地上に本件建物を建築したこと
　　　　　　3　BはAに対し、1,000万円を弁済期平成○年○月○日の約定で貸し渡したこと
　　　　　　4　BはAとの間で、抗弁1の債務を担保するため、本件建物につき抵当権設定契約を締結したこと

＊建物抵当権の効力は敷地利用権たる土地の賃借権に及び、建物が取壊しを前提とする価格で競落された等特段の事情がない限り、建物の所有に必要な敷地の賃借権も競落人に移転する。最判昭和 40 年 5 月 4 日民集 19.4.811〔27001303〕【I 83】は、本件と異なり、競売による賃借権の承継を底地所有者が承諾しなかった（612 条、借地借家 20 条）ので、建物の旧所有者・抵当権設定者がなお賃借権を有するとして、土地所有者に代位して買受人に対し土地明渡しを求めた事案であるが、「土地賃借人の所有する地上建物に設定された抵当権の実行により、競落人が該建物の所有権を取得した場合には、民法 612 条の適用上賃貸人たる土地所有者に対する対抗の問題はしばらくおき、従前の建物所有者との間においては、右建物が取毀しを前提とする価格で競落された等特段の事情がないかぎり、右建物の所有に必要な敷地の賃借権も競落人に移転するものと解するのが相当である」と判示し、その理由として、建物を所有するために必要な敷地の賃借権は、建物所有権に付随し、これと一体となって 1 つの財産的価値を形成しているものであるから、建物に抵当権が設定されたときは敷地の賃借権も原則としてその効力の及ぶ目的物に包含されると解すべきであることを挙げる。したがって、賃貸人たる土地所有者が右賃借権の移転を承諾しないとしても、既に賃借権を競落人に移転した従前の建物所有者は、土地所有者に代位して競落人に対する敷地の明渡しを請求できないこととなる。そして、同判決は、「本件において、かかる特段の事情を主張立証すべき責任は、従前の建物所有者たる上告人に存するものというべく、これと反対の見解に立つ所論は理由がない」と判示する。

5 本件建物につき競売開始決定がされたこと
6 Y に対し、売却許可決定がされたこと
7 Y は抗弁 6 に基づいて代金を納付したこと
8 Y は、賃貸人 X の承諾に代わる裁判所の許可を得たこと
　＊賃借権譲渡については賃貸人 X の承諾が必要（612 条 1 項）なので、買受人 Y はこの承諾を得るのが原則であるが、この取得は、本件の場合は事実上困難であるので、抗弁 8 のとおり、賃貸人 X の承諾に代わる裁判所の許可（借地借家 19

条1項）を得ることが必要となる。

③　附属建物

附属建物は土地とは別個の不動産であることから他の付加一体物とは異なる。土地と甲建物に抵当権が設定され、設定当時から存在する未登記の乙建物（湯殿・便所）・丙建物（納屋）・丁建物（平家建家屋）について、乙・丙建物を甲建物の従物として、丁建物を甲建物の付加一体物として抵当権の効力が及ぶ（大判大正7年7月10日民録24.1441〔27522691〕）。

イ　抵当権設定後の従物

抵当権の効力は抵当権設定後に付加された従物にも及ぶかという問題がある。

㈦　建物の抵当権

①　畳建具等の動産

抵当権設定後に、抵当建物に将来付属すべき畳建具に抵当権の効力が及ばない旨の特約があれば抵当権はこれらの物に及ばないのは、当然であるが（大判昭和9年7月2日民集13.1489〔27510064〕）、そのような特約がない場合にも、建物に抵当権を設定後の畳・建具類は従物である以上抵当権の効力が及ばないとするのが判例である（大判昭和5年12月18日民集9.1147〔27510543〕）。

しかし、前掲昭和5年大判も雨戸・戸扉などの建物内外を遮断する建具は付合物であるとして抵当権の効力が及ぶとしており、従物と考えられる物でも結果的に設定後であっても抵当権の効力が及ぶとしている。さらに、東京高判昭和53年12月26日下民29.9＝12.397〔27431769〕は、第三者異議訴訟であるが、抵当権設定の前後、劇場兼キャバレーの建物に、舞台照明器具・音響器具その他の劇場施設用動産類（総費用8億円の評価）が付加された場合、抵当権の効力が及ぶとして、「従物は主物の処分に従うから、主物についての抵当権設定契約がなされれば、当然に抵当権の効力は従物に及ぶが、もし抵当権設定契約の当事者間に抵当権の効力は従物に及ばない旨の特段の合意があれば、これに従うべきは当然である」とするが、本件抵当権設定契約の当事者であるA生命株式会社とB観光株式会社との間にそのような合意があったとは認められないとする。そして、同判決は、「抵当権設定契約後競売開始決定前に備付された従物に主物に対する抵当権の効力が及ぶか否かの点について、仮りに及ばないと解したとしても、競落による主物の所有権移転については、従物も運命をともにすると解せざるを得ない。もしそのように解するとすれば、抵当物件たる主物の所有者は、競売開始決定後

すみやかに従物の撤去をはかるおそれがあり、それが不当に抵当物件の価値をそこなうものでないとしても、本件のように抵当権設定契約の前後に亘つて従物が備付され、かつ個々の従物についてその先後が明らかでない場合には、所有者の右の行為によつて無用の混乱が惹き起されることが危惧される。むしろ、競売開始決定に伴う差押を主物に対する処分と見ることにより、差押の効力が従物に及ぶとみる方が合理的であり（主物従物の関係は通常客観的なものであり、最低競売価格の決定、競買人による申出価格の決定にさいして、従物の価値が織り込まれるであろうことは期待されてよい。）、さらにすゝんで……抵当権設定契約後主物所有者が従物を備付した場合抵当権の効力はこれに及び、爾後所有者も右従物を主物と切り離して恣に処分することができないと解すべきであろう。この点は抵当物件である建物に所有者が増築をし、これが附合により一箇の建物となつた場合に、所有者が右増築部分を抵当権者の意に反して取り壊すことが抵当権の効力により禁止されるのと同断である」と判示する。

② 建物敷地の賃借権

抵当権設定後に成立した敷地の賃借権にも建物抵当権の効力が及ぶ。東京高判昭和60年1月25日高民38.1.1〔27433038〕は、「建物を所有するためのその敷地の賃借権は、建物の存立に必要欠くべからざるものであつて、建物に附随しこれと経済的一体を成すものであるから、建物が抵当権の目的となつているときは、建物の従たる権利として民法370条にいう附加物に含まれ、原則として、その敷地賃借権にも建物抵当権の効力が及ぶものと解すべきであるところ、同条は、物が目的不動産に附加して一体を成すに至つた時期については、それが抵当権設定の前であるか、後であるかの区別をしていないから、従たる権利について同条を適用する場合においても、抵当権設定の際又はその後において別段の定めをしない限り、建物抵当権の効力は、抵当権設定後に成立したその敷地の賃借権にも及ぶものと解するのが相当である。このことは、抵当権はその実行に至るまでの間、絶えず目的物をその時の状態において支配している、という抵当権の特質からも是認することができ、かように解することは借地法9条の3の規定と相まつて目的建物の売却価額を高めるからこれを否定的に解する場合に比べて抵当権設定者である建物所有者にも利益を与えるということができるし、また、民法388条の規定とも平仄が合うものというべきである。そして、右の理が根抵当権についても当てはまる」と判示する。

3　付加物に抵当権が及ぶことの例外

付加物に抵当権が及ぶことの例外として、本条但書は次の2つを定める。

(1) 設定行為に別段の定めがある場合

例えば、抵当地上に土地所有者に属する立木を抵当権に服させない特約等である。

(2) 債務者の行為について424条3項所定の詐害行為取消請求をすることができる場合

この場合は、要件として、他の債権者の損害の発生のほか、所有者の無資力及び所有者と抵当権者との悪意を要する（鈴木・物権法240頁）。

第371条　抵当権は、その担保する債権について不履行があったときは、その後に生じた抵当不動産の果実に及ぶ。

1　平成15年法律134号改正前

本条は平成15年法律134号により改正された。改正前の本条は、抵当権の効力は果実には及ばないとし（本文）、抵当不動産が抵当権の実行により差し押さえられた後、又は抵当権実行通知（平成15年法律134号改正前の381条）を受けた後には、抵当権の効力は果実にも及ぶ（但書）としていた。同条の果実とは天然果実と解され、法定果実には適用されないとされていた（大判大正2年6月21日民録19.481〔27521695〕）。賃料などの法定果実については、物上代位の問題として扱われた。

2　平成15年法律134号改正後

平成15年法律134号改正により、本条は、抵当権は被担保債権が遅滞に陥れば、果実にその効力が及ぶことを定める。本条によれば、被担保債権が債務不履行となれば、例えば賃料に対し、物上代位の規定を適用するまでもなく、優先弁済権を行使することができる。担保不動産収益執行（民執180条2号）が開始されれば、当然に抵当権の効力は果実に及ぶ。

3　収益執行手続
(1) 意義
　担保不動産収益執行は、担保不動産から生ずる賃料等の収益を被担保債権の優先弁済に充てることを目的として設けられた不動産担保権の実行手続の1つであり、執行裁判所が、担保不動産収益執行の開始決定により担保不動産を差し押さえて所有者から管理収益権を奪い、これを執行裁判所の選任した管理人に委ねることとしている（民執188条、93条1項、95条1項）。
(2) 開始決定
　本条は、抵当権者は目的不動産につき、収益執行の申立てをすることができることを前提とするが、執行手続については、民事執行法の強制管理の規定が準用される（民執188条）。抵当権者が抵当権の存在を証明する文書（同法181条1項）を提出して手続開始を申し立て、これに基づき、執行裁判所は開始決定をする。開始決定により管理人が選任される（同法94条1項）とともに、抵当不動産が差し押えられ、設定者に対しては、収益の処分が禁止され、また、賃借人等に対しては、以後賃料等を管理人に交付するべき旨が命じられる（同法93条1項）。
(3) 管理
　管理人は、不動屋の管理、収益の収取、換価を行う（民執95条1項）。債務者の占有を解いて自からこれを占有することもできる（同法96条1項）。管理人が取得するのは賃料債権そのものではなく、その権利を行使する権限にとどまり、賃料債権は所有者に属している。したがって、担保不動産の賃借人は、抵当権に基づく開始決定の効力が生じた後においても、抵当権設定登記の前に取得した賃貸人に対する債権を自働債権とし、賃料債権を受働債権とする相殺をもって管理人に対抗することができる。

訴訟物　　AのYに対する賃貸借契約に基づく賃料支払請求権
　　　　　＊本件は、建物についての担保不動産収益執行の開始決定に伴い管理人に選任されたXが、A（会社）から建物の一部を賃借しているYに対し、9か月分の賃料の支払を求めたところ、Yは、賃貸借に係る保証金返還債権を自働債権とする相殺の抗弁を主張した事案である。

請求原因　1　本件建物の過半数の共有持分を有するAは、平成9年11月20日、Yとの間で、本件建物の1区画を、期間20年間、賃料月額700万円、保証金3億1,500万円（「本件保証金」）、敷金1億3,500万円の約定でYに賃貸する契約を締結し、同区画

をYに引き渡したこと
2　Aは、上記契約の締結に基づき、Yから、本件保証金及び敷金として合計4億5,000万円を受領したこと
3　Aは、本件建物の他の共有持分権者とともに、Bのために、本件建物につき、債務者をA、債権額を5億5,000万円とする本件抵当権を設定し、その旨の登記をしたこと
4　AはYとの間で、Aが滞納処分による差押え等を受けたときは、本件保証金等の返還につき当然に期限の利益を喪失する旨合意したこと
5　Aは、本件建物のA持分につき○○市から滞納処分による差押えを受けたこと
＊本件保証金の返還につき期限の利益を喪失したこととなる。
6　本件建物については、本件抵当権に基づく担保不動産収益執行の開始決定（「本件開始決定」）があり、Xがその管理人に選任され、本件開始決定に基づく差押えの登記がされ、その頃、Yに対する本件開始決定の送達がされたこと
7　Yは、平成18年7月から平成19年2月までの間、毎月末日までに、各翌月分である平成18年8月分から平成19年3月分までの8か月分の賃料の一部弁済として各367万5,000円の合計2,940万円（消費税を含む）をXに支払ったこと（「本件弁済」）。
8　Yは、Aに対し、本件保証金返還残債権2億9,295万円を自働債権とし、平成18年7月分の賃料債権735万円（消費税を含む）を受働債権として、対当額で相殺する旨の意思表示をし、さらに、本件保証金返還残債権2億8,560万円を自働債権とし、平成18年8月分から平成19年3月分までの8か月分の賃料残債権各367万5,000円の合計2,940万円（消費税を含む）を受働債権として、対当額で相殺する旨の意思表示をしたこと（「本件相殺」、その受働債権とされた賃料債権は、「本件賃料債権」）。

＊最判平成21年7月3日民集63.6.1047〔28152026〕は、「管理人が担保不動産の管理収益権を取得するため、担保不動産の収益に係る給付の目的物は、所有者ではなく管理人が受領権限を有することになり、本件のように担保不動産の所有者が賃貸借契約を締結していた場合は、賃借人は、所有者では

なく管理人に対して賃料を支払う義務を負うことになるが（民執188条、93条1項）、このような規律がされたのは、担保不動産から生ずる収益を確実に被担保債権の優先弁済に充てるためであり、管理人に担保不動産の処分権限まで与えるものではない（同法188条、95条2項）。

　このような担保不動産収益執行の趣旨及び管理人の権限にかんがみると、管理人が取得するのは、賃料債権等の担保不動産の収益に係る給付を求める権利（以下「賃料債権等」という。）自体ではなく、その権利を行使する権限にとどまり、賃料債権等は、担保不動産収益執行の開始決定が効力を生じた後も、所有者に帰属しているものと解するのが相当であり、このことは、担保不動産収益執行の開始決定が効力を生じた後に弁済期の到来する賃料債権等についても変わるところはない」と判示して、担保不動産収益執行の開始決定の効力が生じた後も、担保不動産の所有者は賃料債権等を受働債権とする相殺の意思表示を受領する資格を失わないから、本件建物の共有持分権者であり賃貸人であるAは、本件開始決定の効力が生じた後も、本件賃料債権の債権者として本件相殺の意思表示を受領する資格を有していたとする。さらに、抵当権に基づく担保不動産収益執行の開始決定の効力が生じた後において、担保不動産の賃借人が、抵当権設定登記の前に取得した賃貸人に対する債権を自働債権とし、賃料債権を受働債権とする相殺をもって管理人に対抗できるかという点について、同判例は、「被担保債権について不履行があったときは抵当権の効力は担保不動産の収益に及ぶが、そのことは抵当権設定登記によって公示されていると解される。そうすると、賃借人が抵当権設定登記の前に取得した賃貸人に対する債権については、賃料債権と相殺することに対する賃借人の期待が抵当権の効力に優先して保護されるべきであるから……、担保不動産の賃借人は、抵当権に基づく担保不動産収益執行の開始決定の効力が生じた後においても、抵当権設定登記の前に取得した賃貸人に対する債権を自働債権とし、賃料債権を受働債権とする相殺をもって管理人に対抗することができるというべきである。本件において、Yは、Aに対する本件保証金返還債権を本件抵当権設定登記の前に取

得したものであり、本件相殺の意思表示がされた時点で自働債権であるYのAに対する本件保証金返還残債権と受働債権であるAのYに対する本件賃料債権は相殺適状にあったものであるから、Yは本件相殺をもって管理人であるXに対抗することができる」と判示する。

(4) 配当

有名義債権者及び文書により一般の先取特権を有することを証明した債権者は、配当要求をすることができる（民執105条1項）。配当は、収益から公租公課、管理人報酬、必要費を控除した残額からされる（同法106条1項）。残額がないときは、手続は取り消される（同法104条、110条）。また、管理中に不動産が競売手続で売却され、買受人が代金を納付したときも、手続は取り消される（同法111条、53条）。

●(留置権等の規定の準用)

第372条 第296条、第304条及び第351条の規定は、抵当権について準用する。

本条は、296条（留置権の不可分性）、304条（先取特権の物上代位）及び351条（物上保証人の求償権）の規定が、抵当権に準用されることを定める。

1　抵当権の不可分性

抵当権も、担保物権の通有性として、不可分性が認められる。抵当権の不可分性とは、抵当目的物の各部分は、被担保債権の全体を担保すること、また、被担保債権の各部分は、抵当目的物の全体によって担保されることをいう。抵当目的物が一部既存しても残余で、被担保債権の範囲は厳守されずにその全額を担保されるということになる（新注民(9) 151頁〔小杉茂雄〕）。また、債務者が債権の一部を弁済しても、それに相当する割合において、抵当物をして抵当権の拘束を離脱させる権利を有しない。

訴訟物　XのYに対する所有権に基づく妨害排除請求権としての抵

当権設定登記抹消登記請求権

＊Xの所有する本件土地にY名義の抵当権設定登記がされている。本件は、XがYに対してその抵当権設定登記の抹消登記手続を求めたところ、Yは、YがXに対する貸付債権を担保するため、本件土地に抵当権の設定を受けたものであると主張し、Xがその被担保債権を全額弁済したかが争点となった事案である。

請求原因　1　Xは本件土地を所有していること
　　2　本件土地に、Y名義の抵当権設定登記が存在すること

（登記保持権原）

抗弁　1　YはXに対し、1,000万円を弁済期平成○年○月○日の約定で貸し渡したこと
　　2　YはXとの間で、抗弁1の債権を担保するため本件土地につき抵当権を設定する契約を締結したこと
　　3　請求原因2の登記は、抗弁2の契約に基づくこと

（弁済）

再抗弁　1　XはYに対し、1,000万円を弁済したこと

＊登記保持権原の抗弁に対し、被担保債権の全部（1,000万円）弁済は再抗弁たり得る。本条が準用する296条（留置権の不可分性）によって、一部（例えば、600万円）弁済では、再抗弁として、主張自体失当であることとなる。

2　抵当権の物上代位

(1) 物上代位の目的物

　先取特権はその本来の目的物に対するのみならず、目的物の価値変換物に対しても効力を及ぼすが（304条）、本条は、304条を抵当権に準用する。抵当権は、抵当物の交換価値を把握する権利であるから、抵当権の実行手続以外の方法（「売却」「賃貸」「滅失又は損傷」「設定した物権の対価」）でそれが実現する場合には、抵当権の効力をがそれ（「受けるべき金銭その他の物」）に及ぶべきだからである。これを抵当権の物上代位という。

　ただ、先取特権と抵当権とでは性質や効力に違いがあるので、これらすべての物が抵当権においても代位物になるかは個別の検討が必要となる。なお、304条では代位物は「金銭その他の物」の文言が使用されるが、「債権」が代位物であると解されている（例えば、売買の場合は代金支払請求権、賃貸の場合は賃料債権）。

ア　売買代金支払請求権

　目的物の売買代金支払請求権への物上代位については、①動産先取特権（333条）と異なり、抵当権には追及効が認められ、②通常は、抵当債務が弁済された後に売買されるので売却代金について物上代位を認める必要性がなく、③代価弁済の制度（378条）によって売買代金から被担保債権を回収できるから、売買代金に対する物上代位を否定する見解がある。しかし、最判昭和45年7月16日民集24.7.965〔27000706〕は、売買代金について物上代位を肯定し、さらに抵当権の追及効との選択行使を認める。この立場でも、物上代位権を行使したときには、代金額が抵当債務額に満たない場合でも抵当権は消滅し、買主は抵当権の負担を伴わない不動産を取得すると解する（我妻・担保物権法293頁）。

| 訴訟物 | XのYに対する執行法上の異議権（配当異議） |

＊XはAに対する貸金債権を担保するため、A所有の本件建物に抵当権設定を受けて、その仮登記を経由した。Xはこれに先立ち、Aに対する貸金債権を被保全債権とする本件建物に対する仮差押決定を受けてその登記をしたが、Aは仮差押執行取消決定を得て、仮差押登記抹消登記をした。その後、Xは本件貸金請求訴訟で勝訴確定判決を得たうえで、Aの有する前記仮差押解放金の取戻請求権（供託金返還請求権）につき、債権差押え・転付命令を得た。仮差押解放金について配当手続が開始され、X及びYがそれぞれAに対して有する各貸金債権が平等の順位であるとする配当表が作成されたが、Xは異議を述べた。本件は、XがYに対して提起した配当異議の訴えであるが、Yは、Xの債権差押え・転付命令に先立ち、Aに対する貸金100万円の執行として、本件供託金返還請求権につき債権差押え・転付命令を得たと主張した事案である。

＊請求の趣旨は、「○○地方裁判所が作成した配当表第1表を取り消し、同第2表のように配当手続をする」とする（配当表は省略）。

| 請求原因 | 1 | XはAに対し、16万5,000円を弁済期平成○年○月○日の約定で貸し渡し、併せてAから貸金債権を担保するため、A所有の本件建物につき抵当権の設定を受け、仮登記仮処分決定を受けて、抵当権設定の仮登記を経由したこと |

2　Xは、これより先、Aに対する貸金債権を被保全債権とし、本件建物に対する仮差押決定を得て、その登記をしたが、Aは、仮差押解放金20万円を供託し、仮差押執行の取消決定を得て、仮差押登記の抹消登記を経由したこと
3　Xは、仮差押えの本案訴訟である本件貸金の支払を求める訴訟において、X勝訴の確定判決を得て、これを債務名義として、Aの有する前記仮差押解放金の取戻請求権（本件供託金返還請求権）につき、債権差押え及び転付命令を得たこと
4　請求原因3に先立ち、YはAに対する貸金100万円の強制執行として、本件供託金返還請求権につき債権差押え及び転付命令を得ていたこと
5　仮差押解放金につき配当手続が開始され、配当裁判所は、X及びYがAに対して有する前記各貸金債権を平等の順位にあるものとして、配当表を作成したこと
6　Xは請求原因5の配当表について異議を述べたこと

（先立つYの差押え・転付命令）

抗　弁　1　請求原因3に先立ち、YはAに対する貸金100万円の強制執行として、本件供託金返還請求権につき債権差押え及び転付命令を得ていたこと

＊前掲昭和45年最判は、「XとYのえた差押命令は競合しており、従つて両者のえた転付命令は、いずれもその効力を有しないというべきところ、本件供託金返還請求権は、本件仮差押の目的である本件抵当建物に代わるものであるから、民法372条、304条の規定の趣旨に従い、Xの有する本件抵当権は、本件供託金返還請求権にその効力を及ぼす」「もつとも、右抵当権は、仮登記を経たにとどまり、本登記を経ていなかつたのであるが、仮登記も本登記がなされた場合においては、仮登記の順位において第三者に優先する効力を認められるのであるから、配当裁判所は、配当に際し、仮登記を有するにすぎない抵当権についても、その順位に応じた配当額を定め、民訴法630条3項の規定を類推して、その金額を供託すべく、右抵当権者において、後日、本登記手続をなすにつき必要な条件を備えるに至つたときに、同人にこれを交付すべきである」「Xは、かねてAを相手方として本件建物につき前記仮登記に基づく抵当権設定の本登記手続を訴求して

いたところ、X勝訴の判決をえ、これが……確定した……のであるから、Xは、右判決の確定により、右抵当権につき本登記手続をなすに必要な条件を備えるに至つたものというべく、したがつて、本件抵当権の順位に応じた配当金の交付を受ける権利を有するに至つたものである。

そして、Xは、Aの仮差押解放金の供託により、当初、本件建物に対し抵当権を有するとともに、本件供託金返還請求権に対しても右抵当権と同様の優先権を取得するに至つたのであるが、このような場合においては、Xは、本件建物に対し抵当権を実行するか、本件供託金返還請求権に対する執行に際し右優先権を主張するか、いずれか一方を選択して行使することができるものというべきである。もつとも、本件においては、本件建物は……滅失している……から、右滅失後においては、Xが右建物に対する抵当権を実行することはできないのであるが、右建物に対する抵当権実行が可能な場合においても、Xは本件供託金返還請求権に対する執行に際し前記優先権を選択行使することができるのである。Xが、本件配当手続において前記の優先権を主張したことは、記録上窺うことができないものではなく……、もしそうであるとすれば、配当裁判所は、右優先権に応じた順位によつて、配当表を作成すべきであつた」と判示する。

イ　買戻代金支払請求権

買戻特約付売買の買主から目的不動産につき抵当権の設定を受けた者が、買戻権が行使されて買主が取得した買戻代金債権について物上代位権が及ばないとする見解がある。AB間の売買における売主Aによる買戻は、その売買の解除であり（579条）、買戻により目的不動産の所有権は売主Aに遡及的に復帰し、かつ、この遡及的復帰は買戻特約の登記によって第三者（含む抵当権者）に対抗できる（581条1項）。そのため、抵当権もはじめから存在しなかったことになるので、抵当権者は物上代位権を行使できないとするのである。

しかし、最判平成11年11月30日民集53.8.1965〔28042739〕は、買戻代金支払請求権に対する物上代位権の行使を認めている。すなわち、同判決は、「買戻特約付売買の買主から目的不動産につき抵当権の設定を受けた者は、抵当権に基づく物上代位権の行使として、買戻権の行使により買主が取

得した買戻代金債権を差し押さえることができる」と判示し、その理由として、①買戻特約の登記の後に目的不動産に設定された抵当権は、買戻による目的不動産の所有権の買戻権者への復帰に伴って消滅するが、抵当権設定者である買主やその債権者等との関係では、買戻権行使時まで抵当権が有効に存在していたことによって生じた法的効果は、買戻により覆滅されることはないこと、②買戻代金は、実質的には買戻権の行使による目的不動産の所有権の復帰についての対価とみることができ、目的不動産の価値変形物として、372条により準用される304条にいう目的物の売却又は滅失によって債務者が受けるべき金銭に当たるといえることを挙げる。

ウ 賃料債権

(ア) 賃料請求権

訴訟物 AのYに対する賃貸借契約に基づく賃料請求権

＊Xは、Aに対する1,000万円の貸金債権を担保するために、A所有の本件建物に抵当権の設定を受けた。他方、Aは本件建物をYに賃貸していたので、Xは建物の抵当権に基づく物上代位による賃料請求に対して、Yが弁済に応じない。本件は、Xが賃料債権について差押え・転付命令を得てその取立てをしたところ、Yが保証金及び敷金との相殺を主張した事案である。

請求原因
1 XはAに対し、1,000万円を弁済期平成○年○月○日の約定で貸し渡したこと
2 XはAとの間で、請求原因1の債務を担保するため、A所有の本件建物につき抵当権設定契約を締結したこと
3 AはYとの間で、本件建物を賃貸（期間・賃料）する契約を締結したこと
4 債権者X、債務者A、第三債務者Y間の○○地方裁判所平成6年(ナ)第○○号債権差押え・転付命令事件において、請求原因1の貸金債権を請求債権とし、請求原因2の賃料債権を差押債権とする債権差押え・転付命令が発せられたこと

＊物上代位権を行使するためには、抵当権者が、払渡し又は引渡しの前に差し押さえることが必要とされている（304条）。

5 請求原因4の債権差押え・転付命令がYに送達されたこと

（相殺）

抗弁 1 YはAに対し、請求原因3の賃貸に関し、保証金○○万円

を預託したこと
* 賃貸借契約に伴って、賃借人から賃貸人に保証金が差し入れられることがある。この保証金の法律的な性質は、消費貸借、建設協力金、敷金など多様であり、当事者の意思解釈の問題となる。

2　YはAに対し、請求原因4の差押えに先立って、請求原因3の賃料請求権（ただし、請求原因4の差押えに先立って発生した部分）と抗弁1の保証金返還請求権を相殺する意思表示をしたこと
* 最判平成13年3月13日民集55.2.363〔28060499〕は、「抵当不動産の賃借人が賃貸人に対して有する債権と賃料債権とを対当額で相殺する旨を上記両名があらかじめ合意していた場合においても、賃借人が上記の賃貸人に対する債権を抵当権設定登記の後に取得したものであるときは、物上代位権の行使としての差押えがされた後に発生する賃料債権については、物上代位をした抵当権者に対して相殺合意の効力を対抗することができない」と判示する。ただし、抵当権設定登記後、物上代位権の行使による差押え後に発生する賃料債権については、抵当権の効力がその賃料債権に及ぶことは抵当権設定登記により公示されているので、相殺に対する賃借人の期待を抵当権の効力に優先させる理由はなく、その部分の賃料債権については相殺をもって対抗することができない。

（敷金充当）

抗　弁　1　YはAに対し、請求原因3の賃貸借契約に関し、敷金○○万円を預託したこと

2　請求原因3の賃貸借契約が終了し、Yは本件建物を明け渡したこと
* 物上代位により差し押さえられた賃料債権に対して、その賃料債権へ敷金返還請求権が充当される構成には、①賃料に対する物上代位と敷金の相殺による方法と、②敷金額から賃料額が当然に控除される方法がある。②によれば敷金額を超える延滞賃料が存在しない限り残存する賃料はなく、物上代位の対象たる債権は存在しないことになる。最判平成14年3月28日民集56.3.689〔28070518〕は②の方法に依拠し、「賃貸借契約における敷金契約は、授受された敷金をもって、賃料

債権、賃貸借終了後の目的物の明渡しまでに生ずる賃料相当の損害金債権、その他賃貸借契約により賃貸人が賃借人に対して取得することとなるべき一切の債権を担保することを目的とする賃貸借契約に付随する契約であり、敷金を交付した者の有する敷金返還請求権は、目的物の返還時において、上記の被担保債権を控除し、なお残額があることを条件として、残額につき発生することになる」としたうえで、「これを賃料債権等の面からみれば、目的物の返還時に残存する賃料債権等は敷金が存在する限度において敷金の充当により当然に消滅することになる。このような敷金の充当による未払賃料等の消滅は、敷金契約から発生する効果であって、相殺のように当事者の意思表示を必要とするものではないから、民法511条によって上記当然消滅の効果が妨げられない」「また、抵当権者は、物上代位権を行使して賃料債権を差し押さえる前は、原則として抵当不動産の用益関係に介入できないのであるから、抵当不動産の所有者等は、賃貸借契約に付随する契約として敷金契約を締結するか否かを自由に決定することができる。したがって、敷金契約が締結された場合は、賃料債権は敷金の充当を予定した債権になり、このことを抵当権者に主張することができる」「以上によれば、……敷金が授受された賃貸借契約に係る賃料債権につき抵当権者が物上代位権を行使してこれを差し押さえた場合においても、当該賃貸借契約が終了し、目的物が明け渡されたときは、賃料債権は、敷金の充当によりその限度で消滅するというべきであ［る］」と判示する。

(ｲ)　賃借人が供託した賃料の還付請求権

　最判平成元年10月27日民集43.9.1070〔27805063〕【Ⅰ84】は、抵当不動産を借り受けた賃借人の賃料債権にも物上代位効が及ぶことを肯定し、その理由として、同判決は、「抵当権の目的不動産が賃貸された場合においては、抵当権者は、民法372条、304条の規定の趣旨に従い、目的不動産の賃借人が供託した賃料の還付請求権についても抵当権を行使することができるものと解するのが相当である」と判示し、その理由として、①372条によって先取特権に関する304条の規定が抵当権にも準用されていること、②抵当権は、目的物に対する占有を抵当権設定者の下にとどめ、設定者が目的物を

自ら使用し又は第三者に使用させることを許す性質の担保権であるが、抵当権のこのような性質は先取特権と異ならないこと、③抵当権設定者が目的物を第三者に使用させて対価を取得した場合に、その対価について抵当権を行使できると解しても、抵当権設定者の目的物に対する使用を妨げにならないことを挙げ、「賃料が供託された場合には、賃料債権に準ずるものとして供託金還付請求権について抵当権を行使することができるものというべきだからである」とする。また、同判決は、「目的不動産について抵当権を実行しうる場合であっても、物上代位の目的となる金銭その他の物について抵当権を行使することができることは、当裁判所の判例の趣旨とするところであり……、目的不動産に対して抵当権が実行されている場合でも、右実行の結果抵当権が消滅するまでは、賃料債権ないしこれに代わる供託金還付請求権に対しても抵当権を行使することができる」としている。

なお、賃料に対する物上代位は、平成15年改正によって担保不動産収益執行という手段が立法化された今日においても、認められる（ただし、物上代位権の行使の後に担保不動産収益執行が行われた場合には、前者は中止され後者の手続に吸収される）。

訴訟物 　XのYに対する不当利得返還請求権

＊Aは所有する建物をBに賃貸し、また、Yに対する債務を担保するためその建物に根抵当権を設定した。他方、XがAから同建物を買い受けて賃貸人の地位を承継したが、建物につき競売が開始され、Cが競落して所有権を取得した。ところで、Bらは競売開始の月から売却の前月までの賃料を供託していた。そこで、Yは根抵当権の物上代位に基づいてこれに差押え・転付命令を得て取得した。本件は、XがYに対し、本来使用収益権のない抵当権者は目的物使用の対価である賃料の供託金還付請求権に、物上代位権を行使できないと主張して、その返還を求めた事案である。

＊Yの根抵当権は使用収益権限のない非占有担保権であるから、目的物利用の対価である本件供託金還付請求権に物上代位できないとの見解を採れば、Yの賃料取得はXに対する不当利得となる。しかし、前掲平成元年最判によれば、Yは物上代位権を有するので、不当利得は成立せず、本訴請求は、棄却される。

請求原因 　1　Aは自己所有の本件建物をBに賃貸して引き渡したこと

2　請求原因1の後、AはYとの間で、本件建物につきYを権利者とする根抵当権設定契約を締結し、その登記を了したこと
　　　3　請求原因2の後、XはAから本件建物を買い受けたこと
　　　　＊Xは、Bらに対する賃貸人の地位を承継することとなる。
　　　4　請求原因3の後、Yは根抵当権の実行を申し立て、不動産競売開始決定を得て本件建物を差し押え、さらに、根抵当権の物上代位に基づいてBが○○地方法務局に供託していた賃料○○万円に対するXの還付請求債権について、差押え・転付命令を得てこれを取得したこと

エ　転貸料債権
　転貸料債権に対する差押えについては、従来、原賃借権（転貸人の賃借権）が抵当権の設定後に設定されたものに限り肯定していたが（東京高決昭和63年4月22日判時1277.125〔27801940〕）、最決平成12年4月14日民集54.4.1552〔28050779〕は、「民法372条によって抵当権に準用される同法304条1項に規定する『債務者』には、原則として、抵当不動産の賃借人（転貸人）は含まれない」として、これを原則として否定し、「所有者の取得すべき賃料を減少させ、又は抵当権の行使を妨げるために、法人格を濫用し、又は賃貸借を仮装した上で、転貸借関係を作出したものであるなど、抵当不動産の賃借人を所有者と同視することを相当とする場合には、その賃借人が取得すべき転貸賃料債権に対して抵当権に基づく物上代位権を行使することを許すべきものである」とするに至った。

オ　換地処分における清算金交付請求権等に基づいて支払われる金銭
　土地改良法・土地区画整理法による換地処分や、土地収用法による公用徴収の場合に、清算金や補償金が生じる場合がある（土改54条の3、土地区画整理109条、110条、土地収用46条の2-46条の4等）。抵当権の設定土地について清算金や補償金が生じた場合、これらの金銭は、抵当権の目的である土地所有権の減失の対価若しくは従前の土地と換地との比較により換地処分によって生じた減価の補償であるから、これらはまさに目的土地又は従前の土地の価値変換物であり、物上代位の目的物になる（大決昭和5年9月23日民集9.918〔27510525〕）。

カ　保険金請求権
　建物は、火災や地震によって滅失又は損傷する場合がある。保険金請求権については、大判大正12年4月7日民集2.209〔27511021〕が、物上代位の目的物になることを認めており、国税徴収法にはこれを前提とした規定

(税徴53条2項)が置かれている。
キ　第三者が抵当不動産を滅失又は損傷した場合に設定者が取得する不法行為に基づく損害賠償請求権
(2) 抵当権に基づく物上代位権の行使方法
ア　「差押え」の意義

抵当権が物上代位によって優先弁済を受けるためには、物上代位の目的物が払い渡されるか引渡し前に差し押えなければならない(304条、372条)。この差押えの意義については見解が分かれる。

(ア)　特定性維持説

抵当権は目的物の交換価値を支配するものである。したがって、当然のこととして価値代替物の上に物上代位が認められるべきである。払渡し前に差押えが必要とされるのは、価値代替物の特定性を維持するためである。すなわち、差押えがないと債務者の一般財産に混入するので、それを防ぐ趣旨である。この立場では、差押えは抵当権者自らが行う必要はなく、他債権者によって差し押えられてもなお優先権を保持できることになる(我妻・担保物権法288頁)。判例も当初はこの見解を採っていた(大判大正4年3月6日民録21.363〔27521899〕、大判大正4年6月30日民録21.1157〔27521984〕)。特定性維持説によれば、差押えがあれば、それが誰によるものであれ、物上代位権者は常に優先権を有するので、第三債務者にとって二重弁済の危険は生じない。しかし、今日では、物上代位の目的である金銭債権が第三者に譲渡された場合に、譲受人の対抗要件具備よりも抵当権設定登記が先であれば、物上代位権が優先するとの第三債務者保護説に立つ判例(後記(3)アの平成10年最判)が確定しており、特定性維持説からはその説明が困難である。

(イ)　優先権保全説

物上代位は抵当権の性質上当然に認められる権利ではなく、抵当権者の保護のために政策的に認められた効力であると考えて、目的物が滅失すれば抵当権は当然に消滅するが、特に法が保護を与えたものと解する。この立場からは、差押えは担保権者が自己の優先権を保全するための要件である。そのため、抵当権者自らが他債権者に先立って差押えをしなければならないことになる。大判大正12年4月7日民集2.209〔27511021〕は、この見解を採るに至った。この見解は、抵当権に関しては担保目的物が滅失した場合の損害賠償請求権や保険金請求権については特に妥当する。

なお、このほか、「差押え」の機能を請求権を特定する意味と同時に優先権を公示する意味を有するとする二面説があり、最判昭和59年2月2日民

集 38.3.431〔27000024〕が採用する。

(ウ) 第三債務者保護説

差押えは、第三債務者に物上代位権の存在を知らせて二重弁済の危険から保護するためのものであると解する立場である。近時、最判平成10年1月30日民集52.1.1〔28030472〕（後記（3）ア参照）が採用するに至った（その後、最判平成10年2月10日判タ964.79〔28030473〕、最判平成10年3月26日民集52.2.483〔28030605〕）。もっとも、転付命令との優劣が争われた事例で、民執159条3項を理由に、転付命令が第三債務者に送達される時までに抵当権者が差押えをしなかったときは、被転付債権について抵当権の効力を主張できないとした最判平成14年3月12日民集56.3.555〔28070493〕（後記（3）イ参照）があり、物上代位に強力な地位を与えすぎた一連の判例の修正であるとも解される。

イ 配当要求による物上代位の効力

最判平成13年10月25日民集55.6.975〔28062200〕は、抵当権の物上代位を、配当要求の方法によることはできないとし、「抵当権に基づき物上代位権を行使する債権者は、他の債権者による債権差押事件に配当要求をすることによって優先弁済を受けることはできないと解するのが相当である。けだし、民法372条において準用する同法304条1項ただし書の『差押』に配当要求を含むものと解することはできず、民事執行法154条及び同法193条1項は抵当権に基づき物上代位権を行使する債権者が配当要求をすることは予定していないからである」と判示する。

ウ 担保権の存在を証する文書

抵当権に基づく物上代位権の行使方法は、差押えによるが（本条、304条）、具体的には、民執193条1項後段及び2項が定める。つまり、抵当権者は、物上代位の目的債権について物上代位権に基づき差押命令を執行裁判所に申し立てる（民執193条2項、143条）。抵当権者が執行裁判所に「担保権の存在を証する文書」を提出した場合に限って、差押命令が発令される（民執193条1項後段）。

（参考） 債権差押命令申立て（抵当権に基づく物上代位）

＊本件は、債権者は、債務者に対し、別紙担保権、被担保債権、請求債権目録記載の債権を有しているが、債務者がその支払をしないので、別紙担保権、被担保債権、請求債権目録記載の抵当権（物上代位）に基づき、所有者が第三債務者に対して有する別紙差押債権目録記載の債権の差押命令を求め

た事案である。

申立理由　1　（担保権）
　別紙物件目録記載の不動産についての、①平成○年○月○日設定の抵当権で、②登記は、○○地方法務局○○出張所、平成○年○月○日、受付第○○○○号であること
　2　（被担保債権）
　①元金○万円（債務者との間の平成○年○月○日付け金銭消費貸借契約に基づく貸付金○万円の残金）、②利息金○万○円、③上記①に対する平成○年○月○日から同年○月○日まで年○％の割合による利息金、④遅延損害金○万○円（上記①に対する平成○年○月○日から同年○月○日まで年○％の割合による遅延損害金
　3　（請求債権）
　①元金、利息金及び遅延損害金（上記2と同じ）、②執行費用○円（内訳：本申立手数料○円、本申立書作成及び提出費用○円、差押命令正本送達料○円、陳述書送付料○円、資格証明書交付手数料○円、同申請書提出・受領費用○円、商業登記事項証明書交付手数料○円、同申請書提出・受領費用○円、不動産登記事項証明書交付手数料○円、同申請書提出・受領費用○円）
　以上①②の合計○円、③債務者は、平成○年○月○日を支払日とする元利金の支払を怠ったため、約定により同日の経過をもって当然に期限の利益を失ったこと
　4　（差押債権）
　○円（ただし、所有者が第三債務者に対して有する下記建物（建物の表示省略）の賃料債権（管理費及び共益費相当分を除く）にして、本命令送達日以降支払期が到来するものから頭書金額に満つるまで）

(3) 物上代位と債権譲渡・転付命令等（による第三者）との競合
ア　代位目的物債権の債権譲渡の譲受人
　大判昭和17年3月23日法学11.1288〔27547559〕は、物上代位の目的たる金銭債権が第三者に譲渡された場合には物上代位は及ばないとしていたが、最判平成10年1月30日民集52.1.1〔28030472〕【Ⅰ85】は、第三債務者保護説に立って、代位目的債権の譲受人（第三者）に対して、抵当権設定

登記が物上代位の公示・対抗要件となるので、譲受人の対抗要件具備よりも抵当権設定登記が先であれば、物上代位を対抗できるとする（ただし、事案は詐害的な賃料債権譲渡であり、権利濫用法理による解決も可能である）。同判決の事案は、次のとおりである。すなわち、XがAに対する債権を担保するためBが所有する不動産に抵当権の設定を受けたが、Bはその不動産を譲渡・転貸をあらかじめ承諾してYに賃貸した。Bの債権者Cが代物弁済としてBのYに対する賃料債権の譲渡を受けたところ、Xは抵当権の物上代位権に基づきBのYに対する賃料債権を差し押えたため、XとYが賃料債権の帰属を争うこととなった。このような事案につき、同判決は、本条により準用する304条1項但書が抵当権者が物上代位権を行使するには払渡又は引渡しの前に差押えをすることを要するとした趣旨・目的について、「主として、抵当権の効力が物上代位の目的となる債権にも及ぶことから、右債権の債務者（以下「第三債務者」という。）は、右債権の債権者である抵当不動産の所有者（以下「抵当権設定者」という。）に弁済をしても弁済による目的債権の消滅の効果を抵当権者に対抗できないという不安定な地位に置かれる可能性があるため、差押えを物上代位権行使の要件とし、第三債務者は、差押命令の送達を受ける前には抵当権設定者に弁済をすれば足り、右弁済による目的債権消滅の効果を抵当権者にも対抗することができることにして、二重弁済を強いられる危険から第三債務者を保護するという点にある」と解したうえで（第三債務者保護説）、この304条1項の趣旨目的に照らすと、「同項の『払渡又ハ引渡』には債権譲渡は含まれず、抵当権者は、物上代位の目的債権が譲渡され第三者に対する対抗要件が備えられた後においても、自ら目的債権を差し押さえて物上代位権を行使することができるものと解するのが相当である」と判示する。その理由として、①304条の「払渡し又は引渡し」には当然には債権譲渡を含むものと解されないこと、②このように解しても第三債務者の利益を害しないこと、③④そしてこのように解しないと抵当権者の差押え前に債権譲渡をすることで容易に物上代位権の行使を免れることができ、抵当権者の利益を不当に害することを挙げている。

イ　代位目的物の債権を差し押えた一般債権者

代位目的物の債権を差し押えた一般債権者についても、上記アの債権譲受人の立場と同様と解される。すなわち、最判平成10年3月26日民集52.2.483〔28030605〕は、Aが所有する建物をBに賃貸することによって生ずる賃料債権について、これをYが差し押えて、その差押命令がBに送達されたが、その後Xが建物に根抵当権を設定してその物上代位権に基づき、賃

料債権を差し押えたので、Bが供託し、XYの優劣が争点となった事案について、「一般債権者による債権の差押えの処分禁止効は差押命令の第三債務者への送達によって生ずるものであり、他方、抵当権者が抵当権を第三者に対抗するには抵当権設定登記を経由することが必要であるから、債権について一般債権者の差押えと抵当権者の物上代位権に基づく差押えが競合した場合には、両者の優劣は一般債権者の申立てによる差押命令の第三債務者への送達と抵当権設定登記の先後によって決せられ、右の差押命令の第三債務者への送達が抵当権者の抵当権設定登記より先であれば、抵当権者は配当を受けることができないと解すべきである」と判示する。

ウ　代位目的物の債権に転付命令を得た一般債権者

抵当権に基づく物上代位の目的債権につき一般債権者の申立てに係る差押命令が第三債務者に送達されただけでなく、転付命令も第三債務者に送達されたときは、まだ第三債務者から転付債権者への弁済がされていない場合であっても、判例は、抵当権者は目的債権を物上代位権に基づいて差し押さえて優先弁済を受け得ないとしている。例えば、最判平成14年3月12日民集56.3.555〔28070493〕は、「転付命令に係る金銭債権（以下「被転付債権」という。）が抵当権の物上代位の目的となり得る場合においても、転付命令が第三債務者に送達される時までに抵当権者が被転付債権の差押えをしなかったときは、転付命令の効力を妨げることはできず、差押命令及び転付命令が確定したときには、転付命令が第三債務者に送達された時に被転付債権は差押債権者の債権及び執行費用の弁済に充当されたものとみなされ、抵当権者が被転付債権について抵当権の効力を主張することはできない」と判示する。その理由として、①転付命令は、金銭債権の実現のために差押債権を換価する方法として、被転付債権を差押債権者に移転させる法形式を採用したものであって、転付命令が第三債務者に送達された時に他の債権者が民執159条3項に規定する差押え等をしていないことを条件として、差押債権者に独占的満足を与えるものであること（民執159条3項、160条）、②抵当権者が物上代位により被転付債権に対し抵当権の効力を及ぼすためには、自ら被転付債権を差し押さえることを要し、この差押えは債権執行における差押えと同様の規律に服すべきものであり（同法193条1項後段、2項、194条）、民執159条3項に規定する差押えに物上代位による差押えが含まれることは文理上明らかであること、③抵当権の物上代位としての差押えについて強制執行における差押えと異なる取扱いをすべき理由はなく、これを反対に解すると、転付命令を規定した趣旨に反することになることを挙げる。

エ　複数の抵当権者による物上代位権の行使の競合

ある抵当権者が物上代位の目的債権に基づいて差し押さえ、第三債務者に送達された場合に、まだ第三債務者が差押債権者に弁済していない段階で、他の抵当権者が目的債権を物上代位権に基づいて差し押さえたときは、第三債務者は差押えに係る金銭全額を供託することになり（民執156条）、執行裁判所によって配当等が実施される（同法166条）。この場合、前掲平成10年最判によれば、目的債権に対し抵当権者が優先権を有することは抵当権設定登記によって公示されているので、差押えの前後によらず、登記の順位に従う配当になろう。

オ　目的債権の質権者と物上代位権者の優劣

物上代位の目的債権につき第三者が質権設定を受け、その後に抵当権者が物上代位の目的債権を物上代位に基づいて差し押さえた場合、前掲平成10年最判によれば、目的債権について抵当権者が優先権を有することは抵当権設定登記によって公示されているので、抵当権者が質権者に優先することになる。ただ、抵当権者が物上代位に基づいて差押えをする前に、質権者の申立てによる差押え・転付命令が第三債務者に送達されたときは、上記ウで述べたと同様に、もはや抵当権者は物上代位権を行使できないことになる。

3　物上保証人の求償権

(1) 事後求償権

物上保証の目的物件の第三取得者が自己の出捐をもって債権者に対し弁済した場合において、第三取得者が有する求償権の範囲は、物上保証人に対する債務者の委任の有無によって、459条ないし462条の規定が準用される。最判昭和42年9月29日民集21.7.2034〔27001037〕は、「他人の債務のために抵当権を設定した不動産の所有者（物上保証人）からその所有権を譲り受けた第三者（以下第三取得者という）は、その抵当権が実行されるときには、その所有権を失ない、かつ、物上保証人自身、通常の保証とは異なり、その抵当物件の限度で債務者について責任を負うにとどまるから、右第三取得者は、物上保証人に類似する地位にあるというべきである。それゆえ、右第三取得者が自己の出捐をもつて債権者に対してした任意弁済に基づく求償関係については民保372条、351条の規定を準用し、かつ、その求償権の範囲については、物上保証人に対する債務者の委任の有無によつて民法459条ないし462条の規定を準用すると解すべきであ〔る〕」と判示し、「Aが物上保証人としてその所有の本件土地に抵当権を設定したのは債務者たる上告人の委任によるものであり、抵当物件の第三取得者たる被上告人は、……債権者たるBに対し上告人の債務の全額を弁済したのであるから、被上告人

に対しその各弁済金および……法定利息金の求償権を有することは、……明らかである」と結論付ける。

訴訟物 　XのYに対する事後求償権

　　　　　＊AはYの依頼を受け、YのBからの借入債務についてA所有の不動産を担保に提供して抵当権設定登記をした。しかるに、Yは弁済期を過ぎても借入金を支払わないため、Bは同不動産の競売を申し立てた。他方、XはAから不動産の贈与を受け、所有権移転登記を了したが、YがBに対し弁済しないため、XはBとの間でYの借入金について○○万円を弁済する契約を結びそれを完済した。本件は、XがYに対し、事後求償権の行使をした事案である。

請求原因　1　AはYの依頼に応じYがBから○○万円を借り受けることについて（弁済期平成○年○月○日）、A所有の不動産を担保に提供して抵当権設定登記をしたこと
　　　　　　2　Yは弁済期を過ぎても借入金を支払わないため、Bは同不動産の競売を申し立てたこと
　　　　　　3　その後、XはAから不動産の贈与を受け、所有権移転登記を了したが、YがBに対し弁済しないため、やむなくXはBとの間でYの借入金について○○万円を弁済する契約を結び、それを完済したこと

(2) 事前求償権

　最判平成2年12月18日民集44.9.1686〔27807572〕は、根抵当権の事案であるが、「債務者の委託を受けてその者の債務を担保するため抵当権を設定した者（物上保証人）は、被担保債権の弁済期が到来したとしても、債務者に対してあらかじめ求償権を行使することはできない」と判示し、その理由として、抵当権については、本条によって351条の規定が準用されるので、物上保証人が債務を弁済し、又は抵当権の実行により債務が消滅した場合には、物上保証人は債務者に対して求償権を取得し、その求償の範囲については保証債務に関する規定が準用されるが、その規定が債務者に対してあらかじめ求償権を行使することを許容する根拠とはならず、他にこれを許容する根拠となる規定もないことを挙げる。

　そして、前掲平成2年最判は、さらに続けて「民法372条の規定によって抵当権について準用される同法351条の規定は、物上保証人の出捐により被

担保債権が消滅した場合の物上保証人と債務者との法律関係が保証人の弁済により主債務が消滅した場合の保証人と主債務者との法律関係に類似することを示すものである」といえるが、「保証の委託とは、主債務者が債務の履行をしない場合に、受託者において右債務の履行をする責に任ずることを内容とする契約を受託者と債権者との間において締結することについて主債務者が受託者に委任することであるから、受託者が右委任に従った保証をしたときには、受託者は自ら保証債務を負担することになり、保証債務の弁済は右委任に係る事務処理により生ずる負担である」のに対して、「物上保証の委託は、物権設定行為の委任にすぎず、債務負担行為の委任ではないから、受託者が右委任に従って抵当権を設定したとしても、受託者は抵当不動産の価額の限度で責任を負担するものにすぎず、抵当不動産の売却代金による被担保債権の消滅の有無及びその範囲は、抵当不動産の売却代金の配当等によって確定するものであるから、求償権の範囲はもちろんその存在すらあらかじめ確定することはできず、また、抵当不動産の売却代金の配当等による被担保債権の消滅又は受託者のする被担保債権の弁済をもって委任事務の処理と解することもできない」という相違点があるから、「物上保証人の出捐によって債務が消滅した後の求償関係に類似点があるからといって、……委託を受けた保証人の事前求償権に関する民法460条の規定を委託を受けた物上保証人に類推適用をすることはできない」と判示する。

訴訟物　　XのYに対する事前求償権

＊本件は、XはYの委託に基づきX所有の本件不動産について、Yの債務を担保するための本件根抵当権を設定したが、被担保債務の弁済期が経過してもYが支払をしないので、XがYに対し被担保債務の一部に相当する金員の事前求償を求めた事案である。

＊本件のXのYに対する請求は、債務者の債務を担保するために債務者の委託により自己所有の不動産に抵当権を設定した物上保証人が、保証人と同様に、既に債務が履行期にあるときはあらかじめ求償権を行使できることを前提とする。しかし、前掲平成2年最判によれば、本訴請求は排斥される。同事件の原審も結論を同じくし、その理由について、460条の事前求償権は保証人について定められたものであって、物上保証人については認められないとして、「民法第351条は『他人ノ債務ヲ担保スル為メ質権ヲ設定シタル者カ其債務ヲ

弁済シ又ハ質権ノ実行ニ因リテ質物ノ所有権ヲ失ヒタルトキハ保証債務ニ関スル規定ニ従ヒ債務者ニ対シテ求償権ヲ有ス』と規定して、債務の弁済又は質権の実行による質物の所有権喪失をもって物上保証人としての質権設定者が求償権を取得する要件とし、この規定が抵当権に準用されている（同法第372条）のであるから、物上保証人が事前求償権を有しないことは規定上明確である。実質的にも、保証の場合の事前求償は求償すべき範囲が明確であるのに対し、物上保証の場合には担保物件の価額が明確でない上、そもそも質物の所有権が喪失されるか否かも判然としないため、事前に求償すべき範囲が明確とならないから、物上保証人に事前求償権を認める余地はない」と判示する。

請求原因 1 本件不動産の所有者であるXは、Yの委託により、A保証協会に対し、本件不動産についてYがA保証協会に対し保証委託取引によって負担する一切の債務を被担保債務とし、極度額を3,600万円とする根抵当権を設定し、その登記をしたこと

2 Yは被担保債務の弁済期経過後もその支払を怠ったため、A保証協会は本件根抵当権に基づき債権元本2,615万円及び損害金の支払を求めて本件不動産の競売を申し立て、競売開始決定がされたこと

第2節　抵当権の効力

● (抵当権の順位)

第 373 条　同一の不動産について数個の抵当権が設定されたときは、その抵当権の順位は、登記の前後による。

1　抵当権の順位

　本条は、同一の不動産につき、複数の抵当権が設定された場合において、その順位が登記の前後によることを定める。先順位の抵当権が弁済等によって消滅すると、後順位の抵当権はその順位が繰り上がる（順位昇進の原則）。

2　抵当権に基づく物権的登記請求権

　抵当権者にも、抵当権に基づく物権的登記請求権が認められるのであるから、1番抵当権が実体的に消滅している場合、2番抵当権者は、1番抵当権者に対して、順位1番の抵当権設定登記の抹消登記手続を求めることができる（大判大正8年10月8日民録25.1859〔27522927〕、大判昭和15年5月14日民集19.840〔27500217〕）。そのほか、既に消滅した先順位抵当権設定登記、抵当建物につき不法にされた滅失登記及び新建物についての表示登記、保存登記（最判平成6年5月12日民集48.4.1005〔27819201〕）も抹消登記手続を求めることができる。

　無効な登記あるいは抵当権者に対抗し得ない登記であっても、抵当権者に優先するかのような外観がある場合、抵当権の行使に障害となるのであるから、抵当権に対する侵害と評価し、抵当権者はその登記の抹消を請求することができる（「物権的請求権としての登記請求権」）。

> **訴訟物**　　XのYに対する後順位抵当権に基づく妨害排除請求権としての先順位抵当権設定登記抹消登記請求権
> 　　＊XはAに対する貸金1,000万円を担保するためにA所有の本件土地について抵当権の設定を受けて順位2番の抵当権設定登記を有し、Yは1,500万円の貸金について順位1番の抵当権設定登記を有していた。本件は、AがYに1,500万

円を弁済したとして、Yの順位1番の抵当権設定登記の抹消を求めた事案である。

＊前掲大正8年大判は、「本件係争地ハAノ所有ニシテYハ同人ニ対スル貸金140円ノ為メニ明治43年……右地所ニ対シテ抵当権ヲ設定シテ之カ登記ヲ為シ次テXモ亦Aニ対シ大正2年……貸金50円ノ為メニ同地所ニ付キ次順位ノ抵当権ヲ設定シ之カ登記ヲ為シタル処Yハ其後大正3年……右抵当債権ノ弁済ヲ受クルト共ニ係争地ヲAヨリ買受ケ所有権取得ノ登記ヲ受ケタルニ拘ラスYハ自己ノ抵当権設定登記ヲ抹消スルノ手続ヲ為サスト云フニ在リテ斯クノ如ク既ニ弁済ニ因リテ消滅ニ帰シタル本件抵当権ノ設定登記カ尚依然トシテ登記簿上ニ存在スルニ於テハXノ如ク登記簿上次順位ニ在ル抵当権者ハ形式ニ於テYノ次位ニ在ルカ為メニ抵当権ノ行使其他諸般ノ取引上種々ナル障礙ヲ受クルコトヲ免カレサルハ当然ナルヲ以テXハYニ対シテ其消滅セル抵当権ノ設定登記ノ抹消ヲ請求スルノ利益ヲ有シ又Yハ其請求ニ応シテ抹消手続ヲ為スノ義務ヲ有スルモノト云ハサル可カラス」と判示する。

請求原因
1　Aは、請求原因2当時、本件土地を所有していたこと
2　XはAに対し、1,000万円を弁済期平成〇年〇月〇日の約定で貸し渡したこと
3　AはXとの間で、請求原因2の債務を担保するために本件土地について抵当権設定契約を締結したこと
4　Xは、請求原因3の抵当権設定契約に基づいて、本件土地について順位2番の抵当権設定登記を有すること
5　Yは、本件土地について順位1番の抵当権設定登記を有すること

（登記保持権原）

抗弁
1　Yは、Aに対し、1,500万円を弁済期平成〇年〇月〇日の約定で貸し渡したこと
2　AはYとの間で、抗弁1の債務を担保するために本件土地について抵当権設定契約を締結したこと
3　請求原因5の登記は、抗弁2の抵当権設定契約に基づくこと

（弁済）

再抗弁
1　AはYに対し、抗弁1の債務1,500万円を弁済したこと

3 同順位の抵当権者

東京地判平成12年9月14日金法1605.45〔28060628〕は、同順位の抵当権者XとYがいる場合、Yが、本来受領することのできない配当を受け、これによりその分の配当を受けることができなかったXは、配当期日に配当異議の申出をしなかったとしても、Yに対して不当利得返還請求ができ、また元本の確定した同順位の根抵当権が存在する場合の配当は、同順位の普通抵当権が存在する場合と同様に、被担保債権の額により按分して行うべきであるが、被担保債権額が極度額を上回るときは、その極度額を上限として按分すべきであるとする。

●(抵当権の順位の変更)

第374条 抵当権の順位は、各抵当権者の合意によって変更することができる。ただし、利害関係を有する者があるときは、その承諾を得なければならない。
　2　前項の規定による順位の変更は、その登記をしなければ、その効力を生じない。

1　抵当権の順位の変更
(1) 順位変更の絶対的効力

根抵当権を例にとろう（後記3参照）。A（第1順位極度額1,000万円）とC（第3順位極度額1,200万円）との間で抵当権の順位譲渡があっても、その中間者である第2順位抵当権者Bの配当額には影響しない（AC間の相対的効力、376条参照）など、複雑な結果を生じる。そこで、昭和46年改正は、簡明な順位変更の制度を導入した。すなわち、各抵当権者の合意によって抵当権の順位を入れ替えることを認めた（本条1項）。根抵当権の順位変更をするためには、順位変更に係る最優先順位の根抵当権者、最後順位の根抵当権者及びその中間順位の根抵当権者の全員で合意する必要がある。この合意の効果は順位変更の当事者間では絶対的な効果を生ずる（そのため、順位が変らない中間者も合意の当事者となる）。例えば、下表のように第1順位A、第2順位B、第3順位Cの各根抵当権の順位を変更して、第1順位をC、第2順位をB、第3順位をAとした場合に、配当金総額が2,500万円であるときは、変更後の順位により、第1順位者Cが1,200万円、第2

順位者Bが800万円、第3順位者Aが500万円の弁済を受けることになる。
　なお、順位について利害関係（例えば、転抵当権者、被担保債権の差押債権者、質権者）を有する者の合意（承諾）を必要とする（本条1項但書）。

順位	変更前被担保債権	変更後被担保債権	競売代金2,500万円の場合の配当金
1	A　1,000万円	C　1,200万円	C　1,200万円
2	B　　800万円	B　　800万円	B　　800万円
3	C　1,200万円	A　1,000万円	A　　500万円
合計	3,000万円	3,000万円	2,500万円

（被担保債権額は、いずれも極度額以下とする）

(2) 順位譲渡に対する順位変更の利便性

　第1から第4順位まで、A・B・C・Dの抵当権が順次設定されている場合に、優先弁済の順位をD・C・B・Aとするために順位の譲渡（376条1項）の方法をとると、A→B、A→C、A→D、B→C、B→D、C→Dに対する各順位の譲渡（合計6個）をする必要があり、加えて、それぞれの登記が必要となる。この処分形態では、権利関係が入り組み、登記としての公示も一覧性に欠ける。そこで、A・B・C・Dとある順位を一度でD・C・B・Aとするため、本条の順位変更の規定に従えばA・B・C・D全員の合意により、順位を直ちにD、C、B、Aとすることができる。

2　効力発生要件としての抵当権順位変更登記

　抵当権の順位変更は、登記をしない限り物権的な効力を生じない（本条2項）。この登記は対抗要件ではなく、効力発生要件である。ただ、順位変更の合意が有効に成立している以上、登記がされなくとも、それが当事者間で債権的効力は生ずる。ある当事者が登記に協力しないときは、他の当事者は登記請求権を行使できる（下記設例参照）。また、ある当事者が登記に協力しない結果、順位変更登記がされず、競売代金が順位変更のないものとして各抵当権者へ配当されたときは、順位変更が成立していたならば得られたはずの額よりも少ない配当しか受け得なかった抵当権者は、他の抵当権者に対して損害賠償又は不当利得返還を求めることができる（鈴木・概説258頁）。

訴訟物　　X1、X2のYに対する抵当権順位変更合意に基づく債権的

登記請求権としての順位変更登記請求権

＊本件は、X1、X2及びYは、本件土地に順位2、3、1番の抵当権設定登記を有していたが、X1、X2及びYは、抵当権の順位を1、2、3番に変更する旨合意したところ、Yがその変更登記に協力しないため、X1とX2がYに対し、「順位変更の登記手続をせよ」という順位変更登記手続を求めた事案である。

＊順位変更の合意が成立した時は、その効力として合意した一方の当事者は、他の当事者に対し合意に基づく登記請求権（債権的登記請求権）が生ずる（南敏文「抵当権の順位変更、転抵当」幾代通他編『不動産登記講座第3巻各論(1)』日本評論社（1978年）222頁）。

＊3人以上の抵当権者が順位変更の合意をして、そのうちの1人が変更登記手続をしない場合において、この訴えは必要的共同訴訟ではないので、必ずしも他の抵当権者が全員原告となる必要はない。

＊合意のみによって当事者間では順位変更請求権（具体的には順位変更登記請求権）が成立するので、一方当事者は仮登記仮処分を得てこの請求権を保全し得る（鈴木・概説258頁）。

請求原因　1　X1、X2及びYは、本件土地につきそれぞれ順位2、3、1番の抵当権設定登記を有していること
2　X1、X2及びYは、上記の抵当権の順位を1、2、3番に変更する旨合意したこと

3　根抵当権の順位変更

根抵当権の順位変更は、元本の確定前の前後を問わず、行うことができる（398条の11は、376条1項の処分を制限しているが、本条については制限すべき対象として挙げていない）。なお、根抵当権の順位譲渡又は根抵当権の順位放棄は、元本確定後でなければすることができない（398条の11第1項、376条1項）。

●（抵当権の被担保債権の範囲）━━━━━━━━━━━━━━━━━

第375条　抵当権者は、利息その他の定期金を請求する権利を有するときは、その満期となった最後の2年分についてのみ、その抵当権を行使

することができる。ただし、それ以前の定期金についても、満期後に特別の登記をしたときは、その登記の時からその抵当権を行使することを妨げない。
2 前項の規定は、抵当権者が債務の不履行によって生じた損害の賠償を請求する権利を有する場合におけるその最後の2年分についても適用する。ただし、利息その他の定期金と通算して2年分を超えることができない。

1 利息その他の定期金を請求する権利

　本条1項は、抵当権が担保する債権に利息その他の定期金がある場合は、その満期となった最後の2年分についてのみ、その抵当権を行使できることを定める。その法意は、もし無制限に利息その他の定期金が担保されるとすれば、後順位抵当権者や一般債権者が害されるから、抵当権者の優先弁済権を制約するのである。その法意からすれば、それ以前の定期金についても、満期後に特別の登記をした時は、その登記の時からその抵当権を行使することができるのは当然である（本条1項但書）。ただし、この制限は、抵当権の目的不動産の競売の優先弁済受領についてのみ問題となり、任意弁済の場合には適用されず、全額の弁済が必要である。また、抵当権が実行された場合にも、後順位抵当権者がない限り、抵当権者は債権全額の弁済を受けることができ、物上保証人ないし第三取得者も、本条の制限を受けない（我妻・担保物権法250頁、大判大正4年9月15日民録21.1469〔27522007〕）。

　本条1項のいう「満期となった最後の2年分」の意義については、見解が分かれるが、競売開始決定の日からでなく、配当期日を基準として、これから遡って2年分と解すべきである（福岡高決昭和31年11月26日下民7.11.3379〔27710172〕、名古屋高判昭和33年4月15日高民11.3.239〔27430360〕）。

訴訟物　　XのYに対する所有権に基づく妨害排除請求権としての抵当権設定登記抹消登記請求権
　　　＊本件は、XがAから同人所有の本件土地を代金1,000万円で買い受けたが、同土地に、Y名義の抵当権設定登記が存在するので、その抹消を求めたところ、YはAに1,000万円を貸し付けて、その債権を担保するために抵当権設定を受

けており、それに基づく登記であると抗弁した事案である。XがAから買い受けた時点で利息3年分のほか遅延損害金が未払であった。

請求原因
1 Aは、請求原因2当時、本件土地を所有していたこと
2 AはXとの間で、平成元年12月1日、本件土地を代金1,000万円で売買する契約を締結したこと
3 本件土地につき、Y名義の抵当権設定登記が存在すること

(登記保持権原)
抗弁
1 YはAに対し、平成元年8月1日、1,000万円を弁済期平成11年7月31日、利息月1分、損害金年1割5分を次の約定で貸し渡したこと
2 YはAとの間で、抗弁1の債務を担保するために本件土地について抵当権設定契約を締結したこと
3 Aは、抗弁2当時、本件土地を所有していたこと
4 請求原因3の登記は、抗弁2の契約に基づくこと

(弁済)
再抗弁
1 XはYに対し、抗弁1の残元本のほか全債務(例えば、3年分の利息・損害金)を支払ったこと
＊本条は、抵当不動産の第三取得者には適用がないため、その場合、抵当権者は本条の制限を受けないと解される。例えば、大判大正4年9月15日民録21.1469〔27522007〕は、「抵当権ヲ設定シタル債務者又ハ第三者ハ抵当権者ニ対シ原本債権ト共ニ満期ト為リタル定期金ノ全額ヲ弁済スルニアラサレハ抵当権ヲ消滅セシムルコト能ハサルハ勿論ナルヲ以テ之カ地位ヲ承継シタル抵当不動産ノ第三取得者モ亦之ト同一金額ノ代位弁済ヲ為スニアラサレハ抵当権者ニ対シ抵当権消滅ヲ原因トシテ之カ登記抹消ヲ訴求スヘキ権利ナキヤ明ナリトス」と判示する。したがって、「(不動産の第三取得者である)XはYに対し、残元本と利息・損害金の最後の2年分を支払ったこと」という事実は、主張自体失当となる。

2 債務不履行に基づく損害賠償請求権
本条1項前項の規定は、抵当権者が債務不履行に基づく損害賠償請求権を有する場合におけるその最後の2年分についても適用される(本条2項前段)。また、利息その他の定期金と通算して2年分を超えることができない

(本条2項後段)。

● (抵当権の処分)

第376条 抵当権者は、その抵当権を他の債権の担保とし、又は同一の債務者に対する他の債権者の利益のためにその抵当権若しくはその順位を譲渡し、若しくは放棄することができる。
　2　前項の場合において、抵当権者が数人のためにその抵当権の処分をしたときは、その処分の利益を受ける者の権利の順位は、抵当権の登記にした付記の前後による。

1　趣旨

　抵当権は、原則として、被担保債権とともでなければ処分できない（随伴性）。そのように抵当権を被担保債権とともに処分する方法として、①抵当権付債権譲渡、②抵当権付債権質入れがある。これに対し、本条は、抵当権を被担保債権から切り離して処分する方法（随伴性の例外）として、③転抵当、④抵当権の譲渡、⑤抵当権の放棄、⑥抵当権の順位の譲渡、⑦抵当権の順位の放棄、それに⑧抵当権の順位の変更を定める。これら①ないし⑧のすべてを合わせて「抵当権の処分」という。なお、⑧抵当権の順位の変更の方法については、374条も規定している。

2　転抵当
(1) 意義

　抵当権者が「その抵当権を他の債権の担保と」すること（本条1項）を、一般に転抵当という。例えば、AがBに対し1,000万円の抵当権付債権を有する場合（「原抵当」に）、Aがその抵当権を担保に供してして、Cから700万円を借り受ける制度である。転抵当は、転抵当権者となる者Cと原抵当権者Aとの間の契約によりされるが、通常、転抵当権の被担保債権の範囲は、原抵当権のそれを超えることができず、また、転抵当権の存続期間は原抵当権のそれを超えることはできないとされる。転抵当には298条2項に該当する規定はないので、転抵当は承諾転抵当に限られない。この転抵当権が実行されると、Cが700万円の優先弁済を受け、残金からAが300万円の優先弁済を受けることになる。抵当権者Aは転抵当により、自己の債権

の弁済期に先立って、債権の回収を図ることができる。
(2) 転抵当の種類

転抵当権を設定する場合、担保に供する権利が抵当権であるか根抵当権であるかの区分があり、その権利を担保に供する方法として、抵当権の設定と根抵当権の設定がある。したがって、①抵当権に転抵当権を設定する（「転抵当」）、②抵当権に転根抵当権を設定する（「根転抵当」）、③根抵当権に転抵当権を設定する（「転根抵当」）、④根抵当権に転根抵当権を設定する（「根転根抵当」）という全部で4つの場合がある（括弧内の用語は、鈴木・概説317頁による）。

そのうち、担保に提供する権利が抵当権の場合（①及び②）には、転抵当権を設定した旨を債務者に通知するか又は主債務者の承諾を得なければ、主債務者、保証人、抵当権設定者及びその承継人に対抗できない。その通知又は承諾があれば、原抵当権の債務者は、転抵当権者の承諾なしに、原抵当権者へ弁済することができなくなる（本条）。すなわち、転抵当権者の知らない間に担保価値が減少することはない。

これに対して、担保に提供する権利が根抵当権の場合（③及び④）には、債務者に対する通知承諾は不要であるが、原根抵当権の債務者は、転根抵当権者の承諾なくして原根抵当権者に弁済することができる（398条の11第2項）。そのため、原根抵当権の被担保債権が消滅・減少すると、転根抵当権者の把握する担保価値も消滅・減少することになる。

(3) 転抵当の法的性質

転抵当の法的性質については、見解が分かれ、①債権・抵当権共同質入説（共同処分説。原抵当権とその被担保債権の双方に、共同して質権を設定することが転抵当であると解する）と、②抵当権単独処分説（単独処分説。被担保債権から切り離して原抵当権だけを単独で独立して担保に供すると解する）とに大別される。②の抵当権単独処分説は、さらに分かれるが、今日では、抵当権再度設定説が通説（我妻・担保物権法390頁）・登記実務である。

(4) 転抵当の設定

転抵当権は、原抵当権者と転抵当権者との合意により設定される。原抵当権設定者の承諾を要しない（361条1項前段の原抵当権設定者の承諾がなくとも、原抵当権者の責任で転抵当ができるので、「責任転抵当」と呼ばれる）。債務者に不利益を及ぼさないからである。ただし、原抵当権の主たる債務者に対して、467条に従った設定の通知又は債務者の承諾がなければ、これを主たる債務者、保証人、抵当権設定者及びこれらの承継人に対抗できない（377条1項）。また、原抵当権者が二重に担保に供したときは、転抵

当権相互の優劣は抵当権登記に付記をした先後によって決まる（同条2項）。
　転抵当権についての被担保債権の弁済期が原抵当権のそれより先に到来することの要否については、質権の場合は、原質権の存続期間内でないと転質ができない（348条）が、転抵当権の場合は規定がなく、原抵当権の被担保債権の弁済期前に到来することを要しないと解されている。そのため、債務者は自己の債務の弁済期到来により、転抵当権者のために供託をして、抵当権を消滅させることができる。また、被担保債権額も、従来は、転抵当権の被担保債権の数額は原抵当権の被担保債権の数額を超過できないとされていたが、近時は、後者の額の範囲内である必要はなく、転抵当権者は原抵当権の範囲内で優先弁済を受けるにとどまると解されている。

訴訟物　　XのYに対する所有権に基づく妨害排除請求権としての抵当権設定登記抹消登記請求権
　　　　　＊本件は、土地所有者Xが、自己がAのために設定した抵当権が、知らないうちに、Yのために転抵当が設定され、その旨の付記登記がされているので、Xがその抹消を求めた事案である。
　　　　　＊転抵当権は、原抵当権者と転抵当権者との合意により設定される。設定者の承諾は必要でない（責任転抵当）。債務者に不利益を及ぼさないからである。
　　　　　＊最判昭和44年4月22日民集23.4.815〔27000825〕の事案は、仮登記が付記登記により移転された場合であるが、制限物権や賃借権等の移転につき付記登記がされた場合にも、付記登記者を相手として抵当権設定登記の抹消を求めれば足りると解される。

請求原因　1　Xは本件土地を所有していること
　　　　　　2　Aは本件土地につき抵当権設定登記を有すること
　　　　　　3　Yは本件土地につき転抵当付記登記を有すること
（登記保持権原――転抵当）
抗　弁　1　AはXに対し、1,000万円を弁済期平成○年○月○日との約定で貸し渡したこと
　　　　　2　AはXとの間で、抗弁1の債務を担保するために本件土地につき抵当権設定契約を締結したこと
　　　　　3　Xは、抗弁2当時、本件土地を所有していたこと
　　　　　4　請求原因2の登記は、抗弁2の契約に基づくものであること

5　YはAに対し、800万円を弁済期平成〇年〇月〇日との約
　　　　定で貸し渡したこと
　　　6　YはAとの間で、抗弁5の債務を担保するために抗弁2の
　　　　抵当権につき転抵当権設定契約を締結したこと
　　　7　請求原因3の登記は、抗弁6の契約に基づくものであること

(5) 転抵当の効果
ア　転抵当権者による原抵当権の実行
　転抵当権者は、原抵当権の目的物である不動産について競売の申立てをすることができる。ただし、被担保債権の双方の弁済期が到来している必要がある。また、優先弁済を受けることができるのは、原抵当権の被担保債権の数額を上限とする。競売の結果、転抵当権者に弁済した後に余剰があれば、原抵当権者への弁済に充当される。
イ　原抵当権者の抵当権実行申立て
　原抵当権者が独立して抵当権実行申し立て得るかについては、共同質入説では、原抵当権の被担保債権それ自体も質に入れられていると解するため、原抵当権者自身による自由な取立てが許されないから、取立ての1つの方法である原抵当権の実行もできないと解することになり、単独処分説では、実行を肯定する余地がある。
ウ　代物弁済予約契約併用の抵当権につき転抵当された場合の予約完結権行
　　使の効力
　最判昭和44年10月16日民集23.10.1759〔27000784〕は、代物弁済予約契約併用の抵当権につき転抵当のある場合には、代物弁済の予約完結権者はその完結権を行使しても、その換価金につき優先弁済の範囲は、目的物の価格中原抵当権の被担保債権額から転抵当権の被担保債権額を差し引いた金額についてであるから、後者が前者を上回る場合は、予約完結権を行使する利益を有せず、権利行使は許されないとした。すなわち、同判決は、Xが代物弁済の予約完結の意思表示をして建物の所有権を取得したことを前提として、Yらに対し、不登109条1項の定める承諾を請求する事案であるが、「転抵当は、原抵当権者の把握した担保価値の全部又は一部を転抵当権者に創設的に移転し、これに対して優先的地位を与えるものであるが、……清算型代物弁済予約なるものは、目的物を金銭に換価してその換価金につき優先弁済を受けることを本質とするものであるからには、転抵当のある場合には、代物弁済の予約完結権者はその完結権を行使したにせよ、その換価金につき優先弁済を主張できる範囲は、僅かに目的物の価格中原抵当権の被担保

債権額から転抵当権の被担保債権額を差し引いた金額についてのみであるにすぎないのである。しかして、……ＸはＡに対する5,000万円を限度とする根抵当債権のため、本件建物につき抵当権を設定していたところ、Ｂ金庫に対する3億円を限度とする根抵当債務のため、右抵当権を転抵当の目的としたというのであるから、本件においては、転抵当権によつて担保される債権額は原抵当権によつて担保される債権額を超過するものと思われる。しからば、Ｘの有する代物弁済予約が清算型代物弁済予約であるならば、Ｘは前記各建物に対し予約上の権利行使をする利益を有するものといい難く、したがつて、右権利行使は許されない」と判示する。

訴訟物 ＸのＹに対する所有権に基づく妨害排除請求権としての建物所有権移転登記請求権及び承諾請求権

＊債権者ＸはＡ所有建物につき、極度額1,000万円の根抵当権の設定を受け、あわせて代物弁済の予約をして所有権移転請求権保全の仮登記を経由した。その後ＡはＹに建物の所有権を移転した。他方、Ｘは債権者Ｂのために、極度額3億円の転根抵当権を設定した。その後Ａは倒産した。本件は、Ｘが代物弁済予約の完結権を行使して、所有権移転の本登記手続をするため、Ｙに対し不登109条1項の承諾を求めた事案である。

＊請求の趣旨は、「Ｙは、Ｘに対し、ＸとＡとの間において、Ｘのため、本件建物につきされた所有権移転仮登記に基づく所有権移転の本登記手続をなすことを承諾せよ」となる。

請求原因 1 Ａは、請求原因2の当時、本件建物を所有していたこと
2 ＸはＡとの間で、Ｘを貸主としＡを借主とする、継続的貸金契約、継続的手形割引及び手形貸付契約を締結し、Ｘは、同契約に基づき将来ＸがＡに対して取得する債権の担保として、本件建物につき極度額1,000万円の根抵当権の設定を受けたほか、根抵当債務をＡが履行しないときには代物弁済として本件建物の所有権をＸに移転する旨の代物弁済の予約をし、根抵当権設定登記と代物弁済予約の仮登記を経由したこと

＊貸金債権担保のため、不動産に抵当権が設定されるとともに、停止条件付代物弁済契約又は代物弁済の予約が締結される場合は、契約時におけるその不動産の価額と弁済期までの元利金額とが合理的均衡を失するときは、特別の事情のない

限り、その契約は、債務者が弁済期に履行がないとき、債権者において、目的不動産を換価処分してこれによって得た金員から債権の優先弁済を受け、残額はこれを債務者に返還する趣旨(清算型代物弁済予約)と解すべきであり、代物弁済の形式がとられていても、その実質は担保権と解すべきである。

3 Aは、継続的手形貸付契約に基づき、Xから12億円余の手形貸付けを受けたこと
4 Aは、手形の不渡りを出して倒産したこと
5 Xは、代物弁済の予約を選択し、請求原因3の手形貸付債権のうち極度額に当たる1,000万円の支払に代えて、Aに対して本件建物につき代物弁済の予約を完結する意思表示をしたこと
  ＊清算型代物弁済の予約上の権利者が完結権を行使したとき、この者に帰属する権利の実質は、目的物を自己の名において換価処分し、その売得金から優先弁済を受けることを内容とする一種の担保権と解すべきものであり、その処分の前提として目的物を自己の名義とすることができるにすぎない。
6 本件建物につき、AY間の売買を原因とするY名義の所有権移転登記が存在すること
7 Yの登記は、Xの本件仮登記の後にされたものであること
  ＊したがって、Yの登記は、順位保全の効力上、Xに対抗し得ないから、YはXが仮登記に基づき所有権移転の本登記手続をすることを承諾すべき義務があると、Xは主張してYに対し承諾を求めて本訴に及んだものである。

(転抵当権の設定――代物弁済予約完結意思表示の無効)

抗弁 1 Xは、請求原因5に先立って、B金庫がXに対して取得すべき債権の担保のため、本件根抵当権につき、債務者Aの承諾を得て、B金庫に対し極度額3億円の転根抵当権を設定し、その転根抵当権設定登記を経由したこと
2 抗弁1の転抵当権により担保される債権額は、請求原因2の根抵当権により担保される債権額より大きいこと
  ＊転抵当権を設定した原抵当権者Xは転抵当権の目的となった担保価値を減少・消滅させない拘束を受けるので、その範囲で原抵当権の実行はできない。本件の場合、Xの根抵当

権の設定と代物弁済の予約は、ともにXが債務者Aに対して有する債権の担保という共通目的を有するので、一方の権利が行使されると他方の権利は消滅する関係にある。そのため、Xが代物弁済の予約を完結すればXの根抵当権は消滅し、根抵当権を実行したと同様の効果を生ずるので、Xは、B金庫に対して転抵当権を設定すると同時に、代物弁済の予約完結権を行使できない拘束を受ける。この拘束に反するXの代物弁済予約完結の意思表示は無効である。

エ　債務者の原抵当権者に対する弁済の制約
　債務者は、転抵当権者の承諾がない限り、原抵当権者に対して負っている債務を弁済できない（377条2項）。ただし、原抵当債務額が転抵当債務額よりも大きい場合には、供託ができると解すべきであり、供託された場合に転抵当権は供託金還付請求権（供託所に対する供託金の支払請求権）の上に存続することになる（一種の物上代位）。
(6)　転抵当の対抗要件
　転抵当の対抗要件は、次の2種類がある。
ア　第三者対抗要件
　抵当権の処分を受けた者が、他の二重に処分を受けた第三者に対し、処分の効力をもって対抗するためには、抵当権も物権であるから、177条の登記が必要である。もっとも、その登記は、既存の主登記の番号を用い、その付記何号という番号記載をする付記登記である（本条2項）。
　大判昭和10年1月16日判決全集14.13〔27543436〕は、その登記に抵当権をもって、他の債権の担保に供したことを認めるに足る記載がある以上、転抵当権の額、弁済期、利息などの明記がなくとも、有効な登記としている。しかし、転抵当権も第三者に対する抗弁力を取得し、その優先弁済力が転抵当権の被担保債権の内容により規制されるから、その内容は登記上記載される必要があるとの批判がある（新注民（9）133頁〔柚木馨＝西沢修〕）。

> 訴訟物　　XのYに対する転抵当権設定契約に基づく付記登記請求権
> ＊YはAに対する1,000万円の貸金債権を担保するためにA所有の本件土地につき抵当権設定契約を締結して抵当権設定登記を有していた。Yは、Xから800万円を借り入れる債務を担保するために、前記抵当権につき転抵当権を設定することとした。本件は、XがYに対し、転抵当権設定契約に

基づく付記登記を求めた事案である。

請求原因
1　YはAに対し、1,000万円を弁済期平成○年○月○日との約定で貸し渡したこと
2　AはYとの間で、請求原因1の債務を担保するために本件土地につき抵当権設定契約を締結したこと
3　Aは、請求原因2当時、本件土地を所有していたこと
4　Yは請求原因2の契約に基づいて本件土地に抵当権設定登記を有すること
5　XはYに対し、800万円を弁済期平成○年○月○日との約定で貸し渡したこと
6　XはYとの間で、請求原因5の債務を担保するために請求原因2の抵当権につき転抵当権設定契約を締結したこと

イ　債務者対抗要件

　債務者対抗要件は、債権譲渡に関する467条の規定に従い、主たる債務者に対する通知又は債務者の承諾をもって、主たる債務者、保証人、抵当権設定者及びこれらの者の承継人に対する対抗要件とする（377条1項）。そしてこの通知・承諾がされた以上、処分をした抵当権者に弁済をしても、抵当権の消滅を処分の利益を受ける者（受益者）に対抗できない（同条2項）。これは抵当権の処分が被担保債権から独立したものではないため、例えば弁済による消滅によって受益者が影響を受けるからである。

3　抵当権の譲渡
(1)　意義

　抵当権者は、抵当権を有しない他の債権者に対して抵当権を譲渡できる（本条1項）。例えば、Aが被担保債権400万円の1番抵当権者、Bが被担保債権200万円の2番抵当権者、Cが被担保債権700万円の3番抵当権者、Dが無担保債権500万円を有している場合に、AからDに対して抵当権の譲渡がされたとする。競売代金が1,000万円とすると、抵当権の譲渡がないときの配当は、Aが400万円、Bが200万円、Cが400万円であるが、抵当権の譲渡の結果、Dが400万円分だけ1番抵当権者になり（譲受人は、譲渡人の被担保債権の範囲と順位で抵当権を取得する）、一方でAは無担保権者になる（我妻・担保物権法411頁）。なお、Bは200万円、Cは400万円の配当を受け、BCに不利益は生じない。

(2) 抵当権の譲渡の対抗要件

抵当権の譲渡は、同一の債務者に対して抵当権を有しない他の債権者を受益者として、抵当権のみを被担保債権と切り離して譲渡する処分であり、譲渡の当事者間でのみ効力を生ずる（相対的効力）。したがって当事者以外の第三者には影響を及ぼさない。対抗要件も転抵当の場合と同様に、①第三者に対する対抗要件（付記登記）と、②被担保債権の債務者・保証人、物上保証人らに対する対抗要件としての本条、467条の通知・承諾である。

訴訟物　　XのYに対する抵当権譲渡の合意に基づく付記登記請求権

＊YはAに対する1,000万円の貸金債権を担保するために、A所有の本件土地につき抵当権設定契約を締結して抵当権設定登記を有しており、XはAに800万円の貸金債権を有しているが、YはXとの間で、Yが抵当権を譲渡する契約を締結した。本件は、XがYに対し、抵当権の譲渡に基づく付記登記を求めた事案である。

請求原因
1　YはAに対し、1,000万円を弁済期平成○年○月○日との約定で貸し渡したこと
2　AはYとの間で、請求原因1の債務を担保するために本件土地につき抵当権設定契約を締結したこと
3　Aは、請求原因2当時、本件土地を所有していたこと
4　Yは請求原因2の契約に基づいて本件土地に抵当権設定登記を有すること
5　XはAに対し、800万円を弁済期平成○年○月○日との約定で貸し渡したこと
6　YはXとの間で、Yが請求原因2の抵当権を譲渡する契約を締結したこと

4　抵当権の放棄
(1) 意義

抵当権者は、抵当権を有しない他の債権者に対して優先弁済の利益を放棄することができる（本条1項）。これを抵当権の放棄という。ただし、放棄の利益を受ける他の債権者は、抵当権の準共有者になるものではなく、また、抵当権を実行することができず、ただ、抵当権実行の結果、放棄した抵当権者と同順位で配当を受けるにとどまると解すべきである。上記3(1)の設例でいうと、AがDに対し抵当権を放棄した場合、AとDは、1番抵

当権への配当額400万円につき平等の立場に立ち、債権額の割合すなわち4対5の割合で分配し、Aは400万円の9分の5について無担保債権者になる（我妻・担保物権法414頁）。放棄の効果は相対的で、当事者相互間でのみ効力を有し、第三者に影響を及ぼさない。Bは200万円、Cは400万円の配当を受けるのである。

(2) 抵当権の放棄の対抗要件

抵当権の放棄は、同一の債務者に対して抵当権を有しない他の債権者を受益者として、抵当権のみを単独に放棄する処分であり、放棄の当事者間でのみ効力を生ずる（相対的効力）。したがって、当事者以外の第三者には影響を及ぼさない。対抗要件も転抵当の場合と同様に、①第三者に対する対抗要件（付記登記）と、②被担保債権の債務者・保証人、物上保証人らに対する対抗要件としての本条、467条の通知・承諾である。

|訴訟物| XのYに対する抵当権放棄の合意に基づく付記登記請求権

＊YはAに対する1,000万円の貸金債権を担保するためA所有の本件土地につき抵当権設定契約を締結して抵当権設定登記を有しており、XはAに800万円の貸金債権を有しているが、YはXとの間で、Yが抵当権を放棄する契約を締結した。本件は、XがYに対し、抵当権を放棄に基づく付記登記を求めた事案である。

|請求原因|
1　YはAに対し、1,000万円を弁済期平成○年○月○日との約定で貸し渡したこと
2　AはYとの間で、請求原因1の債務を担保するために本件土地につき抵当権設定契約を締結したこと
3　Aは、請求原因2当時、本件土地を所有していたこと
4　Yは請求原因2の契約に基づいて本件土地に抵当権設定登記を有すること
5　XはAに対し、800万円を弁済期平成○年○月○日との約定で貸し渡したこと
6　YはXとの間で、Yが請求原因2の抵当権を放棄する契約を締結したこと

5　抵当権の順位の譲渡
(1) 意義

抵当権者は抵当権者相互間で順位を譲渡することができる（本条1項）。

当事者間にのみ効力を生じ、第三者に影響を及ぼさない（相対的効力）。上記3（1）の設例で、1番抵当権者Aから3番抵当権者Cに対し、順位の譲渡がされたとする。AとCの配当分800万円を、Cは1番抵当権（Aから順位譲渡を受けた分）で400万円、3番抵当権で300万円、合計700万円の配当を受け、Aは3番抵当権で100万円の配当を受けることになる。つまり、譲渡人Aと譲受人Cとの間で、AはCの後順位となる。Bは、200万円の配当を受け、AC間の抵当権の順位の譲渡の影響を受けない。

(2) 抵当権の順位譲渡の効力

抵当権の順位譲渡の効力について、相対的効力説と絶対的効力説が説かれる（中間の抵当権者に影響を与えないことは共通する）。

相対的効力説によれば、抵当権の順位の譲渡は、譲渡人・譲受人間でのみ相対的に順位の変動を生じ、担保物権実行時に両者の間の配当計算に影響を及ぼすにとどまる。譲渡人が弁済を受ければ、譲受人は抵当権を行えなくなり、また、譲受人が弁済を受けて債権が消滅すれば譲渡人の抵当権が復活するといわれる。

しかし、絶対的効力説によれば、抵当権の順位譲渡は第三者との関係においても、譲渡人と譲受人の順位の入替えが生じ、譲受人は譲渡人の有した抵当権の範囲及び順位において抵当権者となる。譲渡人が弁済を受けても、譲受人の抵当権は影響を受けないし、譲受人が弁済を受けて債権が消滅しても、譲渡人の抵当権は復活しない。

> **訴訟物**　XのYに対する抵当権を消滅させた不法行為に基づく損害賠償請求権
>
> ＊YはA所有不動産に抵当権の設定を受け、その後、停止条件付代物弁済契約による所有権移転請求権保全仮登記も備えた。また、Bが2番抵当権の設定を受け、YがBに順位譲渡して付記登記を了した。BはXに対し抵当権付で被担保債権を譲渡したが、その後、条件成就による代物弁済を受けてYは所有権を取得した。本件は、XがYに対して、XがBから譲り受けた順位1番の抵当権を消滅させたことによる損害賠償を請求した事案である（後掲昭和38年最判によるとXの請求は認められない）。
>
> ＊最判昭和38年3月1日民集17.2.269〔27002047〕は、「Aが……代物弁済を受けたとしても、右仮登記に先立つ抵当権の順位の譲渡は譲渡人と譲受人間の順位の転換を生じ、譲受

人は譲渡人の有した抵当権の範囲及び順位において抵当権者となるものであるから、例えば第1順位の抵当権の順位を譲り受けた第2順位の抵当権者は、順位譲受の結果第1順位の抵当権者となり、従前の第1順位の抵当権者は第2順位の抵当権者となるのであつて、既に第1順位となつた抵当権者の抵当権は、第2順位となつた抵当権者がその後債務者より自己の抵当権の弁済を受けたからといつて影響を蒙るべきいわれはない」と判示する。ただし、事案は、後順位担保権者が存在していないので、絶対的効力説を前提としたとまでは言い得ない。

請求原因
1　YはAに対し、500万円を弁済期平成○年○月○日と定めて貸し付け、その担保として、本件不動産につき1番抵当権の設定を受け、同時に弁済期に右債務の弁済のないときは代物弁済として同不動産の所有権を取得することを約し、即日抵当権設定登記並びに所有権移転請求権保全の仮登記を経由したこと
2　Aは、請求原因1当時、本件不動産を所有していたこと
3　Bは、Yの依頼により、Aに対し300万円を貸し付け、その担保として本件不動産につき2番抵当権の設定を受けてその旨の登記を経由し、Aは300万円をYに対する上記債務の一部弁済として支払い、同日Yは本件不動産について抵当権の1番の順位をBに譲渡してその旨付記登記を経由したこと
4　BはXに対し、同債権及び抵当権を譲渡してその旨の登記を経由したこと
5　Yは約旨に基づき本件不動産をもって代物弁済を受けて自己の有する抵当権を消滅させ、XがBから譲り受けた順位1番の抵当権の実行を不能にさせたこと

(3)　抵当権の順位の譲渡の対抗要件
ア　第三者対抗要件
　抵当権者が数人の後順位抵当権者に抵当権順位の譲渡をした場合においては、受益者の権利の順位の対抗要件が付記登記である（本条2項）。例えば、1番抵当権者Aが2番抵当権者Cに順位譲渡した後に3番抵当権者Dにも順位譲渡した場合には、CとDの利益は両立しない。CとDは対抗関係に立つので、177条によって、付記登記の先後で優劣（順位）が決まることになる。

訴訟物 XのYに対する抵当権順位譲渡の合意に基づく付記登記請求権

 ＊YはAに対する1,000万円の貸金債権を担保するために、A所有の本件土地につき抵当権設定契約を締結して抵当権設定登記を有しており、他方、XはAに対する800万円の貸金債権を担保するために同一の土地につき抵当権設定契約を締結してYの抵当権より後順位の抵当権設定登記を有しているところ、YはXとの間で、Yが抵当権の順位を譲渡する契約を締結した。本件は、XがYに対し、抵当権の順位を譲渡に基づく付記登記手続を求めた事案である。

請求原因
1　YはAに対し、1,000万円を弁済期平成○年○月○日との約定で貸し渡したこと
2　AはYとの間で、請求原因1の債務を担保するために本件土地につき抵当権設定契約を締結したこと
3　Aは、請求原因2当時、本件土地を所有していたこと
4　Yは請求原因2の契約に基づいて本件土地に抵当権設定登記を有すること
5　XはAに対し、800万円を弁済期平成○年○月○日との約定で貸し渡したこと
6　XはAとの間で、請求原因5の債務を担保するために本件土地につき抵当権設定契約を締結したこと
7　Xは請求原因6の契約に基づいて本件土地に請求原因4より後順位の抵当権設定登記を有すること
8　YはXとの間で、Yが請求原因4の抵当権の順位を譲渡する契約を締結したこと

イ　債務者対抗要件

　債務者に対する対抗要件については、377条1項が定めている。抵当権の処分は主たる債務者に通知又は債務者の承諾をしなければ、債務者に対抗することができない。上記3（1）の設例では、AがDに順位譲渡した場合に、事情を知らない債務者がAに弁済すれば、1番抵当権が消滅したとの期待を持つことになり、不測の損害を受けるおそれがあるからである。

6　抵当権の順位の放棄

　抵当権者は抵当権者相互間で優先弁済の利益を放棄することができる（本

条1項)。その効果は、順位を放棄した者は放棄を受けた者との関係で同順位となるが、当事者相互間でしか効力を有せず、第三者に影響を及ぼすことはない。上記3(1)の設例で、AがCに抵当権の順位を放棄すると、競売代価1,000万円のうち、1番抵当権者Aの取得すべき400万円、3番抵当権者Cの取得すべき400万円につきそれぞれの被担保債権額の割合(4対7)で配当を受けることになる。

訴訟物　　XのYに対する抵当権順位放棄の合意に基づく付記登記請求権

＊YはAに対する1,000万円の貸金債権を担保するためにA所有の本件土地につき抵当権設定契約を締結して抵当権設定登記を有しており、XはAに対する800万円の貸金債権を担保するためにA所有の本件土地につき抵当権設定契約を締結してYの抵当権より後順位の抵当権設定登記を有している。そして、YはXとの間で、Yが抵当権の順位を放棄する契約を締結した。本件は、XがYに対し、抵当権の順位の放棄に基づく付記登記手続を求めた事案である。

請求原因
1　YはAに対し、1,000万円を弁済期平成〇年〇月〇日との約定で貸し渡したこと
2　AはYとの間で、請求原因1の債務を担保するために本件土地につき抵当権設定契約を締結したこと
3　Aは、請求原因2当時、本件土地を所有していたこと
4　Yは請求原因2の契約に基づいて本件土地に抵当権設定登記を有すること
5　XはAに対し、800万円を弁済期平成〇年〇月〇日との約定で貸し渡したこと
6　XはAとの間で、請求原因5の債務を担保するために本件土地につき抵当権設定契約を締結したこと
7　Xは請求原因6の契約に基づいて本件土地に請求原因4より後順位の抵当権設定登記を有すること
8　YはXとの間で、Yが請求原因4の抵当権の順位を放棄する契約を締結したこと

7　抵当権付債権の譲渡

抵当権の処分は、被担保債権とは切り離して抵当権のみが処分されるもの

であり、担保物権の付従性を緩和する制度である。しかし、元来、抵当権付債権が譲渡される場合には、被担保債権が譲渡されることに伴って、特段の意思表示がない限り、従たる権利である抵当権も移転するのが原則である。例えば、競売手続の進行中に被担保債権が譲渡されると手続の承継が行われる。被担保債権の一部が譲渡されたときは、抵当権はその不可分性から両債権者によってその債権額に比例する割合の持分で準共有されることになる（我妻・担保物権法415-416頁）。また、抵当権付債権が二重に譲渡されると、それは抵当権自体の二重譲渡ではなく、債権譲渡に付随して移転した抵当権についての移転登記は、債権譲渡の優劣には全く関係がなく、被担保債権の対抗要件を先に具備した譲受人が優先する。

| 訴訟物 | XのYに対する転付金請求権 |

＊AのYに対する抵当権付債権がBに譲渡された後（第三債務者Yの承諾はあるが、確定日付はない）、Aに対する別の債権者Xのために債権差押え・転付命令が発せられ、債務者A、第三債務者Yにその命令が送達されたが、先の譲受人Bが抵当権移転登記を経ていた。本件は、XがYに対して転付金の支払を求めた事案である。

＊下級審の判例であるが、札幌地判昭和52年12月19日判時896.69〔27404810〕は、先の譲受人Bが抵当権移転登記を経ていたとしても、その譲受人Bは、差押債権者Xに対して債権譲渡をもって対抗できないとしている。

| 請求原因 | 1 Xは、Aに対する手形金請求事件の仮執行宣言付支払命令正本に基づき、A同人が第三債務者たるY被告に対して有する貸金債権（本件債権という。貸付年月日・貸付金額・弁済期日・利息・損害金は省略。抵当権は、○○法務局○○出張所昭和○年○月○日受付第○○号をもって本件建物につき第3順位の抵当権を設定）の内金○○円の債権に対し、債権差押え・転付命令を得たこと |

（債権譲渡）

| 抗弁 | 1 AのBに対する本件債権の移転原因事実
2 YはBに対し、抗弁1の債権譲渡を承諾したこと |

＊抗弁2のYの承諾は、確定日付ある証書によるものではない。

＊本件債権は、抵当権付債権であるが、Bは、本件債権譲渡に

伴って抵当権の移転を受けたとしてその旨の付記登記手続を了している。

(第三者対抗要件)

再抗弁 1 Xの本件債権に対する債権差押え・転付命令は、第三債務者であるYに送達されたこと

＊Yのした抗弁2の承諾は、確定日付によらないもの（抗弁2）である以上、債権差押え・転付命令に対抗し得ないとのXの主張である。

＊前掲昭和52年札幌地判は、「Aは、Bに対し抵当権を付して本件債権を譲渡したものであり、このような場合、抵当権の独立性を認めることはできず、抵当権は、債権譲渡に付随した効果として譲渡債権と共に債権譲受人に移転するものと解すべきである。従って、Bが、抵当権について移転の付記登記手続をなしたとしても、抵当権を基礎付ける債権の譲渡を第三者に対抗する要件を具備しない以上、右抵当権付債権の取得を債務者以外の第三者に対抗しえない。又、債権に対する転付命令が債務者および第三債務者に送達されたときは、その債権の存する限り右債権は債権者に移転し、爾後は債権の移転につき通知又は承諾等何らの手続を要せずして債務者、第三債務者およびその他の第三者に対しこれを対抗しうることとなる。Yは、AのBに対する本件債権の譲渡を昭和49年4月20日書面により承諾したが、……確定日付を備えた承諾でない。かえって、第三債務者であるYに対しては昭和49年4月30日、又、Aに対しては同年5月11日、Xの本件債権に対する差押ならびに転付命令がそれぞれ送達されており、これによりXは、AのYに対する本件債権の譲渡を受け、同時に第三者に対する対抗要件を具備したと認められる。けだし、……本件は、抵当権のみが債権と別個に譲渡された場合でないから、抵当権自体の二重譲渡のような法的関係は生じないのであって、債権の譲渡を債務者以外の第三者に対抗しうるかという観点から解決されるべきである」「転付命令がその効力を生ずるには、第三債務者への送達だけでは足りず、債務者への送達をも必要と解するべきである。従って、本件の場合、転付命令が、債務者であるAに送達された昭和49年5月11日その効力を生じ、Xは本

件債権を取得し、同時に第三者に対する対抗要件を具備したというべきである。Xの再抗弁はこの限度で理由がある」と判示する。

● (抵当権の処分の対抗要件)

第377条 前条の場合には、第467条の規定に従い、主たる債務者に抵当権の処分を通知し、又は主たる債務者がこれを承諾しなければ、これをもって主たる債務者、保証人、抵当権設定者及びこれらの者の承継人に対抗することができない。
　2　主たる債務者が前項の規定により通知を受け、又は承諾をしたときは、抵当権の処分の利益を受ける者の承諾を得ないでした弁済は、その受益者に対抗することができない。

1　抵当権の処分の一般第三者以外の者に対する対抗要件

　抵当権者が376条所定の抵当権の単独処分をしたとき、その付記登記をしている限り（376条2項）、受益者が取得した優先弁済権を、一般の第三者（すなわち、重複処分の受益者、原抵当権者より後順位の担保権者、一般債権者）に対抗することができる。しかし、それのみでは、債務者は処分の事実を知らないことが多く、処分後も元の処分者に対して債務の弁済をすることが生じ得る。その弁済を有効とすると処分の受益者が損失を被り、他方、無効とすると債務者に二重弁済を強いることになる。そこで、本条1項は、処分の効力をもって、特に債務者・保証人・抵当権設定者及びこれらの者（つまり、一般第三者以外の第三者）に対抗するためには、467条に従って、処分者による債務者に対する処分の通知又は債務者の承諾を要することとしたのである（この通知は、債務者に対してすればよく、債務者以外の保証人などに対してする必要がない。なぜなら、これらの者は、債務者に問い合わせれば足りるからである）。

　抵当権の単独処分が数次にわたって行われると、受益者相互の優先弁済権の順位は、付記登記の先後で決まり（376条1項）、本条1項所定の通知・承諾は優先弁済権の順位に影響を及ぼさない。つまり、376条1項で決定された優先弁済の効果を抵当権の消滅後もなお、受益者は主張できるか否かを決定するものである。したがって、この対抗要件については、通知承諾の先

後は問題とならず、通知承諾の有無のみが問題となる。この趣旨からすると、467条2項は、本条1項の対抗要件とは関係がない（新注民（9）406頁〔山崎寛〕）。

なお、転抵当権者が転抵当権の付記登記を得ているときは、原抵当権設定者が原抵当権設定登記の抹消請求をしても、その抹消の原因が原抵当権者と原抵当権設定者の間の通謀虚偽表示である場合には、原抵当権設定者は原抵当権設定契約の無効をもって善意の第三者である転抵当権者に対抗できないので、転抵当権者は、転抵当権の対抗力の有無にかかわらず、前記抹消請求についての承諾はこれを拒否することができる（最判昭和55年9月11日民集34.5.683〔27000166〕）。

訴訟物　　XのYに対する所有権に基づく妨害排除請求権としての転抵当権設定登記の抹消登記手続についての承諾請求権

＊X所有の本件不動産には、抵当権設定者Xとし、抵当権者Aとする抵当権設定登記がされ、また、本件抵当権を目的として転抵当権設定者A、転抵当権者Yとする転抵当権登記がされているが、XA間の原抵当権設定は通謀虚偽表示によるものであった。本件は、XがYに対し、Aの本件抵当権設定登記の抹消登記手続をするにつき承諾することを求めたが、YはAの有する原抵当権が通謀虚偽表示によることを知らずにAから転抵当権の設定を受けたから、Xは、Yに対しては、原抵当権が虚偽表示のものと主張できないと反論した事案である。

＊請求の趣旨は、「Yは、本件不動産につきされたAの本件抵当権設定登記の抹消登記手続をするにつき承諾せよ」とする。XのYに対する本訴請求は、転抵当権がXに対抗し得ないこと、その意味においてXに対する関係では不存在というべきものであることを理由として転抵当権設定登記の抹消を求めるものではなく、原抵当権設定登記の抹消登記を実現するにつきYの有する転抵当権設定登記の存在が支障となっているので、Yに対し、不登68条による登記上の利害関係人として上記抹消についての承諾をすべきことを求めるものである（そして、XがAに対し（本設例では、被告となっていない）原抵当権設定登記の抹消登記を請求する理由は、原抵当権が当事者の通謀虚偽表示である）。

請求原因 1 Xは本件不動産を所有していること
2 本件不動産について、抵当権設定者をXとし、抵当権者をAとする本件抵当権設定登記がされ、また、本件抵当権を目的として転抵当権設定者をA、転抵当権者をYとする本件転抵当権登記がそれぞれされていること
(登記保持権原)
抗 弁 1 AはXに対し、1,000万円を弁済期平成〇年〇月〇日の約定で貸し渡したこと
2 XとAとの間で、抗弁1の貸金債権を担保するために、本件不動産につき抵当権設定契約を締結したこと
3 Xは、抗弁2当時、本件土地を所有していたこと
4 請求原因2の本件抵当権設定登記は、抗弁2の本件抵当権設定契約に基づくこと
5 YはAに対し、500万円を弁済期平成〇年〇月〇日の約定で貸し付けたこと
6 YはAとの間で、抗弁1の貸金債権を担保するために、本件抵当権を目的として転抵当を設定する契約を締結したこと
7 請求原因2の本件転抵当権登記は、抗弁5の本件転抵当権契約に基づくこと
(通謀虚偽表示)
再抗弁 1 抗弁2の抵当権設定契約は、XA間で、真実抵当権設定の意思がないのに、本件不動産を担保に金融のあっせんを依頼した際、Aとの取引実績を装い、また本件不動産の担保価値を高くみせるためにAと通謀し仮装したものであること
(善意の第三者)
再々抗弁 1 抗弁6の転抵当契約締結当時、Yは、XとAとの間の本件抵当権設定契約が通謀虚偽表示であることを知らなかったこと
＊Yは善意の第三者であるため、Xは本件抵当権設定が虚偽表示による無効であることをもって、Yに対抗できない。
最判昭和55年9月11日民集34.5.683〔27000166〕は、「原抵当権が虚偽仮装のものであることにつき善意で転抵当権の設定を受けた者〔Y〕は、たとえ右転抵当権の取得につき民法376条1項所定の要件を未だ具備しておらず、したがつて、右権利そのものを行使し、又は権利取得の効果を原抵当権設定者に主張することができない場合であつても、民法

94条2項の関係では、すでに有効な転抵当権設定契約に基づき一定の法律上の地位を取得した者として同条項にいう善意の第三者に該当するものということを妨げないと解すべきであるから、原抵当権設定者［A］は、これに対する関係では、右原抵当権が虚偽仮装のものであることを主張することができない」と判示し、YはAの有する原抵当権が当事者の通謀虚偽表示であることを知らずにAから転抵当権の設定を受けたから、Xは、Yに対しては、原抵当権が虚偽表示無効であることを主張できないと結論付けた。

　前掲昭和55年最判の原審は、①YがAに対する貸付金を担保するために転抵当権の設定を受けた際、原抵当権が仮装であることを知らなかったから、XはYに対し原抵当権の無効を対抗できないとするものの、②転抵当権の取得を原抵当権の抵当債務者Xに対抗するためには、376条に従い、原抵当権者Aからその抵当債務者Xへ転抵当権設定の通知がされるか又は抵当債務者Xの承諾が必要であるが、その主張・立証がない、③そのため、Yは転抵当権の取得をXに対抗できないとして、Xの請求を認容した。この原判決を破棄した前掲昭和55年最判は、上記の点につき、「転抵当権の設定を受けた者が民法376条1項の規定との関係で右転抵当権の取得を原抵当権設定者に対抗しうるかどうかということと、その者が右転抵当権設定登記を取得し、かつ、これを保持しうるかどうかということとは本来別個の問題であり、転抵当権の設定を受けた者は、民法の右規定による対抗力の取得の有無にかかわらず、転抵当権設定者に対して有する契約上の登記請求権に基づいてその設定登記の実現をはかることができ、その反面、すでに右転抵当権設定登記を得ている場合には、原抵当権設定者に対する関係においても、被担保債権の消滅による原抵当権の消滅等自己に対抗しうる原抵当権設定登記の抹消原因が存するときでなければ、その抹消登記についての承諾請求があつても、これを拒否して自己の転抵当権設定登記を保持しうる地位を有するものであり、この場合、前記転抵当権取得の対抗力の有無は、右の転抵当権取得者に対抗しうる原抵当権設定登記の抹消原因の成否との関係で問題となりうるにすぎない」と判示し、Yは

既に転抵当権設定の付記登記を得ており、他方Xの原抵当権設定登記の抹消の原因は、原抵当権がXA間の通謀虚偽表示によるので、その理由は、転抵当権の対抗力の有無とは関係なくYに対抗できないから、Yは、このような原因による原抵当権設定登記の抹消に関する承諾を拒否できるとしている。

2 通知・承諾後の処分者への弁済

本条1項により、債務者に対する抵当権処分の通知又はその処分についての債務者の承諾がされると、債務者は、処分を受けた受益者の承諾なくして処分者に弁済をしても、それを受益者に対抗できない（本条2項）。しかし、不可抗力や消滅時効により被担保債権が消滅したという場合には、本条2項は適用されないと解される。なお、抵当権の処分が、数次にわたってされた場合、受益者相互間の権利の順位は付記登記の前後で定まり（375条2項）、債務者に対する通知又は債務者の承諾の順序によっては定まらない。通知・承諾はその有無だけが問題となる（新注民（9）406頁〔山崎寛〕）。

● (代価弁済)

第378条 抵当不動産について所有権又は地上権を買い受けた第三者が、抵当権者の請求に応じてその抵当権者にその代価を弁済したときは、抵当権は、その第三者のために消滅する。

　抵当権者は、抵当権に基づき物上代位権を有する（304条、372条）。本条は、抵当権者が抵当不動産の所有権又は地上権を買い受けた第三者に対して代価の支払を主張したときは、第三者がその代価を弁済すると同時に、その第三者のために（相対的に）抵当権が消滅することを定める。

　この場合に、抵当権の設定登記後、第三者が所有権を取得するに先立って、地上権を取得した者がいる場合、この地上権者との関係ではなお抵当権が存続していることになり、抵当権者は代価弁済を受けた被担保債権の残額債権により地上権につき抵当権を実行し得る（新注民（9）414頁〔生熊長幸〕）。さらに、地上権を買い受けた第三取得者が代価弁済をすれば、それが被担保債権の一部であっても、地上権者との関係で抵当権は消滅する（地上

権は抵当権に対抗し得る地上権となる)。設定者との関係では抵当権はなお存続し、代価弁済によって弁済を受けた部分以外の被担保債権について抵当権を実行し得る(地上権は買受人の下で存続する)。

訴訟物　XのYに対する代価弁済に基づく抵当権設定登記抹消登記請求権

＊YはAに対して1,000万円を貸し付け、その債権を担保するため、A所有の本件土地に抵当権の設定を受け、登記も了していた。XはAから本件土地を代金1,800万円で売買する契約を締結したところ、YがXに対し、その代価の支払を請求した。Xはこれに応じて、Yに被担保債権額(1,000万円)を弁済し、残余の800万円をAに支払った。本件は、XがYに対して、抵当権設定登記の抹消登記を求めた事案である。

＊本件の事案においては、本件訴訟の訴訟物とは別個に、Xは所有権に基づく妨害排除請求権としての抵当権設定登記抹消登記請求権をも有する。

＊買受人Xの弁済は、抵当権者Yからの請求に基づくものであって、Yが任意で被担保債権の弁済をするものではない。したがって、弁済代位の関係は生じない(注民(9) 156頁〔柚木馨＝上田徹一郎〕)。Xの代価弁済は、抵当権自体を消滅させる弁済である。

請求原因
1　Aは、請求原因3当時、本件土地を所有していたこと
2　YはAに対し、1,000万円を弁済期平成○年○月○日の約定で貸し渡したこと
3　AはYとの間で、請求原因2の債務を担保するため本件土地に抵当権設定契約を締結したこと
4　Yは請求原因3に基づいて本件土地に抵当権設定登記をしたこと
5　AはXとの間で、本件土地を代金1,800万円で売買する契約を締結したこと

＊買取代金額が被担保債権額を下回るときは、残債権を担保するために抵当権はなお存続するので、その場合は、抵当権は買受人との関係において消滅するにすぎない。このような場合には、抵当権者は、その抵当権設定に遅れて設定された地

上権などを競売して弁済を受けることができる。したがって、代価弁済に基づいて抵当権の抹消登記請求権が発生するためには、被担保債権額が全額買受人によって弁済された場合と解される（大判大正4年9月15日民録21.1469〔27522007〕）。言い換えれば、買受代金額が被担保債権額を下回る場合は、抵当権設定登記の抹消登記手続を求めることは、できない。

6 　YはXに対し、請求原因5の代価の支払を請求したこと
7 　XはYに対し、請求原因6の請求に応じて、被担保債権額（1,000万円）を弁済し、残余の800万円をAに支払ったこと
＊第三取得者Xは、代価弁済により、売買代金債務を免れる。売買代金が被担保債権額を超える場合は、残額は売主に交付する（注民（9）156頁〔柚木馨＝上田徹一郎〕）。

● (抵当権消滅請求)

第 379 条　抵当不動産の第三取得者は、第383条の定めるところにより、抵当権消滅請求をすることができる。

1 　趣旨

本条から386条までの8か条は、いわゆる抵当権消滅請求に関する規定である。消滅請求とは、抵当不動産について権利を取得した第三者が383条の規定により同条3号の代価又は金額を抵当権者に提供して抵当権を消滅請求をすることをいう。

2 　第三取得者の範囲

本条所定の「第三取得者」としては、売買などにより所有権を確定的に取得した第三者が典型であるが、これに譲渡担保権者が含まれるかという問題がある。旧378条（平成16年法律147号改正前）の滌除権に関し、譲渡担保権者が先行する根抵当権者に対して、滌除権行使により根抵当権が消滅したと主張して根抵当権設定登記の抹消を請求した事案において、最判平成7年11月10日民集49.9.2953〔27828274〕（被担保債権の弁済期前に滌除権を行使した事案）は、旧規定の「所有権ヲ取得シタル第三者」とは確定的に

抵当不動産の所有権を取得した第三取得者に限られるとした。抵当権消滅請求制度においても同様に解される。

また、「第三取得者」に、共有持分権を取得した者が含まれるかにつき、肯定説は、共有持分権者の地位が本質的に単独所有権者の地位と異ならないことを理由に挙げ、濫用的な場合は権利濫用法理によって無効とし得るとするが、最判平成9年6月5日民集51.5.2096〔28021114〕は、共有持分権者による滌除権行使によって抵当権者が被る不利益の深刻さ、抵当権の不可分性が実質的に侵害されることなどを理由として、これを否定している。抵当権消滅請求制度においても同様に考えられる。

訴訟物　　XのYに対する抵当権消滅請求に基づく抵当権設定登記抹消登記請求権

＊本件の事案においては、Xは、本件訴訟の訴訟物とは別個に、所有権に基づく妨害排除請求権としての抵当権設定登記抹消登記請求権をも有する。その場合は、請求原因事実は、下記の請求原因1、4、6のみである。そして請求原因2、3、5がYの抗弁となり、請求原因7ないし9がXの再抗弁となる。

Xの弁済は、代価弁済の場合と同様に、被担保債権自体の弁済ではなく、弁済代位の関係は生じない。Xの弁済は、抵当権そのものを消滅させる弁済である。

請求原因　1　Aは、請求原因3当時、本件土地を所有していたこと
2　YはAに対し、1,000万円を弁済期平成○年○月○日の約定で貸し渡したこと
3　AはYとの間で、請求原因2の債務を担保するため本件土地に抵当権設定契約を締結したこと
4　Yは本件土地に抵当権設定登記を有すること
5　Yの請求原因4の登記は、請求原因3の契約に基づくこと

＊請求原因4と5を一括して、「Yが請求原因3に基づいて本件土地に抵当権設定登記をしたこと」ということが多い。

6　AはXとの間で、本件土地を代金800万円で売買する契約を締結したこと

＊Xが、本条の定める「第三者」であることを示す要件事実である。第三取得者は、抵当権消滅の通知をする時までに本登記をしなければならないとする見解（滌除の通知について

であるが、我妻・担保物権法376頁）によれば、「Xは請求原因6の契約に基づき所有権移転登記をしたこと」が要件事実として加わる。

7　XはY（登記をした各債権者）に対し、(1) 本件土地の登記事項証明書を添えて、(2) Xが本件土地を取得した原因・年月日・譲渡人・Xの氏名・住所・本件土地の性質・所在・代価その他取得者の負担を記載した書面及び (3) Yが2か月以内に抵当権を実行して競売の申立てをしないときは、Xは800万円を弁済又は供託する旨を記載した書面をもって通知したこと

＊上記の(1)、(2)、(3)は、いずれも383条の定める書面記載事項である。

8　YはXの抵当権消滅請求の申出を承諾する旨の意思表示をしたこと、又は、請求原因7の送達の日から2か月が経過したこと

9　XはYに対し、383条3号の代価又は金額を提供したこと

（先立つ競売の抗弁）

抗弁　1　XのYに対する抵当権消滅請求の通知に先立って抵当権の実行としての競売による差押えの効力が生じたこと

＊上記の抗弁は、382条に基づくものである。

3　取得の意義

仮登記も一種の公示方法であって、第三者に対して警告的な意味を持つので、仮登記権者が本条により抵当権消滅請求ができるかが問題となる。本条の第三取得者が抵当権消滅請求を抵当権者に対して主張するためには、その所有権取得を対抗できなければならないことから、仮登記に基づき本登記がされない限り、抵当権消滅請求は認められないと解される。

● ━━━━━━━━━━━━━━━━━━━━━━━━━━━━━━━━

第380条　主たる債務者、保証人及びこれらの者の承継人は、抵当権消滅請求をすることができない。

ＸのＹに対する抵当権消滅請求に基づく抵当権設定登記抹消登記手続請求を考えた場合、抵当権消滅請求を求めるＸ自身が「主たる債務者」に該当する場合であることは、請求原因事実中に現れるから、その場合は主張自体失当となる。Ｘが請求原因２の債務について保証人であること又はその承継人であること並びに主債務者の承継人であることは、抵当権消滅請求権の権利障害事由としての抗弁となる。

訴訟物　　ＸのＹに対する抵当権消滅請求に基づく抵当権設定登記抹消登記請求権

＊Ａは、その所有する本件土地をＹからの借入金の担保として抵当権を設定した後、Ｘに対して本件土地を贈与した。本件は、ＸがＹに対し、383条に従って、抵当権消滅請求に基づく抵当権設定登記抹消登記を求めたところ、ＸはＹの借入債務についての保証人であること、又は、ＸはＡの相続人であると抗弁した事案である。

請求原因
1　Ａは、請求原因３当時、本件土地を所有していたこと
2　ＹはＡに対し、1,000万円を弁済期平成○年○月○日の約定で貸し渡したこと
3　ＡはＹとの間で、請求原因２の債務を担保するため本件土地に抵当権設定契約を締結したこと
4　Ｙは請求原因３に基づいて本件土地に抵当権設定登記をしたこと
5　ＡはＸとの間で、本件土地を贈与する契約を締結したこと
6　ＸはＹ（登記をした各債権者）に対し、383条の定める書面を送達したこと
7　ＹはＸの抵当権消滅請求の申出を承諾する旨の意思表示をしたこと、又は、請求原因６の送達の日から２か月が経過したこと
8　ＸはＹに対して、383条3号の代価又は金額を提供したこと

（保証人）
抗弁
1　ＸはＹとの間で、請求原因２のＡの債務についてその支払を保証する旨の契約を締結したこと

（主債務者承継人）
抗弁
1　Ａは、請求原因５の後死亡したこと

2　XはAの子であること

第381条　抵当不動産の停止条件付第三取得者は、その停止条件の成否が未定である間は、抵当権消滅請求をすることができない。

1　停止条件付第三取得者と抵当権消滅請求

　本条は、停止条件付第三取得者が条件成就が未定の場合、抵当権消滅請求ができないことを定める。XのYに対する抵当消滅請求に基づく抵当権設定登記抹消登記請求を考えた場合、第三取得者がその取得原因について停止条件が付いていることは、権利発生阻止事由としての抗弁となり、条件成就は再抗弁となることを意味しよう。

訴訟物　　XのYに対する抵当権消滅請求に基づく抵当権設定登記抹消登記請求権

＊Aは、その所有する本件土地をYからの借入金の担保として抵当権を設定した後、Xに対して本件土地を停止条件付で売却した。本件は、XがYに対し、383条に従って、抵当権消滅請求をしたところ、停止条件の成就が争点となった事案である。

請求原因　1　Aは、請求原因3当時、本件土地を所有していたこと

2　YはAに対し、1,000万円を弁済期平成○年○月○日の約定で貸し渡したこと

3　AはYとの間で、請求原因2の債務を担保するため本件土地に抵当権設定契約を締結したこと

4　Yは請求原因3に基づいて本件土地に抵当権設定登記をしたこと

5　AはXとの間で、本件土地を代金800万円で売買する契約を締結したこと

6　XはY（登記をした各債権者）に対し、383条の定める書面を送達したこと

7　YはXの抵当権消滅請求の申出を承諾する旨の意思表示を

したこと、又は、請求原因6の送達の日から2か月が経過したこと

　　8　XはYに対し、383条3号の代価又は金額を提供したこと

(停止条件)
抗弁　1　請求原因5のAX間の売買契約には、停止条件が付されていること

(停止条件成就)
再抗弁　1　条件が、請求原因6に先立って成就したこと

2　旧381条削除の理由

　平成15年法律134号改正前の本条は、抵当権者が抵当権実行に先立って378条（平成15年改正前）に掲げる第三取得者に実行の通知をしなければならないことを定めていた。しかし、手続を無用に遅らせる原因となっていたので、平成15年改正の際、削除されることとなった。

　つまり、平成15年改正前は、不動産競売開始決定の要件として、抵当権設定後に所有権移転登記（仮登記を含む）などがされているときは、その者へ抵当権実行通知を出したことが要求されていた。それを受けて民執規173条2項は、「民法第381条（同法において準用する場合を含む。）の規定による通知を要する場合における不動産競売の申立書には、第170条各号に掲げる事項のほか、その通知をした旨を記載し、これを証する文書を添付しなければならない」と定めていたが、平成15年改正によりこれも削除された。

　そして、民執規170条は、担保権の実行としての競売の申立書には、次に掲げる事項を記載しなければならないと定めている。

(1)　債権者、債務者及び担保権の目的である権利の権利者の氏名又は名称及び住所並びに代理人の氏名及び住所
(2)　担保権及び被担保債権の表示
(3)　担保権の実行又は行使に係る財産の表示及び求める担保権の実行の方法
(4)　被担保債権の一部について担保権の実行又は行使をするときは、その旨及びその範囲

●(抵当権消滅請求の時期)

第382条　抵当不動産の第三取得者は、抵当権の実行としての競売による差

押えの効力が発生する前に、抵当権消滅請求をしなければならない。

平成15年改正前においては、第三取得者が消滅請求をすることができる時期を抵当権実行通知を受けた後1か月後としていたが、抵当権実行通知を廃止したことの関係上、本条は消滅請求を競売開始決定に係る差押えの効力が生じるまでの間にすることができるものとした。

抵当権の消滅請求に先立って抵当権の実行としての競売による差押えの効力が発生したことは、消滅請求権の発生障害事由となる。379条の設例の抗弁は、これが抗弁として機能をする例であるので参照されたい。

● (抵当権消滅請求の手続)

第383条 抵当不動産の第三取得者は、抵当権消滅請求をするときは、登記をした各債権者に対し、次に掲げる書面を送付しなければならない。
　一　取得の原因及び年月日、譲渡人及び取得者の氏名及び住所並びに抵当不動産の性質、所在及び代価その他取得者の負担を記載した書面
　二　抵当不動産に関する登記事項証明書(現に効力を有する登記事項のすべてを証明したものに限る。)
　三　債権者が2箇月以内に抵当権を実行して競売の申立てをしないときは、抵当不動産の第三取得者が第1号に規定する代価又は特に指定した金額を債権の順位に従って弁済し又は供託すべき旨を記載した書面

本条は、抵当権消滅請求の申出をする場合、登記した各債権者に送達しなければならない文書を定める。

本条1号は、抵当不動産の取得者Xが本件土地を取得した原因、年月日、譲渡人、Xの氏名・住所、本件土地の性質、所在、代価その他取得者の負担を記載した書面であり、本条2号は、本件土地の登記事項証明書であり、本条3号は、抵当権者Yが2か月以内に抵当権を実行して競売の申立てをしないときは、Xは本条1号の代価又は特に指定した金額を債権の順位に

従って弁済又は供託すべき旨を記載した書面である。

● (債権者のみなし承諾)

第384条 次に掲げる場合には、前条各号に掲げる書面の送付を受けた債権者は、抵当不動産の第三取得者が同条第3号に掲げる書面に記載したところにより提供した同号の代価又は金額を承諾したものとみなす。
一 その債権者が前条各号に掲げる書面の送付を受けた後2箇月以内に抵当権を実行して競売の申立てをしないとき。
二 その債権者が前号の申立てを取り下げたとき。
三 第1号の申立てを却下する旨の決定が確定したとき。
四 第1号の申立てに基づく競売の手続を取り消す旨の決定(民事執行法第188条において準用する同法第63条第3項若しくは第68条の3第3項の規定又は同法第183条第1項第5号の謄本が提出された場合における同条第2項の規定による決定を除く。)が確定したとき。

---

1 みなし承諾

本条は、抵当権消滅請求通知の送達後2か月以内に、抵当権を実行して競売の申立てをしないで経過した場合、抵当権消滅請求の申出を承諾したものと擬制されることを定める。逆にいうと、抵当権消滅請求の送達を受けた後2か月以内に抵当権を実行して競売の申立てをすることは、抵当権消滅請求の効果障害事由であることを意味する。

2 廃止された「増価競売」

旧本条2項は、いわゆる増加競売の請求について定めていた。しかし増加競売に伴う抵当権者の負担が重く、第三取得者が申し出た金額が時価よりかなり低い場合であっても、抵当権者が増加競売申立てをあきらめて、第三取得者の滌除の申出に応じざるを得ない弊害が目立ったため、平成15年改正時に、増加競売の規定は削除されることとなった。

つまり、XのYに対する抵当権消滅請求に基づく抵当権設定登記抹消登記請求を考えた場合、債権者が、383条の書面の送達を受けて2か月以内に競売の申立てをすることは、以下の設例のように抵当権消滅請求の権利発生

阻止事由としての抗弁となる。

訴訟物　XのYに対する抵当権消滅請求に基づく抵当権設定登記抹消登記請求権

＊Aは、その所有する本件土地をYからの借入金の担保として抵当権を設定した後、Xに対して売却した。本件は、XがYに対し、383条に従って、抵当権消滅請求をしたところ、同条所定の書面を送達した日から2か月が経過する前にYが抵当権を実行して競売の申立てをしたか等が争点となった事案である。

請求原因
1　Aは、請求原因3当時、本件土地を所有していたこと
2　YはAに対し、1,000万円を弁済期平成○年○月○日の約定で貸し渡したこと
3　AはYとの間で、請求原因2の債務を担保するため本件土地に抵当権設定契約を締結したこと
4　Yは請求原因3に基づいて本件土地に抵当権設定登記をしたこと
5　AはXとの間で、本件土地を代金800万円で売買する契約を締結したこと
6　XはY(登記をした各債権者)に対し、383条の定める書面を送達したこと
7　請求原因6の送達の日から2か月が経過したこと
8　XはYに対し、800万円を供託したこと

(競売申立て)

抗弁　1　Yは、請求原因7の期間の経過に先立って、抵当権を実行して競売の申立てをしたこと

(取下げ)

再抗弁　1　抗弁1の競売申立てを取り下げたこと
＊本条2号に基づく再抗弁である。

(却下決定)

再抗弁　1　抗弁1の競売申立てを却下する決定が確定したこと
＊本条3号に基づく再抗弁である。

(取消決定)

再抗弁　1　抗弁1の競売申立てに基づく競売手続を取り消す決定が確定したこと

＊本条4号に基づく再抗弁である。

● (競売の申立ての通知)

第385条 第383条各号に掲げる書面の送付を受けた債権者は、前条第1号の申立てをするときは、同号の期間内に、債務者及び抵当不動産の譲渡人にその旨を通知しなければならない。

　本条は、383条1号の申立てをするときは同号の期間内に、債務者及び抵当不動産の譲渡人に対しても、競売をする旨を通知すべきことを定める。しかし、本条は、384条と異なり、同号の競売の要素でないから、この手続を怠っても、競売の無効を生ずることはないと解される。つまり、この手続違背の事実は、競売開始決定に対する執行異議（民執182条）の事由（担保権の不存在又は消滅）としては、主張自体失当なのである。

● (抵当権消滅請求の効果)

第386条 登記をしたすべての債権者が抵当不動産の第三取得者の提供した代価又は金額を承諾し、かつ、抵当不動産の第三取得者がその承諾を得た代価又は金額を払い渡し又は供託したときは、抵当権は、消滅する。

　本条は、第三取得者によって抵当権消滅請求がされた場合に、どのような条件が充足されれば、抵当権が消滅するのか定める。具体的には、①登記をしたすべての債権者が抵当不動産の第三取得者の提供した代価又は金額を承諾すること（384条のみなし承諾を含む）、②抵当不動産の第三取得者がその承諾を得た代価又は金額を払渡し又は供託したことの2つである。

● (抵当権者の同意の登記がある場合の賃貸借の対抗力)

第387条 登記をした賃貸借は、その登記前に登記をした抵当権を有するす

べての者が同意をし、かつ、その同意の登記があるときは、その同意をした抵当権者に対抗することができる。
2 抵当権者が前項の同意をするには、その抵当権を目的とする権利を有する者その他抵当権者の同意によって不利益を受けるべき者の承諾を得なければならない。

1 抵当権者の同意の登記がある場合の賃貸借の対抗力

抵当権者に対抗し得る短期賃貸借の保護を規定した旧395条が平成15年法律134号改正により廃止されたことに対応して、本条は、抵当権者の予測を確保しながら、抵当不動産の賃借人の地位の安定を図ろうとするものである。つまり、本条1項は、抵当権設定登記後の賃貸借につき、①登記がされ、②これに優先する抵当権を有するすべての者がこれに対抗力を与えることに同意し、③その同意につき登記がされたときは、その賃貸借は抵当権者に対抗することができることを定める。対抗力を与えられた賃貸借は、不動産が競売により売却された場合には、その買受人に引き受けられ、買受人が賃貸人となるほかは従前のとおりの内容で存続する。

2 抵当権を目的とする権利を有する者の承諾

本条2項は、その抵当権が転抵当の目的となっている場合など抵当権者の同意によって不利益を受ける者がいる場合には、その者の承諾も必要であることを定める。

訴訟物 XのYに対する所有権に基づく返還請求権としての建物明渡請求権

＊本件は、A所有の建物を競売で買い受けたXが、建物を占有するYに対し、建物の明渡しを求めたところ、Yは、Aと締結した賃貸借契約が本条1項及び2項所定の要件を満たしたものであるとの抗弁を主張した事案である。

＊本条1項及び2項所定の要件を満たした場合に、賃借人は、賃借権設定登記前に登記された抵当権者にも対抗することができ、競売により売却された場合にも、その賃貸借が差押債権者又は仮差押債権者に対抗できない場合を除いて（民執59条2項）、買受人に引き受けられ、従前どおりの内容で買

受人が賃貸人となる。なお制度創設に伴い、敷金が新たに賃借権登記の登記事項とされている（不登81条4号）。

請求原因
1 Aは、請求原因2当時、本件建物を所有していたこと
2 Xは、本件建物を競落して、代金を納付したこと
　＊買受人Xは代金を納付した時に所有権を取得する（民執79条、188条）。
3 Yは、本件建物を占有すること

（占有権原）

抗弁
1 AはYとの間で、本件建物を賃貸（期間・賃料）する契約を締結したこと
2 抗弁1の賃借権は登記されたこと
　＊旧395条は、賃借権の「登記」を要求していたが、その後立法された建物保護1条、借家1条及び借地借家10条1項、31条が定める公示方法でよいと解されていた。しかし、平成15年改正後の本条の「登記」は、それらの立法がなされていることを踏まえたうえで、あえて「登記」（605条）に絞ったものである。つまり、保護される賃借権は、登記を具備していなければならず、借地借家法の定める対抗要件を備えただけでは本条の適用を受けない。
3 抗弁2の賃借権登記に先立って、登記した抵当権を有するすべての者であるB、C、DがYの賃借権に同意したこと
　＊抗弁1の賃借権に優先する立場にあるすべての抵当権者（B、C、D）の同意を条件に、賃借権に対抗力を付与する趣旨で、当該賃貸借の賃貸人Yに対してなされる意思表示（単独行為）である。
（4 抵当権を目的とする権利を有する者（転抵当権者や抵当権付債権を目的とする質権者等）や抵当権者の同意によって不利益を受ける者（抵当権及びその順位の譲渡・放棄（376条1項）における受益者等）がいる場合は、その者の承諾を受けること）
5 抗弁3の同意の登記がされたこと

（同意の無効・取消事由）

再抗弁
1 抗弁3のB、C、Dのいずれかの同意について、錯誤事由、取消事由があること
　＊取消しの場合は、取消しの意思表示も必要である。

■ **（参考）**（不動産担保権の実行の開始）

民事執行法第 181 条 不動産担保権の実行は、次に掲げる文書が提出されたときに限り、開始する。
　一　担保権の存在を証する確定判決若しくは家事事件手続法（平成 23 年法律第 52 号）第 75 条の審判又はこれらと同一の効力を有するものの謄本
　二　担保権の存在を証する公証人が作成した公正証書の謄本
　三　担保権の登記（仮登記を除く。）に関する登記事項証明書
　四　一般の先取特権にあつては、その存在を証する文書
2　抵当証券の所持人が不動産担保権の実行の申立てをするには、抵当証券を提出しなければならない。
3　担保権について承継があつた後不動産担保権の実行の申立てをする場合には、相続その他の一般承継にあつてはその承継を証する文書を、その他の承継にあつてはその承継を証する裁判の謄本その他の公文書を提出しなければならない。
4　不動産担保権の実行の開始決定がされたときは、裁判所書記官は、開始決定の送達に際し、不動産担保権の実行の申立てにおいて提出された前 3 項に規定する文書の目録及び第 1 項第 4 号に掲げる文書の写しを相手方に送付しなければならない。

1　不動産担保権の実行の開始

　不動産の担保権者は、被担保債権の弁済期到来にもかかわらず被担保債権の弁済がないときは、執行裁判所に担保不動産競売の申立てをして（民執 180 条 1 号、本条、188 条）、競売手続による目的不動産の換価を求める。本条は、不動産競売開始決定の要件を定めている。実体法上、担保権の実行のためには、(1) 担保権の存在、(2) 被担保債権の存在、(3) 弁済期の到来が必要と解されているのであるが、本条は、抵当権を含め担保権の存在については、法定文書（本条 1 項 1 号-3 号）によってのみ証明することを求め、一般の先取特権にあってはその存在を証明する文書（本条 1 項 4 号）によって証明することを求めるが、そのほかの実体法上の要件の存在は証明の必要がないとしており、その存否については、執行異議手続で争わせ、その手続において、申立人に主張・立証の補充・訂正を許すことを原則としている。

(**参考**) 担保不動産競売申立て
* 本件は、債権者が、債務者（兼所有者）に対し、別紙請求債権を有するが、債務者がその弁済をしないので、本件抵当権に基づき、本件不動産の競売を求めた事案である。
* 担保競売の申立書には、担保執行申立て一般の所定事項（民執規170条1項1号-4号）を記載し、かつ、法定の手続開始文書（本条）を提出しなければならない。申立書の添付書類については、強制競売の場合と同じであるが（民執規173条1項、民執21条、執行正本は不要）、転抵当権が設定されている不動産に対する競売申立てを原抵当権者がする場合における転抵当権者の承諾書のように、実務の取扱いとして要求されるものがあり得る。

申立理由 1 不動産担保権が存在すること
* 本条1項1号ないし3号の各文書は、公文書であり、本条1項4号の「その存在を証する文書」とは私文書をもって足りるし、複数の文書によることも許されるが、それによって債務者に対する担保権の存在が高度の蓋然性をもって証明される文書であることを必要とし、言い換えると、そこには、文書をもって担保権の存在を証明することを要する一種の証拠制限が存在すると解される。
* 被担保債権の存在の証明は、担保権実行開始の要件ではない（大阪高決昭和58年6月8日高民36.2.67〔27711153〕）。
* 被担保債権の存在自体の立証が担保権実行の要件と解されていない以上、被担保債権の弁済期の到来も立証する必要はない。しかし、立法当初、法定文書の記載から、弁済期の未到来が明らかである場合には、開始決定ができないとされたため（例えば、最高裁事務総局編『条解民事執行規則』司法協会（2007年）496頁）、地裁レベルでは、法定文書に記載されている弁済期が未到来である場合には、法定文書より弁済期の到来を立証する必要があるとする判決例が続いたが（東京地決平成元年1月23日判時1329.149〔27805331〕等）、高裁において、例えば、抵当証券の場合、証券自体に期限の利益喪失の特約の記載がなく、同証券に記載された弁済期が未到来であっても、申立債権者は、当該特約により弁済期が実体上到来していることを主張し、これを抵当証券以外の文

書などで立証することにより、競売開始決定を求めることができるとしている（東京高決平成元年 8 月 30 日高民 42.2. 315〔27805332〕等）。

＊平成 15 年法律 134 号改正により削除された旧 381 条によると「抵当権設定後に所有権移転登記（仮登記を含む）などがされているときは、その者へ抵当権実行通知を出したこと」、及び同じく削除された旧 387 条によると「上記の通知から 1 か月が経過したこと」が要件とされていたが、同年の改正（削除）により、要件から外された。

2　抵当権の実行手続概要

担保不動産競売の手続が開始されて、一連の手続を経て（民執 188 条、45 条以下）、目的不動産につき一般には期間入札が行われ、最高価で入札をした者に通常は売却許可決定がされ（民執 188 条、69 条以下）、その確定後裁判所書記官の定める期限までに買受人は代金を裁判所に納付する（民執 188 条、78 条以下）。そして、抵当権者は、売却代金から被担保債権の優先弁済を受ける（民執 188 条、86 条以下）。

■ （参考）（開始決定に対する執行抗告等）

民事執行法第 182 条　不動産担保権の実行の開始決定に対する執行抗告又は執行異議の申立てにおいては、債務者又は不動産の所有者（不動産とみなされるものにあつては、その権利者。以下同じ。）は、担保権の不存在又は消滅を理由とすることができる。

本条の異議が申し立てられた以上、担保権者は本来の証明責任の分配に従って、担保権設定について証明責任を負い、設定につき成否未定ならば競売を取り消すべきであり、また、被担保債権の弁済については本来債務者が証明責任を負うから、債務者の側で弁済を立証できない限り、競売を続行すべきである。

この点に関し、新堂幸司「不動産競売」判タ 418 号 39 頁は、「執行機関をして担保権存否の実体的判断の負担をなるべく免れさせようとする〔民執〕181 条 1 項の趣旨を貫いて、同条の法定文書には担保権の存在について

の法律上の推定が認められていると考え、この推定を破る程度に担保権の不存在または消滅が積極的に明白に認められる場合に限って、異議を認容して開始決定を取り消すべきであり、担保権の存否が不明程度の立証に止まるときは、異議を排斥して競売を続行すべきものと解するのが、この場合相当と考える」という。しかし、「法律上の推定」とはまさに法律上具体的な規定を設けて行うものであり、解釈上法律上の推定を認めることは疑問であって、賛成できない。

訴訟物 　XがYに対して有する不動産競売開始決定に関する執行法上の異議権

＊XはYから1,000万円を借り入れるに際して、X所有土地について抵当権設定契約を締結し、抵当権設定登記もしたが、いずれかの契約につき、心裡留保、錯誤又は虚偽表示の事由があった。それにもかかわらず、弁済期が到来したことを理由として、裁判所は、本件土地の競売事件に関して、競売開始決定をした。本件は、XがYに対し、競売開始決定に対し執行異議を申し立てた事案である。

請求原因
1. Xは本件土地の所有者であること
2. ○○地方裁判所は、本件土地に関し債権者Y債務者Xの不動産競売事件に関し開始決定をしたこと
3. Xは、請求原因2の競売開始決定に対し執行異議を申し立てたこと

＊理論的には、請求原因は上記1ないし3の事実に尽きるが、実務上は、抗弁（被担保債権の存在）を先行自白して、再抗弁事実を併せて主張・立証することが多いであろう。

（被担保債権存在）

抗弁
1. YはXに対し、1,000万円を弁済期平成○年○月○日の約定で貸し渡したこと

＊被担保債権の存在の立証は、債権者にとって担保権実行開始の要件ではない（大阪高決昭和58年6月8日高民36.2.67〔27711153〕）。しかし、開始決定に異議が出された以上、被担保債権の存在を主張・立証すべきである。

2. YはXとの間で、抗弁1の債務を担保するため本件土地につき抵当権を設定する契約を締結したこと
3. 弁済期が到来したこと

＊民執181条1項又は2項所定の法定文書に弁済期の記載があり、その弁済期が未到来である場合には、原則として競売申立ては却下されるべきものであるが、そのような場合においても、申立人が、弁済期が失権約款等により実体法上変更され現に到来していることを主張・立証したときには、法定文書の記載が補充され、弁済期についての実体法上の要件の不備がないものとして取り扱うのが相当であるとされている（東京高決平成元年8月30日高民42.2.315〔27805332〕）。

(無効事由)
再抗弁 1　Xは抗弁1又は抗弁2の契約につき、心裡留保、錯誤又は虚偽表示の権利発生の効果障害事由があること
　　＊具体的な事実主張は省略したが、それらの要件事実については、総則の該当法条において解説する。

(被担保債権消滅)
再抗弁 1　XはYに対し抗弁1の債務を弁済したこと

■ (参考)（代金納付による不動産取得の効果）

民事執行法第184条　担保不動産競売における代金の納付による買受人の不動産の取得は、担保権の不存在又は消滅により妨げられない。

1　代金納付による不動産取得の効果
(1)　本条の立法趣旨
　最判平成5年12月17日民集47.10.5508〔27816965〕は、本条の立法趣旨について、「担保権に基づく不動産の競売は担保権の実現の手続であるから、その基本となる担保権がもともと存在せず、又は事後的に消滅していた場合には、売却による所有権移転の効果は生ぜず、所有者が目的不動産の所有権を失うことはないとするのが、実体法の見地からみた場合の論理的帰結である。しかし、それでは、不動産競売における買受人の地位が不安定となり、公の競売手続に対する信用を損なう結果ともなるので、民事執行法184条は、この難点を克服するため、手続上、所有者が同法181条ないし183条によって当該不動産競売手続に関与し、自己の権利を主張する機会が保障されているにもかかわらず、その権利行使をしなかった場合には、実体上の担

保権の不存在又は消滅によって買受人の不動産の取得が妨げられることはない」と判示する。
(2) 本条適用の前提
　前掲平成5年最判は、本条が適用される前提について、「実体法の見地からは本来認めることのできない当該不動産所有者の所有権の喪失を肯定するには、その者が不動産競売手続上当事者として扱われ、同法181条ないし183条の手続にのっとって自己の権利を確保する機会を与えられていたことが不可欠の前提をなすものといわなければならない」と判示する。

訴訟物　XのYに対する所有権に基づく返還請求権としての建物明渡請求権
* 本件は、A名義の本件土地建物（一括して「本件不動産」）についてB会社が競売を申し立て、Xが買受人として代金を納付して所有権を取得したことに基づき、本件建物を占有するYに対し明渡しを求めたところ、Yは本件不動産はYが所有しているが、A名義を借用していたため、競売手続において当事者として扱われず、民執181条ないし183条の手続によって自己の権利を確保する機会がなかったと抗弁し、これに対し、Xは、B会社が登記上の所有名義人Aを所有者と信じて抵当権の設定を受けたので、YA売買の通謀虚偽表示についてB会社は善意であるから、94条2項によってYは売買の無効をB会社にはもちろんXにも対抗できないと主張した事案である。
* 請求の趣旨は、「YはXに対し本件建物を明け渡せ」である。

請求原因　1　A所有名義の本件不動産について、B会社は競売を申し立て、裁判所は、Xを買受人とする売却許可決定をし、Xは代金を納付したこと
* Xによる所有権の取得（民執79条、188条）は、民執184条が適用される結果、担保権の存否に関わらないが、仮に本件競売手続において同条の適用を妨げる事実（下記抗弁参照）があるとしても、Xは、再抗弁により本件不動産の所有権を取得したと主張する。

2　Yは本件建物を占有していること
* 前掲平成5年最判の原審は、真実の所有者Yが、競売手続

上は当事者として扱われなかった場合でも、何らかの事情により競売手続の開始・進行の事実を知り、又は知り得る状況にあって、その停止申立て等の措置を講じ得る十分な機会があったときは、民執184条の適用を認めるべきであるとしたうえで、Yは、本件競売手続が開始された早い時期にそれが進行していることを知り、売却により本件不動産の所有権を失うことを防止するために、第三者異議の訴えを提起して競売手続の停止を求める等の措置を講ずる時間的余裕を有していたとして同条の適用を認め、XのYに対する本件建物の明渡請求を認容した。これに対し、前掲平成5年最判は、原判決を破棄し、YA間の売買が通謀虚偽表示によるものであり、94条2項によりその登記の無効を善意の第三者Xに対抗することができない旨のXの主張について審理を尽くさせるため、原審に差し戻した。

（所有者Yの手続保障の欠落）

抗　弁　1　Yは、抗弁2当時、本件不動産を所有していたこと
2　YはAとの間で、本件不動産を代金1,000万円で売買する契約を締結したこと
3　YとAは互いに、売買する意思がないのに、抗弁2の売買を仮装したこと
4　Yは、競売手続において全く当事者として扱われず、民執181条ないし183条の手続によって自己の権利を確保する機会を与えられていなかったこと
　＊前掲平成5年最判は、「民事執行法184条を適用するためには、競売不動産の所有者が不動産競売手続上当事者として扱われたことを要し、所有者がたまたま不動産競売手続が開始されたことを知り、その停止申立て等の措置を講ずることができたというだけでは足りない」と判示する。

（善意の第三者）

再抗弁　1　B会社はAとの間で、同社のAに対する貸金債権を担保するため、本件不動産に抵当権の設定を受けたものであること
2　B会社は、再抗弁1当時、YA間の売買が通謀虚偽表示であることを知らなかったこと
　＊仮にYからAへの本件不動産の譲渡が通謀虚偽表示であって本件抵当権の設定が無効であっても、B会社は、そのこと

を知らずに本件抵当権の設定を受けたから、94条2項により Y は、抵当権設定の無効を主張できない。加えて、B 会社も虚偽表示を知らずに買受けの申出及び代金の支払をしたから、同条項により Y は、X による本件不動産の買受けの無効も主張できない。

＊この再抗弁は、予備的請求原因とする余地もあろう。

2 担保不動産の取戻し

担保不動産競売の申立てがあった場合、債務者は直ちに抵当不動産を取り戻せなくなるわけではない。本条は、担保不動産競売における代金の納付による買受人の不動産の取得は、担保権の不存在又は消滅により妨げられないとする。反面、担保不動産競売手続が開始されても、買受人が裁判所に代金を納付するに先立って、債務者が被担保債権額相当額の金銭を抵当権者に弁済又は供託し抵当権を消滅させて、抵当権の不存在を証する確定判決（民執183条1項1号）、抵当権の登記の抹消を命ずる確定判決の謄本（同項2号）、抵当権設定登記が抹消されている登記事項証明書（同項4号）のいずれかを取得して、その文書を執行裁判所に提出できれば、担保不動産競売の手続を取り消すことができ、不動産の所有権を喪失しないで済む。

3 担保権不存在の場合の不当利得返還請求権

最判昭和63年7月1日民集42.6.477〔27802387〕は、「債権者が第三者所有の不動産のうえに設定を受けた根抵当権が不存在であるにもかかわらず、その根抵当権の実行による競売の結果、買受人の代金納付により右第三者が不動産の所有権を喪失したときは、その第三者は、売却代金から弁済金の交付を受けた債権者に対し民法703条の規定に基づく不当利得返還請求権を有するものと解するのが相当である」と判示し、理由として、債権者は、競売の基礎である根抵当権が存在せず、根抵当権の実行による売却代金からの弁済金の交付を受け得る実体上の権利がないにもかかわらず、その交付を受けたことになり、法律上の原因なくして第三者に属する財産から利益を受け、そのために第三者に損失を及ぼしたからであるという。

訴訟物　X の Y に対する不当利得返還請求権

＊A は、本件土地を含む全財産を X へ包括遺贈する公正証書遺言をして死亡した。本件土地には、極度額4,000万円、債務者 B 会社、根抵当権者 Y とする根抵当権設定登記が経由

されていたが、その根抵当権設定契約は、Aの意思に基づくものでなかった。Yは本件土地の競売申立てをし、その後競落されて代金が納付され、Yは配当金4,000万円の交付を受けた。本件は、XがYに対し、4,000万円の返還を求めた事案である。

請求原因
1 Aは、請求原因3当時、本件土地を所有していたこと
2 Aは、本件土地を含む全財産をXへ包括遺贈する公正証書遺言をしたこと
3 Aは、死亡したこと
4 本件土地には、極度額4,000万円、債務者B会社、根抵当権者Yとする本件根抵当権設定登記が経由されていたこと
5 本件根抵当権設定契約は、Aの意思に基づいてされたものでないこと
　＊本件根抵当権設定契約はAの子Cが同人の夫でありB会社の代表取締役であるDの命を受けてAの実印及び印鑑登録証を盗み出し印鑑登録証明書の交付を受けてDへ手交し、Dが右実印及び印鑑登録証明書を使用して本件根抵当権設定契約書をつくりあげ同契約書を原因証書として本件根抵当権設定登記手続をしたものであり、Aに無断でされたものである。
　＊703条の「法律上の原因のないこと」の主張・立証責任が、Xにあるとする見解（請求原因説）による主張である。法律上の原因があることの主張・立証責任であるとする抗弁説も説かれている（前掲昭和63年最判の第1審判決は抗弁説による事実摘示をしている）。
6 YはB会社に対する債権に基づき本件根抵当権の実行のため本件土地の競売申立てをし、その後競落があり競買代金の支払があって、Yは配当金4,000万円の交付を受けたこと

■ **（参考）**（売却のための保全処分等）

民事執行法第55条 執行裁判所は、債務者又は不動産の占有者が価格減少行為（不動産の価格を減少させ、又は減少させるおそれがある行為をいう。以下この項において同じ。）をするときは、差押債権者（配当要求の終期後に強制競売又は競売の申立てをした差押債権者を除

く。）の申立てにより、買受人が代金を納付するまでの間、次に掲げる保全処分又は公示保全処分（執行官に、当該保全処分の内容を、不動産の所在する場所に公示書その他の標識を掲示する方法により公示させることを内容とする保全処分をいう。以下同じ。）を命ずることができる。ただし、当該価格減少行為による不動産の価格の減少又はそのおそれの程度が軽微であるときは、この限りでない。
　一　当該価格減少行為をする者に対し、当該価格減少行為を禁止し、又は一定の行為をすることを命ずる保全処分（執行裁判所が必要があると認めるときは、公示保全処分を含む。）
　二　次に掲げる事項を内容とする保全処分（執行裁判所が必要があると認めるときは、公示保全処分を含む。）
　　イ　当該価格減少行為をする者に対し、不動産に対する占有を解いて執行官に引き渡すことを命ずること。
　　ロ　執行官に不動産の保管をさせること。
　三　次に掲げる事項を内容とする保全処分及び公示保全処分
　　イ　前号イ及びロに掲げる事項
　　ロ　前号イに規定する者に対し、不動産の占有の移転を禁止することを命じ、及び当該不動産の使用を許すこと。
2　前項第2号又は第3号に掲げる保全処分は、次に掲げる場合のいずれかに該当するときでなければ、命ずることができない。
　一　前項の債務者が不動産を占有する場合
　二　前項の不動産の占有者の占有の権原が差押債権者、仮差押債権者又は第59条第1項の規定により消滅する権利を有する者に対抗することができない場合
3　執行裁判所は、債務者以外の占有者に対し第1項の規定による決定をする場合において、必要があると認めるときは、その者を審尋しなければならない。
4　執行裁判所が第1項の規定による決定をするときは、申立人に担保を立てさせることができる。ただし、同項第2号に掲げる保全処分については、申立人に担保を立てさせなければ、同項の規定による決定をしてはならない。
5　事情の変更があつたときは、執行裁判所は、申立てにより、第1項の規定による決定を取り消し、又は変更することができる。
6　第1項又は前項の申立てについての裁判に対しては、執行抗告をすることができる。

7　第5項の規定による決定は、確定しなければその効力を生じない。
8　第1項第2号又は第3号に掲げる保全処分又は公示保全処分を命ずる決定は、申立人に告知された日から2週間を経過したときは、執行してはならない。
9　前項に規定する決定は、相手方に送達される前であつても、執行することができる。
10　第1項の申立て又は同項（第1号を除く。）の規定による決定の執行に要した費用（不動産の保管のために要した費用を含む。）は、その不動産に対する強制競売の手続においては、共益費用とする。

　不動産の（強制）競売における差押えは、不動産の処分を制限する効力を有して、交換価値を把握するが、不動産の占有を奪わない。債務者（担保権実行の競売の場合は、所有者でない債務者も含む）が通常の用法に従って使用収益することは妨げない（民執46条2項、188条）。しかし、債務者（所有者）又は占有者が不動産を損傷したり、必要な管理又は保存を行わないときには、不動産の交換価値が減少し、売却価格が下落する。
　そこで、民執55条は、差押債権者に、（強制）競売手続内において、不動産の価値を保全する手段として債務者等に一定の行為の禁止命令、不動産の執行官保管命令等を発令することをできるとした（以下、(1)ないし(3)も含め、中野・民事執行法462-465頁）。
(1)　禁止・行為命令の保全処分
　価格減少行為をする者に対し、その価格減少行為を禁止し又は一定の行為をすることを命ずる保全処分であって、必要がある場合は公示保全処分を含む（民執55条1項1号）。命じられる禁止・行為命令の内容は、価格減少行為に対応して、建物の取壊し・毀損を禁止し、建物・工作物の建築・設置工事を中止し、現状変更・賃借権設定等を禁止し、原状回復、現状変更を命ずるなどである。
(2)　執行官保管の保全処分
　価格減少行為をする者に対し、①不動産に対する占有を解いて執行官に引き渡すことを命じ、②執行官に不動産の保管をさせる保全処分であって、必要がある場合は公示保全処分を含む（民執55条1項2号）。執行官保管の保全処分は、相手方となる債務者が不動産を占有する場合、又は、相手方となる不動産占有者の占有権原が差押債権者に対抗できない場合のいずれかに当

たるときでなければ、命ずることができない（同条2項）。
(3) 当事者恒定の保全処分

当事者恒定の保全処分は、価格減少行為をする者に対し、①不動産に対する占有を解いて執行官に引き渡すことを命じ、②執行官に不動産の保管をさせること、③価格減少行為をする者に対し、不動産の占有移転の禁止を命ずるとともに、④その不動産の使用を許す保全処分であり、⑤その内容を公示する公示保全処分を加えたものである（民執55条1項3号）。この当事者恒定の保全処分も、相手方となる債務者が不動産を占有する場合、又は、相手方となる不動産占有者の占有権原が差押債権者に対抗できない場合のいずれかでなければ、命ずることができない。

この占有移転禁止の保全処分に公示保全処分を加える場合には、引渡命令との関係で「当事者恒定効」がある。この当事者恒定の保全処分を命ずる決定の執行がされ、その決定の被申立人に対して引渡命令が発せられたときは、買受人は、その決定の執行がされたことを知って占有した者及び決定執行後にその執行があったことを知らないで決定の被申立人の占有を承継した者に対して不動産引渡しの強制執行ができる。

■ **(参考)**（相手方を特定しないで発する売却のため不特定の保全処分等）

民事執行法第55条の2 前条第1項第2号又は第3号に掲げる保全処分又は公示保全処分を命ずる決定については、当該決定の執行前に相手方を特定することを困難とする特別の事情があるときは、執行裁判所は、相手方を特定しないで、これを発することができる。
2 前項の規定による決定の執行は、不動産の占有を解く際にその占有者を特定することができない場合は、することができない。
3 第1項の規定による決定の執行がされたときは、当該執行によって不動産の占有を解かれた者が、当該決定の相手方となる。
4 第1項の規定による決定は、前条第8項の期間内にその執行がされなかつたときは、相手方に対して送達することを要しない。この場合において、第15条第2項において準用する民事訴訟法第79条第1項の規定による担保の取消しの決定で前条第4項の規定により立てさせた担保に係るものは、執行裁判所が相当と認める方法で申立人に告知することによつて、その効力を生ずる。

上記(2)の執行官保管の保全処分又は上記(3)の当事者恒定の保全処分を命ずる決定については、その決定の執行前に「相手方を特定することを困難とする特別の事情」があるときは、執行裁判所は、相手方を特定しないで、発令することができる（本条1項）。

　保全処分の申立て及び決定は、本来、相手方をその氏名等によって特定してすべきであるが、不動産の占有者を特定することが困難な場合がある。このように、相手方を特定できないために保全処分の申立てができないという事態を避けるため、(2)及び(3)の保全処分につき、その決定の執行前に「相手方を特定することを困難とする特別の事情」がある場合に、相手方不特定の保全処分を認めることとしている。保全処分の発令時に相手方が特定されなくても、保全処分の執行時に相手方が特定されるのであれば、相手方の手続保障に欠けるところはないからである（中野・民事執行法465頁）。

(参考) 売却のための保全処分申立て

　　　　　＊本件は、Xが本件不動産について競売を申し立てたところ、債務者（又は本件不動産占有者）であるYが不動産の価格を減少させ、又は減少させるおそれがある行為をするので、その禁止を求めた事案である。
　　　　　＊申立ての趣旨は、「相手方Yの本件不動産に対して、取り壊し、損傷等その他価額の減少を来すような行為をしてはならない」ことを求める。

申立理由　1　Xは本件不動産に対する○○地方裁判所平成○年(ケ)第○号不動産競売事件を申し立てた債権者であること
　　　　2　Yは、債務者又は本件不動産の占有者であること
　　　　3　Yは、不動産の価格を減少させ、又は減少させるおそれがある行為をすること
　　　　　＊「価格減少行為」には、「物理的減価行為」と「阻害的減価行為」がある。①物理的減価行為は、競売不動産に物理的な変更を加えて、その経済的な効用を低減・消滅させる行為である。競売建物の取壊し・変更、競売される更地への建物等の建築、無断侵入・損傷に任せる放置のような不作為なども含まれる。②阻害的減価行為は、競売における買受希望者の心理を介して、競争売買を阻害する行為である（中野・民事執行法463頁）。

（減価程度の軽微）
抗弁 1 申立理由3の価格減少行為による不動産の価格の減少又はその程度が軽微であること

■ **（参考）**（買受けの申出をした差押債権者のための保全処分等）

民事執行法第68条の2 執行裁判所は、裁判所書記官が入札又は競り売りの方法により売却を実施させても買受けの申出がなかった場合において、債務者又は不動産の占有者が不動産の売却を困難にする行為をし、又はその行為をするおそれがあるときは、差押債権者（配当要求の終期後に強制競売又は競売の申立てをした差押債権者を除く。次項において同じ。）の申立てにより、買受人が代金を納付するまでの間、担保を立てさせて、次に掲げる事項を内容とする保全処分（執行裁判所が必要があると認めるときは、公示保全処分を含む。）を命ずることができる。
　一　債務者又は不動産の占有者に対し、不動産に対する占有を解いて執行官又は申立人に引き渡すことを命ずること。
　二　執行官又は申立人に不動産の保管をさせること。
 2　差押債権者は、前項の申立てをするには、買受可能価額以上の額（以下この項において「申出額」という。）を定めて、次の入札又は競り売りの方法による売却の実施において申出額に達する買受けの申出がないときは自ら申出額で不動産を買い受ける旨の申出をし、かつ、申出額に相当する保証の提供をしなければならない。
 3　事情の変更があつたときは、執行裁判所は、申立てにより又は職権で、第1項の規定による決定を取り消し、又は変更することができる。
 4　（略）

　競争売却を実施して買受けの申出がなかった場合に、不動産を占有する債務者（担保権実行の場合は所有者）又は不動産の占有者でその占有権原を買受人に対抗できない者が、不動産の売却を困難にする行為をし、又はそのおそれがあるときに、差押債権者は、買受可能価額以上の額（「申出額」）を定めて、次の入札又は競り売りの方法による売却の実施において申出額に達する

買受けの申出がないときは自ら申出額で不動産を買い受ける旨の申出をし、かつ、申出額に相当する保証を提供した場合は、執行裁判所に対し、買受人が代金を納付するまでの間、その行為をし又はおそれがある者の不動産に対する占有を解く等を命ずる旨の申立てをすることができる。

　競売不動産を不法に占有するなどの悪質な執行妨害行為を予防・排除するために、売却のための保全処分（民執55条、187条の2）及び買受人等のための保全処分（同法77条）が認められているが、要件が厳しく、保全処分の内容も禁止・行為命令や執行官保管にとどまり、実効を納めることができないため、新たに、差押債権者の予備的買受申出と併せて競売不動産を差押債権者自身に保管させる保全処分が認められた（本条）。

（参考） 予備的買受申出をした差押債権者のための保全処分申立て

　　　　＊Xが本件不動産について競売を申し立てたところ、入札又は競売りの方法による売却を実施しても買受けの申出がなかったため、Xは、買受可能価額以上の額（「申出額」）を定めて、次の入札又は競売りによる売却の実施において申出額に達する買受けの申出がないときは自ら申出額で不動産を買い受ける旨の申出をし、かつ、申出額に相当する保証を提供した。本件は、債務者（又は本件不動産占有者）Yが不動産の価格を減少させ、又は減少させるおそれがある行為をするので、Xが、その禁止を求めた事案である。

　　　　＊申立ての趣旨は、「相手方Yの本件不動産に対して、取り壊し、損傷等その他価額の減少を来すような行為をしてはならない」ことを求める。

申立理由
1　Xは本件不動産に対する○○地方裁判所平成○年（ケ）第○号不動産競売事件を申し立てた債権者であること
2　入札又は競売りの方法によって売却を実施しても買受けの申出がなかったこと
3　Xは、買受可能価額以上の額（「申出額」）を定めて、次の入札又は競売りの方法による売却の実施において申出額に達する買受けの申出がないときは自ら申出額で不動産を買い受ける旨の申出をし、かつ、申出額に相当する保証を提供したこと

　　＊次の入札又は競売りで申出額に達する買受申出がなかったときは、差押債権者の予備的買受申出が適式な買受申出・入札の効力を生ずることになる。

4　Yは、債務者又は本件不動産の占有者であること
　　　5　Yは、不動産の売却を困難にし、又はその行為をするおそれがあること

■ **(参考)**（最高価買受申出人又は買受人のための保全処分等）──

民事執行法第77条　執行裁判所は、債務者又は不動産の占有者が、価格減少行為等（不動産の価格を減少させ、又は不動産の引渡しを困難にする行為をいう。以下この項において同じ。）をし、又は価格減少行為等をするおそれがあるときは、最高価買受申出人又は買受人の申立てにより、引渡命令の執行までの間、その買受けの申出の額（金銭により第66条の保証を提供した場合にあつては、当該保証の額を控除した額）に相当する金銭を納付させ、又は代金を納付させて、次に掲げる保全処分又は公示保全処分を命ずることができる。
　一　債務者又は不動産の占有者に対し、価格減少行為等を禁止し、又は一定の行為をすることを命ずる保全処分（執行裁判所が必要があると認めるときは、公示保全処分を含む。）
　二　次に掲げる事項を内容とする保全処分（執行裁判所が必要があると認めるときは、公示保全処分を含む。）
　　イ　当該価格減少行為等をし、又はそのおそれがある者に対し、不動産に対する占有を解いて執行官に引き渡すことを命ずること。
　　ロ　執行官に不動産の保管をさせること。
　三　次に掲げる事項を内容とする保全処分及び公示保全処分
　　イ　前号イ及びロに掲げる事項
　　ロ　前号イに規定する者に対し、不動産の占有の移転を禁止することを命じ、及び不動産の使用を許すこと。
　2　（略）

　本条1項の保全処分は、不動産を買い受けた所有者又は所有権の取得が確実視される者の権利を保護するため、所有権ないし占有権原を喪失する者の使用収益権能を制限する制度であるため、売却のための保全処分（民執55条）より要件が緩和されている。

（参考）最高価買受申出人のための保全処分申立て

＊Xは本件不動産の競売事件において、〇〇万円の保証を提供して買受けの申出をし、最高価買受申出人となったが、債務者（又は本件不動産占有者）Yが、不動産の価格を減少させ、又は不動産の引渡しを困難にする行為（「価格減少行為等」）をし、又は価格減少行為等をするおそれがあるので、その禁止・行為を命ずる保全処分（・公示保全処分）、執行官保管の保全処分（・公示保全処分）又は占有移転禁止の保全処分＋公示保全処分の禁止を求めた事案である。

＊例えば、禁止・行為を命ずる保全処分（・公示保全処分）の場合の申立ての趣旨は、「相手方Yの本件不動産に対する占有を解いて、〇〇地方裁判所執行官に保管を命ずる。執行官はその保管に係ることを公示するため適当な方法をとらなければならない」ことを求める。

`申立理由` 1　Xは本件不動産に対する競売申立事件において、〇〇万円の保証を提供して買受けの申出をし、平成〇年〇月〇日の開札期日において最高価買受申出人（売却許可決定確定前）又は買受人（同確定後）となったこと

2　Yは、債務者又は本件不動産の占有者であること

3　Yは、不動産の価格を減少させ、又は不動産の引渡しを困難にする行為（「価格減少行為等」）をし、又は価格減少行為等をするおそれがあること

■ （参考）（担保不動産競売の開始決定前の保全処分等）

民事執行法第187条　執行裁判所は、担保不動産競売の開始決定前であつても、債務者又は不動産の所有者若しくは占有者が価格減少行為（第55条第1項に規定する価格減少行為をいう。以下この項において同じ。）をする場合において、特に必要があるときは、当該不動産につき担保不動産競売の申立てをしようとする者の申立てにより、買受人が代金を納付するまでの間、同条第1項各号に掲げる保全処分又は工事保全処分を命ずることができる。ただし、当該価格減少行為による価格の減少又はそのおそれの程度が軽微であるときは、この限りではない。

2　前項の場合において、第55条第1項第2号又は第3号に掲げる保

全処分は、次に掲げる場合のいずれかに該当するときでなければ、命ずることができない。
　一　前項の債務者又は同項の不動産の所有者が当該不動産を占有する場合
　二　前項の不動産の占有者の占有の権原が同項の規定による申立てをした者に対抗することができない場合
3　第1項の規定による申立てをするには、担保不動産競売の申立てをする場合において第181条第1項から第3項までの規定により提出すべき文書を提示しなければならない。
4　執行裁判所は、申立人が第1項の保全処分を命ずる決定の告知を受けた日から3月以内に同項の担保不動産競売の申立てをしたことを証する文書を提出しないときは、被申立人又は同項の不動産の所有者の申立てにより、その決定を取り消さなければならない。
5　(略)

　売却のための保全処分（民執55条）は担保権実行にも準用される（同法188条）が、担保権者は実行申立て前には民執55条の申立てをすることができないので、本条が設けられた。すなわち、不動産の担保競売に限って、競売開始決定前の保全処分が許される。売却のための保全処分（同法55条）は、執行裁判所（同法44条1項、2項）は、競売開始決定前に、債務者又は担保不動産の所有者、占有者が不動産の価格を減少させる行為又はそのおそれがある行為をする場合（程度が軽微なときは除外）において、特に必要があるときは、担保競売の申立てをしようとする者の申立てにより、執行売却手続で買受人が代金を納付するまでの間につき、次の保全処分を発することができる。①禁止・行為命令の保全処分（本条1項、55条1項1号）。②執行官保管の保全処分（本条1項、55条1項2号）。③当事者恒定の保全処分＝占有移転禁止の保全処分＋公示保全処分（本条1項、本条2項、55条1項3号、中野・民事執行法392-393頁）。

（参考） 担保不動産競売の開始決定前の保全処分申立て
　　　　　　　　＊Xは本件不動産の競売を申立てをしようとする債権者であるが、債務者（又は本件不動産占有者）Yが不動産の価格を減少させ、又は不動産の引渡しを困難にする行為（「価格

減少行為等」）をし、又は価格減少行為等をするおそれがあり、また、Ｙの価格減少行為等を停止すべき特別の必要があるため、その禁止を求めた事案である。
*申立ての趣旨は、「相手方Ｙの本件不動産に対する占有を解いて、○○地方裁判所執行官に保管を命ずる。執行官はその保管に係ることを公示するため適当な方法をとらなければならない」ことを求める。

申立理由　1　Ｘは本件不動産に対して○○地方裁判所に不動産競売事件の申立てをしようとする債権者であること
　　　　2　Ｙは、債務者又は本件不動産の占有者であること
　　　　3　Ｙは、不動産の価格を減少させ、又は不動産の引渡しを困難にする行為（「価格減少行為等」）をし、又は価格減少行為等をするおそれがあること
　　　　4　Ｙの価格減少行為等を停止すべき特別の必要があることを基礎付ける事実

（軽微）
抗弁　1　申立理由3の価格減少行為等による価格の減少又はそのおそれの程度が軽微であること

■ **（参考）**（配当等の額の供託）

民事執行法第91条　配当を受けるべき債権者の債権について次に掲げる事由があるときは、裁判所書記官は、その配当等の額に相当する金銭を供託しなければならない。
　一ないし四　（略）
　五　その債権に係る先取特権等につき仮登記又は民事保全法第53条第2項に規定する仮処分による仮登記がされたものであるとき。
　六　（略）
　七　配当異議の訴えが提起されたとき。
　2　（略）

本条は、民執188条によって、任意競売の場合に準用される。

| 訴訟物 | XのYに対する配当金交付請求権（確認）

＊XはYに対し500万円を貸し付け、債権担保のためY所有の不動産につき根抵当権の設定を受け、根抵当権設定仮登記を経由した。その後、本件不動産は競売に付され、Xは100万円の配当を受けることになったが、Xは仮登記しか経由していないため、Xへの配当金は供託された。しかるに、競売によりXの仮登記は抹消され、仮登記に基づく本登記手続をしたXが供託された配当金の交付を受けることができなくなった。本件は、XがYに対して、100万円の配当交付請求権の存在することの確認を求めた事案である。

＊請求の趣旨は、「XはYに対し、本件不動産に関する本件競売事件において、Xが100万円の配当金交付請求権を有することを確認する」とする。

| 請求の原因 | 1 XはYに対し500万円を貸し付け、同債権を担保するためY所有の本件不動産につき、根抵当権設定契約を締結し、根抵当権設定仮登記を経由したこと

2 本件不動産は競売に付され、Xは同競売事件において100万円の配当を受けることになったこと

3 Xは、本件不動産に対し仮登記しか経由していなかったため、Xに対する配当金は供託されたが、本件不動産の競売によりXの仮登記は抹消され、仮登記に基づく本登記手続して根抵当権者として供託された配当金の交付を受けることができないこと

＊確認の利益に関する事実である。

● (法定地上権)

第388条　土地及びその上に存する建物が同一の所有者に属する場合において、その土地又は建物につき抵当権が設定され、その実行により所有者を異にするに至ったときは、その建物について、地上権が設定されたものとみなす。この場合において、地代は、当事者の請求により、裁判所が定める。

1 法定地上権
(1) 立法趣旨
　本条及び389条は、建物の存在する土地について（ただし、同一所有者）、土地又は建物のみについて抵当権が設定された場合の規定である。土地と地上建物が別個の不動産とされ、また、原則として土地の所有者が自己のために借地権を設定することが認められないため、同一所有者に属する土地又は地上建物に設定された抵当権が実行されて土地と地上建物の所有者を異にするに至った場合、建物所有者が敷地の土地の占有権原を有しないことになると、土地所有者は建物所有者に対して建物収去土地明渡しを求め得ることになる。しかし、それでは、①土地が競売によって売却されても土地の買受人に対して土地の使用権を有するとする建物の所有者や土地の使用権があるとして建物について担保価値を把握する抵当権者の合理的意思に反し、②建物収去という経済社会上の不都合を生ずる結果となってしまう。この不都合を回避するため、本条は、この場合に、抵当権設定者は競売の場合につき法定地上権を設定したものとみなすこととしたのである（最判平成9年2月14日民集51.2.375〔28020403〕）。
(2) 法定地上権の機能
　本条本文は、競売の場合について、地上権を設定したものと擬制すること（法定地上権）を定める。法定地上権は、土地所有権に基づく返還請求権による建物収去土地明渡請求に対して、占有権原の抗弁として機能する。

2 成立要件
　法定地上権の成立要件は、①土地上に建物が存在し、②それらの所有権が同一人に帰属し、③そのいずれかに抵当権が設定され、④競売の結果それぞれの所有権が別人に帰属することになったことである（本条本文）。
(1) 土地上の建物の存在（物理的要件）
　ア　更地の場合
　判例は、法定地上権が成立するためには、抵当権設定当時に既に建物が存在しなければならないとして、更地に抵当権が設定された後に建物が建築された場合は、法定地上権の成立を否定し（大判大正4年7月1日民録21.1313〔27521994〕、最判昭和36年2月10日民集15.2.219〔27002348〕）、それは389条の問題であるとする。抵当権者は土地を更地として担保価値を高く評価しており、法定地上権の成立を予測していないからである（我妻・担保物権法352頁）。
　イ　現況更地における建物建築の承認

前掲昭和 36 年最判は、「本件建物の築造を予め承認した事実があつても、……本件抵当権は本件土地を更地として評価して設定されたことが明らかであるから」、本条の適用は認められないと判示した。その措辞からすると土地を更地として評価していない場合（更地価格から築造予定の建物のための利用価値を控除して評価した場合）は、あたかも、法定地上権が成立するかのようである。しかし、競買の買受人は、抵当権設定当時の建物の存否を調査し、建物の建築が抵当権設定後であれば、法定地上権はないものとして土地を評価して競落するのであるから、抵当権者の主観的な評価によって法定地上権の成立が左右されるのでは、競落者が不測の損害を被る。そのため、抵当権者による建物築造の承認があっても、法定地上権は成立しないと解される（最判昭和 47 年 11 月 2 日判時 690.42〔27431369〕、最判昭和 51 年 2 月 27 日判時 809.42〔27431559〕）。

訴訟物		X の Y に対する所有権に基づく返還請求権としての土地明渡請求権

＊Y は、1,000 万円を A から借り入れ、A のために Y 所有の本件土地に抵当権を設定した。抵当権設定当時、本件土地は Y が建物を建築するため、基礎コンクリートが打たれた状態であり、A は建物の建築を承認しており、かつ、A は、抵当権設定当時、本件建物の建築完成を前提として、本件土地を評価していた。Y が本件建物を完成した後、抵当権が実行され X が本件土地を競落した。本件は、X が Y に対し、建物収去土地明渡しを求めたところ、Y が法定地上権を主張した事案である。

請求原因	1	X は本件土地を所有していること
	2	Y は本件建物を所有して本件土地を占有していること

（占有権原――法定地上権は不成立）

抗　弁	1	A は Y に対し、1,000 万円を弁済期平成〇年〇月〇日の約定で貸し渡したこと
	2	A は Y との間で、抗弁 1 の債務を担保するため本件土地につき抵当権設定契約を締結したこと
	3	Y は、抗弁 2 当時、本件土地を所有していたこと
	4	抗弁 2 当時、Y は本件土地上に本件建物の建築に着手していたこと
	5	A は、抗弁 2 当時、抗弁 3 の建物の完成を前提として、本

件土地の担保価値を算定したこと
　　　　　＊請求原因4、5の事実があれば、前掲昭和36年最判の判文からすると、前述のとおり法定地上権が成立しそうであるが、前掲昭和47年最判は、成立を否定している。
　　　6　○○地方裁判所は、本件土地に関する不動産競売手続において、Xに対して売却許可決定をし、これが確定したこと
　　　7　Xは、抗弁6に基づき代金を納付したこと

ウ　建物が再築された場合

　抵当権設定時に建物が存在していれば、その後に建物が取壊し・滅失の後再築された場合は、旧建物のために認められる範囲内で、再築建物のために法定地上権が成立する（大判昭和10年8月10日民集14.1549〔27820504〕、大判昭和13年5月25日民集17.1100〔27500397〕、最判昭和52年10月11日民集31.6.785〔27000274〕）。土地及び地上建物の所有者が土地のみに抵当権を設定した場合、建物のために地上権を留保することが抵当権設定当事者の意思であると推定できるからである。

| 訴訟物 | XのYに対する所有権に基づく返還請求権としての土地明渡請求権 |

　　　　　＊Yは、本件土地と地上の木造建物（別件建物）を買い入れたが、その代金1,000万円をAから借り入れ、Aのために土地に抵当権を設定し、Yが別件建物を取り壊して軽量鉄骨造建物（本件建物）を建築した。本件は、抵当権が実行されXが競落した後、XがYに対し、建物収去土地明渡しを求めたところ、Yが法定地上権を主張した事案である。

| 請求原因 | 1　Xは本件土地を所有していること |

　　　2　Yは本件建物を所有して本件土地を占有していること
（占有権原――法定地上権）

| 抗　弁 | 1　AはYに対し、1,000万円を弁済期平成○年○月○日の約定で貸し渡したこと |

　　　2　AはYとの間で、抗弁1の債務を担保するため本件土地につき抵当権設定契約を締結したこと
　　　3　抗弁2当時、本件土地上に別件建物が存在していたこと
　　　4　抗弁2当時、本件土地及び別件建物はいずれもYの所有であったこと

          5　抗弁2の後、別件建物は取り壊され、Yは本件建物を建築したこと
          6　Aは、抗弁2当時、抗弁5の事実を予定して、本件土地の担保価値を算定したこと
          ＊抗弁3ないし6は、前掲昭和52年最判によるものである。同判決は、土地及びその土地上の非堅固建物の所有者が土地につき抵当権を設定した後地上建物を取り壊して堅固建物を建築した場合において、抵当権者が、抵当権設定当時、近い将来地上建物が取り壊され堅固建物が建築されることを予定して土地の担保価値を算定したものであるときは、堅固建物の所有を目的とする法定地上権の成立を妨げないと判示する。
          7　裁判所は、本件土地に関する不動産競売手続において、Xに対して売却許可決定をし、これが確定したこと
          8　Xは、抗弁7に基づき代金を納付したこと

エ　建物が消滅して再築されない場合
　建物が消滅している状態で競売されたときは、抵当権設定当時に既に潜在的な地上権が存在するとして、建物がなくなっても法定地上権を認める見解（我妻・担保物権法354頁）があるが、法定地上権が必要とされるのはあくまで建物を保護するためなので、建物が消滅している場合は、法定地上権は認められないと解すべきであろう。
(2)　土地と建物の所有者の同一性（同一所有者要件）
　法定地上権が成立するためには、抵当権設定時に土地と建物の所有者が同一人であることを要する。
ア　登記の要否
　土地と建物の所有権が同一人に帰属していれば、土地に抵当権を設定した時に、建物の所有権移転登記が完了していなくても法定地上権は成立する（最判昭和48年9月18日民集27.8.1066〔27000478〕）。抵当権の設定を受ける者は、通常現地確認をするので、建物が存在すれば、その（保存）登記がなくとも法定地上権の成立を予期して評価するからである。なお、執行裁判所においては、執行官の現況調査（民執188条、57条）と評価人による評価（同法188条、58条）に基づき物件明細書（同法188条、62条）に法定地上権の概要が記載されるが、これは参考資料にとどまり、実体関係と異なる場合は実体関係が優先する。

イ　土地と建物の所有者が異なるが、両者が親子・夫婦関係の場合

　土地所有者が抵当権を設定しようとするときは、親子・夫婦関係が所有する建物を確保するために、土地所有者と建物所有者が賃貸借契約を結ぶことは可能である。これを怠っておいて、競落後に親子・夫婦関係にあるものは「同一の所有者」であるとして法定地上権を主張することが許されるとすると、利用権者の負担がないものと判断した抵当権者が不測の損害を受ける。この場合の法定地上権の成立は否定されるべきである（最判昭和51年10月8日判時834.57〔27431610〕）。

ウ　抵当権設定後に所有者が異なるに至った場合

　抵当権設定当時は土地建物が同一所有者に帰属していたが、その後いずれか一方又は双方が第三者に譲渡された場合、法定地上権は成立するか。

㈦　土地のみに抵当権設定がされた場合

　土地に抵当権が設定された後、建物が譲渡された場合、建物のために設定された約定利用権は抵当権に対抗できないので、法定地上権の成立を妨げる理由はなく、また土地抵当権設定時には成立要件（同一所有者）を満たしているので、法定地上権の成立が認められる（大判大正12年12月14日民集2.676〔27511071〕、最判昭和44年4月18日判時556.43〔27431101〕）。前掲昭和44年最判は、「法定地上権は抵当権設定当時に存在する建物の利用に必要な範囲の土地に及ぶものであり、土地の抵当権設定後その実行前に同一土地内において地上の建物が移転されまたは増改築されても、前の建物の利用に必要であつたものと認められる範囲にとどまつているかぎり、土地の競売によつて右範囲において法定地上権が成立することを妨げないものと解すべきところ、本件土地の抵当権設定後本件建物は本件土地内において移転されたが、右移転は、従前の建物の利用に必要な範囲であつて、これについて法定地上権の生ずべかりし範囲内においてされたものとした原審の認定判断は、……是認することができ［る］」「被上告人は、昭和34年4月7日、本件建物の所有者Aからその贈与を受け、同日所有権保存登記を経由したというのであつて、上告人が競落により本件土地の所有権を取得したのが右の日より後であれば、被上告人のため本件建物の敷地につき法定地上権が成立したものであり、また、上告人の本件土地所有権取得が被上告人の本件建物譲受けより前であれば、競落当時の建物所有者Aが法定地上権を取得し、被上告人は、本件建物とともに右法定地上権を譲り受け、本件建物につき所有権保存登記を経由したことによつて、右法定地上権の取得につき、競落人である上告人に対抗しうるに至つたものと解すべきであるから、いずれにせよ被上告人は法定地上権に基づき本件建物の敷地部分の土地を正当に占有し

ているものということができる」と判示する。

　また、土地に抵当権が設定された後、土地が譲渡された場合にも、設定されるであろう約定利用権は抵当権に対抗できず、この場合も法定地上権成立を認め得る（土地と建物の譲渡の場合であるが、大判昭和8年10月27日民集12.2656〔27510242〕）。

(イ)　建物のみに抵当権設定がされた場合

　建物のみに抵当権設定がされた後に、建物が譲渡され、又は土地が譲渡されたとき、いずれも約定利用権の設定がされるのが通常であるが、それが通常賃借権であることから、賃貸人の承諾（612条）又は承諾に代わる裁判所の許可（借地借家20条1項）の問題となり、建物抵当権者に不利益が生じ得る。建物の上の抵当権は法定地上権を伴うものとして担保価値を評価されたものであるから、法定地上権の成立が肯定される（建物譲渡について、大判昭和8年3月27日新聞3543.11〔27542154〕、我妻・担保物権法356頁）。

エ　抵当権設定当時は土地・建物が別人の所有であったが、設定後に同一人の所有となった場合

　この場合は、法定地上権は成立しない（最判昭和44年2月14日民集23.2.357〔27000846〕）。

(ア)　1番抵当権設定時は土地・建物が別人に属していて、2番抵当権設定前に土地建物が同一人に帰した場合も、法定地上権は成立しない。2番抵当権者は1番抵当権設定時において土地建物が同一人に属していないことを知っているから、約定利用権が存在していることを予想することができ、その限度で利用権を認めれば足りるからである。例えば、最判平成2年1月22日民集44.1.314〔27805443〕は、1番抵当権設定時土地と建物の所有者が異なっていた事案であるが、法定地上権の成立を否定して、「土地について1番抵当権が設定された当時土地と地上建物の所有者が異なり、法定地上権成立の要件が充足されていなかった場合には、土地と地上建物を同一人が所有するに至った後に後順位抵当権が設定されたとしても、その後に抵当権が実行され、土地が競落されたことにより1番抵当権が消滅するときには、地上建物のための法定地上権は成立しないものと解するのが相当である」と判示し、その理由として、土地に1番抵当権が設定された当時土地と地上建物の所有者が異なり、法定地上権成立の要件が充足されていない場合には、1番抵当権者は、法定地上権の負担のないものとして、土地の担保価値を把握するのであるから、後に土地と地上建物が同一人に帰属し、後順位抵当権が設定されたことによって法定地上権が成立するものとすると、1番抵当権者が把握した担保価値を損なわせることになることを挙げる。

訴訟物　XのYに対する所有権に基づく返還請求権としての土地明渡請求権

＊Aは本件土地を所有し、同地上にはAの子Bが旧建物を所有していた。CのDに対する債務を担保するため、A及びBはそれぞれ土地及び建物を共同担保として順位1番の根抵当権の設定をした。Aの死亡により相続したBは、極度額を増額した後、旧建物を取り壊して、新建物を建築した。Bは建物と土地をY1に賃貸し、新建物が一部焼失したことから、Y1が本件建物を建築し、Y2はその建物の一部に利用権の設定を受けて占有している。本件は、Xが本件土地を競売により買い受けて、Yらに対して建物収去土地明渡しを求めたところ、Yらは法定地上権の成立を主張した事案である（ただし、前掲平成2年最判によれば、Yらの法定地上権の抗弁は認められない）。

請求原因
1　Bは、請求原因2当時、本件土地を所有していたこと
2　Xは、本件土地を不動産競売事件において競落し、代金を納付したこと
3　Y1は、本件土地上に本件建物を所有して本件土地を占有していること
4　Y2は、本件建物を使用してその敷地部分を占有していること

（法定地上権）

抗弁
1　本件土地は、抗弁2当時、Aの所有であり、また、その地上には同人の子Bが旧建物を建築所有していたこと
2　A及びBは、CがDに対して負担する債務を担保するため、それぞれ本件土地及び旧建物を共同担保の目的として順位1番の本件根抵当権（極度額を300万円）を設定し、その旨の登記を経由したこと
3　Aは死亡したこと
4　Bは、本件土地につき、登記原因を相続とする所有権移転登記をしたうえで、本件根抵当権の被担保債権の範囲を変更するとともに極度額を2,400万円に増額して、その旨の登記を経由したこと
5　Bは、旧建物を取り壊し、旧建物とは別に本件土地上に建築していた建物を増築して事務所兼倉庫とした後、本件土地につ

き2番根抵当権を設定してその旨の登記を経由したこと
＊本件土地と旧建物は、当初同一所有者に属しなかったが、抗弁3以後はともにB所有となった。そして、根抵当権の極度額の変更によって、その増額変更部分に着目すれば、その部分は新たに根抵当権が設定されたと評価できるとYらは主張する（ただし、前掲平成2年最判によれば、法定地上権の成立を認めない）。
6　Xは、本件土地についての1番抵当権の競売手続において、競落許可決定を得て、代金を納入したこと
7　請求原因6の競売手続中、事務所兼倉庫の一部が焼失したため、Bは、その建物残部を取り壊して、本件土地をY1に賃貸し、Y1は、本件建物を建築して本件土地を占有し、Y2は、Y1から本件建物の一部につき利用権の設定を受けて、その敷地部分を占有していること
＊建物消滅後土地が第三者に賃貸され、第三者が再築した場合でも、他の要件が充足されれば、法定地上権は成立し得る（大判昭和13年5月25日民集17.1100〔27500397〕、我妻・担保物権法354頁）。

(イ)　1番抵当権設定当時は土地・建物が別人の所有であったが、2番抵当権設定時には同一人の所有であった場合で、1番抵当権が解除されたうえで、2番抵当権の競売がされたとき

最判平成19年7月6日民集61.5.1940〔28131687〕【I 88】は、「乙抵当権［＝2番抵当権］者の抵当権設定当時における認識としては、仮に、甲抵当権［＝1番抵当権］が存続したままの状態で目的土地が競売されたとすれば、法定地上権は成立しない結果となる……ものと予測していたということはできる。しかし、抵当権は、被担保債権の担保という目的の存する限度でのみ存続が予定されているものであって、甲抵当権が被担保債権の弁済、設定契約の解除等により消滅することもあることは、抵当権の性質上当然のことであるから、乙抵当権者としては、そのことを予測した上、その場合における順位上昇の利益と法定地上権成立の不利益とを考慮して担保余力を把握すべきものであったというべきである。したがって、甲抵当権が消滅した後に行われる競売によって、法定地上権が成立することを認めても、乙抵当権者に不測の損害を与えるものとはいえない。そして、甲抵当権は競売前に既に消滅しているのであるから、競売による法定地上権の成否を判断するに当

たり、甲抵当権者の利益を考慮する必要がないことは明らかである。そうすると民法388条が規定する『土地及びその上に存する建物が同一の所有権に属する』旨の要件……の充足性を、甲抵当権の設定時にさかのぼって判断すべき理由はない」と判示する。

訴訟物　　XのYに対する所有権に基づく返還請求権としての土地明渡請求権

＊債権者BはAに対する債権について、Y1（Aの妻）所有の本件土地及びA所有の地上建物に共同根抵当権の設定を受けたが、Aが死亡してY1とY2（Aの子）が建物を相続した。さらに、債権者DがCに対する債権について本件土地に2番根抵当権の設定を受けた後、Bの根抵当権は解除により消滅した。その後、2番根抵当権が実行され、Xが本件土地を競落して取得した。本件は、Xが建物の共有者であるY1及びY2に対し建物収去土地明渡しを求めたが、Y1・Y2が法定地上権の成立を主張した事案である。

請求原因　1　請求原因2当時、本件土地は上告人Y1が、その上に存する本件建物はAが、それぞれ所有していたこと

2　本件土地及び本件建物について、Aを債務者、Bを根抵当権者とする共同根抵当権（本件1番抵当権）が設定され、その旨の登記がされたこと

3　Aは死亡したこと

4　Y1はAの妻、Y2はAの子であること

＊本件建物は、Y1及びY2が相続により共有者となったことになる。本件土地は、元々、Y1の所有であるから、Y1は本件土地と本件建物の両者を所有する（建物についてはY2との共有）ことになる。

5　本件土地について、Cを債務者、Dを根抵当権者とする根抵当権（本件2番抵当権）が、Y1とDとの間で設定され、その旨の登記がされたこと

＊Y1は本件土地と本件建物の両者を所有する（建物についてはY2との共有）場合において、Y1が抵当権を設定したことになる。このような場合に、競落されたときの法律関係については、後記カ（イ）参照。

6　本件1番抵当権の設定契約は解除され、根抵当権設定登記の

抹消登記がされたこと
　　7　その後、本件2番抵当権が実行され、Xが本件土地を競売
　　により買い受けたこと
　　＊前掲平成19年最判参照。

オ　土地又は建物に共有関係がある場合
　土地・建物が共有関係にある場合における法定地上権は成否は、その共有の形態によって異なるが、判例は、建物に共有関係がある場合には法定地上権を認め、土地に共有関係がある場合にこれを否定する傾向にある。それは、他の共有者の法定地上権の成立への同意の存否が判断を分けている。建物に共有関係がある場合にはその存在が推定され、土地に共有関係がある場合は、その推定がないからである。

土地建物所有形態	抵当権設定対象	法定地上権の成否	判　　例
(ア) 土地共有 建物単独所有	①土地持分 ②建物	× 原則×　例外○	最判昭和29年12月23日 最判昭和44年11月14日
(イ) 建物共有 土地単独所有	①土地 ②建物持分	○ ○	最判昭和46年12月21日 なし
(ウ) 土地共有 建物共有	①土地持分 ②建物持分	× ×	最判平成6年12月20日 なし

(ア)　土地共有者のうちの1人が地上建物を単独所有している場合
①　土地持分に抵当権設定
　最判昭和29年12月23日民集8.12.2235〔27003097〕は、AとBが土地を共有し、Aが建物を単独所有していて、Aの土地持分権に抵当権が設定されていた事例で、抵当権が実行された場合、他の土地共有者Bの同意がなければ、その建物のために法定地上権は成立しないとする。その理由として、①共有者は各自共有物について所有権と同じくする独立の持分を有しており、しかも、共有地全体に対する地上権は共有者全員の負担となるから、共有地全体に対する地上権の設定には共有者全員の同意を必要とする。②この理は本条の法定地上権についても同様であり、同条により地上権を設定したものとみなすべき事由が単に土地共有者の1人だけについて発生したとしても、そのために他の共有者の意思いかんにかかわらずそのものの持分が無視されるべきではないことを挙げる。
②　建物に抵当権設定
　土地が共有関係にあり、共有者の1人が建物を所有していて建物に抵当権

が設定された場合は、判例は法定地上権の成立を否定することを原則としつつ、「他の共有者がかかる事態の生ずることを予め容認していたような場合においては、右の原則は妥当しない」ものとする（最判昭和44年11月4日民集23.11.1968〔27000774〕は、その例外として、「仮換地」の場合に法定地上権が成立するとした）。さらに、他の土地の共有者が法定地上権成立をあらかじめ容認していたとみることができない場合には法定地上権は成立しないとする最判平成6年12月20日民集48.8.1470〔27826181〕【Ⅰ90】がある（後出(ウ)①の判旨参照）。

(イ) 建物共有者のうち1人が土地（敷地）を単独所有している場合
① 建物持分に抵当権設定

建物が共有関係にあり、建物持分に抵当権が設定された場合、通説は法定地上権を認める。抵当権設定者のみならず、他の共有者もまた法定地上権の成立による建物利用を予定していると考えることができるからである。

② 土地に抵当権設定

建物が共有関係にあり、土地に抵当権が設定された場合、判例は法定地上権を認める。理由は建物共有者が敷地を所有する場合には、自己のみならず、他の建物共有者のためにも土地利用を認めているといえるからである。

訴訟物　　XのY1・Y2に対する所有権に基づく返還請求権としての土地明渡請求権

＊建物をY1・Y2が共有し、土地をY1が単独所有している状態で、AがY1に貸付けをし土地に抵当権が設定されたが、土地が競売されるに至り、Xが買い受けた。本件は、Xが、Y1・Y2に対し、建物収去土地明渡しを求めたところ、法定地上権の主張がされた事案である。

＊最判昭和46年12月21日民集25.9.1610〔27000590〕は、建物の共有者Y1・Y2のうちY1が土地を単独所有し、Y1がその土地に抵当権を設定した場合、Y1はY2のためにも土地利用を認めていることから、本条の趣旨により法定地上権は成立するとした。

請求原因　1　Xは本件土地を所有すること
2　Y1・Y2は本件建物を所有（共有）して本件土地を占有していること

（占有権原――法定地上権）

抗弁　1　AはY1に対し、1,000万円を弁済期平成〇年〇月〇日の約

定で貸し渡したこと
2　AはY1との間で、抗弁1の債務を担保するために本件土地につき抵当権設定契約を締結したこと
3　抗弁2当時、本件土地上に本件建物が存在すること
4　抗弁2当時、Y1が本件土地を所有し、Y1とY2が本件建物を共有していたこと
5　○○地方裁判所は、本件土地競売事件においてXに売却許可決定をし、これが確定したこと
6　Xは抗弁5に基づき代金を納付したこと

㈦　土地・建物ともに共有関係にある場合
①　土地持分に抵当権設定
　この場合は、㈠型に準じるか（法定地上権否定）、㈡型に準じるか（法定地上権肯定）で議論は分かれる。判例は法定地上権の成立を否定する。最判平成6年12月20日民集48.8.1470〔27826181〕【Ⅰ 90】は、本件土地は、Yと妻子ら3人の共有であったが、YのA金融公庫に対する債務の担保として、共有者3人は抵当権を設定した。同地上の建物はY先代の所有であったが、Yら9名が相続した。抵当権が実行されて、Xが買い受けて、Yらに対して建物収去土地明渡しを求めたところ、Yらは法定地上権の成立を主張した。原審は、土地の共有者全員についてYら共有の本件建物のために地上権を設定したとみなすべき事由があるとしたが、前掲平成6年最判は、「土地共有者間の人間関係のような事情は、登記簿の記載等によって客観的かつ明確に外部に公示されるものではなく、第三者にはうかがい知ることのできないものであるから、法定地上権発生の有無が、他の土地共有者らのみならず、右土地の競落人ら第三者の利害に影響するところが大きいことにかんがみれば、右のような事情の存否によって法定地上権の成否を決することは相当ではない」と判示して、原判決を破棄した（本件においては、土地の共有者（Yら3名）が土地への共有持分を有しない建物共有者（Yら9名）のため、法定地上権の発生をあらかじめ容認していたとはいえないと考えられる）。
②　建物持分に抵当権設定
　この場合は、判例はないが、上記①と同様に法定地上権の成立を否定することになろう。
(3)　土地又は建物への抵当権の設定
　本法が、「土地又は建物につき」を抵当の目的とした場合を要件として定

めるのは、競売の結果、土地と建物の所有者が異なることになる場合を考慮したものである（下記のア及びイの設例参照）。そのため、土地と建物の両方が同時に抵当権の目的となった場合であっても、競売の結果それぞれ別の者が競落人となったときには、立法の趣旨からすると、下記ウのように、法定地上権の成立を認めるべきである（我妻・担保物権法363頁）。

ア　建物のみに抵当権設定された場合

　Xが土地とその上の建物を所有する場合に、建物だけに抵当権が設定されたときは、建物競落人Yは、その建物のために法定地上権を取得する。

訴訟物　　XのYに対する所有権に基づく返還請求権としての土地明渡請求権

＊Xは、土地と地上建物を所有していたが、貸付債権者Aのために、建物に抵当権を設定したところ、抵当権が実行され、Yが競落して所有者となった。本件は、XがYに対し建物収去土地明渡しを求め、Yが法定地上権の成立を主張した事案である。

＊本件事案では、土地明渡しのみならず建物の収去が求められるが、土地明渡しの債務名義だけでは、別個の不動産である地上建物の収去執行ができないからであって、訴訟物は、土地明渡請求権のみであり、「建物収去」部分は訴訟物を構成するものではないと解されている（1個説。司研・紛争類型別59頁）。

請求原因　1　Xは本件土地を所有していること

　　　　　2　Yは本件建物を所有して本件土地を占有していること

（占有権原――法定地上権）

抗　弁　1　AはXに対し、1,000万円を弁済期平成○年○月○日の約定で貸し渡したこと

　　　　　2　AはXとの間で、抗弁1の債務を担保するため本件建物につき抵当権設定契約を締結したこと

　　　　　3　抗弁2当時、本件土地上に本件建物が存在していたこと

　　　　　4　抗弁2当時、本件土地及び本件建物はいずれもXの所有であったこと

　　　　　5　○○地方裁判所は、本件建物に関する不動産競売手続において、Yに対して売却許可決定をし、これが確定したこと

　　　　　6　Yは、抗弁5に基づき代金を納付したこと

＊法定地上権は、建物（又は土地）の競売によってその所有権が競落人に移転するときに成立する。けだし、この時点において地上権の成立が可能となるからである（我妻・担保物権法366頁）。

イ　土地のみに抵当権が設定された場合

　Yが土地とその上の建物を所有する場合に、土地だけに抵当権が設定されるときは、土地競落人Xは、その建物のために法定地上権の制限を受ける。

訴訟物　　XのYに対する所有権に基づく返還請求権としての土地明渡請求権

　　　　　＊Yは、土地と地上建物を所有していたが、土地について貸付債権者Aのために抵当権を設定したところ、抵当権が実行され、Xが競落して所有者となった。本件は、XがYに対し建物収去土地明渡しを求め、Yが法定地上権の成立を主張した事案である。

請求原因　1　Xは本件土地を所有していること
　　　　　2　Yは本件建物を所有して本件土地を占有していること
（占有権原――法定地上権）

抗　弁　1　AはYに対し、1,000万円を弁済期平成〇年〇月〇日の約定で貸し渡したこと
　　　　　2　AはYとの間で、抗弁1の債務を担保するため本件土地につき抵当権設定契約を締結したこと
　　　　　3　抗弁2当時、本件土地上に本件建物が存在していたこと
　　　　　＊最判昭和36年2月10日民集15.2.219〔27002348〕は、この事実が否定された事案であるが、「民法388条により法定地上権が成立するためには、抵当権設定当時において地上に建物が存在することを要するものであつて、抵当権設定後土地の上に建物を築造した場合は原則として同条の適用がないものと解するを相当とする。然るに本件建物は本件土地に対する抵当権設定当時完成していなかつたことは原審の確定するところであり、またXが本件建物の築造を予め承認した事実があつても、……本件抵当権は本件土地を更地として評価して設定されたことが明らかであるから、民法388条の適

　　　　　用を認むべきではなく、この点に関する原審の判断は正当である」と判示する。
　　　4　抗弁2当時、本件土地及び本件建物はいずれもYの所有であったこと
　　　5　○○地方裁判所は、本件土地に関する不動産競売手続において、Xに対し、売却許可決定をし、これが確定したこと
　　　6　Xは、抗弁5に基づき代金を納付したこと

ウ　土地と建物とに共同抵当権が設定され、建物がそのまま存在していた場合

　所有者が土地及び地上建物に共同抵当権を設定した場合、抵当権者はこれにより土地及び建物全体の担保価値を把握することになるが、建物が存在する限りにおいては、建物のために法定地上権の成立を認めることは、抵当権設定当事者の意思に反するものではない。最判昭和37年9月4日民集16.9.1854〔21016451〕は、所有者が土地及び地上建物に共同抵当権を設定した場合、本条の適用があるとする（これは、抵当権設定当時の建物が存続している事案である）。平成16年法律147号改正前の本条は、「土地又ハ建物ノミ」に抵当権が設定すると定めていたが、平成16年改正後の本条は、「土地又は建物につき抵当権が設定され」とされ、「ノミ」の限定文言がなくなった。

|訴訟物|　　XのYに対する所有権に基づく所有物返還請求権としての土地明渡請求権|

　　　　　＊Bは、自己の所有土地と地上建物を債権者Aのために共同抵当を設定したが、土地及び建物の抵当権が実行されて、Xが土地を、Yが建物を各々買い受けた。本件は、XがYに対して建物収去土地明渡しを求めたところ、Yが法定地上権の成立を主張した事案である。

|請求原因|　1　Xは本件土地を所有していること
　　　　　2　Yは本件建物を所有して本件土地を占有していること
（占有権原――法定地上権）

|抗　　弁|　1　AはBに対し、1,000万円を弁済期平成○年○月○日の約定で貸し渡したこと
　　　　　2　AはBとの間で、抗弁1の債権を担保するために本件土地及び本件建物につき共同抵当権設定契約を締結したこと
　　　　　3　抗弁2当時、本件土地上に本件建物が存在していたこと

4　抗弁2当時、本件土地及び本件建物はいずれもBの所有であったこと
　5　○○地方裁判所は、本件土地及び本件建物に関する不動産競売手続において、本件土地をXに対し、また本件建物をYに対して、それぞれ売却許可決定をし、これが確定したこと
　6　X及びYは、抗弁5に基づきそれぞれ代金を納付したこと
　＊本件は、土地と建物をそれぞれ別人が競落した場合である（大判昭和10年11月29日新聞3923.7〔27544078〕）。いったん同一人が双方を競落したが一方について競落許可決定が与えられなかった場合や取り消された場合（大判明治39年2月16日民録12.220〔27520937〕、大判昭和6年10月29日民集10.931〔27510450〕）、一方についてのみ競売が行われた場合（大判明治43年3月23日民録16.233〔27521388〕、最判昭和37年9月4日民集16.9.1854〔21016451〕）等の場合にも法定地上権が成立する（我妻・担保物権法363頁）。

エ　共同抵当権設定後に建物が再築された場合
(ア)　個別価値考慮説
　共同抵当権設定後に建物が滅失して再築された場合に法定地上権が成立するとする見解（大判昭和13年5月25日民集17.1100〔27500397〕）は、個別価値考慮説に立って説明される。すなわち、土地と建物を共同抵当に取った場合、土地の抵当権は、土地の価値から法定地上権の価値を控除した底地価値を把握するものであり、他方、建物の抵当権は、法定地上権の価値を加えた建物の価値を把握するものと考えるので、再築建物のために法定地上権の成立を認めても、抵当権者は土地の抵当権について特段不利益を受けないこととなるからである。
(イ)　全体価値考慮説
　共同抵当権者は、土地抵当権と建物抵当権の2つの抵当権が合わさって土地と建物全体の全体価値を把握すると考える見解である。すなわち、建物の滅失によって建物価値が把握できなくなったとしても、土地抵当権が把握する土地価格は、建物の滅失のため法定地上権分の負担が消えて、更地価格の評価となるので、従来の土地・建物の担保価値は、残った土地抵当権で把握できていると考える。したがって、その後建物が再築されても、その建物には、当然には法定地上権は成立しないと考える。再築建物を共同抵当に入れないままで法定地上権の成立を認めると、抵当権者は法定地上権の価値を控

除した底地価値しか把握できなくなり、土地と建物を共同抵当に取った抵当権者の利益が損なわれる。このように、土地と建物双方を共同抵当に取った後に建物が再築された場合は、原則として再築建物についての法定地上権の成立を否定すべきとする全体価値考慮説が有力となった。最判平成9年2月14日民集51.2.375〔28020403〕【Ⅰ89】は、共同抵当建物の再築の事案であるが、全体価値考慮説を採用して、「所有者が土地及び地上建物に共同抵当権を設定した後、右建物が取り壊され、右土地上に新たに建物が建築された場合には、新建物の所有者が土地の所有者と同一であり、かつ、新建物が建築された時点での土地の抵当権者が新建物について土地の抵当権と同順位の共同抵当権の設定を受けたとき等特段の事情のない限り、新建物のために法定地上権は成立しないと解するのが相当である」と判示し、その理由として、①土地及び地上建物に共同抵当権が設定された場合、抵当権者は土地及び建物全体の担保価値を把握しているから、抵当権の設定された建物が存続する限りはその建物のために法定地上権が成立することを許容するが、建物が取り壊されたときは土地について法定地上権の制約のない更地としての担保価値を把握しようとするのが、抵当権設定当事者の合理的意思であること、②抵当権が設定されない新建物のために法定地上権の成立を認めるとすれば、抵当権者は、当初は土地全体の価値を把握していたのに、その担保価値が法定地上権の価額相当の価値だけ減少した土地の価値に限定されることになって、不測の損害を被る結果になり、抵当権設定当事者の合理的な意思に反することを挙げている。そして、このように解すると、建物を保護するという公益的要請に反する結果となることもあり得るが、抵当権設定当事者の合理的意思に反してまでも右公益的要請を重視すべきではないとして、大判昭和13年5月25日民集17.1100〔27500397〕は、上述と抵触する限度で変更すべきものとしている。

訴訟物	XのYに対する所有権に基づく返還請求権としての土地明渡請求権

＊Yは、自己所有の土地と同地上の別件建物を債権者Aのために共同抵当権を設定したが、Yは別件建物を取り壊して新たに本件建物を建築した。ところが、YはAのために本件建物は抵当権を設定をしないまま、本件土地の抵当権が実行されてXが土地を買い受けた。本件は、XがYに対して建物収去土地明渡しを求めたところ、Yが法定地上権の成立を主張した事案である。

請求原因 1 Xは本件土地を所有していること
2 Yは本件建物を所有して本件土地を占有していること
（占有権原——法定地上権）
抗弁 1 AはYに対し、1,000万円を弁済期平成〇年〇月〇日の約定で貸し渡したこと
2 AはYとの間で、抗弁1の債務を担保するために本件土地及び別件建物につき共同抵当権設定契約を締結したこと
3 抗弁2当時、本件土地上に別件建物が存在していたこと
4 抗弁2当時、本件土地及び別件建物はいずれもYの所有であったこと
5 別件建物は、取り壊されたこと
6 本件建物が、本件土地上に再築されたこと
7 Yが本件建物を所有し、本件建物が建築された時点での土地の抵当権者Aが本件建物について土地の抵当権と同順位の共同抵当権の設定を受けたときなど特段の事情があること
＊この要件は、前掲平成9年最判に基づく要件である。仮に、この要件がなくとも、なお法定地上権が成立するとの見解（個別価値考慮説）によると、次の不都合が生じる。例えば、債務者が債権者のために土地と共同抵当に入れていた建物を取り壊して建物を再築し、それを敷地との共同抵当に入れず、他の債権者のために抵当権を設定すると、新建物のために法定地上権が成立するので、高い担保評価で第三者のために抵当権を設定できるが、他方、債権者は、当初把握していた建物の担保価値を失い、土地についても法定地上権を控除した価値しか把握できず、土地抵当権を実行しても満足な債権回収ができなくなる。
＊最判平成9年6月5日民集51.5.2116〔28021115〕は、上記の「特段の事情」の存在を否定した事案であるが、「新建物の所有者が土地の所有者と同一であり、かつ、新建物が建築された時点での土地の抵当権者が新建物について土地の抵当権と同順位の共同抵当権の設定を受けた場合であっても、新建物に設定された抵当権の被担保債権に法律上優先する債権が存在するときは、右の特段の事情がある場合には当たらず、新建物のために法定地上権が成立しない」と判示する。
8 〇〇地方裁判所は、本件土地についての不動産競売手続にお

いて、本件土地をXに対して売却許可決定をし、これが確定したこと
9 Xは、抗弁8に基づきそれぞれ代金を納付したこと

(4) 競売による土地と建物の別人への帰属（所有者分離要件）
抵当権の実行による競売によっても、土地と建物が別人に帰属しないときは、法定地上権も成立しない。なお、平成16年改正前の本条は、「競売ノ場合ニ付キ」法定地上権が成立すると定めていたので、その競売とは、抵当権実行の競売のほか、抵当権が設定されておれば強制競売でもよく、ただ、土地と建物のいずれにも抵当権が設定されておらず、強制競売によって土地と建物の所有者が異なることになった場合は、民執81条によって法定地上権が成立すると解されていた。しかし、改正後の本条においては、抵当権を前提として、「その実行により所有者を異にするに至ったとき」に法定地上権が成立すると規定するので、本条の法定地上権の成立は、抵当権実行の場合に限られることになる。

民事執行法上の法定地上権（民執81条）についてであるが、土地・建物双方が共有である場合には、その成立が否定される（最判平成6年4月7日民集48.3.889〔27818391〕）。

3 法定地上権の地代・存続期間
本条但書は、法定地上権の地代が当事者の協議で定まらないことがあることに鑑み、当事者の請求によって、裁判所が確定することを定める。存続期間についても、当事者の合意が成立しなければ、268条2項の類推適用によって、当事者の請求によって裁判所が定めることになるが、借地借家法の適用がある法定地上権については、同法3条本文により、30年ということになるから、裁判所が定める必要はない（鈴木・物権法266頁）。

> 訴訟物　XのYに対する法定地上権（確認）及び地代額（確定）
> ＊本件は、任意競売の建物買受人Xが土地所有者Yに対し、法定地上権の確認と地代額の決定を裁判所に求めた事案である。
> ＊請求の趣旨は、「1　XはYに対し、本件土地につき地上権を有することを確認する。2　第1項の地代を月額〇万円と定める」となろう。
> 請求原因　1　Yは、請求原因4当時、本件土地・本件建物を所有してい

たこと
2 本件土地上に本件建物が存在していたこと
3 AはYに対し、1,000万円を弁済期平成○年○月○日の約定で貸し渡したこと
4 AはYとの間で、請求原因3の債権を担保するため本件建物につき抵当権設定契約を締結したこと
5 ○○地方裁判所は、本件建物に関する不動産競売手続において、Xに対して売却許可決定をし、これが確定したこと
6 Xは、請求原因5に基づき代金を納付したこと
7 本件土地の地代額は、1か月2万円が相当であること
＊地代額を具体的に主張する必要はないが、実務上は相当額を原告において主張するのが通例である。
8 YはXの地上権の存在を争うこと
＊確認の利益に関する主張である。

■ **(参考)** (法定地上権)

民事執行法第81条 土地及びその上にある建物が債務者の所有に属する場合において、その土地又は建物の差押えがあり、その売却により所有者を異にするに至つたときは、その建物について、地上権が設定されたものとみなす。この場合において、地代は、当事者の請求により、裁判所が定める。

1 趣旨

同一人に帰属する土地と地上建物がその一方又は双方の競売によって、所有者を異にすることになると、建物所有者は、土地利用権を有さないため、土地所有者から建物収去土地明渡しを求められることになる。この不都合を避けるために、388条は、抵当権について法定地上権の制度を設け、「土地及びその上に存する建物が同一の所有者に属する場合において、その土地又は建物につき抵当権が設定され、その実行により所有者を異にするに至ったときは、その建物について、地上権が設定されたものとみなす」(同条前段)と規定している。本条は、388条(法定地上権、341条、361条によって不動産質権・先取特権等にも準用)や仮登記担保10条(法定借地権)と異な

り、担保物権の存在を前提とせず、一般の強制執行がされても、法定地上権の成立を認める。388条の趣旨を拡大したものである（鈴木・物権法266-267頁）。

2 本条の法定地上権の成立要件
(1) 差押え当時、土地上に建物が存在すること
　(1)及び(2)の要件の存在時期について、差押時説と売却時説、さらに仮差押えが先行する場合は、仮差押時説があるが、中野・民事執行法428頁は、①本条の文言に忠実であること、②仮差押手続は売却を含まず、売却は差押えに基づくこと、③売却に先立ってあらかじめ売却条件を定めなければならず、売却時の状態を基準とすることはできないことなどを理由として、差押時説を基本としている。
(2) 土地と地上建物が同一所有者に属すること
　共有不動産については、土地と地上建物の一方又は双方が共有に属し、土地所有者又は持分権者と建物所有者又は持分権者の双方に同一人が含まれる場合に、388条と同様の問題が生ずる（388条の解説2(2)オ参照）。
(3) 土地と地上建物の一方又は双方の差押え、売却があったこと
(4) 売却の結果、土地と建物がそれぞれの所有者を異にするに至ったこと

訴訟物　　XのYに対する所有権に基づく返還請求権としての土地明渡請求権
　　　　　＊Yが土地と地上建物を所有していたが、土地について強制競売開始決定を受け、Xがその買受人となった。本件は、XがYに対し、建物収去土地明渡しを求め、Yが法定地上権の成立を主張した事案である。

請求原因　1　Xは本件土地を所有していること
　　　　　　2　Yは本件建物を所有して本件土地を占有していること
（占有権原──法定借地権）

抗　弁　1　抗弁3の差押え当時、本件土地上に本件建物が存在したこと
　　　　　2　抗弁3当時、本件土地及び本件建物はいずれもYの所有であったこと
　　　　　3　本件土地につき強制競売開始決定がされ、差押えがされたこと
　　　　　＊抗弁3と4は、上記(3)「土地と地上建物の一方又は双方の差押え、売却があったこと」の要件に該当する事実である。

4　抗弁3の強制競売手続において、本件土地をXに対して売却許可決定をし、Xは、代金を納付したこと
　　　＊抗弁4の売却の結果、Xが本件土地の所有者となったため、Yが本件建物の所有者であるから、上記（4）「土地と建物がそれぞれの所有者を異にするに至ったこと」の要件を充足することになる。

3　効果

　法定地上権は、買受人が代金を納付した時（民執79条）に成立し、その存続期間は（一時使用建物を除き）借地借家3条により30年である。法定地上権が成立する場合、その旨及び内容（概要のみ）が物件明細書に記載される（民執62条1項3号、その記載に確定力・公信力なし）。法定地上権の成否・範囲等につき争いを生じ、また、地代が当事者間の協議で決まらなければ、通常の民事訴訟によって定めるほかはない（同法81条後段）。法定地上権も、第三者に対抗するには原則として（当事者の申請による）設定登記を要する（地上建物については、同法82条1項1号、借地借家10条1項により対抗要件が具備される。以上、中野・民事執行法429頁）。

訴訟物　　XのYに対する法定地上権（確認）及び地代額（確定）
　　　＊本件は、強制競売の建物買受人Xが土地所有者Yに対し、法定地上権の確認と地代額の決定を裁判所に求めた事案である。
　　　＊請求の趣旨は、「1　XはYに対し、本件土地につき地上権を有することを確認する。2　第1項の地代を月額〇万円と定める」となろう。

請求原因　1　請求原因3の差押え当時、本件土地上に本件建物が存在したこと
　　　2　請求原因3当時、本件土地及び本件建物はいずれもYの所有であったこと
　　　3　本件土地につき強制競売開始決定がされ、差押えがされたこと
　　　4　請求原因3の強制競売手続において、本件土地をXに対して売却許可決定をし、Xは、代金を納付したこと
　　　5　本件土地の地代額は、1か月2万円が相当であること
　　　＊地代額を具体的に主張する必要はないが、実務上は相当額を

原告において主張するのが通例である。
6 YはXの地上権の存在を争うこと
＊確認の利益に関する主張である。

● (抵当地の上の建物の競売)

第389条 抵当権の設定後に抵当地に建物が築造されたときは、抵当権者は、土地とともにその建物を競売することができる。ただし、その優先権は、土地の代価についてのみ行使することができる。
2 前項の規定は、その建物の所有者が抵当地を占有するについて抵当権者に対抗することができる権利を有する場合には、適用しない。

1 一括競売

更地である土地に抵当権が設定された後、その土地に建築された建物については、法定地上権は成立しない（388条解説2（1）ア参照）。この場合には、抵当権者は建物の存在を無視して、土地を更地として競売ができる。ただし、競落後、買受人が建物収去土地明渡しを求める必要が残る。そのため、現実に建物が存在している以上、抵当権者は土地とともにその建物をも同時に一括して競売（一括競売）できる（裁量権限である）ことを認めると、競売が容易であり、建物の収去という社会経済上の損失を回避することもできる。本条1項本文は、抵当権者がこの一括売買を選択することができることを定めるものである。ただし、抵当権者は、建物について抵当権を有さないので、優先弁済権を行使することができるのは、土地の代価についてのみである（本条1項但書）。

なお、平成15年法律134号改正前は、この一括競売をすることができる場合を、建物を建築した者を「設定者」に限定していた。それでは「第三者」が建築した場合には土地しか競売できず、それでは競売価額は低くなり、また、建物は抵当権に対抗できないため、建物収去土地明渡請求の手続が残ることとなるので、平成15年改正により、建物建築者を「設定者」に限らず、「第三者」でもよいとした。

訴訟物 XのYに対する執行法上の抗告権
＊XはAに対し、1,000万円を貸し付けて、その債権を担保

するためA所有土地に抵当権設定を受け、抵当権設定登記を了した。Yはその地上に建物を建築した。AはYに本件土地を1,000万円で売買した。Xは、本件土地と本件建物につき一括競売の申立てをしたが、本件建物についての競売申立ては却下された。本件は、Xが却下決定に対する執行抗告をしたところ、YはAとの間で、本件土地につき建物所有目的の地上権を設定し、かつXはその地上権設定に同意したと主張した事案である。すなわち、不動産の一括競売申立却下決定に対する執行抗告（民執45条3項）である。

請求原因
1 Aは、請求原因3当時、本件土地を所有していたこと
2 XはAに対し、1,000万円を弁済期平成○年○月○日の約定で貸し渡したこと
3 XはAとの間で、請求原因2の債権を担保するため本件土地につき抵当権を設定する契約を締結したこと
4 Xは請求原因3に基づき本件土地につき抵当権設定登記をしたこと
5 Yは本件土地上に本件建物を建築したこと
6 AはYとの間で、本件土地を代金1,000万円で売買する契約を締結したこと
7 Xは、○○地方裁判所に、本件土地及び本件建物につき一括競売の申立てをしたこと
8 ○○地方裁判所は、本件建物についての競売申立てを却下したこと

（対象外建物）
抗弁
1 YはAとの間で、本件土地につき建物所有目的の地上権を設定する契約を締結したこと
2 Xは抗弁1の地上権設定契約につき同意したこと

2　一括競売権の対象外建物

本条2項は、建物所有者が抵当地を占有するにつき抵当権者に対抗することができる権利を有する場合には、一括競売はできず、単に土地のみの競売ができるにとどまることを定める。これは、177条からみて、当然の規定であって、確認的な規定である。

●(抵当不動産の第三取得者による買受け)

第390条　抵当不動産の第三取得者は、その競売において買受人となることができる。

　本条は、抵当不動産の第三取得者は、その競売における買受人となり得ることを定める。元来、競売においては誰でも買受人となり得るのが原則であるから、本条は、確認的規定にすぎない。あえて本条が置かれたのは、第三取得者の多くはその抵当不動産の所有者であるが、所有者が自己の所有物の買受人になり得るか、論理上の疑義を一掃するためである。債務者は買受けの申出をすることはできない(民執188条、68条)が、物上保証人並びに本条の第三取得者は買受けの申出をすることができる。抵当権を実行する抵当権者自身も買受人になり得る。なお、本条は、増加競売の場合にも適用がある。

●(抵当不動産の第三取得者による費用の償還請求)

第391条　抵当不動産の第三取得者は、抵当不動産について必要費又は有益費を支出したときは、第196条の区別に従い、抵当不動産の代価から、他の債権者より先にその償還を受けることができる。

　第三取得者が抵当不動産について既に支出している必要費や有益費は、不動産の価値の増加ないし維持に反映していることから、本条は、その売却代金から優先的に償還させるものとした。競売対象の抵当不動産について必要費・有益費を支出した第三取得者は、配当要求債権者(民執87条1項2号、188条)に準じる立場にあるが、配当要求の終期の制限に服させることは、優先的に償還を認めた趣旨に反し、買受人が留置権の対抗を受けることにもなって相当でない。したがって、売却決定期日の終了までに執行裁判所に優先弁済請求権の届出をすれば、売却代金からの最優先の配当が与えられると解される。

　この優先償還請求権を第三取得者が有するにもかかわらず、抵当権者に競

売代金が交付され、償還を受けなかったときは、第三取得者は抵当権者に対して不当利得返還請求権を有するが、そのために抵当不動産を留置することはできない（京都地判昭和61年10月27日判タ631.172〔27805161〕）。

訴訟物　XのYに対する不当利得返還請求権としての費用償還請求権

* 本件は、本条の費用償還請求権を有する第三取得者Xが、競落代金が抵当権者Yに交付されて優先償還が受けられなかったので、抵当権者Yに対し不当利得返還を求めた事案である。
* 最判昭和48年7月12日民集27.7.763〔27000487〕は、「抵当不動産の第三取得者が、抵当不動産につき必要費または有益費を支出して民法391条にもとづく優先償還請求権を有しているにもかかわらず、抵当不動産の競売代金が抵当権者に交付されたため、第三取得者が優先償還を受けられなかったときは、第三取得者は右抵当権者に対し民法703条にもとづく不当利得返還請求権を有するものと解するのが相当である。けだし、抵当不動産の第三取得者が抵当不動産につき支出した必要費または有益費の優先償還を受けうるのは、その必要費または有益費が不動産の価値の維持・増加のために支出された一種の共益費であることによるものであって、右償還請求権は当然に最先順位の抵当権にも優先するものであり、したがって、抵当権者は、右第三取得者に対する関係においては、その第三取得者が受けるべき優先償還金に相当する金員の交付を受けてこれを保有する実質的理由を有しないというべきであり、また、誤って〔旧〕競売法33条により抵当権者に右金員の交付がなされたとしても、その交付行為は抵当権者がその交付を受けうる実体上の権利を確定するものではないからである」と判示する。

請求原因

1　Aは、請求原因3及び4当時、本件土地を所有していたこと
* 請求原因3当時のA所有の主張は物権的処分行為であるから必要とされ、請求原因4当時のA所有の主張はXが第三取得者となるために必要とされるからである。

2　YはAに対し、1,000万円を弁済期平成〇年〇月〇日の約

定で貸し渡したこと
　　3　ＹはＡとの間で、請求原因2の債権を担保するため本件土地につき抵当権設定契約を締結したこと
　　4　ＡはＸとの間で、本件土地を代金1,000万円で売買する契約を締結したこと
　　5　Ｘは本件土地に対して、必要費又は有益費を支出したこと及びその数額
　　6　○○地方裁判所は、不動産競売事件において、Ｂに競落許可決定をしたこと
　　7　Ｂは代金を納付したこと
　　8　裁判所は、代金をＹに交付したこと

●(共同抵当における代価の配当)

第392条　債権者が同一の債権の担保として数個の不動産につき抵当権を有する場合において、同時にその代価を配当すべきときは、その各不動産の価額に応じて、その債権の負担を按分する。
　2　債権者が同一の債権の担保として数個の不動産につき抵当権を有する場合において、ある不動産の代価のみを配当すべきときは、抵当権者は、その代価から債権の全部の弁済を受けることができる。この場合において、次順位の抵当権者は、その弁済を受ける抵当権者が前項の規定に従い他の不動産の代価から弁済を受けるべき金額を限度として、その抵当権者に代位して抵当権を行使することができる。

1　共同抵当制度
(1)　意義
　共同抵当とは、同一の債権の担保のために複数の不動産に抵当権を設定することをいう。共同抵当とする不動産は同一所有者に属する必要はなく、共同抵当とする「特別の合意」も要しない。被担保債権が同一であれば、追加的な設定もでき、他の不動産にさらに抵当権を設定すれば当然に共同抵当となる。また、順位も同一であることを要しない。共同抵当は、目的物の不動産の登記に共同抵当関係に立つ他の不動産が存在することが記載される（不登83条1項4号）。債権者と目的不動産の所有者との共同申請によって登記

されるが、各不動産につき抵当権設定登記があれば当然に共同抵当になる。
(2) 機能

共同抵当制度の機能は、①土地と建物を別個の不動産とする法制上、土地と地上建物を一体として担保価値を高めること（不動産の一体化機能）、②1個の不動産の抵当権では被担保債権の回収が不十分なときに、複数の不動産に抵当権を設定してそれを補うこと、③特定の担保不動産の価格が下落するリスクに対し、複数の不動産に担保設定をして危険の分散を図ること（危険の分散機能）である。

2 共同抵当の実行方法の自由

共同抵当の場合、抵当権者は、不動産全部の抵当権を実行することも、そのうちのいずれかの不動産の抵当権を実行することも、自由であるが、各不動産の後順位抵当権者の利益調整を図る必要がある。そこで、本条は、同時配当と異時配当に区分して、その取扱いを定める。以下では、抵当不動産がすべて債務者に属する場合（後記3参照）、抵当不動産がすべて物上保証人に属する場合（後記4参照）、抵当不動産が債務者と物上保証人に分属する場合（後記5参照）に分けて検討する。

3 抵当不動産がすべて債務者に属する場合
(1) 同時配当

本条1項は、複数の抵当不動産が全部競売されて、同時に配当される場合は、各不動産の価額に応じて、その債権の負担を割り付けることを定める。例えば、Aが1,000万円の貸金債権を担保するために、Y所有の甲不動産（時価1,000万円）と乙不動産（時価600万円）に各第1順位の共同抵当を有し、また、Bが甲不動産につき250万円の債権のため第2順位の抵当権を有しているとする。競落代金（甲不動産は1,000万円、乙不動産は600万円）は、Aの債権1,000万円については1,000対600で割り付けられるから、Aは、甲不動産から625万円、乙不動産から375万円が配当され、Bは甲不動産から250万円を受けることができる（甲不動産の残余金125万円と乙不動産の残余金225万円は、所有者であったYに交付される）。このように、共同抵当権の場合、各不動産に、その価額に応じて被担保債権額を割り付け、この割付け額の範囲内でのみ、優先弁済を認めるのは、共同抵当権者の恣意によって、後順位者が不利益を被ることを防止するためである。

なお、①強制競売において複数の不動産を売却した場合で、ある者の買受申出額で全債権を弁済できるときは、執行裁判所は他の不動産の売却許可決

定を留保し（民執73条1項）、代金納付があった場合は強制競売を取り消すこととしている（同条4項）。②抵当権実行（任意競売）の場合も、共同抵当の目的となる各不動産の一部で各債権者の債権全部が弁済できるときは、同様にすべきである（同法188条参照）。

(2) 異時配当

ア　代位による抵当権行使

　本条2項前段は、債権者が同一の債権の担保として数個の不動産につき抵当権を有する場合に、ある不動産の代価のみを配当すべきときは、抵当権者は、その代価から債権の全部の弁済を受け得ることを定める。

(ア)　共同抵当権者が全部弁済を受けた場合

　例えば、上記3(1)の設例で、甲不動産のみ抵当権が実行されると、競売代金1,000万円から、Aはその債権全額1,000万円の弁済を受けることができる。この場合、Aが甲不動産及び乙不動産について有する抵当権は被担保債権の消滅に伴って消滅すべきこととなる。しかし、同時配当であれば、次順位の抵当権者Bは甲不動産から250万円の弁済を受けることができるのに、何らかの手当てをしない限り、この場合には、Bは受けることができない。そこで、このような次順位抵当権者を保護するため、本条2項後段が置かれている。すなわち、Aの次順位抵当権者Bは、弁済を受ける抵当権者Aが本条1項に従って乙不動産の代価から優先弁済を受けるべき金額（375万円）を限度として、その抵当権者Aに代位して（本条2項後段）、乙不動産上の抵当権を行使することができ、自己の債権の優先弁済を受けるのである。Bの債権は代位できる限度額375万円内の250万円であるから、250万円全額を回収でき、結果的には、同時配当と同じ状況となる。本条2項後段において「次順位」とは、共同抵当権者の直近の次である必要はない（大判大正11年2月13日新聞1969.20〔27538744〕）。

　Bによる代位とは、従来Aに属していた乙不動産に対する抵当権（それは、本来はAが債権全額の弁済を受けたことにより消滅した筈であるが、消滅せず）をBが取得したことになるという意味である（鈴木・物権法281頁）。

(イ)　共同抵当権者が一部弁済を受けた場合

　上記3(1)の設例で、Aの債権が1,200万円であるとする。甲不動産のみ抵当権が実行されると、競売代金1,000万円について、Aはそのすべて（1,000万円）の弁済を受けることができる（Aはなお未回収の200万円の債権が残る。Bには配当が全くない）。この場合に、同時配当であれば、Bは甲不動産から250万円の弁済を受けることができたのに（すなわち、同時

配当の場合の競落代金（甲不動産は1,000万円、乙不動産は600万円）は、Aの債権1,200万円については1,000対600で割り付けられるから、Aは、甲不動産から750万円、乙不動産から450万円が配当され、Bは甲不動産から250万円を受け得た筈である）、実際には受けることができなかった。この場合、Aの債権はまだ200万円の債権が残っているので（Aが一部弁済の1,000万円を受けた）、乙不動産に対するAの抵当権は消滅しない。にもかかわらず、仮に同時配当をした場合に、Aが乙不動産で弁済を受け得た筈の額（450万円）を限度として、BがAを代位して、乙不動産の抵当権を行使できるか、すなわち、本条2項後段の適用があるかが問題となる。

大判大正15年4月8日民集5.575〔27510774〕は、一部弁済を受けた場合にも代位を認めるが、その代位の性質は、後順位抵当権者は、将来において（Aの抵当権が将来消滅した時に）代位できる地位を取得するにとどまるとする（代位の付記登記の仮登記ができる。393条、不登91条）。つまり、代位は、将来の抵当権の消滅を停止条件として生ずると解されている（停止条件付代位権取得説）。なお、後順位抵当権者は各不動産の負担額を限度として、直ちに、現実に抵当権を取得するとする有力説がある（我妻・担保物権法452頁）。

イ　代位の付記登記

異時配当については、代位により抵当権を実行する者は、抵当権登記に代位の付記登記ができる（393条、不登91条）。この登記が対抗要件であるかなど法的性質については、393条の解説参照。

4　抵当不動産がすべて物上保証人に属する場合

甲・乙不動産ともに同一の物上保証人の所有である場合は、上記3と同様の取扱いになると考えられる。ちなみに、最判平成4年11月6日民集46.8.2625〔27813802〕【I 94】は、「共同抵当権の目的たる甲・乙不動産が同一の物上保証人の所有に属し、甲不動産に後順位の抵当権が設定されている場合において、甲不動産の代価のみを配当するときは、後順位抵当権者は、民法392条2項後段の規定に基づき、先順位の共同抵当権者が同条1項の規定に従い乙不動産から弁済を受けることができた金額に満つるまで、先順位の共同抵当権者に代位して乙不動産に対する抵当権を行使することができると解するのが相当である」と判示し、その理由として、①後順位抵当権者は、先順位共同抵当権の負担を甲・乙不動産の価額に準じて配分すれば甲不動産の担保価値に余剰が生ずることを期待して、抵当権の設定を受けるのが通常であること、②先順位共同抵当権者が甲不動産の代価につき債権の全部の弁

済を受けることができるため、後順位抵当権者の①の期待が害されるときは、債務者がその所有不動産に共同抵当権を設定した場合（前記3（2）参照）と同様、本条2項後段に規定する代位により、その期待を保護すべきことを挙げる。

甲・乙不動産ともに第三取得者に属する場合はもちろん、各物上保証人又は各第三取得者が別人である場合でも、当事者の利害関係は甲・乙不動産ともに同一の物上保証人の所有である場合と同様であると考えられ、同様の処理が行われる（最判昭和53年7月4日民集32.5.785〔27000239〕）。

5　抵当不動産のうち、甲不動産が債務者所有、乙不動産が物上保証人所有である場合
(1)　各不動産につき後順位抵当権者がいない場合
ア　甲・乙不動産の双方実行又は甲不動産の先行実行

甲不動産は債務者Ｙが所有し、乙不動産は物上保証人Ｚが所有している場合、抵当権実行によって乙不動産の所有権を失った物上保証人Ｚは、Ｙに対して求償権を取得するから、本条の適用によって割付けをすることは、疑問であって、抵当権者兼債権者Ａには、Ｙ所有の乙不動産から弁済を受けさせるべきである。例えば、債権者Ａが1,200万円の貸金債権のために債務者Ｙ所有の甲不動産（時価1,000万円）、物上保証人Ｚ所有の乙不動産（時価600万円）に共同抵当権を有していた場合、Ａが両不動産を実行した場合、甲不動産から750万円、乙不動産から450万円の割付けによって配当するのではなく、Ａは、Ｙ所有の甲不動産から売却価格の全額である1,000万円、Ｚ所有の乙不動産から200万円の配当を受けるべきである。Ｚは400万円の残余金の支払を受けるとともに、Ｙに200万円求償をすることとなる。甲不動産が先に実行された場合も同様である。

イ　乙不動産の先行実行

物上保証人Ｚ所有の乙不動産が先に実行された場合は、債権者Ａは売却代金600万円から200万円を限度とせず、600万円全額の配当を受けると解すべきである。その結果、物上保証人Ｚは求償権によって甲不動産についてのＡの抵当権を代位取得する結果、甲不動産についてのＡの抵当権を準共有することになる。ただしＡは1,200万円の債権のうち、600万円の一部弁済を受けたにとどまるから、甲不動産の売却価格1,000万円についてはＡに優先権を認めるべきである。その結果、Ａは600万円の配当を受け（先に受けた乙不動産の配当と合わせて1,200万円）、Ｚは残余金400万円の交付を受ける。

(2) 各不動産につき後順位抵当権者がいる場合

上記（1）の事例に加えて、甲不動産（Y所有）に後順位担保権者Bがいる場合と、乙不動産（Z所有）に後順位担保権者Cがいる場合とで、次のとおり差異が生じる。

ア　債務者Y所有の甲不動産に後順位担保権者Bがいる場合

(ア)　甲・乙不動産の競売が実行されたとき

Y所有の甲不動産上に後順位担保権者B（被担保債権600万円）がいる場合、両不動産が競売されても割付けはされるべきではないから、Aは、甲不動産につき1,000万円、乙不動産につき、200万円を回収できる。甲不動産のみが競売されてもBは乙不動産に代位することはできない（後記(ウ)参照）。

(イ)　乙不動産の競売が実行されたとき

最判昭和44年7月3日民集23.8.1297〔27000805〕は、①甲乙不動産にAが先順位共同抵当権、甲不動産にBが次順位抵当権を有している場合、乙不動産が物上保証人Zの所有であるときは、先順位抵当権者Aは乙不動産の抵当権を放棄し、甲不動産の抵当権を実行してその代価から自己の債権全額について満足を受け得る。②甲不動産の先順位共同抵当権者Aが物上保証人Zの提供した乙不動産についてのみ抵当権を実行し債権の満足を得たときには、物上保証人Zは、債務者Yの所有する甲不動産上の後順位抵当権者Bに優先して、甲不動産に先順位抵当権者Aの有した抵当権の全額に代位する。なぜなら、物上保証人Zとしては他の共同抵当物件から自己の求償権の満足を得ることを期待できる立場にあるので、その後甲不動産に第2順位抵当権が設定されたことによりその期待を失わせるべきでないからである。③甲不動産には次順位のBの抵当権が設定されているのに、Aが乙不動産の抵当権を放棄し、甲不動産の抵当権を実行した場合であっても、乙不動産が物上保証人Zの所有であるときは、甲不動産の次順位抵当権者Bは、乙不動産に代位することはできず、したがって、物上保証人Zが法定代位によって甲不動産について抵当権を実行した場合においても、物上保証人Zは甲不動産につき代位した債権全額の弁済を受け得るとしている。したがって、Aに600万円、Zに400万円が配当され、Bは配当を受けることができない。ただし、Zが乙不動産につき抵当権を設定した後に甲不動産にAの抵当権が設定されて共同抵当関係が生じた場合は上記の期待はできない。Zの代位の付記登記とBの抵当権設定登記との先後で決すべきであろう。

(ウ)　甲不動産の競売が実行されたとき

上記(イ)で述べた物上保証人優先説に立つと、甲不動産が競売された場合でも、Bは乙不動産のAの先順位抵当権に代位できないことになる。
イ　物上保証人Z所有の乙不動産に後順位担保権者Cがいる場合

債務者Y所有の甲不動産と物上保証人Z所有の乙不動産が共同抵当の目的になっていて、物上保証人Z所有の乙不動産上に後順位担保権者Cがいる場合、後順位抵当権者Cの保護につき、判例は、物上保証人Zが債務者Y所有の不動産に代位する場合、抵当権に対して物上代位をするのと同様に、後順位抵当権者Cは、物上保証人Zに移転した抵当権から、優先的に弁済を受けることができるものとしている（最判昭和53年7月4日民集32.5.785〔27000239〕）。なぜなら、物上保証人Zは、後順位抵当権の負担を自ら負った以上、後順位抵当権者Cが物上保証人に優先するのは当然だからである。

この場合、甲不動産上に後順位抵当権者Dが存在しても結果は異ならず、乙不動産上の後順位抵当権者Cが、物上保証人Zの代位する甲不動産の第1順位抵当権に物上代位する（ただし「付記登記」も「差押え」も要しない）のであるから、乙不動産上の後順位抵当権者Cは甲不動産上の後順位抵当権者Dに優先する（最判昭和60年5月23日民集39.4.940〔27100011〕）。

Z所有の乙不動産上に後順位担保権者C（被担保債権600万円）がいる場合には、両不動産が競売されても割付けはされず、Aは同様に、甲不動産から1,000万円を回収し、乙不動産につき、Aに200万円、Cに400万円が配当される。乙不動産のみが競売されたときは、Aは200万円をそこから回収し、Zが求償権を取得するが、Cはさらにその上に代位（一種の物上代位）することができる（前掲昭和53年最判、最判昭和60年5月23日民集39.4.940〔27100011〕）。その結果、甲不動産については、Aに600万円、Cに400万円が配当される。

前掲昭和53年最判は、「債務者所有の不動産と物上保証人所有の不動産とを共同抵当の目的として順位を異にする数個の抵当権が設定されている場合において、物上保証人所有の不動産について先に競売がされ、その競落代金の交付により1番抵当権者が弁済を受けたときは、物上保証人は債務者に対して求償権を取得するとともに代位により債務者所有の不動産に対する1番抵当権を取得するが、後順位抵当権者は物上保証人に移転した右抵当権から優先して弁済を受けることができる」と判示する。

6　共同抵当権の放棄

　例えば、Yが1,200万円の債権の担保のため、甲不動産（時価1,000万円）及び乙不動産（時価600万円）の共同抵当権を有していたところ、甲不動産の価格が1,200万円に上昇したので、Yは甲不動産のみで債権担保ができると考えて、乙不動産の抵当権を放棄したとする。甲不動産につき後順位抵当権者等の利害関係人が存在しないときは、放棄は自由である。しかし、甲不動産に対して1,000万円の債権を有する次順位抵当権者Xがいるときは、Xが代位できなくなる。そこで判例は、甲不動産の競売に当たって乙不動産の抵当権を放棄をしなければXが代位できた限度（400万円）で、Yは優先弁済を受けられないとする（大判昭和11年7月14日民集15.1409〔27500634〕）。そのため、配当額はYが800万円、Xが400万円となる。仮にYがXの優先額についてまで食い込んで配当を受けたときは、不当利得として返還義務を負う。最判平成4年11月6日民集46.8.2625〔27813802〕【I 92】は、「甲不動産の所有権を失った物上保証人は、債務者に対する求償権を取得し、その範囲内で、民法500条、501条の規定に基づき、先順位の共同抵当権者が有した一切の権利を代位行使し得る立場にあるが、自己の所有する乙不動産についてみれば、右の規定による法定代位を生じる余地はなく、前記配分に従った利用を前提に後順位の抵当権を設定しているのであるから、後順位抵当権者の代位を認めても、不測の損害を受けるわけではない。……右の場合において、先順位の共同抵当権者が後順位抵当権者の代位の対象となっている乙不動産に対する抵当権を放棄したときは、先順位の共同抵当権者は、後順位抵当権者が乙不動産上の右抵当権者に代位し得る限度で、甲不動産につき、後順位抵当権者に優先することができないのであるから……甲不動産から後順位抵当権者の右の優先額についてまで配当を受けたときは、これを不当利得として、後順位抵当権者に返還すべきものといわなければならない」と判示する（この判例については、上記4（1）設例参照）。

　なお、以下のように、抵当権を放棄した不動産が譲渡された場合でも、第三取得者は同様の地位に立つ。

> 訴訟物　　XのYに対する不当利得返還請求権としての交付剰余金返還請求権
> 　＊YはAに対する債権を担保するため、A所有の甲・乙両不動産に抵当権の設定を受けた。そして、AはBに乙不動産を譲渡した後、Yは甲不動産の抵当権を放棄した。次いで、

BはXに乙不動産を譲渡した。Yは乙不動産と他の不動産に対して競売の申立てをし、競売代金から3,454万円の交付を受け、剰余金はXに交付された。本件は、XはYに対し、Yが甲不動産に対する抵当権を放棄したために、Xは甲不動産に対する抵当権に法定代位をできず、そのため代位による償還が受けられなくなった限度で免責されたが、Yが乙不動産から3,454万円の交付を受けたのは、不当利得であるとして、その返還を求めた事案である。

請求原因 1 YはAに対し、2億2,000万円を弁済期平成○年○月○日の約定で貸し渡したこと

2 YとAは、請求原因1の債権を担保するため、A所有の甲不動産及び乙不動産に抵当権を設定したこと

3 Aは、請求原因2当時、甲不動産及び乙不動産を所有すること

4 AはBとの間で、乙不動産を代金○○円で売買する契約を締結したこと

5 Yは甲不動産の抵当権を放棄したこと

6 BはXとの間で、乙不動産を代金○○円で売買する契約を締結したこと

7 Yは乙不動産と他の不動産（丙不動産）に対して競売の申立てをし、競売代金から3,454万円の交付を受け、剰余金2,659万円はXに交付されたこと

＊最判平成3年9月3日民集45.7.1121〔27809181〕は、「債務者所有の抵当不動産（以下「甲不動産」という。）と右債務者から所有権の移転を受けた第三取得者の抵当不動産（以下「乙不動産」という。）とが共同抵当の関係にある場合において、債権者が甲不動産に設定された抵当権を放棄するなど故意又は懈怠によりその担保を喪失又は減少したときは、右第三取得者はもとより乙不動産のその後の譲受人も債権者に対して民法504条に規定する免責の効果を主張することができるものと解するのが相当である。すなわち、民法504条は、債権者が担保保存義務に違反した場合に法定代位権者の責任が減少することを規定するものであるところ、抵当不動産の第三取得者は、債権者に対し、同人が抵当権をもって把握した右不動産の交換価値の限度において責任を負担するも

のにすぎないから、債権者が故意又は懈怠により担保を喪失又は減少したときは、同条の規定により、右担保の喪失又は減少によって償還を受けることができなくなった金額の限度において抵当不動産によって負担すべき右責任の全部又は一部は当然に消滅するものである。そして、その後更に右不動産が第三者に譲渡された場合においても、右責任消滅の効果は影響を受けるものではない。……したがって、Ｙが、前記競売手続において、……競売代金から、右免責により減縮された責任の額を超えて金員の交付を受けた場合においては、Ｙは法律上の原因なくして右金員を不当に利得したことになる」と判示する。

● (共同抵当における代位の付記登記)

第393条 前条第2項後段の規定により代位によって抵当権を行使する者は、その抵当権の登記にその代位を付記することができる。

1 代位の付記登記

本条は、代位によって抵当権を行う者は、当該抵当権設定登記にその代位の付記登記をすることができることを定める（不登3条7号参照）。

|訴訟物| ＸのＹに対する代位に基づく乙地の抵当権設定登記に関する付記登記請求権

＊ＹはＡに対する1,000万円の貸金債権を担保するためＡ所有の甲地・乙地につき抵当権の設定を受け、甲地・乙地のそれぞれに第1順位の抵当権設定登記を経由した。他方、ＸはＡに対し500万円の貸金債権を担保するため甲地につき抵当権の設定を受け、第2順位の抵当権設定登記を経由した。甲地について競売が申し立てられ、買受人Ｂは代金を納付した。Ｙは被担保債権全額の配当を受け、Ｘは50万円の各配当を受けた。本件は、ＸがＹに代位に基づいて乙地について抵当権設定登記に付記登記手続を求めた事案である。

＊Xは登記権利者、Yは登記義務者となる（大判大正2年10月2日民録19.735〔27521717〕）。

請求原因
1　Aは、甲地と乙地を請求原因3及び8当時所有していたこと
2　YはAに対し、1,000万円を弁済期、平成〇年〇月〇日の約定で貸し渡したこと
3　YはAとの間で、請求原因2のYのAに対する債権を担保するため甲地・乙地につき抵当権設定契約を締結したこと
4　Yは、請求原因3に基づいて甲地・乙地のそれぞれに第1順位で抵当権設定登記をしたこと
5　裁判所は、甲地に関する不動産競売事件において、Bに対し競落許可決定を下し、Bは代金を納付したこと
6　XはAに対し、500万円を弁済期平成〇年〇月〇日の約定で貸し渡したこと
7　XはAとの間で、請求原因6の債権を担保するため甲地につき抵当権設定契約を締結したこと
8　Xは、請求原因7に基づいて甲地に第2順位で抵当権設定登記をしたこと
9　請求原因5の後、Yは被担保債権全額（本件の場合、仮に1,000万円とする）、Xは50万円の各配当を受けたこと

2　付記登記の効力

　本条は、異時配当については、代位により抵当権を実行する者は、抵当権登記に代位の付記登記ができることを定める（不登91条）。この登記が対抗要件か否かについて見解が分かれる。代位も抵当権移転という不動産物権変動であるとすれば登記は必要であり、登記なくして第三者に対抗できないことになる。しかし、大決大正8年8月28日民録25.1524〔27522899〕は、共同抵当における代位は法定代位であって抵当権設定者は先順位抵当権者の実行を予想しているから、次順位者が代位しても損害がなく、また、他の後順位抵当権者の権利に影響がないとして、対抗要件ではないという。ただ、あくまで、代位の効果の生ずる前の権利者（設定者、第三取得者）に対しては、付記登記がなくても、代位の効果を主張できる趣旨である。代位の効果発生後に利害関係が生じた者に対しては、代位の付記登記なくして代位の効果を対抗できないとされている（大判昭和5年9月23日新聞3193.13〔27540185〕）。

●(抵当不動産以外の財産からの弁済)

第394条 抵当権者は、抵当不動産の代価から弁済を受けない債権の部分についてのみ、他の財産から弁済を受けることができる。
　2　前項の規定は、抵当不動産の代価に先立って他の財産の代価を配当すべき場合には、適用しない。この場合において、他の各債権者は、抵当権者に同項の規定による弁済を受けさせるため、抵当権者に配当すべき金額の供託を請求することができる。

1　抵当不動産から抵当債権の弁済を受ける原則

　抵当権者は抵当権を実行することなく、債務者の一般財産に対して強制執行をすることも可能である。しかし、それを自由に許したのでは他の一般債権者を害するので、本条1項は、抵当権者は、まず抵当不動産を競売して、その代価で弁済を受けなかった部分についてのみ一般財産から弁済を受け得るとしている。すなわち、本条1項は、抵当権者が抵当不動産以外の債務者の財産からまず弁済を受けようとする場合に、他の債権者がこれに異議を述べる権利を与えたものであり、債務者との関係で抵当権者が制約を受けることを定めたものではない（大判大正15年10月26日民集5.741〔27510816〕）。

　異議を述べる権利に関しては、執行異議説（民執11条）又は第三者異議説（同法38条）などが唱えられている。しかし、本条は執行自体を阻止する権限を一般債権者に与えたと解すべき理由はないとして、単に、配当をするに当たって、一般債権者から供託すべき旨の請求（本条2項）を抵当権者に求め得る権利を認めたと解する見解が有力である（注民（9）214-215頁〔柚木馨＝上田徹一郎〕、我妻・担保物権法301頁）。また、債務者との関係で抵当権者が制約を受けることを定めたものではないということは、例えば、下記のような貸金請求の事案の場合、抵当権が設定されていることは抗弁とならないことを意味する。

訴訟物　　XのYに対する消費貸借契約に基づく貸金返還請求権
　　　　　＊本件は、XがYに対し、1,000万円を弁済期、平成〇年〇月〇日の約定で貸し渡して、弁済期が到来したので、その返還を求めた事案である。

＊下記の請求原因に対して、「XとYとの間で、請求原因1の債権を担保するためY所有の本件土地につき抵当権設定契約を締結したこと」は、前掲大正15年大判の趣旨からすると、主張自体失当となろう。

請求原因 1 XはYに対し、1,000万円を弁済期平成○年○月○日の約定で貸し渡したこと
2 弁済期が到来したこと

2 抵当不動産以外の財産からの抵当債権の弁済

本条1項は、抵当権者が抵当不動産以外から債権を回収できるのは、抵当不動産に優先弁済権を行使したうえでの残債権額に限っている。しかし、抵当不動産以外の財産について先に執行手続がされたとき、抵当権者に配当要求を認めないと、全くその財産については、一般債権者としての権利行使を完全に否定することになるので、抵当権者は債権全額について配当要求ができるが、他の一般債権者が抵当権者への配当額を供託するよう請求できることとした（本条2項）。供託の後、抵当権の実行により残債権額が明確になった時点で、抵当権者は、残債権額の債権を有する一般債権者として、他の一般債権者とともに、供託金から債権額に応じて配当を受けることとなる。

訴訟物 XのYに対する供託請求権

＊YはAに金銭を貸し付け、A所有の本件土地に抵当権の設定を受けた。Aは別件土地も所有していたところ、Aに対する他の一般債権者Xは別件土地について強制競売の申立てをしたが、Yが配当加入をしてYに配当すべき金額が400万円となった。本件は、XがYに対し、強制競売の配当金を供託すべきことを請求した事案である。

請求原因 1 YはAに対し、1,000万円を弁済期平成○年○月○日の約定で貸し渡したこと
2 Yは請求原因1の債権を担保するため、A所有の本件土地に抵当権を設定する契約を締結したこと
3 Aは本件土地以外に別件土地を所有していること
4 XのAに対する債権発生原因事実
5 Xは別件土地の強制競売を申し立て、Yが配当加入をして、Yに配当すべき金額が400万円となったこと
6 XはYに対し、配当金を供託することを求める意思表示を

したこと

● (抵当建物使用者の引渡しの猶予)

第395条 抵当権者に対抗することができない賃貸借により抵当権の目的である建物の使用又は収益をする者であって次に掲げるもの（次項において「抵当建物使用者」という。）は、その建物の競売における買受人の買受けの時から6箇月を経過するまでは、その建物を買受人に引き渡すことを要しない。
　一　競売手続の開始前から使用又は収益をする者
　二　強制管理又は担保不動産収益執行の管理人が競売手続の開始後にした賃貸借により使用又は収益をする者
　2　前項の規定は、買受人の買受けの時より後に同項の建物の使用をしたことの対価について、買受人が抵当建物使用者に対し相当の期間を定めてその1箇月分以上の支払の催告をし、その相当の期間内に履行がない場合には、適用しない。

1　明渡猶予期間

　平成15年法律134号改正によって、短期賃貸借の保護規定は、その詐害的濫用事例の多発を受けて廃止され（廃止された内容については、下記3参照）、本条は次のとおり改正された。
　抵当権に後れる賃貸借は、その期間の長短にかかわらず、抵当権者及び競売の買受人に対抗できない（短期賃貸借保護の廃止）。もっとも、建物賃貸借に限っては、賃借人に明渡猶予期間として、建物所有権が買受人に移転した時から6か月間の占有を認めることとした。また、使用対価を買受人に支払わない場合は、相当の期間を定めてその1か月分以上の支払を催告し、相当期間内に履行がない場合には明渡猶予を認めず、引渡命令（民執83条1項）の対象とする。もとより、競売の買受人が自己の所有権に基づいて返還請求権を行使することを妨げない（買受人が代金を納付した日から9か月以内に引渡命令の申立てをしなかった場合（同条2項）には、この方法のみが残ることになる）。
　また、387条により抵当権設定後の賃貸借が抵当権者の同意により対抗力が付与される制度も合わせて導入されている。本条が適用される賃借人は、

抵当権者に対抗することができない賃貸借により、抵当建物の使用又は収益をする者である必要がある（本条1項柱書）。実際に使用収益をしていない者は除外される。猶予期間は6か月であり、猶予が認められた場合、買受人が引渡命令の申立てをできる期間は9か月に延長されている（民執83条2項）。競売手続開始後に使用収益が開始された者には適用されないが、強制管理又は担保不動産収益執行において管理人の賃貸権限に基づいてされる賃貸借については適用される（本条1項1号、2号）。もっとも、本条の適用があっても、明渡猶予期間中の占有者は、賃借権その他の占有権原を有しないから、建物の修繕の請求や、買受人にその債務不履行責任を追及できない。

2　引渡命令に基づく建物明渡請求

　債務者の意思に反して換価を強制する競売では、任意の引渡しを受けることは期待し難く、その場合の引渡請求を通常の手続（買受人の所有権に基づく不動産を占有する債務者等に対する不動産引渡請求訴えの提起）によるものとして買受人に負担させるのでは、競売における適正換価は望めない。そこで、不動産競売に付随して、引渡命令（執行裁判所における略式手続により簡易に引渡執行の債務名義を取得する手段）を買受人のために認めた。すなわち、執行裁判所は、代金を納付した買受人が代金納付に接着する時期に申立てをしたときは、事件記録上の資料に基づいて、一定範囲の占有者に対し、目的不動産を買受人に引き渡すべき旨を命ずることができる（民執83条）。買受人は、引渡命令に執行文付与を受けて強制執行により不動産の占有を取得することができ、そのために占有者に対する引渡請求・明渡請求の訴えを提起する負担を免れ、引渡命令の相手方の占有者は、引渡義務・明渡義務の不存在を主張する場合、自分の側から請求異議の訴えを提起することを要する（中野・民事執行法562-563頁）。

訴訟物　　XのYに対する所有権に基づく返還請求権としての建物明渡請求権

　　　　　＊この手続自体は、民執188条、83条1項に基づくものであるが、債務名義たる引渡命令に表示される請求権は、競売によって買受人が得た所有権であり（民執79条）、競売手続に付随する略式手続で発令されるため、特別に規定された発令要件を備えれば、引渡請求権ありと認めて引渡命令が発せられるが、実体法を離れた特殊の請求権が与えられるわけでは

ない（中野・民事執行法564頁）。

請求原因 1 Aは、請求原因2当時、本件建物を所有していたこと
2 Xは、不動産競売事件において、本件建物を買い受け、平成○年○月○日代金1,000万円を納付したこと
3 Yは、本件建物を占有していること

（占有権原）
抗弁 1 Yは、事件の記録上、Xに対抗することができる権原に基づいて本件建物を占有していること
＊具体的事実は、後記設例の占有権原の抗弁1及び2の事実であるが、引渡命令の場合には、その事実が、裁判所の競売事件の「事件の記録上」証明できなければならないという特殊性がある。

（明渡猶予期間）
抗弁 1 Yは、本件建物について、競売手続の開始前から使用又は収益をする者であること、又は強制管理又は担保不動産収益執行の管理人が競売手続の開始後になした賃貸借により使用又は収益をする者であること
＊抗弁1は、Yが本条1項1号、2号に該当する者であることを示す事実である（本条1項1号、2号は、競売による差押えの後に強制管理又は担保不動産執行によらずに占有を始めた賃借人を除く趣旨であり、この除外された者は明渡猶予期間は与えられない）。本条1項においては、Yが「抵当権者に対抗することができない賃貸借により抵当権の目的である建物の使用又は収益をする者であって次に掲げるもの」であることを要求しているが、明渡猶予期間の抗弁において、これを主張・立証する必要はない。この反対事実たる、Yが抵当権者に対抗し得る賃貸借による占有者であることが、前記のとおり独立した「占有権原の抗弁」となるのである。
2 請求原因2の買受けの時から6か月が経過しないこと
＊本条1項柱書に基づく抗弁である。

（使用対価催告）
再抗弁 1 XはYに対し、本件建物の使用をしたことの対価についてその1か月分以上の支払を催告したこと
2 再抗弁1の催告から相当期間が経過したこと
＊本条2項に基づく再抗弁である。

(履行)

再々抗弁 1　YはXに対し、再抗弁2の期間経過に先立って、再抗弁1の催告に係る対価を支払ったこと

(占有権原)

抗　弁 1　AはYとの間で、本件建物につき、賃貸借契約（賃料・期間）を締結したこと

　　　　2　抗弁1の賃貸借契約は、本件建物の最先順位抵当権に先立って登記をしたこと、又は引渡しを受けたこと

　　　＊競落人と目的物の上に存した用益権の関係は、抵当権設定の時を基準とし、その時に既に対抗力を備えた用益権は競落人に対抗することができるが、そうでないものはこれに対抗することができない。賃借権の対抗要件としては、605条の登記が原則であるが、賃借建物の引渡しなども含まれる（建物保護1条、借地借家31条1項）。

3　平成15年法律134号改正により削除された旧395条（短期賃貸借の保護）

　平成15年改正前の旧395条は、「第602条ニ定メタル期間ヲ超エサル賃貸借ハ抵当権ノ登記後ニ登記シタルモノト雖モ之ヲ以テ抵当権者ニ対抗スルコトヲ得但其賃貸借カ抵当権者ニ損害ヲ及ホストキハ裁判所ハ抵当権者ノ請求ニ因リ其解除ヲ命スルコトヲ得」と定めていたが、同年改正により削除された。

　不動産の賃貸借は、これを登記すれば第三者に対抗できる（605条）。したがって、賃貸借の後に抵当権を取得した者に対しては、賃貸借を主張できることになる。しかし、その反面、抵当権設定登記の後に賃貸借を登記したときは、これを抵当権者に対抗することができないのが原則である。

　削除された旧395条本文は、その例外としての短期賃貸借を定めていた。さらに、削除された旧395条但書は、短期賃貸借であっても、抵当権者に損害を及ぼすときは、抵当権者の請求によって、裁判所がその解除を命ずることができる旨定めていた。

第3節　抵当権の消滅

　抵当権の固有の消滅原因として、①代価弁済（378条）、②抵当権消滅請求（379条、386条）、③根抵当権の消滅請求（398条の22）があり、また、④弁済、⑤相殺、⑥更改、⑦免除、⑧混同、⑨消滅時効などの被担保債権消滅によっても、抵当権は消滅する。さらに、担保物権共通の消滅原因として⑩抵当権の実行があり、物権共通の消滅原因として、⑪抵当権の目的物の滅失・収用などがある。本節は、消滅に関する特則として、①抵当権の時効消滅（396条）、②目的物の時効取得による消滅（397条）、③目的たる地上権・永小作権の放棄による消滅（398条）を置いている。

　⑪の抵当権の目的物（建物）の滅失の実例として、最判昭和62年7月9日判時1256.15〔27801461〕がある。

　訴訟物　　XのY（国）に対する第一建物の滅失の登記の抹消、第二建物につき表示の登記の抹消の各申請の却下処分の違法性
　　　　＊Xは A 所有の甲建物に根抵当権設定登記及び代物弁済予約による所有権移転請求権保全仮登記を有していた。同建物は土地区画整理事業により、仮換地上に移築するため取り壊され、その解体材によって仮換地上に乙建物が完成し、Aに引き渡された。Aの申請により、取壊しを原因とする甲建物の滅失登記、移築を原因とする乙建物の表示登記がされたため、Xは甲・乙建物が同一であるとして、Aに対して各登記の抹消登記手続訴訟を提起し、勝訴確定判決を得た。Xは、甲建物の滅失登記の抹消、乙建物の登記の抹消を申請したが却下された。本件は、XがY（国）に対して却下処分の取消しを求めた事案である。前掲昭和62年最判は、却下処分を適法とする。
　　　　＊請求の趣旨は、「甲建物につきXが平成○年○月○日受付第○○号にて○○法務局に対してした別紙登記申請事項について、Yが平成○年○月○日付でした却下処分を取り消す」とする（乙建物についても同様）。

　請求原因　1　Xは、甲建物について、第三者を債務者とする根抵当権設定登記及び代物弁済予約を原因とする所有権移転請求権保全仮登記を経由していたこと

2 その後、土地区画整理事業の施行者である市長は、直接施行により、甲建物を仮換地上に移築する目的をもって取り壊し、その大部分の解体材と一部に補足材を使用して仮換地上に乙建物を完成し、所有者Aにこれを引き渡したこと
3 Aは、甲建物につき取壊しを原因とする滅失登記、乙物件につき新築を原因とする表示登記の各申請をし、その旨登記され、甲建物の登記簿は閉鎖されたこと
4 Xは、Aに対し、甲建物と乙建物との間には同一性があるから各登記は無効であると主張して、その各抹消登記手続を求める訴訟を提起し、Aに対しその旨の登記手続を命ずるX勝訴の判決が確定したこと
5 Xは、確定した判決正本に基づいて、Y(国)に対し、甲建物につき滅失の登記の抹消、乙建物につき表示の登記の抹消を申請したところ、Yは、いずれも却下する旨の本件処分をしたこと

(甲・乙建物の不同一性)

抗弁 1 甲建物と乙建物は、別個の建物であること
＊前掲昭和62年最判は、「建物の表示の登記は当該建物の物理的な現況を公示することを目的とするものであるから、社会通念上もはや建物といえない程度にまで取り壊され、登記により公示された物理的な存在を失うに至つた場合には、たとえ解体材を用いてほとんど同じ規模・構造のものを跡地あるいは他の場所に建てたとしても(再築又は移築)、それはもはや登記されたものとは別個の建物といわざるを得ないのであり、その間に物理的な同一性を肯定することはできない」と判示する。

● (抵当権の消滅時効)

第396条 抵当権は、債務者及び抵当権設定者に対しては、その担保する債権と同時でなければ、時効によって消滅しない。

本条は、「債務者及び抵当権設定者」に対しては、抵当権の付従性の観点

から、被担保債権と同時でなければ時効消滅しないと規定する。被担保債権が時効消滅すれば、抵当権が付従性により消滅するのは当然である。したがって、本条は、それ以外の第三者に対しては、被担保債権と切り離して抵当権自体の時効消滅があるという点に意義がある。すなわち、抵当権は、債務者及び設定者との関係では、その担保する債権と同時でなければ時効により消滅することはないが、第三取得者及び後順位抵当権者との関係では、被担保債権と離れて167条2項により、20年の消滅時効にかかる（大判昭和15年11月26日民集19.2100〔27500267〕）。

これに対し、①抵当不動産の第三取得者は時効援用権者とされているから、被担保債権の時効消滅を援用でき、さらに抵当権に独立した時効を認める必要性がない、また、②第三取得者の抵当権時効の主張を許すと、抵当権存在確認訴訟を提起する以外に、抵当権者がその消滅時効を中断することが容易ではないなどの批判がある。しかし、消滅時効の進行は権利を行使できる時点から進行する（166条1項）ので、第三取得者が出現した時から20年の経過によって抵当権が消滅するのではなく、抵当権が実行可能となった時、すなわち被担保債権の弁済期が到来した時から算定されるので、②の批判は当たらない。

| 訴訟物 | XのYに対する所有権に基づく妨害排除請求権としての抵当権設定登記抹消登記請求権 |

＊YはXに対する1,000万円の貸金債権を担保するため、X所有の土地に抵当権の設定を受けたが、弁済期が経過しても、Yからの請求が一切なく10年が経過した。本件は、XはYに対して、消滅時効を援用して、抵当権設定登記の抹消登記手続を求めた事案である。

＊請求の趣旨は、「Yは本件土地につき平成〇年〇月〇日時効消滅を原因とし、〇〇地方法務局〇〇出張所昭和〇〇年〇月〇日受付第〇〇号の抵当権設定登記の抹消登記手続をせよ」となろう。

| 請求原因 | 1　Xは本件土地を所有すること |
| | 2　Yは本件土地につき抵当権設定登記を有すること |

（登記保持権原）

| 抗　弁 | 1　YはXに対し、1,000万円を弁済期昭和〇年〇月〇日の約定で貸し渡したこと |
| | 2　YはXとの間で、抗弁1の債権を担保するため本件土地に |

つき、抵当権設定契約を締結したこと
3　Yは抗弁2に基づいて、本件土地につき抵当権設定登記を有していること

(消滅時効)
再抗弁　1　抗弁1の弁済期日から10年が経過したこと
2　XはYに対し、消滅時効を援用する意思表示をしたこと
＊本件の事案とは離れるが、物上保証人も消滅時効の援用者たり得ることについて、最判昭和42年10月27日民集21.8.2110〔27001033〕を参照されたい。

● (抵当不動産の時効取得による抵当権の消滅)

第397条　債務者又は抵当権設定者でない者が抵当不動産について取得時効に必要な要件を具備する占有をしたときは、抵当権は、これによって消滅する。

1　抵当不動産の時効取得による消滅

取得時効が原始取得である以上、取得者が誰であろうと抵当権は消滅するのが筋であるが、本条は目的物について債務者又は設定者の場合は抵当権が消滅しないと定めている。したがって、本条は債務者、設定者以外の者であって所有者でない者に適用されることになる。例えば、下記の設例で挙げる昭和43年最判の場合のXには適用されることになる。

訴訟物　XのYに対する所有権に基づく妨害排除請求権としての所有権移転登記請求権
＊Xが所有者Aから本件土地の贈与を受け、所有権移転登記をせずに占有していた。本件土地には、贈与に先立って、AのBに対する貸金債務を担保するため、抵当権設定登記がされていた。抵当権が実行され、Yが買い受けて、所有権移転登記を了した。本件は、Xが贈与を受けた後、10年の経過により取得時効が完成し、所有権を取得したとして、Yに対して、所有権移転登記手続を求めた事案である。
＊本件の要件事実については、司研・紛争類型別68-71頁及び

司研・事実摘示 14-15 頁参照。

請求原因
1　Xは、昭和 27 年 6 月 20 日、本件土地を占有していたこと
　　＊初日不算入の原則（140 条）から、時効期間は翌日起算となるが、時効の効果が遡るという起算日は占有開始日である（司研・紛争類型別 69 頁）。
2　Xは、昭和 37 年 6 月 20 日経過時、本件土地を占有していたこと
3　Xは、請求原因 1 の占有開始時点において、他人の物であることの善意につき無過失の評価根拠事実
4　XはYに対し、昭和 38 年○月○日、上記取得時効を援用する意思表示をしたこと
5　本件土地について、Y名義の所有権移転登記が存在すること
　　＊取得時効の要件である占有の善意無過失は、占有者が自己に所有権があると信じそう信じることについて過失がないことをいうのであるから、抵当権の存在は何ら所有権取得の障害とはならない（最判昭和 43 年 12 月 24 日民集 22.13.3366〔27000865〕）。したがって、「請求原因 1 の時点では、既に本件土地には当時の所有者 A に対する B の債権のため抵当権設定登記がされており、将来第三者に本件土地の所有権が移転することがあることを予期していたこと」は抗弁とならない。

（時効中断）
抗弁
1　本件土地につき、抵当権者Bが競売を申し立て、競売開始決定がされてその登記がされたこと
2　競売開始決定に基づく差押えがXに対して通知されたこと
　　＊本件土地につき抵当権者からの競売の申立てに基づき競売開始決定がされてその旨登記されたことにより、Xの取得時効が中断されたとの主張であるが、前掲昭和 43 年最判は、中断を認めなかった。すなわち、同判決は、「Xは右不動産につき所有権取得登記を経由しておらず、前記競売手続がXを目的物件の所有者としてなされたものでないことは、所論も認めるところであるから、右競売開始決定に基づき差押の効力が生じても、そのことがXに対して通知されないかぎり、これをもってXの取得時効についての中断事由と

するに由ないことは、民法155条に徴し明らかである。しかるに、かかる通知がなされた事実は、原審で何ら主張・立証されておらず、……取得時効の中断を認めなかつた原審の判断に所論の違法はな［い］」と判示する。

2　抵当不動産の第三取得者

本条は、抵当不動産の第三取得者には適用されないと解されているが（大判昭和15年8月12日民集19.1338〔27500244〕）、第三取得者が抵当権の被担保債権の消滅時効を援用することができるとされている（最判昭和48年12月14日民集27.11.1586〔27000457〕）。

訴訟物　XのYに対する所有権に基づく妨害排除請求権としての抵当権設定登記抹消登記請求権

＊本件は、YはAに対する1,000万円の貸金債権を担保するため、A所有の土地に抵当権の設定を受けたが、その後、Aは本件土地をXに1,000万円で売買した。他方、YはAに対する貸金につき、その弁済期が経過しても、一切請求をせず、10年が経過したので、XはYに対して、消滅時効を援用して、抵当権設定登記の抹消登記手続を求めた事案である。時効援用権はXにもある。

請求原因　1　Aは、請求原因2当時、本件土地を所有していたこと
2　AはXとの間で、本件土地を代金1,000万円で売買する契約を締結したこと
3　Yは本件土地につき抵当権設定登記を有すること
（登記保持権原）

抗弁　1　YはAに対し、1,000万円を弁済期昭和○年○月○日の約定で貸し渡したこと
2　YはAとの間で、抗弁1の債権を担保するため本件土地について抵当権設定契約を締結したこと
3　請求原因3の登記が抗弁2の契約に基づくこと
（消滅時効）

再抗弁　1　抗弁1の弁済期が到来したこと
2　再抗弁1の日から10年が経過したこと
3　Xは、抗弁1の債権の消滅時効援用の意思表示をしたこと

● (抵当権の目的である地上権等の放棄)

第398条 地上権又は永小作権を抵当権の目的とした地上権者又は永小作人は、その権利を放棄しても、これをもって抵当権者に対抗することができない。

本条は、地上権又は永小作権の上に抵当権を設定した場合は、地上権者又は永小作権者がその権利を放棄しても、これをもって抵当権者に対抗し得ないことを定める。

訴訟物 　XのYに対する抵当権設定契約に基づく抵当権設定登記請求権
　　　　　　＊YはA所有の本件土地に地上権を有しているところ、Xから500万円を借り受けるに当たり、その債務を担保するためYの地上権に対し抵当権を設定した。本件は、XがYに対して、抵当権設定登記手続を求めたところ、Yがその地上権を既に放棄したとの主張をした事案である。

請求原因 1　Aは本件土地を所有すること
　　　　　　2　AはYとの間で、Yのために本件土地につき地上権設定契約を締結したこと
　　　　　　3　XはYに対し、500万円を弁済期平成○年○月○日の約定で貸し付けたこと
　　　　　　4　YはXとの間で、請求原因3の債務を担保するため請求原因2の地上権に対し抵当権設定契約を締結したこと
　　　　　　＊このような訴訟において、「Yは請求原因2の地上権を放棄したこと」は、本条により、主張自体失当となる。

第4節　根　抵　当

1　根抵当権と普通抵当権の相違点

　根抵当権は、通常の抵当権（普通抵当権）とは異なる特殊な性質を有するが、398条の2第1項が、「抵当権は……」と定めているように、抵当権の一種であることを明確に位置付けられており、その特殊な性質に基づく規律以外は、抵当権の諸規定が補充的に適用されることになる。

(1)　付従性の否定

　担保物権の通有性として付従性があり、担保物権は、原則として、被担保債権の発生・変更・消滅と運命をともにする（担保物権は、成立するためには被担保債権の存在が必要であり、担保物権は被担保債権の消滅に従って消滅する）。その内容は、成立における付従性、存続における付従性、消滅における付従性、優先弁済を受けることについての付従性であるが、根抵当権には、前3者の付従性がなく、優先弁済を受けることについての付従性のみが存在する（我妻・担保物権法470-475頁）。すなわち、根抵当権設定段階における付従性が否定され、根抵当権の確定前においては、被担保債権の範囲や債務者を変更することが認められ、被担保債権から切り離して根抵当権自体を絶対的に譲渡でき、さらには、債権の移転に対する根抵当権の随伴性（被担保債権が債権譲渡や転付命令などによって移転した場合に、担保物権もこれらとともに移転する性質）も否定される。このように根抵当権は、確定前においては、被担保債権に影響されず、その独自の変更・処分が可能とされており、根抵当権に関する規定の多くはこのような根抵当権自体の独自の変更・処分に関するものである。

(2)　確定

ア　意義

　確定の制度は、①実体法の面では、ある時点で根抵当権の被担保債権を固定して、弁済（確定前においては、被担保債権全額を弁済しても根抵当権を消滅させることはできない）その他の方法（減額請求、消滅請求）によって、根抵当権という不動産上の負担を消滅又は減少させる手段となり、②執行法の面では、目的不動産の競売において、根抵当権者に対する優先弁済の具体額を決めるために、根抵当権の被担保債権の新たな発生をある時点で締め切る機能がある（鈴木・物権法301-302頁）。

イ　確定前根抵当権と確定根抵当権の違い

　根抵当権は、確定の前後により根抵当権の法律関係が区別される。上記

(1) は付従性（随伴性を含む）の否定に関する性質であるが、その性質の多くは「確定」前の法律関係である。すなわち、根抵当権は一定の範囲に属する不特定の債権を担保し、被担保債権が増減変動することを予定しているが、「担保すべき元本」の確定（398条の6）によって被担保債権が特定し、流動しなくなる。確定後は、原則として普通抵当権と同様に付従性、随伴性が認められ、根抵当権の順位の譲渡・処分等も認められるというのである。ただし、確定後においても、375条の適用はなく、極度額の範囲内で確定した元本の利息・損害金は2年分を超えて担保されるので、この点が普通抵当権とは異なる（一部抵当の実質を有する「確定根抵当」の用語の存在）。このように確定の前後によって基本的な法律関係が峻別されることが、根抵当制度の特徴である。

確定前根抵当権と確定根抵当権の対比表

	確定前	確定後
根抵当権の変更	① 被担保債権の範囲の変更・債務者の変更は、確定前の登記によりできる（398条の4）。 ② 極度額の変更もできるが、これは確定後においてもできる（398条の5）。 ③ 確定期日の変更も確定前の登記によりできる（398条の6）。	極度額の変更のみができる（398条の5は確定前と限定していない）。
随伴性	① 根抵当権は随伴性がなく、被担保債権の債権譲渡があっても、譲受人は根抵当権を取得せず、また、代位弁済があっても、根抵当権に代位しない（398の7第1項）。また、債権者の交替による更改があると、被担保債権とならない（398条の7第4項）。ただ、被担保債権の質入れ、差押えの場合に、その効力は、根抵当権に及ぶ。 ② 被担保債権の債務引受け	普通抵当権の場合と同じく、左記の事由が生じた場合には、根抵当権は、被担保債権に随伴する。

	があると、この債務は根抵当権によって担保されない（398の7第2項）。また、債務者の交替による更改による債務者の変更の場合も、根抵当によって担保されない（398の7第4項）。	
相続・合併による包括承継	① 根抵当権者又は債務者死亡に際し、特別の合意により、根抵当権を確定させず、それぞれの地位を承継せしめるとする398条の9の規定は、その性質上、確定前に相続が開始した場合にのみ適用される。 ② 同じく、合併に関する398条の10も、確定前に合併ある場合にのみ適用される。	① 根抵当権者死亡の場合、根抵当権と被担保債権を共同相続人が共有する。遺産分割により、1相続人が被担保債権を承継すると、付従性により、その者が根抵当権を承継する。債務者死亡の場合、根抵当権には影響せず、普通抵当権の場合と異ならない（我妻・担保物権法543頁）。 ② 根抵当権者合併の場合、合併後存続法人又は合併による設立法人が根抵当権及び被担保債権を承継する。債務者合併の場合は、根抵当権には影響がなく、普通抵当の場合と異ならない。
根抵当権の処分	① 根抵当権の全部譲渡・分割譲渡（398条の12）、一部譲渡（398条の13）は、確定前にのみできる。これら処分は、枠支配権を対象とするので、確定根抵当権ではこれらの処分はできない。 ② 376条の処分は、転抵当を除いて、確定前はできない（398条の11第1項）。しかし、転抵当においても、377条2項の適用がない（398条の11第2項）。	普通抵当と同様である。被担保債権が確定し、被担保債権に対する独立性を喪失した確定後は、確定前の処分の規定・理論は適用されない。 ① 処分は、376条の方法のみをとり得る。転抵当についても、376条2項が適用される。 ② 398条の15も適用されず、普通抵当と同様に考える（我妻・担保物権法546頁）。

	③ 根抵当権者に対して、普通抵当権者が376条の処分をし得る。なお、抵当権の順位の譲渡・放棄の場合は、枠に対する処分であって、根抵当権の譲渡・一部譲渡がされると、譲受人が、順位の譲渡・放棄の利益を受ける（398条の15）。	
極度額減額請求（398条の21）・根抵当権消滅請求（398条の22）	———————	これらの制度は、確定根抵当権についてのみ設けられた。確定根抵当権も、極度額という枠支配権の性質を有することを示すものである。

(3) 極度額

　根抵当制度では、原則として、他の債権者や後順位担保権者等は、根抵当権者が、設定された根抵当権の極度額に至るまで優先弁済権を行使することをあらかじめ予定すべきものとして構成されている。言い換えれば、根抵当権は極度額による価値支配権（「枠支配権」）なのである。例えば、確定前においては、後順位者等の関与なくして、被担保債権の範囲の変更、債務者及び確定期日の変更が可能であり、根抵当権の絶対的譲渡も設定者の承諾は必要であるが後順位者等の関与なく認められる。

2　根抵当権登記

　根抵当権を第三者に対抗するためには根抵当権を登記しなければならない（不登59条、83条1項、88条2項）。ただし、根抵当権の権利関係については、設定後においてその被担保債権の範囲の変更、債務者の変更、元本確定期日の変更、相続、譲渡などにおいては、登記が対抗要件ではなく、効力発生要件とされている（398条の4第3項、398条の6第4項、398条の8第4項など）。なお、根抵当権の登記は、対抗要件ではなく成立要件（未登記根抵当権は存在しない）とする立場もある（鈴木・概説89頁）。この立場に立っても、当事者間でされた根抵当権設定の合意も、債権契約としての意味はあるので、それに基づいて、債権者は根抵当権設定の登記を請求して、結局根抵当権自体の成立に達し得るとしている（鈴木・物権法284頁）。

訴訟物　XのYに対する根抵当権設定契約に基づく根抵当権設定登記請求権

*　XはYとの間で、石油類販売取引契約によりYがXに対し負担する売買代金債務を担保するために、Y所有の本件土地につき極度額1,000万円とし、確定期日を定めない根抵当権設定契約を締結したので、XがYに対して根抵当権設定登記手続を求めた事案である。

*　第10章第1節総則2(1)の設例の訴訟物に関する注記を参照。

*　請求の趣旨は、「YはXに対し、本件土地につき、後記の根抵当権設定登記手続をせよ。

記

登記原因　平成○年○月○日設定
極度額　1,000万円
債権の範囲　平成○年○月○日付石油類販売取引
債務者　Y
根抵当権者　X」とする。

請求原因
1　Yは、請求原因2当時、本件土地を所有していたこと
2　XはYとの間で、平成○年○月○日付、石油類販売取引契約によりYがXに対し負担する売買代金債務を担保するために、本件土地につき極度額1,000万円とし、確定期日を定めない根抵当権設定契約を締結したこと

*　請求原因2の被担保債権は、398条の2第2項の定める「一定の種類の取引」により定めるものに当たる。

3　登記保持権原としての確定前根抵当と確定根抵当
(1)　確定前根抵当

　根抵当権には、確定前のものと確定後のものがあり、確定前の場合には被担保債権の発生が特定せず、未確定の状態であるため、根抵当権の存続のためには被担保債権の存在は不要である（被担保債権が存在しなくとも根抵当権は存立する）。以下の設例でみるように要件事実論の観点からいうと抗弁レベルでは根抵当権の確定事由が現れないので、被担保債権の存在は原則として抗弁事由とならない。

訴訟物　XのYに対する所有権に基づく妨害排除請求権としての根

抵当権設定登記抹消登記請求権

＊Ｘ所有の本件土地にＹ名義の根抵当権設定登記が存在するので、ＸがＹに対してその抹消登記を求めたところ、ＹはＸとの間で一定の範囲に属する不特定の債権を極度額1,000万円を限度とする根抵当権設定契約を締結したことに基づくとの抗弁が出され、①確定に先立って被担保債権が発生したか、②XY間でその契約が合意解除されたか等が争点となった事案である。

請求原因　1　Ｘは本件土地を所有していること
2　本件土地について、Ｙ名義の根抵当権設定登記が存在すること

＊根抵当権設定登記においては、一般の抵当権に必要な事項の他、根抵当債務者、前記の被担保債権範囲、極度額、確定期日（確定日付は任意的。398条の6）を登記する（不登59条、83条1項、88条2項）。

（登記保持権原——確定前根抵当）

抗　弁　1　ＸとＹは、請求原因1当時、本件土地につき、極度額を1,000万円とし、被担保債権を次の(1)ないし(4)の1つ以上とする根抵当権設定契約を締結したこと
(1)　ＸとＹの特定の継続的取引契約によって生ずる債権
(2)　ＸとＹの一定の種類の取引によって生ずる債権
(3)　特定の原因に基づいてＸとＹとの間に継続して生ずる債権
(4)　手形上若しくは小切手上の請求権
(5)　個別の債権

＊確定前根抵当権は、現時点で(1)～(4)被担保債権が生じていなくとも、将来にそれが発生する可能性があるから、確定前根抵当権は消滅するものではない。398条の2は、(5)を被担保債権の種類として規定していないが、設定契約により個別の特定債権を被担保債権に加えることは、禁ずる理由もないので、可能と解される（我妻・担保物権法481頁）。

2　Ｘは、抗弁1当時、本件土地を所有していたこと
3　請求原因2の登記は、抗弁1に基づくものであること

＊前述したように、確定前根抵当権の場合には被担保債権の発生が根抵当権の存立には不要である。要件事実論の観点からいうと抗弁レベルでは根抵当権の確定事由が現れないので、

被担保債権の存在は原則として抗弁事由とならない。
(確定事由)
再抗弁 1　抗弁1の根抵当権の元本確定事由が発生したこと
　　　　＊上記の確定前根抵当権（登記保持権原）の抗弁においては、被担保債権の発生は不要であるため、再抗弁1の事実が主張・立証されると、被担保債権ゼロの状態で根抵当権が確定することを意味する（被担保債権の発生の事実は再々抗弁と考える）。確定した瞬間に根抵当権は消滅することになる。

(被担保債権の発生原因事実)
再々抗弁 1　再抗弁1に先立つ、抗弁1の被担保債権の発生原因事実
　　　　＊「被担保債権の発生原因事実」を一応再々抗弁として掲記したが、確定前根抵当権と確定後根抵当権の性質の違い（前記1(2)参照）からすると、「被担保債権の発生原因事実」は、確定前根抵当権の系列に位置付けられる再々抗弁ではなく、上記の抗弁、再抗弁、再々抗弁のすべての事実を併せて、予備的抗弁（確定根抵当権）と位置付けるべきであろう（後出3(2)確定根抵当参照。なお、本書第3版(2)450頁参照）。言い換えれば、確定前根抵当権の抗弁の系列は、上記再抗弁までで終り、ここで、再々抗弁として挙げた事実は、確定根抵当権の抗弁の構成要素と解すべきものなのである。

(合意解除)
再抗弁 1　XはYとの間で、抗弁1の根抵当権設定契約を解除する合意をしたこと
　　　　＊例えば、XとYは、一度は、継続的取引を企図して根抵当権の設定をしたところ、事情が急転し、根抵当権設定契約を合意解除したが、関係が悪化したため、根抵当権の抹消登記手続の協力が得られないなどの場合に、合意解除の成否が争点となろう。

訴訟物　　XのYに対する所有権に基づく妨害排除請求権としての根抵当権設定登記抹消登記請求権
　　　　＊本件は、X所有の本件土地にY名義の根抵当権設定登記が存在するので、XがYに対してその抹消登記を求めたところ、YはXとの間で、YA間の製品供給契約から生ずべき債権につき極度額1,000万円を限度とする根抵当権設定契約

に基づく登記であるとの抗弁が出され、これに対し、Xは、YA間の製品供給契約は存在せず錯誤による根抵当権設定契約として無効であると主張した事案である。

＊訴えを提起して争っている間も登記上は形式的に有効に存在している根抵当権のため、その根抵当権を実行されたり、他に譲渡処分されて権利が転々とするのを阻止するため、処分禁止の仮処分をすることも必要となる。

請求原因 1　Xは本件土地を所有していること
2　本件土地について、Y名義の根抵当権設定登記が存在すること

（登記保持権原——確定前根抵当）

抗　弁 1　XはYとの間で、請求原因1当時、本件土地につき、極度額を1,000万円とし、被担保債権をYA間の製品供給契約から生ずる債権とする根抵当権設定契約を締結したこと
2　Xは、抗弁1当時、本件土地を所有していたこと
3　請求原因2の登記は、抗弁1に基づくものであること

（錯誤）

再抗弁 1　抗弁1のYA間の製品供給契約は存在しなかったこと
2　Xは、再抗弁1の事実を知っていれば、抗弁1の根抵当権設定契約を締結しなかったこと

＊再抗弁の錯誤は、根抵当権設定契約締結についての動機の錯誤であるが、その動機は、抗弁1に表示されている。来るべき債権法改正では、取消事由とされる。

＊根抵当権の設定から3年を経過しているときは、Xの根抵当権設定は、錯誤を持ち出さなくとも、Xが元本確定の意思表示をして、確定時点の元本はゼロであるから、確定と同時に消滅するという構成もとれる。すなわち、次の再抗弁である。

（元本確定請求）

再抗弁 1　抗弁1の根抵当権の設定から3年が経過したこと
2　XはYに対して、元本確定請求の意思表示をしたこと

＊根抵当権の設定から3年が経過しているという要件が充足されているときは、錯誤の立証より、元本確定請求の再抗弁の立証が容易である。

(2) 確定根抵当

次の設例が示すとおり、確定根抵当権が登記保持権原の抗弁として機能する。前記 (1) の確定前根抵当権と確定後根抵当権の性質が異なること（前記1 (2) イ参照）からすると、確定前根抵当権と確定根抵当は、別個の抗弁として機能する（予備的抗弁と位置付けるかは議論があろう）。なお、被担保債権が弁済されたか否かが争点となるような事案（次の設例）では、実務的には、訴え提起（訴状）の段階から、確定根抵当権の存在を先行自白して、その弁済をも併せて主張することが多いであろう。

訴訟物 　　XのYに対する所有権に基づく妨害排除請求権としての根抵当権設定登記抹消登記請求権
　　　　　＊X所有の本件土地にY名義の根抵当権設定登記が存在するので、Yに対してその抹消登記を求めたところ、YはXとの間で一定の範囲に属する不特定の債権を極度額1,000万円を限度とする確定根抵当権の存在を登記保持権原の抗弁を主張し、これに対し弁済の有無が争点となった事案である。

請求原因 　1　Xは本件土地を所有していること
　　　　　2　本件土地について、Y名義の根抵当権設定登記が存在すること

（登記保持権原——確定根抵当）

抗　弁 　1　XはYとの間で、請求原因1当時、本件土地につき、極度額を1,000万円とし、被担保債権を次の (1) ないし (4) の1つ以上とする根抵当権設定契約を締結したこと
　　　　　(1) XとYの特定の継続的取引契約によって生ずる債権
　　　　　(2) XとYの一定の種類の取引によって生ずる債権
　　　　　(3) 特定の原因に基づいてXとYとの間に継続して生ずる債権
　　　　　(4) 手形上若しくは小切手上の請求権
　　　　　(5) 個別の債権
　　　　　＊398条の2は、(5)を規定していないが、設定契約により個別の特定債権を被担保債権に加えることは、禁ずる理由もないので、可能と解される（我妻・担保物権法481頁）。
　　　　　2　Xは、抗弁1当時、本件土地を所有していたこと
　　　　　3　請求原因2の登記は、抗弁1に基づくものであること
　　　　　4　YのXに対する抗弁1の被担保債権の発生原因事実
　　　　　＊根抵当権の被担保債権の範囲に含まれる外貨建債権の弁済を

猶予するために、債権者が債務者に対して円貨による貸付けをした場合において、その貸付金が被担保債権に含まれないとされている（最判平成10年12月8日金法1548.29〔28040912〕）。
    5　元本確定事由が発生したこと
    ＊上記の確定前根抵当権（登記保持権原）の抗弁においては、被担保債権の発生は不要であるため、再抗弁1の事実が主張・立証されると、被担保債権ゼロの状態で根抵当権が確定することを意味する（被担保債権の発生の事実は再々抗弁と考える）。確定した瞬間に根抵当権は消滅することになる。

（弁済）
再抗弁　1　XはYに対し、抗弁3の被担保債権を弁済したこと

● **【改正法】**（根抵当権）

第398条の2　抵当権は、設定行為で定めるところにより、一定の範囲に属する不特定の債権を極度額の限度において担保するためにも設定することができる。
    2　前項の規定による抵当権（以下「根抵当権」という。）の担保すべき不特定の債権の範囲は、債務者との特定の継続的取引契約によって生ずるものその他債務者との一定の種類の取引によって生ずるものに限定して、定めなければならない。
    3　特定の原因に基づいて債務者との間に継続して生ずる債権、手形上若しくは小切手上の請求権又は<u>電子記録債権（電子記録債権法（平成19年法律第102号）第2条第1項に規定する電子記録債権をいう。次条第2項において同じ。）</u>は、前項の規定にかかわらず、根抵当権の担保すべき債権とすることができる。

● **【現行法】**（根抵当権）
第398条の2　（同上）
    2　（同上）
    3　特定の原因に基づいて債務者との間に継続して生ずる<u>債権又は</u>手形上若しくは小切手上の請求権は、前項の規定にかかわらず、根抵当権

の担保すべき債権とすることができる。

1 改正法398条の2の改正内容

本条1項及び2項は、現行法398条の2第1項・2項と変更がない。本条3項が、次のとおり改正された。

現行法398条の2は、根抵当権の被担保債権として、①債務者との特定の継続的取引契約によって生ずる債権（2項）、②債務者との一定の種類の取引によって生ずる債権（2項）に限定しながら、③特定の原因に基づいて債務者との間に継続して生ずる債権（3項）のほか、④債務者との取引によらない手形上・小切手上の請求権（3項。Bが手形・小切手上の債務者となっている手形・小切手がCからの裏書譲渡によってAが所持するに至った場合におけるAのBに対する請求権（「回り手形・小切手」））をも含めている。

上記④の趣旨は、債務者との取引によらないで取得した電子記録債権（回り電子証録債権）にも該当することから、改正法398条の2第3項において、電子記録債権を追加することとした。

2 根抵当権設定契約

根抵当権設定契約の当事者は、根抵当権を取得する者（根抵当権者）と、根抵当権の負担を設定する者（根抵当権設定者）である。なお、根抵当権設定者としては、①債務者兼所有者が多いであろうが、②物上保証人の場合もある。要するに、根抵当権は、根抵当権を設定しようとする者と、所有不動産にその負担を引き受けてよいとする者との合意によって、設定される。なお、①②のほかに、③根抵当の負担のある不動産の第三取得者も加えて、法文にはないが、「根抵当負担者」と呼ばれることがある（我妻・担保物権法478頁）。法文が「根抵当権設定者」（398条の9、398条の10、398条の12、398条の13等）をいう場合、それは目的不動産上に根抵当権の負担を負っている者を意味しており、第三取得者（目的不動産上の所有権を取得した者）を含む。

3 根抵当権の債権極度額

本条1項は、一定の範囲に属する不特定の債権を極度額の限度において担保するための根底当権を設定することができることを定める。

「一定の範囲に属する」債権を担保するとは、包括根抵当権（基本契約を必要とせず、極度額の範囲内であればおよそ一切の、債権者・債務者間の債権を担保する根抵当権）を否定する趣旨である。

「不特定」の債権とは、例えば、根抵当権の設定時にA、Bの債権が存在したが、さらに、C、D、Eの債権が発生し、その後、A、D、Eの債権が弁済され、B、Cの債権が残存する時点で元本が確定すれば、最後に残ったB、Cの2個の債権が担保される。しかし、確定に至るまでは、いずれの債権が担保されるか（抵当権と被担保債権との結びつき）は特定されない関係をいう。AないしEはそれ自体特定した債権である。しかし、根抵当権により担保される関係では、AないしEはすべて不特定の債権として担保される。これに対して、単に被担保債権額が不確定であるもの（例えば、特定の債権について保証した保証人の求償権）を担保する抵当権は、求償権の額は最後まで確定しないが、普通の抵当権であって、根抵当権ではない。

4　被担保債権の種類

本条2項は、根抵当権の被担保債権が一定の種類の取引などから生ずるものでなければならないことを定め、本条3項は、債権者・債務者間の取引によらないで生ずる一定の債権についても根抵当権の被担保債権とすることができることを定める。ただ、根抵当権の設定に当たって、その前提として債権者と債務者の間に将来個々の債権を発生させる根拠となる継続的取引契約が存在することを要件とするものではない。これは、本条1項が「基本契約」ないし「原因契約」の存在を根抵当権設定の際の要件として掲げなかったこと、本節の規定全体の趣旨、被担保債権について「一定の範囲に属する」（本条1項）あるいは「一定の種類の取引によって生ずる」（本条2項）という要件のみを規定することが根拠となる。

(1) XとYの特定の継続的取引契約によって生ずる債権

本条2項の定める債権である（原則的基準その1－具体的決定基準）。例えば、ある特定の日にXとYとの間で締結された当座貸越契約、継続的手形割引契約、継続的手形貸付契約、交互計算契約、継続的商品供給契約などが挙げられる。

(2) XとYの一定の種類の取引によって生ずる債権

これも、上記(1)と同じく、本条2項の定める債権である。この場合は、被担保債権は単に抽象的な取引の種類によって定められる（原則的基準その2－抽象的決定基準）。特定の継続的取引契約による限定は必要ない。(2)は、「基本契約」を不要として付従性を緩和した根抵当権の性質が現れてい

る。例えば、当座貸越取引、手形割引取引、手形貸付取引、消費貸借取引、売買取引、銀行取引、信用金庫取引などによって生ずる債権などである。

　根抵当権の被担保債権範囲を「銀行取引」「信用金庫取引」による債権とした場合の保証債権の取扱いについて、最判平成5年1月19日民集47.1.41〔27814443〕は「被担保債権の範囲を『信用金庫取引による債権』として設定された根抵当権の被担保債権には、信用金庫の根抵当債務者に対する保証債権も含まれるものと解するのが相当である」と判示し、その理由として、①信用金庫取引とは、一般に、法定された信用金庫の業務に関する取引を意味するもので、根抵当権設定契約において合意された「信用金庫取引」の意味をこれと異なる趣旨に解すべき理由はないこと、②信用金庫と根抵当債務者との間の取引により生じた債権は、その取引が信用金庫の業務に関連してされたものと認められる限り、すべてその根抵当権によって担保されるというべきであること、③信用金庫が債権者として根抵当債務者と保証契約を締結することは、信用金庫法53条3項に規定する「当該業務に付随する……その他の業務」に当たるものと解され、他に、信用金庫の保証債権を根抵当権の被担保債権から除外しなければならない格別の理由も認められないからであるとしている。

　これに対し、最判平成19年7月5日判時1985.58〔28131689〕は、被担保債権の範囲を保証委託取引により生ずる債権として設定された根抵当権の被担保債権に、信用保証協会の根抵当債務者に対する保証債権は含まれないと解すべきであるとし、その理由として、①本条2項は、根抵当権の被担保債権の範囲を債務者との特定の継続的取引契約によって生ずるものその他債務者との一定の種類の取引によって生ずるものに限定して定めることを要するとしており、本件根抵当権は、同項に基づき、担保すべき債権の範囲を根抵当債務者との「保証委託取引」によって生ずるものに限定していること、②信用保証協会と根抵当債務者との保証委託取引とは、信用保証協会が根抵当債務者の依頼を受けて同人を主債務者とする債務について保証人となる（保証契約を締結する）こと、それに伴って信用保証協会が根抵当債務者に対して委託を受けた保証人として求償権を取得することを主たる内容とする取引を指すから、根抵当債務者でない者が信用保証協会に対して負担する債務についての根抵当債務者の保証債務は、上記取引とは関係がないこと、③同項所定の「一定の種類の取引」は、被担保債権の具体的範囲を画すべき基準として第三者に対する関係においても明確であることを要し、「保証委託取引」が、法定された信用保証協会の業務に関するすべての取引を意味すると解し得ないことを挙げている。

根抵当権設定当時に存在していた既存債権が「一定の種類の取引」によって生じた債権に当たる場合、これをも被担保債権とされるかが、債務者以外の者である物上保証人について問題となったが、根抵当権設定契約の解釈問題であり、高松高決平成11年3月18日判タ1011.174〔28042491〕は、物上保証人が既存債権の存在を知らなかった場合、被担保債権範囲に入らないとした。

(3) 特定の原因に基づいてXとYとの間に継続して生ずる債権

これは、本条2項が定める債権である（例外的基準その1）。この場合は、取引以外の原因で継続的に債権を発生させる客観的具体的な原因が存在することが必要であると解すべきである。単に「債務の引受けを原因とする債権」などは、特定の原因には当たらない。例えば、酒税債権のような税債権、継続的に発生が予想される不法行為（例えば、鉱物の採掘による鉱害や工場排水による損害）による将来の損害賠償債権が挙げられるが、実例は少ない。

(4) 手形上若しくは小切手上の請求権

これも、本条2項が定める債権である（例外的基準その2）。例えば、Aが手形・小切手上の債務者である手形・小切手がBからの裏書譲渡によりCの手に渡った場合（「回り手形」）のCのAに対する請求権が含まれる。Aが手形・小切手を振り出す行為は、その手形・小切手が誰に渡ってもその人に対して債務を負担する行為であるから、Cに対する債務は間接的には取引に基づくものといえる（なお、398条の3第2項参照）。最判昭和50年8月6日民集29.7.1187〔27000359〕は、根抵当権によって担保される債権は、手形取引契約又は手形割引契約に基づく根抵当権設定契約と登記に表示されていた事案であるが、「これらの登記簿上の記載から特定される契約において当該根抵当権により担保せらるべきものとして当事者間に合意された債権は、原則としてすべて当該根抵当権の被担保債権の範囲に属することを根抵当権者において第三者に対し主張することができるものと解すべきであり、右登記簿記載の名称がたまたま『手形取引契約』又は『手形割引契約』であるからといつて、第三者に対し主張することができる被担保債権の範囲を手形上の債権のみに限定すべきではない」と判示する。

(5) 個別の債権

本条は規定していないが、設定契約により個別の特定債権を被担保債権に加えることは、禁ずる理由もないので、可能と解される（我妻・担保物権法481頁）。

● **【改正法】**（根抵当権の被担保債権の範囲）

第398条の3　根抵当権者は、確定した元本並びに利息その他の定期金及び債務の不履行によって生じた損害の賠償の全部について、極度額を限度として、その根抵当権を行使することができる。
　2　債務者との取引によらないで取得する<u>手形上若しくは小切手上の請求権又は電子記録債権</u>を根抵当権の担保すべき債権とした場合において、次に掲げる事由があったときは、その前に取得したものについてのみ、その根抵当権を行使することができる。ただし、その後に取得したものであっても、その事由を知らないで取得したものについては、これを行使することを妨げない。
　　一　債務者の支払の停止
　　二　債務者についての破産手続開始、再生手続開始、更生手続開始又は特別清算開始の申立て
　　三　抵当不動産に対する競売の申立て又は滞納処分による差押え

● **【現行法】**（根抵当権の被担保債権の範囲）
第398条の3　（同上）
　2　債務者との取引によらないで取得する<u>手形上又は小切手上の請求権</u>を根抵当権の担保すべき債権とした場合において、次に掲げる事由があったときは、その前に取得したものについてのみ、その根抵当権を行使することができる。ただし、その後に取得したものであっても、その事由を知らないで取得したものについては、これを行使することを妨げない。
　　一〜三　（同上）

1　改正法398条の3の改正内容

　本条1項は、現行法398条の3第1項と変更がない。本条2項が、次のとおり改正された。
　現行法398条の3第2項は、破産手続開始決定などの債務者の信用状況の悪化を示す事実が生じた後に、根抵当権者が被担保債権に含まれる回り手形・小切手（事実上無価値）を取得して、根抵当権を実行することは、先順位抵当権者を害するから、原則としてこれを禁止している。この趣旨は、電

子記録債権（回り電子記録債権）にも当てはまることから、改正法398条の3第2項は、電子記録債権を追加した。

2　根抵当権によって担保される債権
　根抵当権によって、担保される債権は、次のものであり、これらのものの全部について極度額を限度として優先弁済が認められる。極度額については、下記2参照。
(1)　確定した元本
　「確定した元本」とは、元本の確定時（398条の6、398条の8第4項、398条の9第4項、398条の19、398条の20）に存在する債権で設定契約に定められた「担保すべき債権の範囲」（398条の2）に該当するものである。元本の確定時に、債権の弁済期が未到来でも、また、金銭債権として現実化していなくても（例えば、既に行われた手形割引に基づく買戻請求権が、まだ行使されていなくても）、被担保債権として認められる。しかし、元本確定後にはじめて債権としての法律上の存在要件を備えたものは、根抵当権によって担保されない。
(2)　利息その他の定期金
　元本債権から生ずる利息は、元本確定の時以後に生ずるものも、極度額内においては、無制限に担保される。例えば、極度額1,000万円の根抵当権で元本の確定が生じ、被担保債権の範囲に含まれる債権合計が600万円であるとする。本条によると確定元本以後に生ずる利息は、それ以後の分についても、極度額に達するまでは担保される。仮に、その後の600万円のうち100万円が弁済されても、極度額は1,000万円のままであり、残った枠としての500万円が利息によって利用可能となる。
　重利の特約が存する場合には、元本確定時に既に元本に組み入れられていた利息債権から生ずる重利はもちろん、元本確定時に存在する利息が元本確定後に元本に組み入れられて生ずる重利も担保されると解される。
(3)　「債務の不履行によって生じた損害の賠償」
　元本確定時に存在する債権が損害賠償債権に転化したものをいい、金銭債務の場合の遅延利息（遅延損害金）が典型である。

3　債権極度額
　本条1項は、根抵当権の優先弁済の範囲につき、いわゆる債権極度額の方式を採ることを定める。根抵当権の極度額の定めは、後順位担保権者など第三者に対する優先弁済権の制約であることにとどまらず、根抵当権者が抵当

権の目的物について有する換価権能の限度としての意味を持つ。その結果、根抵当権者は、後順位担保権者など配当を受けることのできる第三者がなく、競売代金に残余が生じた場合でも、極度額を超える部分につき、競売手続においては、その交付を受けることができない（最判昭和48年10月4日判時723.42〔27431418〕）。

4　手形小切手債権

本条2項は、債務者との取引によらないで取得した回り手形等の請求権が被担保債権とされた場合の優先弁済権の制限（原則として担保されないこと）を定めていたところ、改正法は電子記録債権（回り電子記録債権）もこれに含めて制限することとした。そして、回り手形による請求権が根抵当権の担保すべき債権であることの立証責任は、根抵当権者において、自己がその回り手形等による請求権を本条2項の定める事実の発生に先立って取得したものであること、あるいは、その事実を知らないで取得したものであることを立証しなければならないと解すべきである（我妻・担保物権法493-494頁、鈴木・概説38-39頁）。

> **訴訟物**　XのYに対する所有権に基づく妨害排除請求権としての根抵当権設定登記抹消登記請求権
>
> ＊Xは、A所有の本件土地を買い受けたが、本件土地にはY名義の根抵当権設定登記が存在する。それは、AはYとの間で、YがAに対して有すべき手形上又は小切手上の債権のため極度額1,000万円とし、元本確定期日を定めてAとYは根抵当権を設定する契約を締結したことによるものであった。そして、Yが元本確定期日の到来前に取得した債権は支払停止等の事実が生じたAの振り出した回り手形のみであった。本件は、XがYに対して、回り手形債権は被担保債権に当たらないとして根抵当権設定登記の抹消登記を求めたところ、Yはその手形をAの支払停止等の生じる前に取得したか、Yが、その手形を取得した時点でAの支払停止等を知らなかったかが争点となった事案である。

請求原因
1　Aは、請求原因2当時、本件土地を所有していたこと
2　AはXとの間で、本件土地を代金1,000万円で売買する契約を締結したこと
3　本件土地について、Y名義の根抵当権設定登記が存在する

こと

(登記保持権原——確定根抵当権)

抗弁 1　AはYとの間で、YがAに対して有すべき手形上又は小切手上の債権のため1,000万円を極度額として本件土地につきAがYに対し根抵当権を設定する契約を締結したこと
2　Aは、抗弁1当時、本件土地を所有していたこと
3　請求原因3の登記は、抗弁1に基づくものであること
4　AとYは、抗弁1の根抵当権の元本確定期日を平成○年○月○日とする合意をしたこと
5　抗弁4の元本確定期日が到来したこと
　＊元本確定事由が再抗弁たり得ることについては、398条の2解説3の設例の再抗弁（元本確定事由）の注記を参照されたい。
6　Aは、本件約束手形に振出人として記名捺印し、Bに交付したこと
7　Bは、本件約束手形を抗弁4の元本確定期日前にYに裏書交付したこと
　＊再々抗弁1、2は、「債務者との取引によらないで取得する手形上又は小切手上の請求権」（本条2項）の請求権であることを示すものである。

(支払停止等)

再抗弁 1　次の(1)ないし(3)のいずれかの事実が生じたこと
(1)　Aは支払を停止したこと
(2)　Aについての破産手続開始、再生手続開始、更生手続開始又は特別清算開始の申立てがされたこと
(3)　抵当不動産に対する競売の申立て、滞納処分による差押えがされたこと

(支払停止等に先立つ取得)

再々抗弁 1　Yの本件約束手形取得が、再抗弁1の事実に先立つこと
　＊この再々抗弁は、本条2項本文に基づくものである。
　＊鈴木・概説39頁は、「回り手形の取得時期いかんが重要であり、そのためには、手形の裏書日附が重要な証拠資料になるが、手形割引に当たっては、日附を記載しないまま裏書されることが多く、その場合には、争が生じたのちに、根抵当権利者が『事実』発生以前の日附を記入して、当該回り手形が

『事実』発生以前に取得されたものであることを装おう、ということが十分に予想される」という。

(善意)
再々抗弁 1　Yは、手形取得の時点において、再抗弁1の事実を知らなかったこと
　　＊この再々抗弁は、本条2項但書に基づくものである。

● (根抵当権の被担保債権の範囲及び債務者の変更)

第398条の4　元本の確定前においては、根抵当権の担保すべき債権の範囲の変更をすることができる。債務者の変更についても、同様とする。
　2　前項の変更をするには、後順位の抵当権者その他の第三者の承諾を得ることを要しない。
　3　第1項の変更について元本の確定前に登記をしなかったときは、その変更をしなかったものとみなす。

1　根抵当権の被担保債権の範囲及び債務者の変更
　本条1項は、根抵当権の確定前において被担保債権の範囲又は債務者を変更することができることを定める。根抵当権の存立及び内容が、当事者間の継続的取引契約(「基本契約」)によって決定されることを前提とすると、基本契約を離れて、その根抵当権が担保する債権の範囲や、債務者を変更できないことになる。しかし、根抵当権は独立した担保価値、すなわち、極度額という「枠の支配権」であるから、根抵当権の被担保債権の範囲及び債務者の変更が可能なのである。
(1) 変更の当事者
　被担保債権の範囲の変更・債務者の変更をする場合、変更の当事者は、根抵当権者と根抵当権設定者である。根抵当権設定者が債務者と異なる場合は、物上保証人が当事者であって、債務者は当事者とならない。設定後、目的物が第三者に譲渡された場合には、第三取得者が当事者となる(我妻・担保物権法494頁は、この3者を合わせて「根抵当負担者」という)。
(2) 変更の態様
　被担保債権の変更の場合は、範囲の完全な入替えも、他の範囲の追加もでき、一部除外もよい。また、特定債権の除外又は追加もできる。債務者の変

更の場合は、債務者Aを債務者Bに変更し、あるいは、AにBを追加すること、さらには、A及びBから、A又はBを除外することもできる。なお、債務者を変更する場合には、多くの場合、被担保債権の範囲を変更することとなるが、A債務者との銀行取引上の債権から、B債務者との銀行取引上の債権に変更するように、債務者のみを変更することも可能である。

(3) 変更の効果

新たに加えられた被担保債権の範囲から生ずる債権は、変更後発生するものはもちろん、変更時既発生のものをも含めて担保されることとなり、他方、除外された範囲より生ずる債権は、変更後に発生する債権が担保されないだけでなく、変更時発生していたものも被担保債権より排除される（我妻・担保物権法495頁）。

新たに債務者とされた者より生ずる債務は、変更後のものはもちろん、変更前に生じたものも、担保される。債務者より除外された者の債務は、変更前後を問わず、担保されない。

2　後順位の抵当権者等の承諾不要

本条2項は、本条1項の変更（被担保債権の範囲及び債務者の変更）について後順位の抵当権者その他の第三者の承諾を要しないことを定める。すなわち、これらの変更を、後順位抵当権者の承諾なしに根抵当権者と所有者すなわち根抵当負担者の契約によって自由にできるものとすることは、根抵当権の「枠の支配権」としての性格を示すものである。なお、物上保証人が債務者の承諾を得ないで、債務者の変更をすると、両者間に物上保証委託契約が存する場合には、物上保証人は、債権的効果としては債務不履行責任を負うが、物権的な局面では、債務者変更の効果を生ずる（我妻・担保物権法497頁）。

> **訴訟物**　XのYに対する根抵当（被担保債権の範囲）変更登記請求権
>
> ＊XはYとの間で、XのYに対する当座貸越契約による一切の債権を極度額1,000万円まで担保するためY所有の本件土地について根抵当権設定契約を締結して、その根抵当権設定登記を了した。その後、XとYは、被担保債権の範囲を当座貸越契約に基づく債権に加えて、手形割引契約に基づく債権にまで拡大する合意をした。本件は、XがYに対して、被担保債権の変更登記を求めた事案である。

請求原因 1　Yは、請求原因2当時、本件土地を所有していたこと
2　XはYとの間で、XのYに対する当座貸越契約による一切の債権を極度額1,000万円まで担保するため本件土地について根抵当権設定契約を締結したこと
3　Xは本件土地につき請求原因2の根抵当権設定登記を有すること
4　XとYは、被担保債権の範囲を請求原因2の当座貸越契約に基づく債権に加えて、手形割引契約に基づく債権にまで拡大することを合意したこと

(確定事由発生)
抗　　弁 1　請求原因2の根抵当権の確定事由が発生したこと
＊上記の確定事由が発生した時期が、請求原因4に先立つ場合は権利発生障害事由であり、請求原因4の後である場合は権利消滅事由である。

3　登記
　本条3項は、本条1項の変更につき元本の確定前にその旨の登記をしなければ変更をしなかったものとみなすことを定める。つまり、登記の効力は、177条所定の対抗要件ではなく、変更の効力発生要件である。すなわち、合意のみでは変更の効力は生ぜず、登記が効力発生要件（我妻・担保物権法496頁、498頁）である。下級審判決であるが、東京地判昭和60年12月20日判時1221.62〔27800911〕も「根抵当権における債務者の変更は、元本の確定前にのみなすことができ、かつ元本確定前における登記を要件とするものであり（民法398条の4第1項、第3項）、元本確定前に変更の合意をしていても、元本の確定前にその旨の登記をしない限り効力を生じ得ないものである。したがって、Y2のなした債務者の変更が効力を有するか否かは、右変更の登記のなされた……時点において、本件根抵当権の被担保債権額が確定していたか否かによって決せられるべき事柄にほかならない」と判示する。

● (根抵当権の極度額の変更)

第398条の5　根抵当権の極度額の変更は、利害関係を有する者の承諾を得

なければ、することができない。

1　根抵当権の極度額の変更

　根抵当権の極度額の変更の当事者は、根抵当権者と根抵当権設定者であり、まず、両者の合意が必要である。

2　利害関係人の範囲

　本条は、根抵当権の極度額の変更につき、単に根抵当権者と根抵当権設定者との合意のみではなく、後順位の抵当権者など利害関係人の承諾を必要とすることを定める。利害関係人とは、極度額の拡大又は縮小によって法律的な影響を受ける者をいう（我妻・担保物権法498頁）。

(1)　極度額を拡大する場合の利害関係人

　この場合の利害関係人としては、同順位・後順位抵当権者、不動産の差押債権者が当たる（我妻・担保物権法498頁）。利害関係人は、目的物の価値を支配するものをいい、後順位の用益権者（398条の22参照）は含まれない。

訴訟物　　XのYに対する根抵当極度額変更登記承諾請求権

＊XはAとの間で、A所有土地についてXのAに対する継続的商品供給契約によって生ずる債権を極度額1,000万円まで担保する根抵当権設定契約を締結して、その根抵当権設定登記を了したが、XとAは、極度額を2,000万円に増額することを合意した。YはXより後順位の抵当権者であるが、その極度額の増額について同意した。ところが、増額登記をする段になって、Yが協力しない。本件は、XがYに対して、極度額の増額の変更登記を求めた事案である。

＊極度額変更の合意がされたにもかかわらず、当事者の一方が変更登記に協力しないときは、他方は、実務的に仮登記仮処分を得て、自己の極度額変更請求権を保全する方策をとることになる。本件事案とは異なるが、この仮登記がされた後に、第三者が生じても、変更の一方当事者は、後に仮登記に基づいて本登記をすれば、この第三者に対して極度変更の効力を主張し得る（鈴木・概説231頁）。

請求原因　1　Aは、請求原因2当時、本件土地を所有していたこと
　　　　　　2　XはAとの間で、本件土地につき、極度額を1,000万円とし、被担保債権を継続的商品供給契約によって生ずる債権とする根抵当権設定契約を締結したこと
　　　　　　3　Xは本件土地に請求原因2の契約に基づいて根抵当権設定登記を有していること
　　　　　　4　XはAとの間で、本件根抵当権の極度額を2,000万円に増額する旨の合意をしたこと
　　　　　　5　Yは請求原因3より後順位の抵当権者であること
　　　　　　　＊極度額増額の場合の利害関係人は、請求原因5のように後順位抵当権者のほか、差押債権者などであり、減額の場合の利害関係人は転抵当権者（398条の11参照）などである。
　　　　　　6　Yは請求原因4のXA間の根抵当権の極度額の変更に承諾したこと

(2) 極度額を縮小する場合の利害関係人

　この場合の利害関係人として、①極度額を拡大する場合は、後順位抵当権者や根抵当不動産を差し押さえた債権者などであり、②極度額を縮小する場合は、根抵当権の転抵当権者やその根抵当権の個々の被担保債権を差し押さえている債権者などである（我妻・担保物権法498頁）。

3　極度額変更の効力要件
(1) 利害関係人全員の承諾
　利害関係人全員（登記時の）の承諾を要する。一部の者の承諾を得ても、その者に対する関係に限って変更の効力を生ずるとすることは、複雑な関係を生ずるので、全員の承諾を要する（我妻・担保物権法498頁）。全員の承諾を得られない場合は、別の後順位根抵当権を設定せざるを得ない。
(2) 極度額変更の登記
　極度額変更の場合には、被担保債権の範囲・債務者の変更の場合（398条の4）とは異なり、登記が効力発生要件である明文規定が存在しないが、極度額変更の登記をすることも効力発生要件であると解される（我妻・担保物権法498頁）。もし対抗要件と解すると、利害関係人全員の承諾を得て、それらの者に対して、極度額の変更は有効であるが、それを登記をするに先立って新たな利害関係人が生ずると、その者に対して変更を対抗できないこととなり、極度額が利害関係人に対して画一的でなく複雑な関係が生ずるから

である。

● (根抵当権の元本確定期日の定め)

第398条の6 根抵当権の担保すべき元本については、その確定すべき期日を定め又は変更することができる。
　2　第398条の4第2項の規定は、前項の場合について準用する。
　3　第1項の期日は、これを定め又は変更した日から5年以内でなければならない。
　4　第1項の期日の変更についてその変更前の期日より前に登記をしなかったときは、担保すべき元本は、その変更前の期日に確定する。

1　元本確定期日の定めの趣旨
　根抵当権は、確定時に存在する債権を担保するが、根抵当権設定当事者は、この元本の確定すべき期日を設定行為によって定めることができる。確定期日の定めは、①設定者側は、目的不動産上の根抵当権による長期の拘束を免れ、②根抵当権者側は、確定請求（398条の19）を免れ、一定期間安定した根抵当取引を継続できる利点がある。
　上記②のように、当事者が確定期日を定めれば、その期日までは398条の19第1項所定の確定請求権の発生を妨げることができる。ただ、この拘束が長期間にわたることは問題なので、約定の時から5年以内という制約を設けた。398条の4と同様に、確定期日の変更は自由であり、その変更登記が成立要件としての意義を有する。

2　確定期日の定め
(1)　「確定すべき期日」(確定期日) とは、取引契約の存続期間の末日という趣旨ではない。債権者・債務者間の取引契約において、例えば平成26年12月31日までの存続期間が定められていたとしても、設定者・根抵当権者間ではこれと無関係に、例えば平成27年4月30日を確定期日と定めることができる（ただし、確定期日を定めることは必須ではない）。当事者が確定期日を定めない場合は、398条の19第1項により根抵当権設定者は、設定の時から3年経過後に確定請求権を行使することができる。
(2)　確定期日の定めは、担保すべき元本の確定前であれば、いつでも根抵当

権者と設定者の合意で定めることができる。この定めをするか否かは、当事者の自由である。また、これをする場合は、後順位抵当権者等第三者の承諾を必要としない（本条2項、398条の4第2項）。

(3) 確定期日は、これを定めた日より5年以内であることを要する（本条3項）。設定行為の時からではない。5年を超える日を定めた場合の効力について見解が分かれる（5年を超える確定期日の定めの登記申請は受理されないので、実際上は、登記がない局面でこの問題が生じる）。①物権的のみならず債権的にも無効となり、5年経過以降もその合意による債権的義務を負わないので、確定期日の定めのない根抵当権になり、設定時より3年経過すれば、設定者は確定請求をすることができる（398条の19）と解する無効説があるが、②これは当事者の意思解釈の問題であって、契約締結その他の事情から、許容される最長期の日を定める趣旨で定めたと認められる場合（例えば、日数計算を誤って、3月31日が5年以内の最後日であるのに、翌4月1日に決めた場合）には、5年の最後の日が確定期日となると解すべきであろう。

訴訟物　　XのYに対する確定請求に基づく根抵当権設定登記抹消登記請求権

　　　　　　＊XはYとの間で、石油類販売取引契約によりYがXに対し負担する売買代金債務を担保するために、Y所有の本件土地につき極度額1,000万円とし、確定期日を定めた根抵当権設定契約を締結した。本件は、XがYに対して、確定期日が到来したので、同日の被担保債権額600万円を供託したうえで、根抵当権設定登記の抹消登記手続を求めたところ、Yは、確定期日到来前にその確定期日を変更したと抗弁した事案である。

請求原因　1　Xは、請求原因2当時、本件土地を所有していたこと
　　　　　　2　YはXとの間で、石油類販売取引契約によりXがYに対し負担する売買代金債務を担保するために、本件土地につき極度額1,000万円とし、確定期日を平成○年○月○日と定める根抵当権設定契約を締結して、その根抵当権設定登記をしたこと
　　　　　　3　請求原因2の確定期日が到来したこと
　　　　　　4　YのXに対する石油類販売取引による売買代金額は、請求原因3の時点において、合計600万円であったこと
　　　　　　5　XはYに対して、600万円の弁済の提供をしたが、受領を

拒絶されたので、同額を供託したこと
(確定期日の変更)
抗弁 1　XとYは、請求原因2の確定期日を、その到来前に変更(変更の日から5年以内の日)したこと

3　確定期日の効果
(1) 確定期日が設定されたときは、その期日が到来した時に担保すべき元本債権が確定する。その後に発生する元本債権は担保されない。
(2) 確定期日が定められている場合には、根抵当権設定者は、398条の19による元本確定請求をすることができない(同条3項)。しかし、根抵当権設定者が物上保証人である場合、設定後著しい事情変更が生じると、確定期日の定めがあっても、確定請求をし得る。最判昭和42年1月31日民集21.1.43〔27001120〕は、根抵当権設定後、根抵当権者の融資にもかかわらず、物上保証人の予期に反して、債務者の営業状態はさらに深刻に悪化して倒産の危険が感じられ、物上保証人の将来の求償権の行使等にも支障を生ずるおそれもある等の著しい事情の変更がある場合には、根抵当権設定契約の「解約告知」(398条の19所定の「確定請求」に当たる)をすることができるとしたが、この判例は、確定期日制度がなかった当時のものであるが、確定期日の定めが創設された現行法の下でも妥当する(我妻・担保物権法536頁)。

4　登記
　確定期日の定めの存在を第三者に対抗するためには、確定期日の登記を要する。この登記は対抗要件である。登記なくして対抗し得ない第三者は、例えば、確定期日の定めをした後に抵当不動産の所有権を取得した者(第三取得者)、根抵当権の譲渡又は一部譲渡を受けた者などである。対抗要件にすぎないから、登記がなくとも、確定日付の合意は当事者間では有効である。

5　確定期日の変更
(1) 確定期日の変更も許される(本条1項)。いったん定めた確定期日の廃止することも、変更の一種であり許される。
(2) 変更契約の当事者は、確定期日の定めの場合と同じである。
(3) 後順位抵当権者等第三者の承諾を要しない(本条2項、398条の4第2項)。
(4) 変更をした日から5年以内でなければならない(本条3項。5年を超え

た変更契約の効力は、5年を超えた確定期日の定めの効力と同じである)。
(5) 確定期日の変更は、その期日前に登記をしないときは、担保すべき元本はその期日において確定すると本条4項は定める。被担保債権の範囲・債務者の変更についての変更登記の効力を定める398条の4第3項と同趣旨の規定である。ただ、被担保債権の範囲・債務者の変更の場合と異なり、これらは、根抵当権設定登記において必要的記載事項であるのに対して、確定期日はそうではない。したがって、かかる定めがあるのに登記（これは対抗要件にすぎない）がされていない場合があり得る。この場合と本条4項の規定の関係は、法文のうえからは明確ではない。もし本条4項が適用されるとすると、新確定期日を登記しないと、旧期日で、確定が生じてしまう。しかし、確定期日の定めは登記なくとも、当事者間では効力を生ずるのであり、その変更も当事者間では効力を生ずるとするのでなくては、一貫しないので、新期日の登記は、一般原則どおり第三者の対抗要件ということとなろう。

また、本条4項の規定は、いったん、確定期日の登記をした後に、変更契約をした場合にのみ適用があるということになろう。

● 【改正法】（根抵当権の被担保債権の譲渡等）━━━━━━━━

第398条の7　元本の確定前に根抵当権者から債権を取得した者は、その債権について根抵当権を行使することができない。元本の確定前に債務者のために又は債務者に代わって弁済をした者も、同様とする。
　2　元本の確定前に債務の引受けがあったときは、根抵当権者は、引受人の債務について、その根抵当権を行使することができない。
　<u>3　元本の確定前に免責的債務引受があった場合における債権者は、第472条の4第1項の規定にかかわらず、根抵当権を引受人が負担する債務に移すことができない。</u>
　4　元本の確定前に債権者の交替による更改があった場合における更改前の債権者は、第518条第1項の規定にかかわらず、根抵当権を更改後の債務に移すことができない。元本の確定前に債務者の交替による更改があった場合における債権者も、同様とする。

● 【現行法】（根抵当権の被担保債権の譲渡等）
第398条の7　（同上）
　2　（同上）
　<u>3</u>　元本の確定前に債権者又は債務者の交替による更改があった<u>とき</u>

は、その当事者は、第518条の規定にかかわらず、根抵当権を更改後の債務に移すことができない。

1 改正法398条の7の改正内容
(1) 本条1項及び2項は、現行法398条の7第1項及び2項と変更がない。本条4項は現行法398条の7第3項が繰り下がったもので、内容の変更はない。本条3項は、下記6のとおり、新設規定である。
(2) 本条4項関係
　本条4項は現行法398条の7第3項を移設した上で、改正法518条（更改後の債務への担保の移転）が改正されたことに伴って、文言を修正したものであって、その内容に変更はない。すなわち、本条4項は、元本の確定前における債権者又は債務者の交替による更改においては、根抵当権を更改後の債務に移転できないことを定めるが、これは、本条3項同様に、元本の確定前の根抵当権では随伴性が否定されているからである。

2 確定前根抵当権の随伴性の否定
　本条は、被担保債権の譲渡、被担保債権の代位弁済、被担保債権の債務引受け及び被担保債権の更改において、確定前の根抵当権に随伴性が存在しないことを定める。もし、これらの債権を被担保債権の範囲に入れる場合には、債権移転の場合には、根抵当権の一部譲渡（398条の13）、債務引受けの場合には、債務者の変更（398条の4）をし、さらにいずれの場合にも、かかる特定債権を被担保債権の範囲に含めるべく、被担保債権の範囲の変更（398条の4）をすればよい。なお、これらいずれの場合であっても、設定者の承諾を要する（我妻・担保物権法501頁）。

3 被担保債権の譲渡
　本条1項前段は、根抵当権によって担保されている個別の債権が、元本の確定前に第三者に債権譲渡などにより第三者に移転した場合は、その債権が根抵当権の被担保債権から離脱し（随伴性の否定）、第三者は根抵当権を行使できないことを定める。なぜなら、元本確定時に根抵当権について、登記面で示された根抵当権者を債権者とし、同じく債務者として記載された者を債務者とする債権のみが被担保債権になるからである。そのため、元本確定前に債権が譲渡されると、その根抵当権によっては担保されなくなるのであ

る。なお、本条1項前段が適用されるのは、個別的な債権の移転に限られており、相続・合併のような包括承継の場合は、398条の8及び398条の9が用意されている。

4 被担保債権の代位弁済

本条1項後段は、元本確定前に債務者のために第三者が弁済をし、又は保証人などが債務者に代わって弁済をしても、それら弁済者は、根抵当権を行使できないことを定める。

保証人は、前もって求償権担保のための普通抵当権又は根抵当権を設定することもでき、これがないときは、特定の求償権担保のため、根抵当権の一部譲渡（398条の13）を受ける方法をとることができるからである。

5 被担保債権の債務引受け

本条2項は、元本確定前に、被担保債権の個々の債権について債務引受けがあった場合は、根抵当権者は、その債務に関しては根抵当権を行使できないことを定める。免責的債務引受け、重畳的債務引受けのいずれの場合であっても、適用される（我妻・担保物権法502頁）。なお、本条は、強行規定であるから、本条に反する特約がされても、それには物権的効果を生じない。

訴訟物 XのYに対する、AがYに対し有する元本確定登記請求権
＊本件は、元本が確定した債権をYのためAに対して代位弁済したXが、根抵当権移転付記登記を得ようとしても、元本確定登記がされていないため付記登記手続ができない場合に、Aに代位してXがYに対し元本の確定登記手続を求めた事案である。

＊請求の趣旨は、「YはAに対し、本件土地に対する本件根抵当権について、平成〇年〇月〇日、元本確定を原因とする元本確定登記手続をせよ」となる。なお、浦和地判昭和59年2月24日判時1119.113〔27406069〕を参照されたい。

請求原因
1 Yは、請求原因2当時、本件土地を所有していたこと
2 AはYとの間で、AのYに対する銀行取引契約による一切の債権を極度額1,000万円まで担保するため本件土地について根抵当権設定契約を締結したこと
3 Aは本件土地につき請求原因2の根抵当権設定登記を有す

　　　　ること
　　4　AはYに対し、800万円を弁済期平成〇年〇月〇日の約定で貸し渡したこと
　　5　XはAとの間で、YのAに対する一切の債務につき保証する旨の契約を締結したこと
　　6　YはAに対し、本件根抵当権につき元本確定請求の意思表示をしたこと
　　7　XはAに対し、元本確定時の確定元本800万円のほか利息・損害金を併せて支払ったこと

6　免責的債務引受け

　改正法472条の4（免責的債務引受による担保の移転）第1項は、免責債務引受けの場合は、債務者が免れる債務の担保として設定された担保権を引受人が負担する債務に移転することができる旨を定めている。しかし、元本の確定前の根抵当権では、随伴性が認められていない。それは、根抵当権において被担保債権の譲渡に伴って担保権も移転する随伴性を認めると法律関係が錯綜するからである。そのため、新設された本条3項は、改正法472条の4第1項の規定にかかわらず、根抵当権を引受人が負担する債務に移すことはできないとした。

7　被担保債権の更改

　518条は、債権者又は債務者の交替による更改がされた場合、当事者の特約により旧債務の限度において旧債務の担保に供された抵当権を新債務に移すことができると定める。そこで、本条4項は、518条の例外として、根抵当権の確定前において、債権者又は債務者の交替による更改あるとき、更改の当事者は根抵当権を新債務に移すことはできないことを定めた。

　債権者の交替による更改は債権譲渡に類似し、債務者の交替による更改は債務引受けに類似するので、更改の場合についても、債権譲渡（本条1項前段）・債務引受け（本条2項）の場合と均衡を保つために、本条4項が設けられたとされている（我妻・担保物権法501頁、503頁）。

●（根抵当権者又は債務者の相続）━━━━━━━━━━━━

第398条の8　元本の確定前に根抵当権者について相続が開始したときは、根抵当権は、相続開始の時に存する債権のほか、相続人と根抵当権設

定者との合意により定めた相続人が相続の開始後に取得する債権を担保する。
2 元本の確定前にその債務者について相続が開始したときは、根抵当権は、相続開始の時に存する債務のほか、根抵当権者と根抵当権設定者との合意により定めた相続人が相続の開始後に負担する債務を担保する。
3 第398条の4第2項の規定は、前2項の合意をする場合について準用する。
4 第1項及び第2項の合意について相続の開始後6箇月以内に登記をしないときは、担保すべき元本は、相続開始の時に確定したものとみなす。

---

1 元本確定前に根抵当権者についての相続開始

元本の確定前に根抵当権者について相続が開始したときは、根抵当権は、相続開始の時に存する債権のほか、相続人と根抵当権設定者との合意により定めた相続人が相続の開始後に取得する債権を担保する。元本確定前に根抵当権者に相続が開始したとき、既存の債権が根抵当権によって担保されることは、特段問題ない。相続開始後相続人について生ずる債権が、相続された根抵当権によって担保されるかについては、相続人と根抵当権設定者との合意によって相続人のうち誰かを根抵当権者として（又は全員が根抵当権者）存続させることとした場合は、その者が根抵当権者として根抵当権が存続することになる。なお、相続開始後6か月以内におけるその合意の登記も、根抵当権の存続の要件である（本条4項）。

訴訟物 　XのYに対する指定根抵当権者の合意に基づく付記登記請求権
＊本件は、元本の確定前に根抵当権者Aについて相続が開始し、根抵当権は、相続人XB及びCと根抵当権設定者Yとの間で、相続人Xが相続の開始後に取得する債権を担保することを合意したので、XがYに対し指定根抵当権者の付記登記を求めた事案である。

請求原因 　1　Yは、請求原因2当時、本件土地を所有すること
2　AはYとの間で、本件土地につき、次のとおりの根抵当権

設定契約を締結したこと
- (1) 極度額　1,000万円
- (2) 債権者AのYに対する被担保債権の特定（398条の2参照）

3　Aは、請求原因2の契約に基づき根抵当権設定登記を有すること
4　Aは死亡したこと
5　X、B及びCはAの子であること
6　X、B及びCとYとの間で、請求原因2の根抵当権は請求原因4の日以降Xが取得する債権を担保する合意（Xを「指定根抵当権者」とする合意）をしたこと

（元本確定事由）

抗弁　1　請求原因4に先立って、元本の確定する事由が発生したこと（死亡後6か月経過）

抗弁　1　請求原因4の相続開始後、6か月以内に登記がされなかったこと

2　元本確定前に債務者についての相続開始

　元本の確定前に債務者について相続が開始したときは、根抵当権は、相続開始の時に存する債務のほか、根抵当権者と根抵当権設定者との合意により定めた相続人が相続の開始後に負担する債務を担保する。なお、相続開始後6か月以内におけるその合意の登記も、根抵当権の存続の要件である（本条4項）。

訴訟物　XのYに対する指定債務者に関する合意に基づく付記登記請求権

＊本件は、元本の確定前にその債務者Aについて相続が開始し、根抵当権者Xと根抵当権設定者Yとの合意により定めた相続人Bが相続の開始後に負担する債務を担保することを合意したので、XがYに対し指定債務者の付記登記を求めた事案である。

請求原因　1　Y及びAは、請求原因2当時、本件土地を所有していたこと

2　XはY及びAとの間で、本件土地につき、次のとおりの根抵当権設定契約を締結したこと

① 極度額　1,000万円
② 債権者XのAに対する被担保債権の特定（398条の2参照）
3　Xは、請求原因2の契約に基づき、根抵当権設定登記を有すること
4　Aは死亡したこと
5　B及びCは、Aの子であること
6　XはYとの間で、請求原因2の根抵当権は請求原因4の相続開始以降Bが負担する債務を担保する合意（＝Bを指定債務者とする合意）をしたこと

（元本確定事由）
抗弁　1　請求原因4に先立って、元本の確定する事由が発生したこと
（元本確定事由から6か月経過）
抗弁　1　請求原因4の相続開始後、6か月以内に登記がされなかったこと

3　後順位者等第三者の承諾不要
　本条3項は、指定根抵当権者又は指定債務者の合意について、後順位者等の第三者の承諾が不要であることを定める。

4　合意の登記
　本条4項は、1、2項の合意を相続開始後、6か月以内に登記すべきこと、その登記がない場合には、根抵当が相続開始の時に確定するという擬制がされる（対抗要件ではなく、効力発生要件である）ことを定める。この合意の登記は、相続による根抵当権の移転又は債務者の変更の登記に対して後順位であることを要し、かつその登記は、付記登記によってされる（不登規3条2号ロ）。
　根抵当権者又は債務者が死亡し、相続が開始した時から6か月以内で、かつ、本条の合意の登記がされていない期間（浮動期間）中の根抵当権の法律関係の性質については、見解が分かれる。まず、解除条件説は、相続開始によって、根抵当権はいったん確定するが、6か月以内の合意と登記によって、確定の効果が相続開始時に遡って消滅すると解する。これに対し、停止条件説は、相続開始によって確定せず、ただ、6か月以内の合意と登記の不存在によって、相続開始時に遡って確定すると解する。本条4項の文言からすると、相続が開始した場合でも根抵当取引は継続して元本も確定しない

が、本条の合意の登記が所定期間内にされないと相続開始の時に遡って確定の効果が発生すると解すべきであろう（停止条件説）。

(1) 確定を生じさせないための要件

根抵当権設定者と相続人の合意と、その相続開始後6か月以内の登記である。

ア　合意

① 根抵当取引を継続することと、根抵当権者＝「債権者」として、それを継続する相続人を定めること（398条の9第1項は「合意により定めた相続人」という）を内容とする合意である。相続開始後6か月の期間経過によって生ずる確定の効果を防ぎ、併せて根抵当権者＝債権者として根抵当取引を継続する相続人を定める目的で行われる。

② 合意の当事者となる相続人は、共同相続の場合は、遺産分割前では共同相続人全員が当事者であり、遺産分割後は遺産分割により未確定根抵当権を承継すると定められた者（合意により定められる相続人との一致を要する）と、相続時既発生の債権を承継すると定められた者（この債権は根抵当権によって担保される）である。相続放棄をした相続人は当事者にならない。また、単独相続の場合は、その相続人が合意の当事者である。

③ 合意については、後順位抵当権者その他の第三者の承諾を要しない（本条3項、398条の4第2項）。

イ　登記

① 合意は、相続開始後、6か月以内に登記しないと、元本は、相続開始時において確定したものとみなされる（本条4項）。

② 相続による根抵当権移転の登記をした後でなければ合意の登記をすることができない（不登92条。同条は、登記の順序を定めたものであるから、両者を同一時に申請できる）。

(2) 6か月以内に合意と登記がされた場合の効果

根抵当権は確定することなく、次の債務が担保される。

① 相続開始時既に発生していた債務が担保される（本条2項）。合意で定められた相続人以外の相続人が負担する債務も担保される（債務は遺産分割の対象外であり、全相続人が相続分の割合で相続する）。

② 合意により根抵当取引を継続するものと定められた相続人が相続開始後に負担する債務（被担保債権の範囲内のものであることを要する）を担保する（本条2項）。なお、この相続人が相続開始前に負担していた債務は被担保債権とはならない。これを担保せしめるには、これを特定債権として、被担保債権の範囲に含めるために被担保債権の範囲を変更する必要がある。

(3) 6か月以内に合意と登記がなされなかった場合の効果
　根抵当権は確定し、この確定根抵当権は、相続開始時までに発生した債務のみを担保する。

●(根抵当権者又は債務者の合併)

第398条の9　元本の確定前に根抵当権者について合併があったときは、根抵当権は、合併の時に存する債権のほか、合併後存続する法人又は合併によって設立された法人が合併後に取得する債権を担保する。
　2　元本の確定前にその債務者について合併があったときは、根抵当権は、合併の時に存する債務のほか、合併後存続する法人又は合併によって設立された法人が合併後に負担する債務を担保する。
　3　前2項の場合には、根抵当権設定者は、担保すべき元本の確定を請求することができる。ただし、前項の場合において、その債務者が根抵当権設定者であるときは、この限りでない。
　4　前項の規定による請求があったときは、担保すべき元本は、合併の時に確定したものとみなす。
　5　第3項の規定による請求は、根抵当権設定者が合併のあったことを知った日から2週間を経過したときは、することができない。合併の日から1箇月を経過したときも、同様とする。

1　趣旨
　本条は、根抵当権者たる法人又は債務者たる法人が合併した場合の法律関係を定めている。本条は、合併後の法人に従前の取引が承継されるのが通常である実情を踏まえ、合併によって、根抵当権は確定せず、根抵当権上の地位が承継されるとしている。ただ、物上保証人・第三取得者については、その者の利益を守るために、一定期間内に確定請求ができることとしている。

2　根抵当権者の合併
　本条1項は、元本の確定前に、根抵当権者について合併があった場合、原則として根抵当権は確定せず、合併の時に存する債権と、合併後存続する法人又は合併により設立された法人が合併後に取得する債権を担保することを定める。

(1) 根抵当権者たる法人を吸収合併した法人又は新設合併により設立された法人に、根抵当権は移転する。
(2) この根抵当権によって担保される債権は、「合併の時に存する債権」(合併時の被担保債権)と、「合併後存続する法人又は合併によって設立された法人」が「合併後に取得する債権」である。根抵当権者でなかった法人が合併前に有していた債権は担保されない。被担保債権の範囲の変更を行い、特定債権として被担保債権に加えれば、担保されることとなる。
(3) 根抵当権者であるA法人が、債務者に対する他の債権者であるB法人を吸収合併した場合には本条1項の適用はない。B法人が合併前に有していた債権は、被担保債権の範囲に属するものであっても担保されない。特定債権を被担保債権に加えるためには、被担保債権の範囲の変更を行う必要がある。ただ、回り手形・小切手については(被担保債権の範囲として定められている以上)、担保されると解される。
(4) 同一の債務者Cに対して、A法人が甲根抵当権、B法人が乙根抵当権を有するところ、A法人とB法人が合併すると、合併後の法人は2個の甲乙根抵当権を取得し、甲根抵当権は、合併前のA法人の債権と、合併後の新法人の取得する債権を担保し、乙根抵当権は、合併前のB法人の債権と、合併後の新法人の取得する債権を担保することとなる。

3 債務者の合併

本条2項は、元本の確定前に、債務者について合併がされた場合、原則として根抵当権は確定せず、合併の時に存する債務と、合併後存続する法人(吸収合併の場合)又は合併により設立された法人(新設合併に場合)が合併後に負担する債務を担保することを定める。
(1) 合併によって、債務者は、合併後の法人に変更する。そして、根抵当権は、「合併の時に存する債務」すなわち、合併時に担保していた債務と、合併後の法人が、「合併後に負担する債務」を担保する。根抵当権の債務者でなかった法人の従前の債務は、担保されない。被担保債権の範囲の変更を要する。
(2) 債務者のA法人が、根抵当権者に対する他の債務者であるB法人を吸収合併しても、債務者の変更は生じないから、本条2項の適用はない。B法人が合併時有していた債務は担保されない。

4 根抵当権設定者の確定請求権

本条3項は、本条1項、2項の場合において、根抵当権設定者が、自ら合

併当事者になった場合を除いて、元本の確定請求権を有することを定める。債務者の合併で、債務者が設定者である場合には、この確定請求権はないとされるのは、従前の債務者と取引を望まないのであれば、別に適切な措置をとればよく、自己の合併を理由として確定請求を認めることは適当でないからである（我妻・担保物権法510頁）。

なお、あらかじめ確定請求権の放棄・不行使を特約しても、債権的な効果のみ生じ、物権的には無効であるとする見解と、債権的のみならず物権的にも無効であるとする見解（鈴木・概説367頁）がある。

5　確定請求権行使の効果の生ずる時点
本条4項は、3項の確定請求権の行使があったときは、元本は合併の時点で確定する効果を生ずることを定める。

6　確定請求権の行使期間
本条5項は、確定請求権は、根抵当権設定者が合併のあったことを知った日から2週間を経過したとき、又は合併の日から1か月を経過したときは、行使できないことを定める。法律関係が長期にわたって不確定となることを防ぐための、確定請求権の除斥期間である。

訴訟物　　XのYに対する合併に基づく元本確定登記請求権
　　　　　　＊YとX（根抵当権設定者）は、X所有の本件土地につき、債権者YのAに対する被担保債権につき極度額1,000万円の根抵当権設定契約を締結し、Yは根抵当権設定登記を了したが、YはBを吸収合併した。本件は、根抵当権設定者XがYに対し元本確定請求権を行使してその登記を求めたところ、Yは本条5項の期間経過を主張した事案である。
　　　　　　＊請求の趣旨は、「YはXに対し、本件土地につき平成〇年〇月〇日、確定を原因とする〇番根抵当権元本確定の登記手続をせよ」とする。根抵当権設定者が登記権利者、根抵当権者が登記義務者となる。

請求原因　1　Xは、請求原因2当時、本件土地を所有すること
　　　　　　2　YはXとの間で、本件土地につき、次のとおりの根抵当権設定契約を締結したこと
　　　　　　(1)　極度額　1,000万円
　　　　　　(2)　債権者YのAに対する被担保債権の特定（398条の2参

　　　　　照）
　　　3　Yは、請求原因2の契約に基づき、根抵当権設定登記を有
　　　　すること
　　　4　YはBを吸収合併したこと
　　　　＊YがBを吸収する場合と、Bに吸収される場合と、新設合
　　　　　併の場合がある。本件では、根抵当権者YがBを吸収合併
　　　　　するケースを想定している。
　　　5　XはYに対し、元本確定請求の意思表示をしたこと
　　　　＊本条3項本文を参照。
(合併を知った日から2週間経過)
抗　弁　1　請求原因5の確定請求の意思表示は、Xが請求原因4の合
　　　　併を知った日から2週間を経過していること
　　　　＊本条5項前段を参照。
(合併の日から1か月経過)
抗　弁　1　請求原因5の確定請求の意思表示は、請求原因4の合併の日
　　　　から1か月を経過していること
　　　　＊本条5項後段を参照。

●(根抵当権者又は債務者の会社分割)

第398条の10　元本の確定前に根抵当権者を分割をする会社とする分割が
　　　あったときは、根抵当権は、分割の時に存する債権のほか、分割をし
　　　た会社及び分割により設立された会社又は当該分割をした会社がその
　　　事業に関して有する権利義務の全部又は一部を当該会社から承継した
　　　会社が分割後に取得する債権を担保する。
　　2　元本の確定前にその債務者を分割をする会社とする分割があったと
　　　きは、根抵当権は、分割の時に存する債務のほか、分割をした会社及
　　　び分割により設立された会社又は当該分割をした会社がその事業に関
　　　して有する権利義務の全部又は一部を当該会社から承継した会社が分
　　　割後に負担する債務を担保する。
　　3　前条第3項から第5項までの規定は、前2項の場合について準用す
　　　る。

1 会社分割の当事者

会社分割には、新設分割と吸収分割がある。従来から存在するA会社がその営業の全部又は一部を新設するB会社に承継させる場合が「新設分割」であり、A会社がその営業の全部又は一部を既存のC会社に承継させる場合が「吸収分割」である。また、A会社を「分割をする会社（分割会社）」、B会社を「分割によって設立された会社（設立会社）」、C会社を「分割によって営業を承継した会社（承継会社）」という。本条は、確定前に会社分割という組織変更が生じたときの根抵当権の取扱いについて、合併の場合とパラレルな規定を置くものである。

2 根抵当権者を分割会社とする場合

本条1項は、元本の確定前に、根抵当権者を分割会社とする会社分割がされた場合、原則として根抵当権は確定せず、根抵当権は分割時に存在する債権のほか、分割後の分割会社、設立会社、承継会社が分割後に取得する債権を担保することを定める。

3 債務者を分割会社とする場合

本条2項は、元本の確定前に、債務者を分割会社とする会社分割がされた場合、原則として根抵当権は確定せず、根抵当権は分割時に存在する債務のほか、分割後の分割会社、設立会社、承継会社が分割後に負担する債務を担保することを定める。

4 準用規定

389条の9第3項から第5項までの規定は、本条1項、2項の場合について準用する。

(1) 根抵当権設定者の確定請求権

根抵当権者、あるいは債務者を分割会社とする分割が行われた場合、根抵当権設定者は元本確定請求をすることができる（本条3項、389条の9第3項）。そして、確定請求権の行使があったときは、根抵当権が分割時に確定したものとみなされる（本条3項、389条の9第4項）。ただし根抵当権設定者が債務者である場合は、確定請求が認められない。このように、根抵当権設定者と債務者が異なる場合に確定請求が認められるのは、根抵当権設定者がその設定当時に予測し得なかった債務について責任を負担することにより損害を被るリスクを避けるためである。

(2) 確定請求権の行使期間

本条3項が準用する398条の9第3項ないし5項は、法的安定性を早期に図るため、確定請求権の行使期間を制限することを定める。

● (根抵当権の処分)

第398条の11 元本の確定前においては、根抵当権者は、第376条第1項の規定による根抵当権の処分をすることができない。ただし、その根抵当権を他の債権の担保とすることを妨げない。
2 第377条第2項の規定は、前項ただし書の場合において元本の確定前にした弁済については、適用しない。

1 根抵当権の処分

本条1項は、元本の確定前において、根抵当権を転抵当に供する場合(「転根抵当」)を除いて、処分することができないことを定める(具体的に元本確定前に制限される処分は、抵当権の譲渡・放棄、抵当権の順位の譲渡・放棄)。それは、被担保債権が弁済によって消滅することを常態とする根抵当権について、抵当権の譲渡・放棄、抵当権の順位の譲渡・放棄を認めることは不合理であるからである。なお、根抵当権(確定前)の性質に適合した処分型態が新設されており、その中で特に根抵当権の一部譲渡(398条の13)の方法を用いることにより、処分目的を実現し得る(下記2参照)。

転抵当についても、設定当時に存在した被担保債権の弁済を禁ずることはできないが、新たに元本債権が生ずる可能性があるから、転抵当権の価値はゼロではないし、新たに認められた根抵当権の処分形態で転抵当と同様の効果を収めることが困難なので、これを認めることにしたのである(我妻・担保物権法510-511頁)。

2 制限される元本確定前の根抵当権の処分

本条1項が、元本確定前においては、転抵当を除いて、376条の処分、具体的には以下の(1)ないし(4)の処分を認めなかったのは、その効果の有用性を否定するためではなく、以下の各所に述べるとおり、根抵当に関して特に設けた処分方法(根抵当の一部譲渡)によって同一の効果を収めることができるからである。なお、抵当権の譲渡・放棄は、抵当権者と無担保債権

者の関係であるのに対し、抵当権の順位の譲渡・放棄は、先順位抵当権者と後順位抵当権者との関係である。
(1) 抵当権の譲渡

　抵当権の譲渡は、例えば、Aが被担保債権400万円の1番抵当権者、Bが債権200万円の2番抵当権者、Cが債権700万円の3番抵当権者、Dが無担保債権500万円を有している場合に、AがDへ抵当権の譲渡を行うとする。競売代金が1,000万円の場合、抵当権の譲渡の結果、Dが400万円分だけ1番抵当権者になり（譲受人Dは、譲渡人Aの被担保債権の範囲と順位で抵当権を取得する）、一方でAは無担保権者（配当はゼロ）になる（我妻・担保物権法411頁）。結果としてDは400万円、Bは200万円、Cは400万円の配当を受ける。

　元本確定前の根抵当においては、この抵当権の譲渡という処分を認める必要がない。なぜなら、AがDに対し、根抵当の一部譲渡（398条の13）をして、根抵当権を譲受人Dと根抵当権者Aとの間で準共有の状態をつくり出し、併せて、譲受人Dが、譲渡人Aに対して、被担保債権の全額について優先して弁済を受け得る別段の定め（389条の14）をすればよいからである。

(2) 抵当権の放棄

　上記(1)の例でいうと、AがDに対し抵当権を放棄すると、AとDは、1番抵当権への配当額400万円につき順位の点で平等の立場に立ち、債権額の割合すなわち4対5の割合で分配し、Aは400万円の9分の5について無担保債権者になる（我妻・担保物権法414頁）。放棄の効果は相対的で、当事者相互間でのみ効力を有し、第三者に影響を及ぼさない（Bは200万円、Cは400円の配当を受ける）。

　元本確定前の根抵当においては、この抵当権の放棄という処分を認める必要がない。なぜなら、同じく譲渡人が譲受人に対し、根抵当権の一部譲渡をして、根抵当権を譲受人と根抵当権者との間で準共有の状態をつくり出し、配分については特段の定めをすることなく、債権額の割合で弁済を受ける（389条の14第1項本文）こととすればよいからである。

(3) 抵当権の順位の譲渡

　(1)の例で、1番抵当権者Aから3番抵当権者Cに対し、順位の譲渡が行われたとする。AとCの配当分800万円を、Cは1番抵当権（Aから順位譲渡を受けた分）で400万円、3番抵当権で300万円、合計700万円の配当を受け、Aは3番抵当権で100万円の配当を受けることになる。つまり、譲渡人Aと譲受人Cとの間で、AはCの後順位となる。Bは、200万円の

配当を受け、AC間の抵当権の順位の譲渡の影響を受けない。

　元本確定前の根抵当においては、この抵当権の順位の譲渡という処分を認める必要がない。なぜなら、これも、一部譲渡制度を利用すれば、同一効果を得られる。すなわち、AよりCへ一部譲渡を行い、Cが全額についてAに優先する旨の別段の定めをなし、さらにCも自己の根抵当権について、Aに一部譲渡し、これについてもCが、全額についてAに優先すると定めればよい。

(4) 抵当権の順位の放棄

　(1)の例で、AがCに抵当権の順位を放棄すると、競売代価1,000万円のうち、1番抵当権者Aの取得すべき400万円、3番抵当権者Cの取得すべき400万円につきそれぞれの被担保債権額の割合、すなわち、4対7で配当を受けることになる。つまり、その効果は、順位を放棄した者は放棄を受けた者との関係で同順位となるが、当事者相互間でしか効力を有せず、第三者に影響を及ぼすことはない。元本確定前の根抵当においては、この抵当権の順位の放棄という処分を認める必要がない。なぜなら、上記(3)と同じ方法をとり、ただ、AからCへの一部譲渡について、(3)のような優先に関する別段の定めをしなければよいからである。

3　元本確定後の根抵当権の処分

(1) 抵当権の譲渡

　確定根抵当の譲渡は、上記1(1)の普通抵当の譲渡の場合と同様の取扱いとなる。

(2) 抵当権の放棄

　確定根抵当の放棄も、上記1(2)の普通抵当の放棄の場合と同様の取扱いとなる。

(3) 抵当権の順位の譲渡（本条、376条1項）

　根抵当権の順位譲渡とは、元本確定後において、先順位の根抵当権者が、同一の債務者に対する後順位の担保権者の利益のために、その順位のみを譲渡することをいう。順位の譲渡の結果、譲受人は譲渡人有する先順位の地位の譲渡を受け、譲渡人は譲受人の後順位の立場に立つことになる。順位の譲渡をするについては、譲渡人と譲受人との中間順位で担保権を有する者は当事者とならない。例えば、第1順位でAが1,000万円、第2順位でBが800万円、第3順位でCが1,200万円の根抵当権設定登記をしている場合に、AがCに抵当権の順位の譲渡をした後に当該不動産が競売になり、配当金の総額が2,500万円であるときは、AとCの配当合計額1,700万円

(A 500万円＋C 1,200万円)から、まずCが1,200万円の弁済を受け、残る500万円をAが弁済を受けることになる。Bが受ける弁済額は800万円である。

　上記の配当順位を具体的にいえば次のようになる。配当金2,500万円のうち、本来ならばAが受けるべきであった1,000万円は、まずCに配当され、次いで第2順位のBに800万円が配当され、残りの700万円については、まずCに200万円が配当され（したがって、Cは合計1,200万円の配当）、残金500万円がAに配当される。

順位	順位譲渡前債権額		順位譲渡後債権額		競売の配当金
1	A	1,000万円	C	1,200万円	1,200万円
2	B	800万円	B	800万円	800万円
3	C	1,200万円	A	1,000万円	500万円
合計		3,000万円		3,000万円	2,500万円

(4) 抵当権の順位の放棄

　抵当権の順位放棄とは、元本確定後において、先順位の根抵当権が、同一の債務者に対する後順位の担保権者の利益のために、その順位のみを放棄することをいう（376条1項）。順位放棄がされると、順位の放棄者たる先順位抵当権者と受益者たる後順位抵当権者は、それぞれの抵当権が受ける配当額の合計額を、それぞれが有する債権額に按分した額につき、配当を受け得る。例えば、第1順位でAが400万円、第2順位でBが200万円、第3順位でCが600万円の抵当権設定登記をしている場合に、AがCに抵当権の順位の放棄をした後にその不動産が競売になり、配当金の総額が1,000万円であるときは、AとCの配当合計額800万円（Aの400万円とCの400万円の合計）を、AとCの債権額に按分して弁済を受けることになる（A＝800万÷1,000万×400万＝320万、B＝800万円÷1,000万×600万＝480万）。Bが受ける弁済額は200万円である。

順位	順位放棄前債権額		放棄がない場合の競売の配当金	放棄した後の競売の配当金
1	A	400万円	400万円	320万円
2	B	200万円	200万円	200万円
3	C	600万円	400万円	480万円
合計		1,200万円	1,000万円	1,000万円

4 根抵当権を目的とする転抵当
(1) 意義

普通抵当権について376条1項で認められている抵当権の処分、すなわち抵当権の順位譲渡・順位放棄及び抵当権譲渡・抵当権放棄は、根抵当権については認められない（本条1項本文）が、根抵当権上に転抵当権を設定すること（「その根抵当権を他の債権の担保とすること」）のみは、許されている。例えば、Bが債務者A所有の不動産の上に有する1,000万円の根抵当権を、その確定前に自己のCに対する800万円の債務の担保とすることができる（本条1項但書）。Cの取得する転抵当権は、普通の抵当権でも、根抵当権であってもよい（我妻・担保物権法511頁）。転抵当権の設定は、転抵当権者Cと転抵当権設定者（原抵当権者）Bの合意のみですることができ、根抵当権設定者Aの同意を要しない。ただ、根抵当権上の転抵当権については、根抵当権の特質上、普通抵当権上の転抵当権にはない特色が存在する。

(2) 転抵当権の設定

上記(1)の設例のように、Aがその所有不動産上にBのために根抵当権を設定し、BがCのためにその根抵当権を担保に供すると、転根抵当権が成立する。この転抵当権の設定は、BとCの合意のみによってこれをすることができ、根抵当権譲渡の場合と違って、抵当不動産所有者Aの承諾を必要としない。この場合のA所有不動産は、①BのCに対する特定の債務の担保に供することができるのみならず、②BのCに対して負担すべき不特定の債権の担保（根担保）にも供され得る（鈴木・概説317頁は、まぎれをなくすため、①を「転根抵当」、②を「根転根抵当」と表記する）。本条1項但書が規制の範囲とするのは①と②であって、本条2項の適用を受けることになる。

(3) 対抗要件
ア　対抗要件としての付記登記
　登記（付記登記の形式）が対抗要件であって、対抗関係は、付記登記の前後によって、その優劣が決まる（376条2項）。転根抵当権は、原（根）抵当権の登記に対する付記登記でされるが（不登規4条2項）、実質的には（転）根抵当権の設定登記の要素を有するので、不登90条により不登88条の根抵当権設定登記の申請に関する規定が準用されている。

|訴訟物|　　XのYに対する転抵当設定に基づく転抵当付記登記請求権
＊YはAとの間で、A所有の本件土地につき、YのAに対する一定の被担保債権につき極度額1,000万円とする根抵当権設定契約を締結し、Yは根抵当権設定登記を経由した。その後、XはYとの間で、請求原因2の根抵当権を目的とする転抵当権を設定する契約を締結した。本件は、XがYに対し、転抵当付記登記手続を求めた事案である。
＊転抵当権者が登記権利者となり、担保とした根抵当の根抵当権者が登記義務者となる。

|請求原因|　1　Aは、請求原因2当時、本件土地を所有していたこと
　2　YはAとの間で、本件土地につき、次のとおりの根抵当権設定契約を締結したこと
　　(1)　極度額　1,000万円
　　(2)　債権者YのAに対する被担保債権の特定（398条の2参照）
　3　Yは請求原因2の契約に基づき根抵当権設定登記を有すること
　4　XはYとの間で、請求原因2の根抵当権を目的とする転抵当権を設定する契約を締結したこと

イ　377条1項（通知・承諾）の適用の有無
　377条1項の通知・承諾の規定は、抵当権の処分の受益者の承諾を得ないでした弁済が受益者に対抗できないとする同条2項所定の効果を導き出すための要件を定めている。したがって、もともと同条2項が適用されない根抵当の転抵当（本条2項。ただし、原抵当権の確定後は別）においては、377条1項も適用されないと解すべきである（我妻・担保物権法512頁）。

5　効果
(1) 転抵当権者の承諾を得ない弁済
ア　元本確定前
　本条2項は、根抵当権を目的とする転抵当につき、元本の確定前に債務者が転抵当権者の承諾を得ないで弁済しても、その弁済をもって転抵当権者に対抗することができることを定める。つまり、転根抵当権者には、極度額における「枠」の支配権は与えられておらず、根抵当権者が実際に債権を有する限りでのみ担保の利益を享受できる。債務者のAに対する弁済によりAの債権が減れば転抵当権者が享受できる利益も減るのである。
　377条2項が適用されない結果（本条2項）、原抵当権者の債務者は、原抵当権の確定前は、弁済を原抵当権者にすることができる。転抵当権者の承諾なしに弁済によって債務は消滅する。そして、転抵当権者が優先弁済を受ける限度は、配当時における極度額を限度とする。転抵当権設定者の被担保債権額であると解されるために、原債務が完済され、転抵当権者は、何ら優先弁済を受け得ない場合が生じ得る。ただ、転抵当権の設定当事者には、系列金融機関の関係がある場合が多く、不合理な結果が生ずることはまれである（我妻・担保物権法513頁）。
イ　元本確定後
　376条2項の適用が排除されるのは、原抵当権である根抵当権の確定前に限られ、確定後には、適用される。すなわち、原抵当権者に対する債務者の弁済が効力を生じるためには、転抵当権者の承諾を要する。ここでは、同条1項の適用が生ずることとなり、転抵当権の存在について、債務者への通知又は債務者の承諾を要することとなる。なお、確定時に、極度額を超える被担保債権が存する場合には、超えた部分については、弁済について拘束を受けないと解されている。転抵当権は原抵当権の極度額を最大限として、優先弁済権を把握しているからである（我妻・担保物権法513頁）。
(2) 転抵当権が設定された場合の原抵当権（根抵当権）への影響（我妻・担保物権法513頁）
ア　被担保債権の範囲・債務者の変更（398条の4第2項）、確定期日の定め・変更（398条の6第2項）には、転抵当権者の承諾を要しない。
イ　極度額の減額には、転抵当権者の承諾を要する（398条の5）。
ウ　原抵当権が全部譲渡又は一部譲渡された場合には、転抵当権は譲受人に対しても効力を生ずる（追及力がある）。
エ　分割譲渡の場合には、譲渡される部分には、追及せず、極度額の縮減となるから、転抵当権者の承諾を要する（398条の12第3項）。

● (根抵当権の譲渡)

第398条の12　元本の確定前においては、根抵当権者は、根抵当権設定者の承諾を得て、その根抵当権を譲り渡すことができる。
　2　根抵当権者は、その根抵当権を2個の根抵当権に分割して、その一方を前項の規定により譲り渡すことができる。この場合において、その根抵当権を目的とする権利は、譲り渡した根抵当権について消滅する。
　3　前項の規定による譲渡をするには、その根抵当権を目的とする権利を有する者の承諾を得なければならない。

1　根抵当権の処分形態

　根抵当権は、取引契約関係や被担保債権から切り離された、極度額という「枠」の支配権であることから、根抵当権者は、その根抵当権を自己の財産権として、①転抵当、②全部譲渡（本条1項）、③分割譲渡（本条2項）、④一部譲渡（398条の13）という方法で処分することができる。このうち、②ないし④の場合には、設定者＝所有者＝根抵当負担者の承諾が必要である（本条3項）。

2　根抵当権の全部譲渡
(1)　意義

　本条1項は、元本の確定前において、根抵当権者が根抵当権設定者の承諾を得て根抵当権を、被担保債権とは別個独立して他に譲渡することができることを定める。根抵当権を、被担保債権とは独立に、譲受人に移転させる処分型態である。譲受人は、極度額を枠とする目的物の価値支配権を、被担保債権の範囲・債務者の変更という手段を併用することにより自由に利用することができる。例えば、Aが、債務者Bに対する債権を担保するために極度額1,000万円の根抵当権をB所有の不動産の上に有している場合、Aがこの根抵当権の全部をCに譲渡することが、全部譲渡である。Cは、この根抵当権の1,000万円の極度額を新たに利用することができ、Aは完全に権利を失う。Aの下での被担保債権の範囲や債務者も、Cの下で新たに変更することができる（398条の4）。

(2) 方法
ア　根抵当権の全部譲渡は、譲渡人たる根抵当権者と譲受人の合意によってできるが、根抵当権設定者（第三取得者を含む）の承諾を得なければならない（本条1項）。
イ　譲受人の資格には制限はない。特定債権を有する者に譲渡することもできる（この場合は、確定の問題が生ずる）。また、譲受人は、その根抵当権の債務者に対する債権者でなくてもよい（この場合は、同時に債務者の変更をしないと、元本が生じないこととなり、確定の問題が生ずる）。また、譲渡する根抵当権の被担保債権の範囲に属する取引が譲受人にない場合には、同時に被担保債権の範囲の変更をしないと、確定の問題を生ずる）。
(3) 対抗要件
　根抵当権の譲渡という物権変動は、一般原則により、登記が対抗要件となる（177条）。この登記は、根抵当権設定登記について譲渡による移転を附記することによる（旧不登134条）。二重譲渡の場合には、登記の対抗力によって法律関係が定まる。登記前に確定が生じた場合について、398条の4第3項に対応する条文は存在しないが、譲渡がなかったものとして、被担保債権の確定その他の効果が生ずると解される（我妻・担保物権法514頁）。なお、鈴木・概説285頁は、より簡明に、登記をするまでは根抵当権譲渡の物権的効力は生ぜず、それゆえ、確定前かつ登記前に登場した第三者は、根抵当権譲渡の影響を受けないと説明する。

|訴訟物|　　XのYに対する根抵当権全部譲渡契約に基づく根抵当移転付記登記請求権|

　　　　＊YはAとの間で、A所有の本件土地につき、YのAに対する一定の被担保債権につき極度額1,000万円とする根抵当権設定契約を締結し、Yは根抵当権設定登記を経由した。その後、YはAの承諾を得てXに対し、根抵当権を全部譲渡する契約を締結した。本件は、XがYに対し、根抵当権移転付記登記手続を求めた事案である。
　　　　＊本件の事案は、根抵当権の全部譲渡がされた場合である。根抵当権のように所有権以外の権利の移転の登記は、付記によってされる（不登規3条5号）。譲受債権者が登記権利者、譲渡債権者が登記義務者となる。

|請求原因|1　Aは、請求原因2当時、本件土地を所有していたこと|

　　　　　2　YはAとの間で、本件土地につき、次のとおりの根抵当権

設定契約を締結したこと
(1) 極度額　1,000万円
(2) 債権者YのAに対する被担保債権の特定（398条の2参照）
3　Yは請求原因2の契約に基づき根抵当権設定登記を有すること
4　YはXとの間で、請求原因2の根抵当権を全部譲渡する契約を締結したこと
5　Aは、請求原因4の譲渡を承諾したこと

訴訟物　X1のYに対する根抵当権に基づく妨害排除請求権としての付記登記抹消登記請求権及びX2のYに対する所有権に基づく妨害排除請求権としての付記登記抹消登記請求権

＊X1はAとの間で、A所有の本件土地につき、X1のAに対する被担保債権につき極度額1,000万円とする根抵当権設定契約を締結し、X1は根抵当権設定登記を経由した。その後、AはX2との間で、本件土地を代金1,000万円で売買する契約を締結した。本件土地には、X1の根抵当権より先順位で、Bを根抵当権者、Cを債務者、極度額1,000万円とする根抵当権設定登記が存在する。BC間の本件根抵当権の確定事由が生じ、その時点の被担保債権は500万であったが、CはそれをBに弁済した。本件根抵当登記について、Yを根抵当権者とする根抵当権移転付記登記がある。本件は、X1とX2がYの本件付記登記の抹消登記を求めた事案である。

＊東京地判昭和61年12月24日判タ648.185〔27800713〕は、根抵当権の譲渡については、所有者の同意があれば足り、後順位担保権者の同意は不要とされている（本条1項）ことからすると、後順位根抵当権者は先順位根抵当権の譲渡につき法律上の利害関係を有するものとは解し得ず、したがって、本件根抵当登記をそのままにして本件付記登記のみの抹消を求めるXの請求の当否が問題となる。この点に関し、東京地判昭和61年12月24日判タ647.169〔27800488〕は、「仮に〈1〉BのYに対する本件根抵当権の譲渡が所有者たるAの承諾を欠くため無効であり、かつ〈2〉B自身について見

ると被担保債権の確定、消滅によって根抵当権の存在が認められなくなる場合には、本件根抵当登記と本件付記登記とが相まってXの有する後順位根抵当権を侵害しているものというべきである。この場合、Xとしては、Yに対して直接本件根抵当登記の抹消を求めることもできるのであるが（最高裁判所昭和44年4月22日第三小法廷判決民集23巻4号815頁参照）、まず〈1〉を理由としてYに対して本件付記登記の抹消を求め、次いで〈2〉を理由としてBに対し本件根抵当登記の抹消を求め、もって自己の根抵当権に対する妨害を排除することが許されないものではなく、この場合両者が必要的共同訴訟の関係に立つものと解すべき理由もない。そうとすれば、〈1〉及び〈2〉がいずれも立証されるかぎり、Xは、Yに対して本件付記登記の抹消のみを求めることも許される」と判示する。

請求原因　1　Aは、請求原因2当時、本件土地を所有していたこと
2　X1はAとの間で、本件土地につき、次のとおりの根抵当権設定契約を締結したこと
（1）極度額　1,000万円
（2）債権者YのAに対する被担債権の特定
3　X1は請求原因2の契約に基づき根抵当権設定登記を有すること
4　AはX2との間で、本件土地を代金1,000万円で売買する契約を締結したこと
5　本件土地には、請求原因2の根抵当権より先順位で、Bを根抵当権者、Cを債務者、極度額を1,200万円とする根抵当権設定登記があること
6　請求原因5の根抵当権の確定事由が生じたこと及びその時点の被担保債権額
7　CはBに対し、請求原因6の債権額につき弁済したこと
8　請求原因5の根抵当権について、Yを根抵当権者とする根抵当権移転付記登記が存在すること

（根抵当権の移転）

抗　弁　1　BはAとの間で、本件土地につき次の根抵当権設定契約を締結したこと
（1）極度額　1,200万円

(2) 債権者BのAに対する被担保債権の特定
　　2　YはBから抗弁1の根抵当権の全部を譲り受けたこと
　　3　Aは、抗弁2の際、Yに対し抗弁2の根抵当権の譲渡を承諾したこと
　　＊抗弁3の事実は、本件事案では立証ができない。

(4) 効果
ア　譲渡人の債権は、譲渡当時、被担保債権であったものも担保されない。
イ　譲受人の債権は、当該根抵当権の被担保債権の範囲・債務者の基準に適合するものは、譲受時に既に発生していた債権をも含めて担保される（我妻・担保物権法515頁）。しかし、これ以外の債権を担保させるためには、被担保債権の範囲、債務者の変更をしなければならない。また、譲受人が、根抵当権とともに、譲渡人より債権を譲り受けても、債務者との直接の取引により生じた債権でないから担保されない。これを担保させるには、特定債権を被担保債権の範囲に加える必要があり、その変更をしなければならない。

3　根抵当権の分割譲渡
(1) 意義
　根抵当権の分割譲渡とは、1個の根抵当権を、2個の根抵当権に分割し、その1つを譲渡するといった処分形態である。根抵当権者が、いわゆる枠支配権の一部を残しておきたい場合に用いられる方法である。
　本条2項前段は、根抵当権が元本確定前に、根抵当権設定者の承諾を得て、根抵当権を2個に分割し、その1つを他に譲渡（分割譲渡）することができる旨定める。根抵当権の分割後の移転登記手続に関しては、不登規165条1項が定める。
　本条2項後段は、その根抵当権を目的とする権利は譲渡された根抵当権について消滅することを定める。根抵当権の上に、例えば転根抵当権者（398条の11）や差押債権者の権利が存するときに、これらの権利が分割譲渡された2個の根抵当権の上に当然に存在することになると、複雑な関係を生ずるので、譲渡される部分については、これらの権利者の承諾を得て、その権利を消滅させなければならないとするのである。
　本条2項前段の分割譲渡に対して、398条の13は、一部譲渡という制度を設けているが、これは、いわば枠を共同利用するという形の処分形態であり、枠の一部を分離・譲渡する分割譲渡とは異なる。

(2) 方法

分割上との方法は、原則として、全部譲渡の場合と同様である。異なる点は、①分割譲渡される根抵当権の極度額を定めるべきことと、②分割される根抵当権を目的とする権利（転抵当権など）があるときは、それが分割譲渡された根抵当権について消滅するので（本条2項後段）、その権利者の承諾を要する（本条3項）という点である。

(3) 対抗要件

登記が対抗要件である点でも全部譲渡と同じである。また、登記前に確定した場合の法律関係についても全部譲渡の場合と同様に考えればよい。

| 訴訟物 | XのYに対する根抵当権分割契約に基づく根抵当移転登記請求権 |

＊YはAとの間で、A所有の本件土地につき、YのAに対する一定の被担保債権につき極度額1,000万円とする根抵当権設定契約を締結し、Yは根抵当権設定登記を経由した。その後、YとXは、Aの承諾を得て、Yが有する根抵当権を極度額1,000万円を700万円と300万円に分割して、そのうち、300万円をXに譲渡する契約を締結した。この分割譲渡につき、根抵当権を目的とする第三者Bの承諾を得ている。本件は、XがYに対し、根抵当権分割契約に基づく根抵当権移転登記手続を求めた事案である。

＊本件の事案は、根抵当権の分割譲渡がされた場合である。この場合は、付記登記によらないで（不登規165条1項）、主登記でなされる。譲受債権者が登記権利者、譲渡債権者が登記義務者となる。

| 請求原因 | 1　Aは、請求原因2当時、本件土地を所有していたこと |

2　YはAとの間で、本件土地につき、次のとおりの根抵当権設定契約を締結したこと
① 極度額　1,000万円
② 債権者YのAに対する被担保債権の特定（398条の2参照）

3　Yは請求原因2の契約に基づき根抵当権設定登記を有すること

4　YはXとの間で、Yが請求原因2の根抵当権につき、極度額1,000万円を700万円と300万円に分割して、そのうち、

　　　　300万円をXに譲渡する契約を締結したこと
　　5　Aは、請求原因4の譲渡を承諾したこと
　　6　根抵当権を目的とする第三者Bは、請求原因4の譲渡を承諾したこと
(4) 効果
ア　譲渡された根抵当権により、一譲受人のいかなる債権が担保されるかは、全部譲渡について述べたところと同じである。
イ　分割譲渡の結果生じた2つの根抵当権は、同順位である（我妻・担保物権法516頁）。
ウ　分割譲渡された根抵当権を目的とする権利は消滅する（本条2項後段）。
エ　分割譲渡の結果生じた2つの根抵当権は、全く独立した存在である。したがって、譲渡人の債権が、譲受人の根抵当権によって担保されることはない。例えば、譲受人の根抵当権が確定し、譲受人が、それより全部の優先弁済を受け、なお、極度額に残余が生じても、譲渡人は、その空き枠を利用することができない。この点は、枠を共同利用する、398条の13の一部譲渡と異なる。
オ　なお、根抵当権の分割は、枠の一部を譲渡するためのものであり、したがって、譲渡と切りはなし、根抵当権者が2つの同順位の根抵当権を取得するために行うことができないと解されている。

4　根抵当権を目的とする第三者（権利者）の譲渡される部分についての承諾
　本条3項は、根抵当権の分割譲渡は2項が定めるとおり、分割譲渡される根抵当権に対する第三者の権利が消滅する効果を生じる場合があることに鑑み、分割譲渡について、当該根抵当権を目的とする第三者の承諾を要することを定める。

●(根抵当権の一部譲渡)

第398条の13　元本の確定前においては、根抵当権者は、根抵当権設定者の承諾を得て、その根抵当権の一部譲渡（譲渡人が譲受人と根抵当権を共有するため、これを分割しないで譲り渡すことをいう。以下この節において同じ。）をすることができる。

1 趣旨

根抵当権の一部譲渡とは、譲渡人Aが譲受人と根抵当権を共有するため、これを分割しないで譲り渡すことと定義される。本条は、元本の確定前において、根抵当権者が、根抵当権設定者の承諾を得て根抵当権の一部を他に譲渡し、譲受人とこれを共有することができることを定める。398条の12の全部譲渡・分割譲渡が、いわゆる枠の全部ないし独立の一部を譲渡するのに対し、本条所定の一部譲渡は、根抵当権の（準）共有状態を成立させ、譲渡人と譲受人が枠を共同利用する方法である。なお、両者間の配分については、398条の14が定める。

2 一部譲渡の方法

譲渡人と譲受人の合意によって行えるが、根抵当権設定者（第三取得者を含む）の承諾を要する。全部譲渡・分割譲渡と同じ趣旨である。

譲受人は、特定債権者でもよい。譲受人が、既に同一不動産上に抵当権を有しているかどうかを問わない。一部譲渡は、両当事者間で、優先弁済権を共同利用する点で、376条の順位の譲渡に類似するが、同一不動産上に既に抵当権を有する者に対してされる制度ではない。既に、同一不動産上に抵当権を有する者にされた場合でも、譲受人は、従来の抵当権とは独立の根抵当権の共有権を有するのである。

3 対抗要件

登記が対抗要件である。確定前に登記をしなかった場合の法律関係については398条の12の全部譲渡・一部譲渡と同じように考えればよい（398条の12）。

訴訟物 　XのYに対する根抵当権一部譲渡契約に基づく根抵当移転付記登記請求権

＊YはAとの間で、A所有の本件土地につき、YのAに対する一定の被担保債権につき極度額1,000万円とする根抵当権設定契約を締結し、Yは根抵当権設定登記を経由した。その後、YはXに対し、Aの承諾を得て、根抵当権の一部を譲渡する契約を締結した。本件は、XがYに対して、一部譲渡契約に基づく根抵当移転付記登記手続を求めた事案である。

＊本件の事案は、根抵当権の一部譲渡がされた場合である。根

抵当権のように所有権以外の権利の移転の登記は、付記によってされる（不登規3条5号）。譲受債権者が登記権利者、譲渡債権者が登記義務者となる。

請求原因
1　Aは、請求原因2当時、本件土地を所有していたこと
2　YはAとの間で、本件土地につき、次のとおりの根抵当権設定契約を締結したこと
　(1)　極度額　1,000万円
　(2)　債権者YのAに対する被担保債権の特定（398条の2参照）
3　Yは請求原因2の契約に基づき根抵当権設定登記を有すること
4　YはXとの間で、請求原因2の根抵当権の一部を譲渡する契約を締結したこと
5　Aは請求原因4の譲渡を承諾したこと

4　効果
(1) 譲渡人と譲受人の両当事者で、根抵当権を共有することになる。両当事者において、極度額まで、優先弁済を受けることができる。両者間の割合は、398条の14が定める。
(2) 被担保債権は、当該根抵当権の債務者に対する債権で被担保債権の範囲に属するものであるが、もちろん、これ以外の債権を担保するために、被担保債権の範囲・債務者の変更をすることができる。もっとも、これら被担保債権を決定する基準は、各共有者ごとに独立しているのではなく、その根抵当権として定められているのであり、したがって、これら基準の変更は、根抵当権そのものの変更であるので、変更契約は、共有者全員が共同して、設定者と合意しなければならない（我妻・担保物権法525-526頁）。

●(根抵当権の共有)

第398条の14　根抵当権の共有者は、それぞれその債権額の割合に応じて弁済を受ける。ただし、元本の確定前に、これと異なる割合を定め、又はある者が他の者に先立って弁済を受けるべきことを定めたときは、その定めに従う。
　2　根抵当権の共有者は、他の共有者の同意を得て、第398条の12第

1項の規定によりその権利を譲り渡すことができる

1　根抵当権の共有の発生

根抵当権の共有は、①当初は単独の者に属した根抵当権につき一部譲渡（398条の13）が行われたとき、②一部譲渡の方式によらず、根抵当権の単有者と共有者となろうとする者と設定者の三面契約のとき（我妻・担保物権法524頁）、③当初から共有の根抵当権として設定するときなどに生ずる。

この共有は、いわゆる準共有であって、その性質に反しない限り、共有に関する規定の準用を受ける（264条）。例えば、共有者の1人が権利を放棄すれば、その権利は他の共有者に属することになる（255条）。

2　共有根抵当権の元本確定

共有根抵当権の元本確定については、規定が置かれていない。共有者がABの場合、一方が未確定のときは、根抵当権全体は未確定と解され、両者について元本確定事由が揃ったときに、全体としての根抵当権につき、元本の確定を生ずるとすべきであろう。また、「設定者＝所有者＝根抵当負担者」に認められた確定請求権（398条の9第3項、398条の10第3項、398条の19第1項）は、根抵当権者全体に対して行使されるべきものと解される。

確定前においては、確定事由である競売申立て（根抵当権の実行。398条の20第1項1号）を、共有者全員が共同して行う必要については、これを肯定する見解（我妻・担保物権法526頁）があるが、それでは共有者の1人に属する債権について遅滞が生じても、他の共有者が欲しない限り、抵当権が実行できないことになって、不都合であるから単独ですることができると解すべきであろう（鈴木・概説450頁）。

3　共有根抵当権の優先弁済権
(1) 原則

根抵当権の共有者は各自その債権額の割合に応じて弁済を受ける（本条1本文）。これは、共有者が同順位であることを前提とするものである。例えば、極度額1,200万円、根抵当権者Aの配当時の債権額1,000万円、根抵当権者Bの配当時の債権額500万円とすると、1,200万円を1000対500の割合で配分する。したがってAの配当額は800万円、Bの配当額は400万円となる。

(2) 別段の定め

　根抵当権の共有者は、元本の確定前においては、原則的計算方法による優先弁済の割合と異なった割合、又は一方が他方に優先して弁済を受けることを定めることができる（本条1但書）。

ア　原則と異なる配分の割合の定め

　極度額1,200万円を、例えば、60％と40％の割合で配分するというように、配分の割合を定めておくことができる。なお、この場合、A又はBの債権額が、以上の割合で受け得る優先弁済額に満たない場合があり得る。例えば、極度額1,000万円、配分の割合、A60％、B40％、配当時の債権額A700万円、B300万円とすると、Bの受け得る配当額は、400万円であるが、債権額が300万円にすぎないので、100万円の残余額が出る。これは、後順位抵当権者Cに分配されるのではなく、Aに配当される（したがってAは、別段の定めによる配当額600万円に加えて、100万円の配当を得、したがって全額弁済が得られる。なお、Aの債権額が、600万円にすぎないときは、残余額は後順位抵当権者Cに配当される）。

イ　共有者のいずれかが優先するという定め

　自己の債権額全額について優先弁済を受ける定め、配当額の一定率（例えば、5分の3）又は一定額（例えば、500万円）まで、優先弁済を受け得るという定めもできる（我妻・担保物権法518頁）。

ウ　上記アとイの定めの併用

　優先劣後の定めと弁済を受ける割合についての別段の定めとを併用できる。例えば、AとBの共有根抵当権に配当される額の一部分については、Aが60％、Bが40％などの割合を定めることができる。

エ　別段の定めとその変更の方法

　これら別段の定め、その変更は、共有者全員の合意で、確定前になし得る。根抵当権設定者の承諾を必要としない。ただし、根抵当権の披担保債権の差押債権者あるいは質権者があるときは、その者の承諾を要する。別段の定めは、根抵当権者のある者について原則的計算方法によるよりも、配当額を減少させる。その変更も、変更前に比して同じ関係が生ずる。したがって配分額の変動について利害関係を生ずる者（極度額の縮小の場合の利害関係人に準じて考えればよいであろう）の承諾を要することになるのである。

オ　登記

　別段の定めは、その変更を含め、登記事項である（不登規3条2号ニ参照）。これは、第三者に対する対抗要件と解される。例えば、共有権の譲受

人が第三者に当たる。もっとも、被担保債権の差押債権者・質権者については、これらの承諾が、別段の定めの有効要件であり、かかる承諾がある限り、登記なくとも、その効力を主張し得る。なお、確定前にのみ、かかる別段の定め、その変更が可能であるが、登記までに確定を生じた場合の法律関係については、譲渡・一部譲渡の登記までに確定を生じた場合と同様に考え得る。

4　根抵当権の処分

本条2項は、共有者は、元本確定前は、根抵当権設定者の承諾と他の共有者の同意を得て、自己の権利全部を他に譲渡できることを定める。共有者は他の共有者の同意を得て共有する根抵当権の一部又は全部を他人に譲渡することができる。

(1) A・Bの共有根抵当権の全体は、全共有権者すなわちAとBの一致によって、処分（398条の12）できる（251条の類推適用）。例えば、A・Bがその根抵当権をCへの一部譲渡をすると、その根抵当権はA・B・Cの3者の共有になる。

(2) これに対して、A又はBが自分が有する権利だけを他に処分することに対しては、複雑な関係を生ずるおそれがあるため制約がある（本条3項）。すなわち、この共有者の権利について分割譲渡や一部譲渡をすることは認められず、全部譲渡のみが可能である。AがCに全部譲渡をすると、その根抵当権はBとCの共有になる。これはBに対して影響を与えるので、Bの同意が必要とされている。

5　根抵当権共有の法律関係
(1) 持分権の性質
ア　共有持分の自由処分の否定

本条2項は、「他の共有者の同意を得て」その権利を譲渡することができるとしており、共有持分の自由処分を禁じている。共有者の1人が死亡し、相続人と設定者の合意で、根抵当権の相続人が定められた場合（398条の8第1項）には、他の共有者の承諾を要しない（我妻・担保物権法525頁）。共有者に変更が生ずる場合であるが、処分行為とは異なり、相続の法定承継という性質によるものである。

イ　「398条の12第1項の規定による」の意義

本条2項所定の「第398条の12第1項の規定」とは、全部譲渡に関する規定であること、また、一部譲渡・分割譲渡を許すと、複雑な関係が生ずる

ことからすると、全部譲渡のみを定めた条文であり、これにより譲渡できるのは、全部譲渡に限ると解すべきである。
(2) 根抵当権の変更・処分・確定
ア　変更
　被担保債権の範囲・債務者は、各共有者について異なってもよい（したがって、被担保債権について共有でなくてよい）が、これは、根抵当権について定められるから、これらの変更は、根抵当権の変更として、全共有者が当事者とならなければならない。確定期日は、根抵当権について定められるから、A取引についてはa、B取引についてはbというように個別に確定期日を定めることはできない。
イ　処分
　根抵当権の処分も、全共有者が当事者となることによって行える。処分の方法も、共有持分の処分の場合とは異なり、全部譲渡のほか分割譲渡、一部譲渡もできることは問題がない。したがって、持分の譲渡は全部譲渡に限るという説に立てば、AB共有の根抵当権を、ABC共有にするためには、A又はBのみが、他方の同意を得て、持分の一部譲渡をするという形ではできないが、AB双方が当事者となればすることができることとなる。
ウ　確定
　根抵当権の確定は、根抵当権そのものについて生ずる（我妻・担保物権法526頁）のであり、各共有者について、個別にその効果が生ずるものではない。そのため、①確定請求（398条の19）は、共有者全員に対してすべきであって、その効果の発生は、全員に到達してより2週間を経過した時である（我妻・担保物権法526頁）。②抵当不動産に対する競売による確定（398条の20第1項）、③根抵当権の対象たる不動産が、第三者により差し押さえられた場合の確定（398条の20第1項）は、共有者のうち、1人がこの事実を知ってから2週間経過して、この効果が生ずるのではなく、全員がこの事実を知ってから2週間経過した時に生ずる。④債務者破産による確定（398条の20第1項）は、1人の債務者の破産のみにては効果は生ぜず、全債務者が破産して確定する。

●(抵当権の順位の譲渡又は放棄と根抵当権の譲渡又は一部譲渡)

第398条の15　抵当権の順位の譲渡又は放棄を受けた根抵当権者が、その根抵当権の譲渡又は一部譲渡をしたときは、譲受人は、その順位の譲

渡又は放棄の利益を受ける。

1　趣旨

　根抵当権については、376条の処分（転抵当を除く）をすることは認められていないが（398条の11）、根抵当権者が、抵当権の順位の譲渡又は放棄を受けることはできる。本条は、根抵当権者が、抵当権の順位の譲渡又は放棄を受けた後に、その根抵当権の譲渡又は一部譲渡をしたときは、譲受人がその順位の譲渡又は放棄の利益を引き継いで受けることを定める。

　376条による処分について、処分者と受益者との間の相対的な関係であると考えた場合に、受益者は、譲渡後も、依然として従来の根抵当権者のままではないかという疑問が生ずるので、本条は、それを払拭するための確認的規定である。

　本条は、順位の譲渡・放棄という処分が、根抵当権自体（枠）に対してされることを前提としているので、根抵当権の共有者の1人に対する順位の譲渡・放棄は、確定前には許されないと解される。

2　順位の譲渡があった場合

　1,200万円の価値の不動産について、1,000万円の1番普通抵当権者Aが、極度額500万円の2番根抵当権者Bに順位の譲渡をし、さらに、Bがその根抵当権を無担保債権者Cに譲渡したときは、次の(1)ないし(3)の効果を生じる（我妻・担保物権法521頁以下参照）。

(1) 全部譲渡の場合

　Aへの配当額1,000万円とBへの配当額200万円の合計額1,200万円につき、Bは極度額を限度として（配当時の被担保債権が500万円を超えれば、500万円、これを下回る額であれば、その額）、優先配当を受けることとなり、この利益をCに処分したこととなる。すなわち、極度額500万円の限度で、Cは配当を受け、残額をAに配当する。

(2) 分割譲渡の場合

　Bが極度額500万円を200万円と300万円に分割し、300万円の極度額をCに譲渡したとすると、処分を受けた利益を極度額の割合2対3で配分する（我妻・担保物権法522頁）。したがって、(1)の例では、Bは200万円を限度とし、Cは300万円を限度として配当を受け、残余はAに配当される。

(3) 一部譲渡

上の例では、極度額500万円を限度とし、B・Cが配当を受け、残余をAに配当する。BC間では、398条の14第1項によって配分額を定める。

3 順位の放棄があった場合

順位の放棄があった場合は、Bの受ける利益は、1,200万円を1000対500で配分された額400万円を限度として配当を受けるというものであり、この利益をCが受ける。処分のそれぞれについては、上記2(1)の例に従うことになる。

● (共同根抵当)

第398条の16 第392条及び第393条の規定は、根抵当権については、その設定と同時に同一の債権の担保として数個の不動産につき根抵当権が設定された旨の登記をした場合に限り、適用する。

1 共同根抵当と累積根抵当

数個の不動産上に、被担保債権を共通にする根抵当権が設定された場合に、普通抵当の共同抵当に関する392条と393条が適用されるかの問題について、共同根抵当につき、398条の16ないし398条の17の2か条を定めて、次のとおり、その関係を明確にしている。

(1) 共同根抵当（狭義の共同根抵当又は純粋共同根抵当）

「同一の債権の担保として」設定された場合（つまり、被担保債権の範囲も債務者も極度額も同一の場合）に、設定と同時に、「同一の債権の担保として」設定された旨を登記した場合に限り、392条（共同抵当における代価の配当）と393条（共同抵当における代位の付記登記）が適用されるものとした（本条。なお、398条の17は、この共同根抵当の変更・処分・確定について定める）。この共同根抵当権を、講学上は、下記(2)の累積式共同根抵当と対比して、純粋共同根抵当権という。ただ、法文は、純粋共同根抵当を単に「共同根抵当」と呼ぶ。本書も、単に共同根抵当ということとする。

訴訟物 XのYに対する共同根抵当設定契約に基づく根抵当権設定登記請求権

> * XはYとの間で、Y所有の甲・乙両土地を共同担保として、Xを権利者、Yを設定者とする根抵当権設定契約を締結したが、XとYの錯誤によって、A司法書士に乙土地についてのみ登記手続を依頼し、その旨の登記がされた。本件は、XがYに対して甲土地について共同担保としての根抵当権設定登記の追加を求めた事案である。
>
> * 請求の趣旨は、「被告は原告に対し、甲土地について乙土地を共同担保として別紙（略）記載の内容の根抵当権設定登記手続をせよ」とする。

請求原因　1　XはYとの間で、甲土地及び乙土地について、これらを共同担保として、Xを権利者、Yを義務者とする下記内容の根抵当権設定契約を締結したこと
　　①　極度額　3,000万円
　　②　債権の範囲　商品売買取引
　　③　債務者　Y
2　XとYは、A司法書士に対し、請求原因1の根抵当権設定登記手続を依頼する際、両名の錯誤により、乙土地についてのみ依頼し、その旨の根抵当権設定登記がされたこと

(2) 累積式（的）共同根抵当（累積根抵当）
　上記(1)以外の場合、すなわち、「同一の債権の担保として」設定されたのでない場合それから、同一債権の担保であっても、その旨の登記のない場合には、392条と393条を適用しないものとした（398条の18）。これについては、398条の18（累積根抵当）の解説を参照されたい。

2　共同根抵当の機能
　例えば、甲土地、同地上の乙建物、丙建物の上に1,000万円の極度額の（純粋）共同根抵当権を設定したとする。丙建物が焼失しても、甲・乙両不動産によって1,000万円が回収できればよい。さらに、乙建物が焼失しても、それによって甲土地が更地としての担保価値を回復すれば、甲土地によって1,000万円を回収できよう。1個でも目的不動産が残れば、それにより債権の回収が図れ、危険が分散される。その代わり、392条と393条が全面的に適用され、後順位抵当権者の代位の問題を生ずる。

訴訟物　　XのYに対する代位の付記登記請求権

＊YとAは、YのAに対する銀行取引契約による一切の債権を極度額1,000万円まで担保するためA所有の甲・乙の両土地について共同根抵当権設定契約を締結し、両土地につき共同根抵当権設定登記を了したうえで、800万円を貸し付けた。他方、XはAに対し500万円を貸し付け、XはAとの間で、その債権を担保するため、甲土地に抵当権設定契約を締結し、Xは次順位の抵当権設定登記を経由した。その後、Yは甲土地につき競売を申し立て、買受人となったBが競落代金1,200万円を納付し、Yは900万円、Xは300万円の配当を受けた。本件は、XがYに対して、乙土地のYの根抵当権設定登記に代位の付記登記手続を求めた事案である。

請求原因
1 Aは、請求原因2当時、甲・乙の両土地を所有していたこと
2 YはAとの間で、YのAに対する銀行取引契約による一切の債権を極度額1,000万円まで担保するため甲・乙の両土地について共同根抵当権設定契約を締結したこと
3 Yは甲・乙の両土地につき請求原因2の共同根抵当権設定登記を有すること
　＊共同根抵当権（純粋共同根抵当権）を設定するためには、各不動産について各設定登記にその旨が登記されることが必要である（共同担保目録の作成（不登83条2項）が必要とされる）。共同担保である旨の登記は効力要件である。
4 YはAに対し、800万円を弁済期平成○年○月○日の約定で貸し渡したこと
5 Yは甲土地につき競売を申し立てたこと
6 裁判所はBを買受人とする競落許可決定を出したこと
7 Bは競落代金1,200万円を納付したこと
8 XはAに対し、500万円を弁済期平成○年○月○日の約定で貸し渡したこと
9 XはAとの間で、請求原因8の債権を担保するため、甲土地に抵当権設定契約を締結したこと
10 請求原因9に基づき、Xは請求原因3の次順位で抵当権設定登記を経由したこと
11 請求原因7の後、Yは900万円、Xは300万円の配当を受

けたこと

3　共同根抵当の成立要件

　次の2つの要件を充足すると、普通抵当の共同抵当に関する392条と393条が適用される。

(1)「同一の債権の担保」として、数個の不動産に根抵当権が設定されること

　同一債権の担保とは、被担保債権の範囲・債務者・極度額が同一であることである（我妻・担保物権法529頁）。前2者が同一でないと被担保債権が共通でなく、また、極度額が異なると一方で担保され、他方で担保されない債権が生じるから、3者が同一でなければならないのである。

(2)「設定と同時に」同一債権の担保として、数個の不動産に根抵当権が設定された旨の登記をすること

　この登記をしないと、共同根抵当とならない。つまり、この登記は、対抗要件ではなく効力発生要件である。

ア　設定と同時にとは、根抵当権の設定登記と同時にという意味であるが、既に甲不動産上に根抵当権が設定されているが、さらに乙不動産にも設定する場合においても、同じく、乙不動産上の抵当権設定を登記をすると同時に本条の登記をすることにより、共同根抵当とすることができる（我妻・担保物権法530頁）。また、甲乙不動産に共同根抵当が成立している場合、さらに丙不動産を追加して、甲乙丙不動産に、共同根抵当を成立させることもできる。

イ　「設定と同時に」とは、いったん累積根抵当として成立した甲乙丙不動産上の根抵当権を、その後に本条の登記をすることにより、共同根抵当にすることができない趣旨を含む（我妻・担保物権法530頁）。

ウ　既に、甲乙不動産上に累積根抵当が成立している場合に、丙不動産を追加し、共同根抵当の関係にする場合には、甲不動産の根抵当と共同根抵当にするか、又は乙不動産の根抵当と共同根抵当にするかができるにとどまる。甲乙丙不動産に共同根抵当を成立させることができないのみならず、甲不動産の根抵当とも、乙不動産の根抵当とも共同根抵当関係（片面的共同根抵当）を成立させることもできない（我妻・担保物権法530頁）。なぜなら、甲と丙にだけ担保され、乙に担保されない債権が存在することになるなど、複雑な法律関係が生ずるからである。

エ　登記手続は、普通抵当の場合と同じく、不登122条以下の規定によってされる。

● (共同根抵当の変更等)

第398条の17 前条の登記がされている根抵当権の担保すべき債権の範囲、債務者若しくは極度額の変更又はその譲渡若しくは一部譲渡は、その根抵当権が設定されているすべての不動産について登記をしなければ、その効力を生じない。
　2　前条の登記がされている根抵当権の担保すべき元本は、1個の不動産についてのみ確定すべき事由が生じた場合においても、確定する。

1　趣旨
　本条は、共同根抵当の変更・処分・確定について定める。本条1項は、変更・処分は、すべての不動産について登記をしなければ、その効力を生じないとするものであり、本条2項は、1つの不動産について確定事由が生ずれば、すべての不動産上の根抵当権が確定することを定める。

2　共同根抵当の変更等の登記
　本条1項は、共同根抵当の登記のある根抵当権の担保すべき債権の範囲、債務者又は極度額の変更、根抵当権の譲渡又は一部譲渡は、すべての不動産についてその登記をしなければその効力を生じないことを定める。したがって、本条1項の登記は効力発生要件である。
(1) 変更
　被担保債権の範囲・債務者・極度額の変更は、登記をしなければ、その効力を生じない（本条1項）。登記は効力発生要件である。本項は、登記の必要性のみを定めるが、その変更は、すべての不動産について、同一にされなければならないことが前提とされている（我妻・担保物権法530頁）。共同根抵当の性質上当然の事理である。
(2) 処分（根抵当権の譲渡又は一部譲渡）
　処分についても同じく、すべての不動産について、同一の処分をなし、かつ登記しなければ、処分の効力を生じない（本条1項）。

3　共同根抵当の1つの不動産についての確定事由の効果
　本条2項は、共同根抵当の登記のある根抵当権の担保すべき元本は、1つの不動産についてのみ確定すべき事由が生じた場合においても、共同根抵当

の関係にあるすべての不動産が一体として確定することを定める。

　1つの不動産上の根抵当権について確定事由が生じた場合には、他の不動産上の根抵当権も同時に確定する（本条2項。したがって、各不動産について確定期日が異なる場合、1つの不動産の確定期日（最も早い確定期日）が到来すると、全部が確定する。また、1つの不動産について、確定請求（398条の10第3項、398条の19）があると、すべてが確定する。

● (累積根抵当)

第398条の18　数個の不動産につき根抵当権を有する者は、第398条の16の場合を除き、各不動産の代価について、各極度額に至るまで優先権を行使することができる。

1　累積根抵当

　本条は、数個の不動産上に根抵当権を有する者は、398条の16に定める共同根抵当を除けば、各極度額に至るまで優先権を行使し得るとする。複数の不動産に対する根抵当権の極度額の合算額が、その根抵当権者が支配する担保価値となるので、累積根抵当（累積式共同根抵当）と呼ばれる。本条所定の根抵当については、392条（共同抵当における代価の配当）と393条（共同抵当における代位の付記登記）が適用されない。つまり、共同抵当における代価の配当の制約はないので、例えば、債権者Aが甲不動産に1,000万円、乙不動産に1,000万円の極度額の根抵当権を有する場合、Aは被担保債権につき2,000万円まで優先弁済を受けることができる。また、後順位抵当権者の代位権は問題とならない。

　このことは、被担保債権を共通にしない数個の根抵当においては、全く独立した根抵当であるので、当然である。398条の16は、被担保債権を全面的に共通する根抵当権の場合に限り、かつ、共同担保の特別の登記をすることにより、392条と393条を適用することとし、本条は、それ以外の場合には、各不動産につき極度額に至るまで優先弁済権を行使し得るとしたのである。

2 累積根抵当の効力

(1) 優先弁済を受けることができる債権と額

ア 被担保債権に全く共通性のない場合

数個の不動産上の根抵当権の被担保債権の範囲・債務者が異なる場合（双方が異なる場合、一方だけが異なる場合を含む）には、完全に独立した（権利者のみが共通の）根抵当が数個存在するにすぎない。

例えば、債務者Aに対して根抵当権の被担保債権の範囲のみが異なる場合であるが、①甲不動産に被担保債権の範囲を売買取引上の債権とし、②乙不動産に被担保債権の範囲を手形取引上の債権とする根抵当権を設定したときは、①の範囲からAに対して取得した債権について、乙不動産から優先弁済を受けることはできない。たとえ、①の債権の額が甲不動産の極度額を超過し、乙不動産上の極度額に枠が残っている場合においても同様である。

イ 被担保債権の一部が共通している場合

債務者Aに対する被担保債権の範囲について、例えば、甲不動産の根抵当は「銀行取引」上の債務とし、乙不動産の根抵当は「手形割引取引」上の債務とすることを定めると、銀行取引は手形割引取引を包含する概念であるから、被担保債権の一部が共通する。①共通する債権（手形割引取引上の債権）は、甲・乙不動産のいずれでも担保される債権である。②手形割引取引以外の銀行取引上の債権は、甲不動産の根抵当によってのみ担保される。①の債権は、いずれの不動産からでも優先弁済を受けることができ（この選択決定権は原則として、根抵当権者にある）、かつ、一方から優先弁済を受けても、他方の根抵当からの配当額がそれだけ減縮することもない（これは累積根抵当の共同根抵当異なる点である）。したがって、優先弁済を受ける債権の配分の仕方によって、両不動産上の根抵当権の極度額まで優先弁済を受けることができる。例えば、②債権について甲不動産からまず配当を受け、その後の極度額の残額と乙不動産から、①債権についての配当を受けると、効率的な極度額の利用ができる。ただし、累積根抵当において、常に、目的物たるすべての不動産上の極度額の総和について、優先弁済を受けられるわけではない。例えば、甲不動産の極度額1,000万円、乙不動産の極度額1,000万円、債務者Aとの銀行取引により2,000万円の債権が発生し、そのうち500万円が手形割引取引上の債権とすると、残り1,500万円の債権の利用し得る極度額は、甲不動産の1,000万円だけであり、結局、乙不動産上の極度額は、500万円しか利用できないことになる。

ウ 被担保債権が全面的に共通している場合

被担保債権の範囲・債務者が完全に同一である場合には、これから生ずる

債権は、すべての根抵当権により担保されるので、いずれの不動産からでも優先弁済を受けることができる。この場合には、常に、極度額の総和の限度額に達するまで被担保債権について優先弁済を受けることができる。

(2) 優先弁済を受け得る債権の配分

数個の不動産によって担保されている債権については、配当時にいずれの不動産より優先弁済を受けるかを決定しなければならない。この選択権は、根抵当権者が原則として有する（我妻・担保物権法533頁）。この選択により各不動産上の極度額の効果的に利用できる。ただ、根抵当権者の利益のためではなく、恣意的選択により後順位抵当権等を害することは防ぐ必要がある（以下、同時配当と異時配当の場合に分けて説明する）。なお、この問題は数個の不動産上の根抵当によって担保される債権についての問題であり、上記（1）アの場合には、この問題は生じない。

ア　異時配当の場合

不動産についてのみ競売され、配当がされる場合には、その不動産上の根抵当権の被担保債権の範囲・債務者の基準から担保される債権であれば、根抵当権者は任意に選択して、その不動産の極度額まで優先弁済を受け得る。残りの債権は、他の不動産上の根抵当権（もちろん、担保される債権であることを要する）に回される。ところで、他の不動産上の根抵当権に回された債権額が結局その極度額に満たなかった場合、残額はその不動産上の後順位抵当権者に移ることになり、各不動産上の後順位抵当権者間に不公平を生ずる。しかし、後順位抵当権者は、先順位根抵当権がその極度額までの優先をあらかじめ想定できたのであるから、やむを得ない（我妻・担保物権法533頁）。

イ　同時配当の場合

すべての不動産が競売され、配当される場合には、根抵当権者の恣意を認めず、392条を類推適用し、後順位抵当権者間の公平を図るべきとされる（我妻・担保物権法533頁以下）。

㈱　被担保債権の全部がすべての不動産で担保されている場合

この場合には、総被担保債権額が、極度額の総和に満たないときは、392条1項を類推適用し、各不動産の価額に応じて債権を配分すべきである（我妻・担保物権法533-534頁）。この配分によって後順位抵当権者間に極度額の残額を配分して公平を図ることができ、根抵当権者も不利益を受けないからである。

例えば、Aが甲土地（価格1,500万円）に極度額1,000万円の根抵当、乙土地（価格1,000万円）に極度額1,000万円の根抵当を設定し、甲土地に

は、Bが後順位の債権額600万円の抵当権を有し、乙土地には、Cが後順位の債権額400万円の抵当権を有していた。Aの債権額が1,500万円の場合、甲乙土地の価額に応じて配分すると、Aは、甲土地から900万円（＝1,500万円×1,000／（1,500＋1,000））、乙土地から600万円（＝1,500万円×1,000／（1,500＋1,000））、合計1,500万円の優先弁済を受ける。そして、Bは600万円（＝1,500万円－900万円）、Cは400万円（＝1,000万円－600万円）を受け取るので、全員が完済となる。

(イ) 一部の被担保債権のみが、すべての根抵当権により担保されている場合

この場合も(ア)と同様に処理すべきである。例えば、(ア)の設例で甲土地のAの根抵当権の被担保債権の範囲が①取引と②取引、乙土地の根抵当権の被担保債権の範囲が①取引と③取引であって、①取引に1,000万円、②取引に300万円、③取引に200万円の各債権（合計1,500万円）が生じたとする。まず、Aに対し、甲土地から②取引の債権300万円につき配当をし、乙土地から③取引の債権200万円につき配当する。その結果、甲土地に700万円、乙土地に800万円の空枠が生ずる。もし、Aの自由な割付けを許して、例えば、乙土地から空枠800万円全額の配当を得、残りの200万円を甲土地の空枠から弁済を受けると、乙土地の後順位者Cは配当がゼロ（＝1,000万円－200万円－800万円）で、甲土地の後順位者Bは全額600万円（＜1,500万円－300万円－200万円）の配当を受けるという不都合が生じる。そのため、(ア)の場合と同様、最終的にAは甲土地からその価格に応じた配分額900万円、同じく乙土地から600万円の配当を受けるようにすべきである。すなわち、Aは①取引の債権については、甲土地から900万－300万（②取引の債権）＝600万円、乙土地から600万－200万（②取引の債権）＝400万円の各優先弁済を受けることとすると、後順位のBとCはそれぞれ600万円（＝1,500万円－300万円－600万円）と400万円（＝1,000万円－200万円－400万円）の配当を受け取るので、全員が完済となる。

(3) 被担保債権の質入れと差押え

数個の根抵当権により担保される債権が質入れされ、あるいは差し押さえられた場合、質権者・差押債権者は、いずれの根抵当権によって優先弁済を受けるかが問題となる（被担保債権の質入れ・差押えの効力が根抵当権に及ぶと解釈することが前提となる）。質入れについては、質権設定契約の当事者の合意で、弁済を受けるべき不動産の順序を定めれば、その順序により、この合意のない場合と差押えについては、配当の行われる順序で、そこから配当を受けることができ、根抵当権者はいずれの場合にも、質権者を害するような被担保債権の配分を行うことができないとする説（我妻・担保物権法

534頁）と、質入れ・差押えの効力が及んでいる旨の登記を、差押債権者・質権者がした場合には、その不動産から、数個の不動産に係る登記をした場合には、そのいずれから優先弁済を受けてよいとし、終局、差押債権者・質権者が、登記をして選択できるとする説が存する。

(4) 確定

累積根抵当の場合、各根抵当権は、それぞれ独立に確定する。1つの根抵当権に確定事由が生じても、他の根抵当権に確定の効力を及ぼすことはない（我妻・担保物権法534頁）。共同根抵当（398条の17第2項）との1つの相違点である。

● (根抵当権の元本の確定請求) ━━━━━━━━━━━━━━━

第398条の19 根抵当権設定者は、根抵当権の設定の時から3年を経過したときは、担保すべき元本の確定を請求することができる。この場合において、担保すべき元本は、その請求の時から2週間を経過することによって確定する。
 2 根抵当権者は、いつでも、担保すべき元本の確定を請求することができる。この場合において、担保すべき元本は、その請求の時に確定する。
 3 前2項の規定は、担保すべき元本の確定すべき期日の定めがあるときは、適用しない。

━━━━━━━━━━━━━━━━━━━━━━━━━━━━━

1 根抵当権設定者の確定請求権
(1) 趣旨

本条は、確定期日の定めのない根抵当権について、設定後3年経過すると設定者が確定請求という一方的意思表示により、元本を確定し得ることを定める。元本の確定によって根抵当権の被担保債権は特定することになる。確定時の元本と、それ以降に発生する利息・遅延利息が極度額の範囲まで担保されることになる。このような権利を認める根拠は、確定期日の定めのない場合には、設定者（根抵当負担者）が長期間にわたって根抵当権による拘束（特定の継続的取引についてだけでなく、「一定の種類の取引」といった広範囲の取引より生ずる債権を担保する認めた根抵当権設定者側の長期の拘束）を受ける不利益を回避するためである。

(2) 確定請求の要件
ア 根抵当権設定後3年を経過後であること（本条1前段）。
イ アの後、根抵当権設定者から根抵当権者に対して確定請求の意思表示をすること（本条1項前段）
(ｱ) 根抵当権が共有関係にあるときは、確定請求の意思表示は、根抵当権の全員に対してすべきである（我妻・担保物権法536頁）。
(ｲ) 根抵当権設定者が数人であるとき（担保目的物の共有）は、全員共同してしなければならない（我妻・担保物権法536頁）。確定請求は、保存行為（252条但書）ではなく、処分行為とみるべきであるからである。
(ｳ) 共同根抵当においては、1つの根抵当権について確定請求があれば、全部が確定する（398条の17第2項）が、それぞれの根抵当権の設定者が異なる場合でも同様であり、1人の設定者が単独で確定請求をなし得、そして、全根抵当権が確定する（我妻・担保物権法536頁）。
ウ 確定請求の意思表示から2週間が経過すること（本条1項後段）
　共有根抵当権者全員に対して、又は設定者全員が確定請求をすべき場合には、最後の到達から2週間を経過して確定の効果を生ずることになる。
エ 確定期日の定めのないこと（本条3項）。
　確定請求権の効力発生の積極的要件ではなく、消極的要件として効力の発生を争う者が主張・立証すべき事実である。確定期日の定めがあれば、当事者間では登記なくとも効力があるから、確定請求をなし得ないが、登記がない場合は、第三取得者のような第三者には対抗し得ないために、第三取得者は、確定請求をすることができる。
(3) 根抵当権設定登記抹消登記手続請求

訴訟物　　XのYに対する確定請求に基づく根抵当権設定登記抹消登記請求権

＊XはYとの間で、石油類販売取引契約によりYがXに対し負担する売買代金債務を担保するために、Y所有の本件土地につき極度額1,000万円とし、確定期日を定めない根抵当権設定契約を締結した。その後、3年が経過し、Xは石油類の購入先を変更するため、Yとの取引を終了させるので、元本600万円を確定させる請求をして同額を供託した。本件は、XがYに対して根抵当権設定登記の抹消登記手続を求めた事案である。

請求原因　1　Xは、請求原因2当時、本件土地を所有していたこと

2 YはXとの間で、石油類販売取引契約によりXがYに対し負担する売買代金債務を担保するために、本件土地につき極度額1,000万円とし、確定期日を定めない根抵当権設定契約を締結して、その旨の根抵当権設定登記をしたこと
3 請求原因2の根抵当権設定の時から3年を経過したこと
＊本条1項前段に基づく事実である。
4 YのXに対する石油類販売取引による売買代金額は、請求原因6の時点において、合計600万円であったこと
5 請求原因3の後、Xは、Yに対して元本の確定を請求する旨の意思表示をしたこと
＊本条1項所定の確定請求権は、設定者保護のための強行法規であるから、根抵当権者と設定者の間の確定請求権をあらかじめ放棄するという特約は、無効である。そのような特約は抗弁としても主張自体失当である。
6 請求原因5の請求の日から2週間が経過したこと
＊本条1項後段に基づく事実である。
7 XはYに対して、600万円の弁済の提供をしたが、受領を拒絶されたので、同額を供託したこと

(確定期日)

抗弁 1 XとY間で本件根抵当権の確定すべき日として、平成〇年〇月〇日を定めたこと
＊本条3項に基づく抗弁である。上記の抗弁に対して、確定すべき日が到来したことは再抗弁とはならず、独立した確定事由となる。なぜならば、確定期日の到来は確定請求による確定の効果を復活させるものではないからである。

(4) 根抵当権元本確定登記手続請求

訴訟物　XのYに対するYの確定請求に基づく根抵当権元本確定登記請求権

＊Yは、A銀行との間で、Y所有の本件不動産につき、債権の範囲を銀行取引、債務者B、極度額1,000万円とする根抵当権を設定し、根抵当権設定登記を経由し、A銀行は、Bに対して500万円を貸し付けた。その際XはBの委託を受けて連帯保証人になった。その後、Yは、A銀行に対して本

件根抵当権につき元本確定請求の意思表示をした。元本確定時におけるA銀行のBに対する確定債権元本は上記貸付債権500万円、これに対する延滞利息及び遅延損害金は100万円である。XはA銀行に上記金額を代位弁済した。本件は、Xが、確定債権の代位弁済に基づく根抵当権の移転登記手続をする前提として根抵当権元本確定登記手続を求めた事案である。

＊請求の趣旨は、「YはA銀行に対して、本件不動産に対する本件根抵当権について、平成○年○月○日元本確定を原因とする元本確定登記手続をせよ」とする。

請求原因
1 Yは、請求原因2当時、本件不動産の所有者であること
2 YはA銀行との間で、本件不動産につき、債権の範囲を銀行取引、債務者B、極度額1,000万円とする根抵当権を設定し、根抵当権設定登記を経由したこと
3 A銀行は、Bに対して500万円を貸し付けたが、その際XはBの委託を受けて連帯保証人になったこと
4 Yは、請求原因3の後、A銀行に対して本件根抵当権につき元本確定請求の意思表示をしたこと
＊その結果、根抵当権は、その元本が確定したこととなる。
5 元本確定時におけるA銀行のBに対する確定債権元本は上記貸付債権500万円であり、これに対する延滞利息及び遅延損害金は100万円であったので、XはA銀行に上記金額を代位弁済したこと
＊その結果、根抵当権は同日A銀行よりXに移転することになる。
6 Xは、確定債権の代位弁済に基づく根抵当権の移転登記手続は、元本確定登記手続が未了のため、根抵当権移転登記手続をすることができないこと

(5) 事情変更の原則に基づく確定請求

最判昭和42年1月31日民集21.1.43〔27001120〕は、「手形割引貸付契約のような継続的取引契約に基づく債務の履行を一定の極度額において担保するため、第三者が債権者との間にその所有不動産につき期間の定めのない根抵当権設定契約を締結した場合において、右基本たる継続的取引契約が存続し、被担保債権がなお現存しているとしても、根抵当権設定当時に比して

著しい事情の変更があつた等正当の事由があるときは、当該根抵当権設定者において、右根抵当権設定契約を将来に向つて廃棄し、爾後は現存被担保債権のみを担保する通常の抵当権とする意味における解約告知をすることができると解すべきである」と判示する。この判例理論は、事情変更に基づく確定請求は物上保証人（第三取得者を含む）については、本条の確定請求権が制定された現行法下においても維持されると解される（我妻・担保物権法536頁）。

訴訟物　XのYに対する事情変更による確定請求に基づく根抵当権設定登記抹消登記請求権

＊根抵当権設定後、根抵当権者Yの融資にもかかわらず、物上保証人Xの予期に反して、債務者Aの営業状態が悪化して、倒産の危険も生じた。本件は、物上保証人Xが将来の求償権の行使等にも支障を生ずるおそれもあるとして、Xが設定後わずか1か月半後に、確定の請求をしたうえ、弁済して根抵当権設定登記の抹消登記手続を求めた事案である。

＊請求の趣旨は、「YはXに対し本件不動産につき、本件根抵当権設定登記の抹消登記手続をせよ」とする。

請求原因
1　Aは、その営業上の資金調達のため、Y銀行との間で銀行取引契約を締結したこと
2　請求原因1の契約によって生ずべきAの債務を担保するため、XはY銀行との間で、本件不動産上に極度額2,000万円の根抵当権を設定し、その旨の設定登記手続がされたこと
3　Xは、請求原因2当時、本件不動産を所有していたこと
4　XはY銀行に対し、請求原因2の根抵当権設定から1か月半後、根抵当権の確定請求の意思表示をしたこと

＊したがって、その当時における残債務額1,450万円（請求原因5参照）において債務は確定し前記根抵当権は確定した同債務を担保するため確定根抵当権に転化した。

5　Aは、請求原因2の根抵当権設定後、直ちに1,450万円の手形貸付けを得たが、経営状況は急激に悪化し、不渡処分を受けるに至り、当時のAの総債務は約1億円に達したので、債権者集会において、これらの債務の履行期を猶予することになり、Aの営業は即時廃業を免れたような状態であった。そのため、請求原因4の確定請求に至ったこと

6　Xは、AのYに対する債務1,450万円を弁済したこと

2　根抵当権者の確定請求権
　平成15年法律134号改正前は、根抵当権者からの根抵当権確定請求が認められなかったので、根抵当権付の債権の譲渡やかかる債権についての保証人からの代位弁済につき不便であったが、平成15年改正によって本条2項が設けられた。根抵当権が未確定で、極度額より現存の被担保債権額が少額であっても、その差額分について、根抵当権者は融資をする義務はないから、根抵当権の確定は、根抵当債務者に別段の不利益を与えない。そのため、根抵当権者に、たとえ確定期日の定めが存在する場合でも、根抵当権の確定請求権を与えることが不当というわけではない。根抵当権者の意思表示によって元本を確定させても根抵当権設定者に不利益を与えないからである。しかし、根抵当権者は、398条の20第1項1号の手段を有するので、それ以外に確定を生じさせる権利を認める必要性は特段存在しないであろう。本条2項の定める確定の要件事実は、「根抵当権者が根抵当権設定者に対し、元本の確定を請求する意思表示をしたこと」であり、これにより確定の効果が即時に生ずる。

3　確定期日
　確定期日（398条の6）を定めておけば、本条の確定請求権を封じることができる（本条3項）。つまり、本条の確定請求権の効果障害事由としての抗弁は、「本件根抵当権の確定すべき日が平成○年○月○日と定められていること」である。

●(根抵当権の元本の確定事由)

第398条の20　次に掲げる場合には、根抵当権の担保すべき元本は、確定する。
　　一　根抵当権者が抵当不動産について競売若しくは担保不動産収益執行又は第372条において準用する第304条の規定による差押えを申し立てたとき。ただし、競売手続若しくは担保不動産収益執行手続の開始又は差押えがあったときに限る。
　　二　根抵当権者が抵当不動産に対して滞納処分による差押えをしたとき。
　　三　根抵当権者が抵当不動産に対する競売手続の開始又は滞納処分に

よる差押えがあったことを知った時から2週間を経過したとき。
　　四　債務者又は根抵当権設定者が破産手続開始の決定を受けたとき。
　2　前項第3号の競売手続の開始若しくは差押え又は同項第4号の破産手続開始の決定の効力が消滅したときは、担保すべき元本は、確定しなかったものとみなす。ただし、元本が確定したものとしてその根抵当権又はこれを目的とする権利を取得した者があるときは、この限りでない。

1　根抵当権の元本の確定事由

　「元本の確定」とは、根抵当権が流動性を失い、確定状態になるという。そのため、「根抵当権の確定」と表現することもできる。それ以後、根抵当権は確定した根抵当権となる。本条は、根抵当権の確定事由を定める。平成15年法律134号改正前は、本条1項1号として、「担保スベキ債権ノ範囲ノ変更、取引ノ終了其他ノ事由ニ因リ担保スベキ元本ノ生ゼザルコトト為リタルトキ」が規定されていたが、その内容が不明確なことから紛争も生じやすいので、同年改正により削除された。これに代えて398条の19第2項の根抵当権者の元本確定制度が設けられた。本条は、根抵当権者が担保不動産の競売、担保不動産収益執行、物上代位に基づく差押えを申し立てたとき（本条1項1号）、滞納処分による差押えをしたとき（同項2号）、根抵当権者が抵当不動産に対する競売手続の開始又は滞納処分による差押えがあったことを知った時から2週間を経過したとき（同項3号）、債務者又は根抵当権設定者が破産手続開始決定を受けたとき（同項4号）、元本は確定する。

　根抵当権の確定は、多くの条文において、要件事実とされている（例えば、398条の21の根抵当権の極度額の減額請求、398条の22の根抵当権の消滅請求等）。

　元本の確定事由は、確定による法律効果を主張する者が、主張・立証しなければならない。本条の定める確定の要件事実は、以下のとおりである。

(1) 根抵当権者自身による競売・差押え（本条1項1号）

　根抵当権者は、被担保債権に履行遅滞が生ずれば、根抵当権を実行することができる。この場合には、実行着手の時点で確定を生ずる。すなわち、競売の申立て（増価競売の申立ても含まれる）、物上代位のための差押えの申立てが行われたときである。また、他の債権に基づく強制競売や担保権実行の申立ての場合にも、根抵当権者は、もはや根抵当の実行を望んでいるもの

として同様に考えられる。

　申立てがあっても、取下げ等によって競売手続が開始されず、又は差押えがされなかった場合には確定しない。しかし、競売手続が開始し、差押えがされると、その後に取り消され、その効力が消滅しても、いったん生じた確定の効力は消滅しない。この点については、第三者が競売等をした場合と異なるが、これは根抵当権者自らが、取引打切りの意思を示したと解されるからである（我妻・担保物権法539頁）。

(2) 根抵当権者自身による滞納処分（本条1項2号）

　根抵当権者が税債権者などであって、国税徴収法による滞納処分を行った場合にも、(1)と同様に考えられる。滞納処分により債権を徴収する場合に限られるから、国又は公共団体が根抵当権者である場合に本号が適用される。根抵当権によって差し押さえる場合に限らず、他の債権によって差押えをした場合を含む。なお、差押えの効力が消滅しても、確定の効果は残る（我妻・担保物権法539頁）。

(3) 第三者による抵当不動産に対する競売手続の開始又は滞納処分による差押えがあることを根抵当権者が知った時から2週間経過したとき（本条1項3号）

　根抵当権者がそれを知った時から2週間経過後に、元本は確定する。このようなときには、根抵当権についても流動性を失わせて、整理させる趣旨である。

　ア　共同根抵当の場合

　共有根抵当の場合には、すべての共有者が知ってから2週間経過して確定する。なお、共同根抵当においては、1つの不動産につき確定事由が生ずると、全不動産上の根抵当権が確定する（398条の17第2項）が、本条2項の確定効消滅の効果も、全不動産について生ずる。しかし、他の不動産について独立の確定事由が存する場合には、このような効果が生じないことは、398条の17第2項の趣旨からみて当然である。そうでない場合でも、1つの不動産について、但書が適用される事態が生じた場合にも、確定の効力は消滅しない。

　イ　本条2号と3号との違い

　本条2号と3号の相違の第1は、①では、競売の申立てのときに確定するのに対し、②では、競売手続の開始あることを知った時から2週間を経過したときに確定する点である。第2は、①で、競売手続開始の効力が消滅したときに、確定の効果に影響しないのに対して、②では、2項が適用され、確定の効力が消滅するところにある。

(4) 債務者又は根抵当権設定者が破産手続開始の決定を受けたとき（本条1項4号）

(5) 特約

　特約によって、民法の定める以外の確定事由を定めることができる。例えば、会社更生手続開始決定が確定事由となるかについて見解が分かれる（下記(6)参照）。特約で確定事由とする場合は、問題なく確定事由となるが、しかし、民法所定の確定事由を特約で排除することは、物権法定主義に反するので無効と解される。

(6) 債務者又は根抵当権者たる法人に、解散・和議・整理・特別清算という事由が生じても、当然には確定しないと解される。会社更生手続の開始が確定事由になるかについて、下級審判決であるが、東京地判昭和57年7月13日判時1058.115〔27490252〕は非確定説を採っている。同判決は、「共同根抵当権が先順位にある場合の後順位担保権者の更生担保権として認められる範囲の算定については、更生手続の開始により根抵当権の被担保債権の元本が確定するか否か、先順位担保権が共同抵当権の場合には後順位担保権者が更生担保権として取り扱われる範囲を算定するために民法392条1項の規定を類推すべきか否か、といつた点に関連して、問題がないではない。しかし、更生手続の開始により根抵当権の被担保債権の元本が確定するか否かの点については、根抵当権に関する元本の確定事由を列挙した民法398条の20は、その5号において債務者又は根抵当権設定者が破産宣告を受けたときを確定事由としてあげてはいるが、更生手続開始決定をあげていないこと、更生手続においては、更生手続の開始によつて会社の事業の経営も法律関係も新たな段階に入るとはいえ、破産手続のように企業を解体し清算するものではなく、企業の存続を前提としてその復活を図るものであり、破産手続とは決定的な差異があること、更生手続開始によつて元本が確定せず、従つて根抵当権が存続しているとすれば、その極度額に余裕がある場合には、更生管財人においてこれを利用して、金員の借入れその他の取引をなしうる余地があることになり、会社の存続、更生を図るうえで実際上も役立つ可能性があること、元本が確定しないとしても、後順位の担保権者はもともと先順位の担保権者の極度額まで優先弁済権を有することを覚悟していた筈のものであるから、確定しないとの見解によつても後順位担保権者に著しく不利を強いる結果になるとはいい難いこと等からすれば、更生手続の開始によつて根抵当権の被担保債権の元本は確定しないと解するのがむしろ相当であり、また、先順位に共同抵当権が存する場合の後順位担保権者の更生担保権算定の点については、後順位担保権者の保護と公平を図るうえから、その算

定のためにのみ民法392条1項の規定を類推するのが相当である」「かような見解のもとで、本件についていえば、本件は先順位の担保権が共同根抵当権の場合であるから、先順位の共同根抵当権の極度額を基礎として、民法392条1項を類推して各担保物について後順位担保権者の更生担保権として取り扱われる範囲を算定すべきことになり、これによると、……本件土地、建物については、先順位担保権者のC信用金庫の極度額にも足りないことになるので、より後順位者である原告については更生担保権として認められるものはない」と判示する。

訴訟物　　XのYに対する更生担保権（確認）
* 本件は、Xが更生会社A会社の更生管財人Yに対して、元本債権合計1億4,891万5,082円と更生手続開始決定前の遅延損害金合計420万0,441円及び更生手続開始決定後1年を経過するまでの遅延損害金のうち156万4,477円の総計1億5,468万円につき更生担保権及び同額の議決権を有することの確定を求めた事案である。
* 請求の趣旨は、「Xが更生会社A会社に対し、1億5,468万円の更生担保権及び同額の議決権を有することを確認する」とする。

請求原因
1　A会社は、更生手続開始決定を受け、YはA会社の管財人に選任されたこと
2　Xは、A会社との間で、金銭消費貸借、手形割引等の取引に関する信用金庫取引契約を締結し、同契約に基づき発生するXのA会社に対する一切の債権を担保するため、本件各不動産につき、極度額2億円とする共同根抵当権設定契約を締結し、その旨の登記手続を了したこと
3　Aは、請求原因2当時、本件各不動産を所有していたこと
4　XはA会社に対し、次のとおり、信用取引契約に基づく債権を有していること
　(1)　元本債権合計　　1億4,891万5,082円
　(2)　遅延損害金合計　　3,354万1,154円
　　内訳①　更生手続開始決定までのもの　　　　420万0,441円
　　　　②　更生手続開始決定後1年を経過するまでのもの
　　　　　　　　　　　　　　　　　　　　　2,934万0,713円
　(3)　元本及び遅延損害金合計　　1億8,245万6,236円

5　Xは、請求原因4の債権全額を更生担保権とし、同額の議決権を有するものとして、債権届出をしたところ、Yは、債権調査期日において、担保評定額超過を理由に、右届出額全額につき異議を述べ、その全額を一般更生債権として扱い、その議決権額を前記債権合計額から更生手続開始決定後の2,934万0,714円を除いた1億5,311万5,522円としたこと
　　　6　本件土地、建物は総計6億5,468万円の価値があり、本件土地、建物についての先順位根抵当権者であるB銀行の極度額3億5,000万円、C信用金庫の極度額1億5,000万円、合計5億円であること
　　　＊本件土地建物の価値6億5,468万円からを先順位根抵当権者B及びCの極度額合計5億円を控除しても、なお1億5,468万円の余剰があると主張するものである。

(7)　本条に定める以外の確定事由と確定時期の確定期日
ア　確定時期を定めたときは、確定期日の到来した時に確定する（398の6参照）。なお、確定期日を変更した場合、旧期日の登記があるときは、その期日前に変更登記をしないと、旧期日で確定する（398条の6第4項）。
イ　根抵当権者又は債務者に相続が開始した場合に、相続の開始後6か月以内に、合意の登記をしないと、相続開始の時に確定したものとみなされる（398条の8第4項）。
ウ　根抵当権者又は債務者に合併があったときは、根抵当権設定者（債務者を除く）が、確定を請求すると、合併の時に確定したものとみなされる（398条の9第3項、4項）。
エ　会社分割の場合の確定請求（398条の10第3項、398条の9第3-5項）。
オ　確定期日の定めのないときは、根抵当権設定者は、設定の時より3年を経過すれば、確定請求ができる。請求の時から2週間を経過すると確定する（398条の1第1項）。

2　確定事由の消滅
　本条1項3号の競売手続の開始若しくは差押え又は同項4号の破産手続開始の決定の効力が消滅したときは、担保すべき元本は、確定しなかったものとみなされる（本条2項本文）。ただし、元本が確定したものとしてその根抵当権又はこれを目的とする権利を取得した者があるときは、この限りでない（本条2項但書）。

3 元本確定の効果
(1) 元本確定によって、根抵当権が担保する債権は、その時点において存在するものに確定し、その後発生するものは担保されなくなる。つまり、元本債権と根抵当権との特定的結びつきが生ずる。しかし、利息に関する限り、根抵当権の流動性は、なお存続する。つまり、利息は、その後に発生するものも極度額の限度内で担保される（398条の3参照）。
(2) 根抵当権により担保されることに確定する債権は、設定契約に定められた「被担保債権の範囲」に属する債権である。最判平成5年1月19日民集47.1.41〔27814443〕は、「信用金庫取引による債権」と定められていた場合に、信用金庫の根抵当債務者に対する直接の与信に限らず、信用金庫が他に有する債権について根抵当債務者が保証人になった場合における保証人に対する保証債権）含むと解している。
(3) 根抵当権と被担保債権の特定的結びつきがないためにできなかったことが確定後は可能になる。債権譲渡・代位弁済・債務引受け・更改に伴う根抵当権の随伴（398条の7）及び376条の処分（398条の2）などである。
(4) 根抵当権と被担保債権との特定的結びつきがないために可能であったことが、確定後は不可能になる。被担保債権の範囲・債務者の変更（398条の4）、確定期日の変更（398条の6）、根抵当権者・債務者たる地位の承継（398条の8、398条の9、398条の10）、全部譲渡・分割譲渡（398条の12）、一部譲渡（398条の13）などである。
(5) 元本確定後に、設定者の極度額減額請求権（398条の2）、物上保証人等の根抵当権消滅請求権（398条の13）の行使が可能になる。

4 確定の登記
　確定は、根抵当権の内容の変更をもたらす物権変動であり、したがって、登記事項である。しかし、この登記をめぐって対抗問題が生じ、177条の対抗要件として機能するかというと、否定的に解されている（鈴木・概説169頁以下）。確定によって、被担保債権が特定し、根抵当権の性質・効力も変化するために、根抵当権をめぐる利害関係人にとって、確定が生じたか否か、その時期は、大きな利害関係を生ずる。しかし、確定の登記が対抗要件としての意味を持つのは根抵当権変更という物権変動の当事者すなわち、根抵当権者・根抵当権設定者（根抵当の負担者、したがって、この両者が登記申請の当事者である）と確定の不存在を主張する第三者の間についてのみである。個別債権の譲受人・第三取得者・後順位抵当権者は、むしろ確定について利益を有する者であり、これとの間に対抗問題が生ずるということは現

実にはないからである。

● (根抵当権の極度額の減額請求)

第398条の21 元本の確定後においては、根抵当権設定者は、その根抵当権の極度額を、現に存する債務の額と以後2年間に生ずべき利息その他の定期金及び債務の不履行による損害賠償の額とを加えた額に減額することを請求することができる。
2 第398条の16の登記がされている根抵当権の極度額の減額については、前項の規定による請求は、そのうちの1個の不動産についてすれば足りる。

1 元本確定後の極度額減額請求

利息・遅延利息については、確定後も、極度額に至るまで優先弁済を受けることができる。そこで、根抵当権者は、確定時に、被担保債権の合計額が極度額を下回って空き枠を生じている場合に、利息稼ぎのために放置しておくということも起こり得る。それでは、設定者が後順位抵当権を設定したり、不動産を処分するための障害となる。そこで、本条は、元本の確定後においては、根抵当権設定者が根抵当権者に対する一方的意思表示によって、極度額を現存の債務額と以後2年間に生ずべき利息、損害金を加算した額に、減額できることを定める。本条の定める減額請求権は、形成権である。

訴訟物 XのYに対する根抵当権極度額減額請求権に基づく付記登記請求権

＊YとXは、YのXに対する銀行取引契約による一切の債権を極度額1,000万円まで担保するためX所有の本件土地について根抵当権設定契約を締結し、Yは根抵当権設定登記を了した。YはXに対する貸付債権元本が500万円のときに、元本の確定事由が発生した。元本確定時の確定元本500万円のほか、以後2年間に発生すべき利息・損害金を加算した額及びその額が極度額1,000万より少額であるため、XはYに対し、本件根抵当権の極度額を請求原因6の元本・利息・損害金の合計額に減額する旨意思表示をした。本件

は、XがYに対して、根抵当権極度額減額の付記登記手続を求めた事案である。

請求原因
1 Xは、請求原因2当時、本件土地を所有すること
2 YはXとの間で、YのXに対する銀行取引契約による一切の債権を極度額1,000万円まで担保するため本件土地について根抵当権設定契約を締結したこと
3 Yは本件土地につき請求原因2の根抵当権設定登記を有すること
4 YはXに対し、500万円を弁済期平成〇年〇月〇日の約定で貸し渡したこと
5 元本の確定事由が発生したこと
　＊減額請求の要件は、①根抵当権が確定していることと、②減額請求時に存在する被担保債権（元本だけでなく、利息・遅延利息を含む）に、その時より2年間に生ずる利息・遅延利息を加えた額が、極度額に満たないことである。①は請求原因5で、②は請求原因6で充足される。
6 元本確定時の確定元本500万円のほか、以後2年間に発生すべき利息・損害金を加算した額及びその額が極度額1,000万円より少額であること
7 XはYに対し、本件根抵当権の極度額を請求原因6の元本・利息・損害金の合計額に減額する旨意思表示をしたこと
　＊減額請求権は、形成権であり、一方的意思表示によって、その効果を生ずる。なお、共同根抵当において、各不動産について、設定者が異なるときは、1つの不動産についての設定者が、減額請求を行うと、全部について減額の効果を生ずる（本条2項）。なお、根抵当権に共有関係が成立している場合には、すべてに対して、減額請求をしなければその効果は生じない。

2 共同根抵当の場合の極度額減額請求の方法
　本条2項は、共同根抵当の登記がされている根抵当権（398条の16による純粋共同根抵当権）の極度額の減額の請求は、1つの不動産について、この減額請求をすれば、すべての不動産について減額の効果が生ずることを定める。

3 極度額減額請求の効果
(1) 減額請求権は形成権であり、減額の意思表示が、根抵当権者に到達した時に効果が生ずる。根抵当権の共有者が数人いるときは、全部に対して、減額請求をすべきことは前述したが、効果の発生時は、最後の到達時である。
(2) 極度額は、効果発生時の債権総額に、その時より2年間に発生すべき利息・遅延利息を加えた額まで、減額する。重利の特約あるときは、利息制限法との関係で、有効なる範囲内で、利息計算に考慮すべきことは当然である。
(3) 極度額の減額は、請求の相手方である根抵当権者に対する効力にとどまらず、減額請求当時の利害関係人（後順位抵当権者、転抵当権者等）全員に対して、効力を生ずる（我妻・担保物権法547頁）。問題は、減額の効力が生じた後に、利害関係人として登場した第三者に、この効果が当然に及ぶかである（これは、減額登記の対抗力の問題である）。

4 減額の登記
　減額請求は、すべての第三者に対して、絶対的に効力を生じ、対抗要件としての登記を要しないと説かれてる（我妻・担保物権法547頁）。減額請求時の利害関係人については、絶対的効力を生じ、登記の対抗力の問題を生じないと考えても、減額後、登記がない状況下で、減額前の極度額を信頼して取引関係に入った第三者に対しては、別の考慮が必要である。例えば、設定者が減額請求をした後、減額の登記をしない間に、根抵当権者が、善意の第三者に被担保債権を譲渡し（随伴性により、根抵当権も移転する）、譲受人の下で、利息が累積し、減額後の極度額を超える債権額となった場合である（376条の処分の相手方も、この第三者たり得る）。このような場合には、設定者は、減額をもって対抗し得ないと解すべきであろう（鈴木・概説182頁）。

● (根抵当権の消滅請求)

第398条の22　元本の確定後において現に存する債務の額が根抵当権の極度額を超えるときは、他人の債務を担保するためその根抵当権を設定した者又は抵当不動産について所有権、地上権、永小作権若しくは第三者に対抗することができる賃借権を取得した第三者は、その極度額に相当する金額を払い渡し又は供託して、その根抵当権の消滅請求をすることができる。この場合において、その払渡し又は供託は、弁済

の効力を有する。
2　第398条の16の登記がされている根抵当権は、1個の不動産について前項の消滅請求があったときは、消滅する。
3　第380条及び第381条の規定は、第1項の消滅請求について準用する。

1　趣旨

　本条1項は、元本確定後において、被担保債権額が極度額の範囲を超えている場合、物上保証人、抵当不動産の第三取得者（所有権、地上権、永小作権若しくは第三者に対抗できる賃借権を取得した第三者）は、極度額に相当する金額を払渡し、又は供託して、その根抵当権の消滅を請求できることを定める。本条が設けられる前は、物上保証人・第三取得者が根抵当権を消滅させるには、最判昭和42年12月8日民集21.10.2561〔27001010〕は、極度額相当額ではなく現存債務額の弁済（又は供託）すべきものとした。しかし、根抵当権は極度額という枠の支配権であり、物上保証人・第三取得者は、その範囲で負担を負っているのであるから、極度額と解すべきである。そこで、本条は、彼等に、極度額相当額を払渡し又は供託して、根抵当権の消滅を請求できることを明定して、解釈上の疑義を払拭したのである。

　例えば、極度額1,000万円の根抵当権について元本の確定を生じたところ、被担保債権の範囲に含まれる債権合計額が1,200万円であったとする。前掲昭和42年最判によると、抵当不動産の第三取得者も1,200万円を弁済しなければ根抵当権の消滅を主張できなかった。しかし、現在の根抵当権法制は、目的不動産に対する独立の担保価値極度額という「枠」の支配権というべきであるから、極度額に相当する金額1,000万円を提供すれば、物上保証人などの利害関係人に対する関係では、根抵当権を消滅させてよい筈である。本条はそのような消滅請求権を認め、請求権者として、目的物について所有権を有する物上保証人・第三取得者のほか、利用権を有する地上権者、永小作権者、賃借権者をも加えたものである。

訴訟物　　XのYに対する所有権に基づく妨害排除請求権としての根抵当権設定登記抹消登記請求権
　　　　　　＊YはXとの間で、YのAに対する銀行取引契約による一切の債権を極度額1,000万円まで担保するため、X所有の本

件土地について根抵当権設定契約を締結し、Yは根抵当権設定登記を了した。YはAに対し、1,500万円を貸し渡したが、元本債権が1,200万円となった段階で、元本の確定事由が発生した。Xは1,000万円を供託したうえで、Yに対し根抵当権の消滅の意思表示をした。本件は、XがYに対して根抵当権設定登記抹消登記手続を求めた事案である。

＊請求の趣旨は、「YはXに対し、本件不動産に対する本件根抵当権設定登記手続をせよ」とする。

請求原因
1 Xは本件土地を所有していること
2 本件土地につきY名義の根抵当権設定登記が存在していること

（登記保持権原）

抗　弁
1 YはXとの間で、YのAに対する銀行取引契約による一切の債権を極度額1,000万円まで担保するため本件土地について根抵当権設定契約を締結したこと
2 請求原因2の登記は、抗弁1に基づくものであること

（根抵当権消滅）

再抗弁
1 YはAに対し、1,500万円を弁済期平成○年○月○日の約定で貸し渡したこと
2 元本の確定事由が発生したこと
3 XはYに対し、1,000万円を払い渡したこと、又は、供託したこと
＊再抗弁1の1,000万円は、抗弁1の極度額全額である。
4 XはYに対し、本件根抵当権の消滅請求の意思表示をしたこと
＊この請求権の法的性質は、形成権と解されているので、その意思表示が根抵当権者に到達した時に根抵当権は消滅することになる。

訴訟物　XのYに対する根抵当権抹消登記請求権
＊請求の趣旨は、「被告は原告に対して、本件不動産に対する本件根抵当権の抹消登記手続をせよ」とする。

請求原因
1 Xは、請求原因2当時、本件不動産を所有していたこと
2 Xは、平成21年6月1日、本件不動産につきYに対して（Xは、物上保証人にする）本件根抵当権を設定し、その登記

手続を経由したこと
3　Xは、平成26年6月4日、本件根抵当権につきYに対して元本確定請求の意思表示をし、翌5日Yに到達したこと
＊その結果、根抵当権の担保すべき元本は確定した。
4　元本確定日現在における本件根抵当権の被担保債権元本額は極度額1,000万円を超えるものであったので、Xは平成26年6月25日Yに対して本条1項の規定に基づき根抵当権消滅請求の意思表示をするとともに、同年6月30日極度額1,000万円を供託したこと
＊請求原因4により、根抵当権が消滅することになる。

2　消滅請求権者の範囲
(1) 消滅請求権者
　消滅請求権を有する者は、①「他人の債務を担保するためその根抵当権を設定した者」すなわち、物上保証人、②「抵当不動産について」所有権、地上権、永小作権、第三者に対抗し得べき（すなわち、対抗要件を具備した）賃借権を取得した第三者である。もっとも、②に該当するものについては、停止条件付に係る権利を取得しただけの者は、条件の成否未定の間は、消滅請求をすることができない（本条3項による380条の準用）。
(2) 消滅請求権を有しない者
　債務者・保証人・その承継人は本条の消滅請求をなし得ない（本条3項による379条の準用）。これらの者は、現在の全債務を弁済しないと根抵当権を消滅することができない。
　本条の権利は、抵当権消滅請求権（379条以下）ほど強力ではないものの、これと類似の機能を有する。そのため、抵当権消滅請求をすることができない者のうち、主債務者、保証人及び承継人は、本条の消滅請求権を有しないし（本条3項、380条）、また、条件の成否未定の停止条件付第三取得者も、本条の消滅請求権を有しない（本条3項、381条）。

3　消滅請求権の要件
　消滅請求権を行使するための要件は、①根抵当権が確定していること、②現存する債務の額が極度額を超えること、③極度額に相当する金額を払渡し又は供託することである。
　しかるに、②に関しては、債務額が極度額を超えているか否かが不明の場合でも、また、債務額が極度額を下回っている場合でも、極度額を提供すれ

ば、それは通常の第三者弁済としての効力を有するから、消滅請求の効力が生ずると考えるべきである。このように解した場合は、債務額が極度額を超えていることは、要件とならないこととなる（鈴木・概説199頁）。

東京地判平成2年12月25日判タ764.188〔27808926〕は、債権者が、極度額を超える債権額を主張し、他方債務者が極度額より少ない債務額を主張して、債務額が不明である場合について、物上保証人が極度額相当額を供託し、根抵当権設定登記の抹消請求をした事案において、根抵当権の消滅を肯定している。

訴訟物　XのYに対する土地建物根抵当権設定登記等抹消登記請求権

＊Xは、AのYに対する金銭消費貸借契約に基づく債務を担保するため、Xが所有する本件不動産につき根抵当権設定契約及び代物弁済の予約をし、これに基づき本件不動産に根抵当権設定登記及び所有権移転請求権仮登記がされたが、Xが、根抵当権の極度額に相当する54億円を供託して、本条に基づき根抵当権の消滅を請求し、根抵当権設定登記及び所有権移転請求権仮登記の抹消登記手続を求めた事案である。

請求原因
1　Xは、請求原因2当時、本件不動産を所有していたこと
2　Xは、AのYに対する同日付、金銭消費貸借契約に基づく140億円の本件債務を担保するため、本件不動産につき根抵当権設定契約及び代物弁済の予約をし、これに基づき根抵当権設定登記及び所有権移転請求権仮登記がされたこと
3　Aに対する訴訟において、Yは、Yが本件債権の担保権の実行として、A所有の本件不動産について譲渡担保権及び仮登記担保権を実行し、これを本件債務に充当したため、本件債務の残額（残元本及び遅延損害金等の合計）は42億0,049万8,927円であると主張し、他方Aは、譲渡担保契約及び代物弁済予約契約は無効である、また、譲渡担保権及び仮登記担保権の実行は無効であるとして、本件債務の残額は188億2,928万9,637円であると主張し、両者の間には争いがあること
4　XはYに対し、根抵当権の担保すべき元本を確定するよう請求したが、Yは、同請求の日から2週間後までに元本の確定をしなかったため、根抵当権の被担保債権額は確定したこと
5　XはYに対し、根抵当権の極度額に相当する54億円を現実

に提供し、その後、同額を供託したこと

4　消滅請求権行使の方法
(1) 抵当権者への意思表示によって、その効力を生ずる。すなわち、消滅請求権は、形成権である。
(2) 共同根抵当においては、1つの不動産について消滅請求があれば、全不動産上の根抵当権が消滅する（本条2項）。つまり、398条の21と同様、398条の16による純粋共同根抵当権の場合、1つの不動産についてこの消滅請求をすれば、すべての根抵当権が消滅する。
(3) 根抵当権が共有関係にあるときは、全共有者に対して、意思表示をなすべきである。

5　効果
(1) 消滅請求により、根抵当権は消滅する。
(2) 消滅請求のための払渡し・供託は、消滅請求の前提要件であり、第三者の弁済ではない（我妻・担保物権法550頁以下）。しかし、消滅請求がされたときは、払渡し又は供託は弁済の効力を生ずると定められている（本条1後段）。したがって、この範囲内で、被担保債権は消滅し、債務者に対して求償権を取得することになる。なお、共同根抵当において、各不動産の所有者が異なる場合に、1人の払渡し・供託による消滅請求あるときには、各不動産上の所有者相互間で501条3号ないし5号に基づき求償関係が生ずることになる（我妻・担保物権法551頁）。

6　抹消登記
　本条1項後段が、払渡し又は供託が弁済の効力を有するということから、本条による、根抵当権の消滅の効果は、絶対的に生じるといわれる。そうすると、普通抵当においては、被担保債権の消滅は、抵当権の消滅に関する付従性の理論より絶対的に生じ、抹消登記を要しない（我妻・担保物権法421頁）ことと同様に、抹消登記は対抗要件の意義を有しないことになる。
　確定後の根抵当権は、特定債権を担保し、消滅に関する付従性に服するから、抹消登記は何らの効力も有しないともいえる。しかし、本条による根抵当権の消滅は、債務の全額弁済による消滅とは異なり、普通抵当権とは異なった問題を生ずる。
　鈴木・概説203頁は、例えば、C所有不動産上にAがBに対して有する被担保債権1,500万円を担保する極度額1,000万円の確定根抵当権があり、

Cが1,000万円をAに払い渡して消滅請求をしたが、その後、Cがこの根抵当権の抹消請求をしないでいるうちに、DがAから乙の確定根抵当権の上に転抵当権の設定を受けた事例を挙げて、CはDに対して原根抵当権の消滅、したがって転抵当権の不存在を主張し得ないとしている。本条による抵当権の消滅は、被担保債権の消滅によるものではなく、消滅請求権という形成権行使、すなわち意思表示によるものであり、普通抵当のように付従性によるものでないから、普通抵当の抹消登記とは異なる。

補章1　仮登記担保法

1　仮登記担保契約に関する法律

　仮登記担保は、仮登記担保契約に関する法律（昭和53年法律78号）によって規律される。仮登記担保については、仮登記担保権者に目的物の価額と被担保債権額との間に差額がある場合に清算義務を課する最判昭和42年11月16日民集21.9.2430〔27001018〕（抵当権と仮登記済みの停止条件付代物弁済契約の併用）、また、清算金の支払義務と担保目的不動産の引渡義務及び仮登記に基づく本登記手続義務との同時履行を認める最判昭和45年9月24日民集24.10.1450〔27000688〕が続き、さらに、最大判昭和49年10月23日民集28.7.1473〔27000413〕（仮登記済みの停止条件付代物弁済契約のみ）でその集大成が図られたが、当初の前掲昭和42年最判から約10年で、立法化された。

　前掲昭和49年最判は、それまで形成されてきた仮登記担保の判例法理を、次のように集約した。

(1) 債権者において目的不動産を処分する権能を取得し、これに基づいて当該不動産を適正に評価された価額で確定的に自己の所有に帰属させること又は相当の価格で第三者に売却をすることによって、これを換価処分し、その評価額又は売却代金等から自己の債権の弁済を得ることにあり、同評価額又は売却代金等の額が債権者の債権額を超えるときは、債権者は、同超過額を清算金として債務者に交付すべきである。すなわち、債権者にとって、目的不動産の所有権の取得は、その価値の実現によって自己の債権の排他的満足を得ることにあり、これはこのような金銭的価値の実現にすぎず、同不動産の換価価値が被担保債権額を超える場合には、債権者は超過額を保有すべき根拠はないから、これを清算金として債務者に交付すべきである。

(2) 清算の時点までは、債務者は、債務の全額を弁済して仮登記担保権を消滅させ、目的不動産の完全な所有権を回復することができるのであり、その弁済をしないまま債権者が換価処分をしたときは、確定的に所有権を失い、その後は債権者に対して清算金債権を有するのみとなる。債権者が清算金支払義務を負うのは債務者（第三取得者）に対してのみである。差押債権者、後順位抵当権者などは、債務名義、物上代位権によって、債務者が仮登記担保権者に対して有する清算金債権を差し押さえるなどして債権の満足を得ることができる。

2 仮登記担保と譲渡担保との違い

仮登記担保は、担保方法として所有権等の移転を目指す形式であるので、所有権移転型の担保である譲渡担保と共通する。しかし、譲渡担保においては、その設定契約時に所有権移転の形式をとり、所有権移転の本登記もしたうえで、債務不履行のときに目的物を換価して弁済に充当し、任意に弁済された場合には目的物を返還するのに対して、仮登記担保においては、債務者又は物上保証人（仮登記担保権設定者）に所有権等を留保させ、債務不履行を要件とする予約完結権の行使（予約型の場合）、又は債務不履行という条件の成就（停止条件付契約型の場合）により、所有権等を債権者（仮登記担保権者）に移転させる点に、基本的な違いがある。

訴訟物　XのY1及びY2に対する所有権に基づく妨害排除請求権としての所有権移転登記抹消登記請求権

＊本件は、Xが土地所有権に基づき、Y1とY2に対し、それぞれ本件登記1及び2の各所有権移転登記抹消登記手続を求めたところ、Yらは、所有権喪失の抗弁として、Y1がXから本件契約により土地所有権を継承取得したと主張し、本件契約（借入金の返済がされない場合にはX所有の土地をY1名義に変更し、第三者に売り渡すことを承諾する旨の契約）の法的性質はXがY1に対して消費貸借契約上の債務の弁済に代えて土地所有権を確定的に移転することを内容とする代物弁済契約であると構成したが、Xは、本件契約は債権担保を目的とする停止条件付代物弁済契約であって、仮登記担保法にいう仮登記担保契約であると反論し、同法適用の有無をめぐって争った事案である。

＊本件は、上記のとおり、当事者双方が本件契約が仮登記担保契約に当たるか否かを争った事案であるが、最判平成14年9月12日判時1801.72〔28072383〕は、契約に基づく所有権移転登記がされた後も、Y1がXに債務の弁済を求めていた事実等に照らすと、代物弁済契約でも仮登記担保契約でもなく、債権担保の目的で土地の所有権を移転し、その登記を経由することを内容とするものであって、譲渡担保契約であると認定し、同土地の売却により第三者が確定的に所有権を取得することになるので、Xからの所有権に基づく登記抹消請求は認められないとした。これに対し、同判決についての

藤井正雄の反対意見は、弁論主義の観点から次のとおりの指摘をする。すなわち、「Xの仮登記担保であるという主張は、Yの代物弁済契約であるという抗弁に対する否認の趣旨にほかならないのであり、これ以外に、本件契約が譲渡担保契約であるという主張は、当事者双方のどちらからも提示されていない。確かに、……本件契約の内容を記載した書面（乙第3号証）の文言自体は、生の事実として当事者双方の陳述に現れている。Xは、これに基づき本件契約を仮登記担保と構成して主張したのであるが、仮登記担保と譲渡担保とでは、債権担保の機能面で近似する要素を有しているとはいえ、要件事実や法律効果を同じくするものではなく、前者の主張が当然に後者の主張（不利益陳述）を包含しているともいえない。

　ある事実関係について、複数の法規に基づく複数の法律関係が考えられるときに、どの法規に基づく法律構成を選択して主張するかは、当事者にゆだねられた事柄である。仮登記担保と主張されているときにこれを譲渡担保と認定することは、少なくとも当事者の予想を超えるものであり、不意打ちとなることを免れない。まして本件では、Yらは、代物弁済契約としか主張せず、担保的構成の主張を拒否しているのである。Yらが代物弁済の主張にこだわったのは、本件1登記の登記原因が代物弁済であったからであると思われるが、Yらとしては、証拠に即して担保目的による所有権の取得であることを主張すべきであった。

　私は、本件について、多数意見が本件契約を代物弁済契約でも仮登記担保契約でもないとした点に異論はないが、これを譲渡担保契約であるとした点は、当事者の主張しない所有権取得原因事実を認定するもので、Xに対する不意打ちであり、訴訟における弁論主義に反するとの疑いを払拭することができない。Yらは、Y1の所有権取得原因として主張した代物弁済契約を立証することができず、抗弁が成立しなかったのであるから、Xの請求が認容されるのはやむを得ないことであり、原審の判断は結論において正当であることに帰するというべきである」という。その指摘するところは正当と考える。以下の事実整理は、反対意見に従うものであ

る。なお、多数意見に沿う事実整理については、次の設例を参照。

請求原因
1　Xは、抗弁3当時、本件土地を所有していたこと
2　本件土地について、Y1名義の代物弁済を原因とするXからY1への所有権移転登記（「本件1登記」）が存在すること
3　本件土地について、Y2名義の売買を原因とするY1からY2への所有権移転登記（「本件2登記」）が存在すること

（代物弁済——所有権喪失）

抗弁
1　Y1はXに対し、3,300万円を、弁済期平成〇年〇月〇日の約定で貸し渡したこと
2　XはY1との間で、「平成〇年〇月〇日迄にXがY1より不動産担保貸付契約に基づき借用している金銭を支払えなかった場合は本件土地をY1名義に変更すること及びY1の判断で第三者に対して売り渡すことを承諾する」と記載した書面を作成し、印鑑証明書や委任状とともにY1に交付し、Y1も、この申込みを承諾して、本件契約を締結したこと
　＊Xは、抗弁2の契約を停止条件付代物弁済契約であると把握している。
3　請求原因4の弁済期が経過したこと
　＊この抗弁は、Y1及びY2共通のものである。弁済期経過により、Y1はXから本件土地を承継取得したので、Y1はXから預かっていた書類等により、本件土地について代物弁済を原因とするXからY1への所有権移転登記（「本件登記1」）を経由したが、この登記の経由は所有権喪失の抗弁を構成する事実ではない。
　＊Y1がXから本件契約により本件土地の所有権を継承取得したものであるとし、本件契約はXがY1に対して本件消費貸借契約に基づく債務の弁済に代えて本件土地の所有権を確定的に移転することを内容とする代物弁済契約であり、債務担保を目的とする契約ではないとYは主張した。これに対して、Xは、本件契約は債権担保を目的とする停止条件付代物弁済契約であって、仮登記担保法にいう仮登記担保契約であると反論し、同法の適用の有無をめぐって争われてきた。いずれにせよ、前掲平成14年最判によれば、少なくとも、本件契約が代物弁済契約と認められないため請求棄却と

なる。

訴訟物　XのY1及びY2に対する所有権に基づく妨害排除請求権としての所有権移転登記抹消登記請求権

＊本件の事案は、上記の設例の事案と全く同じものであるが、前掲平成14年最判の多数意見に沿って事実整理を試みるものである。前述したとおり、本件契約（借入金の返済がされない場合にはX所有の土地をY1名義に変更し、第三者に売り渡すことを承諾する旨の契約）は、本件消費貸借契約に基づく債務の弁済に代えて本件土地の所有権を確定的に移転することを内容とする「代物弁済契約」であるとYが主張し、これに対して、Xは、本件契約は債権担保を目的とする停止条件付代物弁済契約であって、仮登記担保法にいう「仮登記担保契約」であると反論し、同法適用の有無をめぐって双方の攻防が行われてきた事案であるが、最高裁が、これを「譲渡担保契約」であると認定する。すなわち、同判決は、「本件契約は、これに基づく所有権移転登記手続がされた後も、Y2においてXに債務の弁済を求めていた事実等に照らすと、目的不動産の所有権の移転によって債務を確定的に消滅させる代物弁済契約ではなく、仮登記担保の実行によって確定的に所有権の移転をさせようとしたものでもない。Y1は、本件契約により、本件土地をY2名義に変更した上で、なおも債務の弁済を求め、利息を受領してきたのであるから、本件契約は、債務担保の目的で本件土地の所有権を移転し、その登記を経由することを内容としていたもので、譲渡担保契約にほかならない」と判示し、譲渡担保において、債務者が弁済期に弁済をしない場合には、債権者は、当該譲渡担保が帰属清算型であると処分清算型であるとを問わず、目的物を処分する権能を取得し、債権者がこの権能に基づいて目的物を第三者に譲渡したときは、譲受人は目的物の所有権を確定的に取得し、債務者はその時点で受戻権ひいては目的不動産の所有権を終局的に失うとしたうえで、「本件においては、Y1からY2への本件土地の売却によって、Y2は本件土地の所有権を確定的に取得し、Xは、清算金がある場合にY1に対してその支払を求めることができるにとどま

り、本件土地を受け戻すことはできなくなった」「Xは本件土地の所有権を喪失したのであるから、その所有権に基づいて本件1登記の抹消登記手続を求めるXのY1に対する主位的請求及び本件2登記の抹消登記手続を求めるY2に対する請求はいずれも理由がない」と結論付ける。

請求原因 1　Xは、抗弁3当時、本件土地を所有していたこと
2　本件土地について、Y1名義の代物弁済を原因とするXからY1への所有権移転登記(「本件登記1」)が存在すること
3　本件土地について、Y2名義の売買を原因とするY1からY2への所有権移転登記(「本件登記2」)が存在すること
(譲渡担保による処分――所有権喪失)

抗　弁 1　Y1はXに対し、3,300万円を、弁済期平成○年○月○日の約定で貸し渡したこと
2　Xは、Y1に対し、「平成○年○月○日迄にXがY1より不動産担保貸付契約に基づき借用している金銭を支払えなかった場合は本件土地をY1名義に変更すること及びY1の判断で第三者に対して売り渡すことを承諾する」と記載した書面を作成し、印鑑証明書や委任状とともにY1に交付し、Y1も、この申込みを承諾して、本件契約を締結したこと

　＊前掲平成14年最判は、本件契約を譲渡担保と解した。譲渡担保の要件事実は、債権の発生原因事実(被担保債権)の存在は当然のこととして、これに加えて、合意内容としては「XはY1との間で、当該債務を担保するために本件土地のXの所有権をY1に移転する旨の契約を締結したこと」(担保のための所有権移転)であるが(補章4譲渡担保第1節総論2参照)、抗弁2において主張されている事実(債務の弁済に代えての所有権移転)とは、いかにもずれがある。最高裁は、その乖離を埋めるためであろうか、原審が適法に認定した事実として、まず、本件契約前の事実として、①Y1とXは、請求原因1の貸付けに際して、本件消費貸借契約に基づく債務の履行を担保するため、X所有の本件土地につき、Y1を根抵当権者とし、極度額を7,000万円とする根抵当権設定の合意をし、Y1は同根抵当権設定登記を経由したこと、②XはY1に対し、本件貸金に関して、4回にわたって各108万9,000円ずつ、5回目に50万円をそれぞれ弁済

したが、その余の支払をしなかったこと、③本件契約締結時に、XはY1に対し、競売申立てを控えるよう依頼したことを挙げ、次に、本件契約締結並びに本件登記1の後の事実として、④Y1は、本件貸金債権をXが弁済すれば、本件登記1の抹消に応じる意図で、Xに対し本件土地の買戻を要請し、これを受けて、Xは買戻ができない場合には清算金の要求をしない旨を記載した売渡承諾書の作成に応じたが、この期限にも買い戻せなかったこと、⑤Y1は、なおもXに対し、本貸金残債務の支払があれば本件土地の買戻に応じる意向を示して利息分1,000万円をXから受領し、その後、Y1は、最終的に元本と遅延損害金合計4,127万2,600円を支払えば、Xに対し本件土地の買戻を認めるが、さもなければ第三者に対し本件土地を処分する旨通知したことを挙げている。

3 その後、Y1はY2に対し本件土地を売却処分をしたこと
＊この売買によって、Xは受戻権を失い、本件土地の所有権を確定的に喪失したことになる。

■ (参考) (趣旨)

仮登記担保法第1条 この法律は、金銭債務を担保するため、その不履行があるときは債権者に債務者又は第三者に属する所有権その他の権利の移転等をすることを目的としてされた代物弁済の予約、停止条件付代物弁済契約その他の契約で、その契約による権利について仮登記又は仮登録のできるもの（以下「仮登記担保契約」という。）の効力等に関し、特別の定めをするものとする。

本法は、仮登記担保契約の効力等に関し特別の定めをするが、その適用を受ける契約の要件を分説すれば、次のとおりである。
(1) 金銭債務を担保する目的の契約であること
　担保の目的が金銭債務であれば、条件付債務でも、また、契約時に担保すべき債務が特定していなくても（根仮登記担保契約）よい。仮登記担保であっても、被担保債権は登記されないから、順位保全の目的の本来の仮登記と

の区別は困難な場合がある。代物弁済予約ないし停止条件付代物弁済契約については、担保型であることが事実上推定され、逆に売買予約については、担保型であることを主張するものが立証責任を負うといわれる（鈴木禄弥「仮登記担保法雑考（4）」金法874号4頁以下）。なお、強制競売等の場合には、裁判所書記官から仮登記権利者に対し、仮登記担保権であること、債権の存否、原因及び額を執行裁判所に届け出るよう催告すべきものと規定されており、仮登記権利者はこの届出をした場合に限り「売却代金の配当又は弁済金の交付を受けることができる」（仮登記担保17条）。

(2) 債務不履行が生じたときは、債権者に仮登記担保権設定者に属する所有権その他の権利の移転等をする契約であること

債務不履行後に権利の移転等がされるから、譲渡担保は本法の適用外である。土地又は建物の所有権の移転が目的とされることが多いが、地上権・永小作権などの用益物権や、特許権・意匠権などの知的財産権の取得も、本法の適用を受ける（仮登記担保20条）。

(3) その契約による権利につき仮登記又は仮登録が可能であること

その権利が仮登記又は仮登録ができるものであれば足り、現に仮登記等がされていなくともよく、また仮登記等をする合意がなくともよい。逆に、仮登記等が法律上不可能な権利の移転等を目的とする担保契約には、仮登記担保法は適用されない（自動車に対する仮登記は不可能）。なお、仮登記・仮登録ができるのに、これがされていない場合には、仮登記担保13条の優先弁済権は存しない。

> **訴訟物**　XのYに対する所有権移転請求権保全の仮登記に基づく所有権移転登記請求権
> ＊XはYに対して1,000万円を貸し付けるとともに、Yが弁済期を徒過したときは、債務の弁済に代えて、Y所有の本件土地・建物の所有権をXに移転する合意をした。そして、Xは、本件土地・建物について所有権移転請求権保全の仮登記をしたが、その後、Yが弁済期を徒過したので、Yに対して代物弁済の予約の完結の意思表示をし、また、清算金の見積額の通知をした後、2か月（清算期間）が経過した。本件は、XがYに対して、所有権移転請求権保全の仮登記に基づく所有権移転登記手続を求めた事案である。
> ＊仮登記に基づく本登記請求訴訟は、共同申請である仮登記に基づく本登記手続に必要な本登記義務者の登記所に対する意

思表示を求める訴訟である。一般に、仮登記に基づく本登記請求権という訴訟物の法律的性質は、物権的登記請求権か物権変動的登記請求権かのいずれかと考えられている。しかし、本件の場合、代物弁済予約契約又は停止条件付代物弁済契約に基づくものであるから、債権的登記請求権としても構成できる。なお、鈴木・物権法187-188頁は、仮登記担保による権利が債権か物権かを截然と判定することが困難であるという。

＊不登105条2号の仮登記に基づく本登記請求の場合における請求の趣旨は、「YはXに対し、本件土地・建物につき、○○法務局平成○年○月○日受付第○○号所有権移転請求権保全仮登記に基づく平成○年○月○日代物弁済を原因とする所有権移転本登記手続をせよ」となろう。

＊本件設例の仮登記担保の要件事実については、倉田・証明責任－債権総論263-277頁が詳しい。

＊本件についての抗弁は、例えば、仮登記担保3条の解説を参照。

請求原因
1　XはYに対し、1,000万円を弁済期平成○年○月○日の約定で貸し渡したこと
2　XはYとの間で、Yが請求原因1の弁済期を経過したときは、Xに対し請求原因1の債務の弁済に代えて、本件土地・建物の所有権を移転する合意をしたこと
　＊仮登記担保契約の要件は、①金銭債務（債権）を担保する目的の契約であること（特定物債権を担保するものは除外され、担保目的でない本来の停止条件付代物弁済契約等は仮登記担保契約に該当しない）、②債務不履行があるときは債権者に債務者又は第三者に属する所有権その他の権利の移転等を目的とするものであること、③代物弁済の予約、停止条件付代物弁済契約その他の契約（売買予約等）であること、④移転・設定される権利は仮登記・仮登録が可能なことである。
3　本件土地・建物はYの所有に属すること
　＊事案によって、「第三者の所有」となる。仮登記担保1条にいう「第三者」は物上保証人に限ると解されるが、物上保証の事実を要件事実とみる必要はない（倉田・証明責任－債権

総論273頁)。
4 Xは本件土地・建物につき、請求原因2に基づいて所有権移転請求権保全の仮登記を有すること
5 弁済期が経過したこと
6 XはYに対して代物弁済の予約の完結の意思表示をしたこと
   ＊仮登記担保においては、代物弁済の予約の簡潔の意思表示をしたことによって、直ちに所有権等の移転の効力が生じるわけではなく、その意思表示は、以下の請求原因7及び8の所有権等取得の手続開始の期日としての意味が与えられているのにとどまる。
7 XはYに対して、請求原因6の日以後に下記のとおりの清算金の見積額（清算金がないと認めるときは、その旨を）の通知をしたこと

記

清算期間が経過したときの土地又は建物の価額がその時の債権及び債務者又は第三者が負担すべき費用で債権者が代わって負担した額を超えるときは、その超える額に相当する金銭（清算金）

　＊見積額は、通知が債務者等に到達してから2か月後の時点（清算期間経過時）における目的物の評価額に基づいて行われる。また、一債権者の主観的評価額である。これが客観的評価額と一致しない場合に、債務者等が目的物の客観的評価額に基づいた清算金の支払を請求する形で、評価額を争うことができることは当然である。したがって、見積額が客観的評価額と一致しなくとも、通知は無効ではない。

　＊仮登記担保2条に基づく、実行通知の要件事実である。土地等が2つ以上あるときは、債権及び債権者が代わって負担した費用をそれぞれに割り付けなければならないので（同条2項）、本件の場合、土地と建物に割り付けた金額も要件事実となる（倉田・証明責任－債権総論274頁）。

　＊本設例では、物上代位権者Aが存在しない事案を想定したが、Aが存在する場合「Xは、仮登記担保5条に従って、物上代位権者Aに対し通知をしたこと」をも、請求原因と解する見解がある（倉田・証明責任－債権総論274頁）。こ

の場合、XはAも被告に加えて、Aに対し本登記手続の承諾請求を求める必要が生ずる（最判昭和61年4月11日民集40.3.584〔27100041〕）。

* 仮登記担保権者（債権者）は、仮登記に基づく本登記をした場合に、登記上の利害関係人（不登109条）に対し、通知をしなければならない（仮登記担保5条）。この通知は、清算金請求権に対する物上代位権者（同法4条）については、物上代位をする機会を保障するものであるから、債権者が通知をしなかった場合、通知を受けていない後順位担保権者に対し、仮登記に基づく本登記の承諾請求ができない（前掲昭和61年最判）。

8 請求原因7の実行通知から2か月（清算期間）が経過したこと
* この2か月の期間は、目的物上に競合する担保権のための目的物価値の清算期間であると同時に、債務者等を保護するものである。
* 仮登記担保2条は、通知が債務者等に到達してから2か月を経過しなければ所有権は移転しないと定めるのみであって、例えば清算金支払時期に所有権が移転することも可能である。しかし、清算期間が経過した時から債務者等に目的不動産の受戻権が発生し（仮登記担保11条）、清算期間の経過により被担保債権が消滅するから（同法9条）、目的不動産の所有権移転時期は清算期間経過時と解すべきである（最判平成3年4月19日民集45.4.456〔22004091〕）。

訴訟物 XのYに対する所有権移転請求権保全の仮登記に基づく所有権移転登記請求権及び明渡請求権
* 本件は、XがYに対し、本件不動産について、所有権に基づき所有権移転請求権仮登記に基づく代物弁済を原因とする所有権移転登記手続及び明渡しを求める事案である。
* 請求の趣旨として、「1 Yは、Xに対し、本件土地建物につき、本件所有権移転請求権仮登記に基づく、代物弁済を原因とする所有権移転の本登記手続をせよ。2 Yは、Xに対し、本件土地・建物を明け渡せ」とする。

請求原因 1 XとAは、本件不動産（土地・建物）につき、Aを売主X

を買主とする売買契約を締結したこと
2 XY間において、請求原因1の契約の履行をめぐって争いが生じ、次の（1）ないし（3）の本件和解契約を締結したこと
 (1) Yは、Xに対し、和解金として、2,500万円を支払う。
 (2) Yは、Xに対する和解金支払債務をもって消費貸借の目的とし、元金2,500万円、無利息、遅延損害金年30％、弁済期は、内金1,500万円につき平成○年○月末日、内金1,000万円につき平成○年○月末日とする。
 (3) Yは、貸金債務を担保するため、債務の弁済を怠ったときはXがY所有の本件不動産の所有権を代物弁済として取得できる旨のXを予約権利者とする代物弁済の予約をする。
 ＊事情であるが、Yは、当時、Aの代表取締役であった。
3 XとYは、本件不動産につき、請求原因2（3）の合意に基づき、本件代物弁済予約を原因とする所有権移転請求権仮登記を経由したこと
4 Xは、Yが請求原因2（2）の債務の弁済をしないのでYに対し、本件訴状をもって、代物弁済予約を完結する旨の意思表示及び清算金見積額の通知をしたこと
　　　　　　　　　　　　記
 (1) 清算期間経過時の物件の見積価額は、本件土地が1,200万円、本件建物が300万円であること
 (2) 清算期間経過時の債権額は、元本が2,500万円、損害金が平成○年○月○日から30％
 (3) 清算金の見積額は、Yに支払うべき清算金はない
5 本訴状送達の日から2か月が経過したこと
 ＊Xは、仮登記担保2条により、本訴状送達の日から2か月の経過によって本件不動産の所有権を取得することになる。
6 Yは、本件不動産を占有していること

■ **（参考）**（所有権移転の効力の制限等）

仮登記担保法第2条 仮登記担保契約が土地又は建物（以下「土地等」という。）の所有権の移転を目的とするものである場合には、予約を完結する意思を表示した日、停止条件が成就した日その他のその契約において所有権を移転するものとされている日以後に、債権者が次条に規

定する清算金の見積額（清算金がないと認めるときは、その旨）をその契約の相手方である債務者又は第三者（以下「債務者等」という。）に通知し、かつ、その通知が債務者等に到達した日から2月を経過しなければ、その所有権の移転の効力は、生じない。
2　前項の規定による通知は、同項に規定する期間（以下「清算期間」という。）が経過する時の土地等の見積価額並びにその時の債権及び債務者等が負担すべき費用で債権者が代わつて負担したもの（土地等が2個以上あるときは、各土地等の所有権の移転によつて消滅させようとする債権及びその費用をいう。）の額（以下「債権等の額」という。）を明らかにしてしなければならない。

1　仮登記担保権者による所有権等取得の手続

　仮登記担保の被担保債権が弁済期が到来しても弁済されない場合、仮登記担保権者は、仮登記担保法に基づく私的実行手続をとる。すなわち、①「予約を完結する意思を表示した日、停止条件が成就した日その他のその契約において所有権を移転するものとされている日以後に」、②債権者が「清算金の見積額（清算金がないと認めるときは、その旨）」を仮登記担保権設定者に通知し、所有権移転の効果は、その通知が到達した日から2か月の清算期間を経過した時に生ずる。例えば、仮登記担保権設定契約が代物弁済予約の場合は、仮登記担保権者Aは代物弁済予約の完結の意思表示を設定者Bに対し行い、また、設定者Bに対して、目的不動産の価額が被担保債権額を上回るときは、清算金の見積額の通知を、目的不動産の価額が被担保債権額を上回らないときは、清算金がない旨の通知をする必要がある。この通知が設定者Bに到達してから2か月が清算期間とされ、この清算期間が経過するまでは、目的不動産の所有権は仮登記担保権者Aに移転しない。

2　清算期間の意義

(1)　債務者側は、この清算期間内は、被担保債権額相当額の金銭を仮登記担保権者Aに弁済するか供託すれば、目的不動産を取り戻すことができる。
(2)　仮登記担保の目的不動産に後順位の抵当権が存在して、後順位抵当権者も目的不動産から優先弁済を受ける可能性がある場合には、後順位抵当権者は、仮登記担保権設定者Bの有する清算金請求権に物上代位するか（仮登記担保4条）、自らこの不動産につき担保不動産競売の申立てをして（仮登

記担保 12 条)、被担保債権の優先弁済を受けることができる。

3 所有権移転効果

債権者が、債権の担保を目的として、債務者との間で、債務者が所有する不動産について停止条件付代物弁済契約、代物弁済予約契約、売買予約契約等を締結し、将来の所有権取得を保全するために同不動産に仮登記を設定することが行われる。例えば、貸金の債権者が、同債権の担保を目的として、債務者との間で、債務者所有不動産について、債務者の履行遅滞を停止条件としてこれを代物弁済するとの契約を締結した場合、履行遅滞が生じると債権者は不動産の所有権を取得して本来の弁済に代わる効果を得るが、その所有権取得を確実にするために仮登記を設定して、その設定後条件成就前に同不動産を取得した第三者等に優先するものである。

| 訴訟物 | XのYに対する執行法上の異議権(民執 38 条)
*XはAに対して 1,000 万円を貸し付けるとともに、両名は、Aが弁済期を徒過したときは債務の弁済に代えて、A所有の本件土地の所有権をXに移転する合意をして、Xは、所有権移転請求権保全の仮登記をした。弁済期経過後、Aの債権者Yが本件土地の競売を申し立てて差し押さえた。本件は、XがAに対して、その債務不履行を理由に代物弁済の予約完結の意思表示をしたうえで、Yに対して第三者異議の訴えを提起した事案である(松井宏興『担保物権法〈補訂第2版〉』成文堂(2011年)169 頁参照)。

| 請求原因 | 1 ○○地方裁判所は、本件土地に関し、債権者X、債務者Yの不動産競売事件の開始決定をしたこと
2 XはAに対し、1,000 万円を弁済期平成○年○月○日の約定で貸し渡したこと
3 XはAとの間で、Aが請求原因2の弁済期を経過した時は、Xに対し請求原因2の債務の弁済に代えて、本件土地の所有権を移転する合意をしたこと
4 Xは本件土地につき、請求原因2に基づいて所有権移転請求権保全の仮登記を有すること
5 請求原因2の弁済期が経過したこと
6 XはAに対して、代物弁済の予約の完結の意思表示をしたこと

7　XはAに対して、請求原因6の日以後に下記のとおりの清算金の見積額（清算金がないと認めるときは、その旨を）の通知をしたこと

記

清算期間が経過したときの土地などの価額がその時の債権などの額を超えるときは、その超える額に相当する金銭

8　請求原因7の実行通知から2か月（清算期間）が経過したこと

＊本条は、通知が、債務者等に到達してから2か月を経過しなければ、所有権は移転しないと定めるにとどめ、積極的に所有権移転時期を定めていない。したがって、形式論理的には、清算金支払時に所有権が移転すると解することもできる。しかし、仮登記担保法は、清算期間が経過した時から、債務者等に目的物の受戻権が発生するとしており（仮登記担保11条）、清算期間経過時に、所有権が債権者に移転することを前提とした規定を置いている。清算期間の経過により被担保債権が消滅することを前提とした仮登記担保9条も、同様に解することができる。

9　Aは、請求原因8当時、本件土地を所有していたこと

4　清算金の見積額

「清算金の見積額」を通知するに当たっては、清算期間が「経過する時の土地等の見積価額並びにその時の債権及び債務者等が負担すべき費用で債権者が代わって、負担したもの」を明らかにしてしなければならず（本条2項）、かつ、債権者は右の見積額に拘束され、実際の清算金の額が見積額に満たないことを主張することができない（仮登記担保8条1項）。

■ **（参考）**（清算金）

仮登記担保法第3条　債権者は、清算期間が経過した時の土地等の価額がその時の債権等の額を超えるときは、その超える額に相当する金銭（以下「清算金」という。）を債務者等に支払わなければならない。

　2　民法（明治29年法律第89号）第533条の規定は、清算金の支払の債務と土地等の所有権移転の登記及び引渡しの債務の履行について準用する。

3　前2項の規定に反する特約で債務者等に不利なものは、無効とする。ただし、清算期間が経過した後にされたものは、この限りでない。

1　清算金支払義務
(1)　清算金
　清算期間経過時の目的物価額が、その時の債権額及び債務者が支払うべき費用で債権者が支払った額を超えるときは、その超えた額（清算金）を、債務者等に支払わねばならない。
(2)　清算金請求権者
　清算金請求権者は、「債務者等」とされており、債務者と物上保証人に限られる（仮登記担保2条1項参照）。本法制定前の最判昭和49年10月23日民集28.7.1473〔27000413〕は、第三取得者をこれに加えていたが、本条は、第三取得者は除外している。

2　清算金支払義務と目的物の所有権移転の本登記義務・引渡義務の同時履行・留置権
(1)　同時履行の抗弁権
　債権者の清算金支払義務と、債務者等の本登記義務・引渡義務の間には同時履行の関係がある、とされ、本条2項は、両当事者に、533条の同時履行の抗弁権を与えている（ただ、双方の債務の間に対価関係がないので、533条を「準用」する）。

| 訴訟物 | XのYに対する所有権移転請求権保全の仮登記に基づく所有権移転登記請求権 |

＊本件は、仮登記担保法1条の解説1(2)の設例について、清算金の支払との同時履行や不利な特約の抗弁など争点となった事案である。

| 請求原因 | 1ないし8　仮登記担保法1条の設例の請求原因1ないし8と同じ |

（同時履行）

| 抗弁 | 1　清算期間が経過した時の土地・建物の価額がその時の債務額を超えること及びその超過額 |

2　Xが抗弁1の超過額を支払うまで、所有権移転登記手続を拒絶するとのYの権利主張
　　　　＊仮登記担保3条2項に基づく同時履行の抗弁である。所有権移転請求権の仮登記に基づいて本登記をするには、債権者が所有権を取得しなければならない。仮登記担保2条の措辞によれば、所有権移転の効果は、仮登記担保権の実行通知が債務者に到達した日から2か月が経過した時と解される。

（債務者に不利な特約）
　抗　弁　1　仮登記担保3条1項2項に違反する債務者Yに不利益な特約の存在
　　　　＊仮登記担保3条3項本文と但書との体裁から立証責任の分配を考えると、特約の無効を主張する債務者は、特約が自己に不利な特約であることを抗弁として、これに対し、債権者は、特約が清算期間の経過後であったことを再抗弁として主張・立証しなければならない（倉田・証明責任－債権総論277頁）。
　　　　＊債務者等に不利な特約とは、例えば、清算金支払義務免除の特約、本登記義務・明渡義務の先履行の特約等、仮登記担保権の実質が担保であるという趣旨を逸脱するものをいう。

（清算期間経過後）
　再抗弁　1　抗弁1の特約は、清算期間の経過後にされたものであること
　　　　＊本条3項但書に基づく再抗弁である。

(2)　留置権
　清算金請求権と目的物の間には牽連関係（295条）が存し、債務者は留置権を取得する。最判昭和58年3月31日民集37.2.152〔27000053〕は、仮登記担保権者が、第三者に目的物を譲渡した場合には、債務者は留置権をもって第三者に対抗し得るとする。

　訴訟物　XのYに対する所有権に基づく返還請求権としての土地明渡請求権
　　　　＊AはBに対する貸金債権を担保するためB所有の土地建物につき代物弁済予約の仮登記をしていたが、Bの支払がなく、予約完結権を行使して本登記手続を経由した。それでもBは弁済できないため、AとBは弁済に代えて土地建物の

所有権を確定的にAに移転させて債務を消滅させる合意をした。その後Aは土地建物をXに譲渡し、所有権移転登記を経由した。本件は、XがBの相続人Yに対し、建物収去土地明渡しを求めたところ、Yは、XがAとB間の清算が未了であることを知りつつ土地建物を取得しており、Xは(Yに対して)清算金支払義務があるので、Xが清算金を支払うまで土地明渡義務等の履行を拒絶すると主張した事案である。

請求原因
1　AはBに対し、1,000万円を弁済期を定めずに貸し付け(「本件貸金債権」)たこと
2　AはBとの間で、債権の担保のためB所有の本件土地建物について本件代物弁済予約及び抵当権設定契約を締結し、これらを登記原因として本件土地建物について停止条件付所有権移転請求権保全仮登記を経由したこと
3　BはAとの間で、自己のAに対する借受金債務の弁済に代えて本件土地建物の所有権を確定的にAに移転させて、債務を消滅させる旨合意(「本件合意」)したこと
  ＊Bにおいて、本件代物弁済予約の完結権が行使されたことにより本件土地建物がAの所有に帰したこと、Bは本件土地建物の取戻権を失うことになる。
  ＊最判昭和58年3月31日民集37.2.152〔27000053〕は、「AとBとの間の本件合意は、代物弁済予約形式の担保の清算方法の合意としてその効力を否定すべき理由はないから、Aが右合意に基づき本件土地建物の所有権を確定的に取得したのちは、もはやYらは被担保債務の弁済によつて本件土地建物を取り戻すことはできなくなつたものというべきである。したがつて、所論の弁済の提供等は、Xの本件土地建物についての所有権取得に影響を及ぼす理由とはなりえない」と判示する。
4　Xは、Aから本件土地建物を代金1,800万円で買い受け、同日所有権移転登記を経由したが、当時、本件土地建物に対してCらのために後順位の抵当権設定登記が経由されていた等の理由でAに対して内金1,000万円を支払ったにすぎず、また、本件土地建物はAが本件貸金債権の代物弁済としてこれを取得したものであり、かつ、AがBに対して交付すべき清

算金が未払であることを知っていたこと
5 Bは死亡したこと
6 YはBの子であること

(留置権)

抗　弁　1 AとB (Y) 間の清算金の支払は、未了であること
2 Xは、請求原因4のAX間の売買の時、抗弁1の未払の事実を知っていたこと
3 清算期間が経過した時の土地・建物の価額がその時の債務額を超えること及びその超過額
4 Xが抗弁3の超過額を支払うまで、本件土地建物を明け渡すことを拒絶するとのYの権利主張

＊前掲昭和58年最判において、Yは、AB間の本件土地建物に関する代物弁済予約は清算を必要とし、XはAとBとの間の本件代物弁済予約に基づく清算が未了であることを熟知しながら本件土地建物を取得したから、Yらは、①「Aに対し」のみならず、②「Xに対して」も清算金の支払を請求でき、A又はXが右清算金を支払うまで本件土地建物の明渡義務の履行を拒絶する旨を主張した。

＊前掲昭和58年最判は、①の主張について「Aは、Bとの間の本件合意に基づき本件土地建物につき確定的に所有権を取得して更にXにこれを譲渡したのであるから、Xはこれによって本件土地建物につき担保権の実行に伴う清算関係とは切り離された完全な所有権を取得したものというべきであり、たといXにおいて、AのBに対する右清算金の支払が未了であることを知りながら本件土地建物を買い受けたものであっても、そのために右のようなXによる所有権取得が妨げられ、清算金の支払義務と結びついた本件土地建物の所有者としてのAの法律上の地位をそのまま承継するにとどまるものと解さなければならない理由はない」「そうすると、XとAとの間で重畳的債務引受の合意がされるなどの特段の事情がない限り、YらはXに対して清算金の支払請求権を有するものではないから、原審が、YらはAに対するのと同様にXに対しても清算金支払請求権を有するとし、これを前提としてYらがXから清算金の支払を受けるまで本件土地建物の明渡しを拒むことができるとした点には、法令

の解釈適用を誤つた違法がある」と判示して、①の主張を排斥した。

＊前掲昭和58年最判は、「XのYらに対する本件土地建物の明渡請求は、所有権に基づく物権的請求権によるものであるところ、YらのAに対する清算金支払請求権は、Aによる本件土地建物の所有権の取得とともに同一の物である右土地建物に関する本件代物弁済予約から生じた債権であるから、民法295条の規定により、Yらは、Aに対してはもとより、同人から本件土地建物を譲り受けたXに対しても、Aから清算金の支払を受けるまで、本件土地建物につき留置権を行使してその明渡しを拒絶することができる関係にある」「そして、X又はAが清算金を支払うまで本件土地建物の明渡義務の履行を拒絶する旨の前記Yらの主張は、単にYらの本件土地明渡義務と右清算金支払義務とが同時履行関係にある旨の抗弁権を援用したにとどまらず、Xの本件土地建物明渡請求に対して、清算金支払請求権を被担保債権とする留置権が存在する旨の抗弁をも主張したものとみることができるから、……Yらの右留置権の抗弁を採用して引換給付の判決をすることができたわけである。しかし、この場合には、XはYらに対して清算金支払義務を負っているわけではないから、Xによる清算金の支払と引換えにではなく、Aから清算金の支払を受けるのと引換えに本件土地建物の明渡しを命ずべきものであり、したがつて、これと異なり、Xからの清算金の支払と引換えに本件土地建物の明渡しを命じた原判決には、結局、法令の解釈適用を誤つた違法がある」と判示する（しかし、原判決をそのように変更すると、上告人のYらに不利益を来すので、民訴396条、384条により、この点に関する原判決を維持している）。

3 清算金支払義務又は同時履行の抗弁権について債務者等に不利な特約

清算金支払義務（本条1項）又は同時履行の抗弁権（本条2項）について債務者等に不利な特約がされた場合は、その特約は無効である（本条3項本文）。例えば、清算金支払免除、履行猶予、本登記義務の先履行の特約、同一物件についての代物弁済契約（東京高判昭和62年9月29日金法1197.27〔27805167〕）などである。しかし、これらの特約が、清算期間経過後にされ

たときは、債務者等の自由意思によるものといえるから有効である（本条3項但書）。

■ **（参考）**（物上代位）

仮登記担保法第4条　第2条第1項に規定する場合において、債権者のために土地等の所有権の移転に関する仮登記がされているときは、その仮登記（以下「担保仮登記」という。）後に登記（仮登記を含む。）がされた先取特権、質権又は抵当権を有する者は、その順位により、債務者等が支払を受けるべき清算金（同項の規定による通知に係る清算金の見積額を限度とする。）に対しても、その権利を行うことができる。この場合には、清算金の払渡し前に差押えをしなければならない。

2　前項の規定は、担保仮登記後にされた担保仮登記（第14条の担保仮登記を除く。以下「後順位の担保仮登記」という。）の権利者について準用する。

3　第13条第2項及び第3項の規定は、後順位の担保仮登記の権利者が前項の規定によりその権利を行う場合について準用する。

1　後順位担保権者の物上代位

　本条は、担保仮登記後に登記された後順位担保権者の清算金請求権に関する定めである。後順位担保権者に、清算金を帰属させる方法には、①後順位担保権者に、直接的に清算金請求権を与える方法と、②清算金請求権自体は債務者等に帰属させ、後順位担保権者が、これに物上代位する方法とがある。最判昭和45年8月20日民集24.9.1320〔27000694〕は①の立場をとったが、最判昭和49年10月23日民集28.7.1473〔27000413〕は、②の立場に判例変更をし、この立場を踏襲して本条が立法された。後順位担保権者が物上代位をするためには、債権者の債務者等に対する清算金の「払渡し前」に差し押さえることを要する。これにより、後順位担保権者は、その順位に従い優先弁済権を行使できる（本条1項）。

2　物上代位権者

　仮登記担保権者の仮登記後に、登記・仮登記がされた先取特権・質権・抵当権（本条1項）、並びに、仮登記担保（本条2項）を有する者である。一

般の先取特権をも含まれる。

3　物上代位の客体

物上代位の客体は、清算金請求権である（本条1項は、「債務者等が支払を受けるべき清算金」と表現する）。ただ、物上代位をすることができる限度は、債権者のした通知（仮登記担保2条1項）に係る清算金の見積額を限度とし（本条1項）、清算金の客観的評価額（同法3条1項）に対してではない。なお、清算期間経過後に清算金請求権が発生するから、それに先立ってされた物上代位は、将来の清算金請求権を対象とするものである。

4　払渡し前の差押え

物上代位をするためには、債権者が、債務者等に、清算金の「払渡し」前に差押えをしなければならない。「払渡し」とは弁済を意味する（清算期間中は弁済しても、物上代位権者に対抗できない）。差押えには仮差押えを含む。物上代位権者自らの差押えを要するかについては、304条の場合と同様に解される。

5　物上代位の効果

後順位担保権者は、その順位により、優先弁済権を行使し得る（本条1項）。「その順位」とは差押えの順位ではなく、担保権の順位による。つまり、通常は登記（仮登記を含む）の順位による。もっとも、先取特権の順位は、法律によって定められており、その対象が、不動産の場合も、登記の順位によらないことが多く（例えば、339条）、この場合は、法が定める順位による。

6　清算金請求額の取立て

物上代位権者は、清算金請求権を差し押さえても、転付命令を得ることはできない。清算期間中は、差押えの対象は、将来債権にすぎず、また、清算期間経過後も、受戻権の行使、後順位抵当権者による競売によって消滅する可能性のある解除条件付債権であって、券面額（民執159条1項）がないからである。差押命令が債務者（清算金支払義務者）に送達された後、1週間を経過すると取り立てることができる（同法155条1項）。

7　後順位担保仮登記の権利者の物上代位

本条1項（担保仮登記後に登記された後順位担保権者）の規定は、担保仮

登記後にされた担保仮登記（仮登記担保14条の担保仮登記を除く。以下「後順位の担保仮登記」という）の権利者について準用する。

8　優先弁済権を受け得る範囲
　仮登記担保13条2項及び3項の規定は、後順位の担保仮登記の権利者が本条2項の規定によりその権利を行う場合について準用する。

■ **（参考）**（物上代位権者等に対する通知）

仮登記担保法第5条　第2条第1項の規定による通知が債務者等に到達した時において、担保仮登記後に登記（仮登記を含む。）がされている先取特権、質権若しくは抵当権を有する者又は後順位の担保仮登記の権利者があるときは、債権者は、遅滞なく、これらの者に対し、同項の規定による通知をした旨、その通知が債務者等に到達した日及び同条の規定により債務者等に通知した事項を通知しなければならない。
　　2　第2条第1項の規定による通知が債務者等に到達した時において、担保仮登記に基づく本登記につき登記上利害関係を有する第三者（前項の規定による通知を受けるべき者を除く。）があるときは、債権者は、遅滞なく、その第三者に対し、同条第1項の規定による通知をした旨及び同条の規定により債務者等に通知した債権等の額を通知しなければならない。
　　3　前2項の規定による通知は、通知を受ける者の登記簿上の住所又は事務所にあてて発すれば足りる。

1　本条の趣旨
　本条は、債権者が仮登記に基づく本登記をした場合に、権利を喪失する登記上の利害関係人（不登105条）に対して、債権者が通知すべきことを定める。この登記上の利害関係人には、①仮登記担保4条1項、2項に定める清算金請求権上の物上代位権者（本条1項）と、②それ以外の利害関係人（本条2項）が存在する。この通知義務は、①は、物上代位をする機会を与え、②は、代位弁済によって自己の権利を保全する機会を保障する趣旨である。

2 物上代位権者に対する通知

本条1項は、物上代位権者(仮登記担保4条1項、2項)に対する通知義務を定めている。

(1) 通知すべき相手方の物上代位権者

通知すべき相手方は、仮登記担保2条1項による通知が債務者等に到達した時点に存在する物上代位権者であり、すべての物上代位権者ではない。これは、すべての物上代位権者とすると、債権者に酷であり、また、債務者等に通知後では債務者等に確かめることにより物上代位に必要な事柄を知り得るからである。

(2) 通知事項

通知事項は、①債務者等に、仮登記担保2条1項による通知をしたこと、②その通知が債務者に到達した日、③仮登記担保2条の規定により債務者等に通知した事項の3点である(本条1項)。

(3) 通知

通知は、仮登記担保2条1項の通知が、債務者等に到達した時から、「遅滞なく」通知しなければならない(本条1項)。これに違反する通知は、通知の効果(仮登記担保6条2項参照)が生じない。また、通知は、相手方の登記簿上の住所又は事務所に宛てて発すれば足り(本条3項)、到達することを要しない。

(4) 通知をしなかった場合の効果

ア 通知をせずに清算金を債権者に弁済した場合の効果(遅れた通知の場合を含む)は、仮登記担保6条2項に定められている。

イ 仮登記担保権者の、通知を受けていない後順位担保権者に対する仮登記に基づく本登記の承諾請求(不登109条1項)

最判昭和61年4月11日民集40.3.584〔27100041〕は、これを否定する。すなわち、「仮登記担保契約の債権者は、右契約の相手方である債務者又は第三者に対し法2条1項の規定による通知をし、その到達の日から2月の清算期間を経過したのちであつても、法5条1項に規定する先取特権、質権若しくは抵当権を有する者又は後順位の担保仮登記の権利者のうち同項の規定による通知をしていない者があるときには、その後順位担保権者に対しては、法2条1項の規定により土地等の所有権を取得した旨を主張して、仮登記に基づく本登記についての承諾の請求(不動産登記法105条1項、146条1項〔=現109条1項〕参照)をすることはできない」「また、5条通知を受けていない後順位担保権者は、清算期間の経過したのちにおいても、法12条の規定の類推適用により土地等の競売を請求することができる」と判示

し、その理由として、①後順位担保権者に対する仮登記担保5条通知の趣旨は、後順位担保権者が通知に係る清算金のない場合を含めてその見積額に拘束される関係に鑑み、その拘束を甘受するか（清算金がある場合は、仮登記担保4条により清算金に対し物上代位を行使するか）、又は仮登記担保12条により競売を請求して売却代金からの配当を受けるかを選択をさせて、仮登記担保権者と後順位担保権者との利害の調整を図ること、②後順位担保権者が仮登記担保5条通知を受けない場合でも清算期間の経過により仮登記担保12条による競売の請求ができなくなり、かつ、仮登記担保権者が仮登記担保5条通知をしなかった後順位担保権者に対しても仮登記に基づく本登記についての承諾の請求ができるとすると、仮登記担保5条通知を受けない後順位担保権者が著しく不利となり、仮登記担保5条1項の趣旨を没却されることを挙げる。そして、同判決は、「仮に土地等が競売されたとしても、当該競売による売却代金で共益費用たる執行費用、仮登記担保権者の被担保債権及び5条通知を受けていない後順位担保権者の被担保債権に優先する債権を弁済するときには剰余を生ずる見込みがないとの事由は、右後順位担保権者に対する5条通知を不要ならしめるものと解すべきではなく、仮登記担保権者は、右事由があることをもつて、5条通知をしていない後順位担保権者に対し、仮登記に基づく本登記についての承諾の請求をすることはできない」と判示する。

訴訟物 XのY1に対する所有権移転請求権保全仮登記に基づく所有権移転登記請求権、及びXのY2に対する所有権に基づく妨害排除請求権としての承諾請求権

＊XはY1との間で、XがY1に対して有する債権を担保するため、債務不履行のときは弁済に代えてXに甲・乙建物のY1の所有権を移転する代物弁済予約をし、仮登記をした。その後、Y1は債権者Y2との間で本件建物につき、根抵当権を設定した。Y1に対し和議申立てがされたことに伴い、XはY1に対し代物弁済予約完結の意思表示をし、また、2か月後の本件建物の見積価額及び被担保債権額の合計額と、清算金がない旨の通知をした。本件は、Xが清算期間経過により本件建物所有権を取得したとして、Y1に対し仮登記に基づく本登記登記手続を求め、Y2に対し上記登記手続をすることについての承諾を求めたところ、Y2は、XがY2に対して仮登記担保5条の通知を遅滞したから本件登記に基

づく所有権の取得を対抗できないと主張した事案である。
＊請求の趣旨は、「1　Y1は、Xに対し、甲建物につき、所有権移転請求権仮登記に基づき、乙建物につき、所有権移転請求権仮登記に基づき、それぞれ代物弁済を原因とする所有権移転登記手続をせよ。2　Y2は、Xに対し、Xが主文第1項の登記手続をすることを承諾せよ」とする。

請求原因

1　XはY1との間で、次の合意を含む本件1契約を締結したこと
   (1) Y1は、Xに対して負担する金銭債務を担保するため、その不履行があるときは、弁済に代えてXに、本件甲建物の所有権を移転する旨の代物弁済の予約をし、代物弁済予約を登記原因とする所有権移転請求権仮登記手続をする。
   (2) 代物弁済の被担保債権の範囲は、①金銭貸借取引による現在及び将来の一切の債権、②保証委託取引による現在及び将来の一切の債権、③手形上及び小切手上の現在及び将来の一切の債権、④XがY1に対して有する甲建物についての売買契約及びその敷地の賃貸借契約に基づく債権とする。
   (3) Y1に対し、和議の申立てがあったとき、Xからの通知催告がなくてもY1は当然にY1のXに対する債務の期限の利益を失う（本件特約）。
   そして、Xは、右合意に基づき、甲建物につき所有権移転請求権仮登記（甲仮登記）を経由した。
2　Xは、Y1との間で、乙建物について、本件1契約と同一内容の本件2契約（「甲建物」を「乙建物」と読み替える）を締結し（本件1の契約とともに本件仮登記担保契約という）、この合意に基づいて、乙建物につき所有権移転請求権仮登記（乙仮登記）を経由した。
3　Y1は、和議申立てを受けたこと
4　Xは、Y1に対し、代物弁済予約完結の意思表示をするとともに、2か月後における甲・乙建物の見積価額（○○万円）、被担保債権額の合計（貸付金○○万円、売買代金○○万円、防災施設分譲未収金○○万円のほか、利息金や遅延損害金）、及び清算金がない旨の通知をしたこと
5　Y2は、仮登記担保2条1項の規定による通知が債務者等に到達した時において、担保仮登記後に登記（仮登記を含む）が

されている先取特権、質権若しくは抵当権を有する者又は後順位の担保仮登記の権利者であること
　＊例えば、Y2は、Y1との間で、甲・乙の建物につき、根抵当権設定登記を経由しているなどである。
6　XはY2に対して、遅滞なく、請求原因4の通知をした旨、その通知がY1等に到達した日及び仮登記担保5条によりY1に通知した事項を通知したこと
　＊Y2に対する通知は、通知を受ける者の登記簿上の住所又は事務所に宛てて発すれば足りる（本条3項）。
　＊東京高判平成7年12月13日金商1002.11〔28011353〕は、通知が遅れたことを理由として後順位抵当権者等が本登記承諾請求を拒むことはできないとして、「仮登記担保法5条1項は、同法2条1項の規定による通知が債務者等に到達したときは『遅滞なく』後順位抵当権者等に対し同法5条1項に規定する通知をすべきものとしているが、その趣旨は、後順位抵当権者等が清算金に対する物上代位又は同法12条の規定による清算期間内における競売請求の機会を失することのないようにするためである……。本件においては、清算期間が経過した後に、本件通知がされたのであり、……右の趣旨からすれば、本件通知は、同法5条1項の規定に反する違法なものというべきである（なお同法15条参照）」「しかしながら、……本件通知が違法なものであるとしても、これを理由に後順位抵当権者等が仮登記担保権者（債権者）からの本登記承諾請求を当然拒むことができるかどうかは、おのずから別個の問題である……。仮登記担保権者は、同法2条の規定により目的物の所有権を取得し、本登記をすべき要件を充足した場合には、仮登記義務者に対して仮登記に基づく本登記手続をすべきことを請求するとともに、仮登記の効力に基づき後順位抵当権者等に対し、本登記を承諾すべきことを請求することができるのであって（仮登記担保法は、このことを前提として、仮登記担保権者の目的物の所有権取得の要件、時期等について特則を設けている。）、このような承諾請求を拒むことができる旨の特段の規定がない限り、後順位抵当権者等は、これに応じなければならないものと解されるところ、仮登記担保法上、同法5条1項の規定による通知が適

法にされなかった場合において、後順位抵当権者等がこれを理由に本登記承諾請求を拒むことができるとする規定はない。のみならず、同条3項は、右の通知自体について、通知を受ける者の登記簿上の住所等にあてて発すれば足りるものとし、その到達を要件としていないこと、あるいは、同法4条の物上代位及び同法12条の競売請求に関する規定が右の通知とは関わりなく規定されていることからすると、右の通知は、後順位抵当権者等がその権利行使をしようとする場合において、その機会を失うことのないよう念のためのものとしてすべきものとされていると解される。したがって、仮登記担保権者からの通知が遅れたことにより後順位抵当権者等が損害を受けた場合にその賠償を仮登記担保権者に求めることができるかどうかは別として、通知が遅れたことを理由として後順位抵当権者等が本登記承諾請求を拒むことはできないものというべきである。本件においてXが前認定のように仮登記担保法の定めるところに従い本件土地の所有権を取得したことは明らかであるから、Y2の前記主張は、……理由がない。なお、Y2が現在に至るまで競売請求をしていない……のみならず、弁論の全趣旨によれば、仮に清算期間内に通知がされたとしても、Y2が同法12条による競売請求をする可能性はなかったものと認められるので、この点からもY2の主張は理由がない」と判示する。

7 請求原因4の通知がY1に到達してから、2か月が経過したこと

＊Xは、代物弁済によって甲・乙の建物の所有権を取得することになる。

3 その他の登記上の利害関係人に対する通知

物上代位権者以外の利害関係人（不登109条）に対する通知については、本条2項に定められている。

(1) 通知すべき相手方

例えば、第三取得者であるが、本条2項の通知も、仮登記担保2条1項の通知が、債務者等に到達した時に存するものに限られる。

(2) 通知事項

通知事項は、①債務者等に対して、仮登記担保2条1項の通知をしたこ

と、②仮登記担保2条の規定により債務者等に通知した債権等の額、の2点である（本条2項）。
(3) 通知
　通知は、仮登記担保2条1項の通知が、債務者等に到達した時から、「遅滞なく」通知しなければならない（本条2項）。相手方の登記簿上の住所又は事務所に宛てて発すれば足りる（本条3項）。
(4) 通知を怠った場合や遅れた場合の効果
　これらの点については定めがなく、①何らの効果も生じないとする見解や、②債権者に損害賠償責任を課したり、債務者等、債権者、第三取得者の三者間では私的実行を無効とするとの見解もあるが、東京高判昭和62年2月26日金法1174.31〔27800730〕は、土地所有権移転仮登記本登記請求控事件であるが、通知を受けていない第三者に対しては、仮登記に基づく本登記の承諾請求をすることができず、また、かかる第三者は債務者に代わり仮登記担保権者にその債務を弁済できるとしている。
(5) 本条3項の通知は、第三取得者等に第三者弁済の機会を与えるものである。しかし、この第三者弁済は、清算期間中に限られ、清算期間経過後は、被担保債権が消滅するので、第三者弁済をすることができないと解されている。そして、この場合は、債務者等が有する受戻権（仮登記担保11条）を代位行使（423条）できると解されている。

■（参考）（清算金の支払に関する処分の禁止）

仮登記担保法第6条　清算金の支払を目的とする債権については、清算期間が経過するまでは、譲渡その他の処分をすることができない。
　2　清算期間が経過する前に清算金の支払の債務が弁済された場合には、その弁済をもって第4条第1項の先取特権、質権若しくは抵当権を有する者又は後順位の担保仮登記の権利者に対抗することができない。前条第1項の規定による通知がされないで清算金の支払の債務が弁済された場合も、同様とする。

1　本条の趣旨
　本条は、清算金請求権に対する物上代位権者を保護する規定であり、1項では、清算金請求権者である債務者等が、清算期間中に、権利を譲渡その他

の処分をすることを禁止し、2項では、債権者が、清算期間中に、清算金を弁済したり、通知なくして弁済しても、物上代位権者に対抗し得ないことを定めている。

2 清算期間中に清算金の支払債務が弁済された場合
(1) 清算期間内に、債権者が清算金を弁済（期限の利益を放棄して）しても、その弁済をもって、物上代位権者に対抗できない（本条2項）。したがって、そのような弁済がされたとしても、物上代位権者は、清算金請求権が存在するものとして、物上代位できる。
(2) 債権者が、仮登記担保の被担保債権とは別の債権を債務者等に有している場合に、清算期間中に、これを自働債権とし、清算金請求権を受働債権とする相殺は、本条2項の趣旨からみて、することができない。清算期間経過後には、原則として相殺できる。しかし、物上代位権者が清算金請求権を差し押さえている場合には、問題がある。
差押えと相殺に関する最判昭和45年6月24日民集24.6.587〔21033371〕によると、自働債権が差押え前に発生している場合には、相殺が可能であるということになるが、このように解すると、仮登記担保権者は、後順位担保権者に優先して弁済を受け得ないはずの被担保債権以外の債権について、優先弁済を受けると同じ結果を生じてしまう。それゆえ、仮登記担保法制定前の最判昭和50年9月9日民集29.8.1249〔27000358〕は、相殺を禁じた。これは、清算期間制度がない当時の判例であるが、この法理は、清算期間が設けられた今日、清算期間経過後の相殺についても妥当する。

3 物上代位権者への通知なくして弁済した場合
物上代位権者に通知（仮登記担保5条1項）することなく、弁済した場合も、同じく、物上代位権者に対抗できない（本条2項）。清算期間中の弁済か、経過後の弁済かを問わない。なお、一部の者に対してのみ通知をしなかった場合には、この者のみに対して、清算金の支払をもって対抗し得ない。

■ **（参考）**（清算金の供託）

仮登記担保法第7条 債権者は、清算金の支払を目的とする債権につき差押え又は仮差押えの執行があつたときは、清算期間が経過した後、清算金を債務履行地の供託所に供託して、その限度において債務を免れることができる。

2 前項の規定により供託がされたときは、債務者等の供託金の還付請求権につき、同項の差押え又は仮差押えの執行がされたものとみなす。
3 債権者は、第15条第1項に規定する場合を除き、供託金を取り戻すことができない。
4 債権者は、債務者等のほか、差押債権者又は仮差押債権者に対しても、遅滞なく、供託の通知をしなければならない。

1 本条の趣旨
　本条は、清算金請求権に対して、差押え、仮差押えがされた場合に、債権者が弁済供託ができることを定めている。物上代位権者又は債務者等に対する一般債権者が、清算金請求権を差押えないし仮差押えをすると、債権者は、債務者等に、清算金を支払うことが禁じられ（民執145条1項）、その結果、債権者は清算金の支払によって、本登記・目的物引渡しを得ることができない（311条参照）ことになる。本条は、弁済供託を認めて、債権者をこのような状況から救済するものである。

2 供託の要件
(1) 清算金請求権に対する差押え又は仮差押えの執行がされたことを要する（本条1項）。物上代位権者の物上代位（仮登記担保4条）に基づく差押え、仮差押えに加えて、一般債権者によるもの、国税徴収法による滞納処分に基づく差押えが含まれる。
(2) 清算期間経過後であることを要する（本条1項）。清算期間中は弁済をしても、物上代位権者に対抗できない（仮登記担保6条2項）とされていることに対応している。

3 供託すべき金額
　本条1項は、清算金を供託し得ると規定するが、供託すべき額を定めていない。そこで、清算金の見積額（仮登記担保2条1項）なのか、客観的評価額（同法3条1項）なのかが不明であるが、仮登記担保権者は、自己が支払わなければならないと考える清算金の限度において、その金額の範囲内で供託すべきであろう。

4 供託の効果
(1) 供託をすると、債権者は、供託の限度で清算金債務を免れる（本条1項）。
(2) 仮登記担保権者は、供託によって供託金の取戻請求権を取得するが、仮登記担保15条1項により、仮登記に基づく本登記ができない場合を除き、供託金を取り戻すことができない（本条3項）。
(3) 債権者の供託によって、債務者等は、供託金の還付請求権を取得するが、（仮）差押債権者は、この還付請求権に（仮）差押えの執行をしたものとみなされている（本条2項）。

5 供託の通知
債権者は、債務者等、（仮)差押債権者に対して、遅滞なく、供託の通知をしなければならない（本条4項）。

■ **(参考)**（通知の拘束力）

仮登記担保法第8条 債権者は、清算金の額が第2条第1項の規定により通知した清算金の見積額に満たないことを主張することができない。
　2 第4条第1項の先取特権、質権若しくは抵当権を有する者又は後順位の担保仮登記の権利者は、清算金の額が前項の見積額を超えることを主張することができない。

1 本条の趣旨
本条は、債権者が債務者等に通知した清算金の見積額について、債権者、物上代位権者が拘束されることを定める。第1に、債権者は、清算金の額が、見積額未満であることを主張できず（本条1項）、第2に、物上代位権者は、見積額を超えることを主張できない（本条2項）。
債務者等は、債権者から通知を受けた見積額について、少なくとも、見積額だけは支払があると期待するし、物上代位権者も、その見積額に基づいて物上代位を選択するから、債権者は、いったん与えた信頼を覆すことは許されない。また、物上代位権者は、見積額に不満であれば、清算期間内に競売の請求をして（仮登記担保12条）、見積額を争えるし（もっとも後順位の仮登記担保権者はできない）、もし、物上代位権者が、増額を主張し得るとす

ると法律関係が複雑となるからである（新注民（9）773頁〔高木多喜男〕）。

2　問題点
(1) 債権者が、物上代位権者に対し仮登記担保5条1項による通知をしなかった場合の拘束力

　本条2項は、仮登記担保2条1項の規定により通知した清算金の見積額について拘束されると定めているので、物上代位権者に仮登記担保2条1項の通知の拘束力は生ずると解されている。これに対して、通知を受けなかった物上代位権者は、債務者等に通知された見積額に拘束されず、適正清算金額を主張し得るとする見解がある。すなわち、物上代位権者が受けた不利益（競売申立てにより仮登記担保権の私的実行を阻止できなかった）を救済するため、この物上代位権者は、単純な本登記承諾義務（不登105条）を負わず、債権者は客観的にあるべき金額の範囲内で、物上代位権者の被担保債権の弁済に必要な限りの金額を提供した場合に限って、物上代位権者に対し本登記承諾を請求できるとの見解（鈴木禄弥「仮登記担保法雑考（9）」金法879号38頁以下）が唱えられている。

(2) 仮登記担保2条1項により債務者等に通知された見積額と、仮登記担保5条1項により物上代位権者に通知された見積額（前者より後者が多額の場合に問題が生ずる）が、異なる場合

　この場合も、上記(1)と同じく、本条の文言によると、物上代位権者は、債務者等に通知された見積額に拘束されることになる。債権者から通知された見積額を信頼した物上代位権者の不利益は不法行為により救済されると解する。しかし、この解釈は、禁反言の法理からみても問題があるし、不法行為による救済は損害額の立証が困難であって効果的でないとして、債権者は、物上代位権者に対しては、同人に通知した見積額の範囲で、彼が物上代位により自己の債権の満足を得られる額の清算金支払義務を負うと解する見解が唱えられる（鈴木・前掲論文37頁）。その結果、上記の額の清算金を提供するか、供託（仮登記担保7条）しない限り、物上代位権者の本登記承諾を得られないこととなる（新注民（9）774-775頁〔高木多喜男〕）。

(3) 通知に錯誤（95条）があった場合

　通知は、「準法律行為たる観念の通知」に該当するので、錯誤の規定（95条）が類推適用される。ただ、通知に錯誤（95条）があった場合は、それが目的物の評価の誤りを理由とすることは許されないが、表示上の錯誤を理由とすることは許される（新注民（9）774頁〔高木多喜男〕）。

■ **（参考）（債権の一部消滅）**

仮登記担保法第 9 条 清算期間が経過した時の土地等の価額がその時の債権等の額に満たないときは、債権は、反対の特約がない限り、その価額の限度において消滅する。

　本条は、清算期間が経過した時点での目的物価額が、被担保債権（費用を含む）の額を下回る場合に、債権は、目的物価額の限度で消滅することを定めている。仮登記担保契約は、停止条件付代物弁済、代物弁済の予約等といった形で行われるが、上述のような場合に、全債権が代物弁済の効果として消滅するのでないことは、仮登記担保の担保としての性格からみて、当然のことであって確認的規定である。

■ **（参考）（法定借地権）**

仮登記担保法第 10 条 土地及びその上にある建物が同一の所有者に属する場合において、その土地につき担保仮登記がされたときは、その仮登記に基づく本登記がされる場合につき、その建物の所有を目的として土地の賃貸借がされたものとみなす。この場合において、その存続期間及び借賃は、当事者の請求により、裁判所が定める。

1　法定借地権

　土地建物が同一所有者に属する場合、その土地に仮登記担保が設定され、その仮登記に基づく本登記がされると、建物について利用権が生じるかについて、最判昭和 45 年 7 月 16 日民集 24.7.921〔27000707〕は、抵当権に関する 388 条の類推適用により法定地上権を認めることを示した。これを受けて、本条は、法定借地権を認めることとした。

2　法定地上権と法定借地権の差異

　388 条の法定地上権に代わる制度として、本条は、「その仮登記に基づく本登記がされる場合につき」法定借地権の制度を創設した。388 条と比較す

ると、次の3つの点で異なる。
(1) 建物に仮登記担保が設定された場合は、法定借地権は成立しない。その場合は、仮登記担保権者が、仮登記担保契約時にあらかじめ、建物所有権取得を停止条件とする賃借権設定契約をし、これを仮登記しておくことができ、法定借地権の必要はないからである。これに対して、土地に仮登記担保が設定された場合には、建物所有者は、あらかじめ、仮登記担保権者が土地所有権を取得した場合に備えて、自己所有の土地に利用権（自己借地権）を設定しようとしても不可能であり、また、何らかの合意がされても、仮登記ができないからである。
(2) 法定地上権ではなく、法定借地権が生ずることになる。我が国は、建物存置のための利用権として、地上権ではなく、賃借権が多く使用されているからである。
(3) 単に借賃だけではなく、その存続期間までもが当事者の請求により裁判所によって定められる。

3　法定借地権の成立要件

本条は、法定借地権の成立要件として、①土地・建物が同一所有者に属すること、②土地に担保仮登記がされたこと、③担保仮登記に基づく本登記がされたことを挙げている。388条と異なるのは、②のみである。③は、仮登記担保の実行方法であり、抵当権の場合の「競売」（398条）に該当する。したがって、②以外の要件については、388条についての法理を援用できる。

訴訟物　　XのYに対する所有権に基づく返還請求権としての土地明渡請求権

＊本件は、Yは、土地と地上建物を所有していたが、土地について貸付債権者Yのために仮登記担保を設定したが、仮登記担保が実行され、Xが所有者となったので、XがYに対し建物収去土地明渡しを求めたところ、Yが法定地上権の成立を主張した事案である。

請求原因　1　Xは本件土地を所有していること

　　　　　　2　Yは本件建物を所有して本件土地を占有していること

（占有権原——法定借地権）

抗　弁　1　XはYに対し、金1,000万円を弁済期平成〇年〇月〇日の約定で貸し渡したこと

2　XはYとの間で、Yが請求原因1の弁済期を経過した時は、Xに対し請求原因1の債務の弁済に代えて、本件土地の所有権を移転する合意をしたこと
3　抗弁2の当時、本件土地上に本件建物が存在していたこと
4　抗弁2の当時、本件土地及び本件建物はいずれもYの所有であったこと
　＊抗弁3及び4の事実は、「土地及びその上にある建物が同一の所有者に属する」ことという要件に該当する事実である。
5　Xは本件土地につき、請求原因2に基づいて所有権移転請求権保全の仮登記を有すること
　＊抗弁5の事実は、「その土地につき担保仮登記がされたこと」の要件に該当する事実である。
6　抗弁5の仮登記に基づく本登記がされたこと

4　法定借地権の存続期間及び借賃
　法定借地権の存続期間及び借賃は、当事者の請求により、裁判所が定める。法定地上権と同じである。

訴訟物　XのYに対する法定地上権（確認）及び地代額（確定）
　　　　＊請求の趣旨は、「1　XはYに対し、本件土地につき地上権を有することを確認する。2　第1項の地代を月額〇万円と定める」となろう。

抗　弁　1　XはYに対し、金1,000万円を弁済期、平成〇年〇月〇日の約定で貸し渡したこと
2　XはYとの間で、Yが請求原因1の弁済期を経過した時は、Xに対し請求原因1の債務の弁済に代えて、本件土地の所有権を移転する合意をしたこと
3　抗弁2の当時、本件土地上に本件建物が存在していたこと
4　抗弁2の当時、本件土地及び本件建物はいずれもYの所有であったこと
　＊抗弁3及び4の事実は、「土地及びその上にある建物が同一の所有者に属する」ことという要件に該当する事実である。
5　Xは本件土地につき、請求原因2に基づいて所有権移転請求権保全の仮登記を有すること
6　抗弁5の仮登記に基づく本登記がされたこと

7　本件土地の地代額は、1か月金2万円が相当であること
　　　＊地代額を具体的に主張する必要はないが、実務上は相当額を
　　　　Xにおいて主張するのが通例である。
　　8　YはXの地上権の存在を争うこと
　　　＊確認の利益に関する主張である。

■　（参考）（受戻権）

仮登記担保法第11条　債務者等は、清算金の支払の債務の弁済を受けるまでは、債権等の額（債権が消滅しなかつたものとすれば、債務者が支払うべき債権等の額をいう。）に相当する金銭を債権者に提供して、土地等の所有権の受戻しを請求することができる。ただし、清算期間が経過した時から5年が経過したとき、又は第三者が所有権を取得したときは、この限りでない。

1　受戻権

　受戻権とは、仮登記担保において、仮登記担保権者Aが、仮登記担保実行の通知等の一定の手続に従って仮登記担保の目的物の所有権を取得した後も、精算金が支払われるまでは、仮登記担保設定者は、被担保債権の額に相当する一定の額の金銭を提供して、所有権を受け戻すことができる権利をいう。本条は、債権者が清算金の支払を怠っている場合における債務者の受戻権を定める。本条は、所有権の回復を債務者が請求する能動的な場合を定めているものと読めるが（その事例として、下記5の設例の請求原因10参照）、債権者からの本登記請求に対し、受戻権の行使を抗弁として提出できること（その事例として、下記4の設例の抗弁2参照）はもちろんである（倉田・証明責任―債権総論275頁）。

2　受戻権者

　「債務者等」（本条本文）、すなわち、債務者又は物上保証人、要するに、仮登記担保契約の当事者である。第三取得者は、受戻権を有しない。清算期間中は、代位弁済をすることによって、自己の権利を保全し得、清算期間後は、債務者等に代位（423条）して、受戻権を行使し得ると解されている。

3 受戻権行使の要件
(1) 清算金の支払の債務の弁済を受けるまでであることを要する(本条本文)。弁済に限らず、供託、相殺によって、清算金請求権が消滅すると受戻権も消滅する。
(2) 債権等の額に相当する金銭を債権者に提供することが必要である(本条本文)。仮登記担保法は、清算期間終了時に、債権等は消滅するという建前をとっているので、債権が消滅しなかったものとすれば債務者が支払うべき債権等の額に相当する金銭であるとしている。提供時に存したと考えられる債権等の額であり、したがって、それまでの遅滞損害金を含む。

4 清算期間経過から5年経過後の受戻権の消滅
　本条但書前段は、清算期間が経過した時から5年が経過した時は、債権者が清算金の支払を怠っている場合であっても、受戻権を行使できないとする。この5年の期間は、除斥期間と解される。

> **訴訟物**　XのYに対する所有権移転請求権保全の仮登記に基づく所有権移転登記請求権
> 　　＊本件は、請求原因段階の事実は、仮登記担保法1条の1(2)の設例と同じであるが、Yが抗弁として受戻権を主張し、これに対し、Xがそれに先立つ清算金の支払あるいは除斥期間の経過を主張した事案である。
> **請求原因**　1ないし8　仮登記担保法1条の1(3)の設例の請求原因1ないし8と同じ
> (受戻権)
> **抗　弁**　1　YはXに対し、債権等の額(債権が消滅しなかったものとすれば、債務者が支払うべき債権などの額)に相当する金銭を債権者に提供したこと
> 　　　　2　YはXに対し、本件土地・建物の所有権の受戻しを請求したこと
> 　　　　＊この抗弁は、以下の再抗弁とともに、本条に基づくものである。この受戻権は形成権であり、受戻しの意思表示が債権者に到達した時に本件土地・建物の所有権が債務者などに復帰する。
> 　　　　＊仮登記担保権の実質は担保であるから、債務者等(債務者・物上保証人)は、清算金の支払を受けるまでは、債権等の額

に相当する金銭を債権者に提供して、土地等、仮登記担保の目的物の所有権の受戻しを請求できる（本条本文）。最判昭和 49 年 10 月 23 日民集 28.7.1473〔27000413〕によれば、受戻権は換価処分時まで存在すると判断されていたが、本条は、その時期を「清算金の支払の債務の弁済を受ける」時までと明定した。

(清算金の支払)
再抗弁 1 X は Y に対して、抗弁 2 に先立って、清算金を支払ったこと
＊本条に基づく再抗弁ではないが、受戻権の行使は、清算金の支払がされた後にはできないことは当然であろう。

(除斥期間)
再抗弁 1 清算期間が経過した時から 5 年間が経過したこと
＊本条但書のとおり、受戻権の行使期間が清算期間経過時から 5 年（除斥期間）であり、目的物の第三取得者は受戻権者には当たらない。

5 「第三者が所有権を取得したとき」の受戻権の消滅
(1) 第三者が所有権を取得する場合
　仮登記担保の場合、目的不動産の所有権は、設定者 X（表記は、下記(2)の事例に合わせている）にあるから、被担保債権の弁済期到来後、清算金の支払前に目的不動産を第三者に譲渡（仮登記担保権者 A の仮登記が存在するから、仮登記担保権の負担付の不動産譲渡）できるのは、設定者 X であり、仮登記担保権者 A の第三者 Y への目的不動産の譲渡によって、設定者 X が目的不動産の受戻権を行使できなくなることは、通常起こらない。しかし、例外的に、例えば、仮登記担保権の設定時に、設定者 B があらかじめ本登記に必要な書類を仮登記担保権者 A に交付している場合には、清算金を設定者 X に支払わないまま A が仮登記に基づく本登記を経由したうえで、目的不動産を第三者 Y に譲渡することが生ずる。
(2) 効果
　本条但書によると、第三者が所有権を取得したときは、設定者 X が受戻権を行使し得ないことになるが、その意義については見解が分かれる。
　ア　対抗関係説
　清算期間経過後の受戻権の行使については、清算期間経過後は所有権が仮登記担保権者 A に移転することからすると、受戻権を行使した設定者 X と

譲り受けた第三者Yとの関係は、Aを基点とする二重譲渡の関係になると考え、第三者Yが所有権移転登記を受け、設定者Xが登記を受けなかったときは、第三者Yが所有権を取得する（債務者Xは先に提供した金銭の返還を求めることになる）。しかし、第三者Yが法的に保護される利益を有しない場合には、債務者Xは、受戻権の行使による所有権の取得を第三者Yに対抗できるとする。例えば、債権者Aと通謀し、債務者Xの権利を害する目的で所有権移転の登記を受けた第三者Y（94条1項）、つまり、背信的悪意者に対しては、債務者Xは、所有権移転登記を受けていなくても、受戻権の行使による所有権の取得を第三者Yに主張できる。

イ　権利保護資格要件説

清算金支払債務が履行されるまでは仮登記担保権者Aへの確定的な所有権帰属はまだ生じていないと解すると、第三者Yと仮登記担保権設定者Xとを177条が前提とする対抗関係に立つとみることは妥当でなく、むしろ、この場合における対世的権利保全手続履践の有無は、第三者Y保護のための単なる資格要件の具備の有無（96条3項所定の「第三者」が登記を具備する必要があるか）の問題ととらえる見解である。なお、清算金支払までは実質的に所有権が仮登記担保権者に移転しないとする立場から、94条2項類推適用の問題とみる見解も主張されている。

|訴訟物|XのYに対する所有権に基づく妨害排除請求権としての所有権移転登記抹消登記に代わる所有権移転登記請求権|

＊AはXとの間で、1,000万円を貸すとともに、弁済期が経過したときは、債務の弁済に代えて、X所有の本件土地・建物の所有権を移転する合意をした。そして、Aは、本件土地・建物について所有権移転請求権保全の仮登記をしたが、その後、Xが弁済期を徒過したので、Xに対して代物弁済の予約の完結の意思表示をし、また、清算金の見積額の通知をした後、2か月（清算期間）が経過した。本件は、XがAに対し○○を提供し、受戻権を行使し、所有権移転登記抹消登記に代わる所有権移転登記請求権を求めたところ、YはAからYの売買によって、Xが所有権を喪失したとする抗弁を主張した事案である。

|請求原因|

1　AはXに対し、1,000万円を弁済期平成○年○月○日の約定で貸し渡したこと

2　AはXとの間で、Xが請求原因1の弁済期を経過したとき

は、請求原因1の債務の弁済に代えて、Aに対し本件土地・建物の所有権を移転する合意をしたこと
3 本件土地・建物は、請求原因8の当時、Xの所有に属すること
4 Aは本件土地・建物につき、請求原因2に基づいて所有権移転請求権保全の仮登記を有すること
5 請求原因1の弁済期が経過したこと
6 AはXに対して、代物弁済の予約の完結の意思表示をしたこと
 ＊仮登記担保においては、代物弁済の予約の完結の意思表示をしたことによって、直ちに所有権等の移転の効力が生じるわけではなく、その意思表示は、以下の請求原因7及び8の所有権等取得の手続開始の期日としての意味を有するにすぎない。
7 AはXに対して、請求原因6の日以後に下記のとおりの清算金の見積額（清算金がないと認めるときは、その旨を）の通知をしたこと

記

 清算期間が経過したときの土地又は建物の価額がその時の債権及び債務者又は第三者が負担すべき費用で債権者が代わって負担した額を超えるときは、その超える額に相当する金銭（清算金）
8 請求原因7の実行通知から2か月（清算期間）が経過したこと
 ＊XからAへの所有権移転の効果が生じる。
9 XはAに対し、債権等の額（債権が消滅しなかったものとすれば、債務者Xが支払うべき債権などの額）に相当する金銭を債権者Aに提供したこと
10 XはAに対し、本件土地・建物の所有権の受戻しを請求したこと
 ＊AからXへの所有権移転が生ずる。
11 本件土地・建物について、Y名義の所有権移転登記が存在すること

（対抗要件具備による所有権喪失）

抗弁 1 AはYに本件土地・建物を代金1,500万円で売買する契約

を締結したこと
  * AY 売買により A から Y への所有権移転が生ずるので、請求原因 10 と抗弁 1 によると A を基点とする二重譲渡と類似の関係が生ずる（対抗関係）。
2 A は Y に対し、抗弁 1 に基づいて、所有権移転登記をしたこと
  * (1) 債権者 A が第三者 Y に所有権を移転した後、債務者 X が受戻権を行使した場合は、本条但書後段の問題である。その法的構成は、177 条の二重譲渡の問題とされ、本条但書後段は、177 条の法理を確認的に定めたものと一般的に解されている。清算期間経過後（請求原因 8）は、A が所有権を取得するので、A を起点として、A→Y、A→X と二重譲渡が行われたこととなる。そこで、X が受け戻し得ない（確定的に所有権を取り戻し得ない）ためには、Y が登記（債務者 X が、清算期間後に本登記について先履行の特約をし、A が登記を取り消した場合）を要する。
  * (2) X が先に受戻権を行使した後、A が Y に処分した場合には、清算期間経過後に本登記について先履行の特約をし、A に本登記を移転している場合については、本条但書後段がこれを問題としていないことは文言上明らかであり、この場合は、177 条の規定が適用される。Y はまさに、177 条の第三者であり、登記の取得が要求され、加えて、177 条で問題とされる善意性も問題となる。
  * (3) 上記 (1) の場合で、清算期間中に、Y が A から所有権を取得した場合は、無権利者 A から譲渡されたのであるから、94 条 2 項の類推適用の問題である。もっとも、清算期間経過により A は所有権を取得するから、A→Y 間の所有権移転は有効となり、(1) の問題として考えることができる。

（背信的悪意者）
再抗弁 1 Y は、抗弁 1 の当時、請求原因 9、10 を知っていたこと
  * Y の善意性が問題とされ、しかも、善意・悪意の対象は、受戻権の存在、すなわち、第三者に清算金が支払われているか否かであるとされる。しかし、A→Y が第 1 の物権変動の場合は、177 条の理論では、Y について悪意は問題とならな

い。もし、受戻権についての善意者のみを第三者Yに含めるとか、あるいは、背信的悪意者Yを第三者から排除するのであれば、本条但書後段の意義を、177条の法理で説明することは妥当でない。
* 94条2項による見解によれば、受戻権についての善意性を問題とし得る。しかし、清算期間経過後は、Aは所有権を取得しているので、Aから所有権の譲渡を受けたYを、94条2項の「第三者」と把握することは困難である。
* 債務者Xの受戻権行使によって、所有権は遡及的に（清算期間満了時までに）復帰し、ただ善意のYに対しては、これをもって対抗し得ない（96条3項、545条1項但書に類似した法律関係）とすると、受戻権についての悪意者を排除でき、論理的な無理もない。すなわち、善意の第三者Yが権利を取得すれば、たとえ、債務等を提供しても、債務者Xは、所有権を取得し得ない。この意味で、受戻権は消滅するのである。

2 Yは、Xを害する目的で抗弁1の売買をしたこと

(3) 債権者が、用益権・抵当権を設定した場合

この場合には、本条但書後段の規定の適用はないので、受戻権を債務者等は行使し得る。

■ **(参考)**（競売の請求）

仮登記担保法第12条 第4条第1項の先取特権、質権又は抵当権を有する者は、清算期間内は、これらの権利によつて担保される債権の弁済期の到来前であつても、土地等の競売を請求することができる。

1 本条の趣旨

清算金の支払までは、後順位担保権者は競売手続を選択することができる。仮登記担保法は、清算金の支払までに、競売申立てをする機会を保障するために、次の(1)、(2)の処置をとる。

(1) 清算期間経過前ないし後順位担保権者への通知なくして清算金を弁済し

た場合には、その弁済をもって対抗できないとした（仮登記担保6条2項）。これは、物上代位の機会を与えると同時に、競売の機会を与えることにもなる。
(2) 本条が定めるとおり、清算期間中は、被担保債権の弁済期前であっても、競売を請求できることとした。清算期間経過後は、清算の完了によって競売手続をとり得ないからである（なお、後順位の仮登記担保権者に対しては、仮登記担保法は競売申立権を認めていない）。

2　仮登記担保と後順位債権者による競売申立て
(1) 仮登記担保法制定前
　後順位担保権者ないし一般債権者が、仮登記担保の目的物に対して競売手続（強制競売又は担保権の実行）をとった場合に、仮登記担保権者は、競売手続を排除し、その所有権を取得できるのか、又は、競売手続内での優先弁済的効力の実現にとどまるかの問題（後順位担保権者側からすると、目的物の余剰担保価値を把握する手続として、清算金に対する物上代位以外に、競売手続をとれるかという問題）があった。最判昭和49年10月23日民集28.7.1473〔27000413〕は、先着手主義をとり、仮登記担保権の実行着手が、後順位旗権者による競売手続の開始に先行する場合には、仮登記担保権者は競売手続の排除を求めることができるが、後順位債権者による競売手続の開始が先行する場合には、仮登記担保権者は、競売手続内で、優先弁済を受けるにとどまるとした。
(2) 仮登記担保法制定後
　仮登記担保法は、後順位担保権者に、物上代位以外に、競売手続の選択も認めたが、判例の先着手主義を採用しなかった。仮登記担保法は、仮登記担保権者が、仮登記担保の実行に着手すれば、その旨を後順位担保権者に通知すべきものとし（仮登記担保5条）、①通知された清算金の見積額について、後順位担保権者が不満でなければ、物上代位の方法を、②不満であれば、清算の完了までは（同法15条2項）、競売の手続をとり得るとし、このことは、競売を回避する目的で、仮登記担保契約をした債権者に対して、清算金の見積額を適正なものにする効果を生む。この結果、清算金の支払後（清算金のない場合は清算期間の満了後）に競売申立てがあった場合を除き（同法15条2項）、仮登記担保権者は、競売手続内において優先弁済を受け得る（同法13条。なお、根仮登記担保権にはかかる効力は存しない。同法14条）にとどまり、仮登記に基づく本登記請求ができず（同法15条1項）、競売に基づく目的物の売却によって仮登記担保権は消滅する（同法16条）。

3 仮登記担保法5条通知のない後順位抵当権者と競売申立権
(1) 物上代位
　後順位担保権者は、仮登記担保5条通知を受けることにより物上代位と競売申立ての選択判断ができる。仮登記担保5条通知がないと、清算金の弁済があっても、その弁済を後順位担保権者に対抗できないため（仮登記担保6条2項）、物上代位は可能である。

(2) 競売申立権
　最判昭和61年4月11日民集40.3.584〔27100041〕は、「土地又は建物……の所有権の移転を目的とする仮登記担保契約に関する法律……1条にいう仮登記担保契約の債権者（以下「仮登記担保権者」という。）は、右契約の相手方である債務者又は第三者（以下「債務者等」という。）に対し法2条1項の規定による通知をし、その到達の日から2月の清算期間を経過したのちであつても、法5条1項に規定する先取特権、質権若しくは抵当権を有する者又は後順位の担保仮登記の権利者（以下これらの者を「後順位担保権者」という。）のうち同項の規定による通知（以下「5条通知」という。）をしていない者があるときには、その後順位担保権者に対しては、法2条1項の規定により土地等の所有権を取得した旨を主張して、仮登記に基づく本登記についての承諾の請求（不動産登記法105条1項、146条1項参照）をすることはできないものというべきであり、また、5条通知を受けていない後順位担保権者は、清算期間の経過したのちにおいても、法12条の規定の類推適用により土地等の競売を請求することができるものと解するのが相当である」と判示する。

> **訴訟物**　XのYに対する仮登記に基づく代物弁済を原因とする所有権移転本登記請求権、Y2に対するXが本登記手続をすることの承諾請求権
>
> ＊本件は、請求原因1ないし6の事実関係を前提として、Xは、Y1に対し、本件建物について、本件仮登記に基づく本登記として、代物弁済を原因とする所有権移転手続を求め、Y2組合に対し、Xが本登記手続をすることの承諾（不登109条）を求めたところ、Y2がXから仮登記担保5条通知を受けていないとして清算期日経過後ではあるが競売申立てをして承諾を拒絶した事案である。前掲昭和61年最判は、Y2に対する承諾請求を棄却している。
>
> ＊請求の趣旨は、「1　被告Y1は、Xに対し、本件建物につ

き、本件所有権移転請求権仮登記に基づき代物弁済を原因とする所有権移転登記手続をせよ。2　Y2は、Xに対し、原告が主文1項の登記手続をすることを承諾せよ」とする。

請求原因　1　XはY1との間で、次の合意を含む本件契約を締結したこと
(1)　Y1は、Xに対して負担する金銭債務を担保するため、その不履行があるときは、弁済に代えてXに本件建物の所有権を移転する旨の代物弁済の予約をし、代物弁済予約を登記原因とする所有権移転請求権仮登記手続をすること
(2)　代物弁済における被担保債権の範囲は、①金銭貸借取引による現在及び将来の一切の債権、②XがY1に対して有する本件建物の売買契約及びその敷地の賃貸借契約に基づく債権であること
(3)　Y1に対し、和議の申立てがあったとき、Xからの通知催告がなくてもY1はY1のXに対する債務の期限の利益を失うこと（「本件特約」）
2　そして、Xは、上記合意に基づき、本件の建物につき所有権移転請求権の本件仮登記を経由したこと
3　Y1は、和議申立てをされたこと
4　XはY1に対し、代物弁済予約完結の意思表示をするとともに、2か月後における本件建物の見積価額（○○万円）、被担保債権額の合計（貸付金○○万円、売買代金○○万円、防災施設分譲未収金○○万円のほか、利息金や遅延損害金）、及び清算金がない旨の通知をしたこと
5　Xは、予約完結の意思表示の後2か月を経過したこと
　＊Xは、代物弁済によって本件の建物の所有権を取得したことになる。
6　Y2は、本件建物につき、本件根抵当権設定登記を経由していること

（仮登記担保5条通知の不存在――Y2の主張）

抗弁　1　XはY2に対し、本件仮登記担保を実行するに際して、XがY1に請求原因5の通知をした旨、その通知がY1に到達した日及び通知した事項を通知しなかったこと
　＊仮登記担保5条通知をしていないことを示す事実である。本件登記に基づく所有権の取得をXはY2に対抗できないと主張するものである。

2　Y2は、本件建物について担保権の実行としての競売の申立てをし、裁判所は競売開始決定をしたこと

■（参考）（優先弁済請求権）

仮登記担保法第13条　担保仮登記がされている土地等に対する強制競売、担保権の実行としての競売又は企業担保権の実行手続（以下「強制競売等」という。）においては、その担保仮登記の権利者は、他の債権者に先立つて、その債権の弁済を受けることができる。この場合における順位に関しては、その担保仮登記に係る権利を抵当権とみなし、その担保仮登記のされた時にその抵当権の設定の登記がされたものとみなす。
　2　前項の場合において、担保仮登記の権利者が利息その他の定期金を請求する権利を有するときは、その満期となつた最後の2年分についてのみ、同項の規定による権利を行うことができる。
　3　前項の規定は、担保仮登記の権利者が債務の不履行によつて生じた損害の賠償を請求する権利を有する場合において、その最後の2年分についても、これを適用する。ただし、利息その他の定期金と通算して2年分を超えることができない。

1　本条の趣旨
　本条は、仮登記担保の目的物について、後順位債権者による競売手続がとられた場合に、仮登記担保権者が、仮登記の順位によって優先弁済を受けることができること、及び優先弁済の範囲を定めている。

2　仮登記担保権の順位
　本条1項前段は、担保仮登記がされている土地等に対する強制競売等（強制競売、担保権の実行としての競売又は企業担保権の実行手続）においては、その担保仮登記の権利者は、他の債権者に先立って、弁済を受けることを定める。この場合における順位に関しては、本条1項後段は、仮登記担保権を抵当権とみなし、仮登記がされた時に、抵当権の登記がされたとみなすことを定める。

3 仮登記担保権の被担保債権の範囲

仮登記担保権の被担保債権の範囲については、本条2項、3項が、375条1項本文と375条2項と同内容の範囲を定めている。

■ **(参考)**（根担保仮登記の効力）

仮登記担保法第14条 仮登記担保契約で、消滅すべき金銭債務がその契約の時に特定されていないものに基づく担保仮登記は、強制競売等においては、その効力を有しない。

---

1 根仮登記担保と強制競売等

根仮登記担保とは、被担保債権が仮登記担保契約時には特定されていない（不特定の債権である）仮登記担保である。根仮登記担保も仮登記担保に属するのであって（後記4参照）、所有権取得権能は、通常の仮登記担保と変わらない。しかし、本条1項は、強制競売、担保権実行としての競売、企業担保権の実行手続（「強制競売等」仮登記担保13条1項）においては、根仮登記担保の優先弁済権を認めていない。それは、（根抵当と併用されない独立的な）根仮登記担保には、そもそも極度額が存在せず、その公示もないから、目的物の全価額が、根仮登記担保によって支配されることとなり、余剰価値の利用が妨げられ、包括根抵当と同じ弊害が生じ、包括根抵当を禁止する法制が無意味となるからである（新注民（9）784頁〔高木多喜男〕）。

2 根仮登記担保と物上代位

通常の仮登記担保においては、抵当権等における場合と同じく設定者が受けるべき清算金に対する物上代位が認められるが、根仮登記担保においては認められない（仮登記担保4条2項括弧書）。

3 根仮登記担保と破産手続・再生手続・会社更生手続等

通常の仮登記担保権は、破産手続・再生手続・会社更生手続等の中で抵当権と同じ取扱いを受けるが（仮登記担保19条1項括弧書、3項、4項）、根仮登記担保権は、これらの手続中ではその効力を有しない（同条5項）。

4 根仮登記担保の効力

根仮登記担保についても私的実行すなわち所有権取得権能は認められている。私的実行に関する規定（仮登記担保2条ないし11条）は、根仮登記担保にも適用される。根抵当と併用された仮登記担保につき、極度額の制限を受けるかという問題は、私的実行においても生ずる。仮登記担保3条の「債権等の額」の算定に当たり、極度額を上限とするかという形で生ずる。普通仮登記担保については、374条の制限がないことは、否定説の根拠となり、他方で、余剰担保価値の利用を尊重する本条からすると、肯定することになろう（新注民（9）784頁〔高木多喜男〕）。

■ （参考）（強制競売等の場合の担保仮登記）

仮登記担保法第15条 担保仮登記がされている土地等につき強制競売等の開始の決定があつた場合において、その決定が清算金の支払の債務の弁済前（清算金がないときは、清算期間の経過前）にされた申立てに基づくときは、担保仮登記の権利者は、その仮登記に基づく本登記の請求をすることができない。
2 前項の強制競売等の開始の決定があつた場合において、その決定が清算金の支払の債務の弁済後（清算金がないときは、清算期間の経過後）にされた申立てに基づくときは、担保仮登記の権利者は、その土地等の所有権の取得をもつて差押債権者に対抗することができる。

---

1 本条の趣旨

本条は、後順位債権者により目的物について競売申立て（強制競売と担保権の実行としての競売を含む）があった場合において、仮登記担保権者のした本登記手続の処置を定めている。これによると、競売開始決定が、清算金支払前（清算金がない場合は清算期間経過前）の競売申立てに基づく場合には、仮登記担保権者は本登記請求をなし得ず（本条1項）、競売申立てがその後であれば仮登記担保権者は、目的物の所有権の取得をもって差押債権者に対抗できる（本条2項）とされている。

仮登記担保法制定前、最判昭和49年10月23日民集28.7.1473〔27000413〕によると、仮登記担保権が最優先順位のものであっても、仮登記担保権実行としての本登記手続請求訴訟提起の時点と、他の抵当債権者ないし差

押債権者による競売手続(任意ないし強制の)開始の時点との先後を比較して、後者が前者より先立つときは、仮登記担保権者は競売手続に参加して競売代金の配当にのみあずかるとされる(先着手主義)。しかし、その「訴訟提起」の時点と「競売手続の開始」の時点が明確でなかった(中野貞一郎「仮登記担保権と競売手続との関係」『昭和49年度重要判例解説』ジュリ増刊(1975年)130頁)。そこで、仮登記担保法は、清算金の弁済と競売申立てとの時間的先後により、その優先順位を決定するものとしたのである。

もっとも、本条の先着手主義は、通常の競売についてのみ当てはまるもので、後順位抵当債権者等に対する関係では、競売申立てが先にされ得るものとなっており、実質的には競売優先主義であるといわれる。つまり、後順位抵当債権者等は、仮登記担保権の実行通知を受けることができ(仮登記担保5条1項)、かつ、清算金の弁済は、清算期間経過後のものでなければ後順位抵当債権者等に対抗し得ず(同法6条2項)、競売請求の特則(同法12条)もあるので、清算期間経過前のすなわち清算の完了に先立つ競売申立てが可能だからである。

2　清算金支払に先立って競売申立てがされた場合

目的物について、競売開始決定がされ、かつ、この競売開始決定が清算金の支払前(清算金がないときは、清算期間経過前)の競売申立てに基づいてされた場合に、本登記請求をすることができない(本条1項)。その競売手続中で被担保債権の優先弁済を受け得るだけとなる(仮登記担保13条1項前段)。本条1項所定の「本登記の請求をすることができない」とは、実体法的には、本登記請求権が消滅するのではなく(目的物が競売により売却されると消滅する)、競売手続が売却によって完了するか、競売申立ての取下げ、競売手続の取消しによって完了するかまで、その手続が中止させられることである。ただ、仮登記担保権者が本登記を求める訴えを提起していた場合には、請求棄却となろう。

訴訟物　　XのYに対する所有権移転請求権保全の仮登記に基づく所有権移転登記請求権

＊本件は、請求原因段階の事実は、仮登記担保法1条の解説1の設例と同じであるが、強制競売等の開始決定が清算金の支払の債務の弁済前(清算金がないときは、清算期間の経過前)にされた申立てに基づくかが争点となった事案である。

請求原因　1ないし8　仮登記担保法1条の設例の請求原因1ないし8と同

じ

(強制競売等の開始決定)
抗弁 1 本件土地・建物につき、強制競売開始決定がされたこと
  ＊この抗弁は、以下の2つの再抗弁とともに、本条1項に基づくものである。なお、清算金支払前に競売申立てがされても、開始決定前に申立てが取り下げられた場合、競売申立てが違法として却下された場合には、本登記請求をすることができる。
  ＊競売手続が、請求異議訴訟その他により取り消されたとか、開始決定後、競売申立てが取り下げられることになっても、取消し、申立取下げがされるまでは本登記手続はできない。

(清算金の支払)
再抗弁 1 XはYに対して、清算金を抗弁1の決定の申立てに先立って弁済したこと
  ＊本条1項と2項を分ける基準時である「弁済」には、供託・相殺(物上代位権者が清算金請求権を差し押さえた場合は別)も含まれる。

(清算期間の経過)
再抗弁 1 清算金は存在しないこと
     2 抗弁1の決定の申立ては、清算期間の経過した後にされたこと

3 競売申立てに先立って清算金の弁済がされた場合
　競売開始決定が、清算金支払後(清算金がないときは、清算期間経過後)の競売申立てに基づくときは、仮登記担保権者は、目的物所有権の取得をもって差押債権者に対抗することができる(本条2項)。差押債権者に「対抗することができる」の意味であるが、競売手続を仮登記のままで、排除できることを意味する。したがって、仮登記請求権者は、本登記請求や本登記承諾請求と併合することなく、仮登記のままで、第三者異議の訴えによって競売手続を排除し得るのである。

4 譲渡担保への本条1項の類推適用
　仮登記担保1条は、金銭債務の不履行を条件として、債務者又は物上保証人に属する所有権その他の権利を債権者に移転することを目的としてされた契約で、その契約による権利について仮登記又は仮登録のできるものを仮登

記担保契約と定め、税徴52条の2において準用される本条1項によれば、担保仮登記がされている土地等につき滞納処分による強制換価手続が開始された場合において、その差押えが清算金の支払の債務の弁済前（清算金がないときは、清算期間の経過前）にされたものであるときは、担保仮登記の権利者は、その仮登記に基づく本登記の請求をすることができない。それは、仮登記担保権利者は、仮登記担保13条により、その仮登記の時点において抵当権設定の登記がされたものとみなされ、その限りで被担保債権の優先弁済権を主張して債権の満足を得る方法があるから、自己の仮登記が登記上先順位であることを奇貨として、自己固有の権利実行手続に固執し、強制換価手続を排除して関係者に無用の損害を被らせることは、仮登記担保権の行使としての正当な法的利益を有するとはいえないからである。

　一方、不動産の譲渡担保契約においては、多くの場合、債権者が債務者又は物上保証人から当該不動産の所有権移転登記を受けるが、所有権の取得それ自体よりは、その金銭的価値に着目し、その価値の実現によって自己の債権の満足を得ることを目的とするものであって、被担保債権の債務不履行を契機として債権債務の清算がされるまでは、所有権はなお譲渡担保権設定者に残存ないし分属し、清算によってはじめて確定的に債権者に所有権が移転するという形式をとるのが通例である。そのため、担保権としての実質的な機能面では、仮登記担保法上の仮登記担保に近似しており、譲渡担保契約を原因として不動産につき仮登記を経由したにとどまるいわゆる仮登記譲渡担保にあっては、公示方法も仮登記担保契約の場合と異ならないから、債権者、債務者、担保設定者、仮登記後の担保権者等の関係者間の公平な利害の調整を図るため、その性質上不適当なものを除き、仮登記担保法の規定を類推適用すべきであろう。

5　国税滞納処分による差押えがあった場合

　国税滞納処分による差押えがあった場合にも、本条が準用される（税徴52条の2）。ところで、国税滞納処分による差押え後に、担保仮登記がされ、その後に、国税滞納処分としての参加差押えがあった事案で、最判平成3年4月19日民集45.4.456〔22004091〕は、担保仮登記に先行する国税滞納処分が解除されていない場合であっても、税徴52条の2を類推適用して、参加差押えが、清算金の支払の債務の弁済前（清算金のない場合には清算期間の経過前）にされたものであるときは、本条1項が準用されるとした。この準用がなければ、仮登記担保権者は、仮登記に基づく本登記をすることにより、目的物の所有権の取得を参加差押えをした国に対抗できることとなる

が、そうすると、将来先行する国税滞納処分による差押えが解除された場合に、参加差押えに基づく滞納処分を続行することができなくなるという不都合が生じることを理由とする。

訴訟物　ＸのＹ（国）に対する所有権移転仮登記に基づく本登記手続への承諾請求権

* 本件は、仮登記を経由した譲渡担保権者であるＸが、債務者Ａの破産管財人Ｃに対して仮登記に基づく本登記手続を求める別訴を提起し、破産管財人Ｃから右本登記手続を受ける旨の訴訟上の和解を成立させた後に、仮登記に後れて滞納処分による差押えをし、その旨の登記をしたＹに対して、本登記手続の承諾を求めたところ、本件甲契約は、仮登記担保法にいう仮登記担保契約の実質を有するから、税徴52条の2において準用する本条1項の類推適用により、Ｘらは、本件各登記に基づく本登記手続を請求できず、Ｙに対して承諾請求もできないと主張した事案である。
* 請求の趣旨は、「ＹはＸに対し、本件土地につき、本件甲仮登記に基づく本登記手続の承諾をせよ」である。
* 下級審判決であるが、東京地判平成8年12月26日判時1617.114〔28022397〕は、本件甲契約が、Ｙ主張のように、仮登記担保法にいう仮登記担保契約の実質を有するものとして、本件甲契約に係る本件甲仮登記につき税徴52条の2において準用される本条1項の類推適用を受けるべきものかについて検討し、「本件甲契約の成立時には、本件甲土地の所有権はＡからＸに移転しておらず、右所有権はＡのＸに対する金銭債務の不履行を条件として移転することとして本件甲契約が締結され、これが不動産登記法2条2号の仮登記によって公示されたものと認めるのが相当であるから、本件甲契約は、仮登記担保法にいう仮登記担保契約の実質を有するものというべきである」と判示し、類推適用を肯定する。そうすると、甲契約に係る甲仮登記については、税徴52条の2において準用される本条1項の類推適用があり、Ｘは、仮登記に基づく本登記手続の請求をすることはできず、登記上利害関係を有するＹに対して承諾請求をすることもできないと結論付ける。

請求原因 1　Aは、Bから本件土地外1筆を963万0,780円で買い受け、内金813万0,780円の支払のため、Bに対し、満期は契約日翌月から3年間の各28日、金額は各22万5,855円とする本件手形36通を振り出し、所有権移転登記を経由した。

2　Xは、Bから本件手形の引渡しを受けて取得し、Xは、Aとの間で、本件手形の手形金合計813万0,780円の債務につき貸金の目的とする本件準消費貸借債務を締結したこと

3　XとAは、請求原因2の債務を担保するため、Xから請求を受けたとき又は平成○年○月○日が到来したときを条件として、その条件の1つでも成就したときは、Aは本件土地をXに譲渡する旨の停止条件付譲渡担保契約（本件契約）を締結し、本件土地につき、上記条件付の譲渡担保を原因とする本件仮登記（条件付所有権移転仮登記）を経由したこと

4　本件土地につき、Aに対する滞納処分のため、Y（国）が差押えをして、その登記を経由したこと

5　Aは、本件準消費貸借債務については、25回までの割賦金は支払ったが、その後の割賦金の支払を遅滞したうえ、破産宣告を受け、破産管財人Cが選任されたこと

6　Xは、破産者A破産管財人Cに対し、本件甲仮登記に基づく本登記手続（別訴）を求めたところ、Xと破産管財人Cとの間で、「破産管財人Cは、Xに対し、本件甲土地につき、本件甲仮登記に基づく本登記手続をする」との訴訟上の和解（「別件和解」）が成立したこと

■ **（参考）**

仮登記担保法第16条　担保仮登記がされている土地等につき強制競売等が行われたときは、担保仮登記に係る権利は、前条第2項の場合を除き、その土地等の売却によつて消滅する。

2　民事執行法（昭和54年法律第4号）第59条第2項及び第3項の規定は前項の規定により消滅する担保仮登記に係る権利を有する者に対抗することができない土地等に係る権利の取得及び仮処分の執行について、同条第5項の規定は利害関係を有する者のした前項の規定又はこの項において準用する同条第2項の規定と異なる合意の届出につい

て準用する。

1　本条の趣旨
　本条1項は、仮登記担保権が、競売（強制競売・担保権の実行としての競売）による目的物の売却によって消滅すること（消除主義）を定める。また、本条2項は、仮登記担保に対抗できない目的物上の権利の取得について、民執59条2項が、仮登記権者に対抗できない仮処分について、同条3項が準用されること、並びに、本条1項又は民執59条2項と異なる合意（売却条件の変更についての合意）がされた場合には、同条5項が準用されることを定める。

2　消除主義の例外
(1) 民事執行法は、不動産質権で、使用及び収益をしない特約（359条）のないものについて引受主義をとっている（民執59条1項、4項）。これより先順位の仮登記担保は引受主義となる。
(2) 仮登記担保権者の責めに帰すことができない事由により、競売開始の通知も権利届出の催告（仮登記担保17条参照）も受けなかった場合には、仮登記担保権は、売却によって消滅せず、買受人によって引き受けられると解されている。
(3) 利害関係人全員の合意によって、引き受けられるべき特別の売却条約が定められた場合には、売却によって消滅せず、引き受けられる（本条2項、民執59条5項）。

3　仮登記担保権の消滅時期
　買受人が、目的物所有権を取得した時に、仮登記担保権は消滅する。民執79条によると、その時期は、買受人が代金を納付した時である。

4　抹消登記の嘱託
　買受人が代金を納付したときは、裁判所書記官は、担保仮登記の抹消を嘱託しなければならない（民執82条1項）。もっとも、登記簿上、担保仮登記か本来型仮登記か明確でない場合がある。したがって、競売手続が完了しても、常に仮登記を抹消すべきではない。担保仮登記である旨の届出（仮登記担保17条）があった場合、抵当権と併用されている場合、登記原因が代物

弁済予約ないし停止条件付代物弁済契約である場合のように、登記原因から担保型であることが明確である場合を除けば、抹消登記の嘱託をすべきでないと解される。

■ **(参考)** （強制競売等の特則）

仮登記担保法第17条　裁判所書記官は、所有権の移転に関する仮登記がされている土地等に対する強制競売又は担保権の実行としての競売において配当要求の終期を定めたときは、仮登記の権利者に対し、その仮登記が、担保仮登記であるときはその旨並びに債権（利息その他の附帯の債権を含む。）の存否、原因及び額を、担保仮登記でないときはその旨を配当要求の終期までに執行裁判所に届け出るべき旨を催告しなければならない。
　2　差押えの登記前にされた担保仮登記に係る権利で売却により消滅するものを有する債権者は、前項の規定による債権の届出をしたときに限り、売却代金の配当又は弁済金の交付を受けることができる。
　3　所有権の移転に関する仮登記がされている土地等につき企業担保権の実行の開始の決定があつたときは、管財人は、仮登記の権利者に対し、第1項に規定する事項を企業担保法（昭和33年法律第106号）第22条第1項第5号の期間内に届け出るべき旨を催告しなければならない。
　4　民事執行法第50条の規定は第1項又は前項の規定による催告を受けた仮登記の権利者について、同法第87条第2項の規定は第2項の債権者のための担保仮登記が仮差押えの登記後にされたものである場合について、同条第3項の規定は第2項の債権者のための担保仮登記が執行停止に係る差押えの登記後にされたものである場合について準用する。

1　本条の趣旨

　仮登記担保の目的物に、競売手続が開始した場合に、仮登記担保権者は競売手続内で配当を受けることができるが、本条は、その機会を保障するとともに、裁判所が、売却条件を定めるうえで、仮登記に係る権利が担保目的か否かを知るために、仮登記権利者に催告すべき旨を定めている。すなわち、

競売手続で、配当要求の終期が定められると、裁判所書記官は、仮登記権利者に対し、その仮登記が、担保仮登記であるときはその旨、債権の存否、原因及び額を、担保仮登記でないときはその旨を配当要求の終期までに執行裁判所に届け出るべき旨を催告しなければならないとした（本条1項）。

2　届出がなかった場合の失権効

本条2項は、民事執行法制定に伴う改正に伴い、設けられたが、仮登記担保権で売却により消滅するものは、配当要求の終期までに、本条1項の届出をしないときは、売却代金の配当又は弁済金の交付を受け得ないとして、失権的効果を明確にした。すなわち、売却代金の配当又は弁済金の交付を受け得るのは、配当要求の終期までに、本条1項の届出をしたときに限るとした。

3　企業担保権の実行

所有権の移転に関する仮登記がされている土地等につき企業担保権の実行の開始の決定があったときは、管財人は、仮登記の権利者に対し、本条1項に規定する事項を企業担保法（昭和33年法律第106号）22条1項5号の期間内に届け出るべき旨を催告しなければならない（本条3項）。

4　準用規定

民執50条（催告を受けた者の債権の届出義務）、87条2項、3項（配当を受け得る債権者の範囲）、の準用規定が存する（本条4項）。

■ **（参考）**（不動産登記の特則）

仮登記担保法第18条　担保仮登記の権利者は、清算金を供託した日から1月を経過した後にその担保仮登記に基づき不動産登記法（平成16年法律第123号）第109条第1項に規定する本登記を申請する場合には、同項の規定にかかわらず、先取特権、質権若しくは抵当権を有する者又は後順位の担保仮登記の権利者が第4条第1項（同条第2項において準用する場合を含む。）の差押えをしたこと及び清算金を供託したことをもつてこれらの者の承諾に代えることができる。ただし、その本登記の申請に係る土地等につきこれらの者のために担保権の実行としての競売の申立ての登記がされているときは、この限りでな

い。

1 登記上利害関係のある第三者の承諾書に代わる差押え・供託書

担保仮登記権利者が、仮登記に基づく本登記をするには、登記上利害関係のある第三者の承諾書を添付しなければならないが（不登109条1項）、清算金の供託後1か月を経過した後は、①清算金請求権に対する物上代位権者が差押えをしたこと、②清算金を供託したことを証する書面をもって承諾書に代えることができる（本条本文）。

2 例外

本登記の申請に係る土地等につきこれらの者のために担保権の実行としての競売の申立ての登記がされているときは、この限りでない（本条但書）。この場合は、仮登記に基づく本登記をすることができないからである。

■（参考）

仮登記担保法第19条 破産財団に属する土地等についてされている担保仮登記（第14条の担保仮登記を除く。第3項及び第4項において同じ。）の権利者については、破産法（平成16年法律第75号）中破産財団に属する財産につき抵当権を有する者に関する規定を適用する。
2 破産財団に属しない破産者の土地等についてされている担保仮登記の権利者については、破産法中同法第108条第2項に規定する抵当権を有する者に関する規定を準用する。
3 再生債務者の土地等についてされている担保仮登記の権利者については、民事再生法（平成11年法律第225号）中抵当権を有する者に関する規定を適用する。
4 担保仮登記に係る権利は、会社更生法（平成14年法律第154号）又は金融機関等の更生手続の特例等に関する法律（平成8年法律第95号）の適用に関しては、抵当権とみなす。
5 第14条の担保仮登記は、破産手続、再生手続及び更生手続においては、その効力を有しない。

仮登記担保権は、債務者の破産や会社更生に当たっては、手続上、抵当権と同じ扱いを受ける（本条1項、3項）。すなわち、破産手続上は、別除権（破92条）として、会社更生手続では更生担保権（会社更生123条）として扱われる。なお、根仮登記担保権については、かかる手続上も（競売手続の場合と同一理由で）、その効力が認められない（本条4項）。なお、準別除権者に関する規定（破97条）が、仮登記担保権者に準用されている（本条2項）。

■ **(参考)** （土地等の所有権以外の権利を目的とする契約への準用） ―

仮登記担保法第20条　第2条から前条までの規定は、仮登記担保契約で、土地等の所有権以外の権利（先取特権、質権、抵当権及び企業担保権を除く。）の取得を目的とするものについて準用する。

　仮登記担保契約の目的物は、土地・建物の所有権であることにとどまらず、仮登記・仮登録のできる権利であれば足りる。しかし、仮登記担保2条ないし19条は、通常行われる土地・建物（「土地等」と規定されている。仮登記担保2条1項）の所有権を目的とするものについてのみ定められている。そこで、本条は、仮登記・仮登録のなし得る権利で、土地等の所有権以外の権利（先取特権・質権・抵当権・企業担保権を除く）の取得を目的とするものについて、仮登記担保2条ないし19条の規定を準用することを定める。

補章2　工場抵当法

1　工場抵当法による抵当権の効力の及ぶ範囲

　工場抵当法は、工場の所有者が、財団を組成しないで、工場に属する土地又は建物の上に抵当権を設定した場合に、抵当権の効力は、原則として、これらの不動産と付加して一体となる物だけでなく、抵当権設定の前後を問わず、それに備え付けた機械・器具その他工場の用に供する物の上に及ぶとしている（工抵2条）。これは、370条所定の抵当権の効力の及ぶ範囲よりも広い。ただし、備付物に抵当権の効力の及ぶことを第三者に対抗するためには、これらの物の目録を提出して、土地や建物の登記簿の一部としての取扱いを受ける手続を要する（工抵3条、最判平成6年7月14日民集48.5.1126〔27824763〕）。この目録の記載の方法は具体的であることを要し、単に「建物内にある機械器具一切」の表示では対抗力が生じない（最判昭和32年12月27日民集11.14.2524〔27002722〕）。

| 訴訟物 | XのYに対する執行法上の異議権（配当異議）

＊本件は、本件建物について設定したXの根抵当権の効力が本件建物内の本件物件（バッチャープラント）にも及んでいるから、Xは本件物件の売却代金につきYに優先して配当を受け得ると主張して、配当表の変更を求めたものである。

＊請求の趣旨は、「○○地方裁判所、平成○年（ケ）第○○号、不動産競売事件について、平成○年○月○日、同裁判所が作成した配当表を変更し、Xに1,788万5,318円を、Yにその余を配当する」とする。

| 請求原因 | 1　A銀行はB所有の不動産につき競売の申立てを行い、C会社が買受人に決定し、代金を納付したこと

2　Xは、同競売物件のうち工場に属する本件建物について、極度額を6,000万円、債権の範囲を売買取引、手形債権、小切手債権とする順位1番の根抵当権設定登記をしている抵当権者として、合計1,788万5,318円の債権届出をしたこと

　＊前掲平成6年最判の事案では、工抵3条所定の「目録」は提出されていなかった。

3　裁判所は、Yには2,582万8,635円を、Xには830万7,154円を配当する旨の配当表を作成したこと

＊Yに対する配当額には、本件物件の競落代金も含まれているので、Xが異議を申し立てた。
4 本件物件は、本件建物と下記の (1)、(2) の関係にあること
(1) 本件物件は本件建物と一体となっており、本件物件は本件建物の構成部分であること
＊(1) は、工抵2条1項に規定する「附加シテ之ト一体ヲ成シタル物」（以下、「附加物」という）として根抵当権の効力が及び優先して配当を受けることができるとの主張である。
(2) 本件物件は本件建物に備え付けられた機械器具であること
＊(2) は、工抵2条1項、2項に規定する「備附ケタル機械、器具其ノ他工場ノ用ニ供スル物」（「備附物」）としてXの根抵当権の効力が及び優先して配当を受けることができるとの主張である。
5 Xは、配当期日において配当表のうちYの部分につき異議の申立てをしたこと

（対抗要件）

抗 弁 1 Xが、本件物件に対抗要件（「3条目録」）を具備するまで、本件物件の抵当権を認めないとのYの権利主張
＊工抵3条1項は、「工場ノ所有者カ工場ニ属スル土地又ハ建物ニ付抵当権設定ノ登記ヲ申請スル場合ニ於テハ其ノ土地又ハ建物ニ備附ケタル機械、器具其ノ他工場ノ用ニ供スル物ニシテ前条ノ規定ニ依リ抵当権ノ目的タルモノノ目録ヲ提出スヘシ」と規定しているので、Xの3条目録の提出の有無を問題とするYの主張である。すなわち、工場抵当法は備附物の目録を建物の抵当権設定登記申請時に提出させ、その目録の記載を登記とみなす（同条2項による工抵35条の準用）ことによって、目録提出の先後により備附物に係る抵当権の優劣を決する。したがって、Xが本件物件の売却代金から優先弁済を受け得ないと主張することを意味する。
＊前掲平成6年最判の原審は、抵当権者は、工場に属する土地又は建物について抵当権設定登記を経由すれば、工抵3条に規定する物件についても第三者に対して抵当権の効力を対抗でき、3条目録の提出によって対抗要件が具備されるものではないと解したうえ、本件建物につき順位1番の根抵当権設定登記を経由したXは、Yに優先して本件物件の売却代金

から配当を受けるとし、Xの請求を全部認容したが、前掲平成6年最判は、これを破棄し、「工場の所有者が工場に属する土地又は建物の上に設定した抵当権(以下「工場抵当権」という。)は、その土地又は建物に付加してこれと一体を成した物及びその土地又は建物に備え付けた機械、器具その他工場の用に供する物(以下、後者を「供用物件」という。)に及ぶが(法2条参照)、法3条1項は、工場の所有者が右土地又は建物につき抵当権設定の登記を申請する場合には、供用物件につき目録(3条目録)を提出すべき旨を規定し、同条2項の準用する法35条によれば、右目録は登記簿の一部とみなされ、その記載は登記とみなされている。……右各条項……に照らせば、工場抵当権者が供用物件につき第三者に対してその抵当権の効力を対抗するには、3条目録に右物件が記載されていることを要するもの、言い換えれば、3条目録の記載は第三者に対する対抗要件であると解するのが相当である」と判示する。そのうえで、土地又は建物に対する抵当権設定の登記による対抗力は、設定当時その土地又は建物の従物であった物についても生ずるから工場抵当権についても、供用物件のうち抵当権設定当時工場に属する土地又は建物の従物については3条目録の記載を要しないとする見解もあろうが、そう解すると、抵当権設定の当事者ないし第三者は、特定の供用物件が従物に当たるか否かという困難な判断を強いられ、また、抵当権の実行手続において、執行裁判所もまた同様の判断を余儀なくされる。法が供用物件について3条目録を提出すべきとする趣旨は、供用物件が従物に当たるか否かを問わず、一律にこれを3条目録に記載すべきものとし、困難な判断を回避し、工場抵当権の実行手続を簡明化すると指摘する。

(目録の具備)

> [再抗弁] 1　Xは、抵当権設定当時、3条目録を提出したこと
> 　＊前掲平成6年最判は、「本件物件が供用物件に当たることは明らかであり、Xの工場抵当権については本件物件につき3条目録が提出されていなかったのであるから、Xは、本件物件について工場抵当権を有するYに優先して本件物件の売却代金から配当を受けることはできない」と結論付けた。

2 工場抵当法の抵当権に基づく物権的請求権

抵当権の効力は、機械などの目的物が第三取得者に引き渡された後にも及ぶのが原則だが、抵当権者の同意を得て付加一体物を分離し、若しくは工場併用物件の備付けを止めたときはその例外をなす（工抵6条）。また、第三取得者が即時取得の要件を満たしていれば保護され、抵当権の及ばない所有権を取得する。このような即時取得が成立しない場合には、抵当権に基づく物権的請求権によって、第三取得者に対し、もとの備付場所に原状回復するように請求することができる。

最判昭和57年3月12日民集36.3.349〔27000098〕【Ⅰ87】は、「工場抵当法2条の規定により工場に属する土地又は建物とともに抵当権の目的とされた動産が、抵当権者の同意を得ないで、備え付けられた工場から搬出された場合には、第三者において即時取得をしない限りは、抵当権者は搬出された目的動産をもとの備付場所である工場に戻すことを求めることができる」と判示し、その理由として、抵当権者の同意を得ないで工場から搬出された動産については、第三者が即時取得をしない限りは、抵当権の効力が及んでおり、第三者の占有する当該動産に対し抵当権を行使することができるのであって（同法5条参照）、抵当権の担保価値を保全するためには、目的動産の処分等を禁止するだけでは足りず、搬出された目的動産をもとの備付場所に戻して原状を回復すべき必要があることを挙げる。この考え方を抵当権に推及できるかについては、我妻・担保物権法269頁は、工場抵当権は、抵当権の登記を申請する際に、その抵当権の効力の及ぶ附合物や従物についてその目録を提出させ、その目録を登記簿の一部とみなしている（工抵3条、35条）のであるから、普通の抵当権については同様に解し得ないとしている。

訴訟物 XはYに対する工場抵当権に基づく妨害排除請求権に基づく動産引渡請求権

＊Aは、B金庫からの借入金債務について、X保証協会がBとの間で締結した債務保証契約に基づきXが将来取得する求償権を担保するため、Aが所有する本件建物とその内部に設置された本件物件に工抵2条による元本極度額2,750万円の根抵当権を設定した。ところが、Yは本件物件を本件建物から持ち去って現に占有している。本件は、XがYに対して、本件物件の（工場内への）引渡しを求めたところ、Yは本件物件を占有していたC（Aの代表者）から取引によって取得したと主張し、即時取得の成否が争点となった事

案である。

＊請求の趣旨は、「1　被告は本件物件につき売買、贈与、質権設定、賃貸その他抵当権の実行を妨げる一切の行為をしてはならない。2　被告は本件物件を本件建物に搬入せよ」とする。

請求原因
1　Aは、本件物件を所有すること
2　AはXとB金庫との間の債務保証契約に基づきXが将来取得することのあるべき求償権を担保するため、本件建物とともに本件物件に工抵2条による元本極度額 2,750 万円の根抵当権を設定したこと

＊仙台高判昭和 56 年 5 月 25 日判タ 468.100〔27200193〕は、「抵当権は、目的物の担保価値の把握を主眼とする価値権であり、目的物を占有、使用、収益する権限を含まないから、たとえ、何らの権原にも基づかずに違法に目的物を占有する者がいたとしても、それにより目的物の価値自体の減損が生じないかぎりは、その排除を求めることはできない」「しかし、工場抵当法 2 条の抵当権の目的たる動産の場合には、同条の抵当権は工場に属する土地、建物とその備付動産とを有機的一体として、これによる独自の担保価値を把握しようとするものであ〔る〕」「したがつて、工場抵当法2条の抵当権については、その価値権自体の保全のためにも、目的動産の自由な処分、占有移転を制約し、あるいは搬出された目的動産を旧備付場所に搬入させるべき必要性は大きい」「そして右抵当権者が目的動産に対する権利を適法に取得した権利者に対し、その権限に基づいてこれを処分し占有移転することを制約すること、あるいはその占有を失わせる結果となるこれが旧備付場所に搬入を求めることができるか否かについては、……少なくとも、何らの権原なしにこれを占有する者に対しては、かかる処分等による抵当権の実行妨害行為を禁止することはできるものと解すべきであるのみならず、さらに進んで、右のような不作為義務を課するのみでは、前記の有機的一体性をもつた独自の担保価値を実現し、あるいは即時取得による抵当権自体の消滅を防止するのに充分なものとはいえないから、備付をやめて不当に搬出された目的動産を再び備付けるために、元の備付場所たる土地建物にこれを搬入

することをも求めることができる」と判示する。
  3　Yは、本件物件を占有していること

(即時取得)
抗弁　1　Yは本件物件を占有していたC（Aの代表者）から本件物件を代金○○円で買い受けたこと
  2　CはYに対して、抗弁1の契約に基づき、その引渡しを受けたこと
  ＊192条は、即時取得の要件として、「取引行為」（抗弁1）及び「基づく引渡し」（抗弁2）の事実のほかに、平穏、公然、善意、無過失があるが、186条1項により、Yは、平穏、公然、善意を主張する必要がない（暫定真実）。また、無過失については、188条により、占有者が占有物の上に行使する権利はこれを適法に有するものと推定されるから、占有取得者Yは、前主Cに所有権があると信ずることについて過失がないものと推定される（司研・紛争類型別115頁）。

(強暴)
再抗弁　1　Yは本件物件の占有の取得が強暴であったこと
  ＊例えば、相手の意に反して暴力で奪取したことである（東京控判昭和14年5月6日評論28民法889〔20000149〕）。

(隠秘)
再抗弁　1　Yは本件物件の占有の取得が隠避に行われたこと
  ＊例えば、工場宿直員の抗議を受けながら債権者や従業員に知られると妨害されることをおそれて徹夜で運搬した場合である（大阪地判昭和38年1月14日判時347.46〔27430657〕）。

(悪意)
再抗弁　1　Yは、本件物件につき、前主Cの無権利について悪意であったこと

(過失)
再抗弁　1　Yは古物営業者であり、古物営業16条によると古物を買い受けるとき相手方の住所、氏名、職業等を確認することを義務付けられており、Yはこれら住所、職業の確認を怠ったこと

3　担保権が設定されている場合の即時取得の成否
(1)　工場抵当権の効力の及ぶ工場備付動産
 工抵2条により工場抵当権の効力の及ぶ工場備付動産について即時取得の

効力の及ぶことは工抵5条2項の明記するところである。
(2) 同法に基づき工場財団が設定されその財団目録に記載された動産

最判昭和36年9月15日民集15.8.2172〔27002258〕は、工場財団を組成する動産について、「同法〔工場抵当法〕に基き工場財団が設定されその財団目録に記載された動産については、同法には民法第192条の適用を妨げない旨明記されているものではないことは所論の通りである。そして工場財団は一個の不動産と看做され、工場財団に属する動産はその譲渡を禁止されているのであるが、かゝる動産といえども右財団から分離され第三者に譲渡、引渡された場合、たとえその処分が不当であつてもその譲渡引渡を受けた第三者に公然、平穏、善意、無過失の要件が具備するときはこれを保護すべきであるから、特に工場抵当法にその旨の明文がなくとも民法第192条の適用があるものと解すべきである」と判示する（我妻・物権法215頁も同旨。大判昭和8年5月24日民集12.1565〔27510184〕は、無過失と認められないとして、かかる動産についての即時取得を排斥しているが、要件さえ充足すれば、192条の適用があることを前提としている）。

工場財団を組成する動産は、財団が全体として1個の不動産として扱われるから、抵当権者の同意がなければ分離できない筈であるし、たとえ分離したとしても、抵当権者の同意がない限り抵当権者に対する関係ではかかる動産を第三者に譲渡した所有者は抵当権者に賠償責任を負わなければならず、また、担保の毀滅・減少により期限の利益喪失の効果が生じるとしても、その動産は財団から分離され（独立した動産となる）た以上、192条の要件を備える限り即時取得が成立する。その結果、抵当権の効力はその動産の上には及ばなくなる。

訴訟物　Xの本件動産（顕微鏡）の所有権（確認）

* Xは工場抵当法に基づいて、工場財団を設定したうえ、借入債務のため抵当権の設定をしていたが、Xは工場財団に属する本件動産（顕微鏡）をAに売却し、さらに事情を知るYがAから買い受けた。本件は、XがYに対して、本件動産の所有権確認を求めた事案である。
* 本件動産はXからAに、AからYに順次譲渡されたから、即時取得は、Aの段階とYの段階とで問題となる。前掲昭和36年最判は、Xが工場財団に組み入れていた本件動産を財団から分離してAに譲渡し、YがAから譲り受け所有権を取得したことを肯定した。しかし、Aが即時取得により

所有権を取得したのであればその段階でXは所有権を喪失しているので、Aから譲り受けたYについては即時取得を問題にする必要はないし、YがAから譲り受けた点について即時取得を問題にするときは、Aの所有権の存否は関係がない。そしてAの即時取得を問題にする限りにおいては、まさに前掲昭和36年最判が問題とした工場財団に属する動産について192条がいかなる形で適用されかが問題となるが、Yについては192条自体がそのままの形で適用されるかの問題があるにとどまる。

そして第1審判決及びこれを引用した原判決は、Aが即時取得し、Yがその所有権を譲り受け取得したか、又はYが即時取得したか明確でない判示をしている。したがって原判決を是認し、Yの所有権取得を肯定した前掲昭和36年最判も同様に、Aの即時取得を認める判示をしたのか、Yに即時取得を認める判示をしたのか曖昧である。判決文を総合すると、Yの即時取得を認めた趣旨とみる方が素直であるが、そうするとXとの間には占有の承継についてAが介在しているから、単純に192条の問題が残るにすぎないはずで、本件判決には疑問が残る。すると、本件判決が冒頭に、工場財団に属する動産についても192条の適用があることを判示したのは、本件事実関係にはそぐわない。しかし、上告理由が、工抵2条による、財団を組成しない工場の土地建物の抵当権の及ぶものについては工抵5条2項により192条の適用を妨げない旨の特別規定があるが、工場財団を組成する動産については同様の特別規定がなく即時取得が認め得ないという主張であったので、それに応答する限りで最高裁が示した判断であると考えるべきであろう（最判解民事編昭和36年度323-324頁〔長利利起〕）。

請求原因 1 Xは、抗弁1当時、本件動産を所有していたこと
2 Yは、本件物件を占有していること

（即時取得①──所有権喪失）

抗弁 1 AはYとの間で、本件動産を代金203万円で売買する契約を締結したこと
2 AはYに対し、抗弁1の契約に基づき、本件動産を引き渡したこと

(過失の評価根拠事実)
再抗弁 1 Yにおいて登記簿の調査をしなかったこと
　　　　　＊前掲昭和36年最判は、「右動産は差押中でない旨の念書をAがとつていること、Aが従前Xから買受けた他の機械については何ら問題を生じたことはなかつたこと、Xは本件物件につき担保権の設定なきことを保障した旨の事実等原審が証拠上認定した事実関係のもとにおいては、Yに於て登記簿の調査迄しなくても所論過失ありとなし難いとした原審の判断も亦肯認できる」と判示する。

(売買——所有権喪失)
抗弁 1 XはAとの間で、本件動産を代金60万円で売買する契約を締結したこと

(工場財団組成物)
再抗弁 1 本件動産は、Xの工場財団を組成するものであったこと

(即時取得②——所有権喪失)
予備的抗弁 1 XはAとの間で、本件動産を代金60万円で売買する契約を締結したこと
　　　　　　 2 本件動産は、Xの工場財団を組成するものであったこと
　　　　　　 3 Xは、抗弁1の売買に際して、本件動産を工場抵当から分離したこと
　　　　　＊前掲昭和36年最判は、「本物件が本件工場財団から分離せられたことは原審認定事実から明らかであるから、これについて民法第192条の適用を妨げないとした原審の判断は相当である」と判示する。
　　　　　　 4 XはAに対し、抗弁1の契約に基づき、本件動産を引き渡したこと
　　　　　＊即時取得は無権利者の占有が譲渡される場合であるが、工場財団は1個の不動産として抵当権の目的とされるが、財団に組み入れられた動産についてもその所有者Xは所有権を失わない。すなわち、工場財団に属した動産を財団から分離して第三者に譲渡するXは無権利者ではない。それゆえこの場合に192条の直接適用はない。準用でもなく（工抵5条2項も「適用ヲ妨ケス」という）、類推適用と考えられる。

補章3　所有権留保特約

1　意義

　所有権留保特約付売買契約は、売買契約の目的物の所有権移転時期を代金完済時とする特約（所有権留保特約）付の売買契約である。所有権留保は、前記の特約を付して動産売買契約を締結することにより成立する。売主の所有する特定物の売買においては、売買契約締結により、原則として直ちに買主への所有権移転の効力が生ずる。ただ、不動産売買のみならず、動産売買においても、当事者が特約で、代金支払・登記・引渡しが行われた時に所有権が移転すると定めることが多い。ただし、買主の債務不履行の場合には売主はその動産を取り戻すことになるので、所有権留保の対象動産は、取り戻す段階でもなお経済的価値のある建設機械や自動車等に限られる。

2　所有権留保特約の法的性質

(1) 停止条件説

　売買における所有権移転の効果を代金の完済という事実の成就にかからせる特約であり、一種の停止条件であると解する（我妻・債権各論中一 317頁、最判昭和49年7月18日民集28.5.743〔27000428〕も、この立場と思われる）。代金完済までは、売主が所有権を有し、代金完済によって、買主が所有権を取得する。

(2) 担保権説

　この特約が経済的に売買代金の支払を確保するための担保として機能することから、法的にも担保権と構成すべきとする見解である（安永正昭『講義物権・担保物権法〈第2版〉』有斐閣（2014年）431頁）。形式的には、売主は、目的物の引渡後も所有権を留保し続けることとなるが、その実質が代金債権の担保であるから、売主が留保している所有権は、文字どおりの所有権ではなく「担保権」と解するのである。すなわち、所有権留保は、目的物の譲渡担保と同様のものであり、売主に留保された所有権は担保目的に制限され、買主も譲渡担保における場合と同様に一定の所有権取得に関する物権的権利を有するとする。

　割賦販売7条において所有権留保が推定されている。所有権留保の担保目的から、買主は、目的物を自己の所有物と同じように占有・利用できる。また、譲渡担保の場合と同様に目的物保管義務（多くは、第三者への処分禁止特約、占有移転禁止特約が付される）を負う。

3 所有権留保特約付売買の買主の一般債権者と所有権留保売主との関係

所有権留保売買で代金未払のまま買主が引渡しを受けて占有・使用中の動産を買主の一般債権者が買主に対する債務名義に基づき差し押さえた場合、売主は留保所有権に基づいて第三者異議の訴えを提起することができる。買主破産の場合には取戻権を行使することができる（破62条）。所有権留保売主の救済は、譲渡担保の理論状況と同じである。すなわち、停止条件説は所有権的構成、担保権説は担保的構成と考えられる。

| 訴訟物 | XのYに対する所有権に基づく返還請求権としての自動車引渡請求権 |

＊YはA（自動車販売会社）から自動車を購入し、X（信販会社）が売買代金を立替払をし、YはXに対して立替金債務を分割して支払うこと、登録名義にかかわらず、Aが留保している自動車の所有権がXがAに立替払をすることによりXに移転し、Yが立替金債務を完済するまでXに留保されること、立替金等債務について期限の利益を喪失したときは、Xに対する債務の支払のために直ちに自動車をXに引き渡すことを約した。その後、Yは支払を停止して期限の利益を喪失し、さらに再生手続開始決定を受けた。本件自動車は、所有者をA、使用者をYとする登録がされ、その後Yの再生手続開始時点でも登録はその状態であった。本件は、XがYに対し、自動車の引渡しを求めた事案である。

| 請求原因 |

1 Xは立替払等を業とする会社である
2 XはYとの間で、平成18年4月14日、YがAから、本件自動車を購入した代金300万円について、以下の内容を含む立替払契約を締結したこと
　(1) 立替払
　　Xは、Yに代わって、代金300万円から下取車価格170万円を控除した残金130万円をAに立替払する。
　(2) 支払方法
　　Yは、Xに対し、立替金130万円に分割手数料7万8,425円を加算した合計137万8,425円を、平成18年5月から平成22年4月まで、毎月27日限り2万8,700円（ただし初回は2万9,525円）ずつ支払う。
　(3) 期限の利益喪失約款

Yが支払を停止したときは、期限の利益を失う。
    (4) 遅延損害金　年6％
    (5) 所有権留保
        ① 自動車の所有権は、Aに留保され、XがAに立替払ししたことにより、登録名義がAであっても、所有権は、Xに移転する。
        ② Yは、分割金の支払を怠ったときは、Xに対し自動車を直ちに引き渡す。
    (6) 清算
        Yが期限の利益を失ったときは、Xは、引渡済みの自動車について、公正な機関の評価に基づく評価額によって、本件立替払契約に基づく一切の債務及び自動車の回収、保管、査定、立替金などYがXに対して負担する債務に充当できる。
3 XはAとの間で、昭和57年10月1日、以下の立替払基本契約を締結したこと
    (1) 販売する自動車の所有権は、売買契約締結後、XがAに立替払するまでは、Aに留保され、Xが立替払すると同時にAからXに移転し、留保される。
    (2) Aは、顧客がXに対する一切の債務を完済した後の顧客への所有権移転登録手続を円滑に行うため、自動車の所有権がXに移転された後においても、A名義で所有権登録を行うことを承諾する。
4 Xは、平成18年4月14日、Aに対し、130万円を立替払したこと
5 Yは、平成18年12月25日、債務整理開始通知を発して、支払を停止したこと
(登録不備の権利主張)
【抗弁】1 Yは、平成19年5月23日、小規模個人再生手続の開始決定を受けたこと
    2 民事再生45条に基づき、Xが、本件自動車について、所有権移転登録を経由するまで、その所有権取得を認めないとのYの権利主張
(登録具備)
【再抗弁】1 本件自動車について、Aが所有権登録を経由していること
    ＊本件の争点は、本件自動車について、登録名義を有しない

Xが、民事再生45条の規定にかかわらず、その所有権を主張できるかである。

＊原審は、XがAに立替払をして弁済による代位が生ずる結果、Aの留保所有権はAのYに対する残代金債権とともにXに移転するのであり、本件契約はそれを確認したものであって、Xがこの留保所有権を主張する場合、Aが対抗要件を具備している以上、自らの取得について対抗要件を具備することを要しないとして、Xの引渡請求を認容した。最判平成22年6月4日民集64.4.1107〔28161595〕は、これを破棄して、「再生手続が開始した場合において再生債務者の財産について特定の担保権を有する者の別除権の行使が認められるためには、個別の権利行使が禁止される一般債権者と再生手続によらないで別除権を行使することができる債権者との衡平を図るなどの趣旨から、原則として再生手続開始の時点で当該特定の担保権につき登記、登録等を具備している必要があるのであって（民事再生法45条参照）、本件自動車につき、再生手続開始の時点でXを所有者とする登録がされていない限り、Aを所有者とする登録がされていても、Xが、本件立替金等債権を担保するために本件三者契約に基づき留保した所有権を別除権として行使することは許されない」と判示する。

4　自動車の所有権留保売買と権利濫用

ディーラー（大手販売会社）が、自動車をサブディーラー（中小販売会社）に対し、ユーザーへの転売目的で販売することが多く行われる。転売目的（ディーラーがサブディーラーに対し転売を容認しつつ目的物の所有権を留保している）である以上、買主（サブディーラー）には、目的物保管義務等がないというべきであり、通常の所有権留保とは異なる利害関係が生ずる。すなわち、ディーラーが、サブディーラーの代金債務の不履行により、ユーザーに対して目的物の取戻しを求めることとなるが、権利濫用法理に基づき、取戻しが制限される場合がある。

訴訟物　XのYに対する所有権に基づく返還請求権としての本件自動車引渡請求権

＊本件は、自動車のサブディーラーAから自動車を買い受け

たユーザーYに対し、ディーラーXがAとの間の自動車売買契約に付した所有権留保特約に基づきその自動車の引渡しを求めたところ、XがAの転売に協力し、YはAに代金を完済しており、しかも、転売契約が所有権留保売買契約に遅れていないなどの事情があることから、権利の濫用が争点となった事案である。

請求原因 1　Xは本件自動車を所有していたこと
　　　　　＊請求原因1の主張において、道路運送車両法による登録を受けている自動車であることが現れているものとする。
　　　　　2　Yは本件自動車を占有していること

（所有権喪失）

抗　弁 1　XはAとの間で、本件自動車を150万円で売買する契約を結んだこと
　　　　　＊所有権留保特約について、停止条件説に立てば、Yが、所有権喪失の抗弁として、XA間の売買を主張した場合に、Xは、再抗弁として、所有権留保特約を主張・立証することができ、この再抗弁に対して、Yは、条件の成就に当たる売買代金全額の弁済を主張・立証することができる（司研・紛争類型別55頁）。

（所有権留保）

再抗弁 1　抗弁1の売買には、Aが代金を完済するまで、本件自動車の所有権は、Xが留保する特約が付されていたこと

（弁済）

再々抗弁 1　AはXに対し、抗弁1の代金を支払ったこと
　　　　　＊本件設例では、この抗弁事実が存在しないため、この系列の攻撃防御においては、Xの所有権は否定されない。そこで、別系列の下記の権利濫用の抗弁が意味を持つことになる。

（権利濫用）

抗　弁 1及び2　上記抗弁1と2と同じ
　　　　　3　AはYとの間で、本件自動車を代金300万円で売買する契約を締結したこと
　　　　　4　YはAに対し代金を完済したこと
　　　　　5　Xは本件自動車のディーラー、AはXのサブディーラーであること
　　　　　6　抗弁3の売買は、抗弁1の契約締結及び抗弁4の支払の後に

締結されたこと
7 Xは、車検手続をし、自動車税と自動車保有税の納付手続、強制保険の保険料の支払をして、AとYとの自動車売買契約の履行に協力したこと
8 XはAの代金不払を理由にAとの売買契約を解除したうえ、請求原因の請求に及んだこと
＊抗弁1ないし8の事実は、規範的要件である権利濫用の評価根拠事実であって、最判昭和50年2月28日民集29.2.193〔27000385〕の事実に基づくものである。道路運送車両法による登録を受けていない自動車については、即時取得の適用があるが（最判昭和45年12月4日民集24.13.1987〔27000669〕）、登録のある自動車については、即時取得の適用がない（最判昭和62年4月24日判時1243.24〔27800204〕）。そのため、登録のある自動車の返還請求に関しては、権利濫用の抗弁が意味を持つことになる。前掲昭和50年最判は、「Xは、デイーラーとして、サブデイーラーであるAが本件自動車をユーザーであるYに販売するについては、前述のとおりその売買契約の履行に協力しておきながら、その後Aとの間で締結した本件自動車の所有権留保特約付売買について代金の完済を受けないからといつて、すでに代金を完済して自動車の引渡しを受けたYに対し、留保された所有権に基づいてその引渡しを求めるものであり、右引渡請求は、本来XにおいてサブデイーラーであるAに対してみずから負担すべき代金回収不能の危険をユーザーであるYに転嫁しようとするものであり、自己の利益のために代金を完済したYに不測の損害を蒙らせるものであつて、権利の濫用として許されない」と判示する。

5 動産留保所有権者に対する土地所有者の明渡請求

訴訟物　　XのYに対する所有権に基づく妨害排除請求権としての自動車車両撤去請求権
＊本件は、駐車場の所有者であるXが、駐車中の自動車（本件車両）について、その購入代金を立替払をして車両の所有権を留保しているYに対し、土地所有権に基づき、車両の

撤去（駐車場の明渡し）を求めた事案である。

＊所有権の妨害排除請求権の要件事実は、①Xの土地所有と②Yの所有車両による土地妨害であるが、本件においては、②のうち車両についての「Yの所有」が争点となるため、請求原因2及び3が主張されることになる。

請求原因
1 Xは、本件土地を所有していること
2 AはYとの間で、Aが自動車販売店から購入する本件車両の代金をYが立替払することを内容とする下記の本件立替払契約（オートローン契約）を締結したこと
 (1) Yは、本件車両の代金を立替払し、Aは、Yに対し、立替払により発生する債務（「本件立替金債務」）を頭金のほか60回に分割して支払う。
 (2) 本件車両の所有権は、自動車販売店からYに移転し、Aが本件立替金債務を完済するまで同債務の担保としてYに留保される。
 (3) Aは、自動車販売店から本件車両の引渡しを受け、善良な管理者の注意をもって本件車両を管理し、本件車両の改造等をしない。
 (4) Aは、本件立替金債務について、分割金の支払を怠ってYから催告を受けたにもかかわらずこれを支払わなかったとき、強制執行の申立てのあったときなどは、当然に期限の利益を喪失し、残債務全額を直ちに支払う。
 (5) Aは、期限の利益を喪失したときは、事由のいかんを問わず、Yからの同人が留保している所有権に基づく本件車両の引渡請求に異議なく同意する。
 (6) YがAから本件車両の引渡しを受けてこれを公正な機関に基づく評価額をもって売却したときは、売却額をもって本件立替金債務の弁済に充当する。
3 請求原因2の特定の分割金の支払期が経過したこと
＊特定の分割金の不払は請求原因ではなく、その支払ったことが抗弁に回る。
4 本件土地上に本件車両が駐車されていること
＊最判平成21年3月10日民集63.3.385〔28150584〕【I 100】は、「本件立替払契約によれば、Yが本件車両の代金を立替払することによって取得する本件車両の所有権は、本件立替

金債務が完済されるまで同債務の担保としてYに留保されているところ、Yは、Aが本件立替金債務について期限の利益を喪失しない限り、本件車両を占有、使用する権原を有しないが、Aが期限の利益を喪失して残債務全額の弁済期が経過したときは、Aから本件車両の引渡しを受け、これを売却してその代金を残債務の弁済に充当することができることになる。

　動産の購入代金を立替払する者が立替金債務が完済されるまで同債務の担保として当該動産の所有権を留保する場合において、所有権を留保した者（以下、「留保所有権者」といい、留保所有権者の有する所有権を「留保所有権」という。）の有する権原が、期限の利益喪失による残債務全額の弁済期（以下「残債務弁済期」という。）の到来の前後で上記のように異なるときは、留保所有権者は、残債務弁済期が到来するまでは、当該動産が第三者の土地上に存在して第三者の土地所有権の行使を妨害しているとしても、特段の事情がない限り、当該動産の撤去義務……を負うことはないが、残債務弁済期が経過した後は、留保所有権が担保権の性質を有するからといって上記撤去義務……を免れることはないと解するのが相当である。なぜなら、上記のような留保所有権者が有する留保所有権は、原則として、残債務弁済期が到来するまでは、当該動産の交換価値を把握するにとどまるが、残債務弁済期の経過後は、当該動産を占有し、処分することができる権能を有するものと解されるからである」と判示する。

補章4　譲渡担保

第1節　総　　論

1　判例による譲渡担保

　譲渡担保は、仮登記担保法より前から立法化が試みられてきたが、仮登記担保が登記又は登録ができる権利に限って仮登記担保の目的となる（仮登記担保1条）のと異なり、担保の目的物が不動産、動産、指名債権のほか、譲渡可能な様々な財産権が譲渡担保の目的となるため、立法化が困難であり、その法的規律は、現在もなお判例法理に委ねられている。

2　譲渡担保の要件事実

　譲渡担保等民法に明文のない制度についても、法律上の原則・例外関係によって権利根拠事実と権利障害事実を区別すべきことは当然である（岩松三郎＝兼子一編『法律実務講座民事訴訟編第4巻』有斐閣（1961年）123頁）。
　譲渡担保契約の要件事実の内容につき、賀集唱「裁判実務からみた譲渡担保立法の要否」法律時報66巻2号96頁は、「裁判実務は、要件事実からスタートする。したがって、何よりもまず要件事実を問題にし、その段階で、まともな譲渡担保契約と足並みをそろえ、不動産譲渡担保についても、受戻しの合意なり、清算の約束なりを要件にするのかと思うと、そうではないようである。成立要件＝要件事実のところでは、『担保のための権利移転』ということでお茶を濁し、効果のところで、『天の声』よろしく、担保としての『実質』や『機能』があるというまじないを唱えるだけで、いとも簡単に債権者に清算義務を課している。これは不思議なことである」と批判する。この点は、古く判例の指摘するところでもあった。例えば、大判昭和8年11月7日評論23民法255〔27547937〕は、「売渡担保ト云フモ其内容必シモ一ナラス本件ノ場合ニ於テハ担保契約ニヨリ目的物ノ所有権ヲ移転シ之ト同時ニ債務ヲ消滅セシメテ売主ニ只買戻権ヲ留保スル通常ノ形式ニ於ケル売渡担保ニ非ルコトハ債務カ履行期ニ於テ弁済セラレサル場合ニ於テ初メテ代物弁済ノ効果ヲ生スル約旨ナリトノ上告人ノ主張自体ニヨルモ明ナリ（精確ナル用語例ニ従ヘハ此種取引ハ之ヲ譲渡担保ト云フヘク売渡担保ト云フノ当ラサル……）斯クノ如ク債務存続スル場合ニ於テ其弁済無カリシ暁担保ニ関シ如何ナル効力ヲ生スヘキカハ是亦具体的個個ノ場合ニ於ケル契約ノ趣旨ニヨ

リテ決セラルヘク一様ニ之ヲ律スルヲ得ス」としたうえで、①代物弁済的効力を生じる場合、②担保物件から弁済を受け不足あるときに初めて債務者の他の財産や保証人から弁済を受けるべきとする場合、又は、③通常の担保のように担保物件によるか保証人その他によるかは債権者の任意である場合など、そのいずれかは、その効果を得ようとする者において、「之ニ適応スル事実（約旨）ノ主張立証ヲ為ササルヘカラス」と判示し、本件の上告人は、ただ①の代物弁済的効力を生じさせる約旨であると主張したのみで、②のような効力を生ずる約旨であるとの主張はしていないので、原審がこれについて審理判断をしなかったのは当然であって違法ではないと結論付ける。

　以上のような批判・指摘があるものの、その後の裁判実務の主流は、少なくとも譲渡担保契約の成立の段階における要件事実については、債権の発生原因事実（被担保債権）の存在は当然のこととして、これに加えて、合意すべき内容として「YはXとの間で、当該債務を担保するために本件土地のYの所有権をXに移転する旨の契約を締結したこと」という事実を基本としているようである。つまり、清算金条項、受戻条項などは、譲渡担保契約の成立する要件事実ではなく、清算金支払義務やいわゆる受戻権は、譲渡担保契約の法律効果として把握する（もちろんそれについての特約をすることは妨げない）。本書も基本的にこれに従っている。

3　譲渡担保の法律構成

　譲渡担保の法律構成をいかに考えるかが、譲渡担保の要件事実を考える基礎となる。

(1) 所有権的構成

　譲渡担保契約は、債権を担保するために目的物の所有権を債権者に移転するものであるから、譲渡担保の形式を重視して、譲渡担保権者が所有権を取得していることを前提とする見解である。例えば、所有権的構成の中の典型である信託譲渡説は、目的物の所有権は譲渡担保権者に完全に移転し、譲渡担保権者は、権利行使につき担保目的による債権的拘束を受けており、債権者は期限前に処分することが禁じられ、また、被担保債権の弁済等消滅によって所有権を再び設定者に戻す債務を負っているとする。そのため、債権者による弁済期前の目的物の処分は有効で、債務者に対して債務不履行等の損害賠償責任を負うにすぎない。我妻・担保物権法〈昭和17年版〉334頁は、所有権移転には何らの物権的（対第三者の関係において効力のある）制限を伴わず、ただ債権者においてこの権利を担保の目的にのみ利用すべき債権的（当事者間においてのみ効力のある）拘束を受けるにとどまると述べていた。

もちろん、あくまで、債権担保のために所有権を移転したのであるから、債務が弁済されれば所有権は当然譲渡担保設定者に復帰すること、債務が弁済されないときにはじめて目的物を債権の支払に充てることができること、担保権者は清算義務を負うこと、清算が終了するまで譲渡担保設定者が残元本と利息損害金を提供して目的物の返還を請求できること（いわゆる受戻権）等の債権的拘束を受けることになる。
(2) 担保権的構成

譲渡担保の実質を重視して、譲渡担保権者の権利を担保権と解する担保権的構成といわれる多様な見解が説かれている。例えば、①担保権説は、所有権は設定者にとどめられ、担保権者は、制限物権としての担保権を取得するにすぎないととらえる（米倉明『担保法の研究』新青出版（1997年）75頁）。②授権説は、所有権は設定者にとどめられ、担保権者は所有者としての外観と担保目的物の管理・処分権を有するとする。このように、担保的構成は、設定者保護に力点を置く。しかし、基本的に所有権的構成に立つ判例は、既に清算理論を構築しており、担保権者に所有権を認めても、設定者の保護を無視しているわけではない。最判昭和46年3月25日民集25.2.208〔27000646〕は、不動産を目的とする譲渡担保について、弁済期経過後、債権者が、この担保目的実現のため、債務者に対し、不動産の引渡しあるいは明渡しを請求する訴えを提起した場合に、債務者への清算金の支払は、目的物引渡義務と同時履行の関係に立つ旨判示している（この清算義務が認めることをもって、学説のいう「担保的構成」を採るものではない）。
(3) 折衷説

債権者に所有権は移転するが（その限りで所有権的構成を前提とする）、債務の弁済によって所有権が設定者に復帰するべき物権的権利と一組になったものととらえる（負担付所有権的構成）。これは、①所有権が債権者にいったん移転するが、担保目的物から被担保債権額を除いた残存部分（所有権マイナス担保価値）が設定者に復帰するととらえる二段階物権変動説（鈴木・物権法368頁）と、②所有権は債権者に移転するが、それは被担保債権の範囲に限られており、残存部分は依然として設定者に留保されているととらえる設定者留保権説がある（道垣内弘人『担保物権法〈第3版〉』有斐閣（2008年）300-302頁）。
(4) 判例

判例は、形式と実質の調和を図る見地から、担保目的の範囲での所有権の移転と設定者に残された物権的権利という枠組みを採用する一方、当事者間では担保目的を重視し、第三者との関係では、利害状況に応じて担保の実質

を考慮することにより、妥当な解決を導こうとする。すなわち、所有権が譲渡担保権者に移転することを前提とする（その限りで所有権的構成）。しかし、所有権移転が担保目的であるという実質を考慮し、譲渡担保権設定者と譲渡担保権者との①対内関係においては、担保目的による制約を重視して、設定者に受戻権、清算金支払請求権などを認める。また、②対外関係においては、譲渡担保権者に所有権が移転しているという形式を前提とする第三者の利益を考慮する必要がある（例えば、担保権者の一般債権者の差押えに対する第三者異議の訴えの許否などの取扱い）。しかし、なお、その一部においては、担保目的による制約を重視し、設定者にも物権的権利（所有権の一部）が残存していることを認める取扱いをする（設定者の被保険利益、不法占拠者に対する明渡請求など）。そして、最終的に、換価の完了等により譲渡担保権者側に確定的に完全な所有権が移転するものとしている。

判例は、伝統的に所有権的構成を採るものと考えられていたが、負担付所有権的構成に近いととも評価できるであろう。それを、最高裁の判例の表現に求めると、例えば、最判昭和57年9月28日判タ485.83〔27431997〕は、「譲渡担保は、債権担保のために目的物件の所有権を移転するものであるが、右所有権移転の効力は債権担保の目的を達するのに必要な範囲内においてのみ認められるのであつて、担保権者は、債務者が被担保債務の履行を遅滞したときに目的物件を処分する権能を取得し、この権能に基づいて目的物件を適正に評価された価額で確定的に自己の所有に帰せしめ又は第三者に売却等することによつて換価処分し、優先的に被担保債務の弁済に充てることができるにとどまり、他方、設定者は、担保権者が右の換価処分を完結するまでは、被担保債務を弁済して目的物件についての完全な所有権を回復することができるのであるから……正当な権原なく目的物件を占有する者がある場合には、特段の事情のない限り、設定者は、前記のような譲渡担保の趣旨及び効力に鑑み、右占有者に対してその返還を請求することができるものと解するのが相当である」との説示に現れている。

また、譲渡担保権者に（旧）滌除権を否定した最判平成7年11月10日民集49.9.2953〔27828274〕も、「不動産について譲渡担保が設定された場合には、債権担保の目的を達するのに必要な範囲内においてのみ目的不動産の所有権移転の効力が生じるにすぎず、譲渡担保権者が目的不動産を確定的に自己の所有とするには、自己の債権額と目的不動産の価額との清算手続をすることを要し、他方、譲渡担保設定者は、譲渡担保権者が右の換価処分を完結するまでは、被担保債務を弁済して目的不動産を受け戻し、その完全な所有権を回復することができるのであるから……このような譲渡担保の趣旨及

び効力にかんがみると、担保権を実行して右の清算手続を完了するに至らない譲渡担保権者は、いまだ確定的に目的不動産の所有権を取得した者ではなく、民法378条所定の滌除権者たる第三取得者ということができない」としているところからも読み取れる。

4　対抗要件

不動産の譲渡担保の対抗要件が債権者への所有権移転登記であるとしても、登記簿上の登記原因としては、従来、不動産譲渡担保は「売買」と記載することが通例であった。しかし、それでは登記面上、真正の売買か譲渡担保かは不明であるので、公示の機能が減殺される。現在では、登記原因を「譲渡担保」と記載する取扱いが認められている。

動産の譲渡担保の対抗要件は、引渡しである（178条）。占有改定で足りるとされている（最判昭和30年6月2日民集9.7.855〔27003036〕）。なお、法人が動産を譲渡する場合に、「当該動産の譲渡につき動産譲渡登記ファイルに譲渡の登記がされたときは、当該動産について、民法第178条の引渡しがあったものとみなす」（動産債権譲渡特3条1項）こととされている。この登記によって譲渡担保設定の対抗要件を満たすこともでき、そのときは、譲渡担保の設定・対抗要件具備の時期等について立証が容易となる。

5　譲渡担保の認定

譲渡担保とは、債権担保のために債務者ないし第三者が所有する目的物を債権者に移転するものである。

(1) 売渡担保

広義の譲渡担保には、売渡担保が含まれる。売渡担保は、債権担保の目的で、債権者に対して買戻の特約や再売買の予約をしていったん財産権を売買等の形式で譲渡するもの（代金は経済的には借入金であり、売主が後日一定の金員を買主に支払うことによって売買した目的物の所有権を回復できる権利を有する）である。このような売渡担保は、担保の実質と法形式に違いがある点で譲渡担保に類似するため、譲渡担保との区別の基準が問題とされてきた。この点につき、判例・通説は、被担保債権（存続）の有無を基準としてきた（最判昭和41年9月29日民集20.7.1408〔27001164〕）。すなわち、譲渡担保の場合は、設定契約後も被担保債権が存続するのに対し、売渡担保の場合は、権利移転の契約に伴う債権と代金の相殺、あるいは代物弁済と構成されるときは、被担保債権は消滅する。

要件事実論の観点からみると、例えば買主の売主に対する目的物引渡請求

訴訟については、請求原因は売買契約の成立であり、抗弁は買戻特約（579条）ないし再売買の予約（556条）ということになろう。

(2) 買戻特約付売買

最判平成18年2月7日民集60.2.480〔28110352〕【I 95】は、買戻特約付売買の形式を採るものの、目的不動産の占有につき買主に移転を伴わない契約について、譲渡担保と推認している。すなわち、同判決は、「(1) 真正な買戻特約付売買契約においては、売主は、買戻しの期間内に買主が支払った代金及び契約の費用を返還することができなければ、目的不動産を取り戻すことができなくなり、目的不動産の価額（目的不動産を適正に評価した金額）が買主が支払った代金及び契約の費用を上回る場合も、買主は、譲渡担保契約であれば認められる清算金の支払義務……を負わない（民法579条前段、580条、583条1項）。このような効果は、当該契約が債権担保の目的を有する場合には認めることができず、買戻特約付売買契約の形式が採られていても、目的不動産を何らかの債権の担保とする目的で締結された契約は、譲渡担保契約と解するのが相当である。そして、真正な買戻特約付売買契約であれば、売主から買主への目的不動産の占有の移転を伴うのが通常であり、民法も、これを前提に、売主が売買契約を解除した場合、当事者が別段の意思を表示しなかったときは、不動産の果実と代金の利息とは相殺したものとみなしている（579条後段）。そうすると、買戻特約付売買契約の形式が採られていても、目的不動産の占有の移転を伴わない契約は、特段の事情のない限り、債権担保の目的で締結されたものと推認され、その性質は譲渡担保契約と解するのが相当である」と判示する。

そうすると、売渡担保をすべて譲渡担保と同一に扱うことはできないものの、売渡担保と表現されていても、担保目的の実質に着目して、個別具体的な関係に応じてその効果を検討する必要がある。

訴訟物　XのYに対する所有権に基づく返還請求権としての建物明渡請求権

＊XはY2（Y1の代表取締役）に対し、1,000万円を利息月3分で貸し付けた。Y2は利息等として30万円を支払ったものの、その余の弁済をしなかった。そこで、Y1はXとの間で、本件土地の売買代金を650万円、本件建物の売買代金を100万円とし、Y1は期限までに上記売買代金相当額及び契約の費用を提供して本件土地建物を買い戻すことができる旨の内容の買戻特約付売買契約（本件契約）を締結した。しか

し、Y1は、期限までに買戻をしなかった。本件契約には、買戻期間内に本件土地建物をY1からXに引き渡す旨の約定はなく、本件建物は契約日以降もY1とY2が共同して占有している。本件は、XがY1及びY2に対し、本件契約は真正な買戻特約付売買契約であり、Xは本件建物の所有権を取得したと主張して、本件建物の明渡しを求めたところ、Yは、本件契約は譲渡担保契約であるからXは本件建物の所有権を取得していないと争った事案である。

請求原因 1 Y1は、請求原因2当時、本件建物及びその敷地の本件土地を所有していたこと
2 XとY1は、本件土地の代金を650万円、本件建物の代金を100万円とし、Y1は平成○年○月○日までにその代金相当額及び契約の費用を提供して本件土地建物を買い戻すことができるという買戻特約付売買契約(「本件契約」)を締結したこと

＊前掲平成18年最判は、「本件契約は、目的不動産である本件建物の占有の移転を伴わないものであることが明らかであり、しかも、債権担保の目的を有することの推認を覆すような特段の事情の存在がうかがわれないだけでなく、かえって、(1) Xが本件契約を締結した主たる動機は、別件貸付けの利息を回収することにあり、実際にも、別件貸付けの元金1000万円に対する月3分の利息9か月分に相当する270万円を代金から控除していること、(2) 真正な買戻特約付売買契約においては、買戻しの代金は、買主の支払った代金及び契約の費用を超えることが許されないが(民法579条前段)、Xは、買戻権付与の対価として、67万5000円(代金額750万円に対する買戻期間3か月分の月3分の利息金額と一致する。)を代金から控除しており、Y1はこの金額も支払わなければ買戻しができないことになることなど、本件契約が債権担保の目的を有することをうかがわせる事情が存在する……。したがって、本件契約は、真正な買戻特約付売買契約ではなく、譲渡担保契約と解すべきであるから、真正な買戻特約付売買契約を本件建物の所有権取得原因とするXのY1、Y2に対する請求はいずれも理由がない」と判示する。判決文中(1)と(2)は、請求原因2の真正の買戻契約の主張に対して、積極否認事実に当たる。

3　Y1及びY2は、共同して本件建物を占有していること

6　仮登記譲渡担保への仮登記担保法の類推適用
(1)　仮登記担保法5条1項

東京高判平成5年12月27日金法1398.133〔27825433〕は、土地建物所有権移転仮登記本登記等請求事件であるが、「Yは、Xが本件不動産について本件仮登記の本登記手続をすることを承諾せよ」という請求に対し、それを棄却した控訴審判決であり、XはAに対する貸金債権を担保するためAの本件不動産につき本件譲渡担保契約を締結し、本件仮登記を経由したので、その後本件不動産について根抵当権設定仮登記を経由しているYに対し本件仮登記に基づく本登記手続をすることの承諾を求めた事案であるが、「不動産を目的とする譲渡担保契約の場合、外形的には債権者に所有権が移転するものの、内部的には被担保債権の債務不履行を契機として債権債務の清算がされるまでは所有権はなお譲渡担保設定者に残存ないし分属しており、右清算によって初めて確定的、最終的に債権者に所有権が移転するものである。したがって、その実際の担保権としての機能は仮登記担保契約に関する法律……1条所定の仮登記担保契約の場合とほぼ共通するものであるが、特に譲渡担保契約のうち、当該譲渡担保権につき仮登記しか経由されていないものについては、債務者、担保権設定者、右仮登記後の担保権者らの間の公平な調整を図るため、その性質上不適当なものを除いて原則として法を類推適用するのが相当というべきである」と判示する。

訴訟物	XのYに対する所有権に基づく妨害排除請求権としての承諾請求権
	＊本件は、譲渡担保権利者のXが、Y1に所有権移転仮登記の本件登記手続を求め、Y2に同登記手続をすることの承諾を求めた事案である。
	＊請求の趣旨は「1　Y1はXに対し、本件不動産について本件所有権移転仮登記の本登記手続をせよ。2　Y2はXに対し、Xが前項の登記手続をすることを承諾せよ」とする。
請求原因	1　Xは、Y1に対し、8,300万円を、弁済期平成〇年〇月〇日、利息年6分、遅延損害金年1割、月末払の利息の支払を一度でも怠った場合は、期限の利益を失うとの約束で貸し渡し、この貸金債権を担保するため、Y1との間で、Y1所有の本件不動産について譲渡担保契約を結び、譲渡担保を原因とする仮登記

を経由したこと
2　Y1は、平成○年○月○日以降支払うべき利息の支払を怠り、同日期限の利息を失ったこと
3　Xは、Y1に対し、本件不動産の評価額は、前記貸付金及び遅延損害金の額を超えないから、Y1に支払うべき清算金はなく、本件不動産が確定的にXの所有となった旨の通知をしたこと
4　XはY2に対して、遅滞なく、請求原因3の通知をした旨、その通知がY1等に到達した日及び仮登記担保5条の規定に従ってY1に通知した事項を通知したこと
　＊Y2に対する通知は、通知を受ける者の登記簿上の住所又は事務所に宛てて発すれば足りる（同条3項）。
　＊前掲平成5年東京高判は、請求原因4の事実の主張・立証のなかった事案であるが、「本件不動産について本件仮登記及びX主張の根抵当権設定仮登記が経由されていることは当事者間に争いがなく、……XとA［本件一審では、Y1は被告であったが、一審で敗訴が確定し、控訴審判決では訴外人を表すAとして表記］との間で本件譲渡担保契約が締結されており、同契約においては、AがX主張の貸金債務の履行を怠ったときは、Xはその選択により帰属清算又は処分清算の方法によって右貸金債権の弁済に充当することができる旨の約定があること、XはAに対し……通知をし、これにより帰属清算の方法を選択したことが認められる。そして、法5条1項は、担保仮登記後に仮登記を経由した抵当権者等に対して、債権者が同条項所定の通知をしないで担保仮登記に基づく本登記手続の承諾を求めることは許されないとしているものと解されるが、同条項は本件譲渡担保契約にも類推適用されるというべきであるから、Xが本件仮登記後に仮登記を経由した抵当権者であるYに対して本件仮登記に基づく本登記手続の承諾を求めるには同条項所定の通知をしていなければならないというべきである。しかし、XはYに対して右通知をしたことを主張、立証しない（弁論の全趣旨によれば、Xは右通知をしていないと認められる。）から、XのYに対する本件の承諾請求は……失当というべきである」と判示する。

5　Y2は、本件不動産について、請求原因1の所有権移転仮登記の後、根抵当権設定仮登記を経由していること

(2) 仮登記担保法2条、3条（清算期間経過時の清算金の存否）の類推適用
　福岡高判平成元年10月30日判タ713.181〔27805350〕は、所有権移転登記手続等請求事件であるが、「帰属清算型の譲渡担保においては、債務者が債務の履行を遅滞し、債権者が債務者に対し目的不動産を確定的に自己の所有に帰せしめる旨の意思表示をしても、債権者が債務者に対して清算金の支払若しくはその提供又は目的不動産の適正評価額が債務の額を上回らない旨の通知をしない限り、債務者は受戻権を有し、債務の全額を弁済して譲渡担保権を消滅させることができるのであるから、債権者が単に右の意思表示をしただけでは、未だ債務消滅の効果を生ぜず、したがって清算金の有無及びその額が確定しないため、債権者の清算義務は具体的に確定しないものというべきである……が、帰属清算型の不動産譲渡担保契約のうち、譲渡担保、売買予約等を原因とする所有権移転請求権保全の仮登記を経由したいわゆる仮登記譲渡担保においては、仮登記担保契約に関する法律1条の『仮登記担保契約』と右仮登記譲渡担保との形式的及び実質的同一性に鑑み、その担保権実行手続等は、譲渡担保権と仮登記担保権の本質的な違いに抵触しない限り、できるだけ同法律の規定を準用ないし類推適用すべきものであり、清算義務の具体的な確定手続及び所有権移転の効力の制限等についても清算期間を含めて同法律2条、3条を類推適用するのが相当と解すべきである」と判示する。そして、本件譲渡担保設定契約が仮登記を経由しており、仮登記担保法2条の清算期間が経過した昭和62年11月8日（清算基準日）現在における控訴人の債務額と本件各不動産の適正評価額は、債務額が3億7,029万円余であるのに対し本件各不動産の評価額は合計1億8,188万円余にすぎず、さらにこれから控除すべき本件仮登記の先順位抵当権の被担保債権額が3億4,061万円余であることからすれば、被控訴人が控訴人に対し支払うべき清算金は存在しないとしたうえで、「清算金の存在を前提として引換給付の判決を求める同控訴人の抗弁は失当であり、本件各不動産の所有権は被控訴人において同控訴人に対し本件譲渡担保権を実行し、本件各不動産の所有権を自己に帰属させる旨の意思表示をなすとともに、同控訴人に支払うべき清算金がない旨通知した昭和62年9月8日からに2月後である同年11月8日の経過により確定的に被控訴人の所有に帰した」と結論付ける。

第2節　不動産譲渡担保

　不動産譲渡担保は、債権担保の目的で、債権者に対して債務者ないし第三者が所有する不動産を譲渡する形式を採るもので、民法に明文はなく、権利移転型の非典型担保の1類型とされる。不動産は、特に財産的価値が高く、また、競売によらず私的実行ができることなどから利用されている。

不動産譲渡担保の権利関係
（括弧内の数字は後出の解説項目番号。＊は下記の注記の番号）

	譲渡担保権利者から設定者に対する権利行使	譲渡担保設定者から担保権者に対する権利行使
内部的効力	・譲渡担保設定時の所有権移転登記請求は可、引渡請求は否（1(1)＊1） ・譲渡担保権の実行時の引渡請求は可（1(2)＊2） ・会社更生開始の設定者に対する取戻権行使は否（1(3)＊3。ただし動産譲渡担保の事案）	・弁済期の弁済履行による抹消登記請求は可（2(2)） ・弁済期後の弁済による受戻しは可（1(2)） ・清算金請求は可（2(3)＊2) ・破産開始後の担保権者に対する移転登記請求、又は清算金請求（財団債権：破148条1項5号）は可
	譲渡担保権利者から第三者に対する権利行使	譲渡担保設定者から第三者に対する権利行使
	・設定者が第三者に譲渡することは、不動産譲渡担保の場合は名義が権利者であるため、動産の場合と異なり、困難。つまり、第三者に対する譲渡担保権利者の権利行使はまれ（3(1)＊4） ・設定者の一般債権者による差押えも、名義が権利者なので、動産の場合と異なり、困	・設定者の被保険利益を前提とする保険金請求は可（4(1)＊9） ・設定者から第三取得者に対する権利行使－所有権移転登記は否（4(2)） ・不法占拠者に対する明渡請求は可（4(3)＊10） ・譲渡担保権消滅後、担保権者から取得した第三者（所有

外部的効力	難。つまり、第三者に対する第三者異議もまれ（3（2）＊5） ・ 不法占拠者に対する明渡請求は可（3（3）＊7） ・ 譲渡担保の物上代位は可（3（4）＊8） ・ 譲渡担保権者の抵当権者に対する消滅請求は否（3（5）＊6）	権移転請求権保全仮登記）に対する抹消登記請求は否（4（4）＊11）
	第三者から譲渡担保権利者に対する権利行使	第三者から譲渡担保設定者に対する権利行使
		・ 弁済期後の処分による第三取得者からの引渡請求は可（5（1）） ・ 弁済期前の処分による第三取得者に対する引渡請求は構成による（5（2）＊12） ・ 担保権者の一般債権者による差押え（弁済期後）に対する第三者異議は否。弁済期前については見解が分かれる（5（3）＊13）
	第三者相互間で譲渡担保の効果を問題とする場合	
	借地人が借地上に所有する建物につき譲渡担保権を設定した場合における建物敷地について612条所定の賃借権の譲渡・転貸の成否（6）	

＊1 目的物の占有を設定者にとどめた場合に、特段の事情のない限り、設定者が何らかの物権的利用権に基づき目的物を占有・使用する権利を有することに異論がない。目的物の所有権が内部的には債務者に留保されている場合に、設定当事者間の賃貸借契約解除を理由とする明渡請求を否定している（大判大正4年1月25日民録21.45〔27521864〕）。

＊2 譲渡担保権者には清算金支払義務がある（最判昭和46年3月25日民

集 25.2.208〔27000646〕）。
* 3　会社更生手続が開始された譲渡担保の設定者に対し、譲渡担保権者は権利を取戻権ではなく、更生担保権を有すると解される（最判昭和41年4月28日民集20.4.900〔27001191〕）。
* 4　登記名義が譲渡担保権者にある不動産譲渡担保の場合は、譲渡担保権設定者による譲渡は事実上困難である。
* 5　不動産譲渡担保の場合は、登記名義が譲渡担保権者に移転しているので、譲渡担保権設定者の一般債権者が担保物の不動産に対し強制執行に及ぶ事態は考えにくい。
* 6　最判平成7年11月10日民集49.9.2953〔27828274〕（被担保債権の弁済期前に滌除権を行使した事案）は、旧規定の「所有権ヲ取得シタル第三者」とは確定的に抵当不動産の所有権を取得した第三取得者に限られるとする。抵当権消滅請求制度においても同様に解される。
* 7　所有権的構成によると、所有権に基づく物権的返還請求権あるいは所有権侵害を理由とする不法行為に基づく損害賠償請求権の行使が当然可能である。
* 8　不動産譲渡担保について、担保権的構成によれば、抵当権の場合に準じて、容易に物上代位を認めることができる。所有権の構成によっても、設定当事者間の関係で担保の実質を重視して、抵当権の場合に準じて物上代位を肯定できる。
* 9　最判平成5年2月26日民集47.2.1653〔27814479〕は、譲渡担保権者が、目的不動産について債権担保目的を達するのに必要な範囲で所有権を有し、譲渡設定者は清算金請求権や受戻権等の利益を有することを理由に当事者双方に被保険利益を認めた。
* 10　目的物の不法占拠者に対する関係で、特段の事情のない限り、譲渡担保設定者からの目的物の返還請求が認められる（最判昭和57年9月28日判タ485.83〔27431997〕）。
* 11　最判昭和62年11月12日判時1261.71〔27801182〕は、「不動産が譲渡担保の目的とされ、設定者から譲渡担保権者への所有権移転登記が経由された場合において、被担保債務の弁済等により譲渡担保権が消滅した後に目的不動産が譲渡担保権者から第三者に譲渡されたときは、右第三者がいわゆる背信的悪意者に当たる場合は格別、そうでない限り、譲渡担保設定者は、登記がなければ、その所有権を右第三者に対抗することができないものと解するのが相当である」と判示する。
* 12　弁済期が経過して譲渡担保権者が不動産の処分権を取得した後に差押

えがされた場合については、設定者において、その後に債務の弁済をしても、第三者異議の訴えにより強制執行の不許を求めることはできない（最判平成18年10月20日民集60.8.3098〔28112207〕）。

弁済期の経過に先立って（譲渡担保権者が処分権を取得する前）差押えがされた場合に、設定者からの第三者異議の訴えが認められるかについては、所有権的構成では否定し、担保権的構成では肯定することになろう。

＊13　最判平成9年7月17日民集51.6.2882〔28021331〕を参照。

1　譲渡担保権者の譲渡担保設定者に対する権利行使
(1)　譲渡担保設定時
ア　所有権移転登記請求

不動産に譲渡担保権が設定された場合、譲渡担保権者は譲渡担保権設定者に対し、所有権移転登記手続を求め得ることは異論がないであろう。要件事実論からは、次の設例のように考えることとなろう。

| 訴訟物 | XのYに対する所有権に基づく妨害排除請求権としての所有権移転登記請求権 |

＊請求の趣旨は、「YはXに対し、本件土地につき平成○年○月○日の譲渡担保を原因とする所有権移転登記手続をせよ」である。
＊所有権的構成であれ、担保権的構成であれ、譲渡担保契約を締結した以上は、担保権者は設定者に対し債権的登記請求権としての所有権移転登記請求権をも有することになろう（「譲渡担保契約に基づく債権的登記請求権としての所有権移転登記請求権」）。しかし、その場合であっても、後記請求原因2の譲渡担保契約が現れるから物権的登記請求権として構成することが妨げられるわけではない。

| 請求原因 | 1　XはYに対し、1,000万円を弁済期平成○年○月○日の約定で貸し渡したこと |

＊譲渡担保の成立における附従性の観点から、被担保債権の発生原因事実が、請求原因事実の1つとして要求されると考えるべきである（我妻・担保物権法592頁も同旨であろう）。
＊債権的登記請求権が訴訟物の場合は、「Yは本件土地を所有していたこと」という要件は不要であるが、物権的請求権としての登記請求権を訴訟物とする場合は必要ということにな

2　Yは、請求原因3当時、本件土地を所有していたこと
＊譲渡担保につき所有権的構成によれば当然のことであるが、担保的構成による場合も、それは物権契約の性質を有するので、いずれの場合も、設定者はその設定時、目的物の処分権（所有権、所有者からの処分代理権等）を有することが必要となろう。
3　YはXとの間で、請求原因1の債務を担保するために本件土地の所有権をXに移転する旨の契約を締結したこと

（弁済）

抗　弁　1　YはXに対し、請求原因1の弁済期に1,000万円を弁済したこと

イ　土地引渡請求

　不動産に譲渡担保権が設定された場合、譲渡担保権者は譲渡担保権設定者に対し、設定した段階では、原則として明渡（引渡）請求はできないという結論は大筋のところ異論がないであろうが、要件事実論からは、次の設例のように捉えることとなろう。

訴訟物　XのYに対する所有権に基づく返還請求権としての土地引渡請求権
＊古典的な所有権的構成によれば、譲渡担保権者Xは、完全な所有権を取得するので、譲渡担保契約によって取得した所有権に基づく返還請求権を有することになることは当然であるが、Yは譲渡担保設定契約の締結時に通常合わせて締結される（当事者の合理的意思解釈）使用貸借契約ないし賃貸借契約をもって、占有権原の抗弁として主張することになろう（大判大正5年9月20日民録22.1821〔27522271〕）。しかし、今日では、所有権的構成をする立場であっても、債権担保のための所有権の移転がなされるのであって、目的物の使用収益は原則として、譲渡担保設定者にあると解するのであるから、抗弁の主張・立証を待たず、請求原因の段階で土地引渡しの請求が失当と解される余地もあろう。

請求原因　1　XはYに対し、1,000万円を弁済期平成○年○月○日の約定で貸し渡したこと

2　Yは、請求原因3当時、本件土地を所有していたこと
3　YはXとの間で、請求原因1の債務を担保するため本件土地の所有権をXに移転する旨の契約を締結したこと
4　Yは本件土地を占有していること

(占有権原)

抗弁　1　XはYとの間で、本件土地を、無償で、かつ、本件土地の返還期限は請求原因1の貸金の弁済期までとの約定で貸す契約を締結したこと
2　XはYに対し、抗弁1の契約に基づき、本件土地を引き渡したこと

(2) 債務不履行時──譲渡担保権の実行

　弁済期に債務が履行されない場合に担保目的を実現するために債務者に対し、不動産の引渡し・明渡しを求めるときは、原則として担保物は清算金と引換給付となる。最判昭和46年3月25日民集25.2.208〔27000646〕【I96】は「貸金債権担保のため債務者所有の不動産につき譲渡担保形式の契約を締結し、債務者が弁済期に債務を弁済すれば不動産は債務者に返還するが、弁済をしないときは右不動産を債務の弁済の代わりに確定的に自己の所有に帰せしめるとの合意のもとに、自己のため所有権移転登記を経由した債権者は、債務者が弁済期に債務の弁済をしない場合においては、目的不動産を換価処分し、またはこれを適正に評価することによつて具体化する右物件の価額から、自己の債権額を差し引き、なお残額があるときは、これに相当する金銭を清算金として債務者に支払うことを要するのである。そして、この担保目的実現の手段として、債務者に対し右不動産の引渡ないし明渡を求める訴を提起した場合に、債務者が右清算金の支払と引換えにその履行をなすべき旨を主張したときは、特段の事情のある場合を除き、債権者の右請求は、債務者への清算金の支払と引換えにのみ認容されるべきもの」であると判示する。

ア　所有権的構成

訴訟物　XのYに対する所有権に基づく返還請求権としての土地引渡請求権

＊XはYとの間で、1,000万円を貸し付け、その債権を担保するため、Y所有の本件土地の所有権をXに移転する旨の契約を締結し、弁済期が経過した。本件は、Xが、本件土

地を占有するYに対して、その明渡しを求めたところ、占有権原の消滅、清算金との同時履行が争点となった事案である。
＊本件の訴訟物は、所有権的構成の見解に立って、XとYの譲渡担保設定契約によってXに移転された所有権に基づく所有物返還請求権としての土地引渡請求権ととらえる。

請求原因　1　XはYに対し、1,000万円を弁済期平成〇年〇月〇日の約定で貸し渡したこと
2　Yは、請求原因3当時、本件土地を所有していたこと
3　YはXとの間で、請求原因1の債務を担保するため本件土地の所有権をXに移転する旨の譲渡担保契約を締結したこと
＊古典的な所有権的構成によれば、請求原因1ないし3によって、本件土地所有権は、譲渡担保契約成立時に、Xに移転することとなる。
＊前掲昭和46年最判によれば、請求原因として、さらに「請求原因3には、Yが期日までに請求原因1の債務の弁済をしないときは、債務の弁済の代わりに、本件土地の所有権を確定的にXに帰属させる旨の合意が含まれること」と「弁済期が経過したこと」を加える必要があることになろう。
4　Yは本件土地を占有していること

（占有権原）
抗弁　1　XはYとの間で、本件土地を、無償で、かつ、本件土地の返還期限は請求原因1の貸金の弁済期までとの約定で貸す契約を締結したこと
＊譲渡担保権設定者Yが本件土地の占有をそのまま維持することが多いが、所有権的構成の立場からは、譲渡担保権者XとYとの間で、黙示で抗弁1のような使用貸借契約が締結されたものとみるべきであろう。
2　XはYに対し、抗弁1の契約に基づき、本件土地を引き渡したこと

（返還期限の到来）
再抗弁　1　土地の返還期限（請求原因1の弁済期）が到来したこと
（清算金との同時履行）
抗弁　1　本件土地は、時価1,500万円相当であること
2　XがYに対し、500万円を支払うまでXの本件土地引渡請

求を拒絶するとのYの権利主張

＊前掲昭和46年最判は、債務者Yの債権者Xに対する引渡義務とXのYに対する清算金支払義務とが、特段の事情のない限り、同時履行の関係にあると判示したうえで、「本件土地の譲渡担保契約の締結時における時価は349万余円であるのに、これが債務金2,467,240円にひきあてられたものであることは、原審の適法に認定したところであり、しかも、……原審が、弁済期……の経過とともに本件土地の所有権はXに確定的に帰したとして、Xが右土地所有権に基づき、同土地上にあるYの本件建物を収去して本件土地をXに対し明け渡すべきことを求める請求を認容したことは、原判文上明らかである。

ところで、……Yは、原審において、本件土地の時価は坪当り金12,000円で、しかもその土地は容易に処分しうる状態にあつたのに、坪当り僅か金4,000円でXにその所有権を移転する筈がないとしてXの請求を争っているのであるから、適切な釈明いかんによっては、Yにおいて前記［引渡義務と清算金支払義務の同時履行］のような主張および立証をなす余地があるにもかかわらず、原審は、この点の配慮をすることなく、右請求を認容している」ので、審理不尽の違法があるとしている。

(特段の事情)

|再抗弁| 1　同時履行を否定できる特段の事情

＊譲渡担保設定者の保護の観点から、厳格に解すべきである（例えば、Xが相当の担保を供するなどである）。

イ　担保権的構成

担保的構成に立った場合は、債務不履行によって譲渡担保権者Xが優先弁済権を行使するために処分権を取得し、この処分権に基づく土地引渡請求権を認めることができる。

|訴訟物|　XのYに対する譲渡担保契約に基づく土地引渡請求権

＊本事例の訴訟物は、担保権的構成に立って、債務不履行によって譲渡担保権者Xが優先弁済権を行使するために発生した処分権に基づく土地引渡請求権であると構成したものであ

る。なお、この構成に立っても、債務不履行によって譲渡担保権者Xが確定的に取得した「所有権に基づく返還請求権としての土地引渡請求権」と構成することも可能であろう。ただし、その場合は、請求原因として、「請求原因3には、Yが期日までに請求原因1の債務の弁済をしないときは、債務の弁済の代わりに、本件土地の所有権を確定的にXに帰属させる旨の合意が含まれること」が必要かが問題となろう。

請求原因
1　XはYに対し、1,000万円を弁済期平成○年○月○日の約定で貸し渡したこと
2　Yは、請求原因3当時、本件土地を所有していたこと
3　YはXとの間で、請求原因1の債務を担保するため本件土地の所有権をXに移転する旨の契約を締結したこと
4　弁済期が経過したこと

(清算金との同時履行)

抗弁
1　本件土地は、時価1,500万円相当であること
2　XがYに対し、500万円を支払うまでXの本件土地引渡請求を拒絶するとのYの権利主張

(3) 譲渡担保権設定者の倒産
ア　会社更生

　譲渡担保設定者に会社更生手続が開始された事案につき、最判昭和41年4月28日民集20.4.900〔27001191〕(動産譲渡担保に関する)は、譲渡担保権者は、更生担保権者(会社更生2条11項)に準じて権利の届出等をし、更生手続によってのみ権利行使すべきであるとし、取戻権(同法64条)を行使して目的物の引渡しを請求できないとした。その結果、譲渡担保権者は、更生手続外で私的実行をして目的物の所有権を取得することもできない。会社更生手続については、事業の再建のため担保権や租税債権をも拘束する強力な手続であるから、更生債権者等との関係で譲渡担保権を更生担保権の限度で保護することに合理性がある。

イ　破産、民事再生

　譲渡担保設定者に破産開始決定や民事再生手続開始決定がされた場合は、譲渡担保の担保の実質からすると、一般の破産債権者や再生債権者との関係で、別除権(破65条、民事再生53条)として扱うことに合理性がある。このような運用の下では、譲渡担保権者は、私的実行前に取戻権(破62条、

民事再生52条）を行使できないが、別除権に基づく私的実行として、目的物の所有権を取得し、占有の移転を求め得る。別除権とされた場合には、目的物の受戻し（破78条2項14号、民事再生41条1項以下）・目的物の評価（破154条2項）、迅速な破産手続の進行のための実行期間を定める申立て（破185条1項）が認められる点で取戻権とされた場合と違いを生じる。

2　譲渡担保権設定者の譲渡担保権者に対する権利行使
(1)　債務を弁済期に弁済した時
　譲渡担保の被担保債権が弁済された時は、設定者は担保権者に対し、担保不動産の返還（抹消登記請求を含む）を求め得る。

|訴訟物|　XのYに対する譲渡担保契約に基づく債権的登記請求権としての所有権移転登記抹消登記請求権
　　　＊本件は、当初の約定どおり弁済されたことにより、所有権移転登記の抹消を求める事例である。弁済すると登記を抹消することは、当初の譲渡担保設定契約の合意に含まれていると考えられる（契約の合理的意思解釈）ので、債権的登記請求権の性質を有する。

|請求原因|　1　YはXに対し、1,000万円を弁済期平成○年○月○日の約定で貸し渡したこと
　　　2　Xは、請求原因3当時、本件土地を所有していたこと
　　　　＊この要件は、請求原因3の譲渡担保契約が物権契約であるために、担保的構成をとろうとも必要となろう。
　　　3　XはYとの間で、請求原因1の債務を担保するため本件土地の所有権をYに移転する旨の契約を締結したこと
　　　4　XはYに対し、請求原因1の弁済期に請求原因1の債務を弁済したこと
　　　　＊訴訟物を債権的登記請求権と構成する以上、「Yは請求原因3の契約に基づいて本件土地につき所有権移転登記を得たこと」は要件事実として不要である。

(2)　弁済期経過後の弁済（目的物の受戻し）
ア　いわゆる「受戻権」の法的性質
　譲渡担保権者は、被担保債務の弁済期経過（不履行）に伴い、私的実行により、譲渡担保の負担のない所有権を取得できる。しかし、譲渡担保権者に

対する所有権移転は、担保目的の達成に必要な範囲で認めれば足りるから、譲渡担保の設定者は、譲渡担保権者による清算金の支払（帰属清算方式の場合）又は第三者への処分（処分清算方式の場合）がされるまでは、被担保債務額の弁済提供をすることにより、目的物を受け戻すことができる（最判昭和43年3月7日民集22.3.509〔27000983〕、最判昭和57年1月22日民集36.1.92〔27000106〕、最判昭和62年2月12日民集41.1.67〔27100058〕）。

受戻権の法的性質については、前掲昭和57年最判が指摘するとおり、「受戻の請求は、債務の弁済により債務者の回復した所有権に基づく物権的返還請求権ないし契約に基づく債権的返還請求権、又はこれに由来する抹消ないし移転登記請求権の行使として行われるものというべきであるから、……債務の弁済と右弁済に伴う目的不動産の返還請求権等とを合体して、これを一個の形成権たる受戻権であるとの法律構成をする余地はな［い］」と解すべきである。これを、要件事実の観点から整理すると、次の設例のとおりである。

訴訟物　　XのYに対する所有権に基づく妨害排除請求権としての所有権移転登記抹消登記請求権
　　　　　＊本件は、YがAに対し金銭を貸し付け、Xがその所有土地をYに対し譲渡担保に供し、その後、XがYに対し所有権に基づく妨害排除請求権を訴訟物として所有権移転登記手続を訴求した事案である。
　　　　　＊前掲昭和57年最判によれば、「受戻権による所有権移転登記抹消登記請求権」というものは、存在しないことになる。ただし、本書においては、「受戻権」という用語を、適宜使用する。

請求原因　1　Xは、抗弁2当時、本件土地を所有していたこと
　　　　　　2　Yは本件土地につき所有権移転登記を有すること
（所有権喪失――譲渡担保）

抗弁　　1　YはAに対し、1,000万円を弁済期平成〇年〇月〇日の約定で貸し渡したこと
　　　　　2　XはYとの間で、抗弁1の債務を担保するために本件土地の所有権をYに移転する旨の契約を締結したこと
　　　　　＊所有権的構成の立場では、上記の所有権喪失の抗弁が成立する。しかし、担保的構成の立場では、譲渡担保設定の段階では所有権は担保権者に移転しないから、譲渡担保契約の締結

による所有権喪失の抗弁は、主張自体失当となるが、これに代えて、次に述べる「登記保持権原の抗弁」が成立する。

＊譲渡担保の被担保債権は、既存の債権であると、譲渡担保の設定と同時に成立する債権であると、将来発生すべき債権であるとを問わないと解されている（注民（9）334頁〔柚木馨＝福地俊雄〕）。本件設例は、譲渡担保の設定と同時に被担保債権が成立するケースである。なお、最判昭和40年12月21日民集19.9.2187〔27001242〕も、被担保債権の発生原因である契約が、行政取締法令に違反して無効である場合は、担保物について所有権移転の効果は生じないとする。

（登記保持権原）

抗弁 1　YはAに対し、1,000万円を弁済期平成○年○月○日の約定で貸し渡したこと
2　XはYとの間で、抗弁1の債務を担保するため本件土地の所有権をYに移転する旨の契約を締結したこと
3　請求原因2の登記は、抗弁2の契約に基づくこと

＊上記の抗弁は、いわゆる担保的構成の見解に基づいても成立する抗弁である。なお、所有権的構成によれば、所有権喪失の抗弁の事実に、さらに、「請求原因2の登記は、抗弁2の契約に基づくこと」という事実が付加されたことになり、外形上はいわゆるA＋Bの関係となるが、両抗弁の法律効果は異なるので、A＋Bの関係にならない。その意味では所有権的構成によっても成立する抗弁である。

＊所有権移転登記の名義人がXからYに移転しているのに、登記保持権原の抗弁というのは、一般の用法（Xの所有権移転登記に対するYの抵当権設定登記）と異なるが、担保的構成を前提とする限り、Yの所有権移転登記は、Xの所有権に対し、登記保持権原に基づき根拠付けられることになろう。

（弁済──いわゆる「受戻権」の行使）

再抗弁 1　AはYに対し、弁済期経過後、抗弁1の債務につき1,000万円を弁済したこと、又は、Yが受領を拒絶したので供託したこと

＊譲渡担保における弁済期後の弁済は、一般に「受戻権」の名の下に議論されている。しかし、前掲昭和57年最判は、譲

渡担保における受戻権は、「債務の弁済により回復した目的不動産の所有権に基づく物権的返還請求権」ないしは「契約に基づく債権的請求権」と構成するほかはないとしている。この判決の措辞のうち、前者は、弁済が再抗弁となり得ることを示唆するものといえる。かくして、「受戻権」という権利は、譲渡担保においては存在しないことになる（この点、仮登記担保11条が、「受戻権」を1個の権利として認め、5年の除斥期間を定めていることと異なる）。

＊不動産の譲渡担保契約における債務者による債務の弁済と右弁済に伴う目的不動産の返還請求権等を合体し、1個の形成権たる受戻権と法律構成して、これに167条2項の規定を適用することはできない（前掲昭和57年最判）。

（弁済に先立つ精算金の支払──帰属清算方式）

予備的抗弁　1ないし3　担保的構成を採る場合は、上記登記保持権原の抗弁1ないし3と同じ

＊なお、所有権的構成を採る場合は、抗弁3の事実は不要。

4　XはYとの間で、抗弁2の譲渡担保について、弁済期経過後は本件土地をXに帰属させて被担保債権との差額は清算するとの合意をしたこと

5　再抗弁1の弁済に先立って、XはYに対して精算金を支払った（又は提供した）こと

＊帰属清算方式の場合には、受戻権の行使期間（正しくは、弁済が許される期間）は清算金の支払又はその提供までである（最判昭和62年2月12日民集41.1.67〔27100058〕）。受戻権は、譲渡担保権が実行されて清算が終了すると消滅し、譲渡担保権者への所有権の移転が確定する。

＊目的物の適正評価額が被担保債権額を下回り、清算義務が発生しない場合における受戻権の存続期間について、債務不履行と同時に目的物の所有権が譲渡担保権者に帰属し、受戻しはできないとの見解（最判昭和51年9月21日判時832.47〔27431604〕）と、目的物の適正評価額が被担保債務の額を上回らない旨の通知をするまでの間、債務を弁済して目的物を受け戻し得るとの見解（前掲昭和62年最判（傍論））に分かれている。

(弁済に先立つ目的物の処分——帰属清算方式)

予備的抗弁 1ないし3　担保的構成を採る場合は、上記登記保持権原の抗弁1ないし3と同じ

＊なお、所有権的構成を採る場合は、抗弁3の事実は不要。

4　XはYとの間で、抗弁2の譲渡担保について、弁済期経過後は、本件土地をXに帰属させて被担保債権との差額は清算するとの合意をしたこと

5　私的実行・清算が未了の間に、Xが目的物を第三者に譲渡したこと

＊前掲昭和62年最判は、処分の相手方の善意・悪意、登記の有無を問うことなく、設定者は受戻権を失うものとし（最判解民事編昭和62年度47頁以下〔魚住庸夫〕）、譲受人が背信的悪意者であっても同様としている（最判平成6年2月22日民集48.2.414〔27817982〕）。その論拠は、譲渡担保権者が、被担保債務の弁済期経過（不履行）に伴い、目的物の処分権を取得するからである。

(弁済に先立つ目的物の処分——処分清算方式)

予備的抗弁 1ないし3　担保的構成を採る場合は、上記登記保持権原の抗弁1ないし3と同じ

＊なお、所有権的構成を採る場合は、抗弁3の事実は不要。

4　XはYとの間で、抗弁2の譲渡担保について、弁済期経過後は、本件土地を処分して被担保債権との差額は清算するとの合意をしたこと

5　再抗弁1の弁済に先立って、Xは本件土地を処分したこと

＊処分清算方式の場合には、受戻権の行使期間は第三者に対する処分時までである（最判昭和43年3月7日民集22.3.509〔27000983〕、前掲昭和57年最判）。受戻権は、譲渡担保権が実行され、清算が終了すると消滅し、譲渡担保権者への所有権の移転が確定的になる。

イ　いわゆる受戻権の消滅時期（受戻期間）

不動産譲渡担保の場合には、仮登記担保と異なって、清算期間が存在しないから、①清算金が生じないときは、譲渡担保権者Aが被担保債権の弁済期到来後直ちに設定者Bに対して清算金がない旨の通知をすればその時に、また、②清算金が生ずるときは、Aが被担保債権の弁済期到来後直ちにB

に対して清算金を弁済するか供託すればその時に、いわゆる受戻権が消滅し、もはや被担保債権額相当額の金銭をBがAに提供又は供託しても、目的不動産を受け戻すことができない。この点、不動産譲渡担保の場合は、清算期間が定められている仮登記担保に比して、Bに不利益である。

　ちなみに、最判昭和62年2月12日民集41.1.67〔27100058〕は、債務者がその所有不動産に譲渡担保権を設定した場合において、債務者が債務の履行を遅滞したときは、債権者は、目的不動産を処分する権能を取得し、この権能に基づき、目的不動産を適正に評価された価額で確定的に自己の所有に帰せしめるか又は第三者に売却等をすることによって、これを換価処分し、その評価額又は売却代金等をもって自己の債権の弁済に充てることができ、その結果剰余が生じるときは、これを清算金として債務者に支払うことを要するものと解すべきであるが、被担保債権の弁済期経過後であっても、債権者が担保権の実行を完了するまでの間、すなわち、①帰属清算型の譲渡担保においては、債権者が債務者に対し、清算金の支払又は清算金の提供をするまでの間、清算金が生じないときは、その通知をするまでの間、②処分清算型の譲渡担保においては、その処分の時までの間は、債務者は、債務の全額を弁済して譲渡担保権を消滅させ、目的不動産の所有権を回復すること（受戻権）ができる、ただし、③譲渡担保権者が清算金の支払やその提供又は清算金が生じない旨の通知をせず、かつ、債務者も債務の弁済をしないうちに、債権者が目的不動産を第三者に売却等したときは、債務者はその時点で受戻権ひいては目的不動産の所有権を終局的に失い、同時に被担保債権消滅の効果が発生するとしている。

(3) 清算金請求権
ア　清算金支払義務の発生

　譲渡担保権者は、被担保債務の弁済期経過（不履行）に伴い、私的実行により、譲渡担保の負担のない所有権を取得することができる。しかし、譲渡担保の目的財産の価額が被担保債権（及び私的実行に要する費用）の額を上回る場合、譲渡担保の目的が債権担保にあることからすると、差額分の利益を譲渡担保権者に保持させるのは不合理である。そこで、この場合に、担保の実質を重視すべきこと及び仮登記担保において清算義務を認めた最判昭和42年11月16日民集21.9.2430〔27001018〕の流れを受け、最判昭和46年3月25日民集25.2.208〔27000646〕（不動産譲渡担保の事案）以降は、債権者において、目的財産を換価処分するか（処分清算方式）、適正評価した目的財産の価額から、被担保債権額を差し引いた残額（帰属清算方式）を債務者に支払うべきものとする。

イ　目的物の引渡義務と清算金の同時履行、留置権
㈦　譲渡担保設定の当事者間
　目的財産の引渡しの訴えは、特段の事情のない限り、清算金の支払と引換えにのみ認容される（特段の事情とは、設定者の行方不明などの限られた場合である）。第2節1(2)アの設例の「清算金との同時履行」の抗弁を参照されたい。
㈡　譲渡担保権設定者と目的物の第三取得者間
　目的財産が第三者に譲渡され、その相手方から引渡請求を受けた場合には、同時履行の抗弁は主張できない（最判昭和50年7月25日民集29.6.1147〔27000361〕（第6節4(1)参照）－譲渡担保権者が処分清算のため譲渡担保の目的であるゴルフ会員権を譲渡した事案について、名義変更請求と清算金支払との引換給付を否定）が、清算金請求権を目的物との牽連性のある債権として留置権（295条）を主張できると解される（最判平成9年4月11日裁判集民183.241〔28020810〕、最判平成11年2月26日判時1671.67〔28040448〕）。なお、留置権の主張を受ける第三取得者については、譲渡人に対する代金の支払前であれば、第三者弁済による代位（474条、500条）によって取得した清算金請求権と売買代金債務とを対当額で相殺することで保護が図られよう。
ウ　清算金額の評価と基準時
　いずれの清算方式による場合でも、目的財産を適正に評価した額に基づき計算することを要し、目的物の引渡しと同時履行関係に立つ清算金の支払も、このようにして計算された相当額の清算金であることを要する（東京地判昭和55年10月9日判時997.133〔27431862〕）。このような清算金の有無及び評価の基準時は、帰属清算方式の場合においては、債権者の債務者に対する清算金の支払又は提供時（清算金のないときは、目的不動産の適正評価額が債務額を上回らない旨の通知をした時（最判昭和57年1月22日民集36.1.92〔27000106〕）、処分清算方式の場合又は清算せずに目的物を第三者に売却等の処分をしたときは、処分時（最判昭和62年2月12日民集41.1.67〔27100058〕、東京高判平成9年7月31日金商1045.47〔28031857〕（根抵当権等の設定の事例））とされ、受戻権が消滅する時期とされている。

> **訴訟物**　　XのYに対する譲渡担保契約に基づく清算金請求権
> 　　　　　　＊YがXとの間で、1,000万円を貸し付け、その貸金債権を担保するため、Xは自己が所有する本件土地所有権をYに移転する旨の契約を締結した。ところが、Xは弁済できな

かったため、YはAに対し本件土地を代金1,500万円で売買処分をした。本件は、XがYに対して、清算金として500万円の支払を求めたところ、Yは、非清算特約があること、また、本件貸付金の滞納利息は80万円であり、本件土地売買の日までの遅延損害金が100万円であり、清算のための売却処分に仲介手数料45万がかかったとして、それらの控除を主張した事案である。

＊本件の訴訟物に対応する主請求の請求の趣旨は、「YはXに対し、500万円を支払え」である。

請求原因
1 Yは、平成4年5月1日にXに対し、1,000万円を弁済期平成5年5月31日、利息年8分、遅延損害金年1割の約定で貸し渡したこと
2 Xは、請求原因4当時、本件土地を所有していたこと
3 XはYとの間で、請求原因1の債務を担保するため本件土地の所有権をYに移転する旨の契約を締結したこと
4 YはAとの間で、平成6年5月31日本件土地を代金1,500万円で売買する契約を締結したこと

（非清算特約）
抗弁
1 XとYは、請求原因3の契約に関して、清算を要しない旨の合意をしたこと
2 清算を不要とする合理性があると認められる特段の事情

＊当事者間に清算を不要とする特約がある場合、最判昭和46年3月25日民集25.2.208〔27000646〕は、清算を不要とする合理性があると認められる特段の事情がない限り、特約を無効としている。特段の事情とは、①被担保債権額と目的財産の差額が僅かであるとか、②当事者間の譲渡担保以外の対価的な関係等から、清算を不要とすることに合理性が認められる場合などである。

（控除すべき金額）
抗弁
1 請求原因1の貸付金の延滞利息は80万円、遅延損害金は100万円であること

＊清算金請求をする場合、元利合計金をXが主張・立証すべきとの見解もあろう。ここでは、Yの抗弁として整理した（ただし元金は請求原因1で現れている）。

2 Yは、請求原因4の処分に関して、宅地建物業者に45万円

の仲介手数料を支払ったこと
＊処分清算型譲渡担保においては、担保権者は、売買代金から被担保債権と処分に要した費用を控除して残額を清算すれば足りるとされている（前掲昭和55年東京地判参照）。

エ　受戻権放棄による精算金請求権
　清算金の支払は目的物の所有権が確定的に譲渡担保権者側に移転することを前提に認められる。そこで、清算金の支払は、譲渡担保の担保としての実質に照らし、債務不履行等により担保価値の実現を必要とする場面で認められるものであり、設定者の側から一方的に受戻権を放棄して清算金を請求することは認めることができない（最判平成8年11月22日民集50.10.2702〔28011563〕）。

訴訟物　　　XのYに対する受戻権放棄による精算金請求権
＊本件は、Xが、本件土地の受戻権を放棄したことによりYに対し清算金支払請求権を取得したとして、本件土地の評価額から右相殺後の貸金残額を控除した金額に相当する清算金の内金の支払を請求した事案である。後掲平成8年最判によると、請求は棄却された。

＊最判平成8年11月22日民集50.10.2702〔28011563〕は、「譲渡担保権設定者は、譲渡担保権者が清算金の支払又は提供をせず、清算金がない旨の通知もしない間に譲渡担保の目的物の受戻権を放棄しても、譲渡担保権者に対して清算金の支払を請求することはできない」と判示する。その理由として、①譲渡担保権設定者の清算金支払請求権は、譲渡担保権者が譲渡担保権の実行として目的物を自己に帰属させ又は換価処分する場合において、その価額から被担保債権額を控除した残額の支払を請求する権利であり、他方、譲渡担保権設定者の受戻権は、譲渡担保権者において譲渡担保権の実行を完結するまでの間に、弁済等によって被担保債務を消滅させることにより譲渡担保の目的物の所有権等を回復する権利であって、両者はその発生原因を異にする別個の権利であるから、譲渡担保権設定者において受戻権を放棄したとしても、その効果は受戻権が放棄されたという状況を現出するにとどまり、受戻権の放棄により譲渡担保権設定者が清算金支払請

求権を取得することとなると解することはできないこと、②このように解さないと、譲渡担保権設定者が、受戻権を放棄することにより、本来譲渡担保権者が有している譲渡担保権の実行の時期を自ら決定する自由を制約できることとなり、相当でないことを挙げる。

請求原因
1 Yは、Aに対し1億8,000万円を貸し渡し、その担保として、A所有の本件土地について帰属清算型の譲渡担保権の設定を受け、譲渡担保を原因とするAからYへの所有権移転登記が経由されたこと
2 Aは、請求原因1の貸金債務の弁済期を経過したこと
 ＊要件事実論からすると、請求原因2に加えて、①Aが弁済期にその支払を怠り、②同債務につき履行遅滞に陥った主張は不要。①については、Aが弁済したことが抗弁であり、②は、事実主張でなく、法律効果の主張であるからである。
3 その後、Aは死亡したこと
4 Xは、Aの相続財産法人であること
5 Xの相続財産管理人は、Yが清算金の支払又は提供をせず、清算金がない旨の通知もしない間に、Yに対し、本件土地の受戻権を放棄する旨を通知して、清算金の支払を請求したこと

(4) 譲渡担保権者の倒産

譲渡担保権者について破産手続開始決定後であっても、設定者において被担保債権を弁済すれば、破産管財人に対し、目的物につき所有権移転登記手続を求めることができるほか、被担保債権の弁済がされない場合には、破産管財人において、譲渡担保権を実行し、目的物の所有権を確定的に破産財団に帰属させ得る。ただし、被担保債権額と目的物の価額等を比較して清算が必要な場合は、清算金請求権は財団債権（破148条1項5号）を構成する。

3 譲渡担保権者の第三者に対する権利行使
(1) 譲渡担保権設定者が処分（譲渡）した第三者に対する譲渡担保権者の権利行使

譲渡担保権設定者による譲渡は、登記名義が譲渡担保権者にある不動産譲渡担保の場合は困難である。これに対し、占有を設定者にとどめる動産譲渡担保の場合は、第三者への譲渡はあり得る。この場合については、第4節1(1)を参照されたい。

(2) 譲渡担保権設定者の一般債権者による差押え

譲渡担保権者は、特段の事情がない限り、譲渡担保権者としての地位に基づいて譲渡担保権設定者の一般債権者がした強制執行の排除を求め得るが、不動産譲渡担保の場合は、登記名義が譲渡担保権者に移転しているので、譲渡担保権設定者の一般債権者が担保物の不動産に対し強制執行に及ぶ事態は考えにくい。これに対し、占有を譲渡担保設定者にとどめる動産譲渡担保の場合は、譲渡担保設定者の債権者が担保物の動産に強制執行をすることが生じ得る。この場合については、第4節1 (2) を参照されたい（最判昭和56年12月17日民集35.9.1328〔27000114〕、最判昭和58年2月24日判時1078.76〔27433008〕は、いずれも動産譲渡担保の事案である）。

(3) 譲渡担保権者の第三者（不法占拠者）に対する返還請求

所有権的構成によると、所有権に基づく物権的返還請求権又は所有権侵害を理由とする不法行為に基づく損害賠償請求権を行使することができる。ただし、損害賠償請求権の行使の場合は、抵当目的物の交換価値の毀損による損害の発生が認められなければならない。これに対し、担保権的構成によると、抵当権に基づく妨害排除請求又は損害賠償請求の問題に準じて処理されることになる。

(4) 譲渡担保の物上代位

不動産譲渡担保について、担保権的構成によれば、抵当権の場合に準じて、容易に物上代位を認めることができる。所有権的構成によっても、設定当事者間の関係で担保の実質を重視して、抵当権の場合に準じて物上代位を肯定できる。動産譲渡担保の事案であるが、最決平成11年5月17日民集53.5.863〔28040834〕は、売買代金債権に対する物上代位を肯定する（第3節2 (4) 参照）。

なお、譲渡担保設定者の有する保険金請求権への物上代位を認めるためには、その前提として、設定者が、自己を被保険者として保険契約を締結し、保険金請求権の帰属主体となる必要がある。最判平成5年2月26日民集47.2.1653〔27814479〕は、譲渡担保設定者にも被保険利益を認め、保険金請求権の帰属主体となり得るとする。

4 譲渡担保権設定者の第三者に対する権利行使
(1) 譲渡担保権設定者の被保険利益

最判平成5年2月26日民集47.2.1653〔27814479〕は、「譲渡担保権者及び譲渡担保設定者は、共に、譲渡担保の目的不動産につき保険事故が発生することによる経済上の損害を受けるべき関係にあり、したがって、右不動産

についていずれも被保険利益を有する」と判示する。

訴訟物 　XのYに対する保険契約に基づく保険金請求権
＊Xは本件建物を建築し、Aに対する貸金債務を担保するため本件建物につき譲渡担保契約を締結し、A名義で所有権保存登記をした。Xは、Y保険会社との間で、本件建物につき、Xを被保険者とする保険金3,000万円の火災保険契約を締結した。その後、本件建物は火災で焼失した。本件は、XがYに対し、保険金の支払を求めたところ、Yは、Xが本件建物についての被保険利益を有していないとして支払を拒絶した事案である。

請求原因 　1　Xは本件建物を建築したこと
＊Xは本件建物の所有権を原始取得した事実である。
2　XはYとの間で、本件建物につき、Xを被保険者とする保険金3,000万円の火災保険契約を締結したこと
3　その後、本件建物は、火災により焼失し、本件建物の損害査定額は、2,000万円であること

（被保険利益の喪失）

抗　弁 　1　AはXに対し、1,000万円を弁済期平成○年○月○日の約定で貸し渡したこと
2　XはAとの間で、抗弁1の債務を担保するため、本件建物につきAを権利者とする譲渡担保契約を締結したこと
3　抗弁2の譲渡担保契約に基づいて、本件建物につきA名義の保存登記がされたこと
＊前掲平成5年最判は、譲渡担保権者及び譲渡担保設定者は、ともに、譲渡担保の目的不動産につき被保険利益を有する理由として、「譲渡担保が設定された場合には、債権担保の目的を達するのに必要な範囲内においてのみ目的不動産の所有権移転の効力が生じるにすぎず、譲渡担保権者が目的不動産を確定的に自己の所有に帰させるには、自己の債権額と目的不動産の価額との清算手続をすることを要し、他方、譲渡担保設定者は、譲渡担保権者が右の換価処分を完結するまでは、被担保債務を弁済して目的不動産を受け戻し、その完全な所有権を回復することができる……。このような譲渡担保の趣旨及び効力にかんがみると、譲渡担保権者及び譲渡担

設定者は、共に、譲渡担保の目的不動産につき保険事故が発生することによる経済上の損害を受けるべき関係にあ［る］」ことを挙げる。この判決の「譲渡担保が設定された場合には、債権担保の目的を達成するために必要な範囲内においてのみ目的不動産の所有権移転の効力が生ずるにすぎず」との判示部分について、所有権がそのように融通無碍なものであるのか、物権法定主義の観点から疑問であるとの批判がある（賀集唱「裁判実務からみた譲渡担保立法の要否」法律時報66巻2号97頁）。

(2) 譲渡担保権設定者の担保権者からの第三取得者に対する権利行使

最判平成6年2月22日民集48.2.414〔27817982〕【I 97】は、「不動産を目的とする譲渡担保契約において、債務者が弁済期に債務の弁済をしない場合には、債権者は、右譲渡担保契約がいわゆる帰属清算型であると処分清算型であるとを問わず、目的物を処分する権能を取得するから、債権者がこの権能に基づいて目的物を第三者に譲渡したときは、原則として譲受人は目的物の所有権を確定的に取得し、債務者は、清算金がある場合に債権者に対してその支払を求めることができるにとどまり、残債務を弁済して目的物を受け戻すことはできなくなる」と判示する。

訴訟物	XのYに対する所有権に基づく妨害排除請求権としての抹消登記に代わる所有権移転登記請求権
	＊AがXに対し金銭を貸し付け、Xがその所有土地をAに対し譲渡担保に供し、その後、Aが本件土地をYに売買した。本件は、XがYに対し所有権に基づく妨害排除請求権を訴訟物として所有権移転登記手続を訴求した事案である。
請求原因	1　Xは、抗弁2当時、本件土地を所有していたこと
	2　Yは本件土地につき所有権移転登記を有すること

(所有権喪失)

抗弁	1　AはXに対し、1,000万円を弁済期平成○年○月○日の約定で貸し渡したこと
	2　XはAとの間で、抗弁1のXの債務を担保するため本件土地の所有権をAに移転する旨の契約を締結したこと

(弁済)

再抗弁	1　XはAに対し、抗弁1の債務を弁済したこと

＊いわゆる「受戻権」の行使である。

（目的物処分）

再々抗弁 1 抗弁1の弁済期が経過したこと
2 AはYとの間で、再々抗弁1の後、再抗弁1に先立って本件土地を代金2,000万円で売買する契約を締結したこと
 ＊再々抗弁2の売買契約が再々抗弁1の弁済期の後であることは、前掲平成6年最判による。
3 請求原因2の所有権移転登記は、再々抗弁2の契約に基づくこと

（背信的悪意者）

再々々抗弁 1 Yは、再々抗弁2当時、再抗弁2の譲渡担保の事実を知っていたこと
2 Yの背信性の評価根拠事実
 ＊前掲平成6年最判によれば、Yは背信的悪意者に当たらない。同最判は、上記再々抗弁2の注記の判示部分に続いて、「この理は、譲渡を受けた第三者がいわゆる背信的悪意者に当たる場合であっても異なるところはない。けだし、そのように解さないと、権利関係の確定しない状態が続くばかりでなく、譲受人が背信的悪意者に当たるかどうかを確知し得る立場にあるとは限らない債権者に、不測の損害を被らせるおそれを生ずるからである」と判示する。なお、原審は、譲渡担保権者AからYへの目的不動産譲渡（実際の要件では、売買でなく、贈与であった）は、設定者Xの受戻権行使の阻止と資力の乏しいXへの清算金請求権の行使を事実上不可能にすることを意図して行われたもので、Yは背信的悪意者に該当し、被担保債権額相当額を供託した設定者Bは目的不動産の受戻しを登記なしにYに対抗できるとしていた。

(3) 譲渡担保権設定者が不法占拠者に対する権利行使

所有権的構成からは、設定者に残された権利・利益の見方によって積極・消極に分かれ得る。譲渡担保権設定者が、正当な権原なく目的物を占有する者に対して、特段の事情がない限り、目的物の返還を請求できるとする判決がある（最判昭和57年9月28日判タ485.83〔27431997〕）、これは、設定者が現実に目的物を占有・使用している場合に、その利益については物権的保

護を認めるものである）。この判決の見解について、所有権的構成の立場に立って、かつ、要件事実論的観点から所有権的構成と整合しないとの批判がある（現代財産法研究会編『譲渡担保の法理』ジュリスト増刊（1987年）25頁の菅野孝久の発言）。

| 訴訟物 | XのYに対する所有権に基づく返還請求権としての土地明渡請求権 |

＊本件は、Xは自己が所有する本件土地に建物を建てて占有するYに対し、建物収去土地明渡しの訴えを提起したが、訴訟係属中に、Aから借金をしその債務を担保するために本件土地を譲渡担保に供したところ、Yが譲渡担保設定により所有権を喪失したとの抗弁を主張した事案である。

＊担保的構成によれば、下記の譲渡担保の抗弁は、Xの所有権を喪失させる機能はなく、Xの請求は認められることになろう。

| 請求原因 | 1 Xは、抗弁2当時、本件土地を所有していたこと |
| | 2 Yは、本件土地を占有していること |

（譲渡担保）

| 抗弁 | 1 AはXに対し、1,000万円を弁済期平成○年○月○日の約定で貸し渡したこと |
| | 2 XはAとの間で、請求原因1の債務を担保するため本件土地の所有権をAに移転する旨の契約を締結したこと |

＊前掲昭和57年最判は、「譲渡担保は、債権担保のために目的物件の所有権を移転するものであるが、右所有権移転の効力は債権担保の目的を達するのに必要な範囲内においてのみ認められるのであつて、担保権者は、債務者が被担保債務の履行を遅滞したときに目的物件を処分する権能を取得し、この権能に基づいて目的物件を適正に評価された価額で確定的に自己の所有に帰せしめ又は第三者に売却等することによつて換価処分し、優先的に被担保債務の弁済に充てることができるにとどまり、他方、設定者は、担保権者が右の換価処分を完結するまでは、被担保債務を弁済して目的物件についての完全な所有権を回復することができるのであるから……、正当な権原なく目的物件を占有する者がある場合には、特段の事情のない限り、設定者は、前記のような譲渡担保の趣旨及

び効力に鑑み、右占有者に対してその返還を請求することができる」と判示する。

(4) 債務弁済による譲渡担保権消滅後、担保権者が不動産を売り渡して第三者の所有権移転請求権保全の仮登記がされた場合

最判昭和62年11月12日判時1261.71〔27801182〕は、「不動産が譲渡担保の目的とされ、設定者から譲渡担保権者への所有権移転登記が経由された場合において、被担保債務の弁済等により譲渡担保権が消滅した後に目的不動産が譲渡担保権者から第三者に譲渡されたときは、右第三者がいわゆる背信的悪意者に当たる場合は格別、そうでない限り、譲渡担保設定者は、登記がなければ、その所有権を右第三者に対抗することができない」と判示する。

|訴訟物| XのYに対する所有権に基づく妨害排除請求権としての土地・建物所有権移転登記抹消登記請求権

＊譲渡担保設定者Xが担保権者Aに被担保債権を弁済して譲渡担保が消滅した後に、Aは担保物の土地建物を第三者Yに譲渡してYに所有権移転登記が経由された。本件は、XがYに対して、登記には公信力がないから、譲渡担保権が弁済により消滅した後、目的不動産について譲渡担保権者Aから所有権を譲り受けた第三者Yがその所有権移転登記を取得したとしても、何ら実体上の権利を取得するものではないと主張して（担保権的構成によれば、この主張になろう）、所有権に基づいて所有権移転登記の抹消を求めた事案である。

前掲昭和62年最判は、所有権的構成に立って設定者に完全な所有権が復帰したことを第三者に対抗するためには、その対抗要件（所有権移転登記）が必要であり、被担保債権消滅後に譲渡担保権者から目的物の所有権を譲り受けた第三者と設定者とは対抗関係に立つとしている。これは、弁済後は、設定者は、自己名義の登記を回復しようとすればできたことを前提にしているからである（道垣内弘人『担保物権法〈第3版〉』有斐閣（2008年）326頁）。

|請求原因| 1 Xは、抗弁2当時、本件土地建物を所有していたこと
2 本件土地建物につき、Y名義の所有権移転登記が存在する

こと

(所有権喪失——譲渡担保)

抗弁 1 AはXに対し、1,000万円を弁済期平成〇年〇月〇日の約定で貸し渡したこと

2 XはAとの間で、抗弁1の債務を担保するため、本件土地建物の所有権をAに移転する旨の契約を締結したこと

＊譲渡担保につき所有権的構成を採った場合の所有権喪失の抗弁である。

(所有権復活——弁済)

再抗弁 1 XはAに対し、抗弁1の債務を弁済したこと

＊Xの弁済によって、本件土地建物の所有権はXに復帰することになる。

(対抗要件具備による所有権喪失——売買)

予備的抗弁 1ないし3 上記抗弁1、2の事実及び再抗弁1の事実

4 AはYとの間で、再抗弁1の弁済の後、本件土地建物を1,000万円で売買する契約を締結したこと

＊再抗弁1の物権変動と再々抗弁4の売買とが、Aを基点とする二重譲渡類似の関係に立つことになる。

5 AはYに対し、予備的抗弁4の契約に基づき、本件土地建物についての所有権移転登記をしたこと

＊Yの登記名義取得（対抗要件具備）により、確定的にYが所有権を取得することになり、再抗弁1の弁済によるXの所有権取得の効果は消滅する。

＊Yの対抗要件具備によるXの所有権喪失の抗弁は、譲渡担保設定によるXの所有権喪失の抗弁とは、実体法的効果が別であるので、上記再抗弁に対する再々抗弁とはならず、予備的抗弁と位置付けることになる。

5 譲渡担保権者から取得した第三者の譲渡担保設定者に対する権利行使
(1) 弁済期後の処分
ア 第三取得者の設定者に対する土地引渡請求

譲渡担保権者は、被担保債権の履行遅滞により目的物の処分権を取得し、帰属清算方式又は処分清算方式により譲渡担保権を実行し得る（最判昭和57年1月22日民集36.1.92〔27000106〕）。そのため、被担保債務の弁済期が経過し、譲渡担保権者が目的物の処分権を取得した後であれば、所有権的

構成か担保権的構成かを問わず、譲渡担保権者による目的物の譲渡は有効と解される（最判昭和62年2月12日民集41.1.67〔27100058〕）。
イ　受戻権との関係
　担保権的構成を採った場合、譲渡担保権者は、弁済期に弁済がないときでも、直ちに目的物の所有権を取得するわけではなく、一定の時期までに受戻権の行使があると、譲渡担保権者は目的物を返還しなければならない。しかし、結論的には、弁済期を経過しさえすれば、受戻権とはかかわりなく、譲渡担保権者から譲渡を受けた第三者は有効に目的物の所有権を取得できる。
(ア)　処分清算型の場合
　譲渡担保権者は弁済期の到来によって目的物の処分権限を取得するので、譲渡担保権者が第三者に譲渡すると譲渡担保権設定者はもはや受け戻すことができず、第三者は有効に目的物を取得する。
(イ)　帰属清算型の場合
　前掲昭和62年最判は、「債権者が清算金の支払若しくはその提供又は目的不動産の適正評価額が債務の額を上回らない旨の通知をせず、かつ、債務者も債務の弁済をしないうちに、債権者が目的不動産を第三者に売却したときは、債務者はその時点で受戻権ひいては目的不動産の所有権を終局的に失い、同時に被担保債権消滅の効果が発生するとともに、右時点を基準時として清算金の有無及びその額が確定される」と判示する。

訴訟物　　　XのYに対する所有権に基づく返還請求権としての土地引渡請求権
　　　　　　　＊AがYに対し金銭を貸し付け、Yがその所有土地をAに対し譲渡担保に供し、Aへの所有権移転登記がされたが、その後、弁済期が到来したが、Yからの弁済がないので、Aは自己名義の登記を利用して、本件土地をXに売買した。本件は、XがYに対し所有権に基づき土地明渡請求を求めた事案である。
　　　　　　　＊請求原因は、所有権的構成によるものである。担保的構成によっても、結論は変わらないであろう。

請求原因　1　Yは、請求原因3当時、本件土地を所有していたこと
　　　　　　2　AはYに対し、1,000万円を弁済期平成○年○月○日の約定で貸し渡したこと
　　　　　　3　YはAとの間で、抗弁2のAの債務を担保するため本件土地の所有権をAに移転する旨の契約を締結したこと

4 抗弁1の弁済期が経過したこと
5 AはXとの間で、抗弁4の後、本件土地を代金2,000万円で売買する契約を締結したこと
 ＊請求原因5の売買契約が請求原因4の弁済期の後であることは、最判平成6年2月22日民集48.2.414〔27817982〕による。同判決は、「不動産を目的とする譲渡担保契約において、債務者が弁済期に債務の弁済をしない場合には、債権者は、右譲渡担保契約がいわゆる帰属清算型であると処分清算型であるとを問わず、目的物を処分する権能を取得するから、債権者がこの権能に基づいて目的物を第三者に譲渡したときは、原則として譲受人は目的物の所有権を確定的に取得し、債務者は、清算金がある場合に債権者に対してその支払を求めることができるにとどまり、残債務を弁済して目的物を受け戻すことはできなくなる」「この理は、譲渡を受けた第三者がいわゆる背信的悪意者に当たる場合であっても異なるところはない。けだし、そのように解さないと、権利関係の確定しない状態が続くばかりでなく、譲受人が背信的悪意者に当たるかどうかを確知し得る立場にあるとは限らない債権者に、不測の損害を被らせるおそれを生ずるからである」と判示する。
6 Yは、本件土地を占有していること

(2) 弁済期前の処分
　被担保債務の弁済期前（譲渡担保の実行前）に目的物が譲渡がされた場合における設定者Yと担保権者Aから買い受けた相手方Xとの法律関係については、譲渡担保の法的構成により法律関係が異なる。
ア 所有権的構成ないし負担付所有権移転的構成
　典型的な所有権の構成によると、AのXへの処分が弁済期前であっても、処分は有効とみることになる（大判大正9年6月2日民録26.839〔27523070〕）。ただし、負担付所有権移転的構成によると設定者Yが弁済又は受戻しにより所有権を取り戻せる地位にあるから、一種の対抗関係に立つとみて、処分の相手方Xが背信的悪意者と認められる場合には、所有権取得を設定者に対抗できないこととなろう（東京高判昭和46年7月29日判時640.45〔27431282〕下記設例の抗弁以下参照）。

不動産譲渡担保

訴訟物　XのYに対する所有権に基づく返還請求権としての土地引渡請求権

＊AがYに対し金銭を貸し付け、Yがその所有土地をAに対し譲渡担保に供し、Aへの所有権移転登記がされた。その後、弁済期の到来に先立って、Aは自己名義の登記を利用して、本件土地をXに売買した。本件は、XがYに対し所有権に基づき土地明渡請求を求めた事案である。

＊前掲大正9年大判（典型的な所有権的構成）によれば、抗弁以下の主張はないことになる。このように、第三者Xの所有権取得が認めらる場合は、処分をした譲渡担保権者Yが、設定者Aに対して債務不履行等に基づく損害賠償責任を負うにとどまることになる。

＊負担付所有権移転的構成によると、対抗要件以下の攻撃防御が機能することとなる。

請求原因
1　Yは、請求原因3当時、本件土地を所有していたこと
2　AはYに対し、1,000万円を弁済期平成○年○月○日の約定で貸し渡したこと
3　YはAとの間で、抗弁2のAの債務を担保するため本件土地の所有権をAに移転する旨の契約を締結したこと
4　請求原因5の売却処分は、請求原因2の弁済期前であること
5　AはXとの間で、抗弁3の後、本件土地を代金2,000万円で売買する契約を締結したこと
6　Yは本件土地を占有していること

（対抗要件）

抗弁
1　YはAに対し、弁済期に1,000万円を弁済（供託）したこと
2　Xが対抗要件を具備するまでXを権利者と認めないとのYの権利主張

＊前掲昭和46年東京高判は、「譲渡担保は担保物件の所有権を移転するものであるとはいえ、その実質は債権担保に外ならないから、取引の安全を害しない限り、債務者の右権利はこれを保護すべく、従つて悪意の譲受人すなわち担保物件の所有権移転が債権担保のためであることを知りながら担保物件を譲受けた者は、後に債務者が右債務の弁済ないし弁済供託をすることによつて右物件が債権者から債務者に復帰すべき

運命にあること、すなわちそのような性質を帯びた物件を自己の危険において取得したものというを妨げないから、債務者は当該債権関係が終局的に清算され、物件の取戻ができなくなるまでの間は、右債務の弁済その他の消滅を主張し、右悪意の取得者に対し右担保物件の返還を請求することができるものといわなければならない（この場合登記の対抗の問題については悪意の第三者はいわゆる背信的悪意者というに当ろう）」と判示する。

（対抗要件具備）
再抗弁 1 Xは、請求原因5の売買に基づき、本件土地につき所有権移転登記をしたこと

（背信的悪意者）
再々抗弁 1 Xは、本件土地の所有権がYのAに対する1,000万円の債務の担保として、Aに移転されたものであることを知っていたこと
2 Xの背信性の評価根拠事実

イ 担保的構成

担保権の構成によると、上記アの設例において譲渡担保権者AのXに対する売買（請求原因5）は、譲渡担保権の譲渡にすぎず、それを超える部分（Yの留保部分）については、無権利者Aによる処分として無効であると解される。しかし、不動産については、設定者Yが真実と一致しない外観を作出したと評価して（登記原因を譲渡担保とせず、あえて売買としたなど）、94条2項の類推適用による善意の第三者としてXの所有権の取得の余地がある。ただし、登記原因が譲渡担保とされている場合には、94条2項の「善意」の認定の妨げとなるから、類推適用が肯定される事例は、限られるであろう。

(3) 譲渡担保権者の一般債権者による差押え

不動産の譲渡担保について、登記名義が担保権者にある場合、差押えの対象とされることがある（占有を設定者にとどめた動産譲渡担保の場合は、譲渡担保権者の一般債権者による差押えという事態は考え難い）。このように、譲渡担保権者の一般債権者から差押えがされた場合に、設定者が第三者異議の訴えにより競売の不許を求めることができるかという問題が生じる。差押えの時期が弁済期の前後に分けて検討する。

ア 弁済期後の差押え

不動産に譲渡担保が設定されると、その設定時に、通常、対抗要件として設定者Xから譲渡担保権者Aに売買又は譲渡担保を登記原因とする所有権移転登記がされる。被担保債権の弁済期到来後清算手続がされないうちに、譲渡担保権者Aの一般債権者Yが、その不動産を差し押さえて（強制競売開始決定）、差押登記がされた場合を考える。この場合、被担保債権の弁済期到来後清算金の支払前に譲渡担保権者が第三者に目的不動産を譲渡し第三者に所有権移転登記がされた場合と同様に、差押え登記後はもはや設定者Xは受戻権を行使できなくなるか。手続的にいうと、設定者Xは債務弁済をしたうえで、第三者異議の訴えにより強制執行の不許を求めることができるかという問題である。これにつき、最判平成18年10月20日民集60.8.3098〔28112207〕は、「不動産を目的とする譲渡担保において、被担保債権の弁済期後に譲渡担保権者の債権者が目的不動産を差し押さえ、その旨の登記がされたときは、設定者は、差押登記後に債務の全額を弁済しても、第三者異議の訴えにより強制執行の不許を求めることはできないと解するのが相当である」とし、その理由として、①設定者Xが債務の履行を遅滞したときは、譲渡担保権者Aは目的不動産を処分する権能を取得するから、被担保債権の弁済期後は、設定者Xとしては、目的不動産が換価処分されることを受忍すべき立場にあり、②譲渡担保権者Aの債権者Yによる目的不動産の強制競売による換価も、譲渡担保権者による換価処分と同様に受忍すべきものといえるので、目的不動産を差し押さえた債権者Yとの関係では、差押え後の受戻権行使による目的不動産の所有権の回復を主張できなくてもやむを得ないことを挙げている。この結論は、所有権的構成、担保権的構成いずれによっても変わらない。

イ　弁済期前の差押え

　譲渡担保の被担保債権の弁済期の経過に先立って（譲渡担保権者Aが処分権を取得する前に）、譲渡担保権者Aに対する債権者Yから譲渡担保目的物の不動産に差押えがされた場合に、設定者Xからの第三者異議の訴えが認められるかについては、所有権的構成では否定し、担保権的構成では肯定することになろう。ただし、担保権的構成に立っても、所有権移転登記の外観を信頼した差押債権者に対しては、第三者異議の訴えによる排除を認めることは疑問であるとして、94条2項を類推適用して、善意（無過失）の差押債権者に譲渡担保権の負担のない所有権取得を認める見解もある（東京地判平成10年3月31日金法1534.78〔28040162〕、ただし、事案としては類推適用を認めなかった）。

訴訟物　　　XのYに対する執行法上の仮差押第三者異議権
＊請求の趣旨は、「YがAに対する本件仮差押決定に基づき平成○年○月○日本件不動産についてした本件仮差押えは許さない」とする。

請求原因　1　YはAに対する本件仮差押決定を得て、Yのために本件不動産に対し本件仮差押えの登記がされたこと
　　　　　　2　Xは、抗弁2当時、本件不動産を所有していたこと

（異議権喪失——譲渡担保設定）

抗　　弁　1　Aは、Xに対し、300万円を弁済期平成○年○月○日の約定で貸し付けたこと
　　　　　　2　Xは、本件不動産について、Aに対し、抗弁1の貸金債権を担保するため譲渡担保を設定したこと
　　　　　　3　請求原因1の仮差押決定は、抗弁1の弁済期に先立つこと
＊譲渡担保は譲渡担保権者に所有権を移転するものであるから（所有権的構成）、譲渡担保設定者であるXは所有権を喪失し、第三者異議権を有しないとの主張である。
＊前掲平成10年東京地判は、譲渡担保権設定による異議権喪失の抗弁について、本件不動産について、譲渡担保権が設定されたことを認定したうえで、「譲渡担保は、債権担保のために目的物件の所有権を移転するものであるが、右所有権移転の効力は債権担保の目的を達するのに必要な範囲内において認められるものであって、担保権者は、債務者が被担保債務の履行を遅滞したときに目的物件を処分する権能を取得し、この権能に基づいて目的物件を適正に評価された価額で確定的に自己の所有に帰せしめ又は第三者に売却することによって換価処分し、優先的に被担保債務の弁済に充てることができるにとどまる」「そうすると、譲渡担保権者が目的物件を処分する権能を取得しているならば、譲渡担保権者から目的物件を譲り受けた者は目的物件の所有権を確定的に取得し、債務者は目的物件を受け戻すことができなくなる……が、逆に、譲渡担保権者が目的物件を処分する権能を取得する以前においては、譲渡担保権者が目的物件を譲渡したとしてもなお、譲渡担保設定者は被担保債権を弁済して目的物件を受け戻すことができると解される余地があるというべきである」と判示し、本件仮差押えは、抗弁1の貸金債権の弁済

期に先立って行われたので、本件仮差押えの時点で貸金債権の履行遅滞は発生しておらず、譲渡担保権者Aは、担保目的物である本件不動産についての処分権能を取得していなかったので、Aの譲渡担保権が付された本件不動産についてYがした本件仮差押えは、Xの第三者異議の対抗を受けるとする。結局、この抗弁は成立しないことになる。

(異議権喪失——善意の第三者)

抗弁 1 本件不動産につき、XからAに対して売買を原因として所有権移転登記がされていること
2 Yは、本件仮差押えの際、Aが本件不動産の譲渡担保権者にすぎず完全な所有者ではないことを知らなかったこと
  ＊前掲平成10年東京地判は、善意の第三者に対する異議権喪失の抗弁について、「Xらは、譲渡担保権を設定し所有権移転登記をしたのである。そして、登記原因は譲渡担保ではなく、売買とされ、その状態が設定時（昭和61年）からYによる本件仮差押時（平成7年）まで約9年継続されたのであり、固定資産税の支払請求がA会社に対してなされ、訴外会社がまずこれを支払ってからXらに求償するような処理がされていた……。したがって、Xらは、本件不動産一・二がA会社所有のものであるとの外観を呈していたことを知っていたというべきである」と判示し、Yの認識については、「(1) 他方、右の登記を見て、Yは本件仮差押の際、A会社が本件不動産一及び二の所有権者であると考えて本件仮差押をしたと推認される。……以上の事実を総合すると、Yは、本件不動産……が譲渡担保の目的でA会社の名義になっているにとどまり、未だA会社がこれにつき処分権を取得していないことは知らなかったというべきである。……そこで、Yは民法94条2項の類推適用により保護され、Xは第三者異議の訴えにより本件仮差押を排除することはできない」と判示する。

6　譲渡担保の当事者でない第三者相互間で譲渡担保の効果が争われた場合

不動産譲渡担保の目的物の範囲は、原則として抵当権に準じる。つまり、370条の類推適用により、付加一体物に及ぶ。従物に及ぶかについても、抵当権の場合と同様に考えることができる。借地上の建物が譲渡担保に供され

た場合に、譲渡担保の効力は敷地利用権に及び、利用権が賃借権であるときには、建物所有権が譲渡担保権者に移転することをもって、賃借権の譲渡・転貸（612条）に当たるかの問題が生ずる。所有権的構成では肯定することになりそうであるが、譲渡担保では、通常、借地上の建物を設定者が引き続いて占有利用しており、その場合は、賃貸人は解除権は行使できないと解される。しかし、譲渡担保権が実行されていなくとも、譲渡担保権者が引渡しを受けて使用収益をしているときは、譲渡・転貸に該当することになろう。

> [訴訟物] XのYに対する所有権に基づく返還請求権としての（建物退去）土地明渡請求権
>
> *Xは、所有土地をAに賃貸し、Aは同土地上にある本件建物を前所有者Bから買い受けて、居住していた。Aは、本件建物を譲渡担保に供してCから貸付けを受けた。Cは、代物弁済予約を原因とする所有権移転請求権仮登記と、売買を原因とする所有権移転登記を経由した。Aは本件建物から退去して行方不明となった。Yは、本件建物をCから賃借して、建物に居住している。本件土地の地代は、従前はAがX方に持参して支払っていたが、Aが本件建物から退去した後は、当初はYからXの銀行預金口座に振り込まれ、暫くしてからは、YからA名義で振り込まれた。本件は、XがAに対して、賃借権の無断譲渡を理由として本件土地の賃貸借契約を解除し、Yに対して建物退去土地明渡しを求めた事案である。なお、本件事案の場合、通常、XはAに対して建物収去土地明渡しを求めるが、その請求については省略している。
>
> *請求の趣旨は、「YはXに対し、本件建物から退去して本件土地を明け渡せ」とする。

> [請求原因] 1 Xは、本件土地を所有していること
> 2 Aは、本件土地上に本件建物を所有していること
> *ただし、後述するとおり、後に他に譲渡した。
> 3 Yは、本件建物に居住して、本件土地を占有していること

（占有権原）

> [抗弁] 1 Aは、Xから、期間20年間、賃料1か月○万円の約定で、本件土地を賃借したこと
> 2 Aは、その頃、前所有者Cから代金○○円で、本件建物を

買い受けたこと
3 AはYとの間で、本件建物を期間2年間、賃料1か月○万円の約定で賃借する契約を締結したこと

(解除)

再抗弁 1 CはAに対し、1,000万を弁済期平成○年○月○日の約定で貸し渡したこと
2 CはAとの間で、再抗弁1の債権を担保するために本件建物につき譲渡担保権の設定を受けたこと
3 再抗弁1の弁済期が経過したこと
4 CがAから建物の引渡しを受けたこと
5 CはYとの間で、本件建物を期間2年間、賃料1か月115,000円の約定で賃借する契約を締結したこと
＊本件事案と異なるが、Bが引渡しを受けた建物を使用することでも足りる。
6 CはYに対し、本件建物を引き渡したこと
7 Xは、Aに対し、平成○年○月○日に到達したとみなされた公示の方法により、賃借権の無断譲渡を理由として本件土地の賃貸借契約を解除する旨の意思表示をしたこと
＊Aは、当時行方不明になっていたことを前提とする。

(背信行為と認めるに足りない特段の事情)

再々抗弁 1 Aの行為について、Xに対する背信行為と認めるに足りない特段の事情があることを基礎付ける事実
＊Xは譲渡担保権設定契約の存在を知悉しており、これを了承していたことなどである。
＊最判平成9年7月17日民集51.6.2882〔28021331〕は、「借地人が借地上に所有する建物につき譲渡担保権を設定した場合には、建物所有権の移転は債権担保の趣旨でされたものであって、譲渡担保権者によって担保権が実行されるまでの間は、譲渡担保権設定者は受戻権を行使して建物所有権を回復することができるのであり、譲渡担保権設定者が引き続き建物を使用している限り、右建物の敷地について民法612条にいう賃借権の譲渡又は転貸がされたと解することはできない……。しかし、地上建物につき譲渡担保権が設定された場合であっても、譲渡担保権者が建物の引渡しを受けて使用又は収益をするときは、いまだ譲渡担保権が実行されておらず、

譲渡担保権設定者による受戻権の行使が可能であるとしても、建物の敷地について民法612条にいう賃借権の譲渡又は転貸がされたものと解するのが相当であり、他に賃貸人に対する信頼関係を破壊すると認めるに足りない特段の事情のない限り、賃貸人は同条2項により土地賃貸借契約を解除することができる」と判示する。

第3節　動産譲渡担保

1　動産譲渡担保の成立

　動産質権が要物契約である（342条、345条）のに対し、動産の譲渡担保は占有を債権者に移さず、その動産を担保の目的で、その所有権を債権者に移転する合意によって成立する諾成契約と解されている。ただし、第三者（準物上保証人）と債権者との間でも成立し得るが、不動産の譲渡担保と同様に、準物上保証の場合には、446条2項を類推適用して書面を要すると解すべきであろう。

2　目的物の占有利用関係

　譲渡担保は設定者に目的物の占有利用を継続させる点に特徴があるが、その設定者の利用権原の法的性質は、譲渡担保の法的構成によって異なり、所有権的構成では賃借権又は使用借権、負担付所有権的構成では、物権的利用権、担保権的構成では所有権となる。譲渡担保権が実行されれば、設定者の使用収益権能は消滅し、占有権原は消滅する（権利実行後なお、設定者の使用収益権原の有無が問題となる不動産譲渡担保とは異なる）。

3　対抗要件

(1)　引渡し

　動産所有権の譲渡の対抗要件としての引渡し（178条）には、占有改定が含まれ、動産譲渡担保の場合も、同様である。しかし、占有改定は当事者の意思表示にすぎず、公示的機能を有しない。そうすると、Aが譲渡担保権の設定を受けて占有改定により対抗力を具備しても、その後、別の譲渡担保権者Bが出現すれば即時取得の可能性が生じ、さらに重ねて別の譲渡担保権Cを設定した場合には、Cが即時取得をすることになる。

(2)　動産譲渡登記

　法人が動産を譲渡する場合には、特別法（動産債権譲渡特例法）によって、公示することが認められている。これによれば、動産譲渡登記ファイルに譲渡登記をすることにより、178条の「引渡し」があったものとみなされる（動産債権譲渡特例法3条1項）。特定動産の譲渡担保にも、これにより対抗要件が具備されることになる。

4　譲渡担保権者の第三者に対する権利行使
(1) 譲渡担保権設定者が処分（譲渡）した第三者に対する譲渡担保権者の権利行使

　動産譲渡担保の場合は、占有を占有改定により譲渡担保権設定者Aにとどめることが多いので、Aから第三者Yへの譲渡は現実問題として生じ得る。所有権的構成によれば、譲渡担保権者Xが既に占有改定による対抗要件も具備しているので、AのYに対する売買は、無権利者による処分として無効であり、第三者の即時取得（192条）の可否が問題となる（下記設例参照）。

　これに対し、担保権的構成によれば、譲渡担保権設定者Aは、譲渡担保権付の動産をYに売買したことになるので、Yは、譲渡担保権付の所有権（又は、設定者留保権）を取得するが、Yが負担のない動産を買ったと信じていたことに過失がない場合は、譲渡担保付でない完全な所有権を即時取得することになろう。

訴訟物　　XのYに対する所有権に基づく返還請求権としての動産引渡請求権

＊設定者Aが所有する動産を債権者Xへの譲渡担保に供し、占有改定により引き渡した。その後、Aはその動産をXに無断でYに売却して現実に引き渡した。本件はXがYに対して、動産の引渡しを求めた事案である。

＊譲渡担保につき、所有権的構成を採ると、XとYは二重譲渡の譲受人の関係になる。本件事案では、Xの対抗要件の具備（占有改定）がYのそれ（現実の引渡し）より先行しているので、Xに所有権は帰属している（そのため、Yの対抗要件の抗弁を主張する実務的な意味は少ない）。YはAから所有権の取得したと主張できないので、後は、即時取得の成否が残るだけである。

請求原因　1　XはAに対し、1,000万円を弁済期、平成○年○月○日の約定で貸し渡したこと
　　　　　　2　XはAとの間で、請求原因2の債権を担保するため本件動産のAの所有権をXに移転する旨の譲渡担保契約を締結したこと
　　　　　　3　Aは、請求原因2当時、本件動産を所有していたこと
　　　　　　4　Yは、本件動産を占有していること

（対抗要件）
抗　弁　1　AはYとの間で、本件動産を1,200万円で売買する契約を締結したこと
　　　　　2　Xが本件動産の所有権取得について対抗要件を具備するまで、Xを権利者と認めないとのYの権利主張
（対抗要件の具備）
再抗弁　1　請求原因2の譲渡担保に際して、XはAから本件動産について占有改定の方法によって引渡しを受けたこと
（対抗要件具備による所有権喪失の抗弁）
抗　弁　1　AはYとの間で、本件動産を1,200万円で売買する契約を締結したこと
　　　　　2　AはYに対し、本件動産を現実に引き渡したこと
（先立つ対抗要件具備）
再抗弁　1　請求原因2の譲渡担保に際して、XはAから本件動産について占有改定の方法によって引渡しを受けたこと
　　　　　2　再抗弁1のXへの引渡しは、抗弁2のYへの引渡しに先立つこと
　　　＊司研・紛争類型別119頁は、「Yが二重譲受人であることが現れている以上、XがYに対して所有権を主張するためには、Xが対抗関係においてYに優先することが必要となるから、Xは、再抗弁として、単にXも対抗要件を具備したことを主張立証するだけでは足りず、Xの対抗要件具備がYの対抗要件具備に先立つことまで主張立証しなければならない」としている。
（即時取得——所有権喪失）
抗　弁　1　AはYとの間で、本件動産を1,200万円で売買する契約を締結したこと
　　　　　2　AはYに対し、抗弁1に基づいて、本件動産を引き渡したこと
　　　＊上記抗弁に対して、悪意の抗弁、過失の抗弁などがあるが、これらについては、司研・紛争類型別115頁参照。

(2) 譲渡担保権設定者の一般債権者が差し押えた場合における譲渡担保権利者の第三者異議

　動産が譲渡担保に供される場合は、動産の占有・使用は設定者に留保され

ることが多く、設定者の一般債権者が設定者に対する債務名義に基づいて差し押さえることは通常起こり得る。このような場合、最判昭和56年12月17日民集35.9.1328〔27000114〕は、「譲渡担保権者は、特段の事情がない限り、譲渡担保権者たる地位に基づいて目的物に対し譲渡担保権設定者の一般債権者がした強制執行の排除を求めることができる」と判示して、第三者異議ができるとした（最判昭和58年2月24日判時1078.76〔27433008〕も同旨、最判昭和62年11月10日民集41.8.1559〔27801490〕）。

|訴訟物| XのYに対する執行法上の異議権（第三者異議）
 ＊AはXに対する貸金債務を担保するために、事業場内の工作機械を譲渡担保に供して、AはXに占有改定の方法で引き渡したが、Aの一般債権者Yが、その工作機械を差し押えた。本件は、XがYに対し、譲渡担保による所有権を主張して、第三者異議の訴えを提起した事案である。
 ＊所有権的構成を採れば、Xは所有権を取得し、かつ、占有改定による引渡しによる対抗要件も具備しているから、第三者異議の訴えは認容されることになる。担保的構成を採ると、Yの強制執行手続においてXが優先弁済を受ければ足りるので、かつては、旧民訴565条の優先弁済の訴えにより、優先的な配当を受けると解されていたが、民事執行法はこの制度を廃し、かつ、動産執行においては、質権者と先取特権者に限って配当要求ができると定める（民執133条）ので、現在は、Xは第三者異議の訴えを提起して、Yの強制執行の排除を求め得るとする見解が有力である（中野・民事執行法311頁）。

|請求原因| 1 Yは、Aに対する○○地方裁判所平成○年（ワ）第○○号損害賠償請求事件の確定判決に基づいて、同地方裁判所執行官に対し、強制執行の申立てをし、同地方裁判所執行官は、平成○年○月○日、本件機械に対し差押えをしたこと
 2 XはAに対し、請求原因1に先立ち、1,000万円を弁済期平成○年○月○日の約定で貸し渡したこと
 3 XはAとの間で、請求原因1に先立ち、請求原因2の債権を担保するため本件動産の所有権をXに移転する旨の譲渡担保契約を締結したこと
 ＊請求原因3の事実は民執38条1項の「所有権その他目的物

の譲渡又は引渡しを妨げる権利」についての主張である。譲渡担保権者は、特別の事情がない限り、第三者異議の訴え（民執 38 条）を提起し、譲渡担保権設定者の一般債権者による強制執行の排除を求め得る（前掲昭和 56 年最判）。

＊前掲昭和 56 年最判は、譲渡担保権者は、特段の事情がない限り、譲渡担保権者たる地位に基づいて、目的物件に対し譲渡担保権設定者の一般債権者がした強制執行の排除を求めることができる旨判示するが、この判決の措辞（譲渡担保権者の所有権に基づきという表現をとらず、「譲渡担保権者たる地位に基づき」としていること）は、必ずしも所有権的構成と矛盾するものではないであろう。

＊権利抗弁説に立つ場合は、請求原因において、X が対抗要件の具備を主張する必要はない。

（対抗要件）

抗弁 1　X が本件機械の所有権取得について対抗要件を具備するまで、X を権利者と認めないとの Y の権利主張

＊Y が X の対抗要件の欠缺を主張する正当な利益を有する第三者であることは、請求原因 1 の事実で現れている。

（対抗要件の具備）

再抗弁 1　請求原因 3 の譲渡担保に際して、X は A から本件機械について占有改定の方法によって引渡しを受けたこと

（目的物価額）

抗弁 1　本件機械（目的物件）の価額が被担保債権額を上回ること及びその数額

＊例えば、「本件動産の価額は金 1,500 万円であること」を主張すれば、請求原因 2 の事実と併せると、目的物件の価額が被担保債権額を上回るということ及びその差額が 500 万円であることが現れることになる。

＊抗弁が立証されれば、第三者異議訴訟の一部認容として、執行不許に代え、譲渡担保権者がその被担保債権の範囲で優先弁済を受け得る旨の判決（譲渡担保権者 X は、この判決の正本を執行機関に提出して、配当手続に参加し得る）をすべきである（中野・民事執行法 313 頁）。

＊最判解民事編昭和 56 年度 830 頁〔遠藤賢治〕は、「譲渡担保が権利移転的性質を有する以上、その目的物は設定者の一般

債権者のための責任財産に属さないと解すべきが基本である……したがって、逆に、譲渡担保による所有権の移転が担保のためという目的に制限されていることからすれば、目的物の価額が被担保債権額を上まわる場合に、その差額に相当する価値までが譲渡担保権者に支配されて一般債権者のための責任財産に属さないとするのは、譲渡担保権者に過ぎたる権利を付与したことになるのも明らかであるから、本判決が『特段の事情のないかぎり』としたのは、右のような場合を除外する趣旨であるものと考えられる」という。さらに、遠藤・同書 834-835 頁は、目的物件の価額と被担保債権との対比に関する主張・立証責任の内容について、「原告の所有権取得に対して、単に原告の所有権取得が譲渡担保であることを主張すれば足りるとする見解……と、譲渡担保たることの他に被担保債権額が目的物件の価額を下回らないことをも主張することを要するとする見解がある」という。

＊清算の方式は、当事者間の特約により、帰属清算か処分清算のいずれかを選択することができる（最判昭和 46 年 3 月 25 日民集 25.2.208〔27000646〕）。いずれの方式が原則ということはないが、当事者の意思が明確でなく、かつ、占有が設定者にある場合には、目的物の処分が容易でないから、当事者の合理的意思解釈により、帰属清算の合意と解されよう。

（非清算特約）
再抗弁 1 XとAは、請求原因3の契約に関して、清算を要しない旨の合意をしたこと
2 清算を不要とする合理性があると認められる特段の事情

(3) 譲渡担保権者の第三者（不法占拠者）に対する返還請求
　譲渡担保権者の第三者（不法占拠者）に対する返還請求等については、不動産譲渡担保と、同様に考えることができる（第2節3(4)参照）。
(4) 譲渡担保の物上代位
　動産譲渡担保につき、最決平成 11 年 5 月 17 日民集 53.5.863〔28040834〕は、売買代金債権に対する物上代位を肯定する。すなわち、同判決は、AとY（銀行）との間で締結した信用状取引の基本約定に基づき、Yが、Aの本件商品の輸入について信用状を発行して輸入代金の決済資金をAに貸し付け、Aからその担保として本件商品に譲渡担保権の設定を受けたうえ、

Aに本件商品を貸し渡してその処分権限をAに与えた状況下で、AがBに本件商品を売り渡し、代金を受領する前にAが破産宣告を受けた場合につき、「信用状発行銀行であるYは、輸入商品に対する譲渡担保権に基づく物上代位権の行使として、転売された輸入商品の売買代金債権を差し押さえることができ、このことは債務者であるAが破産宣告を受けた後に右差押えがされる場合であっても異なるところはない」と判示して、譲渡担保権の物上代位を認めた。

譲渡担保について、担保権的構成によれば、抵当権の場合に準じて、容易に物上代位を認めることができる。所有権的構成によっても、設定当事者間の関係で担保の実質を重視して、抵当権の場合に準じて物上代位を肯定できるであろう。

5　後順位譲渡担保権者による譲渡担保の私的実行の可否

動産について重複して譲渡担保が設定されている場合に、後順位譲渡担保権者が譲渡担保の私的実行をすることを許すと、弁済において先順位の譲渡担保権者が優先順位に立つとしても、事実上自己の譲渡担保権の私的実行の自由を制限され、先順位者としての地位が害されるから、否定すべきである。最判平成18年7月20日民集60.6.2499〔28111584〕【Ⅰ98】は、「被上告人の主張が、本件契約1が譲渡担保契約であれば、譲渡担保の実行に基づく引渡しを請求する趣旨（別除権の行使）を含むものであるとしても、以下に述べるとおり、これを肯認する余地はない。すなわち、本件物件1については、本件契約1に先立って、A、B及びCのために本件各譲渡担保が設定され、占有改定の方法による引渡しをもってその対抗要件が具備されているのであるから、これに劣後する譲渡担保が、被上告人のために重複して設定されたということになる。このように重複して譲渡担保を設定すること自体は許されるとしても、劣後する譲渡担保に独自の私的実行の権限を認めた場合、配当の手続が整備されている民事執行法上の執行手続が行われる場合と異なり、先行する譲渡担保権者には優先権を行使する機会が与えられず、その譲渡担保は有名無実のものとなりかねない。このような結果を招来する後順位譲渡担保権者による私的実行を認めることはできないというべきである。また、被上告人は、本件契約1により本件物件1につき占有改定による引渡しを受けた旨の主張をするにすぎないところ、占有改定による引渡しを受けたにとどまる者に即時取得を認めることはできないから、被上告人が即時取得により完全な譲渡担保を取得したということもできない」と判示する。

第4節　集合動産譲渡担保

1　集合動産譲渡担保の成立
(1)　集合動産譲渡担保の法的構成
　集合動産譲渡担保は、債権者と目的物所有者との間の譲渡担保契約によって設定されるが、集合動産譲渡担保の法律構成について、分析論構成と集合物論構成とに分かれる。担保設定や対抗要件具備の時期（破産法上の否認権や租税法上の取扱いに影響する）に違いが生ずる。
　ア　分析的構成
　分析的構成は、個々の動産ごとに1個の物権（譲渡担保権）が設定されるとする。将来担保物の範囲に入る動産は、将来設定者が取得して担保物に加えることを停止条件として譲渡担保の目的物となり、対抗要件も、将来動産が加えられると当然に占有改定が成立すると合意しておくことによって個々に具備される。
　イ　集合物構成
　集合物構成は、種類、所在場所及び量的範囲を指定するなどして特定した集合物自体の上に1つの物権（譲渡担保権）が成立することを認める（我妻・担保物権法664頁）。集合物を構成する動産の流出・流入にかかわらず、1個の統一体として同一性を保持する限り、その集合物の上に、譲渡担保が成立し続ける。対抗要件は、後に追加する動産を含め当初の集合物の占有改定で具備することができる。
(2)　集合物の範囲の特定
　最判昭和54年2月15日民集33.1.51〔27000210〕は、目的物の範囲を「寄託中の乾燥ネギフレーク28トン」とした事案であるが、「構成部分の変動する集合動産についても、その種類、所在場所及び量的範囲を指定するなどなんらかの方法で目的物の範囲が特定される場合には、一個の集合物として譲渡担保の目的となりうるものと解するのが相当である」と判示した（ただし、事案については、目的物の範囲の特定がないとして、譲渡担保の成立を否定）。

2　譲渡担保権利者の設定者側の第三者に対する権利行使
　最判昭和62年11月10日民集41.8.1559〔27801490〕は、前掲昭和54年最判のいう「特定」がされていることを前提として、「債権者と債務者との間に、右のような集合物を目的とする譲渡担保権設定契約が締結され、債務

者がその構成部分である動産の占有を取得したときは債権者が占有改定の方法によつてその占有権を取得する旨の合意に基づき、債務者が右集合物の構成部分として現に存在する動産の占有を取得した場合には、債権者は、当該集合物を目的とする譲渡担保権につき対抗要件を具備するに至つたものということができ、この対抗要件具備の効力は、その後構成部分が変動したとしても、集合物としての同一性が損なわれない限り、新たにその構成部分となつた動産を包含する集合物について及ぶものと解すべきである。したがつて、動産売買の先取特権の存在する動産が右譲渡担保権の目的である集合物の構成部分となつた場合においては、債権者は、右動産についても引渡を受けたものとして譲渡担保権を主張することができ、当該先取特権者が右先取特権に基づいて動産競売の申立をしたときは、特段の事情のない限り、民法333条所定の第三取得者に該当するものとして、訴えをもつて、右動産競売の不許を求めることができる」と判示する。

訴訟物　　　XのYに対する形成権の執行法上の異議権（民執38条）
＊Aは、Xに対する現在及び将来の商品代金債務を極度額1億円の限度で担保するため、Aの倉庫内の鋼板など一切の在庫商品を譲渡担保に供し占有改定によって引き渡した。XA間には、Aが将来上記物件と同種の物件を取得したときは、そのすべてを上記倉庫に搬入し、譲渡担保の目的とする合意がされていた。YはAに本件鋼板を販売し、Aの倉庫内に搬入したが、Aが代金を支払わないので、動産売買の先取特権によって本件物件の競売を申し立てた。本件は、Xは、譲渡担保によって本件鋼材の所有権はXに移転しているとして、第三者異議の訴えを提起した事案である。
＊前掲昭和62年最判は、「本件契約は、構成部分の変動する集合動産を目的とするものであるが、目的動産の種類及び量的範囲を普通棒鋼、異形棒鋼等一切の在庫商品と、また、その所在場所を原判示のAの第1ないし第4倉庫内及び同敷地・ヤード内と明確に特定しているのであるから、このように特定された一個の集合物を目的とする譲渡担保権設定契約として効力を有する……、また、Aがその構成部分である動産の占有を取得したときはXが占有改定の方法によってその占有権を取得する旨の合意に基づき、現にAが右動産の占有を取得したというを妨げないから、Xは、右集合物

について対抗要件の具備した譲渡担保権を取得したものと解することができる」「右集合物とその後に構成部分の一部となつた本件物件を包含する集合物とは同一性に欠けるところはないから、Xは、この集合物についての譲渡担保権をもつて第三者に対抗することができるものというべきであり、したがつて、本件物件についても引渡を受けたものとして譲渡担保権を主張することができる」「被担保債権の金額及び本件物件の価額は前記のとおりであつて、他に特段の事情があることについての主張立証のない本件においては、Xは、本件物件につき民法333条所定の第三取得者に該当するものとして、Yが前記先取特権に基づいてした動産競売の不許を求めることができる」と判示する。

請求原因
1 Yは、Aに対して売り渡した本件動産につき、動産売買先取特権を有していると主張して、○○地方裁判執行官に対し、同先取特権に基づき本件動産の競売申立てをし、競売期日が指定されたこと
2 XはAとの間で、次の根譲渡担保契約を締結したこと
(1) Aは、Xに対して負担する現在及び将来の商品代金、手形金その他の一切の債務につき、その弁済を担保するため、保管場所（Aの倉庫）に所在する鋼板など一切の在庫商品を極度額1億円の根譲渡担保として、その所有権をXに移転し、占有改定の方法によりXに引渡しを完了すること
＊集合（流動）動産譲渡担保が有効とされるためには、種類、量的範囲、所在場所等により目的財産の範囲が特定される必要がある。この範囲の特定については、譲渡担保の目的物として「家財一切のうち何某所有の物」というあいまいな指定をしたのでは、目的物の特定はない（最判昭和57年10月14日判時1060.78〔27433006〕）。また、時計店の時計、宝飾品等については、所在建物や階数等により特定された店舗内に保管された商製品と指定したことが、目的物の特定として認められている（名古屋地判平成15年4月9日金法1687.47〔28082070〕）。
(2) A会社が将来担保物件と同種又は類似の物件を製造又は取得したときは、原則としてすべて保管場所（Aの倉庫）に搬入保管し、これらの物件も当然自動的に譲渡担保の目

物件となることをあらかじめ承諾すること
　　　3　Xは、Aに対し、鋼板などを継続して売り渡し、その売掛代金は、平成○年○月○日現在で1億2,000万円に達したこと
　　　4　Aは、本件動産をYから買い受けて、保管場所へ搬入したこと

（特段の事情）
抗　弁　1　動産売買先取特権者YがXに優先する特段の事情があること
　　　＊動産売買先取特権は、目的動産が第三取得者に引き渡されると追及することができない（333条）。そこで、動産の売買後、買主が目的動産につき譲渡担保を設定し、譲渡担保権者に対して引き渡した（占有改定を含む）場合に、動産売買先取特権の効力が動産に及ぶかが問題（動産売買先取特権の追及力との関係で、譲渡担保権者が333条の「第三取得者」に当たるかの問題）となる。この点、前掲平成62年最判は、集合動産譲渡担保と動産売買先取特権との優劣が問題となった事案について、譲渡担保の形式をより重視し（所有権的構成を前提に、動産売買先取特権の追及力を制限する見解）、譲渡担保権者は、特段の事情がない限り、第三者異議の訴えにより先取特権による競売を排除できることとした。これに対し、担保権的構成からは、譲渡担保権者が所有権を取得しないから、333条の「第三取得者」に当たらないとし、前掲昭和62年最判に対しては、譲渡担保の担保の実質から、動産売買先取特権の効力を一切否定することを批判し、譲渡担保権と先取特権の競合を認めたうえ、動産質の民法規定の類推適用によって優劣を決する見解が唱えられる。

（対抗要件）
抗　弁　1　Xが本件物件についての対抗要件を具備するまで、Xを権利者と認めないとのYの権利主張

（引渡）
再抗弁　1　XはAから、占有改定によって本件物件の引渡しを受けたこと
　　　＊集合物全体（目的物の範囲が特定されたことを前提）を目的とする譲渡担保につき、引渡し（178条、占有改定を含む）や一定の要件の下で引渡しとみなされる動産譲渡登記（平成

10年制定動産債権譲渡特例法）による対抗要件の具備が認められる（債権者の法人がその所有する動産を譲渡担保に供する場合には、動産債権譲渡特例法に基づき動産譲渡登記ファイルに記録された「譲渡の登記」も対抗要件となる（同法3条1項等））。

3　譲渡担保権利者の譲渡担保設定者に対する権利行使
(1)　集合動産譲渡担保の目的物からの離脱
ア　設定者の権限内の処分
　集合動産譲渡担保の目的物は、弁済期の経過に伴う実行が行われるまでは、設定者に目的動産の処分権がある。ただし、設定者の目的物処分権は、譲渡担保の目的及び当事者の合理的意思等によって、通常の営業の範囲に限定される。そこで、通常の営業の範囲内で処分がされた場合には、処分された動産上の譲渡担保権は消滅し、処分の相手方は譲渡担保の負担のない所有権を承継取得する。
イ　設定者の権限外の処分
　通常の営業の範囲を超えて処分がされた場合における所有権移転に関し、最判平成18年7月20日民集60.6.2499〔28111584〕【I 98】は、いけす内の養殖魚を対象とする集合動産譲渡担保であるが、構成部分の変動する集合動産を目的とする対抗要件を備えた譲渡担保の設定者が、その目的物である動産につき通常の営業の範囲を超える売却処分をした場合、当該譲渡担保の目的である集合物から離脱したと認められない限り、その処分の相手方は目的物の所有権を承継取得できないとしている。なぜなら、営業用動産を目的とする集合動産譲渡担保について、通常の営業の範囲を超える処分がされた場合、無権限の処分に当たり、原則として相手方は目的動産を承継取得できないからである。しかし、譲渡担保の目的である集合物から離脱した場合は、集合物の構成からはずれたといえる。そこで、営業用動産を目的とする集合動産譲渡担保の承継取得の要件は、通常の営業の範囲内の処分に当たること、又はその範囲を超える処分に当たるが、当該譲渡担保の目的である集合物から離脱したと認められることとなる。処分の相手方について、承継取得が認められない場合には、即時取得の可否が問題となるが、192条の即時取得について占有改定によることができない（最判昭和32年12月27日民集11.14.2485〔27002723〕）。

訴訟物　XのYに対する所有権に基づく返還請求権としての養殖魚

引渡請求権

＊本件は、Xが、Y（ブリ、ハマチ等の養殖業者）に対し、本件契約1及び2により本件各物件の所有権を取得したとして、所有権に基づく本件各物件の引渡しを求めたところ、Yは、①本件契約1、2は譲渡担保契約と解すべきである、②本件各契約に先立って、A、B及びCが本件各物件を含む養殖魚について本件各譲渡担保の設定を受け、対抗要件を備えている以上、Xは、即時取得の要件を満たさない限り、本件各物件の所有権を取得できないと主張した事案である。

請求原因 1　YはXとの間で、下記の本件契約1及び本件契約2をもって、漁場のいけす内にあるY所有の養殖魚をXに譲渡したこと（本件契約1の目的物を「本件物件1」、本件契約2の目的物を「本件物件2」、これらを併せて「本件各物件」という）

(1)　本件契約1

本件契約1は、①Y所有原魚のXへの売却、②XからYへの原魚の預託、③Xの買戻により構成される。すなわち、①YはXに、Y所有原魚を預託用原魚として売却し、その代金は、YのXに対する債務に充当（相殺）する。預託用原魚の所有権は、同日、YからXに移転し、各いけすにXが所有者であること及び預託期間を表示した標識を設置する。②Xは、①で買い取った預託用原魚の飼育管理を、Yに委託する。預託期間は、同日から平成16年4月30日までとする。Yが預託原魚を飼育する経費は、YがXからこれを買い戻す時に精算する。③Yは、預託された原魚を、Xから買い戻して加工し、Xに販売する。Xはこれを第三者（D）に販売する。買戻期間は、平成15年10月1日から6か月間とし、買戻代金は、①の預託用原魚の金額に経費を加算した金額とする。買戻代金の支払は、YからXへの加工販売代金との精算により行う。④Yに破産等の申立てがあったときは、Xは、契約期間（平成15年4月30日から6か月間）中であっても、本件契約1を解除できる。Yが支払不能の場合、Xは原魚を第三者に売却する権利を有するものとする。

＊最判平成18年7月20日民集60.6.2499〔28111584〕は、本件契約1の性質は譲渡担保契約であるとして、これが真正な売買契約であることを前提とする本件物件1の所有権に基づ

く引渡請求（取戻権の行使）を認めなかった。すなわち、「本件契約1は、再売買が予定されている売買契約の形式を採るものであり、契約時に目的物の所有権が移転する旨の明示の合意……がされているものであるが、上記債権を担保するという目的を達成するのに必要な範囲内において目的物の所有権を移転する旨が合意されたにすぎないというべきであり、本件契約1の性質は、譲渡担保契約と解するのが相当である。したがって、本件契約1が真正な売買契約であることを前提に、本件物件1の所有権に基づく引渡請求（取戻権の行使）を認めることはできない」と判示する。

さらに、同判決は、Xの主張が本件契約1が譲渡担保契約であれば、譲渡担保の実行に基づく引渡しを請求する趣旨（別除権の行使）を含むとしても、これを認める余地はないという。その理由は、「本件物件1については、本件契約1に先立って、A、B及びCのために本件各譲渡担保が設定され、占有改定の方法による引渡しをもってその対抗要件が具備されているのであるから、これに劣後する譲渡担保が、Xのために重複して設定されたということになる。このように重複して譲渡担保を設定すること自体は許されるとしても、劣後する譲渡担保に独自の私的実行の権限を認めた場合、配当の手続が整備されている民事執行法上の執行手続が行われる場合と異なり、先行する譲渡担保権者には優先権を行使する機会が与えられず、その譲渡担保は有名無実のものとなりかねない。このような結果を招来する後順位譲渡担保権者による私的実行を認めることはできない……。また、Xは、本件契約1により本件物件1につき占有改定による引渡しを受けた旨の主張をするにすぎないところ、占有改定による引渡しを受けたにとどまる者に即時取得を認めることはできないから、Xが即時取得により完全な譲渡担保を取得したということもできない」と判示する。

(2) 本件契約2

Yは所有する養殖ハマチ（本件物件2）をXに売却することを約し、Xは第三者への売却を目的として、同年7月31日までにすべての目的物をいけすから移動すること、Yはすべての目的物が移動するまでXに代わり飼育を行うとの合意が

されたこと。
* 前掲平成18年最判は、本件契約2を真正な売買契約であるとしたが、Xがこれに基づいて本件物件2の所有権を取得できないとした。すなわち、「構成部分の変動する集合動産を目的とする譲渡担保においては、集合物の内容が譲渡担保設定者の営業活動を通じて当然に変動することが予定されているのであるから、譲渡担保設定者には、その通常の営業の範囲内で、譲渡担保の目的を構成する動産を処分する権限が付与されており、この権限内でされた処分の相手方は、当該動産について、譲渡担保の拘束を受けることなく確定的に所有権を取得することができると解するのが相当である。YとA及びCとの間の各譲渡担保契約の前記条項……は、以上の趣旨を確認的に規定したものと解される。他方、対抗要件を備えた集合動産譲渡担保の設定者がその目的物である動産につき通常の営業の範囲を超える売却処分をした場合、当該処分は上記権限に基づかないものである以上、譲渡担保契約に定められた保管場所から搬出されるなどして当該譲渡担保の目的である集合物から離脱したと認められる場合でない限り、当該処分の相手方は目的物の所有権を承継取得することはできない」「本件物件2が本件各譲渡担保の目的である集合物から離脱したと解すべき事情はないから、Xが本件契約2により本件物件2の所有権を承継取得したかどうかを判断するためには、本件契約2による本件物件2の売却処分がYの通常の営業の範囲内のものかどうかを確定する必要がある」として、この点を審理判断することなく、本件物件2の引渡請求を認容した原審の判断には、判決に影響を及ぼすことが明らかな法令の違反があるとした。

2 Yは、本件各物件を占有すること

(譲渡担保)

抗弁 1 Yは、本件契約1及び2に先立って、①A、②B、③Cとの間で、それぞれ、譲渡担保の目的を漁場のいけす内に存するY所有の養殖魚とする集合動産譲渡担保契約を締結し、それぞれ、占有改定の方法により目的物を引き渡したこと(「本件各譲渡担保」)。

* 本件各譲渡担保の被担保債権は不特定の債権であり、極度額

が定められていた。上記①の契約には、「Aは、Yが上記目的物を無償で使用し、飼育生産管理し、通常の営業のために第三者に適正な価格で譲渡することを許諾する。これにより第三者に譲渡された養殖魚は譲渡担保の目的から除外される。Yは、上記譲渡に基づき目的物を搬出したときは、速やかに新たな養殖魚をいけすに搬入し、補充しなければならず、Yが補充した養殖魚は、当然に譲渡担保の目的を構成する」との約定が、上記②の契約には、「Bは、Yが目的物をその当然の用法に従い無償で使用することを許諾し、Yは善良なる管理者の注意義務をもって管理する。Bが目的物につき担保権を実行する場合には、Yに対し、保管替え又は処分のために目的物の現実の引渡しを求めることができる」との約定が、上記③の契約には、「Yは、善管注意義務をもって目的物を通常の営業方法に従い販売する。その代金はCの承諾を得てYの運転資金に供することができる」との約定が、それぞれ存する。

(2) 目的の範囲内の動産に付する差押えと譲渡担保権の優劣

譲渡担保権の効力が及んでいることを重視して、譲渡担保権者が優先し、第三者異議の訴えを提起、あるいは優先配当要求ができるとする見解と、目的物について一定範囲で処分が許されていることを重視して、差押えを優先する見解があり得るほか、折衷的な考え方として、譲渡担保権者に差押えの目的物を除いた残りの担保目的物から弁済を受けられないときに限り、差押債権者に優先して配当要求ができるとの見解がある。

(3) 集合動産譲渡担保の物上代位

最決平成22年12月2日民集64.8.1990〔28163419〕は、「構成部分の変動する集合動産を目的とする集合物譲渡担保権は、譲渡担保権者において譲渡担保の目的である集合動産を構成するに至った動産……の価値を担保として把握するものであるから、その効力は、目的動産が滅失した場合にその損害をてん補するために譲渡担保権設定者に対して支払われる損害保険金に係る請求権に及ぶと解するのが相当である。もっとも、構成部分の変動する集合動産を目的とする集合物譲渡担保契約は、譲渡担保権設定者が目的動産を販売して営業を継続することを前提とするものであるから、譲渡担保権設定者が通常の営業を継続している場合には、目的動産の滅失により上記請求権が発生したとしても、これに対して直ちに物上代位権を行使することができ

る旨が合意されているなどの特段の事情がない限り、譲渡担保権者が当該請求権に対して物上代位権を行使することは許されないというべきである。

　上記事実関係によれば、相手方［＝Ｘ］が本件共済金請求権の差押えを申し立てた時点においては、Ｙは目的動産である本件養殖施設及び本件養殖施設内の養殖魚を用いた営業を廃止し、これらに対する譲渡担保権が実行されていたというのであって、Ｙにおいて本件譲渡担保権の目的動産を用いた営業を継続する余地はなかったというべきであるから、相手方が、本件共済金請求権に対して物上代位権を行使することができることは明らかである」と判示する。

（参考） ＸのＹに対する譲渡担保権に基づく物上代位による差押えに対する抗告

＊魚の養殖業者Ｙは、所有する養殖魚について、金融機関Ｘを担保権者とする譲渡担保権を設定した。その契約には、Ｙは養殖魚を通常の営業方法に従って販売でき、その場合、Ｙは養殖魚を補充すべきことが約定されていた。その後、担保の目的物の養殖魚の一部が赤潮により死滅し、Ｙは、Ｚ共済組合との間の共済契約に基づき、Ｚに対し、養殖魚の滅失による損害てん補のため共済金請求権を取得した。その後、Ｙは養殖業を廃止し、また、残存の養殖魚等について、譲渡担保権が実行された。そして、Ｘは、譲渡担保権に基づく物上代位権の行使として、Ｙが有する共済金請求権の差押命令を取得した。本件は、Ｙは、譲渡担保権の効力は共済金請求権に及ばないとして、差押命令の取消しを求める執行抗告をした事案である。

申立理由　1　Ｙは、魚の養殖業を営んでいたが、Ｘとの間で、本件養殖施設及び同施設内の養殖魚について、Ｘを譲渡担保権者、Ｙを譲渡担保権設定者とし、ＸがＹに対して有する貸金債権を被担保債権とする譲渡担保権設定契約を締結し、同契約には、Ｙ抗告人が本件養殖施設内の養殖魚を通常の営業方法に従って販売でき、その場合、Ｙ抗告人は、これと同価値以上の養殖魚を補充することが定められていたこと
　2　ＹはＺ共済組合との間で、養殖魚の滅失による損害てん補するために共済金が支払われる漁業共済契約を締結したこと
　3　本件養殖施設内の養殖魚2,510匹が赤潮により死滅したこと

＊Yは、Z共済組合に対し、漁業共済契約に基づき、養殖魚の死滅による損害填補のための漁業共済金請求権を取得したこと
4 Yは、上記の赤潮被害発生後、Xから新たな貸付けを受けられなかったため、養殖業を廃止したこと
5 Xは、貸金残債権を被担保債権とし、譲渡担保権に基づく物上代位権の行使として、共済金請求権の差押えの申立てをし、債権差押命令を発付されたこと
＊申立理由4に先立ち、Xは譲渡担保権の実行として、養殖施設及び養殖施設内に残存していた養殖魚を売却し、その売却代金をY抗告人に対する貸金債権に充当した。

第5節　集合債権譲渡担保

1　集合債権譲渡担保の効力
(1)　債権発生の可能性

　将来発生する複数の債権を一括して譲渡担保の目的とする本契約又は予約（集合債権譲渡担保）の効力を左右する問題としてまず、目的債権が契約時に将来発生するか否かが確かでない点について、最判昭和53年12月15日判時916.25〔27201029〕は、医師の診療報酬債権の譲渡の効力に関し、現在債権発生の原因が確定し、その発生を確実に予測し得るものであることを理由に有効としたが、最判平成11年1月29日民集53.1.151〔28040232〕は、将来発生する診療報酬債権につき包括的な譲渡契約を締結した当事者の意思等を基に、契約締結時に発生可能性が低かったことによっては、譲渡契約の効力は左右されないとするに至った。当事者間において、債権の発生原因が確定している以上、譲渡（担保）の効力について、将来の発生可能性の有無を問題にする必要はないからである。

　すなわち、前掲平成11年最判は、「①債権譲渡契約にあっては、譲渡の目的とされる債権がその発生原因や譲渡に係る額等をもって特定される必要があることはいうまでもなく、将来の一定期間内に発生し、又は弁済期が到来すべき幾つかの債権を譲渡の目的とする場合には、適宜の方法により右期間の始期と終期を明確にするなどして譲渡の目的とされる債権が特定されるべきである。②将来発生すべき債権を目的とする債権譲渡契約にあっては、契約当事者は、譲渡の目的とされる債権の発生の基礎を成す事情をしんしゃくし、右事情の下における債権発生の可能性の程度を考慮した上、右債権が見込みどおり発生しなかった場合に譲受人に生ずる不利益については譲渡人の契約上の責任の追及により清算することとして、契約を締結するものと見るべきであるから、右契約の締結時において右債権発生の可能性が低かったことは、右契約の効力を当然に左右するものではない」と判示し、原則として有効と解し、例外として、「契約締結時における譲渡人の資産状況、右当時における譲渡人の営業等の推移に関する見込み、契約内容、契約が締結された経緯等を総合的に考慮し、将来の一定期間内に発生すべき債権を目的とする債権譲渡契約について、右期間の長さ等の契約内容が譲渡人の営業活動等に対して社会通念に照らし相当とされる範囲を著しく逸脱する制限を加え、又は他の債権者に不当な不利益を与えるものであると見られるなどの特段の事情の認められる場合に」限って、公序良俗に反するなどとして、その効力

の全部又は一部が否定されることがあるとしている。
(2) 集合債権譲渡担保の目的債権の範囲

訴訟物　AのYに対する売買契約に基づく代金支払請求権
＊AX間の継続的な融資契約に基づき、XがAに対して現在及び将来有する債権を担保するために、AがYほか10社に対して有し、又は将来有する一切の商品売掛代金債権を譲り受ける旨の債権譲渡予約を締結した。この予約では、Aの信用不安を期限の利益喪失事由とし、Xは本件予約を完結できる旨も合意された。その後、Aが廃業することとなり、Xは、予約完結の意思表示をし、Aから預託されていた債権譲渡通知書をYらに発送した。本件は、XがYに対し、譲受債権の支払を求めたところ、Yは本件予約は、譲渡目的の債権が特定されておらず、また、Aに対する他の債権者との均衡を害し、Aの利益を損なう著しく不公平な内容であって、公序良俗に反し無効であると抗弁した事案である。

請求原因
1　XはAとの間で、XのAに対する現在及び将来の債権を担保するため、①譲渡人A、②譲受人X、③第三債務者Yほか10社、④譲渡債権Aがこたつ、ふとん等の売買取引に基づき第三債務者に対して現に有し又は将来有することのある一切の商品売掛代金債権、⑤AがXに対する債務の弁済を遅滞し、支払停止に陥り、又はその他不信用な事実があったときは、AはXに対する債務について期限の利益を失い、Xは、直ちに債権譲渡の予約を完結し、債権の取立て等を実行できるとの債権譲渡予約（「本件予約」）を締結したこと
2　AはXに、経営不振のため廃業する旨連絡したことを受けて、XはAに対し、本件予約の完結の意思表示をしたこと
3　請求原因2当時、XはAに対し商品売掛代金債権○○○万円を有していたこと
4　請求原因2当時、AはYに対し商品売掛代金債権○○万円を有していたこと
5　Xは、Aからあらかじめ預託を受けていたAの記名印及び代表者印の押捺済みの債権譲渡通知書に日付、請求原因4の譲渡債権額（○○万円）を補充したうえ、Yに通知したこと

(公序良俗違反)

抗弁 1 本件予約が公序良俗違反であることの評価根拠事実

＊Yは、本件予約が、譲渡の目的となる債権が特定されておらず、また、Aに対する他の債権者との均衡を害するばかりでなく、Aの利益を損なう著しく不公平な内容のものであることを主張する。

＊最判平成 12 年 4 月 21 日民集 54.4.1562〔28050782〕は、AがXに対して負担する一切の債務を担保するためにAがYらに対して有することとなる一切の売掛金債権について、Aの信用不安が生じたときに譲渡する旨の予約契約の効力を有効とするが、その理由について、「債権譲渡の予約にあっては、予約完結時において譲渡の目的となるべき債権を譲渡人が有する他の債権から識別することができる程度に特定されていれば足りる。そして、この理は、将来発生すべき債権が譲渡予約の目的とされている場合でも変わるものではない。本件予約において譲渡の目的となるべき債権は、債権者及び債務者が特定され、発生原因が特定の商品についての売買取引とされていることによって、他の債権から識別ができる程度に特定されているということができる」すなわち、具体的な識別可能性は、債権の種別や発生原因、発生時期・期間、金額等の指標の全部又は一部によって、事案ごとに識別可能性の有無が判断されることになる。また、同判決は、「本件予約によって担保される債権の額は将来増減するものであるが、予約完結の意思表示がされた時点で確定するものであるから、右債権の額が本件予約を締結した時点で確定していないからといって、本件予約の効力が左右されるものではない」としており、加えて、「本件予約の締結に至る経緯に照らすと、XがAの窮状に乗じて本件予約を締結させ、抜け駆け的に自己の債権の保全を図ったなどということはできない。さらに、本件予約においては、AにXに対する債務の不履行等の事由が生じたときに、Xが予約完結の意思表示をして、Aがその時に第三債務者であるYらに対して有する売掛代金債権を譲り受けることができるとするものであって、右完結の意思表示がされるまでは、Aは、本件予約の目的となる債権を自ら取り立てたり、これを処分したりする

ことができ、Aの債権者もこれを差し押さえることができるのであるから、本件予約が、Aの経営を過度に拘束し、あるいは他の債権者を不当に害するなどとはいえず、本件予約は、公序良俗に反するものではない」と判示し、公序良俗に反するものではないとしている。

2　対抗要件
(1) 第三債務者に対する通知等（包括的通知の効力）

　集合債権譲渡担保の対抗要件として、第三債務者に対する関係では、第三債務者に対する通知又は第三債務者の承諾であり、差押債権者や債権の二重譲受人等の第三者との関係では確定日付を具備した通知又は承諾である（467条2項）。この場合、通知・承諾において第三債務者が特定される必要がある。そのうえで第三債務者にとって対象債権が判断できる程度に特定される必要がある。

　そのような第三債務者に対して将来発生する債権についての包括的通知又は承諾が有効かが問題となる。最判昭和53年12月15日判時916.25〔27201029〕は、1年間に支払われる診療報酬債権に対する差押えの効力を認めた事案であるが、1個の包括的通知によって将来発生する債権の譲渡（担保）につき第三者対抗力を具備することを認めた。つまり、当初の包括的通知によって、事後に発生する債権の譲渡（担保）の対抗要件を具備したものと認められ、通知の効力は、債権発生を条件として、通知の到達時に遡って生じることとなる。

　包括的通知の効力の及ぶ範囲については、通知又は承諾の対象と実際の譲渡対象債権との同一性の識別が可能な範囲で有効と解される。これに関連して、目的債権の取立権を設定者にとどめる旨通知に記載した場合にも、第三者対抗要件としての効力が問題となるが、最判平成13年11月22日民集55.6.1056〔28062423〕【I 99】は、債権譲渡の通知に譲受人が担保権を実行するまではなお譲渡人が取立権限を有する旨の記載があった場合、この通知に第三者対抗要件としての有効を認め、第三債務者に対し「債務者に付与された取立権限の行使への協力を依頼したとしても、第三者対抗要件の効果を妨げるものではない」とした。

訴訟物	XのYに対する供託金還付請求権存在（確認）

＊AのXに対する債務を連帯保証していたY1は、AがXに対して負担する一切の債務を担保するために、Y1がBとの

間の継続的取引契約に基づいて現在有し、また今後1年間に取得する売買代金債権をXに譲渡する譲渡担保契約を締結した。その際、Y1とXは、A又はY1が信用不安に陥ったときは、XはBに譲渡担保実行通知をして、Bから直接取立てができること、それまでの間は、Y1が自己の計算において、Bから弁済を受けるとの合意がされた。そして、Y1はBに対し、上記の債権譲渡担保設定の通知をした。Y1が手形不渡りを出したので、XはBに対し、譲渡担保権の実行を通知した。Y2（国）は、Bに差押通知をして、Y1のBに対する売買代金債権につき、国税滞納処分による差押えをした。これを受けて、Bは、債権者不確知を理由として本件債権について供託をした。本件は、XがY1及びY2に対し供託金返還請求権を有することの確認を求めた事案である。

請求原因
1　XのAに対する債権発生原因事実
2　Y1はXとの間で、AがXに対して負担する一切の債務を担保するために、Y1がBとの間の継続的取引契約に基づいて現在有し、また今後1年の間に取得する売買代金債権をXに譲渡する譲渡担保契約を締結したこと
3　Y1とXは、A又はY1が信用不安に陥ったときは、XはBに譲渡担保実行通知をして、Bから直接取立てができること、それまでの間は、Y1が自己の計算において、Bから弁済を受けるとの合意をしたこと
4　Y1はBに対し、確定日付のある内容証明郵便をもって、本件債権譲渡担保設定（抗弁2及び3）の通知をしたこと
　＊最判平成13年11月22日民集55.6.1056〔28062423〕【I99】は、債権譲渡の通知に譲受人が担保権を実行するまではなお譲渡人が取立権限を有する旨の記載があった場合、この通知に第三者対抗要件としての有効性が問題となった事案において、（債権譲渡契約により）「既に生じ、又は将来生ずべき債権は、（甲債務者）から（乙債権者）に確定的に譲渡されて」いるとし、「（丙第三債務者に対し、）債務者に付与された取立権限の行使への協力を依頼したとしても、第三者対抗要件の効果を妨げるものではない」とした。
5　Y1が手形不渡りを出したこと
6　XはBに対し、譲渡担保権の実行を通知したこと

＊金融実務では、譲渡担保権者たる金融機関が、担保目的債権について、譲渡担保設定者の国税滞納による第二次納税義務（税徴24条1項）負担のリスクを回避するため、譲渡担保の実行方法について、一括支払システムの合意（第二次納税義務を負担すべき譲渡担保権者に対する事前の告知書（同条2項）が発出された時点で、当座貸越契約に基づく貸付債権の弁済期が到来し、譲渡担保の目的債権により代物弁済がされたとする合意）が行われていたが、最判平成15年12月19日民集57.11.2292〔28090148〕は、同条5項（同条2項に基づく告知後に被担保債権が弁済以外の理由により消滅しても譲渡担保が存続するとした規定）の適用を回避するもので、その効力を認め得ないとした。

7　国Y2は、Bに差押通知をして、Y1のBに対する売買代金債権につき、国税滞納処分による差押えをしたこと

8　Bは、債権者不確知を理由として、本件債権について供託をしたこと

9　Y1及びY2は、Xが供託金の返還請求権を有することを争うこと

（公序良俗違反）

抗　弁　1　公序良俗違反の評価根拠事実

＊債務者がその経済活動により将来取得する一切の債権を対象とする譲渡担保契約については、譲渡担保権者に債務者の責任財産を将来にわたって独占させ、他の債権者の利益を害し、債務者の経済活動を困難にするおそれがあるため、暴利行為として公序良俗違反により契約の全部又は一部が無効となる余地がある。前掲平成11年最判は、譲渡人の営業活動に相当とされる範囲を著しく逸脱する制限を加えたり、他の債権者に不当な不利益を与える場合に、効力の全部又は一部が否定されることがあるとし、前掲平成12年最判は、①債権者（譲渡担保予約権者）が債務者の窮状に乗じて抜け駆けで自己の債権保全を図ったものではないこと、②債権者による予約完結の意思表示がされるまで、債務者が目的債権を取り立て、処分可能であることを理由に、公序良俗に反しないと結論付けている。

(2) 集合債権譲渡担保による権利移転の効力が生じる時期

　将来発生すべき債権を目的とする譲渡担保の対抗力に関連して、譲渡担保による権利移転の効力が生じる時期につき、最判平成19年2月15日民集61.1.243〔28130448〕は、譲渡担保設定者が国税を滞納している場合に、譲渡担保の目的財産（債権）が、税徴24条に基づく譲渡担保権者の第二次納税義務の対象となるかが争われた事案において、前掲平成13年最判を踏まえて「債権譲渡の効果の発生を留保する特段の付款のない譲渡担保契約が締結され、その債権譲渡につき第三者に対する対抗要件が具備されていた場合には、譲渡担保の目的とされた債権が国税の法定納期限等の到来後に発生したとしても、当該債権は『国税の法定納期限等以前に譲渡担保財産になっている』」として、譲渡担保権者が第二次納税義務を免れる場合（同条6項）に当たるとした。前掲平成19年最判は、譲渡担保による権利移転の効力が譲渡担保契約時に生じるとしているが、他方、目的債権が将来発生したときは、譲渡担保権者は設定者の特段の行為を要することなく当然に当該債権を担保目的で取得し得るとしており、譲渡担保契約時の債権移転と個別具体的な債権の移転との関係をいかに解するかの問題がある。将来債権の譲渡担保について、将来発生すべき債権を取得し得る地位ないし権利を譲渡するものとみれば、そのような地位ないし権利の移転は譲渡担保契約時に生じ、包括的通知をもって対抗要件の具備と認めることも可能となる。

(3) 債権譲渡登記

　法人が譲渡担保の設定者の場合、債権譲渡担保の第三者対抗要件として、民法の対抗要件のほか、動産債権譲渡特例法の債権譲渡登記を具備することが可能である。この登記により対抗要件を具備しようとする場合には、実際上、法務省令により、譲渡債権を特定するために必要とされる登記事項（譲渡人、債権の種別、発生原因、発生年月日（発生期間の始期・終期））の定めが必要となるが、平成16年法律148号による改正後の動産債権譲渡特例法により、債務者が登記事項から除外され、リース会社や信販会社の顧客に対する債権等、契約時に特定できない取引先に対する債権を譲渡担保の目的とすることが容易になった（平成16年法律148号改正前の動産債権譲渡特例法5条1項6号、同年法律148号改正後の同法8条2項4号）。

(4) 集合債権譲渡担保の諸形態と倒産法上の否認権

　集合債権譲渡担保には、①本契約により直ちに譲渡（担保設定）の効力を生じさせるものと、②予約完結権を付与し、又は停止条件付とするなどにより将来譲渡（担保設定）の効力を生じさせるものとがある。本契約を締結しても、設定者が、第三債務者に担保提供の事実を知られ、信用不安を招くお

それを避けるため、設定契約時には、第三債務者に対する通知・承諾を留保する場合が多く、そのため、設定者（債務者）から担保権者に対して第三債務者宛の債権譲渡通知書（譲渡年月日・債権内容・宛先白地）を交付しておき、債務者の信用不安の際に、通知書の白地を補充して通知がされていた。しかし、このような対抗要件留保型は、譲渡（担保設定）契約時から通知時までに15日以上を要し、対抗要件の否認（破164条1項）に対象となる場合が多い。そこで、予約完結権を付与したり停止条件付とする形態が考えられたが、最判平成13年11月27日民集55.6.1090〔28062421〕は、債権譲渡の予約の通知・承諾について、予約完結による債権譲渡の対抗要件としての効力を否定し、さらに停止条件付債権譲渡担保について、危機時期到来後の債権譲渡と同視して、原因行為自体を危機否認（同法162条1項）の対象とすることを示した（最判平成16年7月16日民集58.5.1744〔28092063〕、最判平成16年9月14日裁判所時報1371.12〔28092403〕）。今後の実務では、否認権行使を回避する形態として、設定時に譲渡の効力は生じさせつつ、第三債務者に対して、取立権限を設定者にとどめる旨通知する形の譲渡担保が使用されるであろう。

第6節　ゴルフ会員権の譲渡担保

1　ゴルフ会員権の法的性質

　ゴルフ会員権の内容は、ゴルフ場施設の優先的利用権、預託金返還請求権、年会費納入義務等の債権債務を包含する法律上の地位である。例えば、最判昭和50年7月25日民集29.6.1147〔27000361〕は、いわゆる預託金会員組織のゴルフ会員権について、「○○カントリー倶楽部会員権は、会員が訴外会社の代行者たる同倶楽部理事長に対して入会を申し込み、同倶楽部の規則所定の理事会の承認と入会保証金の預託を経て理事長がこれを承諾することによつて成立する会員の訴外会社に対する契約上の地位であり、その内容として会員は、訴外会社所有のゴルフ場施設を同規則に従い優先的に利用しうる権利及び年会費納入等の義務を有し、入会に際して預託した入会保証金を5年の据置期間経過後は退会とともに返還請求することができ、また、会員は同倶楽部理事会の承認を得て会員権すなわち以上のような内容を有する債権的法律関係を他に譲渡することができる」ものであると判示する。

2　会員権購入契約の解除と譲渡担保権者の同意

　ゴルフ場経営主体からゴルフ会員権を購入した者が、開場遅延等のゴルフ場経営主体の債務不履行を理由に購入契約を解除する場合に、購入者がゴルフ会員権に譲渡担保を設定していたときに、解除の効力が問題となる。一般に、担保権設定者は担保価値を毀損する処分行為をすることができないから（債権質の481条参照）、担保権者の同意を得ない解除は無効と解される。東京地判平成8年1月23日判タ918.146〔28011370〕は、「ゴルフ会員権が譲渡担保に供され債務者が弁済期に債務の弁済をしない場合、対外的にはゴルフ会員権を処分する機能は債権者（譲渡担保権者）に移転しているのであるから、譲渡担保契約の趣旨からして設定者に留保されたものと認められる使用価値的権利の行使（例えばゴルフ場でプレーをする権利等）を除き、ゴルフ会員権の交換価値に影響を及ぼす可能性のあるゴルフ会員権購入契約についての解除権の行使等は、債権者（譲渡担保権者）の同意があるときに限ってこれを行使することができる」と判示する。

　訴訟物　　XのYに対するゴルフ会員権契約解除に基づく原状回復請求権としての預託金返還請求権
　　　　＊本件は、Yとの間で建設中のゴルフ場につきゴルフ会員権

契約を締結してゴルフ会員権を取得したXが、ゴルフ場の開場の遅延を理由に、会員権契約を解除したと主張し、原状回復請求として、預託金の返還を求めたところ、Yは、Xが会員権契約に基づいて有するゴルフ会員権をYのXに対する受託保証人の求償権の担保として譲渡担保に供しており、Yの同意がない限り解除は無効であると争った事案である。

請求原因
1　XはYとの間で、本件ゴルフ場の会員となる本件会員権契約を締結したこと
2　XはYに対し、請求原因1の契約に基づき、会員資格保証金1,500万円（本件預託金）を預託したこと
3　本件ゴルフ場の開場日及びその経過
4　XはYに対し、本件ゴルフ場を開場するように催告したこと
5　請求原因4の開場の日から相当期間が経過したこと
6　XはYに対し、請求原因5の期間経過後、本件会員権契約を解除する旨の意思表示をしたこと

（譲渡担保）
抗弁
1　Yは、本件ゴルフ場の会員募集をするにつき、Aとの間で、本件ゴルフ場の会員権を購入した者が購入代金の支払のためYから借り入れた借入金債務について、購入者と連帯して保証する旨約したこと
2　Xは、本件預託金の支払のため、Aから、1,500万円を弁済期を約定したうえ、借り入れた（本件ローン）こと
3　Yは、Xの委託に基づき、Aに対し、本件ローンに基づくXの債務につきXと連帯して保証したこと
4　Xは、保証契約に基づくYの求償権を担保するため、Xに対し、本件会員権（Xが本件ゴルフ場のプレー権付施設利用権）を担保として譲渡担保契約を締結し、本件会員権証書をYに交付したこと
5　AはYに対し、抗弁1の連帯保証契約に基づき、本件ローンの残金○○万円の支払を請求した。
　＊東京地判平成8年11月29日判時1612.80〔28021966〕は、「ゴルフ会員権に対する譲渡担保権の設定は、本件会員権の担保価値を把握することにより、債権担保の目的を達するた

めにされることにあることにかんがみれば、債権質の場合に質権者が債権の取立権を有し（民法367条）、設定者が質入債権につき、質権者の同意なくして質入債権の取立て等の処分権を行使できないと解されているのと同様に、ゴルフ会員権の譲渡担保の設定者は、譲渡担保権者の同意がない限り、譲渡担保権の内容に変更を及ぼすおそれのある処分行為等をすることはできないと解するべきである。そして、債務不履行を理由とするゴルフ会員権契約の解除も、譲渡担保の目的である権利を消滅させるものであるから、譲渡担保権者の同意を要するものと解するのが相当である」「右の理は、譲渡担保権者が第三者の場合のみならず、ゴルフ会員権契約の一方当事者である場合にも同様に当てはまるものというべきである。なぜならば、後者の場合にはゴルフ会員権契約の当事者の資格とゴルフ会員権についての譲渡担保権者の資格とが別個独立のものとして並存し、それぞれの資格が異なる法的利益を有するから、ゴルフ会員権契約の他方の当事者が債務不履行を理由に当該契約を解除しようとするときには、譲渡担保権者の同意が得られないのであれば、まず譲渡担保権の被担保債権を弁済により消滅させて譲渡担保権も消滅させることを要し、その上であればゴルフ会員権契約を解除することができると解するのが相当であり、そのように解しても、譲渡担保権者が第三者の場合と比してゴルフ会員権を有する者を不当に不利益に扱うことにならないからである」と判示する。

（同意）

再抗弁 1　Yは、請求原因6のXの解除の意思表示をするについて、同意したこと

＊Yの同意の存否の主張・立証責任については、その不存在を抗弁の1要素とする見解もあろうが、本書は前掲平成8年東京地判に従って、その存在することを再抗弁と位置付けることとする。同判決は、「本件会員権契約の解除は、契約上の地位の総体としての本件会員権を消滅させる行為であるから、Xは、譲渡担保権者であるYの同意がない限り、本件会員権契約を解除することはできないと解するのが相当である。本件では、Xにおいて、右同意の存在についての主張

立証がなく、本件の弁論の全趣旨によれば、右のYの同意は存在しないものと認められるから、Xの解除の意思表示……は無効である」と判示する（前掲平成11年東京地判も同旨）。

(信義則違反)

再抗弁 1 Yは、請求原因6のXの解除の意思表示をするについて、同意しないこと

2 再抗弁1の不同意が信義則違反であることの評価根拠事実

＊担保権者が同意を与えないことが信義則違反と認められる場合は、解除は有効と解される。東京地判平成9年12月17日判タ980.201〔28033095〕は、ゴルフ場経営主体が、金融機関に対する連帯保証債務に基づく求償権の担保として譲渡担保の設定を受けた場合に信義則違反とした。また、前掲平成8年東京地判は、信義則違反を認めなかった。前掲平成9年東京地判は、「ゴルフ会員権を譲渡担保に供した場合、会員権中のプレー権、優先的施設利用権は依然として担保権設定者に留保されるから、入会契約に基づくゴルフ場の開場遅延により債務不履行の問題が生じると、右入会契約者において、解除権が発生することとなる。しかしながら、譲渡担保権者は、ゴルフ会員権の担保価値を把握しているので、右担保権者の同意がなければ、右担保目的の権利が消滅させ得ないとの問題が生じてくる」としたうえで、「しかしながら、第三者が譲渡担保権者である場合はさておき、譲渡担保権者と入会契約の債務不履行者が同一の場合についてはこれとは同一には解せられない。すなわち、入会契約において、ゴルフ場の利用権は、その根幹をなすものであり、ゴルフ場側は多額の入会金及び預託金を得ながら、合理的期間経過後もゴルフ場を開場してゴルフ会員にその利用を提供しないのみならず、預託金の起算点が開場時とされているとすれば……、右ゴルフ場側は、開場できない間の金利をゴルフ会員に負担させ、自己の義務を先延ばししていることとなり得る。また、……入会契約の預託金の支払のための銀行ローンにおいて、被告が保証することにより、借入者は担保提供もなく取引状況における信用等がなくても借入れ易くし、入会契約を締結し易くしているなどの取引実態に照らせば、まず、右預

託金の借入金を返済してから、解除権を行使すべきだとする立論は、第三者が担保権者の場合にはいい得ても、そのような開場義務を果たさない債務不履行者においてまでいえるものとは認め難い。よって、被告が、原告X1及び原告X2に対する預託金の借入の譲渡担保権者であることから、その解除権行使を拒めるとすることは信義則上許されない」と判示する。

3 予約完結による債権譲渡の対抗要件

指名債権譲渡の予約についてされた確定日付のある証書による債務者に対する通知又は債務者の承諾をもって、その予約の完結による債権譲渡の効力を第三者に対抗することはできない。

訴訟物 AのYに対するゴルフ会員権の預託金返還請求権
＊Aは、Yに本件預託金を預託し、ゴルフ会員権を取得した。X（国）はAに対する滞納処分として、同会員権の差押えをした。本件は、Xが、預託金の返還事由の発生後、Yに対してその支払を求めたところ、会員権につき譲渡の予約をしたBがXの差押えに先立って予約完結権を行使したので、本件預託金の返還請求権がBに帰属するとYが主張した事案である。

請求原因 1 Aは、Yに対して本件預託金を預託し、本件ゴルフ会員権を取得したこと
2 X（国）は、Aに対する滞納処分としてゴルフ会員権を差し押さえ、差押通知書をYに送達したこと
3 本件預託金の据置期間が経過し、Aが解散して本件ゴルフの会員資格を喪失したこと
＊請求原因3により、Aは、預託金返還請求権を取得し、Xが具体的にその請求権を把握したこととなる。

（第三者対抗要件具備による債権喪失）
抗弁 1 AはBとの間で、AがBに対して負担する債務の担保として本件ゴルフ会員権をBに譲渡することを予約し、被担保債権につきAに不履行があったときは、Bの予約完結の意思表示によりゴルフ会員権譲渡の本契約を成立させることができる旨の合意（「本件譲渡予約」）をし、その頃、Yは、確定日付

のある証書により、本件譲渡予約を承諾したこと
2　Bは、請求原因2の後、Aに対し、本件譲渡予約を完結する意思表示をしたこと

　　＊この予約完結によるゴルフ会員権の譲渡については、確定日付のある証書によるYへの通知又はYの承諾はされていない。最判平成13年11月27日民集55.6.1090〔28062421〕は、「民法467条の規定する指名債権譲渡についての債務者以外の第三者に対する対抗要件の制度は、債務者が債権譲渡により債権の帰属に変更が生じた事実を認識することを通じ、これが債務者によって第三者に表示され得るものであることを根幹として成立しているところ……、指名債権譲渡の予約につき確定日付のある証書により債務者に対する通知又はその承諾がされても、債務者は、これによって予約完結権の行使により当該債権の帰属が将来変更される可能性を了知するに止まり、当該債権の帰属に変更が生じた事実を認識するものではないから、上記予約の完結による債権譲渡の効力は、当該予約についてされた上記の通知又は承諾をもって、第三者に対抗することはできない」と判示する。本件の場合、本件譲渡予約については確定日付のある証書によりYの承諾を得たものの、予約完結権の行使による債権譲渡について第三者Xに対する対抗要件を具備していないBは、本件ゴルフ会員権の譲受けをXに対抗することはできない。なお、第三者対抗要件具備による債権喪失については、司研・紛争類型別134頁を参照。

4　譲渡担保権の実行による会員権取得者の名義変更手続協力請求
(1) 清算金支払の関係
　預託金会員制のゴルフ会員権の譲渡について、ゴルフ場経営主体以外の第三者への対抗要件は、指名債権譲渡の場合に準じ、確定日付のある通知又は承諾と解される（最判平成8年7月12日民集50.7.1918〔28010861〕）が、実務上、会員の権利義務を規定する会則により、会員権譲渡のゴルフ場経営主体に対する対抗要件として、理事会の承認等の名義変更手続を要する例が多い。他方、ゴルフ会員権譲渡担保について、処分清算方式による実行がされた場合、換価処分によって譲渡担保関係は消滅し、余剰があれば清算金支払義務が発生する。そこで、設定者の名義変更手続協力と譲渡担保権者の清

算金支払との関係が問題となる。最判昭和50年7月25日民集29.6.1147〔27000361〕は、預託金会員組織ゴルフ会員権をその譲渡担保権者から譲り受けた者が譲渡担保設定者に対して有するゴルフクラブ理事会の譲渡承認手続請求権と右設定者の譲渡担保権者に対する清算金支払請求権との同時履行関係を否定し、「預託金会員組織ゴルフ会員権を目的とする譲渡担保設定契約において、設定者が、譲渡担保権者の換価処分により将来右ゴルフ会員権を取得した第三者のために、その譲渡に必要なゴルフクラブ理事会の承認を得るための手続に協力することをあらかじめ承諾している場合には、被担保債権の履行期の経過に伴い譲渡担保権者が取得した換価処分権能に基づく第三者への売却によつて、ゴルフ会員権は設定者に対する関係では売渡を受けた第三者に有効に移転し、右売却の時に被担保債権は、換価額が債権額を超えるときは全額につき、換価額が債権額に足りないときは換価額の限度で、満足を得たこととなり、これに伴つて譲渡担保関係も消滅し、設定者は、右換価額が譲渡担保権者の債権額を超えるときはその超過額を譲渡担保権者から清算金として受領することができるが、ゴルフ会員権については債務を弁済してその回復をはかる機会を確定的に失い、これを取得した右第三者のために、ゴルフクラブ理事会の譲渡承認を得るための手続に協力する義務を有するに至るものというべく、また、設定者は、譲渡担保権者が清算金を支払うのと引換えにのみ右義務の履行に応ずるとの同時履行の抗弁権を第三者に対して行使することは許されない」と判示する。

訴訟物　XのYに対するゴルフ会員権名義変更承認手続協力請求権

＊Yは、B会社が経営するAゴルフクラブの正会員権（「本件会員権」）を有していたが、Cから700万円を借り受けるに際して、同債務の担保として本件会員権をCに譲渡担保に供した（形式は、Cに売り渡し、支払期限までに貸金を弁済して会員権を取り戻す）。弁済期が経過し、Yの残債務が400万円であった時点で、Cが無断で本件会員権をXに、1,800万円で売却処分をした。本件は、XがYに対し、ゴルフ会員権名義変更承認手続を求めたところ、Yは、清算金1,400万円を受領しない限り、手続に応じないと同時履行の抗弁を主張したが、Xは、Yが本件会員権をCに譲渡するに当たり、Cから本件会員権をさらに譲り受けた第三者のためにAゴルフクラブに対しYより直接債権譲渡通知をすること、及びその通知の形式はAゴルフクラブ所定の方式

による名義変更承認願を提出することをあらかじめ承諾していたと反論した事案である。

＊請求の趣旨は、「YはXに対し、Aゴルフクラブ個人正会員権（入会金預り証書番号○○号）の名義変更承認手続をせよ」とする。

請求原因
1　Yは、会員権の内容を①B会社に対する預託金返還請求権及び②B会社の経営するゴルフ場施設の優先的利用権とするAゴルフクラブの正会員権（「本件会員権」）を有していたこと
2　Yは、Cから700万円を借り受け、Yは同債務の担保として本件会員権をCに売り渡し、支払期限までに貸金を弁済して会員権を取り戻すことを約したが、Yが支払を怠って買戻権を失い、Xは、Cから本件会員権を買い受けたこと

＊請求原因2の契約の実質は、会員権譲渡担保契約であるとする。

（同時履行）
抗弁
1　請求原因2の譲渡担保の被担保債権（Yの残債務）は、抗弁2当時、元利合計400万円であったこと
2　Cは、Yに無断で本件会員権を1,800万円でXに売却処分をしたこと
3　Cに清算義務があり、Cの処分した価額1,800万円よりYの残債務400万円を控除した残金1,400万円の支払（清算義務の履行）があるまで、名義変更を拒絶するとのYの権利主張

（名義書換の承諾）
再抗弁
1　Yは本件会員権をCに譲渡するに当たり、Cから本件会員権を更に譲り受けた第三者のためにAゴルフクラブに対しYより直接債権譲渡通知をすること、及びその通知の形式はAゴルフクラブ所定の方式による名義変更承認願を提出することをあらかじめ承諾していたこと

＊前掲昭和50年最判は、設定者において、譲渡担保権者による換価処分により将来ゴルフ会員権を取得する第三者のために、譲渡に必要な手続に協力することをあらかじめ承諾していた場合には、譲渡担保の実行による会員権取得者に対し、名義変更手続に協力すべき義務を負い、清算金の支払との同時履行を主張して協力を拒むことはできないとしている。

(2) 再譲渡担保権者による名義変更手続請求の可否

　ゴルフ会員権上の譲渡担保設定者が、設定契約上、会員権取得者に対し、あらかじめ譲渡に必要な手続に協力することを承諾していた場合において、譲渡担保権者からさらに譲渡担保の設定を受けた再譲渡担保権者が、譲渡担保権を実行した場合、原譲渡担保設定者に対して名義変更手続への協力（各種変更手続の意思表示）を求めるかが問題となる。

　前掲昭和50年最判を踏まえると、再譲渡担保権の実行によりゴルフ会員権を取得した再譲渡担保権者について、再譲渡担保設定者に対する名義変更手続協力請求権も、再譲渡担保の目的として承継取得の対象に含まれ、原譲渡担保設定者に対する自己（再譲渡担保権者）名義への名義変更手続協力請求を認められる（東京地判平成7年12月13日判タ927.155〔28011299〕）。

　さらに、譲渡担保設定者があらかじめ譲渡に必要な手続に協力することを承諾していた場合に、譲渡担保権の実行による会員権取得者だけでなく、将来の転得者に対する名義変更手続についての協力も請求できることを認める東京地判昭和63年9月30日金商821.35〔27804670〕と、将来給付の訴えの利益（民訴135条）が認められないとして、不適法却下する東京地判平成7年2月22日判タ903.146〔28010362〕、東京地判平成8年1月30日判タ903.149〔28010363〕とに分かれる。再譲渡担保権者の側が、将来給付の訴えの利益を基礎付ける事実の存在を主張・立証を要する必要がある。

> **訴訟物**　XのYに対するゴルフ会員権の名義書換請求権
>
> ＊本件は、XはYに対し、Xが本件会員権を有することの確認及びX又はXから本件会員権の譲渡を受けた者がA会社に対して名義変更手続をする場合、Yが右名義変更承認手続をすることを求めた事案である。
>
> ＊請求の趣旨は、「1　XとYとの間において、Xが本件ゴルフ会員権を有することを確認する。2　YはXに対し、A会社に対して同ゴルフ会員権の名義をXに、仮にXの名義変更がなされないうちに同ゴルフ会員権がXから他に譲渡された場合には、これを取得した第三者名義に、変更する旨の名義変更承認手続をせよ」とする。
>
> **請求原因**　1　B会社は、Cから800万円を借り受け、さらにB会社がDに負担する50万円の債務についてCの立替えを受け、Cに対して合計850万円の債務を負担したこと
>
> 　2　E（B会社の代表取締役）は、Yの代理人であることを示し

てCとの間で、①担保の目的物を本件会員権、②被担保債務の範囲を請求原因2の債務を含むB会社のCに対する一切の債務、③極度額を850万円、④換価処分の約定は、弁済期又はB会社振出手形・小切手の不渡りなどの事由でBが期限の利益を失って、B会社が債務を即時支払うべき場合の不履行の場合には、Cは本件会員権を他に譲渡して、換価処分ができるとの約定で、本件譲渡担保契約を締結したこと

3 EはCとの間で、請求原因2の契約締結の際、Yの署名・実印の押捺のある、譲受人氏名欄白地の本件会員権証書、譲受人氏名欄白地の譲渡証書、ゴルフ会員権譲渡通知書、名義書換申請書、受任者欄白地の名義変更手続委任状及び名宛人欄白地の印鑑証明の有効期間が徒過した場合には、新規のものに交換する旨の念書等を、Yの印鑑証明とともに一括してCに引き渡し、Yの代理人であるEは、B会社がその債務を履行しなかった場合には、本件会員権が換価処分され、転々譲渡されること及び将来これを正当に取得した者に対し、中間取得者を省略して直接名義書換手続に応じることを、Yの代理人としてあらかじめ承諾したこと

4 YはEに対し、B会社が融資を受ける場合には、その債務の担保に供するため、同債務の債権者、被担保債権額及び被担保債権の範囲を特定せずに（ただし、被担保債権額及び被担保債権の範囲については、少なくとも100万円の範囲について）、本件会員権に譲渡担保権を設定することを承諾し、その設定契約を締結する一切の代理権を授与したこと

＊前掲昭和63年東京地判は、「YはEに対し、本件会員権について、被担保債権を100万円までの範囲とする譲渡担保設定権限を授与し、C補助参加人は右範囲において本件会員権に譲渡担保権を有するに至り、この換価処分権能に基づいてX原告に対する売却をなしたものと認められる。……。このように、X原告はC補助参加人から、本件会員権を正当に買い受け、これを有するから、本件会員権証書についても当然その所有権を有することになる」と判示する。

5 B会社は、振り出した小切手を不渡りにしたため、Cに対する前記債務について期限の利益を失ったが、その債務全額を返済できなかったため、Cは本件会員権に対する換価処分権に基

づきこれをX会社（ゴルフ会員権の売買・仲介を目的とする会社）に対し850万円で売却して、本件会員権証書等の書類を一括してX会社に交付したこと

6　本件ゴルフ場を経営するA会社の本件会員権についての会則及び細則によれば、本件会員権の名義変更をするには、現名義人からA会社に対する名義変更承認の申出をして、その承認を受け、その後、新登録者が同社に対して所定の名義変更料を支払うという手続が必要であるが、Yは名義変更承認手続に協力せず、また、同社に対して本件会員権の無断売買を理由にして名義変更の停止を求め、X会社が本件会員権を有することを争っていること

＊前掲昭和63年東京地判は、「いわゆる預託金会員組織ゴルフ会員権を目的として、譲渡担保設定契約がなされ、設定者が、譲渡担保権者の換価処分により将来右ゴルフ会員権を取得した第三者のために、その譲渡に必要なゴルフクラブ理事会の承認を得るための手続きに協力することをあらかじめ承諾している場合には、被担保債権の履行期の経過に伴い譲渡担保権者が取得した換価処分権能に基づく第三者への売却によって、ゴルフ会員権は設定者に対する関係では売り渡しを受けた第三者に有効に移転し、右売却のときに被担保債権は、換価額が債権額を超えるときは全額につき、満足を得たことになり、これに伴って譲渡担保関係も消滅し、設定者は、右換価額が譲渡担保債権者の債権額を超えるときはその超過額を譲渡担保権者から清算金として受領することができるが、ゴルフ会員権については債務を弁済してその回復を図る機会を確定的に失い、これを取得した右第三者のために、ゴルフクラブ理事会の譲渡承認を得るための手続きに協力する義務を有するに至るものというべきであり、また、設定者は、譲渡担保権者が清算金を支払うのと引き換えにのみ右義務の履行に応ずるとの同時履行の抗弁権を第三者に対して行使することは許されないと解される……ところ、YがEに対し……、本件会員権を譲渡担保に供することを承諾して本件会員権証書、印鑑証明書及び実印を交付した以上、YはEが右譲渡担保の被担保債権を弁済しえない場合には、本件会員権が他に売却されることについての認識を有していたもの

というべきであるから、Yは将来正当に右書類を取得する者に対して名義変更手続きをなすことを承諾していたものというべきであり、YはX及びXから本件会員権を取得した者に対して本件会員権について名義変更承認手続きをなすべき義務がある。そして、Yに右義務があるところ、右認定のとおり、本件会員権について名義変更手続きをなすには、名義変更料50万円を支払う必要があり、しかも、ゴルフ会員権の売買及び仲介を主たる目的とする会社であるX……は自ら本件ゴルフ場を利用するためではなく、他に転売するために本件会員権を買い受けたこと、一般的にゴルフ会員権がその財産的価値に着目されて譲渡の対象とされ、Xのようにその売買及び仲介を営業目的とする者が多く存在し右売買取引に介在していることなどからすると、XがYに対し、自己に対する右名義変更承認手続きを求めるだけでなく、Xから正当に本件会員権を譲り受けた者に対する右名義承認手続きを求めることも許される」と判示する。

(3) 譲渡担保権者による預託金返還請求・退会の通知

　ゴルフ会員権の譲渡担保権者は、譲渡担保権の実行方法として、当事者間の合意に基づき、①会員権を換価処分する方法と、②償還期限の到来した預託金の返還請求を行う方法のいずれかを選択できる。②は、会員権の市場価格が預託金額を下回る場合等に用いられ、その性質は、債権譲渡担保の実行方法（帰属清算方式）の一種と解される。ただし、譲渡担保権者が自ら会員としてゴルフ場経営主体に対して施設利用を請求するものではないことから、ゴルフ場経営主体に対する関係で、譲渡担保設定の対抗要件を具備している限り、自己への名義変更手続（理事会の承認等を含む）を経ることなく、また、会則上、預託金返還請求を行うために退会の通知が必要とされている場合でも、担保実行段階にある譲渡担保権者が、当事者間の合意により認められた権利の行使として、又は名義人の設定者の権利の代位行使として、自ら退会の通知をして、ゴルフ場経営主体に対し、預託金の返還を求めることができる（最判平成14年1月22日民集56.1.123〔28070183〕）。

訴訟物　　XのYに対するゴルフクラブの預託金返還請求権
　　　　　＊AはYとの間で、Yの経営するゴルフクラブへの入会契約を締結し、預託金900万円を支払った。預託金は、ゴルフ場

開場日から 10 年間据え置き、退会時に返還する定めが置かれていたが、据置期間は経過した。Aは、会員権をBに 700 万円で譲渡し、名義書換えに関する一件書類を交付し、本件会員権の最終譲受人に対し、Aに代わってゴルフ会員権譲渡通知書及び退会届をYに提出する権限を与えた。Bは、Cに対し、本件会員権を 725 万円で譲渡して前記一件書類を交付し、CはXに対し、本件会員権を 800 万円で譲渡して同書類を交付した。Xは、Aに代わって、Yに対し、退会届を提出し、ゴルフ会員権譲渡通知書により、AがXに本件会員権を譲渡した旨を通知した。本件は、XがYに対し、預託金の返還を求めた事案である。

請求原因

1 AはYとの間で、Yの経営する本件ゴルフクラブへの入会契約を締結し、預託金 900 万円を支払って、本件クラブの本件会員権を取得したこと

2 本件クラブ会則により、預託金は、ゴルフ場の開場の日から 10 年間据え置き、その後、退会の際に返還する旨定められていたが、据置期間は経過したこと

3 Aは、本件会員権をBに 700 万円で譲渡し、名義書換えに関係する一件書類として、会員資格保証金預り証、印鑑登録証明書並びにいずれもAの署名押印のあるゴルフ会員権譲渡通知書及び退会届等を交付したこと

4 請求原因3の際、Aは、本件会員権の最終譲受人に対し、Aに代わってゴルフ会員権譲渡通知書及び退会届等をYに提出する権限を与えたこと

5 Bは、Cに対し、本件会員権を 725 万円で譲渡して前記一件書類を交付し、Cは、Xに対し、本件会員権を 800 万円で譲渡して同書類を交付したこと

＊なお、本件クラブの会則には、会員権の譲渡には、本件クラブの理事会の承認を受けるなどの手続を要すると規定されているが、Xはこの手続を経ていない。

6 Xは、Aに代わって、Yに対し、退会届を提出し、ゴルフ会員権譲渡通知書により、AがXに本件会員権を譲渡した旨を通知したこと

＊前掲平成 14 年最判は、「本件会員権は、いわゆる預託金会員制ゴルフクラブの会員契約に基づく契約上の地位として、会

則に従ってゴルフ場を利用し得る権利及び年会費納入等の義務と共に、会則に定める据置期間の経過後は、退会に伴って入会時に預託した預託金の返還を請求することができる権利を内容とするものと解される。したがって、会則に定める据置期間の経過後に、会員がYに対して退会の意思表示をした場合には、退会によって会員契約が終了し、会員は、被上告人に対して預託金の返還を請求することができる。そして、本件クラブの会則には会員権の譲渡について理事会の承認等の手続を要するとの定めがあるが、これは会員契約が継続している場合の規定であるから、退会した会員が預託金返還請求権を譲渡することについて、この承認等の手続が必要となるものではない。

　そうすると、AからXに至る本件会員権の譲渡は、本件クラブの理事会の承認等の手続を経ていないから、譲渡後においても、Yとの関係では本件会員権を有する者はAであったというべきであるところ、Xが前記A作成名義の退会届を同人に代わってYに提出したことによって当該会員契約は終了し、AはYに対して預託金の返還を請求することができることになる。そして、本件の事実関係の下においては、退会によって行使が可能となる預託金返還請求権は、上記……の各譲渡契約によってXに順次譲渡され、退会届の提出後、上記……の譲渡通知によって、Yに譲渡の通知がされたものと解するのが相当である。したがって、Xは、預託金返還請求権の取得をYに対抗することができるものというべきである」と判示する。

訴訟物索引

〔う〕
請負契約に基づく目的物引渡請求権 …………………………………………20
　　抗弁・同時履行　・留置権
受戻権放棄による精算金請求権 ……………………………………………516

〔か〕
確定請求に基づく根抵当権元本確定登記請求権 …………………………394
確定請求に基づく根抵当権設定登記抹消登記請求権 ……………………393
　　抗弁・確定期日
確定請求に基づく根抵当権設定登記抹消登記請求権 ……………………347
　　抗弁・確定期日の変更
合併に基づく元本確定登記請求権 …………………………………………359
　　抗弁・合併を知った日から2週間経過　・合併の日から1か月経過
仮登記に基づく代物弁済を原因とする所有権移転本登記請求権、本登記手続をすることの承諾請求権 ……………………………………………………………457
　　抗弁・仮登記担保5条通知の不存在
元本確定登記請求権 …………………………………………………………351

〔き〕
供託金還付請求権存在 ………………………………………………………556
　　抗弁・公序良俗違反
供託請求権 ……………………………………………………………………308
共同根抵当設定契約に基づく根抵当権設定登記請求権 …………………383

〔く〕
国に対する所有権移転仮登記に基づく本登記手続への承諾請求権 ……465

〔け〕
権利質 …………………………………………………………………………140
権利質 …………………………………………………………………………144
　　抗弁・債権証書　再抗弁・債権証書の交付

〔こ〕
後順位抵当権に基づく妨害排除請求権としての先順位抵当権設定登記抹消登記請求権
…………………………………………………………………………………212

抗弁・登記保持権原　再抗弁・弁済
工場抵当権に基づく妨害排除請求権に基づく動産引渡請求権 ……………475
　　　抗弁・即時取得　再抗弁・強暴　・隠秘　・悪意　・過失
更生担保権 ……………………………………………………………………401
ゴルフ会員権契約解除に基づく原状回復請求権としての預託金返還請求権 ………561
　　　抗弁・譲渡担保　再抗弁・同意　・信義則違反
ゴルフ会員権の名義書換請求権 ……………………………………………569
ゴルフ会員権の名義変更承認手続協力請求権 ……………………………567
　　　抗弁・同時履行　再抗弁・名義書換の承諾
ゴルフ会員権の預託金返還請求権 …………………………………………565
　　　抗弁・第三者対抗要件具備による債権喪失
ゴルフクラブの預託金返還請求権 …………………………………………572

〔し〕

事後求償権 ……………………………………………………………………208
事情変更による確定請求根抵当権設定登記抹消登記請求権 ……………396
事前求償権 ……………………………………………………………………210
質権 ……………………………………………………………………………151
　　　抗弁・対抗要件　再抗弁・証書の交付
質権に基づく質物返還請求権としての動産引渡請求権 …………………127
執行法上の異議権 ………………………………………46, 71, 76, 107, 426
執行法上の異議権 ……………………………………………………………530
　　　抗弁・異議権喪失──譲渡担保設定　・異議権喪失──善意の第三者
執行法上の異議権 ……………………………………………………………195
　　　抗弁・先立つ差押え・転付命令
執行法上の異議権 ……………………………………………………………109
　　　抗弁・質権　再抗弁・別段の定め
執行法上の異議権 ……………………………………………………………124
　　　抗弁・対抗要件　再抗弁・対抗要件具備
執行法上の異議権 ……………………………………………………………538
　　　抗弁・対抗要件　再抗弁・対抗要件具備　抗弁・目的物価値　再抗弁・非
　　　清算特約
執行法上の異議権 ……………………………………………………………182
　　　抗弁・対抗要件　再抗弁・登記
執行法上の異議権 ……………………………………………………………472
　　　抗弁・対抗要件　再抗弁・目録の具備
執行法上の異議権 ………………………………………………………………91
　　　抗弁・建物内備付動産　再抗弁・引渡し
執行法上の異議権 ……………………………………………………………129

抗弁・動産質権
執行法上の異議権 …………………………………………………………543
　　　抗弁・特段の事情　・対抗要件　再抗弁・引渡
執行法上の異議権…………………………………………………………53
　　　抗弁・Y1の債権　・Y2の債権　再抗弁・差押え・転付命令
執行法上の抗告権 …………………………………………………………295
　　　抗弁・対象外建物
指定債務者に関する合意に基づく付記登記請求権 …………………354
　　　抗弁・元本確定事由　・元本確定事由から6か月経過
指定根抵当権者の合意に基づく付記登記請求権 ……………………353
　　　抗弁・元本確定事由　・死亡後6か月経過
譲渡担保契約に基づく債権的登記請求権としての所有権移転登記抹消登記請求権
　　　……………………………………………………………………508
譲渡担保契約に基づく清算金請求権 …………………………………514
　　　抗弁・非清算特約　・控除すべき金額
譲渡担保契約に基づく土地引渡請求権 ………………………………506
　　　抗弁・清算金との同時履行
消費貸借契約に基づく貸金返還請求権 ………………………………310
所有権移転請求権保全の仮登記に基づく所有権移転登記請求権 …420
所有権移転請求権保全の仮登記に基づく所有権移転登記請求権 …450
　　　抗弁・受戻権　再抗弁・清算金の支払　・除斥期間
所有権移転請求権保全の仮登記に基づく所有権移転登記請求権 …462
　　　抗弁・強制競売等の開始決定　再抗弁・清算金の支払　・清算期間の経過
所有権移転請求権保全の仮登記に基づく所有権移転登記請求権 …428
　　　抗弁・同時履行　・債務者に不利な特約　再抗弁・清算期間経過後
所有権移転請求権保全の仮登記に基づく所有権移転登記請求権、及び明渡請求権
　　　……………………………………………………………………423
所有権移転請求権保全の仮登記に基づく所有権移転登記請求権、及び所有権に基づく
　　妨害排除請求権としての承諾請求権 ……………………………437
所有権に基づく返還請求権としての自動車引渡請求権 ……………484
　　　抗弁・所有権喪失　再抗弁・所有権留保　再々抗弁・弁済　抗弁・権利濫
　　　用
所有権に基づく返還請求権としての自動車引渡請求権 ……………482
　　　抗弁・登録不備の権利主張　再抗弁・登録具備
所有権に基づく返還請求権としての建物明渡請求権 ………………494
所有権に基づく返還請求権としての建物明渡請求権 ………………19
　　　抗弁・所有権喪失　再抗弁・解除　予備的抗弁・留置権　再抗弁・不法占
　　　有下の改良
所有権に基づく返還請求権としての建物明渡請求権 ………………258

抗弁・所有者の手続保障の欠落　再抗弁・善意の第三者
所有権に基づく返還請求権としての建物明渡請求権 …………………………313
　　　抗弁・占有権原　・明渡猶予期間　再抗弁・使用対価催告　再々抗弁・履
　　　行　抗弁・占有権原
所有権に基づく返還請求権としての建物明渡請求権 ……………………………16
　　　抗弁・占有権原　再抗弁・賃貸借解除　抗弁・留置権　再抗弁・留置権放
　　　棄
所有権に基づく返還請求権としての建物明渡請求権 …………………………251
　　　抗弁・占有権原　再抗弁・同意の無効・取消事由
所有権に基づく返還請求権としての建物明渡請求権 ……………………………6
　　　抗弁・対抗要件　再抗弁・対抗要件具備　抗弁・背信的悪意者――権利濫
　　　用　・留置権
所有権に基づく返還請求権としての建物明渡請求権 ……………………………3, 12
　　　抗弁・留置権
所有権に基づく返還請求権としての建物明渡請求権及び設備引渡請求権 ………184
所有権に基づく返還請求権としての建物明渡請求権及び損害賠償請求権………25
　　　抗弁・留置権
所有権に基づく返還請求権としての建物引渡請求権 …………………………131
　　　抗弁・占有権原　再抗弁・弁済　・別段の定め
所有権に基づく返還請求権としての動産引渡請求権 …………………………536
　　　抗弁・対抗要件　再抗弁・対抗要件の具備　抗弁・対抗要件具備による所
　　　有権喪失の抗弁　再抗弁・先立つ対抗要件具備　抗弁・即時取得――所
　　　有権喪失
所有権に基づく返還請求権としての動産引渡請求権 ……………………………33
　　　抗弁・留置権　再抗弁・被担保債権の消滅時効　再々抗弁・訴訟上の留置
　　　権行使　再抗弁・留置権消滅
所有権に基づく返還請求権としての動産返還請求権 ……………………………18
　　　抗弁・留置権　再抗弁・不法行為による占有開始
所有権に基づく返還請求権としての土地明渡請求権 …………………………281
所有権に基づく返還請求権としての土地明渡請求権 …………………………185
　　　抗弁・占有権原
所有権に基づく返還請求権としての土地明渡請求権 …………………………532
　　　抗弁・占有権原　再抗弁・解除　再々抗弁・背信行為と認めるに足りない
　　　特段の事情
所有権に基づく返還請求権としての土地明渡請求権 …………………………137
　　　抗弁・占有権原　再抗弁・占有権原喪失
所有権に基づく返還請求権としての土地明渡請求権 ……………………293, 447
　　　抗弁・占有権原――法定借地権
所有権に基づく返還請求権としての土地明渡請求権 …………275, 283, 285-287, 289

抗弁・占有権原——法定地上権
所有権に基づく返還請求権としての土地明渡請求権 …………………………274
　　　抗弁・占有権原——法定地上権は不成立
所有権に基づく返還請求権としての土地明渡請求権 …………………………522
　　　抗弁・譲渡担保
所有権に基づく返還請求権としての土地明渡請求権 …………………………177
　　　抗弁・賃借権喪失　再抗弁・特段の事情
所有権に基づく返還請求権としての土地明渡請求権 …………………………279
　　　抗弁・法定地上権
所有権に基づく返還請求権としての土地明渡請求権………………………23,429
　　　抗弁・留置権
所有権に基づく返還請求権としての土地引渡請求権 …………………………525
所有権に基づく返還請求権としての土地引渡請求権 …………………………503
　　　抗弁・占有権原
所有権に基づく返還請求権としての土地引渡請求権 …………………………504
　　　抗弁・占有権原　再抗弁・返還期限到来　抗弁・清算金との同時履行
所有権に基づく返還請求権としての土地引渡請求権 …………………………527
　　　抗弁・対抗要件　再抗弁・対抗要件具備　再々抗弁・背信的悪意者
所有権に基づく返還請求権としての伐木引渡請求権……………………………29
　　　抗弁・留置権　再抗弁・留置権消滅　再々抗弁・留置権消滅障害
所有権に基づく返還請求権としての引渡請求権…………………………………14
　　　抗弁・留置権　再抗弁・期限の定め
所有権に基づく返還請求権としての目的物引渡請求権 ……………………116,122
　　　抗弁・所有権喪失
所有権に基づく返還請求権としての目的物引渡請求権…………………………31
　　　抗弁・留置権
所有権に基づく返還請求権としての有価証券引渡請求権………………………37
　　　抗弁・留置権　再抗弁・別段の意思表示
所有権に基づく返還請求権としての有価証券引渡請求権………………………39
　　　抗弁・留置権　再抗弁・別段の意思表示　・弁済期　再々抗弁・弁済期到
　　　来
所有権に基づく返還請求権としての養殖魚引渡請求権 ………………………546
　　　抗弁・譲渡担保
所有権に基づく妨害排除請求権としての質権設定登記抹消登記請求権 ………107
　　　抗弁・登記保持権原
所有権に基づく妨害排除請求権としての自動車車両撤去請求権 ………………486
所有権に基づく妨害排除請求権としての承諾請求権 ……………………………496
所有権に基づく妨害排除請求権としての所有権移転登記請求権 ………………319
　　　抗弁・時効中断

所有権に基づく妨害排除請求権としての所有権移転登記請求権 …………………502
　　抗弁・弁済　再抗弁・特段の事情
所有権に基づく妨害排除請求権としての所有権移転登記抹消登記請求権 …………417
　　抗弁・譲渡担保による処分──所有権喪失
所有権に基づく妨害排除請求権としての所有権移転登記抹消登記請求権 …………509
　　抗弁・所有権喪失──譲渡担保　・登記保持権原　再抗弁・弁済──いわ
　　ゆる「受戻権」の行使　予備的抗弁・弁済に先立つ精算金の支払──帰
　　属清算方式　・弁済に先立つ目的物の処分──帰属清算方式　・弁済に先立つ
　　目的物の処分──処分清算方式
所有権に基づく妨害排除請求権としての所有権移転登記抹消登記請求権 …………414
　　抗弁・代物弁済──所有権喪失
所有権に基づく妨害排除請求権としての所有権移転登記抹消登記に代わる所有権移転
　登記請求権 ……………………………………………………………………………452
　　抗弁・対抗要件具備による所有権喪失　再抗弁・背信的悪意者
所有権に基づく妨害排除請求権としての建物所有権移転登記請求権及び承諾請求権
　……………………………………………………………………………………………223
　　抗弁・転抵当権の設定──代物弁済予約完結意思表示の無効
所有権に基づく妨害排除請求権としての抵当権設定登記抹消登記請求権 …………165
　　抗弁・登記保持権原
所有権に基づく妨害排除請求権としての抵当権設定登記抹消登記請求権 …………169
　　抗弁・登記保持権原　再抗弁・員外貸付け　再々抗弁・信義則違反
所有権に基づく妨害排除請求権としての抵当権設定登記抹消登記請求権 ……318, 321
　　抗弁・登記保持権原　再抗弁・消滅時効
所有権に基づく妨害排除請求権としての抵当権設定登記抹消登記請求権
　…………………………………………………………………………………167, 193, 217
　　抗弁・登記保持権原　再抗弁・弁済
所有権に基づく妨害排除請求権としての抵当権設定登記抹消登記請求権 …………221
　　抗弁・登記保持権原──転抵当
所有権に基づく妨害排除請求権としての抵当権設定登記抹消登記請求権 …………157
　　抗弁・登記保持権原──有権代理　・登記保持権原──110条の表見代
　　理　・登記保持権原──109条の表見代理　再抗弁・悪意
所有権に基づく妨害排除請求権としての転抵当権設定登記の抹消登記手続についての
　承諾請求権 ……………………………………………………………………………236
　　抗弁・登記保持権原　再抗弁・通謀虚偽表示　再々抗弁・善意の第三者
所有権に基づく妨害排除請求権としての土地・建物所有権移転登記抹消登記請求権
　……………………………………………………………………………………………523
　　抗弁・所有権喪失──譲渡担保　再抗弁・所有権復活──弁済　予備的抗
　　弁・対抗要件具備による所有権喪失──売買
所有権に基づく妨害排除請求権としての根抵当権設定登記抹消登記請求権 ………408

抗弁・登記保持権原　再抗弁・根抵当権消滅
所有権に基づく妨害排除請求権としての根抵当権設定登記抹消登記請求権 ……… 327
　　　抗弁・登記保持権原――確定前根抵当　再抗弁・確定事由　再々抗弁・被
　　担保債権の発生原因事実　再抗弁・合意解除
所有権に基づく妨害排除請求権としての根抵当権設定登記抹消登記請求権 ……… 329
　　　抗弁・登記保持権原――確定前根抵当　再抗弁・錯誤　・元本確定請求
所有権に基づく妨害排除請求権としての根抵当権設定登記抹消登記請求権 ……… 339
　　　抗弁・登記保持権原――確定根抵当　再抗弁・支払停止等　再々抗弁・支
　　払停止等に先立つ取得　・善意
所有権に基づく妨害排除請求権としての根抵当権設定登記抹消登記請求権 ……… 331
　　　抗弁・登記保持権原――確定根抵当　再抗弁・弁済
所有権に基づく妨害排除請求権としての抹消登記に代わる所有権移転登記請求権
　……………………………………………………………………………………………… 520
　　　抗弁・所有権喪失　再抗弁・弁済　再々抗弁・目的物処分　再々々抗弁・
　　背信的悪意者

〔た〕
第一建物の滅失の登記の抹消、第二建物につき表示の登記の抹消の各申請の却下処分
　の違法性 ……………………………………………………………………………… 316
　　　抗弁・甲・乙建物の不同一性
代位に基づく乙地の抵当権設定登記に関する付記登記請求権 ……………………… 308
代位の付記登記請求権 ………………………………………………………………… 379
代価弁済に基づく抵当権設定登記抹消登記請求権 …………………………………… 240

〔ち〕
賃貸借契約終了に基づく目的物返還請求権としての建物明渡請求権 ………………… 10
　　　抗弁・留置権
賃貸借契約に基づく賃料支払請求権 …………………………………………………… 190
賃貸借契約に基づく賃料請求権 ………………………………………………………… 198
　　　抗弁・相殺　・敷金充当

〔て〕
定期預金払戻請求権 …………………………………………………………………… 149
　　　抗弁・質権　再抗弁・対抗要件　・通知又は承諾
定期預金払戻請求権 …………………………………………………………………… 147
　　　抗弁・対抗要件　再抗弁・通知又は承諾
抵当権順位譲渡の合意に基づく付記登記請求権 ……………………………………… 231
抵当権順位変更合意に基づく債権的登記請求権としての順位変更登記請求権 …… 215
抵当権順位放棄の合意に基づく付記登記請求権 ……………………………………… 231

抵当権譲渡の合意に基づく付記登記請求権 …………………………………227
抵当権消滅請求に基づく抵当権設定登記抹消登記請求権 …………………249
　　　抗弁・競売申立て　再抗弁・取下げ　・却下決定　・取消決定
抵当権消滅請求に基づく抵当権設定登記抹消登記請求権 …………………242
　　　抗弁・先立つ競売の抗弁
抵当権消滅請求に基づく抵当権設定登記抹消登記請求権 …………………245
　　　抗弁・停止条件　再抗弁・停止条件成就
抵当権消滅請求に基づく抵当権設定登記抹消登記請求権 …………………244
　　　抗弁・保証人　・主債務者承継人
抵当権設定契約に基づく抵当権設定登記請求権 ……………………………322
抵当権設定契約に基づく抵当権設定登記請求権 ……………………………160
　　　抗弁・登記しない旨の特約　・弁済
抵当権設定の仮登記の本登記請求権 …………………………………………164
　　　本案前抗弁・当事者適格
抵当権に基づく妨害排除請求権としての建物明渡請求権 …………………173
抵当権に基づく妨害予防請求権としての伐採停止請求権 …………………171
抵当権放棄の合意に基づく付記登記請求権 …………………………………228
抵当権を消滅させた不法行為に基づく損害賠償請求権 ……………………229
転質に基づく損害賠償請求権 …………………………………………………113
転抵当権設定契約に基づく付記登記請求権 …………………………………225
転抵当設定に基づく転抵当付記登記請求権 …………………………………367
転付金請求権 ……………………………………………………………………233
　　　抗弁・債権譲渡　再抗弁・第三者対抗要件

〔と〕

動産所有権 ………………………………………………………………………128
動産所有権 ………………………………………………………………………478
　　　抗弁・即時取得　再抗弁・過失の評価根拠事実　抗弁・売買──所有権喪
　　　失　再抗弁・工場財団組成物　予備的抗弁・即時取得
動産所有権に基づく返還請求権としての目的物引渡請求権 ………………110
　　　抗弁・占有権原──留置的効力　再抗弁・弁済
土地建物根抵当権設定登記等抹消登記請求権 ………………………………410

〔ね〕

根抵当極度額変更登記承諾請求権 ……………………………………………344
根抵当権一部譲渡契約に基づく根抵当移転付記登記請求権 ………………376
根抵当権極度額減額請求権に基づく付記登記請求権 ………………………404
根抵当権設定契約に基づく根抵当権設定登記請求権 ………………………327
根抵当権全部譲渡契約に基づく根抵当移転付記登記請求権 ………………370

根抵当権に基づく妨害排除請求権としての付記登記抹消登記請求権及び所有権に基づく妨害排除請求権としての付記登記抹消登記請求権 …………371
  抗弁・根抵当権の移転
根抵当権分割契約に基づく根抵当移転登記請求権 ……………………………374
根抵当権抹消登記請求権 ……………………………………………………………408
根抵当（被担保債権の範囲）変更登記請求権 ……………………342
  抗弁・確定事由発生

〔は〕
売買契約に基づく代金支払請求権 ………………………………………………554
  抗弁・公序良俗違反
売買契約に基づく代金支払請求権 …………………………………………………49
  抗弁・相殺
売買契約に基づく代金支払請求権 ………………………………………………154
  抗弁・対抗要件　再抗弁・通知　抗弁・質入禁止の特約　抗弁・弁済期
   再抗弁・弁済期到来
売買契約に基づく代金支払請求権 ……………………………………………42, 80
  抗弁・弁済
破産財団に対する優先破産債権 ……………………………………………60, 62, 64
破産財団に対する優先破産債権 ……………………………………………………66
  抗弁・不動産賃貸の先取特権

〔ふ〕
物上保証人としての求償債権 ……………………………………………………121
不動産請負工事契約に基づく先取特権保存登記請求権 ……………………………98
  抗弁・工事着工
不動産競売開始決定に関する執行法上の異議権 …………………………………256
  抗弁・被担保権存在　再抗弁・無効事由　・被担保債権消滅
不動産質権設定に基づく不動産負担立替金請求権 ………………………………134
  抗弁・別段の定め　・担保不動産収益執行
不動産質目的物に関する本条に基づく管理費用請求権 …………………………133
不動産保存の先取特権に基づく登記請求権 ………………………………………96
  抗弁・登記請求の遅滞
不当利得返還請求権 ……………………………………………………………201
不当利得返還請求権 ……………………………………………………………260
  抗弁・減価程度の軽微　・軽微
不当利得返還請求権としての交付剰余金返還請求権 ……………………………306
不当利得返還請求権としての費用償還請求権 ……………………………………298

〔ほ〕
法定地上権及び地代額 ……………………………………………291, 294, 448
保険契約に基づく保険金請求権 ………………………………………519
　　抗弁・被保険利益の喪失

〔も〕
目的物に対する質権 ………………………………………………………103

〔り〕
利息契約に基づく利息請求権 …………………………………………135
　　抗弁・不動産質権設定　**再抗弁**・別段の定め　・担保不動産収益執行

事項索引

3条目録 …………………………473

〔あ〕

明渡猶予期間 ……………………312

〔い〕

意思解釈規定 ……………………108
異時配当 …………………301, 390
一括競売 …………………………295
一般先取特権 ……………………57

〔う〕

受戻期間 …………………………512
受戻権 ……………………449, 508
受戻権放棄 ………………………516
売渡担保 …………………………493
運輸の先取特権 …………………75

〔か〕

買戻特約付売買 …………………494
確定期日 …………………………346
確定した元本 ……………………338
確定請求 …………………………392
確定根抵当 ………………………331
確定の登記 ………………………403
確定前根抵当 ……………………327
仮登記譲渡担保 …………………496
仮登記担保 ………………………413
　　──と譲渡担保 ……………414
仮登記担保法5条通知 ……457, 458
仮登記に基づく本登記請求 ……163
元本確定期日 ……………………346

〔き〕

共益費用の先取特権 ……………60

共同抵当 …………………………299
共同抵当権 ………………………300
　　──の放棄 …………………306
共同根抵当 ………………………378
極度額 ……………………………326
　　──の変更 …………………343
極度額減額請求 …………………404

〔け〕

減額の登記 ………………………407
権利質 ……………………………140
牽連性 ……………………………2

〔こ〕

工業労務の先取特権 ……………83
個別価値考慮説 …………………288
雇用関係の先取特権 ……………61
ゴルフ会員権 ……………………561

〔さ〕

債権極度額 ………………333, 337
債権質 ……………………………143
債権担保 …………………………14
先取特権 …………………………40
　　──の効力 …………………90
　　──の順位 …………………87
　　運輸の── …………………75
　　共益費用の── ……………60
　　工業労務の── ……………83
　　雇用関係の── ……………61
　　種苗又は肥料の供給の── …81
　　葬式費用の── ……………64
　　動産の── …………………66
　　動産売買の── ……………79
　　動産保存の── ……………78

日用品供給の——……………………65
　　農業労務の——………………………82
　　不動産工事の——……………………97
　　不動産賃貸の——……………………69
　　不動産の——…………………………84
　　不動産保存の——……………………95
　　旅館宿泊の——………………………74
差押え……………………………………50

　　　　　　　〔し〕
事後求償権………………………………208
事前求償権………………………………209
質権………………………………………103
　　——の物権的効力………………119
　　——の物上代位…………………119
　　——の留置的効力………………110
収益執行…………………………………186
集合債権譲渡担保………………………553
集合動産譲渡担保………………………542
種苗又は肥料の供給の先取特権………82
順位昇進の原則…………………………211
消除主義…………………………………467
承諾転質……………………………112, 115
譲渡担保…………………………………489
　　——の要件事実…………………489
　　ゴルフ会員権の——……………561
商人間の留置権…………………………36
所有権的構成……………………………490
所有権留保特約…………………………481

　　　　　　　〔せ〕
清算期間…………………………………425
清算金……………………………………428
清算金請求権……………………………513
責任転質…………………………………112
全体価値考慮説…………………………288
占有権原の抗弁…………………………16

　　　　　　　〔そ〕
葬式費用の先取特権……………………64
備付物……………………………………472

　　　　　　　〔た〕
代位の付記登記…………………………308
代価弁済…………………………………239
代金納付…………………………………257
第三債務者保護説………………………204
代理商の留置権…………………………38
担保価値維持義務………………………145
担保権的構成……………………………491
担保権の存在を証する文書……………52
担保権不存在……………………………260

　　　　　　　〔つ〕
通知の拘束力……………………………444

　　　　　　　〔て〕
抵当権
　　——に基づく物権的請求権………171
　　——に基づく物権的登記請求権…211
　　——に基づく妨害排除請求権……172
　　——に基づく妨害予防請求権……171
　　——の順位の譲渡…………………228
　　——の順位の放棄…………………231
　　——の譲渡…………………………228
　　——の消滅…………………………316
　　——の処分…………………………219
　　——の処分の対抗要件……………235
　　——の物上代位……………………194
　　——の放棄…………………………227
抵当権消滅請求…………………………241
抵当権設定登記…………………………160
抵当権付債権の譲渡……………………231
転質………………………………………112
転抵当……………………………………219
　　——の法的性質……………………220

事項索引　587

〔と〕

登記の流用 …………………………165
動産質 ………………………………124
動産譲渡担保 ………………………535
動産の先取特権 ………………………66
動産売買の先取特権 …………………79
動産保存の先取特権 …………………78
同時配当 ……………………300, 390
特定性維持説 ………………………203

〔に〕

日用品供給の先取特権 ………………65

〔ね〕

根抵当権
　　──の譲渡 ……………………369
　　──の消滅請求 ………………406
　　──の処分 ……………………362
根抵当権設定契約 …………………333
根抵当権登記 ………………………326
根抵当負担者 ………………333, 341

〔の〕

農業労務の先取特権 …………………82

〔は〕

払渡し又は引渡し ……………………48

〔ひ〕

引換給付の判決 ………………………13
引渡命令 ……………………………313
被担保債権
　　──の譲渡 ……………………349
　　──の範囲 ……………337, 341

〔ふ〕

付従性 ………………………………323
負担付所有権移転的構成 …………526
負担付所有権的構成 ………………491

物権的処分行為 ……………103, 157
物権的請求権
　　質権に基づく── ……………104
物上代位 ……………………42, 433
　　質権の── ……………………119
　　抵当権の── …………………194
物上保証人 …………………………120
不動産工事の先取特権 ………………97
不動産質 ……………………………131
不動産譲渡担保 ……………………499
不動産賃貸の先取特権 ………………69
不動産の先取特権 ……………………84
不動産保存の先取特権 ………………95

〔へ〕

弁済期後の処分 ……………………524
弁済期前の処分 ……………………526

〔ほ〕

法定借地権 …………………………446
　　法定地上権と── ……………446
法定担保物権 ……………………1, 40
法定地上権 …………………273, 292
　　──と法定借地権 ……………446

〔め〕

名義変更手続協力請求 ……………566

〔ゆ〕

優先権保全説 ………………………203
優先弁済権 ……………40, 104, 167, 378
優先弁済請求権 ……………………459

〔り〕

流質契約 ……………………………116
留置権 …………………………………1
　　──と同時履行 ………………20
　　──の不可分性 ………………22
留置的効力 …………………………110

旅館宿泊の先取特権……………………74

〔る〕

累積根抵当 ……………………384, 388

法 令 索 引

＊民法及び引用判例・文献中の法令については除外した。
＊頁数をゴシック体で記した法条は、本文中に条文を掲げ、解説したものである。

〔い〕

意匠法
　35条 …………………………………141

〔お〕

恩給法
　11条 ……………………………105, 141

〔か〕

会社更生法
　2条11項 ……………………………507
　50条1項 ………………………………49
　64条 …………………………………507
　123条 …………………………………471
会社法
　146条 …………………………………141
　147条 …………………………………141
　148条 …………………………………141
　149条 …………………………………141
　150条 …………………………………141
　151条 …………………………………141
　152条 …………………………………141
　153条 …………………………………141
　154条 …………………………………141
割賦販売法
　7条 ……………………………………481
仮登記担保契約に関する法律
　1条 ………………419, 421, 463, 489
　2条 ………422-**424**, 429, 436, 441, 461,
　　　　　　　　　　　　　　　　471, 498
　2条1項 …428, 434, 436, 438, 440, 441,
　　　　　　　　　　　　　　443, 445, 471
　2条2項 ………………………………422
　3条 …………**427**, 429, 461, 471, 498
　3条1項 …………………429, 434, 443
　3条2項 ………………………………429
　3条3項 ………………………………429
　4条 …423, 425, **433**, 437, 443, 461, 471
　4条1項 ……………………………435, 436
　4条2項 …………………435, 436, 460
　5条 …422, 423, **435**, 437, 439, 456-458,
　　　　　　　　　　　　　　461, 471, 497
　5条1項 ………437, 442, 445, 462, 496
　6条 ……………………**441**, 461, 471
　6条2項 ………436, 443, 456, 457, 462
　7条 ……………………**442**, 445, 461, 471
　8条 ……………………**444**, 461, 471
　8条1項 ………………………………427
　9条 …………423, 427, **446**, 461, 471
　10条 …………………289, **446**, 461, 471
　11条 …423, 427, 441, **449**, 461, 471, 511
　12条 ……426, 437, 444, **455**, 462, 471
　13条 ……………420, 456, **459**, 464, 471
　13条1項 …………………………460, 462
　13条2項 ……………………………435
　13条3項 ……………………………435
　14条 ……………………435, 456, **460**, 471
　15条 ……………………………**461**, 471
　15条1項 …………………………444, 456
　15条2項 ……………………………456
　16条 ……………………456, **466**, 471
　17条 ……………………420, 467, **468**, 471
　18条 ……………………………**469**, 471
　19条 ……………………………**470**, 471

19条1項 …………………460
19条3項 …………………460
19条4項 …………………460
19条5項 …………………460
20条 ………………420, **471**

〔き〕

企業担保法
　22条1項5号 ……………469
漁業法
　23条 ……………………105

〔け〕

健康保険法
　61条 ……………………141
建設機械抵当法
　25条 ……………………105

〔こ〕

鉱業抵当法
　13条 ……………………105
航空機抵当法
　23条 ……………………105
工場抵当法
　2条 ………………472, 475-477, 479
　2条1項 …………………473
　3条 ………………472, 473, 475
　3条1項 …………………473
　3条2項 …………………473
　5条2項 ……………478-480
　6条 ……………………475
　14条 ……………………105
　35条 ……………………473, 475
国税徴収法
　24条 ……………………559
　24条1項 …………………558
　24条2項 …………………558
　24条5項 …………………558
　24条6項 …………………559

52条の2 ………………464, 465
53条2項 …………………203
古物営業法
　16条 ……………………477

〔し〕

質屋営業法
　2条 ……………………117
　19条1項 …………………117
　20条 ……………………118
実用新案法
　25条 ……………………141
自動車抵当法
　20条 ……………………105
借地借家法
　3条 ………………291, 294
　10条1項 ……………252, 294
　13条 ……………………10
　14条 ……………………10
　19条1項 …………………186
　20条 ………………177, 186
　20条1項 …………………278
　31条 ……………………252
　31条1項 …………………315
　33条 ……………………11
商標法
　34条 ……………………141
商法
　31条 ………………**38**, 39
　515条 ………………117, **122**
　521条 ……………2, **36**, 37, 38
　704条2項 …………………78
　842条6号 …………………78
　850条 ……………………105
　851条 ……………………105

〔ち〕

地方税法
　343条1項 …………………133

著作権法
　66条 …………………………141

〔つ〕
通貨及証券模造取締法
　1条 ……………………………105

〔と〕
動産及び債権の譲渡の対抗要件に関する
民法の特例等に関する法律
　3条1項 ……………493, 535, 546
　8条2項4号 …………………559
毒物及び劇物取締法
　3条 ……………………………105
土地改良法
　54条の3 ……………………202
土地区画整理法
　85条 ……………………………9
　109条 …………………………202
　110条 …………………………202
土地収用法
　46条の2 ……………………202
　46条の3 ……………………202
　46条の4 ……………………202
特許法
　33条 ……………………………105
　95条 ……………………………141

〔の〕
農業動産信用法
　5条 ……………………………82

〔は〕
破産法
　39条 ……………………………60
　53条1項 ………………………38
　53条2項 ………………………38
　62条 ……………………482, 507
　65条 ……………………………507

　65条2項 ………………………37
　66条1項 ………………………37
　66条3項 ………………………37
　78条2項14号 ………………508
　92条 ……………………………471
　93条2項 ………………………14
　97条 ……………………………471
　98条 ……………………………59
　125条 …………………………59
　125条1項 ……………………61
　126条 ………………59, 60, 62, 65, 66
　126条1項 ……………………61
　148条1項1号 ………………60
　148条1項2号 ………………60
　148条1項4号 ………………38
　148条1項5号 …………499, 517
　154条2項 ……………………508
　162条1項 ……………………560
　164条1項 ……………………560
　185条1項 ……………………508

〔ひ〕
非訟事件手続法
　93条 ……………………127, 128

〔ふ〕
不動産登記規則
　3条2号ロ ……………………355
　3条2号ニ ……………………379
　3条5号 …………………370, 377
　4条2項 ………………………367
　161条 …………………………98
　165条1項 ………………373, 374
不動産登記法
　3条5号 …………………94, 95
　3条7号 ………………………308
　4条2項 ………………………165
　59条 ……………………326, 328
　59条3号 ……………………160

59条4号 …………………… 160
68条 ………………………… 236
74条1項 ……………………… 99
81条4号 …………………… 252
83条 ………………………… 94
83条1項 …………… 326, 328
83条1項1号 ………………… 160
83条1項2号 ………………… 160
83条1項4号 ………………… 299
83条2項 …………………… 385
85条 …………………… 95, 97
86条 ………………………… 98
86条1項 ……………………… 99
87条1項 ……………………… 98
88条 ………………………… 367
88条2項 …………… 326, 328
90条 ………………………… 367
91条 …………………… 302, 309
92条 ………………………… 356
95条1項6号 ……………… 136
105条 ………………… 435, 445
105条2号 ………………… 421
109条 …………… 423, 440, 457
109条1項 …… 222, 223, 436, 470
122条 ……………………… 386

〔ま〕
麻薬及び向精神薬取締法
  12条 ……………………… 105

〔み〕
民事再生法
  41条1項 ………………… 508
  45条 ………………… 483, 484
  52条 ……………………… 508
  53条 ……………………… 507
民事執行規則
  170条 ……………………… 246
  170条1項1号 …………… 254

170条1項2号 …………… 254
170条1項3号 …………… 254
170条1項4号 …………… 254
173条1項 ………………… 254
173条2項 ………………… 246
民事執行法
  11条 ……………………… 310
  21条 ……………………… 254
  38条 … 93, 179, 180, 307, 426, 539, 543
  38条1項 ………………… 538
  44条1項 ………………… 270
  44条2項 ………………… 270
  45条 ……………………… 255
  45条3項 ………………… 296
  46条2項 …………… 132, 263
  50条 ……………………… 469
  51条 …………… 41, 58, 63, 167
  53条 ……………………… 193
  55条 ……… **261**, 263, 267, 268, 270
  55条1項1号 ………… 263, 270
  55条1項2号 ………… 263, 270
  55条1項3号 ………… 264, 270
  55条2項 ………………… 264
  55条10項 ………………… 95
  55条の2 ………………… **264**
  55条の2第1項 ………… 265
  57条 ……………………… 276
  58条 ……………………… 276
  59条1項 ……… 111, 132, 176, 467
  59条2項 ………… 111, 251, 467
  59条3項 ………………… 467
  59条4項 …………… 111, 467
  59条5項 ………………… 467
  62条 ……………………… 276
  62条1項3号 …………… 294
  68条 ……………………… 297
  68条の2 …………… **266**, 267
  69条 ……………………… 255
  73条1項 ………………… 301

73条4項 …………………………301
77条 ………………………267, **268**
77条1項 ……………………………268
78条 …………………………………255
79条 ………252, 258, 294, 313, 467
81条 …………………291, **292**, 294
82条1項 ……………………………467
82条1項1号 ………………………294
83条 ……………………………176, 313
83条1項 ……………………………312
83条2項 ………………………312, 313
86条 …………………………………255
87条1項2号 ………………………297
87条1項4号 …………………………58
87条2項 ……………………………469
87条3項 ……………………………469
90条 ……………………………………71
90条4項 ………………………109, 129
91条 …………………………………**271**
93条1項 ………………………186, 187
94条1項 ……………………………190
95条1項 ……………………………190
96条1項 ……………………………190
104条 ………………………………190
105条1項 …………………………190
106条1項 …………………………190
110条 ………………………………190
111条 ………………………………193
121条 …………………………………58
123条2項 ……………………………68
133条 …………………41, 58, 167, 538
143条 …………………………52, 204
145条1項 …………………………443
154条 …………………………………58
155条1項 ……………………149, 434
156条 ………………………………208
156条1項 ……………………………47
156条2項 ……………………………52
159条1項 …………………………434

159条3項 ……………………45, 204, 207
160条 …………………………………45
166条 ………………………………208
180条1号 …………………………253
180条2号 ……………………133, 189
181条 ………41, 104, 167, **253**, 258, 259
181条1項 ………………40, 63, 190, 257
181条1項1号 ……………………41, 52
181条1項2号 ……………………41, 52
181条1項3号 …………………41, 52, 101
181条1項4号 …………………41, 57, 78
181条2項 …………………………257
182条 …………………………250, **255**
183条 …………………………258, 259
183条1項1号 ……………………260
183条1項2号 ……………………260
183条1項4号 ……………………260
184条 …………………170, **257**, 259
187条 …………………………**269**, 270
187条1項 …………………………270
187条2項 …………………………270
187条の2 …………………………267
188条 ……111, 190, 252, 253, 255, 258,
　　　　　263, 270, 271, 276, 297, 301, 313
189条 ……………………………40, 57, 78
190条 ………40, 41, 67, 68, 74, 75, 104
190条1項 ………………………57, 81
190条1項1号 ……………………68, 111
190条1項2号 ………………………68
190条1項3号 ……………………68, 111
190条2項 …………………57, 68, 81, 111
192条 …………………………………68
193条 ……………………40, 51, 52, 152, 154
193条1項 ………………52, 57, 204, 207
193条2項 ………………52, 204, 207
194条 ………………………………207
195条 …………………………………25, 37

民事訴訟法

135条 ………………………………569

384条 …………………………432
396条 …………………………432
民事保全法
　50条 ……………………………47
　62条 …………………………176

〔り〕
立木ニ関スル法律
　2条 ……………………………105

旅館業法
　2条 ……………………………74
　3条 ……………………………74

〔ろ〕
労働基準法
　83条2項 ………………………141
　107条 …………………………64
　108条 ………………………57, 64

判 例 索 引

＊引用判例・文献中の判例については除外した。

明39・2・16	大　判	民録12.220〔27520937〕……………288
明41・6・4	大　判	民録14.658〔27521227〕……………106
明42・11・8	大　判	民録15.867〔27521356〕……………138
明43・3・23	大　判	民録16.233〔27521388〕……………288
明43・5・11	大　判	新聞648.11〔27563791〕……………85
大元・10・2	大　判	民録18.772〔27521619〕……………119
大2・6・21	大　判	民録19.481〔27521695〕……………189
大2・10・2	大　判	民録19.735〔27521717〕……………309
大3・7・4	大　判	民録20.587〔27521799〕……………70
大4・1・25	大　判	民録21.45〔27521864〕……………500
大4・3・6	大　判	民録21.363〔27521899〕……………203
大4・6・30	大　判	民録21.1157〔27521984〕……………203
大4・7・1	大　判	民録21.1313〔27521994〕……………273
大4・9・15	大　判	民録21.1469〔27522007〕……217, 218, 241
大4・10・23	大　決	民録21.1755〔27522041〕……………162
大4・12・23	大　判	民録21.2173〔27522085〕……………97
大5・6・28	大　判	民録22.1281〔27522218〕……………182
大5・9・5	大　判	民録22.1670〔27522256〕……………153
大5・9・20	大　判	民録22.1821〔27522271〕……………503
大5・11・27	大　判	民録22.2120〔27522301〕……………21
大5・12・25	大　判	民録22.2509〔27522333〕……………106
大6・1・22	大　判	民録23.14〔27522340〕……………182
大6・2・9	大　判	民録23.244〔27522365〕……………95, 97
大6・4・12	大　判	民録23.695〔27522410〕……………181
大6・7・26	大　判	民録23.1203〔27522465〕……………78, 92
大6・9・19	大　判	民録23.1483〔27522494〕……………138
大6・11・3	大　判	民録23.1875〔27522533〕……………138
大7・1・18	大　決	民録24.1〔27522565〕……………138
大7・7・10	大　判	民録24.1441〔27522691〕……………187
大7・12・25	大　判	民録24.2433〔27522777〕……………153
大8・3・15	大　判	民録25.473〔27522811〕……………179
大8・8・28	大　決	民録25.1524〔27522899〕……………306
大8・10・8	大　判	民録25.1859〔27522927〕……………212

大 9・3・29	大判	民録 26.411〔27523024〕……………110, 132
大 9・4・5	大判	民録 26.509〔27523035〕………………141
大 9・6・2	大判	民録 26.839〔27523070〕………………526
大 9・10・16	大判	民録 26.1530〔27523135〕………………9
大 10・12・23	大判	民録 27.2175〔27523366〕………………18
大 11・2・13	大判	新聞 1969.20〔27538744〕………………301
大 11・6・3	大判	民集 1.280〔27511108〕…………………65
大 11・6・17	大判	民集 1.332〔27511114〕……………148, 155
大 11・6・26	大判	新聞 2023.19〔27538850〕………………119
大 11・8・21	大判	民集 1.498〔27511136〕…………………6
大 12・4・7	大判	民集 2.209〔27511021〕……44, 202, 203
大 12・12・14	大判	民集 2.676〔27511071〕………………277
大 13・6・12	大判	民集 3.272〔27510956〕………………141
大 14・7・14	大決	刑集 4.484〔27539849〕………………112
大 14・10・26	大判	民集 4.517〔27510900〕……………171, 181
大 15・3・18	大判	民集 5.185〔27510766〕……………152, 153
大 15・4・8	大判	民集 5.575〔27510774〕………………302
大 15・10・26	大判	民集 5.741〔27510816〕………………310
昭 3・8・1	大判	民集 7.671〔27510650〕………………177
昭 5・6・27	大判	民集 9.619〔27510512〕………………152
昭 5・9・23	大決	民集 9.918〔27510525〕………………202
昭 5・9・23	大判	新聞 3193.13〔27540185〕………………309
昭 5・12・18	大判	民集 9.1147〔27510543〕……………180, 187
昭 6・1・17	大判	民集 10.6〔27510388〕…………………11
昭 6・7・8	大判	新聞 3306.12〔27540849〕………………152
昭 6・8・7	大判	民集 10.875〔27510439〕………………165
昭 6・10・21	大判	民集 10.913〔27510448〕………………171
昭 6・10・29	大判	民集 10.931〔27510450〕………………288
昭 7・1・22	大決	民集 11.41〔27510263〕………………152
昭 7・4・20	大判	新聞 3407.15〔27541433〕……………172, 178
昭 8・3・27	大判	新聞 3543.11〔27542154〕………………278
昭 8・4・8	大判	新聞 3553.7〔27542183〕…………………71
昭 8・5・24	大判	民集 12.1565〔27510184〕………………478
昭 8・10・27	大判	民集 12.2656〔27510242〕………………278
昭 8・11・7	大判	評論 23 民法 255〔27547937〕…………489
昭 9・5・21	大判	新聞 3703.10〔27542969〕…………………97
昭 9・6・2	大判	民集 13.931〔27510051〕……………106, 131
昭 9・7・2	大判	民集 13.1489〔27510064〕………………187
昭 10・1・16	大判	判決全集 14.13〔27543436〕……………222

昭10・5・13	大　判	民集14.876〔27500712〕……………28
昭10・8・10	大　判	民集14.1549〔27820504〕…………275
昭10・10・1	大　判	民集14.1671〔27500750〕…………161
昭10・11・29	大　判	新聞3923.7〔27544078〕……………291
昭11・1・14	大　判	民集15.89〔27500566〕……………165
昭11・2・28	大　判	法学5.1087〔27544251〕……………162
昭11・7・14	大　判	民集15.1409〔27500634〕…………306
昭11・7・17	大　判	民集15.1456〔27500636〕…………142
昭11・7・31	大　判	民集15.1563〔27500641〕…………150
昭11・10・2	大　判	民集15.1756〔27500651〕……………80
昭11・12・22	大　判	判決全集4.1.18〔27544856〕………182
昭12・7・8	大　判	民集16.1132〔27500523〕……………74
昭12・12・14	大　判	民集16.1843〔27500559〕……………99
昭13・3・15	大　判	判決全集5.16.33〔27545662〕……182
昭13・5・25	大　判	民集17.1100〔27500397〕
		………………………275, 280, 285, 289
昭13・7・23	大　判	民集17.1468〔27500410〕…………121
昭14・5・6	東京控判	評論28民法889〔20000149〕………477
昭14・8・24	大　判	民集18.877〔27500318〕………………10
昭15・2・24	大　判	判決全集7.8.18〔27546545〕………115
昭15・5・14	大　判	民集19.840〔27500217〕……………212
昭15・8・12	大　判	民集19.1338〔27500244〕…………321
昭15・11・26	大　判	民集19.2100〔27500267〕…………318
昭16・6・18	大　判	新聞4711.25〔27547189〕……………91
昭16・7・8	大　判	新聞4718.28〔27547209〕…………114
昭17・3・23	大　判	法学11.1288〔27547559〕…………205
昭18・2・18	大　判	民集22.91〔27500042〕………………10
昭18・3・6	大　判	民集22.147〔27500043〕……………70
昭25・3・23	福岡地小倉支判	下民1.3.381〔27400062〕…………118
昭25・6・27	東京地判	下民1.6.1000〔27430020〕…………95
昭27・11・27	最　判	民集6.10.1062〔27003372〕…………15
昭28・9・21	東京高判	高民6.10.633〔27430100〕…………126
昭29・1・14	最　判	民集8.1.16〔27003233〕…………11, 16
昭29・7・22	最　判	民集8.7.1425〔27003146〕……………11
昭29・12・23	最　判	民集8.12.2235〔27003097〕………282
昭30・2・22	高松高判	下民6.2.326〔27400670〕……………28
昭30・3・4	最　判	民集9.3.229〔27003073〕……………28
昭30・6・2	最　判	民集9.7.855〔27003036〕…………493
昭31・11・26	福岡高決	下民7.11.3379〔27710172〕………217

昭32・1・24	最　判	判タ 68. 83〔27002850〕……………11
昭32・10・17	東京地判	下民 8. 10. 1931〔27401192〕…………118
昭32・12・27	最　判	民集 11. 14. 2485〔27002723〕……546
昭32・12・27	最　判	民集 11. 14. 2524〔27002722〕…………472
昭33・1・17	最　判	民集 12. 1. 55〔27002718〕………13, 30, 31
昭33・3・13	最　判	民集 12. 3. 524〔27002696〕……………13
昭33・4・15	名古屋高判	高民 11. 3. 239〔27430360〕…………217
昭33・5・9	最　判	民集 12. 7. 989〔27002678〕……………161
昭35・7・27	最　判	民集 14. 10. 1926〔27002419〕…………163
昭35・12・21	東京地判	下民 11. 12. 2717〔27430515〕………26
昭36・2・10	最　判	民集 15. 2. 219〔27002348〕……273, 286
昭36・9・15	最　判	民集 15. 8. 2172〔27002258〕……………478
昭37・5・15	東京高判	金法 309. 10〔27430609〕…………162
昭37・5・25	最　判	民集 16. 5. 1184〔27002146〕…………164
昭37・8・10	名古屋高判	下民 13. 8. 1665〔27410775〕…………143
昭37・9・4	最　判	民集 16. 9. 1854〔21016451〕……287, 288
昭38・1・14	大阪地判	判時 347. 46〔27430657〕……………477
昭38・3・1	最　判	民集 17. 2. 269〔27002047〕……………229
昭38・5・31	最　判	民集 17. 4. 570〔27002027〕……29, 30
昭38・10・15	最　判	民集 17. 11. 1497〔27001974〕…………158
昭38・10・30	最　判	民集 17. 9. 1252〔27001988〕……………32
昭39・7・10	大阪高決	下民 15. 7. 1741〔27430761〕…………27
昭39・12・25	最　判	民集 18. 10. 2260〔27001335〕…………162
昭40・5・4	最　判	民集 19. 4. 811〔27001303〕……178, 185
昭40・7・14	最　判	民集 19. 5. 1263〔27001284〕…………112
昭40・7・15	最　判	民集 19. 5. 1275〔27001283〕…………27, 29
昭40・10・7	最　判	民集 19. 7. 1705〔27001265〕…………142
昭40・12・21	最　判	民集 19. 9. 2187〔27001242〕…………510
昭41・2・15	大阪地判	判時 457. 49〔27710661〕……………28
昭41・4・28	最　判	民集 20. 4. 900〔27001191〕……501, 507
昭41・9・6	最　決	刑集 20. 7. 759〔27801009〕…………141
昭41・9・29	最　判	民集 20. 7. 1408〔27001164〕…………493
昭42・1・31	最　判	民集 21. 1. 43〔27001120〕………347, 393
昭42・6・27	大阪高判	判時 507. 41〔27403030〕……………28
昭42・9・29	最　判	民集 21. 7. 2034〔27001037〕……121, 208
昭42・10・27	最　判	民集 21. 8. 2110〔27001033〕…………319
昭42・11・16	最　判	民集 21. 9. 2430〔27001018〕……413, 513
昭42・12・8	最　判	民集 21. 10. 2561〔27001010〕…………407
昭43・3・7	最　判	民集 22. 3. 509〔27000983〕……509, 512

昭43・6・7	広島高判	判タ 222.237〔27431042〕……………141
昭43・11・21	最　判	民集 22.12.2765〔27000886〕…………6, 9
昭43・12・24	最　判	民集 22.13.3366〔27000865〕…………320
昭44・2・14	最　判	民集 23.2.357〔27000846〕……………278
昭44・3・28	最　判	民集 23.3.699〔27000830〕……179, 183
昭44・4・18	最　判	判時 556.43〔27431101〕………………277
昭44・4・22	最　判	民集 23.4.815〔27000825〕……………221
昭44・7・3	最　判	民集 23.8.1297〔27000805〕…………304
昭44・7・4	最　判	民集 23.8.1347〔27000803〕…………170
昭44・9・2	最　判	民集 23.9.1641〔27000791〕……………62
昭44・10・16	最　判	民集 23.10.1759〔27000784〕…………222
昭44・11・4	最　判	民集 23.11.1968〔27000774〕…………283
昭44・11・28	東京高判	判タ 246.296〔27431155〕………………95
昭44・12・2	最　判	民集 23.12.2333〔27000760〕…………125
昭45・6・24	最　判	民集 24.6.587〔21033371〕……………442
昭45・7・16	最　判	民集 24.7.921〔27000707〕……………446
昭45・7・16	最　判	民集 24.7.965〔27000706〕……………195
昭45・8・20	最　判	民集 24.9.1320〔27000694〕…………433
昭45・9・24	最　判	民集 24.10.1450〔27000688〕…………413
昭45・12・4	最　判	民集 24.13.1987〔27000669〕…………486
昭46・3・25	最　判	民集 25.2.208〔27000646〕 ……………491, 500, 504, 513, 515, 540
昭46・7・16	最　判	民集 25.5.749〔27000622〕………………18
昭46・7・29	東京高判	判時 640.45〔27431282〕………………526
昭46・10・21	最　判	民集 25.7.969〔27000613〕………………66
昭46・11・2	名古屋高判	判時 654.63〔27431297〕………………15
昭46・12・21	最　判	民集 25.9.1610〔27000590〕…………283
昭47・11・2	最　判	判時 690.42〔27431369〕………………274
昭47・11・16	最　判	民集 26.9.1619〔27000530〕…………3, 22
昭47・12・21	大阪地判	判タ 298.397〔27431375〕……………180
昭48・7・12	最　判	民集 27.7.763〔27000487〕……………298
昭48・9・18	最　判	民集 27.8.1066〔27000478〕…………276
昭48・10・4	最　判	判時 723.42〔27431418〕………………339
昭48・12・14	最　判	民集 27.11.1586〔27000457〕…………321
昭49・5・16	東京地判	判時 757.88〔27431445〕………………36
昭49・7・18	最　判	民集 28.5.743〔27000428〕……………481
昭49・9・2	最　判	民集 28.6.1152〔27000422〕……………11
昭49・10・23	最　判	民集 28.7.1473〔27000413〕 ………………413, 428, 433, 451, 456, 461

昭 49・12・24	最　判	民集 28. 10. 2117〔27000397〕…………165
昭 50・2・28	最　判	民集 29. 2. 193〔27000385〕……………486
昭 50・7・25	最　判	民集 29. 6. 1147〔27000361〕…514, 561, 567
昭 50・8・6	最　判	民集 29. 7. 1187〔27000359〕……………336
昭 50・9・9	最　判	民集 29. 8. 1249〔27000358〕……………442
昭 50・10・29	最　判	訟月 21. 11. 2248〔27431535〕……………99
昭 50・11・27	東京地判	判時 826. 67〔27404468〕……………132
昭 50・12・24	東京地判	判時 821. 132〔27431547〕………71, 76
昭 51・2・27	最　判	判時 809. 42〔27431559〕……………274
昭 51・6・17	最　判	民集 30. 6. 616〔27000319〕………5, 19
昭 51・9・21	最　判	判時 832. 47〔27431604〕……………511
昭 51・10・8	最　判	判時 834. 57〔27431610〕……………277
昭 52・3・11	最　判	民集 31. 2. 171〔27000290〕……………185
昭 52・4・13	東京高判	判タ 357. 239〔27411740〕……………141
昭 52・10・11	最　判	民集 31. 6. 785〔27000274〕……………275
昭 52・12・2	最　判	金商 541. 11〔27431689〕………………9
昭 52・12・19	札幌地判	判時 896. 69〔27404810〕……………233
昭 53・7・4	最　判	民集 32. 5. 785〔27000239〕………303, 305
昭 53・12・15	最　判	判時 916. 25〔27201029〕………553, 556
昭 53・12・26	東京高判	下民 29. 9＝12. 397〔27431769〕………187
昭 54・2・15	最　判	民集 33. 1. 51〔27000210〕……………542
昭 54・10・29	東京地判	下民 30. 9＝12. 565〔21067401〕………119
昭 55・9・11	最　判	民集 34. 5. 683〔27000166〕……236, 237
昭 55・10・9	東京地判	判時 997. 133〔27431862〕……………514
昭 56・5・25	仙台高判	判タ 468. 100〔27200193〕……………476
昭 56・7・8	東京地判	判時 1029. 94〔27431917〕……………13
昭 56・12・17	最　判	民集 35. 9. 1328〔27000114〕………518, 538
昭 57・1・22	最　判	民集 36. 1. 92〔27000106〕……509, 514, 524
昭 57・3・12	最　判	民集 36. 3. 349〔27000098〕………169, 475
昭 57・7・13	東京地判	判時 1058. 115〔27490252〕……………400
昭 57・9・28	最　判	判タ 485. 83〔27431997〕……492, 501, 521
昭 57・10・14	最　判	判時 1060. 78〔27433006〕……………544
昭 58・2・22	浦和地判	判タ 498. 155〔27405916〕……………97
昭 58・2・24	最　判	判時 1078. 76〔27433008〕………518, 538
昭 58・3・31	最　判	民集 37. 2. 152〔27000053〕………429, 430
昭 58・6・8	大阪高決	高民 36. 2. 67〔27711153〕………254, 256
昭 58・6・30	最　判	民集 37. 5. 835〔27000041〕……………149
昭 59・2・2	最　判	民集 38. 3. 431〔27000024〕…43, 51, 52, 203
昭 59・2・24	浦和地判	判時 1119. 113〔27406069〕……………351

昭59・5・21	東京地決	下民 35.5＝8.301〔27802661〕…………52	
昭59・5・31	東京地決	下民 35.5＝8.333〔27802668〕…………52	
昭59・6・29	大阪地決	判タ 531.174〔27800747〕…………52	
昭59・10・2	東京高決	判タ 545.132〔27802691〕…………52	
昭59・12・26	浦和地判	金法 1104.45〔27490868〕…………86	
昭60・1・18	東京高判	判時 1142.61〔27802714〕…………52	
昭60・1・25	東京高判	高民 38.1.1〔27433038〕…………188	
昭60・5・23	最　判	民集 39.4.940〔27100011〕…………305	
昭60・7・19	最　判	民集 39.5.1326〔27100017〕……44, 53, 55	
昭60・12・20	東京地判	判時 1221.62〔27800911〕…………343	
昭61・4・11	最　判	民集 40.3.584〔27100041〕…423, 436, 457	
昭61・10・20	広島高松江支決	判タ 630.217〔27805160〕…………80	
昭61・10・27	京都地判	判タ 631.172〔27805161〕…………298	
昭61・12・24	東京地判	判タ 647.169〔27800488〕…………371	
昭61・12・24	東京地判	判タ 648.185〔27800713〕…………371	
昭62・2・12	最　判	民集 41.1.67〔27100058〕 ……………509, 511, 513, 514, 525	
昭62・2・26	東京高判	金法 1174.31〔27800730〕…………441	
昭62・4・2	最　判	判時 1248.61〔27800331〕…………41, 64	
昭62・4・24	最　判	判時 1243.24〔27800204〕…………486	
昭62・7・9	最　判	判時 1256.15〔27801461〕…………316	
昭62・9・29	東京高判	金法 1197.27〔27805167〕…………432	
昭62・11・10	最　判	民集 41.8.1559〔27801490〕…92, 538, 542	
昭62・11・12	最　判	判時 1261.71〔27801182〕…………501, 523	
昭63・4・7	大阪高決	判タ 675.227〔27801788〕…………79	
昭63・4・22	東京高決	判時 1277.125〔27801940〕…………202	
昭63・7・1	最　判	民集 42.6.477〔27802387〕…………260	
昭63・9・30	東京地判	金商 821.35〔27804670〕…………569	
平元・1・23	東京地決	判時 1329.149〔27805331〕…………254	
平元・8・30	東京高決	高民 42.2.315〔27805332〕…………255, 257	
平元・10・27	最　判	民集 43.9.1070〔27805063〕…………200	
平元・10・30	福岡高判	判タ 713.181〔27805350〕…………498	
平元・12・21	福岡高判	判タ 731.176〔27806887〕…………48, 78	
平2・1・22	最　判	民集 44.1.314〔27805443〕…………278	
平2・4・19	最　判	判時 1354.80〔27806925〕…………184	
平2・12・18	最　判	民集 44.9.1686〔27807572〕………121, 209	
平2・12・25	東京地判	判タ 764.188〔27808926〕…………410	
平3・2・13	東京地判	判タ 770.208〔27809904〕…………52	
平3・3・22	最　判	民集 45.3.268〔27808252〕…………171	

平 3・4・19	最　判	民集 45.4.456〔22004091〕	423, 464
平 3・7・16	最　判	民集 45.6.1101〔27809001〕	23
平 3・9・3	最　判	民集 45.7.1121〔27809181〕	307
平 4・11・6	最　判	民集 46.8.2625〔27813802〕	302, 306
平 5・1・19	最　判	民集 47.1.41〔27814443〕	335, 403
平 5・2・26	最　判	民集 47.2.1653〔27814479〕	501, 518
平 5・3・30	最　判	民集 47.4.3300〔27814895〕	52
平 5・4・26	広島高松江支決	判時 1457.104〔27815494〕	101
平 5・12・17	最　判	民集 47.10.5508〔27816965〕	257
平 5・12・27	東京高判	金法 1398.133〔27825433〕	496
平 6・1・26	東京地判	判時 1518.33〔27826619〕	142
平 6・2・22	最　判	民集 48.2.414〔27817982〕	512, 520, 526
平 6・2・28	仙台高判	判時 1552.62〔27829041〕	12
平 6・4・7	最　判	民集 48.3.889〔27818391〕	291
平 6・5・12	最　判	民集 48.4.1005〔27819201〕	212
平 6・7・14	最　判	民集 48.5.1126〔27824763〕	472
平 6・12・20	最　判	民集 48.8.1470〔27826181〕	283, 284
平 6・12・21	東京高判	判時 1593.63〔28020715〕	13
平 7・2・22	東京地判	判タ 903.146〔28010362〕	569
平 7・11・10	最　判	民集 49.9.2953〔27828274〕	238, 492, 501
平 7・12・13	東京高判	金商 1002.11〔28011353〕	439
平 7・12・13	東京地判	判タ 927.155〔28011299〕	569
平 8・1・23	東京地判	判タ 918.146〔28011370〕	561
平 8・1・30	東京地判	判タ 903.149〔28010363〕	569
平 8・6・18	最　判	裁判所時報 1174.1〔28010782〕	147
平 8・7・12	最　判	民集 50.7.1918〔28010861〕	566
平 8・11・22	最　判	民集 50.10.2702〔28011563〕	516
平 8・11・29	東京地判	判時 1612.80〔28021966〕	562
平 8・12・26	東京地判	判時 1617.114〔28022397〕	465
平 9・2・14	最　判	民集 51.2.375〔28020403〕	273, 289
平 9・4・11	最　判	裁判集民 183.241〔28020810〕	514
平 9・6・5	最　判	民集 51.5.2096〔28021114〕	242
平 9・6・5	最　判	民集 51.5.2116〔28021115〕	290
平 9・7・3	最　判	民集 51.6.2500〔28022124〕	11, 27
平 9・7・17	最　判	民集 51.6.2882〔28021331〕	502, 533
平 9・7・31	東京高判	金商 1045.47〔28031857〕	514
平 9・10・15	東京地判	金商 1041.41〔28030923〕	108, 143
平 9・12・17	東京地判	判タ 980.201〔28033095〕	564
平 10・1・30	最　判	民集 52.1.1〔28030472〕	45, 204, 205

平10・2・10	最　判	判タ 964.79〔28030473〕………………204
平10・3・26	最　判	民集 52.2.483〔28030605〕………204, 206
平10・3・31	東京地判	判タ 1013.167〔28042439〕……………49
平10・3・31	東京地判	金法 1534.78〔28040162〕……………529
平10・6・19	東京高決	判タ 1039.273〔28052338〕……………49
平10・12・8	最　判	金法 1548.29〔28040912〕……………332
平10・12・18	最　決	民集 52.9.2024〔28033491〕……………45
平11・1・29	最　判	民集 53.1.151〔28040232〕……………553
平11・2・26	最　判	判時 1671.67〔28040448〕……………514
平11・2・26	東京地判	金商 1076.33〔28042465〕……………49
平11・3・18	高松高決	判タ 1011.174〔28042491〕……………336
平11・4・16	最　決	民集 53.4.740〔28040762〕……………153
平11・5・17	最　決	民集 53.5.863〔28040834〕……518, 540
平11・7・28	東京高判	金商 1076.18〔28042462〕……………145
平11・11・24	最　判	民集 53.8.1899〔28042712〕……………171
平11・11・30	最　判	民集 53.8.1965〔28042739〕……………197
平12・3・17	東京高決	判時 1715.31〔28051927〕………………79
平12・4・14	最　決	民集 54.4.1552〔28050779〕……………202
平12・4・21	最　判	民集 54.4.1562〔28050782〕……………555
平12・9・14	東京地判	金法 1605.45〔28060628〕……………214
平12・11・14	東京地判	金法 1622.52〔28061994〕………………15
平13・1・19	東京地判	判タ 1119.187〔28081663〕……………143
平13・1・30	東京高判	金商 1110.3〔28060431〕………………175
平13・3・13	最　判	民集 55.2.363〔28060499〕……………199
平13・7・27	札幌地判	判タ 1118.210〔28081548〕……………180
平13・10・25	最　判	民集 55.6.975〔28062200〕……………204
平13・11・22	最　判	民集 55.6.1056〔28062423〕……556, 557
平13・11・27	最　判	民集 55.6.1090〔28062421〕……560, 567
平14・1・22	最　判	民集 56.1.123〔28070183〕……………572
平14・1・22	最　判	判時 1176.54〔28070185〕……………100
平14・2・5	最　決	裁判所時報 1309.2〔28070319〕………78
平14・3・12	最　判	民集 56.3.555〔28070493〕……45, 204, 207
平14・3・28	最　判	民集 56.3.689〔28070518〕……………199
平14・6・28	名古屋高判	判タ 1139.129〔28072891〕………………15
平14・9・12	最　判	判時 1801.72〔28072383〕……………414
平15・4・9	名古屋地判	金法 1687.47〔28082070〕……………544
平15・6・19	東京高決	金法 1695.105〔28090229〕………………79
平15・9・30	東京地判	判タ 1155.291〔28092392〕………………78
平15・12・19	最　判	民集 57.11.2292〔28090148〕…………558

平16・3・24	東京地判	判タ1160.292〔28092630〕…………62
平16・7・16	最　判	民集58.5.1744〔28092063〕…………560
平16・9・14	最　判	裁判所時報1371.12〔28092403〕………560
平17・1・27	大阪地判	金商1210.4〔28100396〕…………49
平17・2・22	最　判	民集59.2.314〔28100442〕…………45, 51
平17・3・10	最　判	民集59.2.356〔28100551〕………173, 176
平17・6・14	福岡高判	判タ1213.174〔28110947〕…………177
平18・2・7	最　判	民集60.2.480〔28110352〕…………494
平18・7・20	最　判	民集60.6.2499〔28111584〕…541, 546, 547
平18・10・20	最　判	民集60.8.3098〔28112207〕………502, 529
平18・12・21	最　判	民集60.10.3964〔28130140〕…………145
平19・2・15	最　判	民集61.1.243〔28130448〕…………559
平19・7・5	最　判	判時1985.58〔28131689〕…………335
平19・7・6	最　判	民集61.5.1940〔28131687〕…………280
平21・3・10	最　判	民集63.3.385〔28150584〕…………487
平21・6・29	東京高決	金法1889.51〔28160281〕…………59
平21・7・3	最　判	民集63.6.1047〔28152026〕…………191
平22・6・4	最　判	民集64.4.1107〔28161595〕…………484
平22・12・2	最　決	民集64.8.1990〔28163419〕…………550

著者紹介

大江　忠（おおえ　ただし）
1944年　広島市に生まれる
1967年　東京大学法学部卒業
現　在　弁護士（第二東京弁護士会所属）

サービス・インフォメーション
――――― 通話無料 ―――――
① 商品に関するご照会・お申込みのご依頼
　　　　　　TEL 0120(203)694／FAX 0120(302)640
② ご住所・ご名義等各種変更のご連絡
　　　　　　TEL 0120(203)696／FAX 0120(202)974
③ 請求・お支払いに関するご照会・ご要望
　　　　　　TEL 0120(203)695／FAX 0120(202)973

●フリーダイヤル（TEL）の受付時間は、土・日・祝日を除く
　9:00～17:30です。
●FAXは24時間受け付けておりますので、あわせてご利用ください。

第4版　要件事実民法(3)担保物権〈補訂版〉

1995年 7 月 6 日　　初　版第1刷発行
2002年 5 月20日　　第2版第1刷発行
2005年11月15日　　第3版第1刷発行
2015年 4 月30日　　第4版第1刷発行
2018年 2 月20日　　第4版補訂版第1刷発行
2020年 5 月20日　　第4版補訂版第2刷発行

著　者　　大江　忠
発行者　　田中英弥
発行所　　第一法規株式会社
　　　　　〒107-8560　東京都港区南青山2-11-17
　　　　　ホームページ　https://www.daiichihoki.co.jp/

要民4(3)補価　ISBN978-4-474-06329-7　C3332 (7)

Ⓒ2018 by Tadashi Ohe. Printed in Japan.